TRATANDO **TDAH**
EM CRIANÇAS E ADOLESCENTES

B254t   Barkley, Russell A.
        Tratando TDAH em crianças e adolescentes : o que todo clínico deve saber / Russell A. Barkley ; tradução: Sandra Maria Mallmann da Rosa ; revisão técnica: Felipe Almeida Picon. – Porto Alegre : Artmed, 2024.
        xii, 368 p. ; 23 cm.

        ISBN 978-65-5882-132-8

        1. Psicologia – Adolescência. 2. Transtorno de déficit de atenção/hiperatividade. I. Título.

CDU 159.922.8

Catalogação na publicação: Karin Lorien Menoncin – CRB 10/2147

TRATANDO TDAH EM CRIANÇAS E ADOLESCENTES

O QUE TODO **CLÍNICO** DEVE SABER

—

RUSSELL A. BARKLEY

Tradução:
SANDRA MARIA MALLMANN DA ROSA

Revisão técnica:
FELIPE ALMEIDA PICON
Mestre e Doutor em Ciências Médicas: Psiquiatria pela Universidade Federal do Rio Grande do Sul (UFRGS). Psiquiatra da infância e da adolescência do Hospital de Clínicas de Porto Alegre (HCPA), UFRGS. Pesquisador do Programa de Transtornos de Déficit de Atenção/Hiperatividade em Adultos (ProDAH-A) do HCPA-UFRGS.

Porto Alegre
2024

Obra originalmente publicada sob o título *Treating ADHD in Children and Adolescents: What Every Clinical Needs to Know*
ISBN 9781462545148

Copyright © 2022
The Guilford Press
A Division of Guilford Publications, Inc.

Gerente editorial
Letícia Bispo de Lima

Colaboraram nesta edição:

Coordenadora editorial
Cláudia Bittencourt

Capa
Paola Manica | Brand&Book

Preparação de original
Fernanda Luzia Anflor Ferreira

Leitura final
Marcela Bezerra Meirelles

Editoração e projeto gráfico
TIPOS – design editorial e fotografia

Reservados todos os direitos de publicação, em língua portuguesa, ao
GRUPO A EDUCAÇÃO S.A.
(Artmed é um selo editorial do GRUPO A EDUCAÇÃO S.A.)
Rua Ernesto Alves, 150 – Bairro Floresta
90220-190 – Porto Alegre – RS
Fone: (51) 3027-7000

SAC 0800 703 3444 – www.grupoa.com.br

É proibida a duplicação ou reprodução deste volume, no todo ou em parte, sob quaisquer formas ou por quaisquer meios (eletrônico, mecânico, gravação, fotocópia, distribuição na Web e outros), sem permissão expressa da Editora.

IMPRESSO NO BRASIL
PRINTED IN BRAZIL

AUTOR

Russell A. Barkley, PhD, ABPP, ABCN, é professor de psiquiatria na Faculdade de Medicina da Virginia Commonwealth University. Dr. Barkley trabalha com crianças, adolescentes e famílias desde a década de 1970 e é autor de inúmeros *best-sellers* voltados tanto para profissionais como para o público geral, incluindo *Vencendo o TDAH adulto* e *Seu adolescente desafiador*, ambos publicados no Brasil pela Artmed. Já publicou seis escalas de avaliação e mais de 300 artigos científicos e capítulos de livros sobre transtorno de déficit de atenção/hiperatividade (TDAH), funcionamento executivo e comportamentos desafiadores na infância, e é também editor da *newsletter The ADHD Report*. Conferencista e palestrante amplamente citado na mídia, foi presidente da seção sobre psicologia clínica infantil (antiga Divisão 12) da American Psychological Association (APA) e da International Society for Research in Child and Adolescent Psychopathology. Recebeu prêmios da American Academy of Pediatrics e da APA, entre outras honrarias. Seu *website* é www.russellbarkley.org.

PREFÁCIO

Atualmente, há uma infinidade de manuais profissionais disponíveis sobre transtorno de déficit de atenção/hiperatividade (TDAH), sem mencionar os incontáveis livros comerciais sobre o tema. Por que precisamos de mais um? Um dos motivos é que este é escrito para clínicos que trabalham em uma ampla variedade de áreas, incluindo atenção primária, assistência social e educação, além da psicologia e da psiquiatria. Outro motivo é que esses clínicos precisam se manter atualizados ao máximo com informações baseadas em um extenso corpo de pesquisa que vem se acumulando a passos rápidos neste campo: mais de 30 artigos por semana, equivalendo a 1.500 artigos de pesquisa por ano, ou 15 mil ou mais a cada década. Em dezembro de 2021, o Google Scholar, ferramenta de pesquisa para publicações e livros científicos, mostrou mais de 1 milhão de citações de pesquisas relacionadas apenas ao TDAH, sem mencionar seus rótulos precursores. Não há como um clínico atarefado em qualquer uma dessas áreas acompanhar literatura tão vasta e em crescimento acelerado, a menos que seja periodicamente atualizado por estudiosos clínicos como eu. E, diferentemente de muitos pesquisadores-escritores que estão muito ocupados e absorvidos em seus próprios programas científicos, reservo semanalmente um tempo para revisar *todas* as pesquisas publicadas sobre TDAH, compilo seus resumos em um único arquivo para compartilhar com colegas com ideias semelhantes e uso todas essas novas informações para embasar e atualizar minha *newsletter* clínica, *The ADHD Report*, minhas apresentações sobre TDAH a profissionais e pais e meus artigos de pesquisa e livros, como este. Meus 50 anos de carreira estudando TDAH também foram paralelos a este despertar e crescente corpo de conhecimento sobre o transtorno, tornando muitíssimo mais fácil para alguém como eu me manter a par dessas pesquisas.* Ai daquele novo estudante que agora procura se tornar especialista em toda a literatura, devido ao seu considerável tamanho e à sua abrangência. Aqui, empenhei-me para criar um guia para clínicos que trabalham com crianças e adolescentes com TDAH, que, sem este conteúdo, embora muito focados nas mais recentes recomendações sobre avaliação, diagnóstico e manejo do transtorno, poderiam ser privados de orientações baseadas em evidências fundamentadas nos mais recentes achados científicos disponíveis na época da elaboração deste livro. Diferentemente de outros trabalhos que procuram resumir estudos de pesquisa, meu objetivo é obter desses estudos precisamente o que está relacionado com a prática clínica, separando-o do conhecimento tradicional e discursivo. De forma alguma minha consciência permitiria que eu gradualmente me voltasse para a aposentadoria sem antes escrever um livro como este, considerando tudo o que aprendi nesta incrível jornada – com a assistência especializada de muitos dos meus colegas. Você, caro leitor, é o beneficiário de todo este conhecimento e, espero, sabedoria. Como o sábio Tryon Edwards (1809-1894) certa vez alertou, "Se você conhecer profundamente alguma coisa, ensine-a aos outros!".

Entretanto, uma motivação tão imperiosa para preparar este livro surgiu da surpreendente ausência de orientações clínicas teoricamente embasadas. Sabemos por outros campos da ciência e da medicina que muitas vezes o grande salto adiante no diagnóstico clínico e no manejo de um transtorno é proveniente do desenvolvimento de teorias científicas sobre a natureza dessa condição. Caso contrário, os avanços são ensaio e erro, acertar ou errar, e devidos mais à sorte e ao acaso do que a qualquer outra coisa. Isso pode ser muito bom, mas não adianta continuar a operar quando existe conhecimento suficiente para começar a formular teorias críveis sobre os transtornos. As teorias simplesmente não dizem por que alguma coisa é como achamos que ela é; elas são ferramentas que podem nos mostrar o melhor caminho a ser seguido para manejá-la e até mesmo curá-la. Essa é a razão pela qual, quando um corpo de conhecimento sobre um transtorno atinge um estágio crítico, teorias sobre ele podem ser desenvolvidas, discutidas e refinadas e, o que é mais importante para meus propósitos aqui, podem orientar o clínico sobre como melhor identificá-lo e manejá-lo.

Já ultrapassamos esse limiar décadas atrás, com o acúmulo de achados de pesquisa, resultando em teorias testáveis do TDAH sendo formuladas, debatidas, abandonadas ou refinadas para nos trazerem até onde estamos agora. E uma das principais teorias do TDAH neste momento, e que tem mais a nos dizer sobre a natureza, o diagnóstico, a avaliação e o manejo de tal transtorno, resulta dos meus mais de 20 anos de dedicação para formular e divulgar a teoria do funcionamento executivo (FE) e da autorregulação (AR) quando aplicada ao TDAH. Com a compreensão da natureza do funcionamento executivo e a autorregulação que ele proporciona às pessoas, a teoria do FE-AR nos informa que o TDAH é, na verdade, "TDFE" ou "TDAR" – transtorno de déficit do funcionamento executivo ou da autorregulação. Usei essa teoria em cada capítulo deste livro – portanto, as informações aqui sobre a natureza, o diagnóstico e o manejo são as mais teoricamente embasadas que me foi possível. E que enorme diferença isso pode fazer ao oferecer as mais sensíveis e úteis orientações para os cuidados clínicos daqueles com o transtorno. Espero que você

---

* Iniciei na área com minha tese de graduação em Psicologia na Universidade da Carolina do Norte, em Chapel Hill, sob a incomparável mentoria de Donald K. Routh, PhD, pioneiro neste campo e antigo editor do *Journal of Abnormal Child Psychlogy*, e continuou na pós-graduação com a orientação de um ex-aluno do Dr. Routh, o falecido Douglas G. Ullman, PhD. Pela sua orientação durante meus anos de formação profissional, serei eternamente grato.

ache que este é o caso enquanto toma conhecimento dos conteúdos deste livro.

Durante o percurso, você encontrará referências a formulários, fichas técnicas, escalas de avaliação e folhetos úteis para empregar na sua prática clínica; eles estão no Apêndice A. Tenha em mente que as referências a casos individuais são condensações que encobrem a identidade do indivíduo. Sou grato ao editor do livro por me permitir conceder a você o direito de fazer cópias destes materiais para uso em sua prática clínica (veja o quadro no final do Sumário para mais informações). Alguns foram retirados dos meus livros de exercícios clínicos anteriores sobre TDAH, que estão esgotados, outros foram criados para este livro. Espero que você os ache tão úteis quanto eu achei ao trabalhar com famílias e adolescentes com TDAH.

Como sempre, há muitas outras pessoas a quem agradecer, a mais importante delas é a minha coautora frequente e editora deste livro, Christine Benton, que, por quase 25 anos, tem tornado meus livros voltados ao público geral sobre TDAH e transtorno de oposição desafiante (TOD) eminentemente legíveis e maximamente informativos. Christine, meus *e-mails* diários são testemunhos das inúmeras pessoas no mundo inteiro cujas vidas você melhorou ajudando a aprimorar meu trabalho. Obrigado, Chris. Também preciso agradecer a Kitty Moore, editora sênior na Guilford Press, por sua amizade, por me apoiar, aconselhar, criticar e até mesmo persuadir nestes mais de 30 anos, em quase todos os meus livros com a "família Guilford", como a chamamos. Não existe melhor editora ou empresa editorial, na minha humilde opinião. Nos bastidores, durante mais de 40 anos de trabalho com a Guilford, estão os descobridores e amigos Seymour Weingarten e Robert Matloff, que, ao darem início à sua própria empresa focada na psicologia, viram alguma promessa obscura em um jovem aspirante a cientista e autor, e me deram minha primeira oportunidade de publicar um livro – é claro, sobre TDAH (*Crianças hiperativas*). Não me canso de agradecer a essas pessoas maravilhosas por abrirem as portas para o que se tornou uma longa carreira do nosso trabalho conjunto. E minha sincera gratidão também deve ser estendida à gerente de projetos editoriais Anna Brackett e aos muitos revisores *freelancers* comprometidos com a Guilford, por examinarem meus manuscritos com um pente fino de edição para desenredar minhas sentenças frequentemente justapostas, complicadas e gramaticalmente imprecisas – fazendo-me parecer um escritor muito melhor do que de fato sou. Obrigado a todos vocês.

SUMÁRIO

1. O TDAH É UM TRANSTORNO DE DÉFICIT DA AUTORREGULAÇÃO ... 1
   A importância da teoria do funcionamento executivo-autorregulação no TDAH

2. PRINCÍPIOS PARA DIAGNOSTICAR O TDAH ... 19

3. AVALIAÇÃO ... 37
   A teoria do funcionamento executivo-autorregulação e o senso comum clínico

4. DIAGNOSTICANDO COMORBIDADES ... 57

5. CONVERSANDO COM OS PAIS SOBRE O QUE ESPERAR ... 82

6. PRINCÍPIOS E DIRETRIZES PARA TRATAR TDAH ... 102

7. ACONSELHAMENTO PARENTAL E TREINAMENTO NO MANEJO COMPORTAMENTAL ... 125

8. MANEJO DO TDAH NA ESCOLA ... 147

9. MEDICAMENTOS ESTIMULANTES E NÃO ESTIMULANTES PARA TDAH ... 170

10. TOMANDO DECISÕES E ABORDANDO QUESTÕES ESPECIAIS SOBRE MEDICAMENTOS ... 196

APÊNDICE A	FORMULÁRIOS E FOLHETOS	211
APÊNDICE B	IMPACTO DO TDAH NA SAÚDE	317
APÊNDICE C	NEUROGENÉTICA E TDAH	321
APÊNDICE D	ALERTA AO CLÍNICO Tratamentos não comprovados e refutados para o TDAH	327

REFERÊNCIAS 335

ÍNDICE 355

Visite a página do livro em loja.grupoa.com.br e tenha acesso a folhetos e formulários que podem ser baixados e impressos.

CAPÍTULO 1

O TDAH É UM TRANSTORNO DE DÉFICIT DA AUTORREGULAÇÃO

A IMPORTÂNCIA DA TEORIA DO FUNCIONAMENTO EXECUTIVO-
-AUTORREGULAÇÃO NO TDAH

"Não há nada tão prático quanto uma boa teoria", disse Kurt Lewin, psicólogo do século XX, que acreditava que a ciência da psicologia carecia de boas teorias e que se beneficiou substancialmente quando elas surgiram. Este livro se baseia nessa ideia. Teorias são ferramentas para explicação e, sobretudo, previsão de eventos ou processos externos a nós. Todavia, para que, quando aplicadas à compreensão dos transtornos psicológicos, as teorias transformem a compreensão em sabedoria clínica prática, elas também precisam ser ferramentas para ajudar a guiar o diagnóstico, a previsão do risco e o tratamento.

A orientação clínica fornecida neste livro está baseada em grande parte na minha teoria do TDAH. Ela propõe que o TDAH envolve uma variedade muito maior de déficits neurocognitivos do que comumente são apresentados nos critérios diagnósticos clínicos, em que problemas com a atenção, a inibição e o controle do nível de atividade são retratados como condição *sine qua non* do transtorno. Atualmente, existem evidências abundantes para concluir que, em vez disso, o TDAH compreende déficits graves no desenvolvimento e no uso das funções executivas (FE), especialmente como elas são empregadas em atividades da vida diária (AVDs). Tais déficits cognitivos levam a problemas substanciais, como gerenciamento do tempo, autodomínio, memória de trabalho e auto-organização, planejamento e solução de problemas relacionados a objetivos, automotivação e autorregulação (AR) da emoção em domínios importantes das atividades da vida. O motivo é que as FEs são necessárias para a AR efetiva ao longo do tempo dirigida aos objetivos especificamente e para o bem-estar futuro do indivíduo de modo geral.

Minha teoria, portanto, é aqui denominada *teoria do funcionamento executivo-autorregulação* (FE-AR). Ela sugere que o TDAH deve ser rebatizado como *transtorno de déficit do funcionamento executivo* (TDFE) – ou, melhor ainda, *transtorno de déficit da autorregulação* (TDAR). O TDAH, por sua própria natureza, parece afetar potencialmente todas as FEs em graus variados, portanto, faz sentido que estes sejam os déficits que devem guiar nossos esforços no diagnóstico diferencial e no manejo. Como esses déficits na FE perturbam, explicam e predizem os inúmeros prejuízos experienciados por aqueles com o transtorno no curso da sua vida, eles também devem guiar o planejamento do tratamento e a provisão de serviços clínicos, educacionais, ocupacionais, de saúde e relacionados dos quais os indivíduos com TDAH precisam para funcionar devidamente durante a vida.

O restante deste livro explica o papel central das FEs e da AR nas atividades clínicas e o valor excepcional que pode ser encontrado na adoção dessa abordagem. Nos próximos capítulos, forneço informações e conselhos clínicos por meio das lentes da minha teoria do FE-AR e pela vasta pesquisa acumulada por várias décadas. Este capítulo oferece um breve sumário da teoria do FE-AR. Ele lança luz sobre a relação entre FE e AR, quais são as FEs componentes (tipos específicos) e mostra como o fenótipo do FE-AR produz efeitos a distâncias sempre maiores e em níveis gradualmente mais altos de atividades sociais e na comunidade. Durante o processo, destaco algumas diferenças essenciais entre o diagnóstico e o tratamento baseado nos critérios diagnósticos atuais e aqueles baseados na minha teoria, além de apresentar uma visão geral de algumas implicações clínicas para se ter em mente durante a prática e a leitura das explicações mais detalhadas que são fornecidas posteriormente neste livro.

A NATUREZA DAS FUNÇÕES EXECUTIVAS E DA AUTORREGULAÇÃO: SEU PAPEL NO TDAH, SEU DIAGNÓSTICO E SEU TRATAMENTO

Os critérios diagnósticos para TDAH estão baseados nos sintomas comportamentais mais óbvios do transtorno. Visto por estas lentes restritas, o TDAH é certamente um transtorno que compreende desatenção, impulsividade e hiperatividade. No entanto, chamar TDAH de transtorno da atenção é como se referir ao transtorno do espectro autista (TEA) como "agitar as mãos, movimento estereotipado ou transtorno do comportamento estranho". Se olharmos o TDAH por lentes mais abrangentes, descobrimos que ele é muito mais do que um conjunto de comportamentos óbvios. Abaixo desses sintomas na superfície, o TDAH é, na verdade, um transtorno da AR, mais precisamente *transtorno de déficit da autorregulação* (TDAR). Não sou o primeiro a fazer esta alegação. A altamente prestigiada psicóloga canadense Virginia Douglas afirmou, 40 anos atrás (1980, 1988), que TDAH era um transtorno do autocontrole, embora ela não tenha definido claramente o que o termo significava operacionalmente e que funções mentais as pessoas empregam para autocontrole que eram deficientes em pessoas com TDAH. Agora, reconhecemos que a AR se apoia na FE e nas suas redes cerebrais subjacentes. Assim sendo, TDAH também pode ser denominado *TDFE*. A razão para preferir o termo *TDAR* é porque ele é a falha óbvia e repetida em demonstrar a AR tão aparente para aqueles com TDAH, suas famílias e clínicos que estão tentando avaliá-lo e manejá-lo. Os déficits na FE criam esse fenótipo, mas eles não são tão visíveis no paciente com TDAH, sendo em grande parte atividades privadas ou mentais, sobretudo na idade adulta. Por exemplo, pacientes com TDAH podem repetidamente esquecer de pegar as chaves da sua casa quando saem, e assim ficarem presos do lado de fora, podem esquecer por que foram até um cômodo pegar alguma coisa ou esquecer que combinaram de se encontrar com alguém para uma reunião no horário do almoço. Estes são problemas óbvios, embora o déficit subjacente na memória de trabalho verbal e não verbal, e a governança dos planos de ação pela noção de tempo que dão origem a eles permaneçam despercebidos pelos outros. O rótulo *TDAR* é um lembrete útil aos clínicos de que o que você está vendo naqueles indivíduos com TDAH é um conjunto heterogêneo de problemas debilitantes e de grande abrangência com as FEs e a AR que elas proporcionam.

Embora a maioria ou todas as investigações atuais reconheçam que as FEs envolvem as habilidades mentais necessárias para a ação dirigida a objetivos, ainda há muita discordância quanto à definição exata da FE (20 a 30 definições e contando) sobre o que faz uma função mental executiva por natureza e sobre quantas funções se enquadram nesse conceito (entre 3 e 33, na última contagem). A ideia disseminada de que as FEs envolvem as habilidades cognitivas necessárias para a ação dirigida a objetivos, desse modo possibilitando uma postura intencional direcionada ao futuro, permanece muito vaga para uma definição operacional. Abordarei este problema crítico em breve. O que é importante entender aqui, para que possamos diagnosticar com precisão e tratar com eficiência aqueles com TDAH, é quais habilidades se qualificam como FEs e como elas operam para perturbar o funcionamento adaptativo diário.

AUTORREGULAÇÃO E DESENVOLVIMENTO DAS FUNÇÕES EXECUTIVAS

Está faltando uma ligação entre as malformações neuroanatômicas e os sintomas cognitivos e comportamentais associados ao TDAH. Essa ligação é feita quando vemos os sintomas de TDAH como déficits na FE. Contudo, para entender o que é FE, primeiro temos que elaborar uma definição operacional do que constitui uma FE e então mostrar como as sete principais FEs correspondem a essa definição. Essa solução provém do nosso entendimento de que a FE envolve AR.

B. F. Skinner e outros definiram AR como *o autodirecionamento de ações que visam a modificar o comportamento subsequente para alterar a probabilidade de uma consequência adiada (futura)*. Aqui, então, está nossa definição operacional. Ações cognitivas ou comportamentais direcionadas para si mesmo visando a mudar um comportamento subsequente na tentativa de alterar o futuro são, por definição, executivas por natureza. Ações cognitivas e comportamentais que não são autodirigidas para esses propósitos não são FEs. Podemos definir proveitosamente as sete principais FEs como sete tipos principais de ações voltadas para o *self* que servem para modificar comportamento subsequente e, assim, empenham-se para mudar eventos futuros para esse indivíduo. Propus, ainda, que cada FE é um comportamento humano ou uma ação cognitiva inicialmente dirigida ao mundo externo no início do desenvolvimento humano. Por fim, ela será autodirigida e, então, progressivamente internalizada (privatizada), para formar uma atividade autodirigida em grande parte mental – alguma coisa feita na mente consciente. O caso específico do autodiscurso privado ilustra esse processo mais geral. Nele, as crianças começam dirigindo o discurso em voz alta para o ambiente externo em geral e a outros especificamente. Dessa forma, elas entram em uma fase em que dirigem seu discurso para si mesmas, mesmo quando ninguém está nesse contexto com elas – mas ainda é um discurso externo; ele é observável. Depois, gradualmente, as crianças internalizam esse discurso autodirigido. A privatização é mais acurada, o que significa que esse processo envolve o cérebro inibindo a atividade neural periférica e os movimentos musculares, ao mesmo tempo ativando os centros da fala no cérebro. Por fim, esse processo gradual de privatização atinge um ponto em que o autodiscurso não pode ser observado publicamente. As crianças agora têm a voz da mente que somente elas podem ouvir. Defendi que isto ilustra o processo mais geral pelo qual todas as sete FEs se desenvolvem. A seguir, veremos resumidamente o processo do desenvolvimento; ele também é ilustrado na Figura 1.1.

1 Inicialmente, as ações da criança são dirigidas ao mundo à sua volta. O bebê ainda não desenvolveu as FEs, então, por exemplo, quando aprende a falar, ele fala em voz alta para e sobre o que está à sua volta, sobretudo para outras pessoas no seu ambiente.

**2 Em seguida, a criança volta as suas ações para si mesma, a maioria das

Representações mentais sobre os eventos

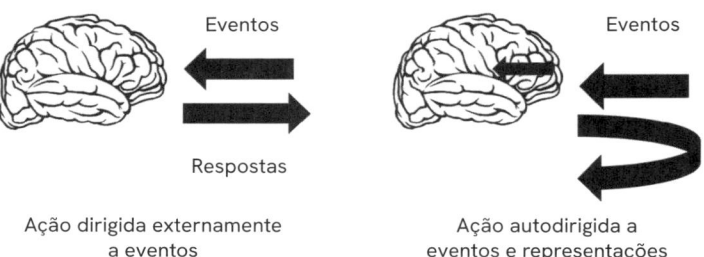
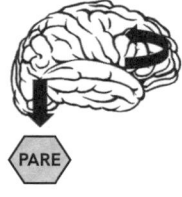

Ação dirigida externamente a eventos | Ação autodirigida a eventos e representações mentais referentes a eles | Ação simulada de maneira privada (cognitivo-mental) a eventos simulados privadamente

FIGURA 1.1
FEs mostradas como derivadas de um processo em três etapas durante o desenvolvimento.

quais pode ser observada. Por exemplo, a criança fala consigo mesma apesar de ninguém mais estar presente.

3 Posteriormente, ela internaliza essas ações autodirigidas por meio de um processo de inibição dos movimentos periféricos associados enquanto ativa regiões e redes cerebrais relevantes. Por exemplo, o autodiscurso gradualmente se torna mais silencioso, envolvendo cochichos vagamente audíveis, depois apenas movimento facial, então ações subvocais e, por fim, a supressão da musculatura oral. Esta progressão é o que vemos na criança do segundo e do terceiro ano que fala consigo mesma enquanto faz exercícios de matemática: sua boca se movimenta, como que cochichando consigo mesma, mas não está fazendo nenhum som audível, talvez também ao mesmo tempo tocando seus dedos para ajudar a contar.

4 Finalmente, a criança pode se engajar nas ações sem movimentos motores periféricos e movimentos vocais visíveis. No caso do autodiscurso, os movimentos do rosto, a laringe e o diafragma estão sendo em grande parte inibidos *enquanto os principais centros da fala no cérebro são ativados*. Tanto a fala quanto o gestual, no exemplo da criança do segundo ano que está fazendo o exercício de matemática, por fim serão inibidos de maneira periférica, permanecendo centralmente ativados no cérebro e, assim, vão se transformar em uma forma cognitiva de FE – uma ferramenta mental para AR. As ações autodirigidas agora estão ocorrendo dentro do cérebro, mas os sinais nervosos associados não são emitidos para a medula espinhal. Nesse momento, essas ações são internas e privadas. Em nosso exemplo, a criança agora pode falar consigo mesma em sua mente sem que ninguém veja ou escute a fala. As crianças desta idade muitas vezes anunciam aos seus pais a descoberta de que há uma voz na sua cabeça. Uma forma inteiramente mental ou cognitiva de comportamento e AR agora emergiu. O pensamento, nesse caso do autodiscurso, serve para controlar as ações motoras, como o comportamento dirigido para objetivos.

5 Mesmo no desenvolvimento posterior, as pessoas podem criar indicações externas para auxiliar as atividades autogovernadas que estão fazendo em suas mentes. Por exemplo, à medida que a linguagem escrita é aprendida, as pessoas aprendem a fazer anotações para si mesmas (listas "de tarefas") como ainda outro método de AR usando o autodiscurso. Ou elas podem colocar indicações não verbais, como objetos ou figuras, em localizações úteis no seu campo visual ou sensorial para auxiliar no controle dos estímulos das suas formas privadas de AR.

6 O *self* privado que está emergindo pode agora testar mentalmente várias ideias sem se engajar em atuações externas ou públicas, desse modo evitando arcar com as consequências no mundo real que teriam ocorrido com esses equivalentes executados publicamente. A estimulação privada ou mental de possíveis planos de ação é possível agora, permitindo a seleção natural dos mais adequados entre eles, enquanto os incorretos se extinguem ali mesmo, como Karl Popper certa vez observou. No caso do autodiscurso, isso significa que crianças maiores ou adolescentes podem ensaiar mentalmente o que querem dizer mais tarde a fim de melhorar seu eventual desempenho verbal em público. Isso também pode ser feito para várias atividades motoras com o uso de ensaios visuais-motores privados.

Inúmeros pesquisadores identificaram pelo menos sete FEs. São elas: *autoconsciência, inibição, memória de trabalho não verbal e verbal, AR emocional, automotivação* e *planejamento/ solução de problemas* (ou *manipulação de representações mentais*). Minha teoria defende que todas essas são formas de ações autodirigidas e todas elas emergem pelo mesmo processo de desenvolvimento geral mencionado anteriormente. Assim sendo, cada FE pode ser redefinida pela ação do *self* que está envolvida nisso (veja a Fig. 1.2):

- Atenção autodirigida (autoconsciência).
- Autodomínio (inibição volicional).
- Ações sensoriais-motoras autodirigidas (imaginação visual ou memória de trabalho não verbal).

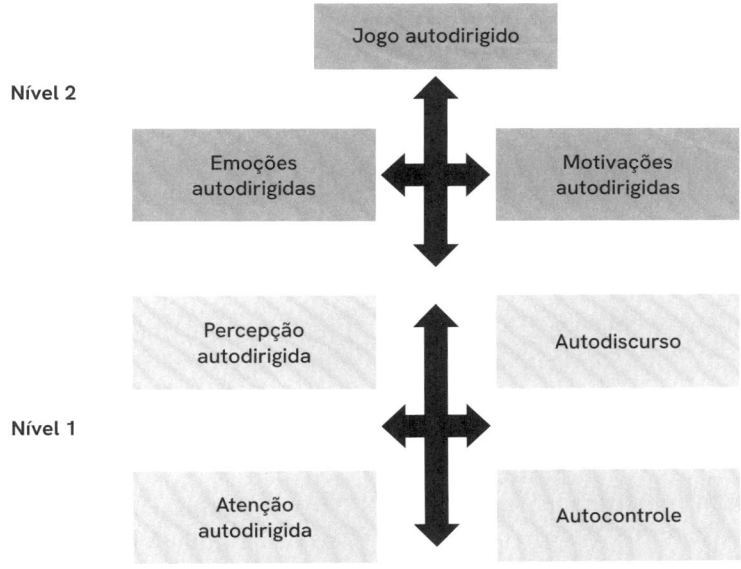

FIGURA 1.2
As sete principais FEs (autodirigidas) e a possível organização hierárquica baseada em seu estágio do desenvolvimento.

- Fala autodirigida (memória de trabalho verbal).
- Autodireção das emoções (AR emocional).
- Automotivação.
- Jogo autodirigido (em geral, manipulações mentais para planejamento e solução de problemas).

Com o desenvolvimento, a maturação dessas FEs permite à criança maiores graus de liberdade, não mais sendo controlada puramente por eventos externos e pelos outros no momento até se tornar uma entidade plenamente independente e autocontrolada. Isso acontece porque o que está controlando seu comportamento é a mudança desde o começo da infância até a idade adulta, conforme representado nestas quatro transições desde o controle externo até o autocontrole (interno):

- Desde o controle por eventos externos até o autocontrole por meio de representações mentais (autodiscurso, imaginação visual, etc.).
- Desde o controle pelos outros até o controle pelo *self* (usando FEs mentais autodirigidas).
- Desde o presente ou agora até o futuro mentalmente conjeturado.
- Desde recompensas pequenas e imediatas (gratificação) até recompensas maiores adiadas.

No TDAH, o desenvolvimento adiado e perturbado de todas as sete FEs interfere de modo significativo nas transições extremamente importantes nas fontes que estão regulando o comportamento do indivíduo – o mundo imediato e externo ou o *self* e a antecipação mental.

Muitas pesquisas mostraram que as sete FEs não maturam simultaneamente. A Figura 1.3 mostra uma organização hierárquica que, na minha visão, representa a sequência típica do desenvolvimento. As FEs do Nível 1 parecem se desenvolver relativamente cedo. As FEs do Nível 2 se desenvolvem a seguir, baseando-se nas do Nível 1 para seu funcionamento efetivo. Evidências sugerem que cada FE pode precisar de até três décadas para completar sua maturação e sua integração. Quando tudo isso corre bem, na idade adulta, estas sete ações autodirigidas formam um conjunto de ferramentas mentais interativas e que serão utilizadas para AR ao longo do tempo para contemplar, planejar, perseguir e, assim se espera, atingir os objetivos desejados ou realizar as tarefas designadas.

Clinicamente, percebi que é útil explicar as FEs e seu desenvolvimento hierárquico referindo-se a elas – sobretudo para crianças – simplesmente como espelho da mente, freios, voz, coração, tanque de combustível e *playground*, respectivamente. Todos esses aspectos são onde a criança, ou o adolescente, com TDAH está atrasada no desenvolvimento. Isso conduz a um princípio igualmente útil para explicar aos pais e às outras pessoas. As crianças com TDAH têm uma idade executiva (IE) significativamente abaixo da sua idade cronológica (IC), e, por isso, não podemos esperar ou exigir que elas se autorregulem da mesma forma que seus pares típicos são capazes de fazer. TDFE = IC − IE. O corolário dessa ideia é reduzir nossas expectativas para adequar à IE da criança e fazer as acomodações necessárias no ambiente que apoiem seu comportamento e seu desempenho, dessa forma deixando a criança menos prejudicada, ou até sem apresentar alguns dos sintomas de TDAH. A extensão dessa defasagem na IE varia entre as crianças com TDAH, talvez oscilando de 20 a 45% abaixo da sua IC. Mas isso não é tão importante quanto perceber que a defasagem existe, é substancial, não vai desaparecer rapidamente e requer acomodações. É claro que há implicações clínicas muito maiores da teoria do FE-AR a ser consideradas, o que farei ao longo deste livro. No entanto, essa ideia sobre IE atrasada é incrivelmente valiosa para que os pais e os professores entendam as crianças e os adolescentes com TDAH e façam acomodações para eles.

As ações autodirigidas abrangendo as FEs são essenciais para a contemplação de um futuro hipotético – essencialmente um

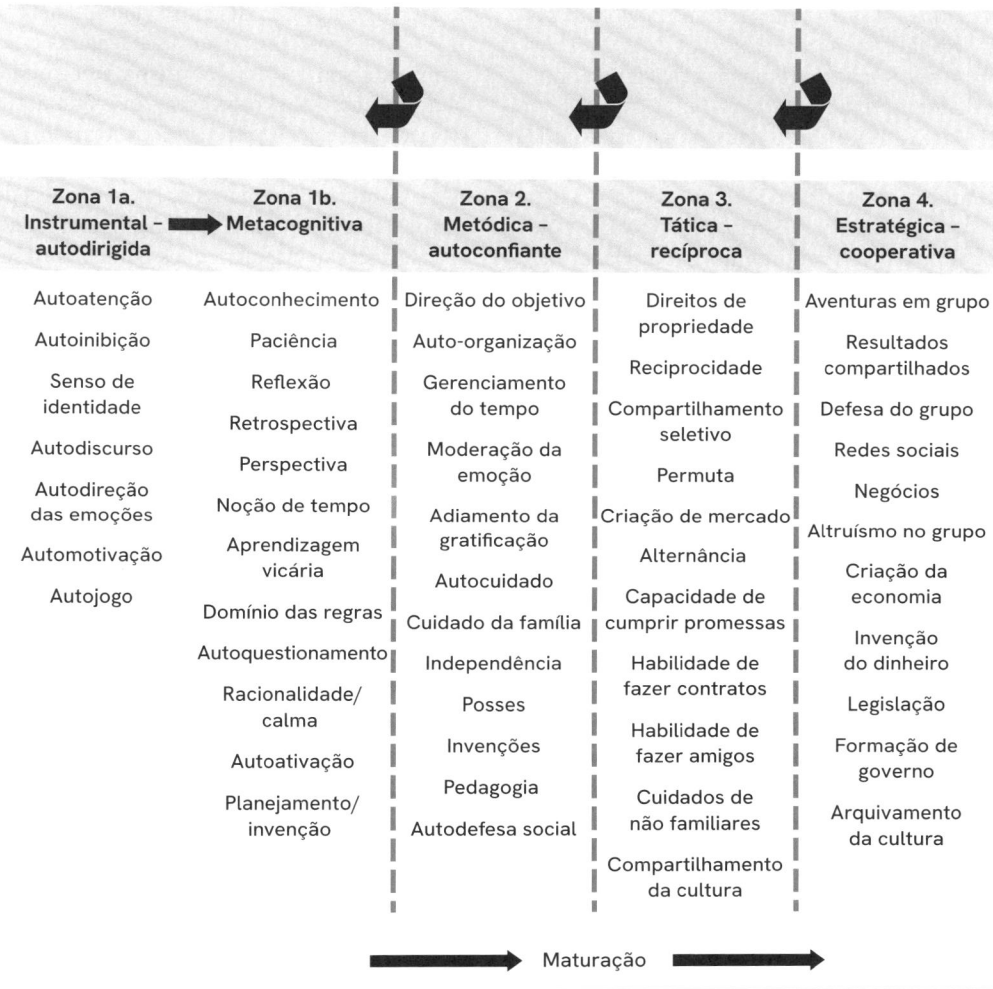

FIGURA 1.3
Fenótipo estendido do funcionamento executivo (FE) e AR, e as zonas de irradiação para o exterior, ou efeitos a distância, a partir do cérebro e de seus genes.

objetivo. Esse futuro hipotético é então justaposto ao presente, que pode conduzir tanto à formação de uma intenção ou um objetivo quanto ao plano para atingi-lo. Assim, como muitos outros especialistas já disseram, a FE é dirigida para o futuro. Mas a falta dessas afirmações é o ponto principal – que as FEs são ações autodirigidas para a automodificação comportamental de modo a melhorar o futuro do indivíduo.

COMO SABEMOS QUE TDAH É UM TRANSTORNO DA FUNÇÃO EXECUTIVA?

Como defendeu de forma eloquente o grande neurocientista Joaquin Fuster, em seu livro de 1997, sobre os lobos pré-frontais, a quintessência das funções dessa região cerebral *é a formação de objetivos e a construção transtemporal, a organização e a manutenção do comportamento necessário para atingir esse objetivo desejado ou o que constitui um futuro hipotético* (Fuster, 1997). Em outras palavras, o papel do funcionamento executivo é permitir nos comportarmos de formas que sirvam ao futuro que queremos. Portanto, se o que vemos no TDAH, em nível muito mais profundo do que desatenção, hiperatividade e impulsividade, é um déficit na AR, ele deve estar enraizado em problemas com essas FEs. E, de fato, a neuroanatomia nos diz que isso é verdade; veja o quadro "A neuroanatomia do TDAH" para uma breve explicação.

Você pode estar se perguntando onde a hiperatividade se encaixa no quadro da neuroanatomia da FE no TDAH. Em parte, ela certamente se origina do funcionamento defeituoso da rede inibitória. No entanto, além das sub-redes listadas no quadro, existe a rede de regulação da atividade motora. Acredita-se que distúrbios nessa rede também dão origem aos sintomas hiperativos do transtorno.

Se o que você está vendo em um paciente inclui problemas com a atenção dirigida para objetivos e inibição volicional, resistência à distração, memória de trabalho (esquecimento em atividades cotidianas), noção de tempo e *timing*, gerenciamento do tempo, planejamento e solução de problemas, auto-organização, AR emocional, automotivação e autoconsciência – essencialmente as principais FEs –, e não só os sintomas tradicionais de TDAH na quinta edição do *Manual diagnóstico e estatístico de transtornos mentais* (DSM-5), então um paciente pode se enquadrar em um diagnóstico de TDAH e certamente tem déficits subjacentes na função cognitiva. Quando você vê isso repetidamente em pacientes com TDAH, fica fácil reconhecer que, logicamente, esse transtorno *deve ser um TDFE* na sua origem.

O que isso significa clinicamente? Significa o seguinte:

- O TDAH compreende um espectro muito mais amplo de deficiências cognitivas e comportamentais do que está refletido na visão clínica atual, conforme apresentado no DSM-5 (Associação Americana de Psiquiatria, 2013). Chamá-lo meramente de um transtorno da atenção é banalizar a condição, além de ser clinicamente improdutivo.
- Você precisa prestar atenção aos déficits nas várias FEs quando entrevistar pacientes acerca destes domínios da função cognitiva, indo além de uma mera exploração *apenas* dos sintomas de TDAH no DSM-5.
- É esse espectro mais amplo de déficits na FE que explica a variedade de prejuízos que as pessoas com TDAH experimentam na maioria dos domínios das principais AVDs.
- Esses déficits na FE exigirão acomodações e outros tratamentos muito além do que seria sugerido a partir das dimensões dos sintomas tradicionais de TDAH.
- Como as sub-redes da FE se interconectam funcionalmente – ou seja, elas interagem de formas variadas de paciente para paciente – o TDAH será heterogêneo entre os casos. Não espere que as apresentações sintomáticas sejam idênticas ou mesmo altamente similares. Quando você sabe que algumas redes podem ser afetadas mais (ou menos) adversamente pelas várias etiologias do TDAH do que outras, sabe que será necessário um exame minucioso por um avaliador perspicaz para estimar a diversidade dos sintomas clínicos que os pacientes podem demonstrar.

O IMPACTO DO TDAH NO FUNCIONAMENTO DIÁRIO E NAS REALIZAÇÕES

Em 1982, Richard Dawkins escreveu um livro introduzindo um conceito evolucionário incrivelmente valioso denominado *fenótipo estendido*. Esse fenótipo inclui os vários efeitos que as adaptações podem ter a uma distância crescente dos genes de um organismo que contribuem para seu fenótipo. Pense nisto como uma série de círculos concêntricos

A NEUROANATOMIA DO TDAH

As áreas do cérebro mais confiavelmente associadas ao TDAH (veja o Apêndice C) são o córtex pré-frontal, o cingulado anterior, os gânglios basais (em especial o estriado), o cerebelo (especialmente o verme central) e a amígdala (nem sempre confiavelmente implicada). Pesquisas demonstram que essas regiões estão funcionalmente interconectadas para formar uma das sete principais redes cerebrais – o sistema executivo. Do meu ponto de vista, esse sistema está subjacente à capacidade humana para AR e, como Fuster concluiu, para a organização transtemporal do comportamento dirigido a objetivos (ação orientada para o futuro). Há pelo menos quatro ou cinco sub-redes na rede executiva, cada uma delas associada a diferentes partes do cérebro, que podem nos ajudar a entender como as FEs nos ajudam na AR – ou, no caso do TDAH, dificultam. Quatro delas são descritas a seguir.

- **Rede executiva inibitória.** Pense nesta sub-rede como nos permitindo resistir a responder a eventos irrelevantes para o objetivo ou a distração. Ela é responsável pela inibição voluntária do comportamento e das emoções contínuas, além da supressão de respostas concomitantes irrelevantes para o objetivo, tanto internas quanto externas.
- **Rede executiva "o que", ou fria.** Essencialmente, esta rede nos permite pensar a respeito (sobretudo imaginação e autodiscurso) para guiar o que fazemos. Também permite a função de nível superior da manipulação de representações mentais relacionadas ao objetivo (análise e síntese ou jogo mental), de modo a apoiar o planejamento e a solução de problemas.
- **Rede executiva "quando" (momento).** Quando escolhemos agir pode ser tão ou mais importante para o sucesso de um plano do que o que planejamos fazer, e é esta sub-rede que nos dá uma noção de tempo subjetiva e o sequenciamento temporal do pensamento e da ação, além da oportunidade dessas ações.
- **Rede executiva "por que", ou quente (emocional).** Esta é provavelmente a sub-rede que toma as decisões finais sobre as escolhas dos objetivos e a seleção das ações planejadas para atingi-los. Mas também permite a regulação descendente da emoção a serviço desses objetivos e nosso bem-estar a longo prazo, provavelmente por meio do uso da autoimaginação e do autodiscurso, ou da rede de memória de trabalho anteriormente mencionada.

crescentes de efeitos que se irradiam do organismo, como os círculos que se expandem em uma poça d'água quando uma pedrinha é jogada. Por exemplo, Dawkins cita os efeitos que um feromônio excretado por um camundongo macho pode ter quando ele está perto de uma fêmea grávida: ele pode fazê-la abortar seus fetos que foram gerados por um macho diferente, desse modo deixando-a disponível para seu próprio acasalamento e sua fecundação. Outro exemplo que ele dá é o de um castor, cuja atividade de derrubar árvores para fazer um abrigo e represar um riacho pode assim alterar a massa d'água e sua flora para vantagem futura do castor e da sua prole. Um efeito do organismo e de suas atividades, não importanto a que distância do organismo esses efeitos possam ocorrer no espaço (ou tempo), pode ser considerado parte do fenótipo desse organismo se esses efeitos retornarem para alterar de alguma forma a sobrevivência, o sucesso reprodutivo (adequação) e, consequentemente, o bem-estar do organismo (e seus genes) a longo prazo. Dawkins (1982) defendeu que esses efeitos estendidos são a norma e podem muito bem explicar a evolução de um traço ou a adaptação que de outra forma seria pouco compreendida quando apenas examinada nos aspectos mais proximais ou efeitos desse fenótipo, como as características físicas do organismo ou apenas seus comportamentos imediatamente óbvios e suas consequências.

Para simplificar o construto, conforme o apliquei à FE, criei a Figura 1.3, que descreve os níveis do fenótipo estendido da FE humana. Estes efeitos vão desde aqueles das ações privadas na mente até o comportamento adaptativo diário, e então para interações e posteriores projetos cooperativos envolvendo outros indivíduos e, por fim, a cultura em geral. As atividades do indivíduo em cada nível trazem novos benefícios (e riscos potenciais) para a pessoa a partir daqueles que ocorrem em níveis inferiores. A figura ilustra as ações iniciais simples autodirigidas; eventualmente, as habilidades mentais em que elas se transformam, como autoconsciência, retrospectiva, perspectiva, comportamento governado por regras, planejamento, etc. (metacognição), podem produzir efeitos que se estendem até o próximo nível superior de pensamentos e ações relacionadas. À medida que se desenvolvem, essas FEs autodirigidas criam comportamentos de cadeia curta que atingem objetivos a curto prazo e, consequentemente, produzem efeitos que têm a ver com sobrevivência imediata, autocuidado, independência de outros e autodefesas sociais (um benefício altamente subvalorizado da FE e o pensamento crítico que ele pode gerar). A partir daí, o maior desenvolvimento das FEs permite sucesso na formação de amizades humanas, retribuição e interação com outros, especialização do próprio trabalho por meio da divisão de tarefas e muito mais. Dessa forma, pessoas com AR podem se unir para atingir objetivos conjuntos que nenhuma delas poderia realizar sozinha e compartilhar os resultados dessas atividades conjuntas (cooperação estratégica).

No caso do TDAH, podemos usar esta notável visão sobre fenótipos para entender os efeitos que adaptações mentais, como as FEs, podem ter a distâncias notáveis dos genes que as criam. Ela pode mostrar como um déficit no desenvolvimento neurológico nas partes do cérebro que governam as FEs, como aquelas subjacentes ao TDAH, pode não só originar os sintomas tradicionais atribuídos a ele, mas também têm ramificações enormes e duradouras para o indivíduo em cada domínio importante de atividade na vida, incluindo seus riscos de mortalidade e redução na expectativa de vida. Isso permite não só uma compreensão mais rica de como o TDAH pode produzir consequências adversas graves e pervasivas em tantos domínios da vida, mas também uma avaliação mais detalhada dos sintomas dos pacientes, ambas as quais podem guiar tratamentos específicos voltados para os problemas que os pacientes estão enfrentando nos vários domínios da vida, muito além da conceitualização simplista de um caso que o DSM-5 pode proporcionar.

A visão fenotípica estendida da FE permite que sejam feitas previsões quanto ao que pode acontecer ao indivíduo em domínios da vida que são progressivamente mais distantes das ações autodirigidas no cérebro que formam as FEs. Embora este não seja o único fator envolvido, níveis típicos da FE possibilitam que as pessoas não só desenvolvam rotinas de autocuidado e independência dos cuidadores mas também colham os benefícios que a cultura e as atividades cooperativas com outros proporcionam para suas próprias atividades dirigidas para objetivos e empreendimentos sociais, educacionais e ocupacionais, assim vendo seu próprio apoio, seu sucesso e seu bem-estar a longo prazo. O funcionamento executivo perturbado, assim como no TDAH, pode e realmente prejudica não só as oportunidades imediatas da pessoa de se adaptar e ter sucesso mas também seu bem-estar e seu sucesso a longo prazo no mundo em geral. Não surpreende que TDAH em uma criança ou um adolescente pode reduzir a expectativa de vida em mais de uma década em muitos casos quando não é adequadamente identificado e tratado, conforme será discutido posteriormente neste livro.

Como tudo isso se revela nos pacientes? Os déficits mais leves na FE podem impedir que um adulto com TDAH normalmente tenha sucesso no nível mais alto desse fenótipo estendido da FE apresentado na Zona 4, na Figura 1.3, como o sucesso em grandes empreendimentos cooperativos com outras pessoas, no manejo das finanças pessoais e dos investimentos ou concluindo o curso superior, especialmente dentro do prazo estabelecido. Um adulto com TDAH mais grave pode ter problemas para cumprir contratos ou outras promessas a terceiros, para pagar rotineiramente as contas dentro do prazo ou restringir compras impulsivas, especialmente em cartões de crédito. Crianças com TDAH podem ter problemas para fazer e manter amizades na escola ou na sua comunidade, pois ainda não atingiram os níveis mais altos do fenótipo da FE esperado em adultos. Com crescente severidade, esses adultos podem não ser capazes de cuidar da própria saúde e da higiene, sustentar a si mesmo, manter seu emprego, viver de forma independente dos seus pais ou manter sua carteira de habilitação devido a repetidas infrações. Em crianças, você pode ver uma incapacidade para gerenciar com sucesso o tempo para fazer o trabalho escolar ou as tarefas domésticas; para controlar impulsos de aceitar os desafios de fazer coisas perigosas sugeridas pelos pares; não sendo confiável no cumprimento de regras na comunidade como outros da sua idade são capazes, manifestando-se em descuido ao atravessar a rua, ao andar de bicicleta na vizinhança ou mesmo para brincar sem supervisão em parques ou *playgrounds*. Indivíduos com os piores casos de TDAH podem não ter retrospectiva e perspectiva e, assim, não aprendem com erros anteriores, podem ser incapazes de autorrefletir, dessa forma, têm pouco reconhecimento dos seus prejuízos sérios ou têm profunda incapacidade de usar o autodiscurso ou de pensar nas consequências de ações potenciais. O "pior" caso de um transtorno da FE em neuropsicologia foi Phineas Gage, na metade dos anos 1800, que sofreu uma lesão grave no lobo frontal, e por isso teve uma contração massiva nas zonas dos funcionamentos social e adaptativo (veja Harlow, 1848, 1868). Sua FE e sua AR eram tão deficientes que ele por fim teve que ir morar com sua irmã nos poucos anos de vida que lhe restaram, não só devido às suas convulsões, mas ainda mais devido à sua AR seriamente deficiente em contextos ocupacionais e sociais.

Considerar o TDAH pelas lentes do funcionamento executivo e seu fenótipo estendido deve, no mínimo, enfatizar a urgência de diagnosticar TDAH e tratá-lo prontamente. Uma criança que está "subindo pelas paredes" o dia inteiro está em risco não só de indisciplina frequente na pré-escola ou de fraco desempenho acadêmico posteriormente no ensino formal, mas também de lesões acidentais frequentes e graves, e até mesmo mortalidade precoce. Aquele que impulsivamente não consegue esperar pelas coisas ou revezar, ou que não consegue fixar a atenção por tempo suficiente para limpar seu quarto não só terá problemas para manter amizades ou para encontrar uma mochila no meio da sua bagunça, ele também não conseguirá dar atenção aos riscos aumentados durante suas atividades rotineiras. Em tudo, desde andar de bicicleta distraído com o celular (e, posteriormente, dirigindo) até proezas físicas ousadas e jogo excessivo na internet, a criança se envolverá em riscos impulsivamente, dentro e fora de casa. Como consequência, crianças com TDAH muitas vezes sofrem de trauma craniano fechado, experimentação e adição a substâncias de risco, e procuram atividades mais atrativas, deixando de cumprir responsabilidades em casa e na escola, entre outros prejuízos. Essa criança está em risco de não ser bem-sucedida na ampla variedade de experiências e realizações humanas ao longo da vida se não for diagnosticada e tratada.

Como esta perspectiva afetará a forma como você diagnostica e trata o TDAH de uma criança ou um adolescente? O restante deste livro fornece orientações clínicas em detalhes, poucas das quais seriam evidentes se não olhássemos para o TDAH pelas lentes da teoria do FE-AR.

IMPLICAÇÕES CLÍNICAS AMPLAS DA TEORIA DO FE-AR DO TDAH

Minha teoria do FE-AR fornece um panorama neuropsicológico mais complexo de onde o TDAH se origina e em que profundidade ele pode afetar aqueles que têm o transtorno do que o descrito por simples desatenção, hiperatividade e impulsividade. No entanto, essa visão mais simples é o que os clínicos têm à disposição para trabalhar inicialmente ao diagnosticar seus pacientes, pois isto é o que o DSM apresenta. Usando minha teoria do FE-AR, podemos começar a ver como apenas os critérios do DSM são insuficientes para que os clínicos possam se basear, exceto como um ponto de partida. Ofereço inúmeras recomendações no Capítulo 2, referentes às implicações dessa teoria para a avaliação e o diagnóstico. Mas aqui posso abordar a questão de como podemos mapear os sintomas de TDAH no DSM-5 na teoria do FE-AR.

CRITÉRIOS DO DSM-5 DENTRO DA TEORIA DO FE-AR

A Figura 1.4 mostra que a FE compreende um construto primário. Todas as pesquisas sobre as medidas da FE revelam esse construto importante, que eu vejo como AR. O domínio amplo da FE pode ser divido em duas dimensões, inibição e metacognição, as quais, como mostrado na referida figura, podem ser mais dissecadas em dimensões menores das FEs que são parcialmente associadas uma à outra. A metade inferior da figura mostra que as duas dimensões tradicionais dos sintomas de TDAH (desatenção e comportamento hiperativo-impulsivo) são simplesmente subgrupos das duas principais dimensões da FE. Isso significa que a FE é, ao mesmo tempo, uma coisa (AR) e muitas coisas (pode ser subdividida em FEs de curta abrangência relacionadas a maiores abrangências de inibição e metacognição).

Desatenção com o quê?

A teoria do FE-AR pode nos esclarecer melhor quanto à natureza da desatenção que ocorre no TDAH; isto é incrivelmente esclarecedor para entender o TDAH clinicamente, mas também para seu diagnóstico diferencial de outros transtornos mentais que afetam a atenção de modo adverso, mas de formas inteiramente diferentes. Considere que a atenção representa uma relação entre um estímulo e a resposta perceptual-motora do indivíduo que se orienta para ele, o explora e então pode se engajar nele. A atenção, portanto, representa uma forma de controle do estímulo. Mas que tipos de estímulos ou eventos estão falhando em controlar ou motivar esse engajamento de pessoas com TDAH comparados com outros tipos de estímulos ou eventos? Indivíduos com TDAH têm pouca dificuldade para prestar atenção ao *agora* – o presente momentâneo e o ambiente externo; de fato, esse é o problema. O que está acontecendo imediatamente à sua frente naquele momento exerce uma influência muito mais forte no engajamento das suas respostas do que as representações mentais privadas sobre as tarefas que lhes foram solicitadas ou o futuro que o indivíduo planeja, e as sequências comportamentais ou esquemas necessários para fazer esse futuro acontecer. Essas representações mentais ocorrem nos dois sistemas da memória de trabalho – visual e verbal. Assim, as pessoas com TDAH são desatentas àquelas representações mentais – sobre tarefas, objetivos, tempo e consequências adiadas e o futuro em geral – que são muito menos capazes de capturar ou controlar as ações do indivíduo com TDAH. Essas representações simplesmente não são suficientemente imperiosas para governar seu comportamento imediato em relação aos eventos que estão se desenrolando à sua volta.

Reenquadrar dessa forma a desatenção daqueles com TDAH pode melhorar imensa-

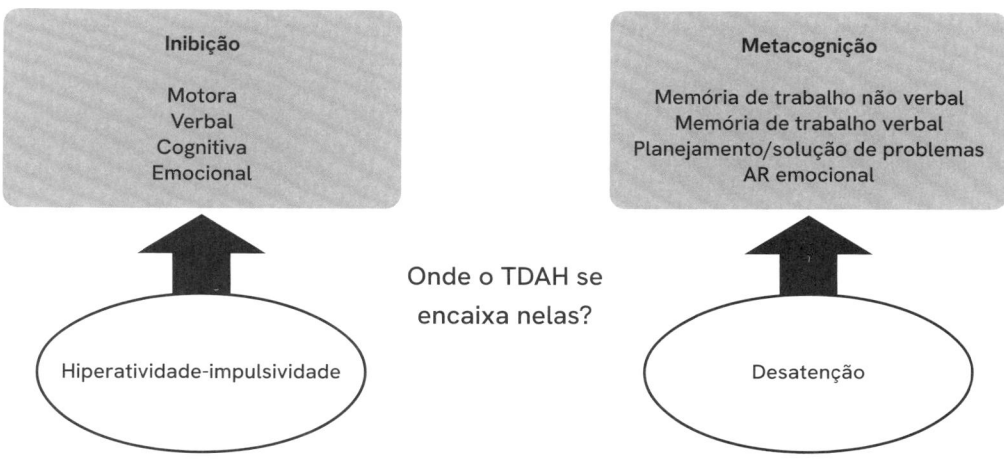

FIGURA 1.4
Relação dos sintomas tradicionais do TDAH conforme descrito nos manuais diagnósticos clínicos com o domínio do funcionamento executivo (FE), suas duas dimensões abrangentes (inibição e metacognição) e seus componentes mais especializados.

mente o diagnóstico diferencial, ajudando-nos a distinguir entre a desatenção vista no TDAH e a que é vista em muitos outros transtornos psiquiátricos e do neurodesenvolvimento. Transtornos como depressão, ansiedade ou mesmo TEA também podem resultar em um tipo de desatenção. No entanto, pessoas com esses transtornos são desatentas a eventos ou estímulos no *agora* – o oposto do TDAH. Em vez disso, as representações mentais (pensamentos) sobre seus problemas, suas preocupações, seus medos ou apenas seus devaneios ou sua mente dispersa (como no TEA) são muito potentes para capturar e manter o engajamento do indivíduo, dissociando a atenção da pessoa do mundo externo e direcionando-a para um foco em eventos mentais. As pessoas com esses outros transtornos são mentalmente preocupadas em vez de engajadas no fluxo contínuo do agora e nas coisas nas quais deveriam estar trabalhando. Você pode ver isso na ruminação mental da depressão, a reexperiência da memória como na ansiedade ou no transtorno de estresse pós-traumático (TEPT); na preocupação com possíveis consequências adversas que podem acontecer a elas, como em transtornos de ansiedade (TAs), improváveis como possivelmente são; e, certamente, nas obsessões de alguém com transtorno obsessivo-compulsivo (TOC). Da mesma forma, pessoas que sofrem do novo transtorno de atenção de tempo cognitivo lento (TCL) podem ser preocupadas simplesmente com devaneios mentais ou mente dispersa ao ponto de ser desadaptativo ou patológico. Em suma, enquanto as pessoas com TDAH são dissociadas de pensamentos e planos relacionados a tarefas e objetivos (o futuro) e, assim, são excessivamente atentas ao agora externo, aquelas que têm outros transtornos são dissociadas de eventos no mundo externo e excessivamente atentas a eventos mentais ou pensamentos.

Desregulação emocional como componente essencial

A teoria do FE-AR, em contraste com a formulação do TDAH no DSM-5, também nos mostra o papel importante da fraca AR emocional como uma característica central do TDAH. A conceitualização clínica atual e os critérios para diagnosticar TDAH não fazem menção a esse problema como sendo uma parte inerente do transtorno. Contudo, evidências contundentes mostram que a frágil restrição da expressão emocional e a AR deficiente são problemas importantes para pessoas com o transtorno. Durante os primeiros 170 anos da sua história médica, acreditava-se que o TDAH e seus transtornos precursores com outros nomes envolviam déficits na inibição emocional e na AR juntamente com os problemas nucleares com a atenção e o comportamento hiperativo-impulsivo. Portanto, a ideia do TDAH envolvendo problemas para autorregular a emoção não é nova.

Porém, iniciando na década de 1960, sobretudo com a segunda edição do DSM, os sintomas de impulsividade emocional (que provavelmente se sobrepõem à labilidade emocional) e AR deficiente foram divorciados dos déficits centrais do TDAH. O porquê não se sabe, mas este foi um grande erro, na minha opinião. Para mim, dois construtos relacionados abrangem um construto maior, a *desregulação emocional* – a expressão impulsiva das emoções desencadeadas e o déficit na posterior modificação, na moderação e no enfrentamento eficiente delas em prol do bem-estar do indivíduo a longo prazo. Quando mencionados em descrições do TDAH depois de 1968, esses problemas eram tratados como meramente associados, que podiam surgir em alguns casos, talvez como consequência de um transtorno comórbido. Porém, atualmente, há evidências convincentes que defendem o retorno da desregulação emocional ao *status* de um componente nuclear do TDAH em sua conceitualização e seus critérios diagnósticos do DSM-5.

- A desregulação emocional tem uma longa história como característica central do TDAH em sua conceitualização clínica.
- Teorias neuropsicológicas atuais do TDAH e do funcionamento executivo consideram a desregulação emocional um componente central.
- Os achados neuroanatômicos associados ao TDAH provavelmente dariam origem aos inúmeros sintomas de desregulação emocional, dado que o circuito executivo "quente", ou emocional, fornece a regulação "descendente" da amígdala e, consequentemente, o sistema límbico (cérebro emocional).
- Revisões desta questão revelam várias formas de desregulação emocional (baixa tolerância à frustração, impaciência, desencadeamento rápido de raiva e facilmente excitável com reações emocionais em geral) em 21-72% dos casos de TDAH em crianças, e 32-78% dos casos em adultos.

Os benefícios clínicos de incluir a desregulação emocional são substanciais.

■ **Entender a comorbidade.** Devolver a desregulação emocional para um lugar central no TDAH deixaria os clínicos mais atentos a comorbidades com TOD, transtorno de conduta (TC) e ansiedade e depressão na adolescência. Metade dos oitos sintomas de TOD são respostas emocionais envolvendo humor, raiva, hostilidade e ficar irritado rapidamente, e TDAH é altamente comórbido com TOD (65-85%). Crianças com TDAH estão a meio caminho de satisfazer os critérios para TOD devido às suas emoções impulsivas, sobretudo aquelas que envolvem impaciência, frustração, raiva, reação rápida e excessivamente excitável ou reagindo com muita facilidade. O conflito social componente do TOD na infância, que compreende os outros quatro dos oito sintomas de TOD, origina-se principalmente da aprendizagem social dentro das famílias e explica a associação do TOD com posterior TC na adolescência. Mais sobre o papel da FE e da AR emocional na gênese do TOD é apresentado no Capítulo 4.

■ **Entender os prejuízos.** Desregulação emocional é um forte preditor de prejuízos sociais em vários domínios das principais atividades da vida (relações com os pares, trabalho, condução de veículo, casamento/coabitação e paternidade) vistos no TDAH mesmo depois de controlar as contribuições das dimensões de sintomas tradicionais desse transtorno.

■ **Diagnóstico diferencial.** Incluir desregulação emocional como componente central do TDAH reduziria diagnósticos incorretos de transtornos do humor no TDAH como um meio de explicar as dificuldades emocionais evidentes nele. Essas dificuldades não se originam inteiramente da comorbidade, contrário ao DSM-5. Os clínicos podem diferenciar os sintomas emocionais de TDAH daqueles de transtornos do humor focando em vários parâmetros: as emoções são de curta duração, em geral específicas para a situação, frequentemente provocadas e, como tal, são reativas a um evento desencadeante, e racionais ou compreensíveis – a emoção faz sentido para pessoas típicas considerando a provocação, mas a reação é excessivamente impulsiva e forte, não sendo moderada por esforços de AR. Em contrapartida, os sintomas de um transtorno do humor mostram o padrão oposto – a emoção é de longa duração (logo, um humor), é trans-situacional, em geral, não é provocada e irracional (achamos difícil entender por que a pessoa se sente assim por tanto tempo) e é instável, lábil e/ou extrema.

■ **Tratamentos efetivos.** Medicamentos para TDAH parecem reduzir o componente de desregulação emocional do TDAH tanto quanto para as dimensões de sintomas tradicionais do TDAH, embora cada categoria medicamentosa faça isso por meio de mecanismos e redes neurais diferentes. A base de evidências ainda não é suficiente para chegar a uma conclusão definitiva. Além disso, os efeitos de medicamentos na regulação emocional podem ser mais evidentes em adultos com TDAH do que em crianças com a condição. Mas o que existe aponta que medicamentos para TDAH provavelmente têm algum impacto positivo na redução da desregulação emocional no TDAH. O resultado final é, acredito, que a desregulação emocional não deve ser ignorada quando um diagnóstico de TDAH está sendo feito ou um plano de tratamento está sendo elaborado. A intervenção psicossocial para TDAH também deve incluir programas voltados para ajudar os pacientes com sua desregulação emocional especificamente, em vez de apenas reduzir as dimensões dos sintomas de TDAH tradicionais. Programas de terapia cognitivo-comportamental que visam a esse aspecto dos déficits da FE (e talvez práticas baseadas em *mindfulness*) parecem ser capazes de fazer isso em adultos com TDAH, especialmente se eles tomam medicação enquanto se submetem ao treinamento.

TESTAGEM, TESTAGEM

Alguns dos meus colegas cientistas argumentam que TDAH não é um transtorno do funcionamento executivo, citando o fato de que apenas uma minoria das pessoas com TDAH fracassam nos testes e em baterias de testes. Infelizmente, este argumento não explica os déficits sérios e pervasivos na FE, na AR e na organização transtemporal do comportamento, tão evidentes na vida diária naqueles com TDAH, conforme apresentado por autoavaliações e avaliações de terceiros e em entrevistas clínicas. Revelador aqui é o substancial corpo de evidências mostrando que avaliações e observações do funcionamento executivo na vida diária *não* estão significativamente correlacionadas com os resultados dessas baterias de testes da FE. Assim, é evidente, independentemente do que os testes da FE estão medindo, este não é o funcionamento executivo na vida diária. Os críticos da teoria do FE-AR do TDAH veem isso como apenas mais evidências contra as escalas de avaliação; eles veem os testes como o padrão-ouro para avaliar a FE. Alguns também defendem a falsa crítica de que essas avaliações são subjetivas e muito limitadas quanto ao que podem nos dizer sobre o funcionamento executivo. Eu e outros vemos essa falta de correlação entre testes e avaliações como evidências contra a validade ecológica dos testes – eles não são o padrão-ouro para medir a FE. Além do mais, esses testes são deficientes na previsão de prejuízos em atividades importantes da vida abundantes na FE e na AR. Muitos estudos usando escalas de avaliação do funcionamento executivo na vida diária atestam claramente o fato de que uma vasta maioria de pacientes com TDAH apresenta prejuízos nos principais domínios da FE: gerenciamento do tempo, auto-organização e solução de problemas, autocontrole, automotivação e AR das emoções.

Outra crítica ao uso de testes psicométricos para avaliar TDAH é que eles dão origem a teorias sobre a natureza do TDAH que não predizem nada de consequências clinicamente úteis fora dos resultados do seu próprio teste ou dos de testes com formatos altamente similares. Assim, o clínico sensato provavelmente responderá a teorias como aversão à demora, um reservatório limitado de energia cognitiva, etc., com "E daí?" O que exatamente significa na vida real apresentar, por exemplo, aversão à demora em uma tarefa de laboratório desse construto em vez de intolerância a atrasos em testes? O que isso prediz sobre as vidas dos indivíduos fora do laboratório, e como eles estão funcionando em vários domínios importantes? O que isso nos diz sobre outros riscos que eles provavelmente correrão considerando esse déficit no teste? Isso nos informa quanto às ocupações que eles devem considerar ou evitar, ou as acomodações no trabalho ou em ambientes educacionais que eles devem solicitar? Em resumo, o que isso nos diz sobre como ajudar esses pacientes em ambientes naturais relevantes e importantes onde existem prejuízos? E nos informa sobre outros tratamentos que podem precisar ser feitos para abordar esse problema nuclear, como com a aversão a atrasos? A resposta a ser dada é um retumbante "não". Em outras palavras, você não pode depositar esses desempenhos deficientes nos testes no "banco clínico", pois eles não possuem nenhum valor monetário prático, por assim dizer, para nos guiar na ajuda aos pacientes. *As tarefas de laboratório são desprovidas de significado clínico para auxiliar no diagnóstico diferencial e no atendimento ao paciente.*

Este é um ponto fundamental neste livro. A força e a utilidade da teoria do FE-AR do TDAH não são unicamente que ela é neuroanatômica e neuropsicologicamente sólida, mas também que conduz a um diagnóstico perspicaz e a tratamentos úteis para cada paciente individual – recomendações de tratamento que não surgiriam de outras teorias do TDAH ou da FE. Este ponto é considerado em todos os capítulos restantes deste livro.

A TEORIA DO FE-AR RESULTA EM TRATAMENTOS QUE AJUDAM NA VIDA REAL

Se a máxima "Não há nada tão prático quanto uma boa teoria" for verdadeira, então a teoria do FE-AR é boa. Ela é, acima de tudo, prática em suas implicações clínicas.

TRATAMENTOS QUE AJUDAM OS PACIENTES A FAZER O QUE SABEM QUANDO PRECISAM USAR ESSE CONHECIMENTO

As FEs permitem que as pessoas mostrem o que sabem em seu funcionamento em AVDs para melhorar seu bem-estar a longo prazo. Mas o TDAH interfere na conectividade do cérebro do conhecimento (hemisférios posteriores) com o cérebro do desempenho (sistemas executivos frontais). Portanto, o TDAH deve ser visto não como um problema com saber o que fazer, mas como *um problema com fazer o que sabe* e fazê-lo consistentemente em pontos críticos do desempenho nos quais esse conhecimento é mais efetivamente aplicado.

As ramificações dessa ideia são profundas. Se o TDAH é baseado nos déficits do FE-AR, então ele não deve ser tratado amplamente com abordagens que enfatizam aquisição de conhecimento, como o treinamento de habilidades. No entanto, a maioria dos tratamentos psicossociais tenta fazer exatamente isso (p. ex., treinamento de habilidades sociais para crianças, aplicativos para reabilitação cognitiva da FE para adultos, modificação do comportamento para aquisição de habilidades). Eles estão fadados a fracassar, pois não abordam o problema real – o uso do conhecimento onde e quando seria benéfico fazê-lo, conhecido como *ponto de desempenho*. Este é o lugar e o tempo no ambiente natural onde é útil aplicar o conhecimento para melhorar as consequências para o indivíduo (e frequentemente para outros). O problema aqui é a aplicação do conhecimento na vida diária, não a ignorância do conhecimento ou a burrice. Para melhorar um transtorno do desempenho, alteramos os pontos de desempenho para estimular os indivíduos a mostrar (utilizar) o que sabem e reforçar o uso repetido do conhecimento ali. Em outras palavras, para ser eficiente, o tratamento psicossocial para TDAH e transtornos da FE precisa envolver a alteração de elementos-chave do ambiente para estimular as pessoas a recordar e então usar o que elas sabem para melhor funcionamento adaptativo nesse ambiente e nesse contexto.

TRATAMENTOS QUE REORGANIZAM O AMBIENTE PARA COMPENSAR OS DÉFICITS DA FUNÇÃO COGNITIVA

Tratamentos e medicamentos que ajudam os pacientes a reduzir o impacto dos déficits da FE modificando o ambiente serão discutidos com maior profundidade posteriormente neste livro. Apresento a seguir alguns exemplos.

■ **Memória de trabalho deficiente é um obstáculo ao sucesso na escola, no trabalho e em todos os contextos sociais, portanto, informações essenciais devem ser "descarregadas" e externalizadas para outros dispositivos de armazenamento, para guiar o desempenho na tarefa.** Pense em postites, lembretes, diários, listas de tarefas e calendários.

■ **O TDAH cria cegueira para o tempo, portanto, tarefas mais curtas requerem lembretes externos de tempo, e tarefas mais longas requerem temporizadores mais a divisão das tarefas em unidades ou cotas menores.**

■ **O TDAH cria transtorno de déficit de motivação, portanto, para mantê-los trabalhando na direção dos objetivos, aqueles com o transtorno precisam de mais recompensas externas e frequentemente mais responsabilidade com os outros.**

■ **A solução de um problema mental é muito difícil no TDAH, portanto, elementos do problema precisam ser manuais e tangíveis.** Para crianças, pense em bolas de gude para contar, uma linha numérica ou um ábaco para usar como apoio para aritmética mental. Para adultos, pense em um *software* que possa representar os componentes de uma tarefa, como aqueles usados em decoração de interiores e *design* arquitetônico, planilhas de contabilidade, processamento de palavras, composição musical, etc. Pense nas transações em que a tarefa já é manual, os componentes são físicos, o objetivo é mais imediato, e a supervisão e a responsabilidade com os pares e os supervisores são mais imediatas e frequentes.

■ **O TDAH drena o reservatório de recursos da FE (esforços) rapidamente**, portanto, os pacientes precisam de cotas de trabalho menores, intervalos frequentes no trabalho, movimento periódico antes e durante o trabalho, e outras acomodações e apoios que variam desde o autodiscurso encorajador até o uso de imagens externas dos objetivos, discursos animadores, medicação e, talvez, até mesmo goles periódicos de bebidas açucaradas para reabastecer o reservatório de esforços.

TRATAMENTO COM MEDICAMENTOS PARA DÉFICITS NO FE-AR

Os medicamentos para TDAH agem sobre os substratos e as redes cerebrais do FE-AR, e assim melhoram as FEs. Aqueles substratos e redes alterados ou malformados surgem durante o desenvolvimento e funcionam desse modo baseados em conjuntos de genes atípicos que criam problemas na formação regional, na integração e na conectividade funcional constante, interagindo com ou resultando de outras etiologias que podem igualmente danificá-los. O uso desses medicamentos neurogenéticos reduzirá os déficits no FE-AR, embora temporariamente, e assim reduzem a probabilidade de prejuízos nesses vários domínios principais da vida diária. Recomendações mais específicas para abordar os vários déficits do FE-AR impostos pelo TDAH na ecologia natural são discutidos posteriormente neste livro.

O restante deste livro é dedicado a descrever como você pode usar minha teoria do FE-AR e a riqueza de dados de pesquisa sobre TDAH disponíveis atualmente para fazer diagnósticos minuciosos e acurados de crianças e adolescentes, e elaborar e gerenciar o melhor plano de tratamento possível para seus pacientes. As implicações clínicas da minha teoria do TDAH aparecem ao longo deste capítulo; nos posteriores, você encontrará dicas clínicas em destaque para referência rápida.

CAPÍTULO 2

PRINCÍPIOS PARA DIAGNOSTICAR O TDAH

Por todas as razões mencionadas no Capítulo 1, o TDAH deve ser diagnosticado cuidadosamente, com base em múltiplos fatores interligados, como os déficits na FE e na AR, como as raízes do transtorno e a promoção do funcionamento sadio dos pacientes durante a vida como objetivo principal. A seguir, apresento os princípios que considero úteis para guiar o processo diagnóstico, juntamente com seus fundamentos informativos a partir da teoria e da pesquisa. O Capítulo 3 detalha os métodos e os instrumentos usados para realizar uma avaliação, com ênfase especial no uso da minha teoria do FE-AR para guiar a avaliação.

PRINCÍPIO 1 INICIE O PROCESSO DIAGNÓSTICO COM OS CRITÉRIOS DO DSM-5, MAS NÃO PARE POR AÍ

Os critérios diagnósticos usados para reconhecer o TDAH, como no DSM-5 (American Psychiatric Association, 2013), são os mais validados cientificamente até o momento em relação às edições anteriores e estão baseados em centenas de estudos, além da opinião de consenso de especialistas. Os clínicos questionam os pacientes (incluindo adultos, embora os critérios tenham sido desenvolvidos para uso com crianças) sobre os 18 sintomas listados na Tabela 2.1. Metade dos sintomas refere-se a problemas com desatenção, e a outra metade refere-se a problemas com hiperatividade ou impulsividade. Os sintomas podem ser resumidos conforme a seguir.

- O paciente manifesta seis ou mais dos nove sintomas de desatenção ou comportamento hiperativo-impulsivo (cinco sintomas para adultos).
- Os sintomas são inapropriados ao nível de desenvolvimento.
- Os sintomas existem há pelo menos seis meses.
- Os sintomas ocorrem em vários ambientes (dois ou mais).
- Os sintomas resultam em prejuízo em atividades importantes da vida.
- Os sintomas são desenvolvidos até os 12 anos de idade.

TABELA 2.1 CRITÉRIOS DIAGNÓSTICOS OFICIAIS PARA TDAH

A. Um padrão persistente de desatenção e/ou hiperatividade-impulsividade que interfere no funcionamento e no desenvolvimento, conforme caracterizado por:

1. **Desatenção:** seis (ou mais) dos seguintes sintomas persistem por pelo menos 6 meses em um grau que é inconsistente com o nível do desenvolvimento e têm impacto negativo diretamente nas atividades sociais e acadêmicas/profissionais:

    Nota: Os sintomas não são apenas uma manifestação de comportamento opositor, desafio, hostilidade ou dificuldade para compreender tarefas ou instruções.
    Para adolescentes mais velhos e adultos (17 anos ou mais), pelo menos cinco sintomas são necessários.

    a. Com frequência, não presta atenção em detalhes e comete erros por descuido em tarefas escolares, no trabalho ou durante outras atividades (p. ex., negligencia ou deixa passar detalhes, o trabalho é impreciso).
    b. Com frequência, tem dificuldade de manter a atenção com tarefas ou atividades lúdicas (p. ex., dificuldade de manter o foco durante aulas, conversas ou leituras prolongadas).
    c. Com frequência, parece não escutar quando alguém lhe dirige a palavra diretamente (p. ex., parece estar com a cabeça longe, mesmo na ausência de qualquer distração óbvia).
    d. Com frequência, não segue instruções até o fim e não consegue terminar trabalhos escolares, tarefas ou deveres no local de trabalho (p. ex., começa as tarefas, mas rapidamente perde o foco e facilmente perde o rumo).
    e. Com frequência, tem dificuldade para organizar tarefas e atividades (p. ex., dificuldade em gerenciar tarefas sequenciais; dificuldade em manter materiais e objetos pessoais em ordem; trabalho desorganizado e desleixado; mau gerenciamento do tempo; dificuldade em cumprir prazos).
    f. Com frequência, evita, não gosta ou reluta em se envolver em tarefas que exijam esforço mental prolongado (p. ex., trabalhos escolares ou lições de casa; para adolescentes mais velhos e adultos, preparo de relatórios, preenchimento de formulários, revisão de trabalhos longos).
    g. Com frequência, perde coisas necessárias para tarefas ou atividades (p. ex., materiais escolares, lápis, livros, instrumentos, carteiras, chaves, documentos, óculos, celular).
    h. Com frequência, é facilmente distraído por estímulos externos (para adolescentes mais velhos e adultos, pode incluir pensamentos não relacionados).
    i. Com frequência, é esquecido em relação a atividades cotidianas (p. ex., realizar tarefas, obrigações; para adolescentes mais velhos e adultos, retornar ligações, pagar contas, manter horários agendados).

2. **Hiperatividade ou impulsividade:** seis (ou mais) dos seguintes sintomas persistem por pelo menos 6 meses em um grau que é inconsistente com o nível do desenvolvimento, e têm impacto negativo diretamente nas atividades sociais e acadêmicas/profissionais:

    Nota: Os sintomas não são apenas uma manifestação de comportamento opositor, desafio, hostilidade ou dificuldade para compreender tarefas ou instruções. Para adolescentes mais velhos e adultos (17 anos ou mais), pelo menos cinco sintomas são necessários.

    a. Com frequência, remexe ou batuca as mãos ou os pés ou se contorce na cadeira.
    b. Com frequência, levanta-se da cadeira em situações em que se espera que permaneça sentado (p. ex., sai do seu lugar em sala de aula, no escritório ou em outro local de trabalho ou em outras situações que exijam que se permaneça em um mesmo lugar).

▶

TABELA 2.1 CRITÉRIOS DIAGNÓSTICOS OFICIAIS PARA TDAH

    c. Com frequência, corre ou sobe nas coisas em situações em que isso é inapropriado. (**Nota**: em adolescentes ou adultos, pode limitar-se a sensações de inquietude).
    d. Com frequência, é incapaz de brincar ou se envolver em atividades de lazer calmamente.
    e. Com frequência, "não para", agindo como se estivesse "com o motor ligado" (p. ex., não consegue ou se sente desconfortável em ficar parado por muito tempo, como em restaurantes, reuniões; outros podem ver o indivíduo como inquieto ou difícil de acompanhar).
    f. Fala demais com frequência.
    g. Com frequência, deixa escapar uma resposta antes que a pergunta tenha sido concluída (p. ex., termina frases dos outros, não consegue aguardar a vez de falar).
    h. Com frequência, tem dificuldades para esperar a sua vez (p. ex., aguardar em uma fila).
    i. Com frequência, interrompe ou se intromete (p. ex., mete-se nas conversas, nos jogos ou nas atividades; pode começar a usar as coisas de outras pessoas sem pedir ou receber permissão; para adolescentes e adultos, pode intrometer-se em ou assumir o controle sobre o que outros estão fazendo).

B. Vários sintomas de desatenção ou hiperatividade-impulsividade estavam presentes antes dos 12 anos de idade.

C. Vários sintomas de desatenção ou hiperatividade-impulsividade estão presentes em dois ou mais ambientes (p. ex., em casa, na escola, no trabalho; com amigos ou parentes; em outras atividades).

D. Há evidências claras de que os sintomas interferem no funcionamento social, no acadêmico ou no profissional ou de que reduzem sua qualidade.

E. Os sintomas não ocorrem exclusivamente durante o curso de esquizofrenia ou outro transtorno psicótico e não são mais bem explicados por outro transtorno mental (p. ex., transtorno do humor, transtorno de ansiedade, transtorno dissociativo, transtorno da personalidade, intoxicação ou abstinência de substância).

Determinar o subtipo:

    314.01 (F90.2) Apresentação combinada: se tanto o Critério A1 (desatenção) quanto o Critério A2 (hiperatividade-impulsividade) são preenchidos nos últimos 6 meses.

    314.00 (F90.0) Apresentação predominantemente desatenta: se o Critério A1 (desatenção) é preenchido, mas o Critério A2 (hiperatividade-impulsividade) não é preenchido nos últimos 6 meses.

    314.01. (F90.1) Apresentação predominantemente hiperativa/impulsiva: se o Critério A2 (hiperatividade/impulsividade) é preenchido, e o Critério A1 (desatenção) não é preenchido nos últimos 6 meses.

Especificar se:

    Em remissão parcial: quando todos os critérios foram preenchidos no passado, nem todos os critérios foram preenchidos nos últimos 6 meses e os sintomas ainda resultam em prejuízo no funcionamento social, no acadêmico ou no profissional.

Especificar a gravidade atual:

    Leve: poucos sintomas, se algum, estão presentes além daqueles necessários para fazer o diagnóstico, e os sintomas resultam em não mais do que pequenos prejuízos no funcionamento social ou no profissional.

▶

TABELA 2.1 CRITÉRIOS DIAGNÓSTICOS OFICIAIS PARA TDAH

> **Moderada:** sintomas ou prejuízos funcionais entre "leve" e "grave" estão presentes.
>
> **Grave:** muitos sintomas além daqueles necessários para fazer o diagnóstico estão presentes, vários sintomas particularmente graves estão presentes ou os sintomas podem resultar em prejuízo acentuados no funcionamento social ou no profissional.

- Os sintomas não são mais bem explicados por outro transtorno.
- Os sintomas podem aparecer com três "apresentações" (não subtipos): desatento, hiperativo ou combinado.

O QUE VOCÊ PRECISA SABER SOBRE AS MUDANÇAS NO DSM-5

Os avanços no desenvolvimento dos critérios diagnósticos em relação às edições anteriores do DSM certamente resultaram na especificação mais precisa dos sintomas, junto com duas listas de sintomas, uma ênfase no começo dos sintomas na infância ou no início da adolescência na maioria dos casos e a exigência de generalização dos sintomas entre os ambientes e as evidências de prejuízo em uma ou mais atividades importantes da vida. Mesmo assim, inúmeras recomendações baseadas em evidências foram feitas ao comitê de revisão dos critérios para TDAH para melhorar seu rigor e sua precisão diagnóstica, além de representar melhor o que era conhecido sobre os problemas nucleares inerentes ao transtorno. Infelizmente, muitas delas foram rejeitadas por comitês superiores nesta organização, aparentemente em parte devido ao medo de aumentar significativamente a prevalência do transtorno. Embora algumas revisões que finalmente foram aceitas fossem melhorias louváveis, elas eram meias-medidas. Além do mais, os critérios podem ser melhorados e ajustados quando vistos pelas lentes da teoria do FE-AR. Ao incorporar mais das revisões recomendadas aos antigos critérios do DSM e melhorando a amostragem dos déficits do FE-AR nas listas de sintomas, você pode usar critérios ainda mais rigorosos e representativos do que o DSM-5.

Não baseado na teoria do FE-AR

Os critérios oficiais agora enfatizam as origens *neurodesenvolvimentais* do TDAH, baseados nos papéis desempenhados pela genética (e possivelmente a epigenética), além de fatores neurológicos não genéticos, na sua etiologia. Mas eles não vão tão longe a ponto de usar esta compreensão para conceitualizar o TDAH como um transtorno do FE-AR. Esta limitação restringe o conceito de TDAH, banaliza a sua natureza a meramente um déficit de atenção e desvia do foco que os clínicos diagnosticadores precisam manter nos déficits mais abrangentes na FE e na AR inerentes ao TDAH e nos prejuízos causados por eles. Isso restringe o diagnóstico e, por fim, o tratamento para muitos pacientes.

Apresentações, não subtipos

O DSM-5 não mais conceitualiza o TDAH como abrangendo três subtipos separados, como se houvesse categorias qualitativamente distintas. Esta mudança faz sentido, pois há poucas evidências de diferenças significativas entre os subtipos anteriores. Em vez disso, o TDAH é agora visto como um transtorno único representando o extremo de um *continuum* que pode variar na população em cada uma das suas duas dimensões de sintomas altamente inter-relacionados. Esta é meramente uma forma de os clínicos notarem a gravidade relativa das dimensões dos sintomas naquele momento, e não um sinal de tipos qualitativamente distintos e duradouros, criando-se dois problemas:

- A teoria do FE-AR defende que essas dimensões de sintomas de TDAH refletem outras dimensões maiores envolvidas no funcionamento executivo (inibição executiva e metacognição).
- Um subgrupo de casos que se encaixa na apresentação predominantemente de desatenção pode não envolver TDAH, mas pode representar um segundo transtorno de atenção, conhecido como *tempo cognitivo lento* (TCL), ou o que um recente grupo de trabalho de especialistas (Becker et al., 2021) renomeou com mais precisão e menos ofensivamente como *síndrome de hipoatividade do desengajamento cognitivo* (CDHS, do inglês *cognitive disengagement hypoactivity syndrome*). Esta apresentação pode ser vista como um transtorno distinto das ainda parciais sobreposições com o TDAH. É importante que ela seja identificada devido ao seu poder explanatório único de predizer correlatos, comorbidades, desfechos e até mesmo a resposta ao tratamento. (Veja o Capítulo 4 para mais detalhes.) Colocar casos de CDHS na apresentação da desatenção é adequado no que se refere a documentar um diagnóstico para fins de reembolso de seguro ou coleta de dados institucionais, pois não há outro lugar para designá-la oficialmente, mas entenda que isso representa erroneamente (diagnostica erroneamente) CDHS como se fosse TDAH (ou o que alguns clínicos estão chamando de TDA – transtorno de déficit de atenção), quando as evidências até o momento mostram que certamente não é.

Diagnóstico na presença de transtorno do espectro autista

Esta é uma mudança bem-vinda, pois agora se sabe que a comorbidade do TDAH com o TEA é substancial, e não apenas uma consequência secundária ao TEA (veja o Capítulo 4).

Sintomas especificadores adicionais

Embora a lista de sintomas para TDAH no DSM-5 permaneça a mesma, sintomas especificadores foram adicionados entre parênteses depois de cada sintoma na Tabela 2.1, para auxiliar os clínicos na compreensão da expressão desse sintoma em idades posteriores à infância. Há pelo menos três problemas com esses especificadores.

- Um estudo que Laura Knouse e eu conduzimos (Knouse & Barkley, 2020) sugeriu que essas clarificações podem, na verdade, representar sintomas do transtorno recentemente inventados e separados, embora nenhuma dessas clarificações tenha se originado de pesquisas prévias que as testaram quanto à sua afiliação ao TDAH, à sua relação com o sintoma básico que elas devem esclarecer, quanto à sua acurácia na detecção de TDAH ou à sua relação com prejuízos em atividades importantes da vida – tão essenciais para inserir novos sintomas nesses critérios diagnósticos amplamente usados para um transtorno.
- O acréscimo de sintomas novos e não testados pode ampliar a elegibilidade para o transtorno em até 6% no fim da adolescência e em adultos, mas sem reajustar o limiar para a determinação do transtorno (seis sintomas para crianças, cinco para adultos).
- Algumas clarificações (p. ex., ser internamente distraído) estão altamente correlacionadas com ansiedade tanto quanto com o sintoma principal, o que pode levar à contaminação cruzada dos critérios de TDAH com os de outro transtorno.

Essas clarificações também não foram informadas por alguma teoria do TDAH, como a teoria do FE-AR, detalhada no Capítulo 1. Portanto, até que o *status* dos clarificadores entre parênteses seja mais pesquisado, *os clínicos possivelmente devem ignorá-los* ao fazer um diagnóstico de TDAH em um adolescente (ou adulto), se o objetivo for consistência ao identificar casos comparáveis entre o DSM-5 e o DSM-IV-TR.

SUPERANDO OUTRAS DEFICIÊNCIAS DOS CRITÉRIOS DO DSM

Várias limitações ficaram evidentes nos critérios do DSM ao longo das muitas edições do manual. É importante ter consciência de que elas persistem e de como lidar com elas para produzir os diagnósticos mais acurados para seus pacientes.

1 Sobretudo ao avaliar adolescentes (ou adultos), não coloque muita ênfase nos sintomas hiperativos. Seis sintomas de nove na lista do DSM refletem atividade excessiva, muito embora, nos últimos 40 anos, a impulsividade tenha sido vista como tão ou mais envolvida no TDAH que a hiperatividade. Esta é, no melhor dos casos, um reflexo da desinibição do movimento motor no começo da infância e declina tão acentuadamente com o desenvolvimento que esses sintomas têm pouco valor diagnóstico no fim da adolescência e, seguramente, na idade adulta. Esta é uma razão por que os clínicos antes da década de 1980 pensavam que o transtorno era superado na adolescência. Atualmente, a lista de sintomas está perdendo sua sensibilidade na detecção de um verdadeiro transtorno durante o desenvolvimento.

2 Procure sintomas adicionais de impulsividade. A fraca inibição deve se refletir não só na fala (atualmente, os critérios do DSM incluem somente três sintomas verbais), mas em outros domínios, como comportamento motor, cognição, motivação e emoção. Pergunte aos pais se seu filho faz o seguinte:

- Age sem pensar; frequentemente, não considera as consequências das suas ações.
- Distrai-se com atividades mais gratificantes, porém irrelevantes; tem dificuldade em se motivar para fazer seu trabalho.
- Opta por pequenas recompensas imediatas; tem dificuldade para adiar gratificação ou aguardar por recompensa maior, porém mais tardia.
- Não consegue persistir; não tem força de vontade, autodisciplina, motivação, determinação e persistência.
- Manifesta emoções impulsivas; parece incomumente impaciente, excita-se emocionalmente com facilidade, bem como se frustra e se irrita facilmente.

Nenhum desses aspectos de desinibição e fraca AR estão incluídos nos critérios do DSM-5 (ou anterior), embora pesquisas abundantes mostrem que eles são tão comuns em pessoas com TDAH quanto são sintomas tradicionais do DSM e, com a idade, mais do que hiperatividade. Mas, de qualquer forma, não deixe de perguntar a respeito.

3 Use escalas de avaliação dos sintomas de TDAH que têm suas normas subdivididas por sexo, e não apenas por idade. Os critérios do DSM-5 não reconhecem que as mulheres podem ser tão afetadas quanto os homens, mas em limiares mais baixos dos sintomas, porque (1) as mulheres ficam prejudicadas em certos domínios do funcionamento em níveis mais baixos de sintomas do que os homens e (2) os homens foram sobrerrepresentados nos ensaios de campo nas versões anteriores do DSM, desse modo tornando o limiar dos sintomas mais enviesado para os homens. Pesquisas sugerem que as mulheres na população geral, pelo menos na infância e na adolescência, não apresentam tantos sintomas como seus pares do sexo masculino, tornando mais difícil que uma mulher satisfaça os critérios do DSM, mesmo que possam estar tão prejudicadas quanto um homem. Veja o Capítulo 3 para as escalas que eu recomendo.

4 Pense na desatenção como um déficit metacognitivo e outros déficits na FE na vida diária, particularmente aqueles que refletem autoconsciência, memória de trabalho, fraca auto-organização, fraca AR emocional e gerenciamento deficiente do tempo. Desse modo, você saberá como ir além de focar meramente nos sintomas do DSM na sua avaliação dos pacientes em suas entrevistas e na seleção das escalas de avaliação, entre outros métodos de avaliação. Você também saberá, na sua entrevista inicial aberta, dar ouvidos a esses tipos de queixas para melhor ajudá-lo a identificar se o TDAH está presente ou não. Você também poderá entender melhor o impacto pervasivo dos sintomas dos pacientes no seu funcionamento diário em atividades importantes na vida, enquanto eles lhe explicam todos os domínios em que estão funcionando de forma ineficiente. Além disso, você pode lhes explicar melhor a natureza do seu transtorno na entrevista de *feedback* quando sua avaliação estiver finalizada, possibilitando que eles entendam melhor por que sua condição é tão séria, debilitante e pervasiva nos principais domínios da vida. Isso ajudará você a compreender por que adolescentes (e adultos jovens) podem parecer estar superando o TDAH, com base nos critérios do DSM, quando provavelmente estão muito longe de superar seus déficits no FE-AR, podendo até estar demonstrando maior prejuízo com a idade.

5 Não se apegue tão rigidamente aos limiares para satisfazer os critérios diagnósticos quando houver claros sinais de prejuízo significativo. Você não está tomando uma decisão dicotômica – transtorno ou não transtorno – ou lidando com sintomas cuja presença ou ausência cria uma distinção nítida entre os dois. Tenha em mente que TDAH (e FE-AR) não é uma categoria, mas uma dimensão. Pesquisas empíricas afirmam que o TDAH se estende ao longo de um *continuum* e na população geral. Ele é um transtorno do desenvolvimento distinto dos outros mais por uma diferença quantitativa do comportamento normativo do que como uma categoria qualitativamente distinta. Portanto, você vai encontrará pacientes que não satisfazem todos os critérios do DSM, mas que estão apresentando prejuízos e buscam assistência para amenizá-los ou pelo menos compensá-los. *Como clínicos, somos valorizados pela sociedade não tanto porque fazemos diagnósticos, mas porque aliviamos o sofrimento; a atribuição de um diagnóstico é um meio para esse fim, e não o fim em si mesmo.* Isso significa que você deve diagnosticar TDAH nos seguintes casos:

- Seus pacientes ou seus cuidadores dizem que a criança ou o adolescente tem um número alto de sintomas de TDAH (e funcionamento executivo) (acima dos percentis 80-84 ou mais em gravidade) e há evidências de prejuízos em atividades importantes da vida (danos), mesmo que o paciente não satisfaça todos os critérios do DSM-5.
- Os sintomas surgiram em algum momento durante o desenvolvimento, em geral antes dos 21-24 anos, aproximadamente, e satisfazem todos os outros critérios para o transtorno. O DSM-5 aumentou a idade de início para TDAH de 7 para 12 anos, mas pesquisas mostram repetidamente que nem os pacientes nem aqueles que os conhecem bem são confiáveis ou precisos ao recordar a idade de início dos sintomas e, portanto, do transtorno. É um erro considerar a idade de início ao diagnosticar TDAH, se tudo o mais atingir os limiares estabelecidos.

Prejuízo é um aspecto fundamental para diagnosticar TDAH (veja o Princípio 2). Veja também os Folhetos 3 a 14, no Apêndice A, para folhetos informativos para os pais sobre tópicos específicos relacionados ao TDAH que o ajudarão a explicar a natureza do TDAH como um espectro ou transtorno dimensional aos pais e aos professores de crianças com TDAH.

6 Considere sempre a fonte de informação ao avaliar uma criança ou um adolescente para TDAH. O DSM tem uma exigência de ocorrência em vários ambientes de alguns sintomas nos critérios diagnósticos, mas é preciso ter cuidado para não confundir isso com diferenças nos relatos de outras pessoas que são chamadas para dar informações sobre o indivíduo. No nível de análise individual, pode haver diferenças substanciais no número e na gravidade dos sintomas relatados por diferentes observadores nos diversos contextos em que eles acompanham o indivíduo. Por exemplo, sabe-se muito bem que a concordância entre pais e professores em alguma dimensão da psicopatologia em crianças ou adolescentes é notoriamente baixa, com as correlações médias de apenas 0,25 a 0,30. Para evitar misturar essa discordância natural nos relatos com a ocorrência em vários contextos, deve ser entendido que o DSM requer que apenas um ou mais sintomas precisam estar presentes em determinada situação, conforme relatado por uma fonte, enquanto mais sintomas que produzem prejuízo podem ser relatados em outros contextos por outras fontes. É o número total de sintomas *diferentes* endossados entre os relatos que precisa alcançar o limiar requerido dos sintomas (seis para crianças, cinco para adultos). *Você não precisa de seis (ou cinco) de ambas as fontes.* A mesma cautela sobre relatos conflitantes dos observadores se aplica à comparação dos autorrelatos de crianças e de adolescentes com TDAH, e os relatos de seus pais ou outras pessoas sobre seus sintomas de TDAH. Até o paciente chegar aos seus 20 anos, a correlação entre autorrelato e relatos de outras pessoas é apenas modesta, refletindo baixos graus de concordância. A teoria do FE-AR do TDAH explica este fenômeno: o desenvolvimento das FEs que criam autoconsciência está defasado naqueles com TDAH. Portanto, você deve aderir a este critério recém inserido no DSM-5 para corroborar o que os pacientes estão relatando por outra fonte. Se não estiver disponível um genitor, irmão ou cuidador de longa data, os registros de arquivos podem ser suficientes, como registros médicos/psiquiátricos anteriores, históricos de ensino, boletim escolar, histórico de condução de veículo, história profissional, etc., quando disponíveis.

7 Pense – e explique – o TDAH como FE-AR, e, portanto, sendo o diabetes da saúde mental. O DSM especifica que pode existir prejuízo em contextos domésticos, educacionais, dos pares ou ocupacionais, mas, como ainda foca no TDAH como déficits na atenção ou na regulação da atividade, ele não expressa em que medida além desses domínios o TDAH tem impacto adverso. Quando você vê o TDAH como fundamentado em déficits nas FEs e na AR, que são requisitos para o bom funcionamento na maioria dos domínios da vida, você pode não só entender melhor por que seus pacientes estão tendo dificuldades para funcionar eficientemente em tantos domínios da vida e da saúde, mas também explicar melhor a eles e a seus entes queridos por que este é o caso e por que é imperativo que o transtorno seja tratado continuamente, como se ele fosse o diabetes da psiquiatria. Voltarei a este ponto em capítulos posteriores que tratam dos prejuízos e da adoção da estrutura de tratamento fornecida pela teoria do FE-AR.

8 Não assuma que o TDAH desaparece na adolescência. Os critérios do DSM são progressivamente menos sensíveis em termos de desenvolvimento com o aumento da idade. Eles perdem sua capacidade de detectar o verdadeiro transtorno até certo ponto na idade adulta. Mas, se aplicássemos critérios relativos em termos de desenvolvimento a um diagnóstico, como exceder o percentil 93 (desvio-padrão [DP] +1,5) ou 98 (DP +2) em relação aos pares da mesma idade e que requerem evidências do prejuízo, até 56 e 49% dos casos na infância, respectivamente, continuariam a ser sintomáticos, mesmo que não diagnosticáveis completamente pelos critérios do DSM. E, se tivéssemos empregado mais sintomas dos déficits do FE-AR além dos sintomas de TDAH, ainda mais casos seriam classificados como desviantes. Note que o uso de uma abordagem desenvolvimental para o diagnóstico identifica duas vezes mais casos como sendo persistentes em seu transtorno do que os critérios do DSM identificam. *Se a presença de prejuízo fosse o único critério empregado, então 80 a 85% ou mais ainda seriam* *prejudicados em uma ou mais AVDs no* follow-up adulto. Durante minha pesquisa coletando normas representativas da população para minhas escalas de avaliação da FE (Barkley, 2011, 2012a), observei que, apesar do conhecido declínio com a idade nos sintomas de TDAH na população geral, desde a infância até a idade adulta (e daí em diante, como visto nas escalas de avaliação do TDAH), houve pouco ou nenhum declínio óbvio nos vários componentes da FE nas avaliações durante a infância (6 a 18 anos), como automotivação, gerenciamento do tempo, autocontrole e planejamento/solução de problemas. O que isso provavelmente significa é que as listas de sintomas de TDAH não estão captando a gama muito mais ampla de déficits da FE associados a este transtorno que não estão declinando com o desenvolvimento tanto quanto os sintomas mais tradicionais do DSM focados na infância.

PRINCÍPIO 2 ENTENDA A IMPORTÂNCIA DOS PREJUÍZOS *VERSUS* SINTOMAS

O que qualifica o TDAH como um transtorno "real" ou válido, na minha opinião, é que ele satisfaz os critérios bem fundamentados para uma disfunção prejudicial conforme estabelecido por Jerome Wakefield (1999), que definiu transtornos mentais da seguinte forma:

- *Disfunção(ões)* em uma ou mais adaptações (habilidades) psicológicas evoluídas que são universais para a espécie (parte da concepção humana).
- Que causam *danos* ao indivíduo, incluindo aumento na morbimortalidade e na deficiência (funcionamento ineficaz nas principais atividades da vida).

Evidências abundantes mostram que o TDAH facilmente satisfaz ambos os critérios, portanto ele é claramente um transtorno válido.

No entanto, se a disfunção for em um *continuum*, como no TDAH, e não categórica, em que ponto ela se transforma em um transtorno? Ela é um transtorno *quando a gravidade dos sintomas chega ao ponto em que causa danos* – consequências adversas ou prejuízos – para o indivíduo (o ambiente dá o troco). Isso explica por que encorajo os clínicos a usarem o prejuízo como um fator importante ao diagnosticar TDAH, mesmo quando os critérios dos sintomas estão abaixo dos limiares do DSM.

Os prejuízos são muito mais amplos e multifatoriais do que os critérios do DSM indicam – em grande parte porque o DSM ainda vê o TDAH como um transtorno de desatenção e hiperatividade, em vez de mais amplamente como um transtorno da AR. Para fazer um diagnóstico mais acurado, é importante examinar como o TDAH pode afetar crianças e adolescentes em cada domínio da vida e avaliar se alguns pacientes estão exibindo esses danos. O Capítulo 3 lista alguns dos instrumentos que você pode usar para medir os prejuízos. A Figura 2.1 oferece uma visão geral dos domínios dos prejuízos tanto para crianças quanto para adultos.

O Capítulo 5 apresenta detalhes sobre os vários domínios de prejuízos e o risco futuro que você pode compartilhar com os pais para que eles saibam o que esperar caso seu filho seja diagnosticado com TDAH. Para fins de avaliação, a seguir são descritos alguns dos prejuízos mais prováveis de afetar as crianças que você avaliar.

PREJUÍZOS NAS RELAÇÕES FAMILIARES

É essencial que você avalie a família enquanto avalia uma criança ou um adolescente para TDAH, não meramente para determinar se a criança tem TDAH, mas para evidenciar todos os fatores que provavelmente afetarão o tratamento. Uma grande quantidade de pesquisas mostrou que o TDAH de uma criança pode ter impacto negativo na sua re-

Saúde
- Mais enurese/encoprese quando criança
- Pior saúde geral
- Pior nutrição e mais obesidade
- Mais patologia e compulsão alimentar
- Mais risco de diabetes tipo 2
- Menos exercício para manutenção da saúde
- Higiene e saúde dentária deficientes
- Mais alergias
- Maior uso/abuso de substâncias
- Maior risco de transtornos convulsivos
- Mais problemas do sono
- Maior risco de adição à internet
- Mais lesões acidentais
- Comportamento sexual de risco, mais infecções sexualmente transmissíveis (ISTs)
- Mais probabilidade de gravidez na adolescência
- Risco mais alto de doença cardíaca coronariana
- Maior risco de mortalidade precoce
- Expectativa de vida mais curta
- Maior encargo econômico

Social
- Funcionamento familiar perturbado
- Relações mais frágeis com os pares
- Amizades prejudicadas
- Relações íntimas/de coabitação mais frágeis
- Parentalidade perturbada
- Reciprocidade e cooperação deficientes
- Mais risco de vitimização
- Mais atividades antissociais
- Mais prisões/probabilidade de ser detido

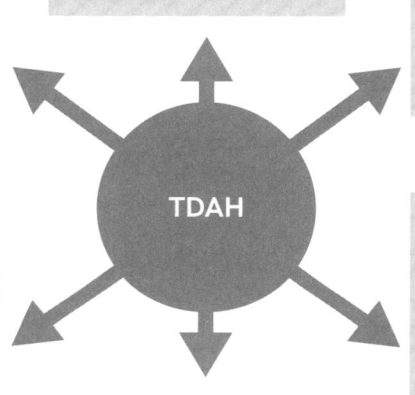

Educação
- Desempenho escolar deficiente
- Pouca produtividade no trabalho
- Risco de dificuldades de aprendizagem
- Comportamento mais disruptivo em classe
- Risco mais alto de repetência
- Mais suspensões/expulsões
- Serviços educacionais mais especiais
- Menos sucesso escolar

TDAH

Emprego
- Ingresso precoce na força de trabalho
- Mais emprego em tempo parcial
- Nível de trabalho com menos habilidades
- Menos progresso na carreira
- Mais mudanças de emprego
- Mais frequentemente demitido/dispensado
- Salário anual mais baixo
- Ganhos mais baixos ao longo da vida
- Desempenho no trabalho prejudicado
- Relações mais pobres com colegas de trabalho
- Mais ausências não justificadas
- Maior uso de licença-saúde
- Mais episódios de desemprego
- Mais acidentes no trabalho
- Maior probabilidade de estar fora por incapacidade

Condução de veículo
- Dirige mais antes da habilitação
- Pior coordenação de direção/veículo
- Condução mais distraída
- Tempos de reação mais variáveis
- Velocidade excessiva e corre riscos
- Mais episódios de raiva no caminho
- Mais multas de trânsito
- Mais colisões e negligência
- Colisões mais graves
- Mais suspensões da habilitação

Financeiro
- Manejo financeiro deficiente
- Menor renda anual e economias
- Mais dívidas totais
- Compras impulsivas excessivas
- Avaliações de crédito mais baixas
- Esquece de pagar contas
- Mais chance de viver com os pais
- Recebe mais apoio de outros

FIGURA 2.1
Domínios de prejuízo nas principais AVDs e na saúde prováveis de ocorrer juntamente com TDAH em crianças e adultos.

lação com os pais e com os irmãos. Se os pais ou os irmãos também têm TDAH ou outros diagnósticos psiquiátricos, os problemas frequentemente são combinados e bidirecionais. Identificar que tipos de problemas existem na família durante o processo diagnóstico pode ajudá-lo a desenvolver um plano de tratamento abrangente que tenha a maior chance possível de ajudar a criança com TDAH e, por sua vez, toda a família. O Princípio 3, a seguir, o ajudará a aplicar uma estrutura neurogenética à sua abordagem para avaliar uma criança ou um adolescente para TDAH, incluindo a importância de considerar se os parentes biológicos também têm TDAH ou outros problemas de saúde mental relevantes. O Capítulo 3 inclui mais sobre métodos e instrumentos para avaliar a família.

PREJUÍZOS EDUCACIONAIS

A educação é um dos domínios mais bem documentados de prejuízos em todas as faixas etárias de pessoas com TDAH. Quando o TDAH é visto pelas lentes da teoria do FE-AR, a razão para isto é óbvia. Poucos domínios além do desempenho ocupacional em adultos requerem autorregulação e gratificação adiada tanto quanto a educação. A seguir, uma visão geral das evidências de pesquisa.

■ A vasta maioria das pessoas com TDAH experiencia prejuízos no contexto educacional, provavelmente mais de 90%; e a extensão do prejuízo é mais grave neste domínio do que na maioria, se não em todos os outros.

■ Pessoas com TDAH manifestam menos habilidades para prontidão acadêmica na pré-escola, menos habilidades no desempenho acadêmico depois de ingressar na escola formal, maiores déficits nas habilidades, déficits generalizados no desempenho em matérias acadêmicas principais e comportamentos acadêmicos mais pobres como auto-organização, gerenciamento do tempo e solução de problemas, que tornam viável a aprendizagem. Estes estão presentes além dos seus sintomas de TDAH, déficits da FE, conforme identificado aqui e em capítulos posteriores neste livro.

■ Nas habilidades acadêmicas, pessoas com TDAH apresentam déficits significativos em leitura, matemática, ortografia e em competências de escrita, além de maior probabilidade de se qualificar para dificuldades de aprendizagem específicas (33-45%), conforme discutido no Capítulo 4.

■ Os déficits no desempenho incluem altos índices de comportamento fora da tarefa, comportamento variável na tarefa, abordagens menos eficientes para desempenho no trabalho, comportamento negligente no trabalho, incapacidade para manter a motivação para trabalhar por tanto tempo quanto pessoas típicas e reduzido automonitoramento e autocorreção do trabalho. Além do mais, seus déficits na AR emocional e manifestações emocionais impulsivas resultam em problemas significativos com o manejo comportamental para os professores e são o melhor preditor de rejeição dos pares na escola.

■ Os déficits no desempenho acadêmico são mais uma função do grau dos sintomas da FE do que a dimensão de sintomas hiperativos-impulsivos, o que contribui ainda mais para problemas no manejo do comportamento disruptivo na escola e dificuldades em ambientes menos supervisionados (refeitório, saguão, ônibus, *playground*) e riscos fora da escola.

■ Transições significativas no ambiente acadêmico durante o desenvolvimento – como a mudança do ensino básico para o ensino médio – podem estar associadas a uma piora dos sintomas e mais prejuízos. Isso se deve em parte a uma redução na estrutura externa, assistência e supervisão e a maior ênfase na AR e independência associadas a essas transições.

■ Estudos de *follow-up* também apresentam taxas mais elevadas do que as típicas de resultados acadêmicos adversos, como repetência, suspensões e expulsões, e é possível que não concluam a educação obrigatória. Felizmente, este último risco tem declinado nos tempos atuais, provavelmente devido à inclusão do TDAH nas leis de educação especial que oferecem às gerações mais recentes mais assistência para concluir os estudos ou um caminho modificado por meio do qual se graduar do que aquele disponível para as gerações anteriores. Mesmo assim, pessoas jovens com TDAH têm menos probabilidade do que aquelas que estão nos grupos-controle de ingressar no curso superior ou, se ingressam, de se formar na universidade, embora os mais inteligentes consigam.

Avaliar os problemas educacionais associados ao TDAH é complexo e deve incluir testes de habilidades básicas de rendimento. Para profissionais que trabalham em ambientes escolares, a avaliação também pode incluir escalas de avaliação do desempenho acadêmico e características do aluno que possibilitam o desempenho acadêmico, como habilidades de estudo, motivação ou habilidades sociais, que reconhecidamente contribuem para o sucesso acadêmico, em conjunto com a avaliação baseada no currículo e nas observações diretas do funcionamento na escola, entre outras abordagens mais etológicas para documentar as dificuldades (veja DuPaul & Stoner, 2014).

As intervenções para os prejuízos educacionais de crianças e adolescentes com TDAH precisam focar não só na modificação dos sintomas de TDAH e comportamentos problemáticos relacionados mas também em habilidades acadêmicas, comportamento relacionado ao desempenho e habilidades que possibilitem o desempenho acadêmico para que possam ser obtidas melhorias em mais aspectos do que apenas o comportamento. Intervenções adicionais podem ser necessárias, para focar diretamente no risco aumentado de evasão escolar.

Em vista das considerações mencionadas, você precisa estar muito familiarizado com as leis e os serviços voltados para a educação especial, para que possa melhor orientar os pais quanto aos serviços para os quais seus filhos podem ser elegíveis e como ter acesso a eles. Algumas clínicas até mesmo chegaram ao ponto de contratar especialistas em educação com um histórico em educação especial para trabalhar como ligação entre seus clínicos e os sistemas escolares para melhor auxiliar os pacientes nas suas necessidades educacionais. Além disso, você deve estar bem familiarizado com os tipos de métodos de manejo psicoeducacional e comportamental que têm alguma base em evidências para que possa aconselhar as famílias de forma ideal e até mesmo os professores quanto às estratégias de manejo na sala de aula e aos ajustes no currículo. Aconselhando crianças ou adolescentes, você poderá achar útil revisar o texto de DuPaul e Stoner (2014) sobre avaliação e manejo do TDAH na escola, bem como de Lewandowsky e Lovett (2015) sobre acomodações de sala de aula e testes para alunos com déficits (veja também o Capítulo 8 deste livro).

PREJUÍZOS À SAÚDE

Acumulam-se evidências de pesquisas de que TDAH aumenta a mortalidade, o risco de lesões e inúmeras consequências adversas de saúde. Obviamente, uma criança que está sendo avaliada para TDAH deve passar por um *checkup* físico para excluir causas não associadas ao TDAH dos sintomas de TDAH e os prejuízos relacionados. Mas, em geral, o clínico que faz o diagnóstico deve procurar indicações de lesões e envenenamentos acidentais, higiene dental deficiente e trauma, atrasos motores e da linguagem, distúrbio do sono, convulsões e enxaquecas em crianças que podem ser conectadas ao TDAH. À medida que as crianças amadurecem, os riscos à saúde se multiplicam, em grande parte devido a comportamentos de risco causados por déficits na AR. Assim, na adolescência, os clínicos precisam ficar atentos a outras adversidades na saúde relacionadas a sexo inseguro, IST, risco de gravidez, obesidade, patologia alimentar impulsiva (em mulheres), resultados adversos na condução de veículos (multas, acidentes, revogações), álcool, tabaco, maconha e experimentação ou abuso de outras drogas, adição à internet, entre outras coisas.

Esta área é um exemplo do quanto pode ser esclarecedor olhar para o TDAH como mais do que um simples transtorno de atenção. Imagine que um professor relata que um aluno que você está avaliando se distrai facilmente e se comporta de maneira muito impulsiva em aula. Se indagado, o professor de educação física pode relatar que essa criança tem lesões pequenas, mas frequentes, na aula de ginástica, apesar dos alertas de segurança. O professor de educação física apenas acha que o aluno é entusiasmado demais, e ninguém na escola fez a conexão entre esse comportamento esportivo de correr riscos e a impulsividade da criança na sala de aula. Mas você pode fazer a conexão – e, no processo, ver os déficits no FE-AR subjacentes às experiências da criança em todos os domínios da vida, incluindo a saúde, e ajudar a família a ver a importância do tratamento para prevenir mais prejuízos no futuro.

Assim como o TDAH está ligado a um aumento nas consequências adversas em quase todos os principais domínios de atividades na vida estudados até o momento, ele também afeta de modo adverso o estilo de vida, a dieta, a saúde e outros aspectos do bem-estar. Durante um dia comum, a pessoa precisa fazer incontáveis escolhas relacionadas a alimentação, exercícios, evitação de substâncias prejudiciais, uso de álcool, tabaco e outras substâncias legais, uso de medicamentos sem e com prescrição, higiene pessoal, saúde dental, comportamento sexual, condução de veículos e correr riscos em geral. Embora essas decisões em geral sejam mais o domínio da adolescência do que o da infância, os adolescentes estão envolvidos nessas escolhas em idades cada vez mais precoces, portanto, é importante que os clínicos conversem com os pais sobre os riscos, mesmo que seu filho não os esteja enfrentando no momento. Envolvendo a desinibição, uma preferência por consequências pequenas e imediatas, em vez de maiores e adiadas, e fraca AR em geral, o TDAH leva a uma variedade de escolhas não sadias em todos esses pontos de escolha que, cumulativamente, terão impacto negativo na sua saúde e risco de doença médica, além de mortalidade precoce e expectativa de vida encurtada. Impulsividade também é o melhor preditor de tentativas de suicídio e suicídio consumado no ensino médio entre adolescentes com TDAH.

Por exemplo, TDAH em crianças, e, mais recentemente, em adultos, tem sido repetidamente associado a um risco aumentado (2 a 5 vezes) para lesões acidentais de todos os tipos (traumas, queimaduras, envenenamentos, lesões oculares penetrantes, etc.), para lesões mais graves, e também para lesões repetidas. A comorbidade do TOD/agressão com TDAH em crianças exacerba ainda mais esses riscos. Da mesma forma, crianças admitidas em hospitais devido a lesões acidentais têm três vezes mais probabilidade de ter TDAH (aproximadamente 30%) do que crianças admitidas por outras razões. Os resultados adversos da condução de veículos mencionados anteriormente, incluindo mais acidentes veiculares, representam oportunidades adicionais para morbimortalidade precoce. E há o fato de que o TDAH aumenta ainda mais o risco para ideação suicida (junto com depressão comórbida), tentativas (associadas à impulsividade) e conclusões – conforme observado anteriormente e como discutido no Capítulo 4. O envolvimento de adolescentes e adultos com TDAH em várias atividades antissociais e violência com o parceiro íntimo eleva ainda mais seu risco para lesões maiores e morte.

O Apêndice B resume inúmeros estudos sobre o impacto do TDAH na saúde. Os clínicos devem estar alertas para problemas de saúde que já fazem parte da história de uma criança, pois eles podem apoiar um diagnóstico de TDAH. Os pais também devem ser informados dos riscos à saúde dos seus filhos depois que eles foram diagnosticados, para que os esforços de amenizar os riscos aumentados à saúde possam ser incorporados a um plano de tratamento do qual os pais possam participar (veja o Capítulo 5).

PRINCÍPIO 3 SEMPRE CONSIDERE AS ORIGENS NEUROGENÉTICAS DO TDAH

O TDAH é classificado como um transtorno do "neurodesenvolvimento" porque as evidências para o envolvimento de fatores neurológicos, genéticos e epigenéticos, neurotoxinas e outros fatores biologicamente relacionados na sua ocorrência e no seu desenvolvimento são inquestionáveis. Quando há algum papel do ambiente na etiologia do transtorno, ele se deve à interação com fatores principalmente genéticos e neurológicos (toxinas, infecções, trauma), e não a fatores, como, por exemplo, influências sociais. Mesmo assim, o fator ambiental, como o consumo de álcool na gravidez ou a privação social ou a desnutrição, deve ser suficiente para afetar de maneira adversa o funcionamento do cérebro e resultar em TDAH como consequência (como encontrado em adotados de orfanatos em países assolados pela pobreza ou devastados pela guerra). Na verdade, é seguro afirmar, dadas as centenas de estudos atestando essas asserções, que *atualmente não há uma teoria científica válida do TDAH que possa explicar sua existência por puramente meios sociais*.

Para ser claro, os ambientes sociais são influentes em seu impacto no TDAH – em especial nos riscos para posteriores prejuízos em atividades importantes da vida e para transtornos comórbidos e no acesso a diagnóstico, tratamento e recursos educacionais. Tudo isso pode ter impacto nos resultados adultos atuais e talvez eventuais do transtorno. Mas as evidências predominantes deixam claro que esses fatores sociais isoladamente não criam TDAH *de novo* em uma criança ou adolescente normal em outros aspectos.

Este fato incontestável é importante para o diagnóstico de TDAH, para tratá-lo e para ajudar os pais a se adaptarem à notícia de que seu filho tem uma condição crônica, não diferente de diabetes, que é acompanhada de riscos à saúde ao longo da vida e outros desafios, *mas que não é por culpa deles em relação a como o filho está sendo criado*.

Um breve resumo do que sabemos sobre a etiologia neurogenética do TDAH é apresentado no Apêndice C. Basta dizer aqui que o que sabemos sobre a natureza neurogenética do TDAH deixa evidente que uma avaliação profissional deve sempre incluir a avaliação de parentes biológicos da criança que está se submetendo à avaliação, conforme mencionado no Princípio 2.

PRINCÍPIO 4 TENHA EM MENTE QUE O OBJETIVO NÃO É APENAS O DIAGNÓSTICO DE TDAH, MAS O DIAGNÓSTICO DIFERENCIAL DE OUTROS TRANSTORNOS

TDAH pode ser, e frequentemente é, confundido com outros diagnósticos envolvendo déficits relacionados à atenção e à impulsividade. Conforme discutido no Capítulo 3, um objetivo inicial envolvido na avaliação é excluir outros transtornos como fonte dos sintomas e prejuízos que uma criança traz para o seu consultório. Entretanto, o TDAH com frequência também ocorre concomitantemente com outros transtornos, e sua função será identificá-los além do TDAH. O Capítulo 4 fornece informações relevantes sobre comorbidades.

PRINCÍPIO 5 ESTEJA PREPARADO PARA ENFRENTAR MITOS E RESISTÊNCIA DOS PAIS E DOS PACIENTES (SOBRETUDO ADOLESCENTES)

Apesar da vasta quantidade de evidências de pesquisas confiáveis acumuladas por várias décadas, ainda há muita desinformação sobre o TDAH. Estar preparado para combater os mitos comuns e as falsas concepções pode ajudá-lo a transformar pais céticos em colaboradores informados no tratamento de uma criança ou um adolescente.

"TDAH NÃO É REAL."

Diferentemente de relatos de várias fontes, a prevalência do transtorno não aumentou de maneira ampla nas últimas décadas – e, portanto, ele não é uma *"affliction du jour"*. E seguramente não aumentou devido à adoção generalizada de tecnologias baseadas em telas nas quais as pessoas passam quantidades crescentes do seu tempo, ou de uma dieta rica em açúcar, ou várias outras causas ambientais já alegadas que, quando removidas, resolveriam o TDAH. O TDAH está entre as condições psiquiátricas conhecidas mais ampla e profundamente estudadas, e as taxas de prevalência são consistentes no mundo todo, variando entre 5 e 8%. O TDAH aparece em todas as etnias, nacionalidades e em todos os grupos socioeconômicos (embora haja alguma variação em grande parte relacionada a este último fator). Você pode assegurar aos pais que estes números podem até ser um pouco mais altos quando incluem casos que representam CDHS, o outro transtorno de atenção mencionado anteriormente. O que importa é que o TDAH, conforme é definido hoje, é encontrado em toda a população mundial. Curiosamente, no entanto, observações de prejuízos durante o desenvolvimento mostram que as crianças podem superar o diagnóstico de TDAH classicamente definido, mas continuam a ter um transtorno do FE-AR. Você pode explicar isso aos pais de acordo com os fatos e a abordagem fornecida no Capítulo 5. Entender os prejuízos abrangentes do TDAH vistos pela teoria do FE-AR pode ajudar a desfazer os argumentos dos pais de que seu filho não se parece em nada com outros que eles já conheceram e que foram diagnosticados com TDAH.

Esteja ciente do fato de que muitos pais, quando o clínico apresenta um diagnóstico de TDAH, estão em negação ou são muito suscetíveis a experimentar tristeza significativa. Ninguém gosta de ouvir que seu filho tem uma condição de saúde debilitante crônica. Assegure-se de focar no fato de que o propósito do diagnóstico é permitir o tratamento efetivo – e que a maioria das crianças a quem forem oferecidas essas intervenções serão capazes de reduzir ou compensar seus sintomas e reduzir prejuízos potenciais durante uma vida longa e frutífera. Você pode até mesmo sugerir que eles façam uma busca no Google de "histórias de sucesso de TDAH", para ver o vasto leque de atletas, celebridades, músicos, *chefs*, atores, comediantes, empresários e outros que prosperaram apesar do transtorno porque foram diagnosticados e tratados para isso.

"MEU FILHO NÃO PODE TER TDAH PORQUE ISSO É CAUSADO POR MÁ PARENTALIDADE, E SEI QUE EU TENHO SIDO UM BOM PAI."

Os pais que carregam este mito em geral são arrasados pela culpa por terem inadvertidamente causado danos ao seu filho. Eles podem ter ouvido outras pessoas culparem os pais pelo TDAH, ou eles mesmos podem ter sido responsabilizados por pessoas próximas pelo comportamento atípico do seu filho. Não causa surpresa que eles prefiram rejeitar totalmente o diagnóstico. Você pode, no entanto, encorajá-los a aceitar o diagnóstico sem assumirem a culpa. Os folhetos informativos sobre TDAH (Folhetos 3 a 14 no Apêndice A) explicam a base neurogenética para o TDAH e outras informações a respeito em termos acessíveis para os pais.

"VOCÊ TEM CERTEZA DE QUE MEU FILHO TEM TDAH? OUVI FALAR QUE ELE É AMPLAMENTE SOBREDIAGNOSTICADO."

Conforme já mencionado, o TDAH pode parecer sobrediagnosticado simplesmente devido à inclusão do tipo desatento ou da CDHS. Isso também é resultado de relatos do TDAH pela mídia tradicional, que focou em alguns relatórios governamentais, sobretudo o do Center for Disease Control, que determinaram as taxas de TDAH nos Estados Unidos usando apenas uma simples pergunta de pesquisa, e assim com alta propensão a sobreidentificar possíveis casos do transtorno. Em contrapartida, o fato de que uma proporção muito mais alta de meninos do que de meninas ser diagnosticada com TDAH na infância, e que esta diferença diminui com a idade, pode indicar que estamos deixando passar casos de TDAH em meninas até que amadureçam o suficiente para elas mesmas relatarem os prejuízos e assim buscarem avaliação. Além disso, há uma segunda variação de início para as meninas, associada ao início da sua menstruação na adolescência, que pode ter contribuído para esse sub-reconhecimento do TDAH em meninas. (No entanto, pode haver outras explicações para este fenômeno, e mais pesquisas são necessárias.) O TDAH pode, ainda, ser sub-reconhecido em meninos no começo da adolescência e em homens porque muito frequentemente o diagnóstico se baseou na existência de hiperatividade, a qual declina com a idade – ao passo que as evidências de déficits da FE e da AR não declinam. Quando vemos o TDAH como um transtorno do FE-AR, podemos de fato descobrir que estávamos subdiagnosticando o TDAH e certamente subestimando a sua persistência.

"MENINAS NÃO TÊM TDAH, ENTÃO COMO VOCÊ PODE ME DIZER QUE A MINHA FILHA TEM?"

Graças a crescentes pesquisas que incluem meninas e mulheres (sexo feminino no nascimento), sabemos agora com mais certeza que TDAH ocorre em mulheres e provavelmente em muitos casos com início tão precoce quanto em meninos. O problema reside no fato de que os mesmos déficits do FE-AR que existem em meninos muitas vezes se manifestam de forma diferente em meninas. Enquanto os meninos podem ser hiperativos em termos de movimento, as meninas podem apresentar esse sintoma como hiperatividade verbal ou socialização aumentada. E, conforme observado anteriormente, as meninas podem ter uma segunda idade de início da sua condição na adolescência, de tal forma que, no final da adolescência e no início da idade adulta, o TDAH é quase tão comum no sexo feminino quanto no masculino.

"MESMO QUE MEU FILHO TENHA TDAH, POR QUE ELE DEVE SER TRATADO PARA ALGUMA COISA QUE NA VERDADE É UM DOM?"

Tenho desmistificado este mito há anos e, no entanto, você descobrirá que alguns pais ainda aderem a ele. Esta pode ser outra resposta à negação e ao pesar ou um subproduto do movimento social relativamente novo da "neurodiversidade" – é mais fácil ver o TDAH como uma "diferença" do que como um transtorno, e é mais palatável ver o TDAH em termos dos benefícios que a síndrome pode conferir. Sempre saliente para os pais que seu filho realmente *tem* muitos dons – pontos fortes que podem ser capitalizados para ajudar a criança a superar os prejuízos causados pelo TDAH, mas que este foi incluído no DSM por uma boa razão: sem tratamento, ele pode prejudicar gravemente (e até mesmo encurtar) a vida de uma criança. Essa alegação do TDAH como um dom não só deturpa os achados científicos sobre esse transtorno como também pode minimizar a gravidade do transtorno e estimular falsas esperanças nas pessoas. Afinal, se o TDAH é realmente um transtorno do FE-AR, então ele está minando um dos mais importantes conjuntos de adaptações mentais que os humanos usam para sobreviver e prosperar.

Lembre os pais que eles vieram até você buscando ajuda para os problemas que afetam seu filho e que não foram capazes de resolver. Eles identificaram que precisam de ajuda profissional. Seu diagnóstico pode conduzir diretamente a essa ajuda – desde acomodações e serviços especiais no sistema educacional, passando pela construção de habilidades para o manejo do comportamento até medicação para reduzir o impacto negativo dos principais sintomas de TDAH. Se esse transtorno fosse um dom, estas formas de apoio e assistência nunca teriam se tornado disponíveis.

Certamente, você pode encorajar os pais a festejar aqueles que lidaram bem com o TDAH e até mesmo tiveram sucesso em algumas profissões muito além do que uma pessoa típica teria feito. Porém, nem o enfrentamento, tampouco esse sucesso pode ser atribuído ao seu TDAH. Isso se deve às muitas centenas de outros traços que a pessoa tem, em que ela tem algum talento. As pessoas não são boas artistas, atrizes, comediantes, musicistas, *chefs*, atletas, personalidades da TV e empresárias por causa do seu TDAH. Elas são assim *apesar* dele. O que acontece é que elas foram agraciadas com talentos excepcionais não relacionados ao seu TDAH que lhes permitiram se sobressair *mesmo com* seu TDAH.

As pessoas com TDAH são certamente menos inibidas. E é amplamente reconhecido que a criatividade pode ser enriquecida porque o indivíduo é menos inibido que os outros. Esses níveis ligeiramente mais baixos de inibição promovem o pensamento sobre, ou mesmo a experimentação exagerada de ideias que outras pessoas ignorariam porque são incomuns, inviáveis ou aparentemente irrelevantes. Este achado entre a população geral não significa que pessoas com TDAH que têm desinibição muito mais grave sejam ainda mais criativas como consequência. Mas pode levar a casos específicos em que algumas pessoas já altamente bem-dotadas, talentosas ou criativas que também têm TDAH sejam mais inventivas em suas ideias ou tenham mais probabilidade de correr riscos em seus negócios ou suas especialidades. Algumas dessas ideias exageradas podem realmente valer a pena. No entanto, esse é um segmento muito pequeno da população total com TDAH.

Da mesma forma, o TDAH transmite às pessoas um alto nível de energia e atividades, em geral, não focadas. Isso pode ser direcionado para o bem ou para o mal. Mas se alguém com TDAH também é agraciado com altas habilidades atléticas ou um talento empresarial e está rodeado de entes queridos que conseguem canalizar esse excesso de energia e utilizar os recursos da área excepcional (p. ex., Michael Phelps, Simone Biles, Adam Levine), então coisas boas podem resultar disso. É essa interação de talento com excesso de atividade associado ao direcionamento pelos entes queridos e seu recrutamento dos recursos que podem promover esse talento e ajudar essa pessoa a ter sucesso onde outras com TDAH poderiam não ter.

Encarar o TDAH como um transtorno do funcionamento executivo e da autorregulação, como a teoria do FE-AR, no Capítulo 1, torna evidente, nos faz reconhecer o quanto é séria essa condição e por que ela está associada a tantos domínios com resultados adversos.

"SE EU ACEITAR QUE MEU FILHO TEM TDAH, VOCÊ VAI QUERER PRESCREVER MEDICAÇÃO, E EU NÃO QUERO QUE MEU FILHO TOME MEDICAMENTOS QUE PODEM NÃO SER SEGUROS."

Uma preocupação naturalmente importante de muitos pais é que os medicamentos para TDAH (ou qualquer outro transtorno psiquiátrico) podem não ser seguros e também podem ser desnecessários. Isso não deve ser menosprezado, já que nenhum pai daria uma substância psicoativa de prescrição a um filho sem questionamento. A sua resposta inicial a este temor pode ser assegurar aos pais e à criança ou ao adolescente que todas as intervenções comprovadas serão consideradas como parte de um regime de tratamento que você ou outro clínico que acompanhe seu diagnóstico irá propor. Nada será imposto a eles. Você também pode apresentar estatísticas básicas sobre a segurança dos medicamentos comumente prescrito para TDAH e entrar em mais detalhes quando os tratamentos forem examinados. A melhor maneira de enfrentar a desinformação é com mais informação, portanto, remeta os pais a outras fontes para mais detalhes e compartilhe os dados que constam nos Capítulos 9 e 10 quando parecer apropriado.

PRINCÍPIO 6   ESTEJA PREPARADO PARA DAR SEGUIMENTO AO DIAGNÓSTICO COM O TRATAMENTO APROPRIADO

Isto parece tão óbvio que não precisaria ser dito. No entanto, às vezes é fácil esquecer, sobretudo no sistema de seguro de saúde rigidamente estruturado em que operamos, que o diagnóstico não é um fim por si só. Dependendo das suas circunstâncias profissionais, alguns pacientes serão transferidos para outras clínicas para tratamento. Porém, mesmo nesses casos, você tem muito a oferecer na forma de percepções a serem transmitidas sobre como seu diagnóstico informa as opções de tratamento.

Portanto, lembre-se sempre de que as profissões de ajuda não existem para fazer diagnósticos, mas para aliviar o sofrimento e os danos (incluindo prejuízos). Fazer um diagnóstico nada mais é do que um meio para esse fim. Durante o processo de avaliação, você obviamente vai fazer anotações para o prontuário do paciente sobre as recomendações que certos achados indicam serem necessárias para abordar os prejuízos em vários domínios da vida da criança ou do adolescente. Além disso, você deve estar equipado com o seguinte:

- Uma sólida base de conhecimento de todas as opções de tratamento baseadas em evidências disponíveis atualmente (também conhecimento do que não está comprovado e do que se revelou prejudicial). Veja os Capítulos 6 a 10 e o Apêndice D.
- Abertura para consultar especialistas quando necessário (veja o Capítulo 6), sobretudo consultores educacionais (tanto para diagnóstico quanto para tratamento).
- Familiaridade com os serviços disponíveis na sua comunidade. Ser capaz de encaminhar os pacientes aos especialistas necessários nas proximidades será grande parte do benefício que você pode oferecer, e ter alternativas em mente quando os serviços locais forem escassos sempre será bem-vindo. Você é o especialista, e os pais serão muito gratos pelo fato de você não os deixar sem um diagnóstico e sem alguma forma de tratá-lo.

CAPÍTULO 3

AVALIAÇÃO

A TEORIA DO FUNCIONAMENTO EXECUTIVO-AUTORREGULAÇÃO E O SENSO COMUM CLÍNICO

No Capítulo 2, defendi que os critérios do DSM-5 oferecem um bom ponto de partida para avaliar uma criança ou um adolescente para TDAH, mas não nos permitem montar um quadro completo da condição do paciente – um quadro que nos possibilite encontrar o melhor plano de tratamento possível para esse indivíduo. Neste capítulo, explico como ampliar e modificar os critérios do DSM-5 para realizar uma avaliação minuciosa, destacando as questões principais que devem ser abordadas na avaliação clínica de crianças e adolescentes, e discutindo diversos métodos que acho importantes para o processo. Depois, resumidamente, explico o processo de avaliação passo a passo. Para informações detalhadas sobre essas avaliações, veja meu capítulo sobre este tópico (Barkley, 2015) e sobre avaliação em livros recentes de Stephen Becker (2020), e Tobias Banaschewski e colaboradores (Banaschewski, Coghill, & Zuddas, 2018).

DETERMINANDO SE OS CRITÉRIOS DO DSM-5 FORAM SATISFEITOS

Conforme observado no Capítulo 1, os critérios diagnósticos do DSM-5 são insuficientes porque focam em duas listas de sintomas e ignoram os déficits subjacentes da FE e as implicações amplas desses déficits. No entanto, isso não elimina a necessidade de avaliar se você pode estabelecer um diagnóstico de TDAH oficial segundo o DSM-5 (veja os critérios diagnósticos na Tabela 2.1), que envolve os seguintes itens, facilitado pelo uso de algumas ferramentas de avaliação adicionais que recomendo:

- As razões para o encaminhamento, sobretudo neste momento.
- Os sintomas cognitivos e comportamentais (TDAH sendo o foco inicial aqui).

- A frequência desses sintomas (a palavra *frequentemente* aparece nos critérios do DSM-5 por uma razão – somente cerca de 5 a 10% dos pacientes, e frequentemente menos, endossam para determinado sintoma).
    - Complemente a entrevista com uma escala de avaliação para TDAH baseada no DSM-5 (como a escala TDAH-5 desenvolvida por DuPaul, Power, Anastopoulos, & Reid, 2016).
- A persistência dos sintomas (6 meses ou mais).
- O grau de desvio desenvolvimental desses sintomas (6 em cada lista de sintomas para crianças, 5 a partir dos 18 anos, devendo ser 4 aos 30 anos de idade).
    - A escala de avaliação do TDAH segundo o DSM-5 mencionada deve auxiliar aqui.
- A idade de início (algum momento durante o desenvolvimento até os 18 anos; 12 anos, como qualquer definição de idade, é uma idade arbitrária, lembrada de forma duvidosa e excessivamente excludente, em especial para adultos).
- A presença dos sintomas (2 ou mais ambientes).
- A presença de prejuízos (funcionamento ineficiente em atividades importantes da vida).
    - Complementar a entrevista com uma escala de avaliação dos prejuízos normalizada, como a Escala de Avaliação de Disfunções de Barkley – Crianças e Adolescentes (Barkley, 2012a).
- A extensão da comorbidade (tanto psiquiátrica quanto de saúde/médica; veja o Capítulo 4).
    - Escalas de avaliação ampla das principais dimensões da psicopatologia infantil ou adolescente são úteis para fins de rastreamento aqui, como o Inventário de Comportamentos da Infância (Achenbach, 2014) ou o Sistema de Avaliação Comportamental para Crianças-3 (Reynolds & Kamphaus, 2015).
- A exclusão de outros transtornos que podem explicar melhor os sintomas.

AJUSTANDO OS CRITÉRIOS DO DSM-5 PARA APRIMORAR O DIAGNÓSTICO

Conforme observado no Capítulo 2, ao percorrer os critérios para TDAH, é importante estar ciente das suas deficiências e de como corrigi-las. Os pontos a seguir estão baseados em abundantes evidências de pesquisas e informados pela minha teoria do FE-AR do TDAH.

1 Ignore os esclarecimentos parentais para alguns sintomas quando aplicados a adolescentes. Eles não são sintomas empiricamente baseados e não parecem se relacionar bem com o sintoma básico que visam a esclarecer; mais provavelmente, constituem sintomas de TDAH inteiramente novos que podem inflar a taxa de diagnósticos ou misturar os sintomas com ansiedade comórbida (veja Knouse & Barkley, 2020). Mantenha-se fiel aos sintomas básicos originais do DSM-IV, cujos méritos estão bem-estabelecidos. (Veja, a seguir, "O que há de errado com as clarificações dos itens no DSM-5", para detalhes adicionais.)

2 Considere que, para que o critério da idade de início seja satisfeito, o início de alguns sintomas deve ter ocorrido em dois ou mais ambientes em algum momento durante o desenvolvimento. A experiência e as pesquisas mostraram que os relatos dos pais e dos adolescentes sobre o início não são suficientemente confiáveis para que sejam válidos.

3 Para meninas, baseie-se na escala de avaliação do TDAH, para ser mais preciso na determinação do desvio em relação a outras meninas (acima do percentil 93) em vez de apenas no limiar de seis sintomas do DSM-5. Uma menina que é atípica em relação a outras na escala de avaliação, mas que tem um ou dois sintomas inferiores ao limiar de seis, provavelmente se enquadra no diagnóstico.

4 **De fato, acima de tudo, lembre-se de que o TDAH é um transtorno dimensional, não categórico.** Casos que se aproximam de satisfazer os critérios, mas ficam aquém ainda assim podem ser diagnosticados e requerem tratamento se houver evidências de prejuízos ou danos.

Por exemplo, considere o caso de uma menina de 16 anos que chega ao seu consultório e apresenta cinco sintomas de desatenção e quatro de hiperatividade/impulsividade nos critérios do DSM. Seus pais parecem se lembrar que seus problemas começaram em torno dos 13 anos de idade, coincidindo com a menarca. No entanto, atualmente ela está em risco de ser reprovada na escola, foi encaminhada para uma avaliação para o Individuals with Disabilities Education Act, tem pouquíssimos amigos, já recebeu seis multas por velocidade e teve duas colisões no para-choque enquanto dirigia, fuma cigarros como uma chaminé, tem um padrão de compulsão alimentar que contribui para obesidade leve e já foi tratada uma vez para uma IST. Seus escores na escala de avaliação para TDAH a colocam no percentil 93 para seu sexo e idade. Obviamente, esta garota deve ser diagnosticada e tratada de acordo, mesmo que não satisfaça os critérios do DSM para a contagem dos sintomas e idade de início.

O QUE HÁ DE ERRADO COM AS CLARIFICAÇÕES DOS ITENS NO DSM-5?

No estudo exploratório que Laura Knouse e eu fizemos recentemente, investigamos o quanto as clarificações que estavam entre parênteses no DSM-5 estavam relacionadas aos itens básicos originais que estavam adjacentes aos que foram copiados literalmente do DSM-IV. Havia 23 dessas clarificações ou exemplos inseridos, cinco dos quais tratavam especificamente da clarificação do sintoma para adolescentes ou adultos. Por exemplo, o item j, na lista de sintomas de desatenção, tem clarificações entre parênteses para "Frequentemente é esquecido em relação a atividades cotidianas": "para adolescentes mais velhos e adultos, retornar ligações, pagar contas, manter horários agendados". Nenhuma destas ou nenhuma das outras clarificações foi testada antes da sua colocação no DSM-5. Nosso estudo-piloto inicial, que planejamos ampliar e replicar, encontrou o seguinte:

- Não só houve baixa correlação com o item básico original como também a maioria dessas clarificações compartilhava menos de 10% da sua variância com o item básico original. Esses achados sugerem que a clarificação não está bem relacionada com o item que ele deve esclarecer, e que a clarificação é como um item do sintoma inteiramente novo que está sendo acrescentado à lista original do DSM-IV.
- Algumas clarificações dos itens relativos à desatenção e à hiperatividade eram tão altamente ou mais altamente relacionados à ansiedade autoavaliada quanto o sintoma de TDAH que pretendiam esclarecer, o que faz com que aqueles com ansiedade sejam tão ou mais prováveis de endossar essa clarificação, dessa forma confundindo o diagnóstico de TDAH com problemas de ansiedade.
- Ao adicionar tantas novas clarificações que se comportam mais como novos sintomas do que simplesmente uma pequena clarificação, o DSM-5 essencialmente expandiu o conjunto de itens para diagnosticar TDAH de 18 para 23 e para 41 itens. No entanto, o comitê do DSM não ajustou o limiar da contagem dos sintomas em cada lista, o que faz com que mais pessoas se enquadrem no diagnóstico de TDAH. Isso é precisamente o que encontramos: a prevalência aumentava outros 5% ou mais se as clarificações estivessem sendo usadas do que se fossem usados os 18 itens originais do DSM-IV.

5 Não procure a concordância entre pais e professor quanto ao limiar de seis. Considerando que os relatos do comportamento pelos pais e pelos professores se correlacionam, em média, apenas 0,25 a 0,30, com mais frequência eles vão discordar do que concordar. Ter alguns sintomas em dois ou mais ambientes é suficiente – não há concordância completa quanto ao número de sintomas. Assegure-se de que seis sintomas estão presentes (quando contabilizar os dois ambientes) somando o número de sintomas dado por uma fonte ao número de novos ou diferentes sintomas endossados pela outra fonte.

6 Não considere tanto os sintomas hiperativos na tomada de decisão quanto ao diagnóstico para adolescentes. A hiperatividade geralmente declina na adolescência. Em contrapartida, os déficits executivos estão se tornando cada vez mais proeminentes e prejudiciais e, assim, são mais indicativos da presença do transtorno.

Por exemplo, considere uma menina que teve a apresentação combinada na infância e, portanto, alguns sintomas hiperativos óbvios, mas após, era apenas levemente inquieta quando adolescente e, depois, apenas quando entediada, e não mais agitada em casa ou na sala de aula de forma descontrolada, dessa forma satisfazendo os critérios para a apresentação desatenta quando adolescente. Embora ainda seja um tanto tagarela e, em outras formas, impulsiva, e relate uma sensação interna de precisar estar ocupada, ela agora está apresentando problemas massivos com o gerenciamento do tempo, o cumprimento dos prazos nas tarefas escolares, o excesso de velocidade ao dirigir e sendo um tanto dramática com reações emocionais impulsivas a desprezo social, e provocações em casa e na escola. Nenhuma destas novas manifestações do seu TDAH está nos critérios do DSM-5, mas elas seriam deficiências típicas da AR evidentes em uma adolescente com TDAH.

DETERMINANDO EM QUE MEDIDA ESTÃO PRESENTES DÉFICITS EXECUTIVOS

Se você ampliar sua avaliação para incluir os principais componentes da FE na teoria do FE-AR conforme aplicada ao TDAH, sua avaliação não só vai produzir um diagnóstico mais acurado como também vai lhe oferecer uma compreensão do leque mais abrangente de déficits em um caso e auxiliar no planejamento do tratamento para eles.

- Obtenha a forma curta da Escala de Avaliação de Disfunções Executivas de Barkley – Crianças e Adolescentes (BDEFS-CA; Barkley, 2012b) ou uma escala de avaliação das FEs comparável.
- Como alternativa, use o Formulário Curto de Entrevista para FE (Barkley, 2012b), abrangendo problemas com gerenciamento do tempo, auto-organização, autocontrole da emoção e automotivação, com um dos pais.
- Use o teste neuropsicológico para determinar um diagnóstico de TDAH *somente* quando requerido por agências governamentais, companhias de testagem, bancas de licenciamento ou universidades, para obter acomodações ou serviços de educação especial por meio de escolas públicas. Esses testes não serão especialmente acurados (veja o Capítulo 1) e, assim, são um fraco indicador da presença ou da ausência de TDAH.

AVALIANDO CRIANÇAS EM CONTEXTOS DE SAÚDE MENTAL *VERSUS* ATENÇÃO PRIMÁRIA

A profundidade e a abrangência da sua avaliação vão depender, por questões práticas, se você está realizando a avaliação em um contexto de saúde mental ou de atenção primária.

OBJETIVOS DAS AVALIAÇÕES EM CONTEXTOS DE SAÚDE MENTAL

Em um contexto de saúde mental, estes são seus objetivos principais:

1 Determinar a presença ou a ausência de transtornos psiquiátricos – como TDAH, TOD ou TC – e o diagnóstico diferencial de TDAH e outros transtornos psiquiátricos, muitos dos quais também afetam adversamente a atenção, a inibição e a regulação emocional. Por exemplo, tanto TDAH quanto depressão envolvem desatenção, e, por isso, problemas com atenção podem não ser úteis para diferenciá-los. O que será útil aqui é a identificação do tipo de desatenção, conforme explicado no Capítulo 1.

Isso requer extenso conhecimento clínico desses outros transtornos psiquiátricos. Ao avaliar casos para TDAH, pode ser necessário basear-se em medidas que são normalizadas para o país de residência do indivíduo ou para um grupo étnico específico nos Estados Unidos (p. ex., hispânicos/latinos) que tenham uma amostragem representativa das várias origens étnicas que existe nessa população geral, caso esses instrumentos estejam disponíveis ou tenham traduções da escala apropriadas para essa população especial. Isso é feito para impedir o sobrediagnóstico de minorias quando os critérios diagnósticos desenvolvidos a partir de populações norte-americanas são extrapolados para elas. Mesmo em famílias bilíngues, em que o inglês pode ser falado como segunda língua, os clínicos precisam perguntar se o genitor vê o comportamento da criança ou do adolescente como inapropriado (desviante) *para o grupo étnico da família*.

2 Começar a delinear os tipos de intervenções que serão necessárias para abordar os transtornos psiquiátricos e os déficits psicológicos e os prejuízos acadêmicos, adaptativos, ocupacionais e sociais identificados no curso da avaliação. Conforme observado mais adiante neste livro, essas intervenções podem incluir aconselhamento, treinamento dos pais em manejo do comportamento, terapia familiar, modificação do comportamento em sala de aula, medicações psiquiátricas e serviços formais de educação especial para crianças e adolescentes, para citar apenas alguns (veja os Capítulos 6 a 10).

3 Identificar condições comórbidas (veja o Capítulo 4). Estas podem afetar o prognóstico ou a tomada de decisão no tratamento, como nestes exemplos:

- Um programa de treinamento comportamental para os pais pode não ser uma boa escolha de tratamento, pelo menos neste momento, para uma criança que se envolve em altos níveis de agressão física, pois novos limites sobre a não adesão aos comandos parentais provavelmente aumentarão a violência da criança dirigida aos pais.
- Uma história de TOD associado a abuso da criança pelos pais ou o potencial para abuso pode significar focar o treinamento comportamental dos pais nos métodos positivos de aprovação, elogio, privilégios, recompensas, etc., sem ensinar estratégias de fazer intervalos ou outras que estabelecem limites, ou mesmo uma mudança para a solução de problemas colaborativa como uma estratégia parental.
- Altos níveis de ansiedade, especificamente, e sintomas internalizantes, mais em geral, podem predizer uma resposta mais fraca ou mais parcial a medicamentos estimulantes em uma minoria de crianças do que pode ser visto em crianças com TDAH, mas sem ansiedade.
- Altos níveis de sintomas da síndrome de hipoatividade do desengajamento cognitivo (CDHS; anteriormente referida como tempo cognitivo lento [TCL]) também podem sinalizar uma resposta muito menos positiva à medicação estimulante.
- Altos níveis de humor irritável, comportamento gravemente hostil e desafiador, e

episódios periódicos de agressão física séria e comportamento destrutivo podem ser os primeiros marcadores para posterior transtorno disruptivo da desregulação do humor (TDDH) ou, se acompanhado por alterações no humor para mania, até mesmo transtorno bipolar (TB). Os sintomas de TDAH, são praticamente universais no TB com início juvenil e afetam uma minoria significativa daqueles com TB com início na idade adulta. Este transtorno provavelmente requererá o uso de medicações psiquiátricas além daquelas para TDAH, juntamente com um programa de treinamento parental focando no manejo dos sintomas de TDAH, sobretudo nos altos níveis de comportamento agressivo que podem existir no caso de crianças com TDDH ou TB.

4 Identificar o padrão dos pontos psicológicos fortes e fracos da criança ou do adolescente, e considerar como eles podem afetar o planejamento do tratamento. Por exemplo, perguntar aos pais sobre aptidões e habilidades especiais que o filho pode ter – como atletismo, tecnologia ou programação de computador, talento musical como cantar ou tocar um instrumento ou um interesse especial em teatro e atuação – pode encorajar os pais a identificar recursos adicionais na comunidade que podem ser usados para desenvolver mais esses pontos fortes e aptidões especiais. A ênfase formal em obter treinamento adicional também pode servir para combater consequências negativas que podem estar ocorrendo na escola ou em questões relacionadas à baixa autoestima devido ao desempenho escolar longe de ser excelente.

Este levantamento dos pontos fortes, das aptidões e dos pontos fracos também pode incluir a obtenção de uma impressão das habilidades dos pais para executar o programa de tratamento, além das circunstâncias sociais e econômicas, e os recursos de tratamento que podem (ou não) estar disponíveis dentro da comunidade e do grupo cultural da família. Também precisará ser feita alguma determinação quanto à elegibilidade da criança para serviços de educação especial dentro do distrito escolar se estiverem presentes transtornos elegíveis, como deficiência intelectual, atraso no desenvolvimento motor, dificuldades de aprendizagem ou outras condições elegíveis.

OBJETIVOS DE AVALIAÇÃO NA ATENÇÃO PRIMÁRIA

Clínicos que trabalham na assistência médica primária, como pediatria, medicina de família ou clínica geral, considerarão suas avaliações mais como rastreios ou avaliações breves para TDAH do que avaliações completas ou abrangentes. As restrições de tempo, limitações no treinamento referentes ao diagnóstico diferencial da psicopatologia infantil, além de treinamento limitado nas intervenções de saúde mental que essas crianças e jovens requerem, tornarão difícil conduzir a avaliação segundo as diretrizes prévias para profissionais de saúde mental. Assim sendo, os profissionais em contextos de cuidados primários chamados para avaliar crianças e jovens para TDAH devem fazer o seguinte:

1 *Conduzir um exame médico na criança ou no adolescente para incluir ou excluir outros problemas médicos que justifiquem atenção, sobretudo aqueles que reconhecidamente têm uma ocorrência mais alta com TDAH* (déficits auditivos e visuais, deficiências dietéticas, atrasos no crescimento, anormalidades na tireoide, problemas cardiovasculares, transtornos convulsivos, alergias, distúrbios do sono, síndromes congênitas ou genéticas, etc.).
2 *Obter uma escala de rastreio para TDAH*, como a escala TDAH-5, mencionada anteriormente, ou algo similar para crianças.
3 *Obter um formulário curto que avalie os déficits na função executiva, como o BDEFS-CA ou uma escala de avaliação similar.*
4 *Focar a entrevista especificamente na presença de sintomas de TDAH, idade aproximada de início, existência de prejuízos e outros critérios no DSM-5* (veja a Tabela 2.1 para os critérios). Se você não obtém uma escala de

avaliação dos déficits na FE, complemente utilizando o Formulário Curto para Entrevista de Avaliação do FE (Barkley, 2012b).

5 *Observar que nenhum teste laboratorial, psicológico, neurológico ou outro teste objetivo atualmente disponível é suficientemente preciso para o diagnóstico clínico de TDAH, portanto nenhum deles precisa ser solicitado para esse propósito.*

6 *Determinar a elegibilidade para manejo medicamentoso para TDAH (excluir contraindicações).*

7 *Considerar a prescrição dessa medicação (mas veja o Capítulo 10 sobre as várias questões a serem consideradas na seleção do tipo de medicamento a ser usado).*

8 *Rastrear os numerosos riscos à saúde que estão associados ao TDAH (veja o Capítulo 5) e decidir que intervenções clinicamente relacionadas podem ser necessárias para abordá-los.*

9 *Revisar as várias adversidades potenciais associadas ao TDAH.* Elas incluem problemas do sono; obesidade, transtornos alimentares e dieta deficiente; exercícios limitados; propensão à experimentação e abuso de nicotina, álcool, maconha e outras substâncias por adolescentes; enxaqueca, atividade sexual de risco, condução de veículos de altíssimo risco por adolescentes, diabetes tipo 2; asma; alergias; higiene dental deficiente; e alto risco para lesão acidental, entre outros riscos à saúde. Todos se encontram em graus variáveis dentro da alçada do médico de atenção primária. O surgimento de qualquer um deles deve ser abordado quando necessário.

DICAS CLÍNICAS

- Não recomendo que todos os pacientes em clínicas de atenção primária sejam rastreados para TDAH, mas seria prudente fazê-lo quando os pacientes manifestam práticas de saúde adversas ou condições sabidamente associadas ao TDAH ou quando uma criança ou um adolescente tem dificuldades para seguir as recomendações que você faz para mudanças no estilo de vida.
- Se você for um médico de atenção primária ou um profissional de saúde mental, amplie as lentes das suas avaliações para aqueles diagnosticados com TDAH para incluir comportamentos relacionados à saúde e ao estado físico além de apenas um foco no diagnóstico de TDAH, como comorbidade e déficits típicos em atividades importantes da vida, como educação e trabalho. Ignorar essas questões porque parecem não ter relação com o *status* do TDAH do paciente pode acabar negligenciando o comportamento não saudável óbvio ou o estado médico.

Tenha em mente que a provisão de assistência para crianças (e adultos) com TDAH é um esforço multidisciplinar que simplesmente não pode ser manejado adequadamente apenas em contextos de cuidados primários. Portanto, esteja preparado para encaminhar a família para serviços de saúde mental, terapia da fala e linguagem, fisioterapia e terapia ocupacional na região para uma avaliação mais cuidadosa do TDAH, bem como para uma avaliação mais abrangente de uma possível comorbidade (veja a lista a seguir, a Figura 4.1 e o Folheto 14, no Apêndice A) e a possível implementação de treinamento parental e familiar, consulta com a escola, testes psicológicos para deficiência intelectual e dificuldades na fala-linguagem, e outros serviços pertinentes de saúde mental e educacionais.

As comorbidades mais comuns em crianças e adolescentes com TDAH são mostradas na Figura 4.1, no próximo capítulo. Para crianças, elas são as seguintes:

- TOD (45-84%).
- Transtornos da aprendizagem específicos (35-50%).

- Transtorno do desenvolvimento da coordenação – TDC (40-50%).
- Transtornos da comunicação (20-30%).
- TC (5-56%).
- Transtornos por uso de substâncias na adolescência (15-25%).
- Ansiedade (25-50%).
- Depressão (até 30%).
- Transtorno disruptivo da desregulação do humor – TDDH (20-25%).
- TEA (15-25%).

As condições comórbidas com taxas mais baixas incluem TB (0-10%), deficiência intelectual (DI; 5-10%), transtorno de estresse pós-traumático (TEPT; 5-6%), transtornos de tique (TT, 10-20%) e comportamento obsessivo-compulsivo ou transtorno obsessivo-compulsivo (TOC; 2-5%). Cada um é discutido em mais detalhes no Capítulo 4. A nova condição de atenção, CDHS, apresenta uma sobreposição de 40-58% com TDAH tanto em crianças quanto em adultos.

Também tenha em mente que o TDAH é um transtorno da AR e que será necessária AR adequada para implementar alguns programas de autoaperfeiçoamento para manejo de problemas de saúde. Estão se acumulando evidências de que primeiramente manejar TDAH com medicamento pode ajudar as crianças e os adolescentes a cumprirem e a terem sucesso com as mudanças que você recomendar no estilo de vida, como dieta, nutrição e exercícios, a fim de melhorar a saúde desses pacientes quando chegarem à idade adulta.

AVALIANDO CRIANÇAS E ADOLESCENTES

Para avaliar crianças e adolescentes para TDAH, você precisará usar múltiplos métodos de avaliação que se baseiem em várias fontes de informações sobre a natureza das dificuldades das crianças (e os pontos fortes!) em múltiplas situações:

- formulários de história demográfica e médica (obtidos antes da consulta);
- escalas de avaliação dos pais e professores do comportamento da criança (obtidas antes da consulta);
- escalas de avaliação dos déficits da criança (obtidas antes da consulta);
- entrevistas com os pais e a criança;
- entrevista com o professor (obtida por telefone) ou, pelo menos, relatos do professor por meio de escalas de avaliação;
- medidas de autorrelato dos pais de condições psiquiátricas relevantes;
- informações sobre o funcionamento dos pais e da família;
- breve rastreio do QI da criança e de habilidades para conquistas acadêmicas (por psicólogos).

Uma observação sobre a testagem: conforme mencionado no Capítulo 1, os testes neuropsicológicos, sobretudo da FE e de sintomas de TDAH, não são suficientemente acurados para serem usados para fins diagnósticos, prognósticos ou prescritivos (planejamento do tratamento) porque carecem de validade ecológica, confiabilidade e acurácia discriminatória suficiente. No entanto, testes breves do QI e de habilidades específicas para conquistas acadêmicas, como leitura, ortografia e matemática, devem ser realizados se a história do paciente indicar que esses problemas existem ou se houver suspeita por parte dos pais ou da escola. Mesmo assim, os clínicos devem iniciar pelas versões curtas ou breves desses testes e, caso sejam encontradas deficiências, retornar com a criança para uma segunda avaliação mais minuciosa desses domínios ou encaminhá-la para outro profissional mais competente para isso.

MÉTODOS DE AVALIAÇÃO

Antes da avaliação

Quando os pais ligam para uma clínica para fazer uma avaliação, a recepcionista geralmente preenche um formulário que reúne informações demográficas importantes sobre a criança e os pais, o motivo do encaminhamento e informações sobre o seguro que serão verificadas com a companhia de seguro, quando necessário. Este formulário é então revisado pelo funcionário do setor de cobrança da clínica e a pelo clínico que vai receber o caso. Dependendo da área de especialização do clínico, alguns tipos de encaminhamentos podem ser inapropriados para a prática deste e poderão ser triados neste momento para encaminhamento a serviços mais apropriados.

Depois que os pais telefonam para a clínica, o próximo passo é enviar aos pais e aos professores um pacote de questionários antes de agendar a consulta. Esse pacote de informações para os pais pode incluir uma carta de apresentação dos formulários feita pelo clínico, pedindo que completem o pacote de informações e informando-os de que a data da consulta será marcada quando esse pacote for devolvido. Além disso, se a criança já se submeteu a uma avalição na escola para ser considerada para serviços de educação especial ou foi feita anteriormente por outro profissional focando em questões de saúde mental, os pais devem ser solicitados a enviar uma cópia para o consultório do clínico. O pacote também contém o Folheto 1, Instruções Gerais para Preenchimento dos Questionários; o Formulário 1, Informações sobre a Criança e a Família; e o Formulário 2, História Médica e do Desenvolvimento, todos os quais podem ser encontrados no Apêndice A.

DICAS CLÍNICAS

- Informar aos pais de que não será marcada uma data para a consulta até que estes pacotes sejam preenchidos e devolvidos para a clínica assegura que as informações sejam dadas com considerável presteza e estejam disponíveis para a sua revisão antes de se encontrar com a família. Na minha experiência, esta medida melhora grandemente a eficiência do processo de avaliação.
- Assegure-se de que o pacote inclua uma escala de avaliação razoavelmente abrangente do comportamento da criança que inclua a principais dimensões da psicopatologia infantil, como o Inventário de Comportamentos da Infância (CBCL) que faz parte do Sistema de Avaliação Empiricamente Baseado de Achenbach (Achenbach, 2014) ou o Sistema de Avaliação Comportamental para Crianças-3 (BASC-3; Reynolds & Kamphaus, 2015).
- Para melhor avaliar o TDAH e os déficits, neste pacote deve ser incluída uma cópia da Escala de Avaliação para TDAH-5 (DuPaul et al., 2016), a Escala de Tempo Cognitivo Lento de Barkley (Barkley, 2018) e a Escala de Déficits Funcionais de Barkley – Crianças e Adolescentes (Barkley, 2012a). Essa última escala é usada para avaliar o grau de prejuízo psicossocial da criança em 15 domínios representados nesta escala.
- Para avaliar o funcionamento executivo (e a AR), use a Escala de Barkley de Déficits no Funcionamento Executivo – Crianças e Adolescentes (2012b), a Escala de Avaliação do Funcionamento Executivo Abrangente (Goldstein & Naglieri, 2016) ou o Inventário de Avaliação do Comportamento do Funcionamento Executivo (BRIE F-2; Goia, Isquith, Guy, & Kenworthy, 2015).
- Para que você faça uma rápida apreciação da extensão e da gravidade do comportamento disruptivo da criança em uma variedade de situações domésticas e públicas, inclua no pacote o Questionário de Situações Domésticas (HSQ; Formulário 4 no Apêndice A). As

informações deste questionário também possibilitarão que você foque a discussão nessas situações problemáticas durante a avaliação e o posterior programa de treinamento parental, caso seja realizado.

Um pacote de informações similar é enviado para dois dos professores da criança das principais disciplinas acadêmicas (não ginástica, artes, música, etc.) – com a permissão escrita dos pais obtida previamente, é claro – ou peça que um dos pais entregue o pacote na escola para preenchimento. Esse pacote não contém o Formulário da História Médica e do Desenvolvimento, mas tem a versão do professor do CBCL ou BASC-3, o Questionário de Situações Escolares (SSQ; Formulário 5 no Apêndice A) e a versão do professor da Escala de Avaliação para TDAH-5. Se possível, obtenha e escala de dois dos principais professores acadêmicos da criança (artes linguísticas, matemática, etc.) e então considere entrar em contato com eles por telefone para uma breve entrevista antes ou logo após o encontro com a família.

Depois que os pacotes dos pais e dos professores forem devolvidos, a família deve ser contatada por telefone e informada da data da consulta, seguida por uma carta de confirmação.

DICA CLÍNICA

● Junto com a carta confirmando a consulta, envie uma folha de instruções detalhadas intitulada "Como se preparar para a avaliação do seu filho" (Folheto 2, no Apêndice A). Ela dá à família algumas orientações sobre as informações a serem trazidas para a consulta e o que esperar no dia da avaliação. Constatei que isso pode deixá-los mais à vontade, caso não estejam familiarizados com esse tipo de avaliação.

NA CONSULTA

A preparação precedente propõe o seguinte, para o dia da consulta:

1 entrevista com os pais e a criança;
2 preenchimento das escalas de avaliação com autorrelato dos pais sobre seu próprio ajustamento;
3 um breve teste psicológico, que pode ser indicado pela natureza do encaminhamento (teste de inteligência e de aproveitamento, etc.).

DICA CLÍNICA

● Uma das primeiras coisas a abordar na consulta é quanto às restrições na confidencialidade. Examine com os pais quaisquer restrições legais na confidencialidade das informações obtidas durante a entrevista, como a sua obrigação legal (conforme exigido pela lei estadual) de relatar às autoridades estaduais algum caso de suspeita de abuso infantil, ameaças que a criança (ou os pais) possam fazer de causar danos físicos a outros indivíduos específicos (o dever de informar) e ameaças que a criança (ou os pais) possa fazer de machucar a si mesma (p. ex., ameaças de suicídio). Pode ser terrivelmente desconfortável, até mesmo completamente embaraçoso, pedir que os pais informem os eventos e, depois do ocorrido, eles descobrirem que as informações não podem ser mantidas em segredo.

Entrevista com os pais

Detalhes completos sobre o que precisa ser coletado na avaliação da saúde mental de uma criança ou de um adolescente podem ser encontrados em Barkley (2015) ou em outra fonte relevante. Aqui, é importante mencionar que os seguintes tópicos devem ser abordados.

■ **Preocupações atuais.** Um formulário para coletar essas informações pode ser encontrado no Formulário 3, no Apêndice A.

■ **Exame dos principais domínios do desenvolvimento** – motor, linguagem, intelectual, integridade do pensamento, funcionamento acadêmico, emocional e social.

■ **Histórias escolar, familiar e de tratamentos.** Discuta possíveis dificuldades psiquiátricas dos pais e irmãos, dificuldades conjugais e problemas familiares centrados em torno de condições médicas crônicas, problemas no emprego ou outros eventos estressantes potenciais que podem estar tendo alguma influência nas preocupações presentes.

■ **Exame dos sintomas de TDAH e outros transtornos mentais na infância.** Para agilizar este processo, simplesmente faça uma pergunta geral sobre presença da natureza mais essencial de cada transtorno. Somente se reconhecido como presente será necessário entrar nos detalhes dos critérios para esse transtorno no DSM-5. Não há necessidade de abordar todos os critérios se não houver indicação de que a natureza central do transtorno provavelmente está presente. O Formulário 3, no Apêndice A, contém este tipo de questionamento sobre a essência de cada transtorno na infância. Se os pais reconhecerem a sua presença, você poderá então abrir o DSM-5 para os critérios relevantes e examiná-los em maiores detalhes. Caso contrário, passe para o próximo transtorno nessa entrevista.

> **DICA CLÍNICA**
>
> ● Para mim, os critérios do DSM representam diretrizes para o diagnóstico, não normas da lei ou dogmas religiosos aos quais obedecer servilmente. As profissões de ajuda não existem apenas para fazer diagnósticos, mas para aliviar o sofrimento e os danos (incluindo déficits). Fazer um diagnóstico nada mais é do que um meio para esse fim, e não o fim em si. Digo isto porque algumas vezes, como observado anteriormente, as crianças podem não satisfazer todos os critérios para um transtorno, estando apenas um ou dois sintomas abaixo dos limiares para o diagnóstico ou com uma idade de início um ano ou dois além da incluída nos critérios. Entretanto, o diagnóstico deve ser feito mesmo assim, e o tratamento fornecido como de costume, quando houver evidências claras de danos ou prejuízos. Algum julgamento clínico sempre será necessário na aplicação flexível dessas diretrizes para casos individuais na prática clínica, especialmente considerando-se a natureza dimensional do TDAH e sua ligação com a distribuição normal do FE-AR na população humana.

■ **Exame dos principais domínios do funcionamento executivo na vida cotidiana.** Embora eu tenha recomendado que o clínico obtenha uma escala de avaliação do funcionamento executivo na vida cotidiana para fornecer um quadro mais abrangente das dificuldades que uma criança ou adulto com TDAH provavelmente está experienciando, se isso não foi feito, então os domínios podem ser rapidamente abordados com quatro perguntas para cada um desses componentes principais do funcionamento executivo, como gerenciamento do tempo, auto-organização e planejamento/solução de problemas, autocontrole, automotivação e AR da emoção. Estes podem ser vistos na Tabela 3.1 e também são encontrados no Formulário 3, Entrevista Clínica para Crianças – Relato dos Pais, a entrevista reproduzível no Apêndice A. Estes são os quatro itens de carga mais alta de cada dimensão avaliados por esta escala. O número de sintomas nesta entrevista que posicionaria uma criança no ponto de corte

TABELA 3.1 OS 20 MELHORES ITENS DO FUNCIONAMENTO EXECUTIVO DA ENTREVISTA DE FORMA ABREVIADA

Um item torna-se um sintoma quando é endossado como ocorrendo frequentemente ou muito frequentemente.

Gerenciamento do tempo
- Procrastina ou adia as coisas até o último minuto.
- Tem uma noção pobre de tempo.
- Desperdiça ou não maneja bem o seu tempo.
- Tem problemas para planejar com antecedência ou se preparar para eventos futuros.

Auto-organização
- Tem problemas para explicar suas ideias tão bem ou tão rapidamente quanto outras pessoas.
- Tem dificuldade para explicar as coisas na sua ordem ou na sequência apropriada.
- Parece não conseguir chegar ao ponto das suas explicações.
- Parece não processar as informações rápida ou acuradamente.

Autocontrole (inibição)
- Faz comentários impulsivos.
- Propenso a fazer coisas sem considerar as consequências de fazê-las.
- Age sem refletir sobre as coisas.
- Não para e conversa consigo mesmo antes de decidir fazer alguma coisa.

Automotivação
- Pega atalhos nas suas tarefas domésticas, no trabalho escolar ou em outras tarefas e não faz tudo o que deveria fazer.
- Não se esforça muito nas suas tarefas domésticas, no trabalho escolar ou em outras tarefas.
- Parece preguiçoso ou desmotivado.
- Inconsistente na qualidade ou na quantidade do seu desempenho no trabalho.

Autorregulação emocional
- Tem dificuldade para se acalmar depois que está emocionalmente perturbado.
- Não é capaz de ser razoável depois que está afetado pela emoção.
- Parece não conseguir se distrair do que o está perturbando emocionalmente para ajudar a se acalmar; não consegue redirecionar o foco da sua mente para uma estrutura mais positiva.
- Não é capaz de recanalizar ou redirecionar suas emoções de formas mais positivas quando fica perturbado.

De Barkley *Deficits in Executive Functioning Scale-Children and Adolescents* (Barkley, 2012b). Copyright © 2012 The Guilford Press. Reproduzido com permissão.

---

de +1,5 DP ou acima dele (percentil 93) e, assim, clinicamente significativo (ou desviante) conforme derivado do manual da escala são: homens 6 a 11 anos = escore de 12; homens de 12 a 17 anos = 14; mulheres de 6 a 11 anos = 9; mulheres de 12 a 17 anos = 10.

■ **Exame dos métodos de manejo dos pais (se necessário).** Discuta as abordagens de manejo dos pais, as diferenças entre eles e os problemas conjugais que eles podem ter gerado. Além disso, pergunte brevemente sobre a natureza das atividades sociais parentais e familiares para determinar o quanto os pais estão isolados ou afastados das redes de apoio social usuais em que muitos deles estão envolvidos. Se você é um profissional de saúde mental, e acredita que o treinamento parental ou aconselhamento familiar comportamental pode ser indicado, recomendo que você agende uma consulta posterior, para saber mais detalhes sobre a natureza das interações pais-filho em torno do cumprimento de regras pela criança. Caso faça isso, pergunte sobre a capacidade da criança de atender a solicitações ou comandos de maneira satisfatória em vários contextos, se ela adere às regras de conduta que governam o comportamento em várias situações e se demonstra autocontrole (cumprimento das normas) apropriado para a idade da criança na ausência de supervisão adulta. Para realizar isso, achei útil seguir o formato apresentado na Tabela 3.2, em que os pais são questionados sobre sua interação com seus filhos em uma variedade de situações domésticas e públicas. Quando é dito que ocorrem problemas, o examinador prossegue com a lista de perguntas nessa tabela. Se os pais completaram o HSQ como parte desta avaliação (Formulário 4, Apêndice A), então as situações nesse questionário anotadas como problemáticas podem ser usadas como ponto de partida para esta entrevista da "análise funcional".

■ **Preferências e atributos positivos da criança.** Essas preferências serão úteis no planejamento posterior de programas de recompensas a serem usadas para manejo do comportamento. Atributos positivos também podem ajudar os pais a reforçar as aptidões excepcionais do filho usando recursos comunitários pertinentes. Promover o sucesso por meio da busca de aptidões incomuns frequentemente pode fornecer uma contramedida para o sucesso limitado que a maioria das crianças e dos adolescentes com TDAH terão no sistema escolar.

TABELA 3.2 FORMATO DE ENTREVISTA PARENTAL PARA AVALIAR PROBLEMAS DE COMPORTAMENTO DO FILHO EM CASA E EM PÚBLICO

SITUAÇÕES A SEREM DISCUTIDAS	SE HOUVER UM PROBLEMA, PERGUNTAS DE SEGUIMENTO A SEREM FEITAS
• Interações pai-filho em geral. • Brinca sozinho. • Brinca com outras crianças. • Horas das refeições. • Vestir-se/despir-se. • Lavar-se e tomar banho. • Quando o pai/mãe está ao telefone. • Quando a criança está assistindo à televisão. • Quando visitas estão na sua casa. • Quando você está visitando a casa de outra pessoa. • Em lugares públicos (lojas, restaurantes, igreja, etc.). • Quando o pai está em casa. • Quando a criança é chamada para realizar tarefas domésticas. • Quando a criança é chamada para fazer o dever de casa da escola. • Na hora de dormir. • Quando a criança está andando de carro. • Quando a criança é deixada com uma babá. • Alguma outra situação problemática.	1. Esta é uma área problemática? Se sim, prossiga com as perguntas 2 a 9. 2. O que a criança faz nesta situação que incomoda você? 3. Qual será sua resposta provável? 4. O que a criança fará em resposta a você? 5. Se o problema continuar, o que você vai fazer a seguir? 6. Qual é geralmente o desfecho desta situação? 7. Com que frequência estes problemas ocorrem nesta situação? 8. Como você se sente sobre estes problemas? 9. Em uma escala de 1 ("nenhum problema") a 9 ("grave"), o quanto este problema é grave para você?

Nota. De *Hyperactive Children: A Handbook for Diagnosis and Treatment* (Barkley, 1981). Copyright © 1981 The Guilford Press. Reproduzido com permissão.

Entrevista com a criança
Sempre deve ser empregado algum tempo interagindo diretamente com a criança que está sendo avaliada. A duração dessa entrevista depende da idade, do nível intelectual e das habilidades de linguagem das crianças.

- Para crianças em idade pré-escolar, a entrevista é breve e pode servir meramente como um momento para conhecer a criança, observar sua aparência, seu comportamento, suas características desenvolvimentais e sua conduta em geral.
- Para crianças mais velhas e adolescentes, investigue acerca da visão que a criança tem das razões para a avaliação, como ela vê o funcionamento familiar, problemas adicionais que ela acha que tem, como está sendo seu desempenho na escola, seu grau de aceitação pelos pares e pelos colegas, e que mudanças na família ela acha que deixariam a vida em casa mais feliz para ela. Como com os pais, as crianças podem ser consultadas quanto a recompensas potenciais que elas acham desejáveis, o que provará ser útil em programas posteriores de manejo de contingências.

DICAS CLÍNICAS

- Nunca baseie um diagnóstico de TDAH nos relatos da criança ou do adolescente. Crianças e adolescentes com TDAH não são especialmente confiáveis em seus relatos do próprio comportamento disruptivo. O problema é agravado pela diminuição da autoconsciência e do controle de impulsos típicos de crianças com TDAH (veja o Capítulo 1). Essas crianças frequentemente apresentam pouca reflexão sobre as perguntas do examinador e podem até mesmo mentir ou distorcer informações em uma direção socialmente mais agradável. Em contrapartida, os relatos das crianças de seus sintomas internalizantes, como ansiedade e depressão, podem ser mais confiáveis e, portanto, devem desempenhar algum papel no diagnóstico desses transtornos (veja o Capítulo 4).
- Não se baseie muito no quanto a criança se comporta bem durante a entrevista. Já se sabe há mais de 40 anos que muitas crianças com TDAH não se comportam mal nos consultórios dos clínicos (Sleator & Ullmann, 1981). Desse modo, depender demais dessas observações claramente levaria a falsos-negativos no diagnóstico. Em alguns casos, o comportamento das crianças com seus pais na sala de espera antes da consulta pode ser uma melhor indicação dos problemas de manejo em casa do que o comportamento da criança em relação ao clínico em uma interação individualizada.
- Não use a ausência de atenção e outros problemas comportamentais na escola que são revelados durante a testagem psicológica como evidências contra o diagnóstico, em vista do formato individualizado dessa testagem.
- Esteja ciente de que os sintomas de TDAH e sua gravidade podem flutuar um pouco ou até de forma marcante em diferentes contextos e dependendo da hora do dia. Eles também podem variar como resultado de vários fatores na situação, como o programa de consequências para o comportamento, novidade, supervisão adulta e outros fatores. A seguir, apresento um resumo dos resultados de pesquisas sobre essa variação de acordo com o contexto. Os achados sugerem que a gravidade dos sintomas pode em geral ser menor nas situações citadas como melhores contextos e comumente maior nas situações citadas como piores contextos. Assim, é recomendável focar mais tem-

po da avaliação na exploração dos piores contextos, em que, em geral, é mais provável que os sintomas sejam claros ou mais graves, em média.

Melhores contextos:
- Diversão
- Resultados imediatos
- *Feedback* frequente
- Alta evidência
- Aplicativos de jogos
- Alta tecnologia (inteligente)
- Início do dia
- Supervisionado
- Individualizado
- Novidade
- Pai
- Estranhos
- Sala de exame da clínica

Piores contextos:
- Enfadonho
- Consequências adiadas
- *Feedback* infrequente
- Baixa evidência
- Dever de casa
- Baixa tecnologia – tarefas ou papelada
- Fim do dia
- Não supervisionado
- Grupo
- Familiaridade
- Mãe
- Pai e mãe
- Sala de espera

Este padrão não é bem explicado quando vemos o TDAH como um transtorno de desatenção ou seus outros sintomas oficiais. Ele é muito mais bem explicado quando olhamos para este padrão pelas lentes da teoria do FE-AR. As situações citadas como piores contextos apresentam uma demanda muito maior da FE e da AR, enquanto as dos melhores contextos as exigem muito menos. A adoção dessa teoria para entender o TDAH não só lhe permite compreender melhor, e assim avaliar a natureza do TDAH em várias situações, mas também permite que você a explique melhor aos pais, aos professores e também aos pacientes adultos.

Contato ou entrevista com os professores

Embora isto raramente seja possível para profissionais de cuidados primários, os profissionais de saúde mental devem, em algum momento, antes ou logo após a sessão inicial de avaliação com a família, entrar em contato com os professores das principais disciplinas acadêmicas da criança. Considero isto útil para esclarecer a natureza dos problemas da criança naquele contexto e determinar quais acomodações, caso existam, já foram feitas para ela. Isto mais provavelmente será feito por telefone, a menos que o clínico trabalhe dentro do sistema escolar da criança ou os pais estejam dispostos a pagar do próprio bolso por essa consulta em pessoa na escola.

DICA CLÍNICA

- Assim como os relatos dos pais, os relatos dos professores estão sujeitos a viés. Como sempre, as atitudes de quem está prestando informações sobre o TDAH ou os próprios problemas psicológicos dessa pessoa, seja ela um dos pais ou o professor, devem sempre ser pesadas ao se julgar a validade da informação em si. Isto pode ser parcialmente avaliado perguntando-se aos pais durante a sua entrevista se eles já vivenciaram alguma indicação de falta de cooperação ou mesmo de preconceito por parte do professor contra TDAH especificamente. A experiência clínica de longa data com vários distritos escolares na região em que o clínico

> atua e suas políticas e atitudes em relação a avalições de crianças para TDAH também podem servir de guia aqui. Por exemplo, em uma cidade onde atuei, um distrito escolar era bem conhecido por limitar o número de crianças que ingressavam em serviços de educação especial, encorajando os professores a preencherem com tudo zerado as escalas de avaliação do comportamento enviadas a eles por clínicos particulares ou fazer a avaliação mais baixa possível, como alguns professores posteriormente confessaram que faziam.

Muitas crianças com TDAH têm problemas com o desempenho acadêmico e o comportamento em sala de aula, e os detalhes destas dificuldades precisam ser obtidos. Embora isso possa ser feito inicialmente por telefone, alguns profissionais de saúde mental podem querer organizar uma visita à sala de aula se o tempo e os recursos permitirem. Essa observação direta e os registros do comportamento da criança podem se revelar muito úteis caso seja necessária mais documentação de comportamentos do TDAH para planejar programas posteriores de manejo de contingências para a sala de aula. Certamente, é improvável que isso seja viável para a maioria dos clínicos que trabalham fora dos sistemas escolares, sobretudo no clima dos crescentes planos de saúde públicos que restringem gravemente o tempo de avaliação que será compensado. No entanto, para aqueles profissionais que trabalham dentro dos sistemas escolares, as observações comportamentais diretas podem se mostrar muito profícuas para o diagnóstico, em especial para o planejamento do tratamento, como recomendam DuPaul e Stoner em seu excelente texto, *ADHD in the Schools* (2014).

Medidas de autorrelato dos pais

Tem sido cada vez mais evidente que os transtornos comportamentais na infância, seu nível de gravidade e sua resposta às intervenções são, em parte, uma função de fatores que afetam os pais e a família em geral. Conforme mencionado no Capítulo 4, vários tipos de transtornos psiquiátricos têm probabilidade de ocorrer com mais frequência entre membros da família de uma criança com TDAH do que em crianças com desenvolvimento típico. Nos últimos 40 anos, foi demonstrado em inúmeros estudos que estes problemas podem ainda influenciar a frequência e a gravidade dos problemas comportamentais em crianças com TDAH e especialmente o nível de conflito com os pais. Portanto, avaliar brevemente a integridade psicológica dos pais é uma parte essencial da avaliação clínica de crianças para TDAH, o diagnóstico diferencial dos seus transtornos prevalentes e o planejamento de tratamentos a partir dessas avaliações. Assim sendo, a avaliação de crianças para TDAH é muitas vezes uma avaliação da família, em vez de apenas da criança.

Estes são alguns métodos de avaliação que os clínicos descobriram ser úteis no rastreio dos pais para certas variáveis relevantes para a compreensão e o tratamento de crianças com TDAH:

- *Checklist de Sintomas 90 – Revisada* (SCL-90-R; Derogatis, 1994). Este instrumento não só tem uma escala que avalia depressão em adultos mas também escalas que medem outras dimensões da psicopatologia adulta e o sofrimento psicológico. Ela pode ser preenchida pelos pais na sala de espera durante o tempo em que seu filho está sendo entrevistado.

DICA CLÍNICA

- Não envie a *checklist* de sintomas aos pais antecipadamente com as outras escalas de avaliação. Você precisará apresentar a eles brevemente o propósito das escalas de autorrelato para que eles não se ofendam com a solicitação dessas informações delicadas. De modo geral, tenho indicado aos pais que uma compreensão completa dos problemas de comportamento de uma criança requer saber mais sobre a criança e seus pais. Isso inclui obter mais informações sobre o ajustamento psicológico dos pais e como eles se veem em seu papel como pais. As escalas de avaliação são introduzidas como um meio de obter essas informações. Poucos pais se recusam a completar essas escalas depois de uma introdução deste tipo.

- *Escala de Avaliação de TDAH em Adultos-IV* (Barkley, 2011). Esta escala deve ser preenchida duas vezes – uma para seu ajustamento comportamental atual e uma segunda vez para o que eles recordam do seu comportamento na infância entre 5 e 12 anos. Escores clinicamente significativos nesta escala isoladamente não asseguram o diagnóstico de TDAH em um dos pais, mas levantam essa possibilidade. Se o rastreio de um dos pais for positivo, considere encaminhá-lo ao respectivo profissional para avaliação mais aprofundada e tratamento de TDAH adulto, se necessário.

Testes psicológicos

Dada a alta probabilidade de dificuldades de aprendizagem (DA) coexistindo com casos de TDAH em crianças, incluir algum tipo de teste curto de rastreio para as principais habilidades de desempenho acadêmico (leitura, escrita, matemática) na sua avaliação é perfeitamente justificado. Caso os escores da criança sugiram alguma deficiência em algum domínio, uma bateria mais minuciosa de testes de desempenho acadêmico pode ser administrada. Considerando que a maioria das crianças com TDAH terá dificuldades educacionais, também seria prudente determinar se DI é um fator contribuinte para estes problemas além do que pode ser explicado pelo TDAH. Assim sendo, faz sentido incluir uma escala de rastreio breve para inteligência na avaliação inicial de crianças com TDAH. Aqui, mais uma vez, se a criança se localiza na variação de deficiência da escala de rastreio, um teste de inteligência mais completo pode ser administrado para esclarecer a extensão e a natureza desta deficiência. Dito isso, os clínicos precisam deixar os pais cientes de que essa testagem também pode ser feita sem custos para a família a partir da escola pública do filho, caso ele esteja tendo problemas significativos com a adaptação à escola e com o desempenho acadêmico. A demora frequentemente envolvida na obtenção desses testes em geral motiva os pais a pelo menos concordar com uma avaliação de rastreio do desempenho acadêmico e da inteligência, depois da qual, se necessário, podem ser feitas avaliações mais completas desses domínios por meio da escola do filho. Além de abordar essas duas questões (DA, DI), há pouca ou nenhuma razão para administrar outros testes psicológicos ou neuropsicológicos às crianças como parte de uma avaliação para TDAH.

SESSÃO DE *FEEDBACK*

A sessão de *feedback* com os pais conclui a avaliação diagnóstica. Assim como na entrevista com os pais, crianças com menos de 16 anos geralmente não são incluídas na sessão de *feedback*, mas elas podem ser convidadas a entrar no final da sessão para receber as conclusões diagnósticas em um nível apropriado à sua idade e ao seu desenvolvimento cognitivo.

Passo 1 Dê aos pais uma ideia de como você chegou ou não chegou ao diagnóstico de TDAH considerando as evidências coletadas nesta avaliação. É útil explicar que não há um teste direto para TDAH – nenhum teste laboratorial, radiografia, exame neurológico ou teste psicológico que nos diga que uma criança tem TDAH.

O que temos que fazer em vez disso é coletar muitas informações e analisá-las de maneira lógica. O passo 1 é estabelecer se os sintomas de TDAH estão presentes ou não, e o quanto eles são atípicos em relação a outras crianças desta idade.

DICAS CLÍNICAS

- Explique aos pais que as escalas de avaliação referentes ao seu filho foram contabilizadas, e que os escores são comparados com os escores que foram coletados em centenas, ou até milhares, de crianças da mesma idade. Se os escores da criança a posicionarem consistentemente no percentil 93 ou acima dele nas áreas de nível de atividade, controle de impulsos ou capacidade de concentração, isso sugere TDAH, pois indica que a criança está tendo mais dificuldades do que 93 de 100 crianças da mesma idade. Este é o nível aproximado de "desvio desenvolvimental" que deve ser estabelecido pelas escalas.
- Explique também que, quando examinou os sintomas oficiais de TDAH com eles (do DSM-5), você estava determinando quantos sintomas os pais descreviam como mais frequentes, que ocorriam em mais de um contexto e estavam causando prejuízos ou danos ao seu filho. Afirmar que todos esses critérios (exceto a idade de início não confiável) foram satisfeitos pode reforçar para os pais que os problemas experienciados pelo seu filho não são típicos.
- Detalhes adicionais que podem ajudá-lo a explicar o diagnóstico para os pais são fornecidos no Capítulo 5.

Passo 2 Estabeleça uma história consistente com a noção de um problema "do desenvolvimento". Estes sintomas têm uma história que se prolonga há muito tempo, há pelo menos um ano – não alguma coisa que surgiu na semana passada ou no mês passado, ou algo que só apareceu depois que ocorreu um trauma na vida da criança?

Passo 3 Mostre se estes sintomas persistentes e atípicos estão levando a déficits em domínios importantes da vida para seu filho. Se o TDAH estiver presente, isto é feito facilmente, pois, em geral, é o que trouxe os pais para a avaliação.

Passo 4 Exclua qualquer outra explicação lógica para o problema. Há mais alguma coisa acontecendo que prevaleceria sobre o TDAH como um diagnóstico ou que seria uma melhor explicação do que TDAH para os problemas que a criança está tendo?

Em suma, conduza os pais pelos dados obtidos sobre seu filho, passo a passo, para que eles possam entender claramente como você chegou à conclusão diagnóstica. Antes que ocorra qualquer discussão de um plano de tratamento, questione os pais se eles têm alguma pergunta sobre o processo diagnóstico ou algum comentário sobre as conclusões tiradas.

DICA CLÍNICA

- Sempre pergunte aos pais se eles estão surpresos que seu filho tenha (ou não tenha) sido diagnosticado com TDAH. A resposta a esta pergunta pode ajudar a determinar em que ponto no processo de disponibilidade para mudar – isto é, se engajar no tratamento – os pais podem estar. A surpresa inicial dos pais sugere que eles podem precisar de mais explicações sobre a natureza do TDAH e a justificativa para o diagnóstico. Eles também podem resistir às recomendações iniciais de tratamento até que seu ceticismo seja mitigado. Em contrapartida, a concordância inicial e a aceitação do diagnóstico indicam que você confirmou suas suspeitas iniciais de que alguma coisa estava "errada" com seu filho e que eles estavam corretos ao buscar sua avaliação, e isto proporciona uma maior abertura para informações mais detalhadas sobre o TDAH e especialmente sobre o plano de manejo.

Os pais devem sair da entrevista diagnóstica com a impressão de que a avaliação clínica foi abrangente e administrada com competência. Essa sensação de segurança os ajudará a lidar com o pesar e o desapontamento que podem sentir ao lhes ser dito que seu filho tem um atraso no desenvolvimento, além da confiança para seguir as recomendações de tratamento que forem feitas. Outros tipos de informações podem ser fornecidos durante a sessão de *feedback* ou na primeira sessão de aconselhamento dos pais; veja o Capítulo 7, para uma lista abrangente do que deve ser abordado durante um dos encontros com os pais.

Caso seja diagnosticado TDAH, forneça aos pais algumas informações sobre a sua natureza específica e os sintomas, suas causas neurodesenvolvimentais, seus riscos no curso da vida e os tratamentos baseados em evidências disponíveis para seu manejo. Para auxiliar nisto, um conjunto de folhetos sobre TDAH é fornecido no Apêndice A (Folhetos 3 a 17), para você compartilhar com os pais durante esta discussão. Veja também o Capítulo 5, para especificidades na ajuda aos pais para entenderem o que esperar para seu filho agora que ele tem um diagnóstico de TDAH. Depois, prossiga recomendando alguns livros e *websites* confiáveis (veja o Folheto 6, Apêndice A) que contenham muito mais informações sobre o TDAH do que podem ser fornecidas nesta entrevista. Eles também podem ter acesso a breves sumários do TDAH, em inglês, no meu *website* (www.russellbarkley.

org, página dos Folhetos Informativos [*Fact Sheets*]) e algumas das minhas palestras para pais sobre TDAH no YouTube. Se, durante essa etapa de avaliação, os pais parecerem em dúvida quanto à gravidade do TDAH e sua necessidade de uma combinação de abordagens de tratamento, frequentemente incluindo (mas nem sempre) o uso de medicação, ou caso eles relutem diante da sua recomendação de medicação especificamente, as ideias a seguir podem ajudar.

- Mostre a eles uma cópia da Figura 2.1, que resume os vários déficits ao longo da vida e as consequências para a saúde reconhecidamente associadas ao TDAH quando não é tratado. Para facilitar essa discussão, a figura também está no Folheto 13, no Apêndice A, que você pode reproduzir e usar durante esta entrevista para *feedback*. Além disso, são fornecidas respostas apropriadas para perguntas que os pais frequentemente fazem sobre o processo diagnóstico no final do Capítulo 2.
- Remeta-os aos capítulos sobre medicação em meu livro *Taking Charge of ADHA: The Complete Authoritative Guide for Parents* (Barkley, 2020) ou o excelente livro dos Drs. Wilens e Hammerness (2016), *Straight Talk about Psychiatric Medications for Children*.
- Sugira que eles visitem o *website* da fundação nacional americana para TDAH, www.chadd.org, para as folhas de fatos postadas ali sobre medicação (e www.adhd-federation.org para a Federação Mundial de TDAH se eles não forem residentes nos Estados Unidos). Estes e outros recursos são fornecidos no Folheto 16, no Apêndice A.

DICA CLÍNICA

- Ao explicar aos pais as causas do TDAH, faça a observação de que a maioria dos casos se origina da hereditariedade ou de outros fatores genéticos (cerca de 65% dos casos). Porém, alguns casos de TDAH podem se originar de fatores não genéticos, mas ainda assim biológicos. Alguns problemas com o desenvolvimento e a organização do cérebro podem ser adquiridos devido a vários eventos ou experiências na vida que afetam adversamente o desenvolvimento e o funcionamento cerebral, a maioria dos quais ocorre durante a gravidez. Para pais que parecem céticos quanto às origens neurodesenvolvimentais do TDAH, sobretudo quando não há evidências do transtorno nas suas famílias estendidas, você pode considerar mencionar estas outras causas possíveis biologicamente mediadas:

- Peso especialmente baixo no nascimento e hemorragia cerebral menor associada.
- Níveis de fenilalanina materna (possível).
- Estresse/ansiedade durante a gravidez (discutível).
- Obesidade materna na hora da concepção (mas a obesidade da mãe pode ser um marcador de que ela tem TDAH e isso é o que cria o risco para TDAH na prole, não a obesidade em si).
- Parto com apresentação pélvica.
- Extensão das anormalidades na substância branca devido a lesões no parto, como lesões parenquimatosas, hemorragia intracerebral e/ou alargamento ventricular.
- Aumento no tamanho placentário que pode sinalizar a ocorrência de distúrbios no ambiente materno durante a gravidez, talvez limitado aos meninos.
- Toxinas pré-natais, como o consumo de álcool.
- Exposição pré-natal à cocaína.
- Elevada carga pós-natal de chumbo no corpo durante os primeiros 2-3 anos.
- Deficiência de vitamina D.
- Exposição a pesticidas dentro ou fora de casa durante períodos críticos na gravidez ou no desenvolvimento inicial da criança.
- Infecção por *Streptococcus* (desencadeando uma resposta imune de anticorpos que destroem células dos gânglios basais).
- Lesão cerebral traumática (LCT); pessoas com TDAH também são mais propensas a experienciar LCTs e estas podem exacerbar seus sintomas de TDAH preexistentes e os déficits na função executiva.
- Estresse ou ansiedade persistente durante a gravidez (embora provavelmente apenas um marcador para TDAH materno).
- Estação do ano no nascimento da criança – outono ou inverno (indicador de uma época de infecções virais mediadas sazonalmente).
- Privação grave ou desnutrição precoce (podem constituir um tipo separado de TDAH devido à sua gravidade e às suas comorbidades incomuns).

Os detalhes sobre etiologia fornecidos no Apêndice C podem ser usados quando necessário ao falar com os pais.

CAPÍTULO 4

DIAGNOSTICANDO COMORBIDADES

O termo *comorbidade* refere-se à probabilidade de dois ou mais transtornos psiquiátricos ocorrerem concomitantemente. Pelo menos 50 a 60% das crianças identificadas na comunidade com TDAH têm um segundo transtorno, e 25 a 35% têm um terceiro transtorno. Esses números são acentuadamente mais altos para crianças e adultos em clínicas de saúde mental, em que mais de 80% têm um outro transtorno, e 50 a 60% ou mais têm dois ou mais transtornos. Para clínicos que trabalham em contextos de saúde mental, o ponto importante aqui é que é incomum ver TDAH como um transtorno isolado.

Por que isto acontece?

1 Pesquisas mostram que muitos transtornos que coexistem com TDAH compartilham fatores genéticos subjacentes. Isto implica que a demarcação de transtornos categóricos conforme retratado no *Manual diagnóstico e estatístico de transtornos mentais* (DSM) é de natureza muito mais difusa.

2 Pode haver alguma sobreposição no fator social ou outros fatores ambientais que aumentam o risco para estes transtornos além do risco genético compartilhado. O TDAH em um dos pais contribui para a parentalidade prejudicada, fraco monitoramento parental das atividades de uma criança ou um adolescente, insatisfação conjugal e transtornos por uso de substâncias (TUSs) – fatores de risco conhecidos para crianças que desenvolvem transtorno de oposição desafiante (TOD) e, posteriormente, transtorno da conduta (TC).

3 Sobreposições nos sintomas incluídos nos critérios do DSM para alguns transtornos criam um risco aumentado de comorbidade com esse outro transtorno. Por exemplo, desatenção, distratibilidade e impulsividade podem aparecer sob vários disfarces nas listas de sintomas para transtorno bipolar (TB) e transtorno da personalidade *borderline* (TPB). Esta sobreposição dos sintomas aumenta as chances de que alguém com TDAH se enquadre nesses outros transtornos em virtude de ter unicamente TDAH. Portanto, deve causar pouca surpresa que pacientes identificados com TDAH tenham alta probabilidade de ter um ou mais desses transtornos.

4 Os sintomas de um transtorno podem envolver traços psicológicos que podem aumentar o risco para o outro transtorno. Isso significa que um transtorno como TDAH pode levar a condições e experiências na vida ao longo do tempo que representam riscos cumulativos para a emergência do outro transtorno, sobretudo quando já existe uma suscetibilidade genética compartilhada com esse outro transtorno. Por exemplo, as inúmeras falhas em atividades importantes da vida, além da rejeição social, experienciadas por aqueles com TDAH, podem aumentar sua suscetibilidade para um transtorno de ansiedade (TA), distimia ou mesmo depressão maior, e tanto o maior comportamento de exposição a riscos quanto o comportamento geralmente disruptivo da criança podem levar a um risco maior de lesão ou abuso, ou vitimização por outras pessoas – todos os quais elevam o risco para transtorno de estresse pós-traumático (TEPT), ansiedade e depressão na criança.

É importante notar que vários desses caminhos possíveis para a comorbidade podem coexistir devido à extrema variação no fenótipo do funcionamento executivo-autorregulação (FE-AR) (veja o Capítulo 1) e suas FEs componentes.

Diversos fatores, além dos quatro mencionados anteriormente, parecem predispor crianças com TDAH a experimentarem um transtorno psiquiátrico, do neurodesenvolvimento ou de aprendizagem comórbido na adolescência. Para começar, quanto maior a gravidade dos sintomas de TDAH, maior o risco para a presença de comorbidade, implicando que, à medida que aumenta a vulnerabilidade para um transtorno, ela também aumenta para outras condições.

Outros fatores de risco geral para comorbidade são:

- viver em uma estrutura familiar não intacta;
- baixa renda parental;
- satisfação diminuída na vida parental;
- depressão parental.

DICA CLÍNICA

- Tenha em mente que esses são fatores de risco apenas correlacionados, não as causas do transtorno comórbido. De fato, o vetor causal nessas relações não está claro, pois alguns desses fatores, como baixa renda parental ou viver em uma família não intacta, podem se originar da própria psicopatologia dos pais. A suscetibilidade genética compartilhada pode ser o real fator causal.

Outros fatores estão associados ao risco para transtornos mais específicos, como:

- reduzido interesse parental no filho, e no monitoramento do filho e de suas atividades (associado ao TC da criança);
- afiliação com pares desviantes (relacionada ao TC e ao TUS da criança);
- TDAH parental (relacionado ao TOD);
- depressão parental (relacionada ao TOD/TC da criança e à depressão na infância);
- personalidade antissocial parental (relacionada ao TC e ao TUS na criança);
- abuso de substância parental (associado ao TC e ao TUS na criança);
- TAs parentais (associados a TAs da criança).

DICAS CLÍNICAS

- Esteja alerta a estes outros fatores quando uma criança ou um adolescente com TDAH também tiver comorbidades, pois eles provavelmente terão algum impacto na aderência parental e da criança às recomendações do tratamento.

• Preste especial atenção ao componente do FE-AR que é a fraca AR da emoção, conforme visto no TDAH. Este pode ser um fator predisponente à comorbidade com o TOD (veja a próxima seção sobre TOD/TC) e também para ansiedade, depressão, transtorno disruptivo da desregulação do humor (TDDH), TEPT e TB, entre outros. Outros fatores provavelmente estão em jogo nessas predisposições, mas uma propensão geral para expressões emocionais impulsivas e subsequente fraca AR de emoções reativas fortes, sobretudo as negativas, como frustração, raiva, impaciência e hostilidade, certamente estão entre elas.

• Da mesma forma, irritabilidade, refletindo mais uma fragilidade emocional crônica do que episódica ou rapidez para a expressão de raiva, também pode ser um fator de risco substancial para transtornos do humor e ansiedade, além de agressão reativa. O diagnóstico relativamente novo de TDDH parece captar essa propensão para irritabilidade e ações impulsivas destrutivas-agressivas com níveis extremos desses sintomas e é concebido para ser usado com crianças que previamente se acreditava que tivessem TB sem mania. Pouco se sabe acerca da sobreposição do TDDH com TDAH e seu impacto nos déficits, no curso da vida e no planejamento do tratamento.

• Como discutido na próxima seção, a presença de transtorno(s) comórbido(s) pode afetar adversamente o funcionamento, os riscos no curso da vida e possivelmente o plano de tratamento, entre outras questões clínicas importantes. De fato, o segundo transtorno pode, em alguns casos, ser tão ou mais importante para o plano de tratamento quanto é o TDAH, considerando que o primeiro pode alterar a tomada de decisão ou pelo menos dar uma pausa nesses esforços. Por exemplo, ao usar anfetaminas nos casos de TDAH em que estão presentes transtornos de tique (TT), síndrome de Tourette, TB ou possivelmente TAs, você certamente prosseguiria com mais cautela, se possível. As implicações do tratamento de comorbidades são discutidas integralmente nos Capítulos 6 a 10.

DIAGNOSTICANDO COMORBIDADES ESPECÍFICAS

A comorbidade com outros transtornos do neurodesenvolvimento e psiquiátricos é excepcionalmente comum em indivíduos com TDAH. A breve revisão a seguir mostra que a presença de um transtorno comórbido com TDAH frequentemente se soma à gravidade do TDAH, o que possibilita também condição(ões) preexistente(s). Também se soma à extensão do comprometimento da criança ou do adolescente com as comorbidades. Mais ainda, a presença de TDAH com algum destes outros transtornos também piora acentuadamente a extensão do comprometimento em grande parte devido aos seus déficits pervasivos no FE-AR. Estes também vão piorar o curso dos outros transtornos e podem sinalizar uma forma mais persistente de TDAH do que pode ser visto em TDAH sem alguma comorbidade.

As comorbidades mais comuns em crianças e adolescentes com TDAH foram listadas no Capítulo 3; elas são apresentadas graficamente na Figura 4.1 e são discutidas nesta seção em ordem descendente da sua coocorrência com TDAH. Note que 50 a 87% das pessoas com TDAH têm um segundo transtorno.

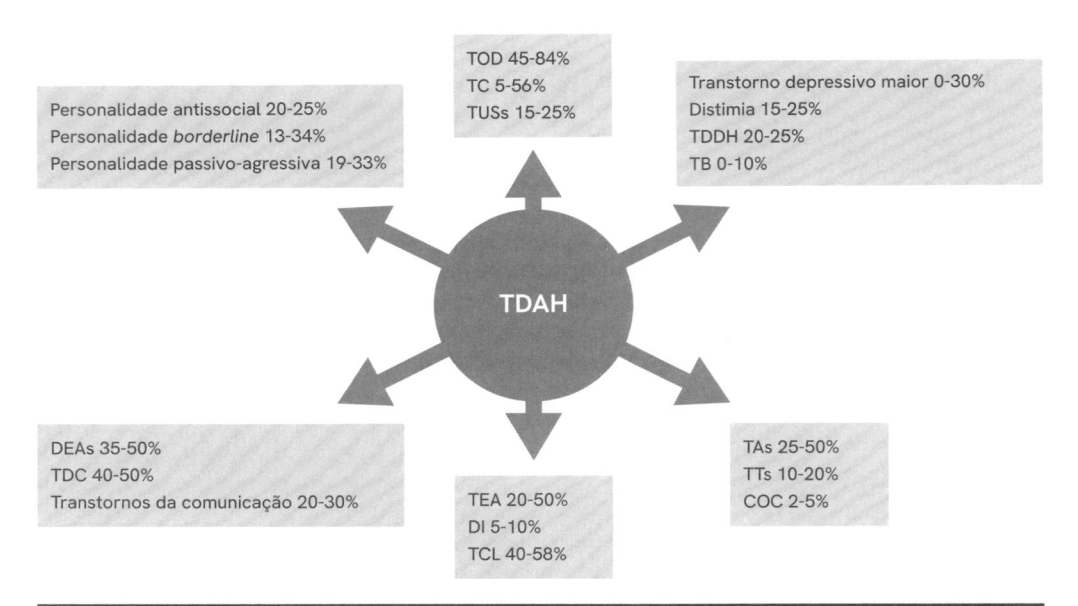

FIGURA 4.1
Transtornos do neurodesenvolvimento e psiquiátricos ocorrendo no contexto de TDAH.

COC: comportamento obsessivo-compulsivo; DEAs: dificuldades específicas de aprendizagem; DI: deficiência intelectual; TAs: transtornos de ansiedade; TB: transtorno bipolar; TC: transtorno da conduta; TCL: tempo cognitivo lento; TDAH: transtorno de déficit de atenção/hiperatividade; TDC: transtorno do desenvolvimento da coordenação; TDDH: transtorno disruptivo da desregulação do humor; TEA: transtorno do espectro autista; TOD: transtorno de oposição desafiante; TTs: transtornos de tique.

TRANSTORNO DE OPOSIÇÃO DESAFIANTE/TRANSTORNO DA CONDUTA

O TOD é o transtorno com coocorrência mais comum com TDAH. Além disso, ele é frequentemente um prelúdio para ou concomitante com o TC.

Fatos rápidos sobre TOD/TC
- O TOD é um padrão persistente de comportamentos hostis, desafiantes e questionadores que podem incluir recusa a obedecer a instruções, crises de birra e comportamento irritável e raivoso.
- O TC é definido como um padrão de ações que violam os direitos de outras pessoas ou normas importantes da sociedade e suas regras. De modo geral, consiste em uma variedade de comportamentos antissociais, como mentir, roubar, brigar, portar ou usar armas, destruir propriedade, fazer crueldade com outros ou com animais, forçar atividade sexual e fugir de casa.
- Tanto o TOD quanto o TC têm 11 vezes mais probabilidade de ocorrer no contexto de TDAH do que suas taxas básicas na população (TOD = 3,3%; TC = 3,2%) sugeririam. Conforme descrito na Figura 4.1, 45 a 84% das crianças com TDAH têm TOD, e 5 a 56% podem desenvolver TC.
- Quando esses transtornos coexistem com o TDAH, sobretudo o TC, eles sinalizam maior carga genética para TDAH entre os membros da família, déficits cognitivos adicionais e talvez ainda correlatos neurais distintos do que TDAH isoladamente.

- Sua coexistência também prediz um curso mais grave e persistente, tanto para o TDAH quanto para o TOD/TC, do que é o caso quando os transtornos ocorrem isoladamente, talvez porque a gravidade do TDAH está relacionada ao desenvolvimento desses outros transtornos.
- Crianças com TOD/TC também estão em risco aumentado para uma variedade de atividades antissociais, uso de drogas, rejeição dos pares, gravidez na adolescência, violência do parceiro íntimo e fracasso escolar e evasão precoce, entre outros desfechos adversos desde a infância até a adolescência.
- Crianças com TOD/TC também têm maior probabilidade de desenvolver depressão e TAs.

DICAS CLÍNICAS
para auxiliar no tratamento

- Parentalidade perturbada é um fator que foi bem-estabelecido como um contribuinte para risco concomitante e futuro para TOD, portanto, esteja atento a um padrão de uso inconsistente e indiscriminado de consequências frequentemente associado a taxas mais elevadas de emoção expressada e oscilação entre disciplina negligente/tímida e rígida. Isso é especialmente assim quando a comorbidade menos comum de TC também está presente, em cujo caso o menor monitoramento parental, comportamento antissocial e uso de droga parental, e afiliação de criança/adolescente com pares desviantes também são prováveis de fazer parte do quadro familiar. TOD/TC também podem ocorrer de maneira concomitante com TDAH se a família tiver maior psicopatologia e experienciar mais adversidade social. Estas crianças também são mais propensas a experienciar o divórcio dos seus pais e a colocação em lares de acolhimento.
- Note que se a gravidade do TOD incluir comportamento explosivo, destrutivo ou fisicamente agressivo e se localizar 2-3 ou mais desvios-padrão acima da média nas escalas de avaliação que medem agressão e problemas de conduta, como o Inventário de Comportamento para Crianças (CBCL; Achanbrach, 2014), a criança também pode ter TDDH ou TB. Os comportamentos problemáticos de conduta nesses dois transtornos vão muito além dos vistos na criança típica com TDAH e TOD.
- A criança que você está avaliando tem dificuldades específicas de aprendizagem (DEAs)? Mesmo crianças com TDAH isolado têm um risco substancial para DEAs, mas o risco é maior também com TOD/TC.
- Você está avaliando uma criança mais velha? Saiba que até 46% das crianças com TDAH comórbido com TOD podem manifestar ideação suicida na adolescência, e 21% podem ter uma tentativa de suicídio – taxas muito mais altas do que para TDAH apenas, cujas taxas são, por sua vez, mais altas do que para crianças típicas. Este fato é discutido detalhadamente mais adiante, no capítulo relacionado à depressão.
- Não espere apenas um caminho desenvolvimental possível. Há evidências conflitantes se TDAH precede o desenvolvimento de TC, ou se TC se desenvolve próximo ou ao mesmo tempo que o TDAH, mesmo que não plenamente diagnosticável. Algumas crianças pequenas com TDAH seguramente manifestaram padrões precoces de mentira, roubo, agressão reativa e brigas, enquanto outras também apresentam o padrão de traços insensíveis não emocionais e predação instrumental contra outros associada à psicopa-

tia. Ainda, outros estudos longitudinais também identificam casos em que o TDAH emergiu primeiro, sendo seguido vários anos mais tarde por TOD e então, na adolescência, se não antes, pelo desenvolvimento de TC em torno dos 15 anos. Assim, até o momento, parece que ambos os cursos desenvolvimentais para TC provavelmente existem. Vale a pena mencionar que a presença de TOD ou TC com TDAH aumenta significativamente o risco para maus-tratos na infância e TEPT comparado com casos de somente TDAH. Esses maus-tratos estão associados a risco aumentado para posteriormente mais comportamento antissocial e detenções, além dos riscos para aqueles atribuíveis ao TDAH ou ao TC.

Teoria do FE-AR e comorbidade com TDAH/TOD

Como mostra a Figura 4.2, TOD consiste em duas dimensões de sintomas (emocional e social), e cada uma tem uma origem separada. O componente emocional do TOD na criança parece ser devido a um transtorno envolvendo emoção desregulada (TDAH, TDDH, TB, depressão maior). No entanto, os sintomas sociais de TOD se originam direta e principalmente como consequência de parentalidade perturbada (fator 2). A parentalidade perturbada é provavelmente uma consequência da ocorrência de desajuste psicológico no genitor (fator 3) e adversidades na ecologia social do genitor e da família (fator 4). Quanto mais tempo o TOD persistir no desenvolvimento, mais provável será que um transtorno comórbido esteja associado a ele e mais provável será que a parentalidade perturbada possa contribuir.

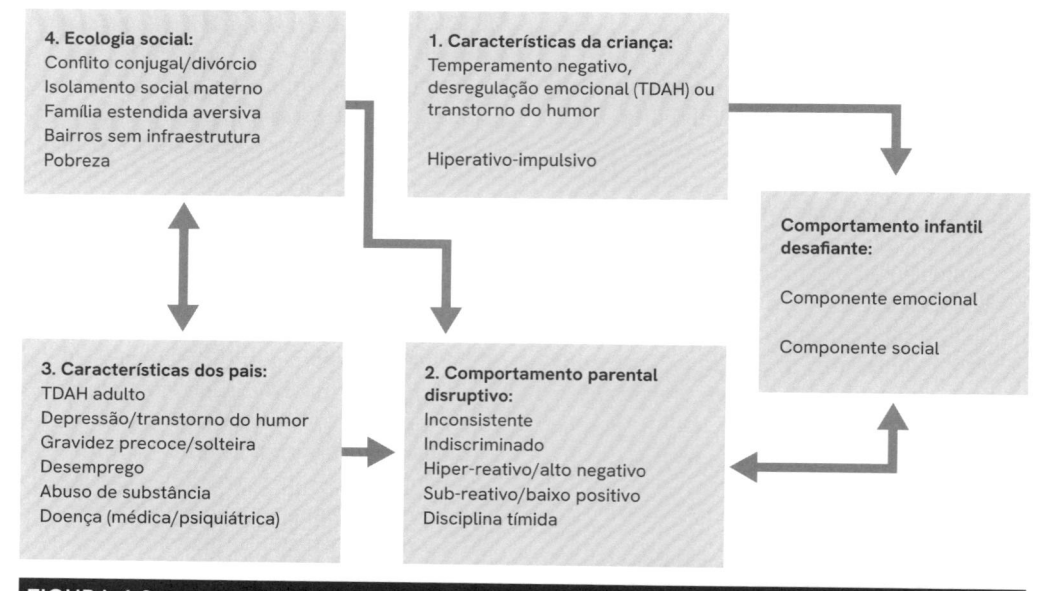

4. Ecologia social:
Conflito conjugal/divórcio
Isolamento social materno
Família estendida aversiva
Bairros sem infraestrutura
Pobreza

1. Características da criança:
Temperamento negativo, desregulação emocional (TDAH) ou transtorno do humor

Hiperativo-impulsivo

Comportamento infantil desafiante:
Componente emocional
Componente social

3. Características dos pais:
TDAH adulto
Depressão/transtorno do humor
Gravidez precoce/solteira
Desemprego
Abuso de substância
Doença (médica/psiquiátrica)

2. Comportamento parental disruptivo:
Inconsistente
Indiscriminado
Hiper-reativo/alto negativo
Sub-reativo/baixo positivo
Disciplina tímida

FIGURA 4.2
Modelo dos quatro fatores do TOD e o papel do TDAH.
De *Defiant Children*, Terceira Edição (Barkley, 2013). Copyright © 2013 The Guilford Press. Adaptado com permissão.

> **DICA CLÍNICA**
>
> - Antecipando o tratamento, a parentalidade disruptiva exigirá treinamento comportamental dos pais, além de uma intervenção específica para TDAH. Os fatores 3 e 4 exigirão intervenção mais direta para esses problemas parentais.

Quando vemos o TDAH como um déficit nas FEs e na AR, podemos ver como as emoções impulsivas e a fraca AR de emoções intensas provocadas que são inerentes ao TDAH levam a criança a meio caminho na direção de satisfazer os critérios para TOD devido à sua própria dimensão emocional desregulada. Em particular, as emoções impulsivas, envolvendo impaciência, frustração, raiva, rapidez para reagir e excitação excessiva ou facilidade para se excitar, elevam o risco para o componente emocional do TOD. Com apenas alguns anos de aprendizado social por meio de uma parentalidade perturbada, o componente social do TOD começa a se manifestar.

Esta falta de AR emocional adequada no TOD também explicaria parcialmente a ligação desses dois transtornos com o risco posterior de ansiedade e depressão na adolescência. Isso se deve a estes riscos afetivos posteriores serem associados em pesquisas ao componente emocional do TOD na infância, o qual, como já explicado, provém em grande parte dos déficits na FE do TDAH. Podemos justificar a associação do TDAH com TC na adolescência devido à conhecida ligação do TC com o componente de conflito social do TOD na infância e à parentalidade disruptiva que contribui para isto.

TRANSTORNOS DEVIDO A USO, DEPENDÊNCIA E ABUSO DE SUBSTÂNCIA

O TDAH isolado aumenta o risco para TUSs em adolescentes (e adultos), e TOD/TC associado ao TDAH aumenta o risco ainda mais. Isto não significa, no entanto, que TUSs totalmente diagnosticáveis sejam assim tão comuns na população geral ou entre aqueles com TDAH. Entretanto, experimentação e uso de substância são habituais em faixas etárias do ensino médio e adultos emergentes. Como o uso excessivo definido como TUS causa sintomas cognitivos, comportamentais e fisiológicos que são patológicos e refletem autocontrole prejudicado, prejuízo social, uso arriscado ou critérios relacionados farmacologicamente (como tolerância, sinais fisiológicos de adição ou abstinência), é recomendável que os clínicos estejam atentos a padrões emergentes de uso de substâncias nos pacientes que estão avaliando.

TDAH pode predispor adolescentes a um início mais precoce de TUSs, uma progressão mais rápida da experimentação inicial para a ocorrência plena de TUS, um curso mais crônico do TUS do que em adolescentes sem o transtorno, uma resposta mais resistente a intervenções para TUSs e maior probabilidade de recorrência, mesmo que os sintomas inicialmente desapareçam depois do tratamento. Mesmo que aqueles com TDAH não se qualifiquem para um TUS oficial, eles podem estar usando substâncias com mais frequência e de maneira mais errática ou compulsiva do que os pares típicos. Dito isso, a maioria dos adolescentes com TDAH não se enquadra em TUSs quando adolescentes, tampouco na idade adulta.

Fatos rápidos sobre os TUSs
- Os TUSs envolvem um padrão persistente de uso excessivo de uma ou mais das 10 categorias de substâncias, incluindo álcool, nicotina e *cannabis*, bem como opioides, alucinógenos e outras drogas, incluindo drogas de prescrição.
- Os TUSs frequentemente têm seu início na adolescência ou no começo da idade adulta, com 2-11% da população geral entre 13 e 17 anos tendo um TUS (em média aproximadamente 5%), e 4 a 18% tendo um entre 17 e 20 anos.

- O TDAH, de modo isolado, tem duas vezes mais risco para TUSs futuro em adolescentes e adultos, independentemente de alguma contribuição para risco de TUSs representado por TC comórbido. Adolescentes com TDAH são propensos a iniciar o uso de substâncias mais precocemente, de escalar seu uso mais rapidamente e de atingir maior frequência de uso com o tempo do que adolescentes sem TDAH parecem ter.
- Quando TOD/TC está presente junto com TDAH, o risco é quatro vezes maior do que o de adolescentes típicos e mais que duplica o de adolescentes com TDAH isoladamente.
- A comorbidade inversa é ainda mais provável, já que jovens e adultos com TUSs têm risco de 23-59% de TDAH ou já tiveram anteriormente em suas vidas, mesmo que isso não esteja documentado na sua avaliação inicial para TUSs.
- Nicotina, frequentemente via tabagismo, em adolescentes com TDAH é a substância principal de uso excessivo e abuso. Muitas vezes, é iniciada mais cedo, escala mais rapidamente, atinge uma frequência mais alta de uso e pode ser mais difícil de reduzir ou cessar em resposta ao tratamento do que em adolescentes típicos. Aparentemente é outra porta de entrada ou fator de risco para o uso de outras substâncias e TUSs.

DICAS CLÍNICAS
para auxiliar no diagnóstico

- Considere a história familiar. Uma história familiar de TUSs, que é mais provável em famílias daqueles que têm TDAH, aumenta a predisposição daqueles com TDAH a também desenvolver TUSs. Embora isso possa ser o resultado do modelo parental de uso de substâncias, essa transmissão entre as gerações também se deve a riscos genéticos compartilhados entre TDAH e TUSs. Talvez esse risco genético compartilhado ajude a explicar as redes neurobiológicas perturbadas subjacentes compartilhadas pelo TDAH e TUSs, possivelmente na transmissão alterada da dopamina nos circuitos de recompensa do cérebro.
- O TB comórbido, embora muito menos comum em TDAH do que em outros transtornos, também cria um risco elevado para TUSs naqueles com TDAH. Esse risco vai além do risco aumentado para TUSs representado pelo TB isoladamente.
- O uso excessivo de **nicotina** sinaliza um risco posterior para TUSs, que é mais elevado do que em adolescentes com TDAH que não fumam, e é um risco muito além daquele de adolescentes sem TDAH. Com o tempo, quando os adolescentes com TDAH chegam à idade adulta, eles fumam mais do que os outros (incluindo outros fumantes), são mais propensos a se qualificar para transtorno por uso de nicotina, persistem no tabagismo por mais tempo na idade adulta do que outros fumantes sem TDAH e acham mais difícil parar de fumar do que fumantes sem TDAH. Este último pode ser explicado porque adolescentes e adultos com TDAH experimentam sintomas de abstinência e fissura mais intensos durante os esforços de abstinência do que fumantes sem TDAH.
- Embora muitas vezes não seja avaliada para seu uso excessivo devido à sua presença constante na sociedade, a cafeína é provavelmente a segunda substância mais comum de uso excessivo e podendo até ser a primeira. Foi demonstrado recentemente que adolescentes com TDAH consomem mais bebidas contendo cafeína, fazem isso

mais no fim da tarde e, em consequência, apresentam mais problemas para dormir do que o usual. Esse sono ineficiente ou interrompido pode exacerbar ainda mais a desatenção e a sonolência durante o dia, afetando adversamente o trabalho ou o rendimento escolar.

• *Cannabis* é a terceira substância mais usada entre adolescentes com TDAH. Embora os adolescentes com TDAH pareçam não ser mais propensos a experimentar *cannabis* do que outros adolescentes, depois que experimentam, são mais propensos a continuar o uso e a usá-la com mais frequência (aproximadamente 11% relatam usar diariamente).

• Adolescentes com TDAH são duas vezes mais propensos do que outros adolescentes a desenvolverem um transtorno por uso de *cannabis*. Este padrão parece persistir na idade adulta. Tabagismo é um fator de risco para eventual uso de *cannabis* na população típica, e, portanto, não causa surpresa que seja assim também entre jovens com TDAH. Como a nicotina, o uso de *cannabis* na adolescência é uma porta de entrada (preditor) para um risco aumentado de uso de outra substância ou mesmo de abuso.

• Sobretudo no final da adolescência e no início da idade adulta, o uso de **álcool** é alto na população geral, tornando o uso excessivo ou abuso de álcool entre adolescentes e adultos jovens com TDAH difícil de detectar como problemático em comparação com os pares típicos. No entanto, adolescentes com TDAH parecem ter um início mais precoce da experimentação inicial com álcool. Eles podem ter mais episódios de consumo excessivo de álcool e bebedeiras do que adolescentes sem TDAH, mesmo que seu consumo diário médio não seja diferente do de adolescentes típicos. Na idade adulta, quando o consumo de álcool na população geral declina, os resultados de estudos do TDAH se tornam mais consistentes em mostrar que aqueles com TDAH divergem dos adultos típicos na dimensão do seu consumo e eventual risco para transtornos por uso de álcool.

• A criança ou o adolescente que você está avaliando tem ocorrência concomitante com TOD/TC? Esta comorbidade pode aumentar ainda mais o risco para uso e abuso de substâncias ilegais além de nicotina, *cannabis* e álcool. Acredita-se que isso pode ocorrer por meio de outros correlatos que sabidamente se associam ao TOD/TC, como o fraco monitoramento parental das atividades do adolescente, incluindo experimentação de substâncias e afiliação com pares desviantes que também são propensos a ser experimentadores ou usuários, dessa forma representando uma pressão dos pares ou a contribuição da sugestibilidade social ao uso de droga. Depois de iniciado o uso de substância, várias pesquisas encontraram um efeito em uma espiral desenvolvimental interativa entre estas duas comorbidades – ou seja, com o tempo, os sintomas de TC no Tempo 1 continuaram a piorar o risco para uso de substâncias no *follow-up* no Tempo 2, mesmo depois de controlar para o uso de substâncias no Tempo 1. Da mesma forma, o uso de substâncias no Tempo 1 predizia aumento nas atividades antissociais com o tempo, mesmo controlando para TC no Tempo 1. Em suma, cada transtorno exacerba o outro com o tempo.

• A criança ou o adolescente que você está avaliando é do sexo biológico masculino ou feminino? A maioria dos riscos citados se aplica mais a homens com TDAH do que a mulheres com o

> transtorno. Estudos de *follow-up* no sexo feminino não encontram que elas tenham riscos mais elevados para excesso no uso de substância e TUSs quando adolescentes do que as mulheres típicas. Mas, na idade adulta, as mulheres com TDAH apresentam.

Teoria do FE-AR e risco elevado para TUSs

A teoria do FE-AR do TDAH pode nos ajudar a entender este risco para TUSs comórbido por dois caminhos possíveis. Primeiro, o déficit na FE da desinibição no TDAH é um fator de risco conhecido para experimentação inicial do uso de substância. Este, juntamente com a AR geralmente mais fraca inerente ao TOD, é também um fator de risco para maior uso de substância depois de iniciado e certamente pode explicar as maiores dificuldades que estes jovens têm com reabilitação de substâncias. Autorregulação adequada é necessária para o autoaperfeiçoamento, incluindo aderência às recomendações do tratamento que em geral fazem parte dos programas de tratamento.

A teoria do FE-AR também levanta a interessante possibilidade sobre o papel da genética em TUSs entre aqueles com TDAH. É possível que o TDAH crie os déficits na FE que aumentam o risco para TUSs e que seja este fenótipo da FE compartilhada o que explique a variação genética compartilhada entre os transtornos, não a genética isoladamente.

Quanto à predisposição para o uso excessivo de substâncias específicas, parece provável que a dimensão da impulsividade (ou mais provavelmente seu componente da FE de fraco autocontrole) prediz experimentação com nicotina, enquanto a dimensão da desatenção (FE metacognitiva) prediz escalada e manutenção, talvez por meio dos problemas que ela apresenta para o automonitoramento e maior autorregulação. Há também a possibilidade aqui de automedicação (a nicotina parece melhorar a desatenção no TDAH).

Assim como com a nicotina, a teoria do FE-AR propõe uma explicação para o risco aumentado de uso de *cannabis*: a AR deficiente deixa uma abertura para o engajamento repetido em fraca tomada de decisão quanto ao uso da substância.

O mesmo caminho parece existir para o álcool. O componente da FE da fraca inibição associada aos efeitos desinibidores do consumo inicial de álcool pode estar interagindo para aumentar o risco de consumo excessivo visto naqueles com TDAH. Um estudo recente em grande escala na população (Zhou, Sealock, & Gelernter, 2020) usando rastreios do genoma abrangendo mais de 435 mil pessoas encontrou que o uso problemático de álcool estava relacionado ao traço de personalidade de correr riscos (impulsividade), entre outros fatores, a partir da suscetibilidade genética compartilhada, sugerindo que é esta dimensão do FE-AR (TDAH) que cria essa suscetibilidade.

DEPRESSÃO

As evidências são variáveis quanto a se TDAH está associado a um risco mais alto para depressão; alguns estudos não encontraram uma associação quando controlados para a presença de outros transtornos, como TC ou síndrome de hipoatividade do desengajamento cognitivo (CDHS; anteriormente referida como tempo cognitivo lento [TCL]). O risco para depressão apresentado pela comorbidade com TOD/TC pode se originar de um número aumentado de eventos adversos na vida, problemas com os pares e uma história parental de depressão. Em contrapartida, os fatores ambientais podem simplesmente representar marcadores para TDAH parental e/ou depressão, e é esse transtorno parental que cria geneticamente o risco de comorbidade para a prole, além de causar a perturbação/adversidade familiar. Há, no final das contas, evidências de substancial suscetibilidade genética compartilhada entre TDAH e depressão (veja a Figura 4.2), e, portanto, essas possíveis variáveis ambientais mediadoras não podem explicar completamente essa comorbidade.

Fatos rápidos sobre transtornos depressivos

- O transtorno depressivo maior (TDM) inclui um padrão persistente de humor depressivo ou perda de interesse ou prazer que também envolve sintomas vegetativos, insônia, agitação, fadiga, sentimentos de desvalia, diminuição da concentração e mesmo pensamentos recorrentes de morte, entre outros. Esses sintomas devem ocorrer por um período de 2 semanas ou mais e refletem uma mudança dos níveis de funcionamento prévios.
- Uma variante mais leve envolvendo sintomas menos persistentes que recorrem durante um período de 2 anos é o transtorno depressivo persistente (TDP), anteriormente chamado de *distimia*.
- Cerca de 20-35% das crianças ou jovens com TDAH podem ter depressão, que é 8-10 vezes maior do que as taxas básicas na população (2,6%); em contrapartida, 14-20% das crianças com depressão têm TDAH comórbido.
- Crianças e adolescentes com TDAH e depressão frequentemente têm prejuízos maiores, início mais precoce de depressão, maior propensão à recaída em sua depressão depois do tratamento e taxas mais elevadas de comportamento suicida (especialmente tentativas) do que crianças com depressão isoladamente. Infelizmente, elas também têm maior probabilidade de ter sucesso nas tentativas ou, se sobrevivem, precisam de hospitalização, devido à gravidade das tentativas.
- Na adolescência, elas também podem experienciar eventos na vida mais negativos ou estressantes, maior conflito familiar e mais exposição a traumas do que adolescentes com TDAH isoladamente. Por isso um modelo de fatores duais desta comorbidade pode ser aplicável aqui. Ou seja, a presença de TDAH, juntamente com uma história familiar de TDAH e depressão, cria uma suscetibilidade genética para depressão. No entanto, essa suscetibilidade se manifesta sob condições de eventos negativos crescentes, estresse social, conflito familiar e exposição a trauma para os quais os déficits na FE no TDAH têm alta probabilidade de contribuir cumulativamente ao longo do desenvolvimento.

DICAS CLÍNICAS
para auxiliar no diagnóstico

- Uma criança que está vivendo em condições de crescentes eventos negativos, estresse social, conflito familiar e exposição a trauma pode começar a manifestar sintomas de depressão se ela tiver TDAH e uma história familiar de TDAH e depressão. A comorbidade frequentemente leva a mais déficits, ao início precoce de depressão, a maior propensão à recaída na depressão depois do tratamento e a taxas mais elevadas de comportamento suicida do que depressão isoladamente. Na adolescência, ela também pode experienciar mais eventos negativos ou estressantes na vida, maior conflito familiar e mais exposição a trauma do que crianças com TDAH isoladamente. Por isso, um modelo de fatores duais dessa comorbidade pode ser aplicável, no qual a presença de TDAH, associado a uma história familiar de TDAH e depressão, cria uma suscetibilidade genética para depressão que se manifesta diante de eventos negativos crescentes.
- Seu paciente é do sexo feminino biológico? Alguns estudos clínicos sugerem que mulheres com TDAH podem ser mais propensas à depressão do que os homens. Entretanto, isso reflete o mesmo padrão na população geral, dessa forma, o ponto a ser conside-

rado é de que suas pacientes do sexo feminino podem ser mais propensas à depressão, de um modo geral, do que o sexo masculino.

- Baixa autoestima é um sinal de desenvolvimento de depressão? Baixa autoestima já foi considerada comum em crianças com TDAH, devido ao seu alto risco de fracasso em contextos familiares, educacionais e sociais com os pares, mas pesquisas posteriores encontraram que crianças com TDAH veem a si mesmas como mais competentes do que são nestas situações. Não está claro se este viés positivo se deve ao seu autoconhecimento reduzido ou a um mecanismo protetor do ego para manter o amor-próprio. Em qualquer dos casos, a baixa autoestima não deve ser menosprezada como apenas uma consequência de ter TDAH. Outras pesquisas sugeriram que, naqueles com TDAH em que a baixa autoestima era evidente no início da infância, sobretudo anedonia no final da infância, este era um marcador para risco de depressão posterior, portanto, quando a baixa autoestima é evidente, é necessário mais monitoramento clínico da criança para detectar uma escalada da depressão que pode ocorrer com o tempo, bem como para sinais posteriores de aumento nos comportamentos suicidas.

- Conforme mencionado no Capítulo 1, é importante ser específico ao usar um sintoma como "desatenção" para diagnosticar TDAH, pois outros transtornos também envolvem vários tipos de desatenção. A depressão é um deles. O TDAH é associado a dificuldades com ações dirigidas para objetivos e com a manutenção dessas ações em tarefas monótonas (persistência), além de distratibilidade aumentada para eventos irrelevantes para a tarefa. Quando muito, ele representa um excesso de associação da atenção a eventos externos, muitas vezes irrelevantes para o objetivo, no contexto momentâneo. A depressão, por sua vez, parece estar mais alinhada com sintomas como os vistos em CDHS (veja a discussão posteriormente neste capítulo), incluindo olhar perdido, devaneios (sonhar acordado), distração, confusão mental e lentidão ou sonolência. Pensamento ruminativo e a desatenção que se origina dele também são comuns em depressão, mas muito menos em TDAH. De fato, estudos recentes sugerem que depois que os sintomas de CDHS estão controlados, pode não haver associação significativa de TDAH com depressão. Em qualquer caso, tanto depressão quanto CDHS parecem envolver dissociação da atenção dos eventos no ambiente externo e redirecionamento da atenção para o conteúdo mental. Consequentemente, a desatenção vista no TDAH não é idêntica à vista na depressão (ou na CDHS, nos TAs ou no TOC).

- O risco de ideação suicida e tentativas de suicídio é aumentado em três a cinco vezes em crianças e adolescentes com TDAH quando a depressão entra na mistura. Até 20% das crianças e adolescentes com TDAH podem apresentar ideação suicida, sobretudo se tiverem depressão comórbida; até 12% podem ter feito planos pelo menos uma vez para uma tentativa, e 18-20% já fizeram pelo menos uma tentativa. No ensino médio, estudos encontraram que 33% dos adolescentes com TDAH haviam considerado suicídio e 16-22% haviam tentado. Uma metanálise de todas as pesquisas até 2018 constatou que aqueles com TDAH tinham probabilidade 3,5 vezes mais alta de pensar em suicídio, 4,5 vezes mais probabilidade de fazer um plano específico, 2,4

> vezes mais probabilidade de fazer uma tentativa e 6,7 vezes mais probabilidade de sucesso.
> • Sempre considere que um início relativamente rápido de depressão (ou ansiedade) em alguém com TDAH pode ser sinal de que a pessoa está sendo vitimizada de alguma forma, seja por *bullying* ou abuso físico, sexual ou emocional. Assim, uma entrevista mais cuidadosa nesses casos é justificada, talvez associada a outras investigações vindas de outras fontes de informação, como os professores.

Teoria do FE-AR e depressão e TDAH comórbidos

Os déficits da AR associados ao TDAH claramente levam a uma variedade de prejuízos em atividades importantes da vida e à tomada de decisão contraproducente movidas pela impulsividade e pouca consideração das consequências adiadas (conforme discutido no Capítulo 1). Como consequência, o TDAH cria uma variedade de respostas sociais adversas que, de maneira cumulativa, aumentam o risco para TDP e possivelmente depressão maior. Isso pode ser feito mais provavelmente pelo risco genético compartilhado entre os transtornos que deixa as pessoas com TDAH com maior suscetibilidade para depressão se experienciarem eventos sociais adversos, o que claramente acontece. A depressão indubitavelmente tem uma associação com experiências sociais adversas. Acrescente a isso a emoção impulsiva e a fraca AR de emoção intensa evidentes no TDAH devido aos seus déficits na função executiva e você terá uma situação em que múltiplos fatores estão convergindo para gerar um risco maior para depressão (e TAs; veja a discussão mais adiante neste capítulo).

A teoria do FE-AR também pode nos ajudar a compreender por que algumas crianças e adolescentes com depressão e TDAH pensam em cometer suicídio e outras fazem tentativas. Parece ser a comorbidade com a depressão que prediz o risco para ideação suicida, sobretudo em adolescentes, enquanto a impulsividade do TDAH prediz o risco para as tentativas. Especificamente, essas tentativas muitas vezes são mais sérias (levando à hospitalização ou à morte).

TRANSTORNO DISRUPTIVO DA DESREGULAÇÃO DO HUMOR

Pesquisas sobre a sobreposição de TDAH com o TDDH são excepcionalmente limitadas, devido em grande parte ao fato de que o TDDH é um transtorno novo no DSM-5.

Fatos rápidos sobre TDDH

- Acredita-se que TDDH consiste em explosões de raiva graves e recorrentes que podem incluir violência verbal, agressão física ou destruição de propriedade que tem intensidade e duração desproporcional para a situação ou a provocação.
- Pesquisas iniciais sugerem que cerca de 27% das crianças com TDDH podem ter TDAH, o que é 4-5 vezes maior do que a prevalência de TDAH isolada na população.
- Em contrapartida, aproximadamente 20-39% das crianças com TDAH manifestam humor irritável/raivoso com explosões de raiva ou se enquadram francamente em um diagnóstico de TDDH – portanto, há evidências de alguma morbidade compartilhada.
- O TDDH está incluído nos transtornos depressivos no DSM-5 em parte porque estudos longitudinais indicaram que, com o tempo, o risco maior era para depressão. TB e episódios maníacos associados não são um desfecho comum de TDDH durante o desenvolvimento. Isto foi o que levou o TDDH a ser separado do TB no DSM-5, muito embora a irritabilidade crônica de maneira isolada fosse vista como uma característica de TB em crianças no DSM-IV. Isso se revelou ser um erro que provocou

muito mais diagnósticos incorretos de TB em crianças.

DICAS CLÍNICAS
para auxiliar no diagnóstico

- É TDDH ou TOD? Em certo sentido, TDDH é uma forma mais severa de TOD, em que o humor irritável e raivoso desempenha papel mais predominante e tem mais longa duração, ocorrendo mesmo entre as explosões de raiva severas. No TOD, as explosões de raiva, embora frequentemente provocadas por demandas parentais ou por outras autoridades, são mais leves do que no TDDH, com duração mais limitada (que é a diferença entre uma emoção e um humor) e em geral provocadas nessa ocasião; o humor da criança com TOD entre esses episódios comumente passa despercebido.
- É TDDH ou TDAH? Embora as crianças com TDAH possam ser caracterizadas como apresentando emoção impulsiva e AR emocional deficiente, isto é mais frequentemente apresentado na baixa tolerância à frustração, ser irritável de maneira excessiva, raiva rápida quando provocado e impaciência. No entanto, irritabilidade não é um estado de humor tão crônico nessas crianças quanto é naquelas com TDDH, nem as explosões de raiva são tão extremas e irracionais quanto nesta última condição. TDAH não envolve um transtorno do humor tanto quanto impulsividade emocional diante de provocação. Além do mais, as reações emocionais no TDAH são compreensíveis (racionais) como reação a uma provocação, mesmo que mal autorregulada, conforme observado no Capítulo 2, enquanto aquelas relacionadas a um transtorno do humor, como TDDH, são menos compreensíveis como uma reação a alguma coisa específica e, assim, são mais instáveis, variáveis, extremas e de mais longa duração do que os problemas emocionais vistos no TDAH.

Teoria do FE-AR e diagnóstico diferencial

As dificuldades emocionais no TDAH são inicialmente devidas sobretudo à deficiência na inibição vista no TDAH. Essas emoções são provocadas e, portanto, geralmente *específicas para a situação*, de *curta duração* (uma emoção, não um humor) e, conforme já observado, *racionais* ou *compreensíveis*, dada a provocação, mas fracamente inibidas e subsequentemente não bem reguladas. No TDAH, o indivíduo em geral é estimulado de maneira mais fácil, excitável e emocionalmente desinibido no momento, mas este não é um estado de humor de longa duração. Depois de provocadas, as emoções intensas naqueles com TDAH podem ser mais difíceis para o indivíduo acalmar e tranquilizar ou autorregular usando várias estratégias executivas. No TDDH, o humor irritável e raivoso dura muito mais tempo (um humor, não uma emoção), ocorre em várias situações e não é entendido facilmente quando surge a partir de uma provocação específica. Ele não é meramente o resultado de um déficit na FE.

TRANSTORNO BIPOLAR

O TB e seus subtipos refletem episódios recorrentes maníacos, hipomaníacos e depressivos com alguma alternância entre eles. Pesquisas revelaram uma relação interessante entre TB e TDAH.

Fatos rápidos sobre TB

- Os episódios maníacos incluem humor persistente, anormal, elevado, expansivo ou irritável e atividade/energia aumentada presente na maior parte do dia quase

todos os dias, por pelo menos 1 semana ou mais. (Episódios depressivos foram descritos anteriormente neste capítulo.)
- Crianças com TDAH em amostras na comunidade não parecem ter risco mais alto para TB (0-2%) do que a população como um todo (taxa básica cerca de 2%), o que também pode ser o caso para crianças com TDAH encaminhadas para clínicas que foram acompanhadas até a idade adulta.
- Entretanto, a associação inversa entre os dois transtornos é bem marcante. Entre crianças com TB, o risco para TDAH comórbido é consideravelmente alto (60-90% ou mais), sendo 2,8 vezes maior do que TB com início na adolescência.

O que pode estar em jogo aqui? Em crianças com TDAH encaminhadas para clínicas, sobretudo aquelas vistas em contextos de atenção terciária, há um risco significativamente mais alto (11-30%). Talvez isso se deva a um viés no encaminhamento, em que casos piores ou mais comórbidos se encaminham desde a atenção primária até os centros de atenção terciária devido à sua gravidade e aos cuidados complexos que necessariamente exigem. No entanto, isso poderia ter surgido em estudos anteriores baseados nos critérios do DSM-IV, em que a irritabilidade poderia ser substituída por sintomas maníacos clássicos, e a alternância dos estados de humor não era uma exigência para a atribuição de um diagnóstico de TB em crianças. Irritabilidade é muito mais provável de ser associada ao TDAH e, portanto, conduz a uma aparente comorbidade com a versão mais antiga de TB no DSM-IV. Com a criação do TDDH (veja a seção anterior) no DSM-5 para capturar estes casos de irritabilidade crônica com depressão unipolar, podemos ver a comorbidade do TDAH com TB ser reduzida em pesquisas futuras, enquanto entre TDAH e TDDH ela aumenta.

Quanto à alta taxa de TDAH naqueles diagnosticados com TB, quanto mais precoce o início do TB, maior o risco de que TDAH também esteja presente. Por exemplo, no início na idade adulta, é provável que cerca de 15-25% dos casos também manifestem TDAH adulto. Casos de início de TB na adolescência veem uma duplicação dessa taxa de comorbidade para cerca de 35-50%, e esta taxa quase dobra novamente para TB com início na infância (até 90%).

A mesma relação de via única é evidente entre membros da família biológica. As famílias daqueles com TDAH comumente não apresentam taxas elevadas de TB na família estendida. TDAH parental não é um fator de risco significativo para TB na prole na ausência de TB na família estendida. Entretanto, famílias de crianças com TB têm 7 a 8 vezes o risco para TB entre outros membros da família. E se os pais têm TB, o risco da prole para TB ou TDAH é 8 vezes maior do que em famílias que não têm TB parental.

Esta provável organização de via única entre esses dois transtornos pode se originar em parte devido à organização do cérebro. Transtornos nas redes ou sistemas cerebrais de nível inferior, como as disfunções no núcleo caudado, gânglios basais maiores e no sistema límbico (ou mesmo sistemas de sono, apetite e excitação de nível muito mais inferior associados ao tronco encefálico e estruturas relacionadas) que provavelmente existem no TB, podem dar origem a transtornos dos sistemas alojados acima dessas regiões cerebrais e dependentes delas, como as redes executivas de nível superior ligadas ao TDAH. No entanto, transtornos de sistemas ou redes de nível superior, como o TDAH, não afetam o funcionamento de sistemas de nível inferior, exceto talvez na sua regulação descendente para ação dirigida para o objetivo, deste modo produzindo comorbidades de via única.

DICAS CLÍNICAS
para auxiliar no diagnóstico

- Onde está a criança em termos de desenvolvimento? Quando o TB aparece em crianças, sua primeira manifestação provavelmente será hiperatividade grave no período da pré-escola, evoluindo para TDAH por volta dos 6 anos, mas com sintomas aparentes do humor e maníacos abaixo do limiar. Então se desenvolve para TB diagnosticável aos 12 anos ou antes ou até o início da década dos 20 anos, em que os casos agora exibem TB comórbido com TDAH. Casos em que sintomas de TB não aparecem até a idade adulta têm muito menos chance de ter TDAH como condição associada (cerca de 25%).

• Quando existe comorbidade, o início de TB é frequentemente mais precoce, os sintomas de TB são mais graves, a alternância entre os estados de humor pode ser mais rápida e o curso do transtorno pode ser pior, incluindo risco maior para suicídio do que TB isoladamente. Isto pode sinalizar que TB mais TDAH é um tipo distinto de TB, mas as evidências para isto são inconclusivas até o momento.

• Quando TDAH está presente, os especialistas em diagnóstico de TB recomendam que os sintomas de TDAH (incluindo irritabilidade) que aparecem na lista do TB *não* sejam contabilizados para o limiar necessário para um diagnóstico de TB. A razão é que esses sintomas de TDAH não têm valor no diagnóstico diferencial destes transtornos. Depois de desconsiderar esses sintomas de TDAH, se a criança ou o adolescente ainda satisfizer os critérios para TB, então provavelmente este será um diagnóstico válido, já que o clínico terá se baseado mais no transtorno do humor e em sintomas relacionados para fazer um diagnóstico de TB. Em contraste com os sintomas compartilhados de TDAH, sintomas de mania, alternância nos estados de humor, grandiosidade, hipersexualidade e necessidade acentuadamente menor de sono são muito mais específicos para TB e, assim, úteis no diagnóstico diferencial dos dois. Assim também pode ser a natureza episódica do TB (incluindo seus sintomas de TDAH que se sobrepõem) em contraste com a natureza crônica dos sintomas de TDAH, como visto em casos de TDAH sem TB.

Teoria do FE-AR e diagnóstico diferencial

Diferente do TDAH, o TB não é primariamente um transtorno da FE ou da AR, exceto durante os episódios maníacos ou cíclicos, quando estados de humor obviamente irracionais podem sobrecarregar o sistema da FE, causando irracionalidade. O problema com o diagnóstico diferencial ocorre quando ambos os transtornos estão presentes, em cujo caso os déficits na FE associados ao TDAH são bem aparentes, mesmo quando episódios maníacos ou cíclicos estão ausentes. Em consequência, o TB é, em geral, um transtorno do humor episódico, enquanto o TDAH é um transtorno crônico constante das FEs principais.

TRANSTORNOS DE ANSIEDADE

Os TAs têm como característica essencial os padrões persistentes de excesso de ansiedade, além de medo, ou mesmo pânico, que podem precipitar um estado de alerta aumentado para ameaças percebidas, comportamento evitativo, ativação fisiológica aumentada e tensão muscular excessiva. O foco da ansiedade ou do medo pode ser bem específico, como em fobias simples, ou mais amplo, embora específico para um domínio, como no transtorno de ansiedade social (TAS), ou ainda mais amplo e inespecífico, como no transtorno de ansiedade generalizada (TAG). TAs ocorrem em 10-20% da população americana.

Fatos rápidos sobre TAs

- Crianças com TDAH parecem ter 2-4 vezes mais chance de ter um TA do que a população americana em geral, ou cerca de 10-40% (média de aproximadamente 25%).
- Crianças com TDAH e TAs podem ter um nível um pouco mais baixo de impulsividade do que aquelas apenas com TDAH, embora os resultados sejam variados quanto a esta questão. Elas também podem ter taxas mais baixas de agressão reativa e proativa do que aquelas com TDAH apenas. Logo, a ansiedade pode ser protetora contra alguns dos riscos associados à dimensão dos sintomas hiperativos-impulsivos do TDAH.
- Ansiedade comórbida pode provocar formas adicionais de desvantagem ou prejuízo, como risco maior para depressão subsequente, mais problemas do sono ou mais afastamento social do que em crianças com TDAH apenas.
- A base para esta coocorrência de transtornos não é bem compreendida. Diferentemente da depressão, parece não haver uma contribuição genética compartilhada tão forte entre esses transtornos. Além disso, de modo diferente da depressão, não parece haver taxa elevada de exposição a eventos negativos na vida, conflito familiar ou trauma. Assim, TEPT não é mais comum nesta comorbidade do que em crianças com TDAH somente, como foi identificado naquelas que têm TOD/TC comórbido, como discutido anteriormente.

DICAS CLÍNICAS
para auxiliar no diagnóstico

- Considere a idade dos seus pacientes. TAs ocorrem em 25% das crianças com TDAH em média, mas, na idade adulta, mais de 45% dos adultos encaminhados para clínicas com TDAH têm um TA. O nível básico do TDAH, sobretudo desatenção, é um preditor de risco para posterior ansiedade com o passar do tempo, mesmo controlando para o nível inicial de ansiedade.
- Há uma história familiar de TA? É possível que uma história parental de ansiedade esteja contribuindo independentemente do TDAH para o risco na infância, dados os níveis moderados de hereditariedade para ansiedade independentemente de alguma carga genética familiar para TDAH.

Teoria do FE-AR e aumento na ansiedade com TDAH durante o desenvolvimento

Os problemas massivos na FE que o TDAH pode produzir conduzem a uma variedade de experiências de fracasso em muitos domínios importantes das atividades da vida, sobretudo quando o TDAH não é controlado. Esses fracassos não são os mesmos que os eventos adversos mais estressantes da vida associados à depressão. No entanto, com o tempo, esses fracassos se tornam previsíveis em certos ambientes, como a escola ou o trabalho, e podem, com exposições suficientes a esses fracassos, despertar ansiedade antecipatória antes e durante o próximo encontro com essa situação. Talvez haja um efeito interativo entre a autorregulação diminuída da emoção no TDAH e a exposição repetida a experiências de fracasso que se combinam para produzir ansiedade e aumentam sua ocorrência com TDAH ao longo do tempo.

TRANSTORNOS DE TIQUE E COMPORTAMENTO OBSESSIVO-COMPULSIVO

Os transtornos de tique (TTs) podem variar desde tiques simples e transitórios, que são bem comuns, até tiques simples (únicos) crônicos, até tiques múltiplos (transitórios ou crônicos), e continuam até múltiplos tiques crônicos e vocalizações, conhecidos como síndrome de Tourette. O comportamento obsessivo-compulsivo (COC) pode simplesmente ser uma variante cognitiva deste espectro e é mais provável que seja uma característica associada dos TT mais graves ao longo desse espectro, embora também possa ocorrer sem tiques.

Fatos rápidos sobre TTs e COC

- Tiques são movimentos motores ou vocalizações repentinos, rápidos e recorrentes, mas não rítmicos.
- O COC refere-se a um padrão de obsessões persistentes (pensamentos, imagens ou impulsos repetitivos e persistentes, que são desagradáveis e experienciados como involuntários) e/ou compulsões (comportamentos repetitivos ou ações mentais que a pessoa se sente levada a realizar, frequentemente em resposta a uma obsessão ou a regras rigidamente aplicadas para reduzir a obsessão ou um evento temido).
- Se os COCs recorrerem com frequência suficiente, forem demorados e levarem a sofrimento e/ou prejuízos clinicamente significativos, eles se elevariam ao nível de um transtorno ou TOC.
- Uma minoria das crianças ou dos adultos com TDAH tem TT (10-20%, em geral para tiques simples), que provavelmente são mais altos do que a taxa básica das amostras na comunidade (cerca de 5-12%), que raramente são encaminhadas; por isso, TT são muito menos detectados.
- Poucos pacientes com TDAH manifestam COC (3-8%), que é apenas ligeiramente mais alto do que as taxas básicas na população (2-3%).
- Este padrão inverso é muito diferente, sugestivo de uma comorbidade de via única, como é evidente para TB (conforme citado anteriormente) – 50-60% dos casos que têm TT (sobretudo Tourette) e 30-51% dos casos de TOC podem ter TDAH.

DICAS CLÍNICAS
para auxiliar no diagnóstico

- Examine com atenção a história familiar. Assim como para TB, a alta porcentagem daqueles com TT ou COC que também tem TDAH pode ocorrer em parte devido à natureza hierárquica da organização do cérebro. TDAH mais COC podem representar um transtorno distinto de TDAH, em que ambos os transtornos são transmitidos juntos nas famílias, em vez de ser herdados de modo separado de familiares que simplesmente têm um dos transtornos. De fato, o DSM agrupa esses dois transtornos porque evidências sugerem que eles podem ser parte do mesmo espectro, mesma família ou mesmo grupo de transtornos geneticamente relacionados, com a ponte entre as características motoras e cognitivas (TT vs. COC) sendo o que é chamado de "o fenômeno *just-right*" (necessidade de estar em ordem). Isso se refere a uma compulsão de fazer as coisas parecerem certas ou ordenadas para o indivíduo. Sua natureza compartilhada também é evidente nas famílias, já que um número significativo de membros da família dos probandos têm um transtorno e também têm o outro, e os casos mais graves de TT, como a síndrome de Tourette, em geral têm COC ou TOC completo como uma característica associada.
- Nesse conjunto de comorbidades, é a presença de TDAH (e, portanto, seus múltiplos déficits na FE) que está contribuindo para a maioria dos prejuízos. O TDAH também está contribuindo mais para o risco de comorbidade para outras formas de psicopatologia, sobretudo transtornos externalizantes,

do que os riscos para estes evidentes em TT isoladamente. Mesmo assim, talvez quando TT ou COC é acrescentado ao TDAH, eles podem aumentar o risco para diferentes transtornos, como psicopatologia internalizante (p. ex., ansiedade, depressão e isolamento social). Em suma, cada transtorno (TDAH ou TT/COC) transmite diferentes riscos para transtornos comórbidos e prejuízos, mas o risco apresentado pelo TDAH parece pior ou mais grave em magnitude.

- Seu paciente apresenta algum sinal de acumulação? A acumulação, considerada variante do COC, parece ocorrer com mais frequência em casos de TDAH (9%). A desatenção do TDAH na infância é também um preditor específico de acumulação em adultos.
- Isto pode ser CDHS (discutido posteriormente neste capítulo)? Ainda a ser excluída é se a natureza da desatenção ou do TDAH associada à acumulação é realmente CDHS, muito mais comum e preditiva de psicopatologias internalizantes como COC. Como não é amplamente reconhecida e pouco avaliada como comorbidade, a CDHS está sendo negligenciada nesses estudos. No entanto, é provável que esteja presente porque se correlaciona de forma moderada com a desatenção no TDAH (em torno de 0,45). Dito isso, a maioria das evidências indica que é TDAH, quando acrescentado ao TT ou TT mais COC, o que mais contribui para maior prejuízo e psicopatologia. Em contrapartida, a adição de TT, COC ou ambos ao TDAH contribuem pouco para seus prejuízos, mesmo que crie risco, talvez, para certos tipos de psicopatologia comórbida (i. e., problemas internalizantes).

Teoria do FE-AR e diagnóstico diferencial

A teoria do FE-AR deixa claro que é o TDAH o problema pervasivo com os componentes da FE, o que não seria esperado que ocorresse em transtornos motores específicos como os tiques. É claro, COC pode interferir em ações orientadas para objetivos, porém é mais devido ao perfeccionismo do que à distratibilidade, à impulsividade e à falta de automotivação, como visto no TDAH. Portanto, conforme já discutido, a comorbidade de TDAH com os TT mais graves, como a síndrome de Tourette, pode existir devido à natureza hierárquica da organização do cérebro, em que Tourette afeta de maneira adversa sistemas de nível inferior que se irradiam para cima para afetar as redes da FE e assim produzir o transtorno de déficit da função executiva (TDFE).

DEFICIÊNCIA INTELECTUAL

A DI é agora caracterizada como envolvendo não só um funcionamento intelectual deficiente, como era em décadas anteriores, mas *também* comportamento adaptativo prejudicado. A adoção moderna deste critério em dois estágios comumente restringe o diagnóstico a cerca de 1-3% da população. É difícil estimar a taxa de DI entre crianças com TDAH porque DI é frequentemente um critério excludente para entrar em pesquisas. A comorbidade inversa do TDAH com DI varia de 9 a 40%, ou cerca de 2-8 vezes a taxa básica na população para TDAH.

Em média, crianças com TDAH são propensas a apresentar QI 7-9 pontos abaixo da média para a população geral, por várias razões possíveis.

- Os sintomas de TDAH interferem no teste de QI, o que poderia levar a escores subestimados.
- Os testes de QI requerem muitas FEs, como a memória de trabalho. Portanto, na

concepção, esses testes podem revelar déficits na FE. É por isso que os testes de QI e da FE estão significativamente correlacionados, compartilhando 20% ou mais da sua variância.
- Quando os escores de risco poligênico (o número de marcadores genéticos relacionados ao TDAH que alguém tem) se elevam, a inteligência declina.
- Também existe uma ligação desenvolvimental entre os transtornos, tal que os níveis anteriores dos sintomas de TDAH estão correlacionados com QI mais baixo em adolescentes mesmo depois de controlar para o QI da linha básica. Assim, devemos encontrar algum nível de sobrerrepresentação de DI em casos de TDAH.

Mesmo quando as crianças estão usando medicação e são testadas, a maioria das diferenças nos escores do teste de QI entre crianças com TDAH e crianças típicas se mantém. De igual modo, as tentativas de analisar a sobreposição entre os testes de QI e do funcionamento executivo ainda encontram que permanece cerca da metade ou mais das diferenças de escore (aproximadamente 4-5 pontos inferior). Assim sendo, parece existir alguma verdadeira comorbidade entre TDAH e DI. Crianças que têm DI não demonstram diferenças no seu TDAH, mas há evidências sugestivas de que, na adolescência, os sintomas de TDAH podem ser mais graves quando está presente DI e também pode haver um risco mais alto para TC.

TRANSTORNO DO ESPECTRO AUTISTA

O TEA é um transtorno do neurodesenvolvimento que compreende déficits persistentes e anormais na comunicação e na interação social em muitos contextos, além do desempenho persistente de comportamentos restritivos, repetitivos, interesses ou atividades. Antes do DSM-5, diretrizes diagnósticas oficiais impediam o codiagnóstico desta condição e TDAH. Esse erro foi corrigido no DSM-5, e com razão.

Fatos rápidos sobre TEA
- Em torno de 20-50% das crianças com TDAH clinicamente encaminhadas podem ter TEA, embora seja comum que esses casos se posicionem no ponto mais alto do funcionamento no espectro do TEA.
- A sobreposição é mais baixa em amostras na comunidade que examinam a comorbidade (em torno de 22%). No entanto, 33-78% dos pacientes com TEA clinicamente encaminhados podem ter TDAH comórbido. Em amostras na comunidade, a sobreposição é cerca de 28-41%. A coocorrência parece ser um pouco menor em adolescentes com TDAH, sendo 11-13%, mas outros sugeriram que pode ser ainda mais alta do que na infância.
- Essa coocorrência de TEA com TDAH faz sentido, considerando-se que as escalas de avaliação desses dois transtornos compartilham cerca de 25-30% da sua variância com cada um. Além disso, estudos de gêmeos mostram uma correlação genética de 0,7-0,8 entre os transtornos. Estudos genéticos moleculares dos escores do risco poligênico mostram igualmente algum risco genético compartilhado entre os transtornos.

DICAS CLÍNICAS
para auxiliar no diagnóstico

- A desatenção parece ser a apresentação de TDAH mais comum em crianças com TEA, seguida pela combinada.
- Pesquisas recentes sugerem que a CDHS é o déficit de atenção mais comum associado ao TEA. Ela pode estar erroneamente dando origem às taxas elevadas de apresentação desatenta do TDAH, já que a maioria dos estudos não avalia para CDHS. Como em crian-

ças e adolescentes sem TEA, a CDHS contribui com riscos únicos para distanciamento social, sintomas internalizantes, como depressão, e prejuízos sociais e educacionais, mesmo depois de controlar para a sobreposição de um TDAH.

• Quando o TDAH se liga ao TEA, os sintomas de TDAH podem ser mais graves, e as crianças são mais propensas a terem transtornos externalizantes comórbidos (TOD, TC) além do alto risco usual para sintomas internalizantes (ansiedade, COC) frequentemente vistos em TEA isoladamente.

• Crianças com a coocorrência de casos de TEA e TDAH também estão mais atrasadas no funcionamento adaptativo, podem ter maiores déficits cognitivos e são mais prejudicadas no funcionamento em atividades importantes da vida do que aquelas com um dos transtornos isoladamente.

Teoria do FE-AR e TDAH e TEA comórbidos

A teoria do FE-AR estendida para o TDAH também tem alguma aplicabilidade útil para entender o TEA, mas o padrão desses déficits será diferente. Quando TDAH resulta em déficits abrangentes na maioria ou em todos os componentes da FE, sobretudo desinibição, o TEA pode ter um impacto primário na memória de trabalho verbal por meio da sua perturbação substancial do desenvolvimento da linguagem e não envolve impulsividade. Outros déficits aparentes da FE podem se originar das propriedades de reforço alteradas de vários estímulos no TEA. Portanto, não é tanto a FE que é uma perturbação primária aqui quanto é a sensibilidade aos mecanismos de reforço mais básicos. Igualmente, os problemas emocionais associados ao TEA têm menos a ver com impulsividade e autocontrole descendente do que com percepções excessivas de ameaça que geram ansiedade, medo e pânico via redes perceptuais-límbicas inferiores, como pode ocorrer em TAs. Da mesma forma, a natureza da desatenção nesses transtornos é diferente. O TDAH, conforme já observado, envolve atenção excessiva a eventos no momento, levando a distratibilidade e fraco controle da ação dirigida para objetivos por representações mentais (memória de trabalho) relacionadas a esses objetivos. Em contrapartida, TEA envolve uma dissociação ou desengajamento da atenção e da cognição consciente do ambiente externo e uma mudança da atenção para o conteúdo mental ou para simplesmente um "olhar perdido", como ocorre em transtornos internalizantes como a depressão. A obsessão com interesses restritos no TEA pode igualmente criar problemas importantes com a flexibilidade mental necessária para planejar e resolver problemas, embora este último possa surgir de maneira secundária a partir de um foco da atenção excessivamente restrito (e valores de reforço alterados) e não de déficits primários na manipulação mental da informação. Tudo isso é para dizer que os déficits na FE que podem caracterizar cada transtorno podem diferir e podem ser mais bem entendidos pela teoria do FE-AR.

DIFICULDADES ESPECÍFICAS DE APRENDIZAGEM

Uma das comorbidades mais comuns com TDAH além de TOD são as dificuldades específicas de aprendizagem (DEAs). Elas são agora consideradas transtornos do neurodesenvolvimento, compreendendo atrasos/déficits significativos em formas específicas de um domínio de habilidades acadêmicas centrais (leitura, ortografia, matemática e escrita) que não são atribuíveis à DI ou à falta de oportunidade cultural para aprender. Cerca de 2-8% das crianças têm cada uma destas DEAs.

Elas são distintas do TDAH, mas, quando comórbidas com ele, podem se somar aos problemas de desempenho escolar comuns evidentes no TDAH, como baixa produtividade no trabalho, problemas comportamentais disruptivos na sala de aula, dificuldades nas relações com os pares e conflito professor-aluno. Tudo isso eleva o risco para serviços de educação especial, repetência, suspensão escolar ou mesmo expulsão (especialmente se TC for uma comorbidade).

A coocorrência de cada tipo de DEA com TDAH é frequentemente de 15-50% em casos de TDAH encaminhados para clínicas, com as estimativas mais elevadas sendo para leitura e disgrafia, mas várias outras DEAs também podem estar presentes. De modo geral, até metade ou mais das crianças com TDAH pode ter pelo menos uma DEA. Considerando a relação inversa, aproximadamente 33% das crianças com uma DEA provavelmente terão TDAH como um transtorno comórbido.

Os transtornos podem ocorrer concomitantemente em parte devido à sua pequena suscetibilidade genética subjacente compartilhada, mas cada transtorno também tem contribuições genéticas distintas que não são compartilhadas com o outro. De modo geral, os efeitos genéticos compartilhados estão entre sintomas de desatenção e transtornos da leitura, com a ligação entre os dois sendo especificamente atribuível a problemas compartilhados em velocidade lenta da leitura e maior variabilidade de resposta.

DICA CLÍNICA

● As DEAs não são primariamente transtornos do sistema do FE-AR, embora possam ter certos efeitos secundários adversos específicos na memória de trabalho em certas situações. Assim sendo, a teoria do FE-AR tem pouco a dizer sobre DEAs.

TRANSTORNOS DA COMUNICAÇÃO

Além das DEAs, que compreendem transtornos do desempenho acadêmico, as crianças com TDAH são propensas a terem transtornos da linguagem receptiva e expressiva, conhecidos como transtornos da comunicação. Aproximadamente 8% das crianças podem ter um transtorno da comunicação. Por outro lado, 20-90% das crianças com TDAH têm probabilidade de ter um ou mais desses transtornos. Estimativas mais recentes indicam que crianças com TDAH têm 3 a 4 vezes mais chance de terem um transtorno da comunicação do que a população infantil em geral, e 17-33% das crianças com um transtorno da comunicação podem ter TDAH comórbido, com aproximadamente 2 a 6 vezes mais probabilidade do que seria esperado das taxas básicas na população para TDAH. Mesmo na ausência de transtornos da comunicação formais, crianças com TDAH frequentemente têm um desempenho pior em testes de linguagem receptiva e expressiva, talvez devido aos seus déficits na FE e problemas com os aspectos pragmáticos da comunicação que são habituais em crianças com TDAH.

DICA CLÍNICA

● Transtornos da linguagem por si só não são primários da FE e, portanto, a teoria do FE-AR não informa a sua natureza e o manejo da forma como faz para o TDAH.

TRANSTORNO DO DESENVOLVIMENTO DA COORDENAÇÃO

O transtorno do desenvolvimento da coordenação (TDC) envolve atrasos ou déficits na aquisição e na execução de habilidades motoras coordenadas substancialmente abaixo das dos pares. Esses déficits não refletem falta de oportunidade para aprender tais competências ou habilidades, e devem interferir em atividades da vida diária apropriadas à idade da criança.

Inúmeros estudos que remontam 50 anos já documentaram maior ocorrência de déficits na coordenação motora e "síndrome da criança desastrada" associados ao TDAH e seu diagnóstico precursor de disfunção cerebral mínima. Esses problemas podem ser evidentes em 5-8% das crianças pequenas na população geral, declinando para 1-2% aos 10 anos de idade. Estudos, sobretudo na Suécia, mostraram que aproximadamente 50% das crianças com TDAH se enquadram como tendo TDC ou disfunção percepto-motora. De modo geral, metade das crianças com TDAH têm problemas com habilidades motoras e controle motor. Isso faz sentido, já que TDAH parece se originar primariamente do atraso na maturação dos lobos frontais, os quais abrigam redes cerebrais de controle motor das FEs e da função não executiva. Assim, embora o TDAH como uma síndrome do lobo frontal seja muito um TDFE, ele também estará associado a problemas na função não executiva com as redes de programação e execução motora adjacentes.

SÍNDROME DE HIPOATIVIDADE DO DESENGAJAMENTO COGNITIVO

Antes conhecida como tempo cognitivo lento (TCL), mas recentemente renomeada por um grupo de trabalho de especialistas (Becker et al., 2021) em sua revisão deste transtorno, a síndrome de hipoatividade do desengajamento cognitivo (CDHS) é um transtorno da atenção relativamente novo que foi inicialmente pesquisado na metade da década de 1980, mas só recebeu atenção depois do ano 2000. Para mais informações sobre a CDHS do que o espaço permite aqui, veja os trabalhos sobre TCL de Barkley (2015c, 2018) e Becker e Barkley (2018). Evidências acumuladas sugerem que a CDHS tem mais em comum com formas internalizantes de psicopatologia (depressão, isolamento por ansiedade, sensibilidade excessiva a consequências adversas potenciais, etc.). Embora não exista uma lista oficial dos sintomas para a CDHS, como há para o TDAH, pesquisadores identificaram os sintomas mais marcantes. Na minha própria pesquisa e na de Becker e colaboradores, os sintomas que melhor identificam a CDHS são os seguintes:

- devaneios (sonhar acordado);
- dificuldade para se manter acordado/alerta;
- mentalmente confuso/facilmente confuso;
- olhar perdido;
- "desligado", a mente está em outro lugar;
- letárgico;
- hipoativo;
- movimentos lentos/indolente;
- não processa perguntas ou explicações acuradamente;
- aparência sonolenta/letárgica;
- apático/isolado;
- perdido em pensamentos;
- lento para realizar tarefas;
- falta de iniciativa/esforço se dissipa.

Conforme observado, os problemas de atenção vistos na CDHS são claramente diferentes daqueles evidentes no TDAH, com o primeiro envolvendo uma dissociação da atenção dos eventos externos para focar mais no conteúdo mental interno, como devaneios ou mente dispersa. O TDAH, por sua vez, envolve uma fraqueza nas representações mentais relacionadas com a ação dirigida para objetivos que guiam esse comportamento efetivamente, levando a uma dissociação excessiva da atenção para eventos externos no momento, em vez de nos eventos mentais relacionados ao desempenho nas tarefas e no futuro mais em geral. Os dois transtornos se sobrepõem em cerca de 50% dos casos de cada um, refletindo comorbidade, embora eles não sejam simplesmente subtipos nem representantes um do outro.

Quanto aos prejuízos, a CDHS é menos prejudicial do que o TDAH, porém mais do que é típico para crianças. Em adultos, a CDHS é mais prejudicial do que o TDAH em contextos educacionais e de trabalho, porém menos em outros domínios da vida, embora mesmo ali o nível de prejuízo seja maior do que nos casos-controle. Pesquisas constatam que a CDHS está confiavelmente associada a isolamento social e à passividade e, possivelmente, à ansiedade social. Embora o TDAH seja mais prejudicial nas relações sociais do que a CDHS, os dois transtornos interferem no desempenho escolar em grau substancial, embora em diferentes aspectos. A CDHS apresenta pouco risco para comportamento disruptivo na escola, mas trabalho acadêmico prejudicado, ao passo que o TDAH muitas vezes predispõe a comportamento disruptivo na escola. Embora a CDHS não predisponha tanto para dificuldades para dormir como o TDAH, ela está modestamente associada a maior sonolência durante o dia. Quando a CDHS é comórbida com o TDAH, os prejuízos em todos os 15 principais domínios de atividades da vida que pesquisei foram classificados como piores do que no transtorno isoladamente, sugerindo que seu impacto adverso é aditivo, não duplicativo, como encontraríamos na comorbidade de duas patologias distintas.

DICAS CLÍNICAS
para auxiliar no diagnóstico

- Não há um conjunto de critérios diagnósticos oficial para a CDHS. Entretanto, minhas pesquisas sugerem que se os pais endossam 3 ou mais dos 12 sintomas na minha escala de avaliação da TCL publicada (Barkley, 2018), e se eles ocorrem frequente ou mais frequentemente, isso representa o percentil 93 para a população. Esse é um índice tradicional de significância clínica e desvio estatístico. O escore de ponto de corte combinado com evidências de prejuízo a partir dos sintomas pode ser usado por enquanto como critérios diagnósticos não oficiais para CDHS em crianças. Os dois últimos sintomas na lista precedente (lento para realizar tarefas, falta de iniciativa/esforço se dissipa) provavelmente estavam tão associados ao TDAH quanto à CDHS em crianças e adolescentes. *Portanto, eles não são recomendados para auxiliar no diagnóstico diferencial entre estes dois tipos de transtornos da atenção.*
- As duas dimensões mais frequentemente identificadas usando esses sintomas são o fator devaneio (sonhar acordado)/"desligado" e uma dimensão ou um fator sonolento/lento/hipoativo.
- A distinção das dimensões da CDHS das do TDAH são evidentes em todas as várias abordagens das medidas estudadas até o momento, como as avaliações dos pais e dos professores, e observações do comportamento em contextos clínicos, bem como entre crianças, jovens e adultos de 6 a 89 anos, e em todos os países estudados para isto até o momento.
- Pesquisas longitudinais que se estendem por quase uma década de *follow-up* mostram que os sintomas são estáveis ao longo do tempo, ainda mais na hiperatividade do TDAH, e preditivos de risco posterior para depressão. Estudos transversais também sugerem estabilidade da prevalência dos sintomas na maior parte do tempo da vida humana.
- Embora haja correlação moderada de desatenção na CDHS (devaneio [sonhar acordado]) com a desatenção no TDAH, tal que eles compartilham 25% ou mais da sua variância, os sintomas de CDHS são tão independentes dos sintomas de TDAH quanto são as dimensões dos sintomas de outros tipos de psicopatologia infantil de cada um.

- A prevalência de CDHS em pesquisas nos Estados Unidos é de 5-6% em crianças e adultos. O transtorno é igualmente comum nos sexos masculino e feminino, embora este último possa apresentar sintomas menos graves, mas não em um grau clinicamente significativo.
- Não há diferença na frequência dos sintomas de CDHS ou na prevalência do transtorno entre os grupos étnicos nos Estados Unidos.
- A CDHS apresenta mais de uma associação com baixo *status* socioeconômico e renda e maior risco para desemprego e incapacidade, seja nos pais de crianças com CDHS ou adultos com CDHS, do que pode ocorrer no TDAH.
- O TDAH pode se sobrepor com CDHS em 40-59% das crianças com CDHS. Em contrapartida, 39% das crianças com CDHS são propensas a ter TDAH. Assim sendo, vemos comorbidade substancial entre estes dois transtornos, embora cerca de metade das pessoas com um deles não tenha o outro transtorno.
- A CDHS não apresenta associação ou mesmo associação negativa com impulsividade e pode representar algum risco para a velocidade mais lenta do processamento sensorial ou na velocidade de resposta além do item sintomático de movimento motor lento ou hipoatividade.
- Há pouca relação significativa com déficits na FE depois que a sobreposição de CDHS e TDAH é estatisticamente removida, exceto talvez para um leve déficit na memória de trabalho verbal em testes e no fator de auto-organização nas avaliações da FE, embora ambos sejam discutíveis.
- Diferentemente do TDAH, não há risco de comorbidade para TOD/TC ou outra psicopatologia externalizante, assim como psicopatia, e algumas evidências sugerem que o risco é negativo, com CDHS reduzindo as chances de TOD, sobretudo abaixo das taxas na população quando está presente.
- A CDHS apresenta uma ligação confiável com risco para depressão e possivelmente ansiedade, com 25% ou mais das crianças com CDHS tendo um diagnóstico de depressão.
- Embora o risco para TEA na CDHS não esteja bem estudado e possa não ser mais elevado do que as taxas na população, a relação inversa é digna de nota, com até 60% das crianças com TEA apresentando elevações moderadas ou maiores nos sintomas de CDHS.
- Fora isso, a CDHS tem um risco muito mais baixo para DEAs e TB, visto em TDAH, e não difere nesses aspectos das taxas na população.

Uma hipótese intrigante é que a CDHS se origina de dispersão patológica (PMW) ou devaneio desadaptativo – uma ideia consistente com a desregulação da rede modo padrão (*default mode network* – DMN) no cérebro visto em alguns estudos de CDHS. Também consistente com esta possibilidade é que a pesquisa sobre PMW comumente mostra altos níveis de sintomas semelhantes à CDHS e uma propensão à ruminação sobre problemas não resolvidos, desse modo predispondo os indivíduos à depressão.

A CDHS em crianças e adolescentes claramente não é um transtorno da FE como o TDAH seguramente é, e assim a teoria do FE-AR tem pouco a nos informar sobre ela ou seu manejo.

CAPÍTULO 5

CONVERSANDO COM OS PAIS SOBRE O QUE ESPERAR

Uma avaliação de uma criança ou um adolescente para TDAH é um processo complexo com múltiplas etapas que deve produzir uma riqueza de dados nos quais basear um diagnóstico, sobretudo quando feito em um contexto de saúde mental. Seguindo os princípios e os passos apresentados nos Capítulos 2 e 3, e usando as escalas e outras formas de avaliação no Apêndice A, você deve ser capaz de determinar se o jovem tem TDAH e alguma condição comórbida. Seu diagnóstico visa a conduzir diretamente a intervenções apropriadas que ajudarão a criança ou o adolescente a ter um funcionamento cognitivo mais eficaz de agora em diante. No entanto, antes que você possa recomendar um tratamento (e implementar, se você for o clínico ou o terapeuta dele), é preciso conversar com os pais do paciente (e, em alguns casos, também com o paciente). Os pais mais provavelmente vão levar adiante seu plano proposto se compreenderem como e por que seu diagnóstico foi feito, o que o diagnóstico significa para seu filho, agora e no futuro, e para onde a família irá a partir daqui.

Esse é o foco da reunião de *feedback*, para a qual a maioria dos pais trará uma variedade de reações emocionais e questionamentos. Apresentei os objetivos da reunião de *feedback* no Capítulo 3. Neste capítulo, ajudarei você a se preparar para responder às reações parentais e suas perguntas de forma plena e compassiva. Este capítulo também vai ajudá-lo a explicar o que a família pode esperar para o paciente e como os pais podem desempenhar um papel positivo de maneira significativa para garantir um futuro saudável para seu filho em desenvolvimento.

EXPLICANDO O DIAGNÓSTICO

A reunião de *feedback* geralmente deve iniciar com uma discussão com os pais sobre os achados que você coletou durante a avaliação e o que eles significam para a criança. Alguns clínicos se perguntam se a criança deve tomar parte nessa discussão. A minha experiência é de que isso não é uma boa ideia, pois há comentários e pontos críticos sobre a criança ou o adolescente que você pode precisar abordar abertamente, e a presença do paciente inibirá. Além disso, a maioria das crianças não vai compreender bem a discussão no nível adulto que você precisa ter a respeito dos vários achados e como eles levaram ao diagnóstico, e você não vai querer baixar substancialmente o nível da discussão. Além disso, os pais precisam ter a possibilidade de fazer questionamentos francos, que ficariam relutantes em suscitar se a criança ou o adolescente estivesse presente.

Na minha experiência, uma breve discussão em separado pode ser realizada com um adolescente ou pré-adolescente (10-12 anos ou mais) que tenha um nível intelectual razoável e tenha demonstrado alguma preocupação com seu próprio ajustamento, sinalizando consciência dos problemas e possivelmente abertura para informações sobre o TDAH. Mesmo assim, no entanto, minha experiência é que a maioria das crianças e dos adolescentes não se veem como tendo problemas ou, pelo menos, com problemas no grau em que foram relatados pelos pais e pelos professores durante a avaliação. Muitos ainda não estão abertos à ideia de que têm problemas significativos, muito menos um transtorno. Eles não procuraram você para essa avaliação, e geralmente não estão prontos para aceitar e mudar seu comportamento. Portanto, se você achar necessário, discuta o TDAH em termos simplificados com o pré-adolescente ou o adolescente em uma reunião separada e providencie para que os pais recebam a sua atenção integral nesta reunião inicial de *feedback*.

DICAS CLÍNICAS

- Se você não vai ter uma reunião separada com o paciente, aconselhe os pais a estarem prontos para instruir o filho sobre o TDAH quando ele der indícios de alguma abertura para essa informação.
- Os pais reconhecerão a "janela de oportunidade aberta para ensinar" quando o filho (1) fizer perguntas sobre por que ele está tendo dificuldades para ter êxito em determinadas atividades, para fazer amizades ou obter notas razoáveis na escola ou (2) estiver se lamentando por mais outro dia em que alguma coisa estressante ou frustrante aconteceu a ele, como ter sido afastado da classe na escola, sofrer críticas ou rejeição dos colegas ou pares na vizinhança.
- Costumo aconselhar os pais a terem disponíveis em casa alguns livros ou mesmo vídeos sobre TDAH voltados para a faixa etária do filho, para complementarem sua explicação do transtorno (você pode encontrá-los em *www.addwarehouse.com* ou em alguma livraria importante na internet).
- Os pais conhecem o filho muito melhor do que o clínico, é claro, e por isso estão mais preparados para saber quando o filho estará aberto a receber essas informações sobre o transtorno e, em geral, serão mais sensíveis aos sentimentos do filho durante essa discussão. Para ajudar os pais com isto, costumo explicar que uso a perspectiva das diferenças individuais sobre os déficits humanos:
  – Sugira que os pais expliquem ao filho que cada pessoa tem um perfil de pontos fortes e fracos, aptidões e déficits. Recomende que eles escolham alguns dos seus (visão fraca, calvície, falta de habilidade atlética, fracas habilidades em artes ou raciocínio mecânico, etc.) para expor ao seu filho, explicando que simplesmente os aceitamos, encontramos formas de compensá-los e então continuamos tentando nos adaptar e ter sucesso na vida.
  – O próximo passo é indicar os pontos fortes e as aptidões do filho.
  – Então, os pais prosseguem mencionando os déficits do filho relacionados ao TDAH.

- Por fim, eles podem discutir as formas como alguém com esses déficits pode compensá-los ou tratá-los, assim como usar óculos ou lentes de contato pode corrigir déficits visuais. Acredito que isso ajuda as crianças a verem que elas são exatamente como todas as outras pessoas, tendo alguns déficits que elas precisam aceitar e lidar, estando abertas para encarar o transtorno como nada do que se envergonhar.
- Os pais podem agora sugerir que a criança examine os livros sobre TDAH que eles obtiveram ou que assista a um vídeo.
- Além disso, sugira que os pais procurem no Google histórias de sucesso sobre TDAH para que seu filho possa ver todas as celebridades que tiveram sucesso apesar do TDAH (p. ex., Michael Phelps, Adam Levine, Justin Timberlake, Paris Hilton, Howie Mandel, Bubba Watson, Ty Pennington, Simone Biles, etc.). Um documentário recente intitulado *The Disruptors* (Soechtig, 2021) é inteiramente sobre crianças com TDAH, suas famílias, e os sucessos e as dificuldades que todas elas tiveram. O documentário inclui comentários de muitas das celebridades citadas. Recomendo que os pais e as crianças mais velhas ou os adolescentes assistam juntos.
- A educação da criança sobre seu TDAH não é feita simplesmente conversando uma única vez, mas isto ocorre em muitas ocasiões, quando surgem as janelas de oportunidade para explicar o TDAH, conforme observado anteriormente. Caso a criança tenha muitas perguntas que os pais não se sintam confiantes em responder, sugira que todos se encontrem com você para mais uma oportunidade de ter respondidas as perguntas do filho.

A reunião de *feedback* com os pais certamente incluirá uma discussão dos achados relevantes relativos às várias preocupações que eles trouxeram durante sua entrevista inicial (funcionamento na escola, rejeição dos pares, conflitos domésticos, etc.). Um foco primário dessa reunião, no entanto, é explicar a eles se a criança satisfaz os critérios diagnósticos para TDAH (e algum outro transtorno) segundo estabelecido na quinta edição do *Manual diagnóstico e estatístico de transtornos mentais* (DSM-5). Em muitos casos, sobretudo se você opera dentro de uma clínica de especialidades para TDAH, a criança vai satisfazer esses critérios.

Como os pais variam quanto à sua prontidão e à sua boa vontade para aceitar um diagnóstico, acho útil examinar cada critério e explicar como as informações coletadas sobre a criança satisfazem o critério. É importante a adesão dos pais ao diagnóstico, para que eles apoiem o tratamento que a criança acaba recebendo.

INADEQUAÇÃO DESENVOLVIMENTAL

1 Explique como muitos sintomas de **desatenção** foram endossados como ocorrendo com frequência ou mais frequentemente (pelo menos 6 de 9) a partir da entrevista com os pais, entrevista com o professor (se foi feita) ou a escala de avaliação do TDAH que foi preenchida pelo professor. Presumindo que você usou uma escala de avaliação parental dos sintomas de TDAH, conforme recomendado aqui, você também pode apresentar as informações sobre a classificação dos percentis dos sintomas da criança em relação aos de outras crianças da mesma idade e do mesmo sexo para apresentar mais evidências da ina-

dequação dos seus sintomas comparados com os dos pares.

DICAS CLÍNICAS

- Em geral, procuro sintomas que estejam pelo menos no percentil 93 para ser clinicamente significativo (1,5 *DPs* acima da média normal) e me refiro àqueles entre o percentil 84 e 93 como clinicamente significativos.
- Faça uma observação sobre as disparidades entre os dois pais na sua entrevista, mas qualifique isto explicando que disparidades são comuns, dependendo de quem passa mais tempo com a criança, sobretudo se envolvendo no dever de casa, em tarefas domésticas ou outras situações que requerem autorregulação. Contanto que pelo menos um dos pais tenha relatado incidência de sintomas suficientemente alta e os relatos do outro também tenham sido altos, mesmo que não no mesmo grau, essas diferenças não têm importância. No entanto, se um dois pais relatou sintomas incrivelmente baixos, e os relatados pelo outro estavam dentro da variação clínica, reserve um tempo para explorar melhor esta diferença com os pais para identificar suas razões. Às vezes um dos pais, mais frequentemente o pai, nega qualquer problema com o filho, algumas vezes alegando também ter sido assim quando criança e ter se desenvolvido muito bem. (Considerando-se a genética do TDAH, o pai pode muito bem ter tido TDAH quando criança, e a questão relevante aqui não é o quanto este adulto se saiu bem, o que é discutível em alguns casos, mas se a vida poderia ter sido melhor caso as dificuldades do pai na escola ou com os pares tivessem sido identificadas e tratadas.)
- Se as escalas foram coletadas de mais de um professor, apresente uma média das escalas se elas foram relativamente consistentes umas com as outras. Se elas forem grosseiramente inconsistentes entre os professores, explique por que este pode ser o caso e se isso influenciou sua tomada de decisão quanto ao diagnóstico. Por exemplo, se o professor de artes, música ou ginástica relatou baixo nível de sintomas, isso faz muito sentido, dados os níveis mais elevados de atividade nessas classes, que podem ser muito mais divertidas e gratificantes para a criança e envolvem muito menos exigências de autorregulação sustentada. Em contrapartida, o professor de inglês ou de matemática pode ter relatado uma quantidade significativa, suficiente para colocar a criança em um nível extremo (percentil 93) comparada com outras crianças da mesma idade e do mesmo sexo. Isso também faz sentido, considerando-se as exigências muito maiores que essas classes impõem à autorregulação sustentada e que elas envolvem mais trabalho sentado, concentração mental e menos atividades reforçadoras para a criança.
- Dê um exemplo de um ou mais sintomas endossados pelos pais e pelos professores, se achar útil.

2 Explique quantos sintomas de **comportamento hiperativo-impulsivo** foram endossados para esta criança, assim como você fez para os sintomas de desatenção, novamente destacando os relatos dos pais e professores. Mais uma vez, 6 de 9 sintomas são necessários para que o ponto de corte seja satisfeito nesta lista de sintomas. Algumas crianças se enquadram nas duas listas de sintomas, mas isso não é necessário para o diagnóstico, desde que 6 de 9 estejam presentes em *qualquer uma das* listas.

Note que, se uma criança do sexo feminino atender aos critérios em menos de 6 sintomas em uma das listas (digamos, 5 ou 4), mas tenha sido avaliada pelos pais e pelos professores na escala de avaliação do TDAH como estando dentro da variação clínica (> percentil 93), os critérios para inadequação desenvolvimental foram satisfeitos. A razão é que os limiares dos sintomas nessas listas do DSM foram mais baseados em homens do que em mulheres, e assim eles podem ser levemente enviesados com meninas diagnosticadas.

DICA CLÍNICA

- Lembre-se, as escalas de avaliação oferecem quadro muito mais acurado das inadequações desenvolvimentais para o sexo feminino do que o DSM nesses casos. Mesmo no sexo masculino, as escalas oferecem estimativa numérica mais precisa do desvio desenvolvimental do que a contagem de sintomas mais crua e global do DSM, usada em muitas idades diferentes, desde a infância até a adolescência.

DURAÇÃO

Discuta se a criança satisfez o critério de duração dos sintomas, que é de pelo menos 6 meses. Isto, em geral, é facilmente obtido pelos relatos dos pais sobre a idade de início das dificuldades comportamentais do filho.

DICA CLÍNICA

- O critério de duração é facilmente satisfeito para crianças a partir de 4 ou 5 anos de idade, mas pode ser mais difícil de estabelecer para uma criança de pré-escola, já que alguns comportamentos semelhantes ao TDAH são mais normativos até cerca de 3-4 anos. Com estas crianças pequenas, procure evidências adicionais do transtorno identificando algum prejuízo decorrente desses comportamentos (veja a subseção sobre prejuízos mais adiante neste capítulo), como a solicitação de que um pré-escolar não retorne ao ambiente da creche ou pré-escola devido ao seu comportamento persistentemente disruptivo.

IDADE DE INÍCIO

A criança apresentou algum sintoma que causasse preocupação ou prejuízo até os 12 anos? Se sim, sua inclusão nos critérios do DSM significa que você deve mencionar isso aos pais, mas prefiro não dar ênfase a esse critério se todos os outros foram satisfeitos. Não devemos nos abster de dar um diagnóstico só porque o critério da idade de início não foi satisfeito até os 12 anos.

DICAS CLÍNICAS

- O fato de que estas informações em geral provêm da entrevista com os pais pode limitar a sua confiabilidade e a sua viabilidade. Como observado no Capítulo 3, os pais (e os pacientes) podem ter uma defasagem de 2-5 anos (mais tarde) ao relatar o início comparado com o que provavelmente foi na realidade, portanto, mesmo um início relatado até os 15-16 anos provavelmente será suficiente para satisfazer esta exigência.
- Quando os pais duvidarem do diagnóstico, alegando que o filho estava "muito bem" até depois dos 12 anos, quando então os problemas se torna-

ram evidentes e agora satisfazem os critérios, enfatize que "início" significa início dos *sintomas*, não do *prejuízo*. Uma criança de alta inteligência pode ter apresentado sintomas de TDAH muito antes dos 12 anos, antes que ele tenha afetado adversamente seu funcionamento educacional, o que pode ter acontecido somente no Ensino Médio.

GENERALIZAÇÃO DA SITUAÇÃO

Discuta como você determinou que os sintomas da criança eram evidentes em mais de um contexto ou atividade importante da vida, comumente interpretado como funcionamento em casa, na comunidade, escola ou com os pares. Em geral, isto será feito por meio do relato dos pais a partir da entrevista, mas também pode ficar evidente nas avaliações dos professores.

PREJUÍZO

Além do grau dos sintomas, o critério mais importante para estabelecer que existe um transtorno é o **prejuízo** como consequência desses sintomas. Explique aos pais por que você acredita que os prejuízos do seu filho são de fato causados pelos sintomas identificados. O termo refere-se ao funcionamento ineficiente em uma atividade importante da vida que é suficiente para ter provocado consequências adversas para a criança (rejeição dos pares, conflitos familiares frequentes, autocuidado e funcionamento adaptativo inadequados para a idade, comportamento de risco que provocou acidentes e lesões frequentes, queixas da creche ou de professores sobre o comportamento ou desempenho acadêmico, disciplina ou desligamento da escola, etc.). O prejuízo precisa ser evidente em uma ou mais atividades importantes da vida, comumente interpretado como funcionamento em casa, na comunidade, na escola ou com os pares.

DICAS CLÍNICAS

- É incrivelmente raro que este critério não seja satisfeito, já que, antes de tudo, esta é a razão mais frequente para que a criança seja encaminhada para a avaliação. No entanto, esteja alerta para a possibilidade de que os pais tenham procurado uma avaliação porque seu filho não está acompanhando os outros alunos em uma escola de alto desempenho ou outro contexto, e não porque ele está apresentando prejuízos quando comparado com a população típica. Em alguns casos, famílias com grandes recursos que enfatizam a educação e têm filhos inteligentes podem interpretar notas que são mais baixas do que elas esperam, apesar de serem satisfatórias, como um sinal de um transtorno quando este não é o caso. O objetivo é ajudar os pais a entenderem que o problema que eles estão observando é uma disparidade entre as características do filho e a escola (ou outro contexto) em que a criança está matriculada, não uma consequência de um transtorno do neurodesenvolvimento. Um bom ponto de partida é ter uma discussão franca sobre a diferença e a provável necessidade de que esses pais diminuam suas expectativas para esta criança a níveis mais apropriados. Em alguns casos, pode ser justificável recomendar que a criança seja colocada em uma escola diferente, com pares mais típicos, se as demandas da escola inicial forem simplesmente muito altas para o nível de habilidade intelectual desta criança ou para suas habilidades acadêmicas.
- Além disso, tenha em mente que pode surgir um problema de negação parental do transtorno quando os pais estão sendo coagidos a buscar avalia-

ção para o filho, como em um exame determinado judicialmente e bastante encorajado pela equipe da escola. Isto pode tornar muito mais difícil estabelecer se todos os critérios do DSM foram satisfeitos devido à recusa parental em expor o verdadeiro estado dos problemas do seu filho, talvez por temor de que a criança possa ser retirada da sua guarda ou que isto faça com que um dos pais ganhe a guarda unilateral em uma disputa pela custódia. Nesses casos, as informações de outras pessoas, sobretudo dos professores, são vitais para se chegar a um diagnóstico.

● Podem surgir casos em que a criança ou o adolescente se enquadre em apenas um sintoma ou dois aquém dos seis sintomas exigidos em uma das listas e pontue na variação marginalmente significativa dos sintomas nas escalas de avaliação dos pais e dos professores (percentil 86 a 93), embora haja claras evidências da ocorrência de dano ou prejuízo para essa criança. Nesses casos, você pode dizer aos pais que este é um exemplo de TDAH marginal, leve ou fronteiriço, e que você acha que o diagnóstico ainda assim é apropriado e que intervenções são justificadas. Explique que o TDAH é um espectro que representa um ponto mais extremo de um *continuum* normal, e não uma categoria. Assim sendo, existirão casos marginais em que as crianças estão sofrendo prejuízos. Afinal, é o alívio do sofrimento (redução do dano ou prejuízo) nosso objetivo principal nesta empreitada, portanto, é apropriado diagnosticar e tratar casos marginais quando o prejuízo for evidente, apesar de nem todos os critérios do DSM terem sido satisfeitos.

APRESENTAÇÕES DO TDAH

Como já observado, o TDAH é realmente um transtorno único, embora heterogêneo, que compreende duas dimensões altamente relacionadas de sintomas que podem variar de modo separado com o tempo em seus níveis de gravidade relativa e podem mudar nessa natureza relativa com o desenvolvimento. Você deve reconhecer o tipo de apresentação que a avaliação estabeleceu como presente neste momento, mas também explicar que isso pode mudar para uma apresentação diferente em uma semana, um mês, um ano ou mais, embora ainda represente o mesmo transtorno.

DICA CLÍNICA

● Enfatize para os pais que uma dimensão dos sintomas pode ser mais proeminente em seu filho por enquanto, e provavelmente mais prejudicial do que a outra, mas que o nível de gravidade não é fixo, sendo altamente provável que mude com o tempo. *O que é mais importante é que a existência do TDAH tenha sido estabelecida.* Acho importante deixar os pais cientes desta flutuação potencial nas duas dimensões dos sintomas, para que eles não sejam iludidos por informações imprecisas na mídia comercial ou convencional que afirmam o contrário (que há diferentes tipos de TDAH) e que está desatualizada.

OUTROS TRANSTORNOS

1 Explique brevemente aos pais que um elemento importante para se chegar a um diagnóstico de TDAH ou a algum outro transtorno é o **diagnóstico diferencial** – a necessidade de se pesar os vários tipos de informação ao

determinar que o transtorno diagnosticado é o que melhor explica os sintomas da criança. Compartilhe com os pais que você considerou se outros transtornos do neurodesenvolvimento ou psiquiátricos que quase sempre produzem desatenção foram descartados neste caso e por quê. Assim, os pais podem reconhecer o cuidado que foi tomado até chegar à determinação final de TDAH como o transtorno mais provável envolvido neste caso.

DICAS CLÍNICAS

- *Apresentação desatenta de TDAH (ou TDA) versus CDHS (ou TCL).* Conforme discutido no Capítulo 4, existe um segundo déficit de atenção que está sendo cada vez mais estudado no momento. Embora não seja um transtorno oficial no DSM, ele está ganhando evidências substanciais de que existe, é distinto do TDAH, pode se sobrepor a ele e produz suas próprias formas de riscos e prejuízos em contraste com o TDAH. Originalmente denominado tempo cognitivo lento (TCL), a condição foi renomeada como *síndrome de hipoatividade do desengajamento cognitivo* (CDHS) por um grupo de trabalho de investigadores do TCL em novembro de 2021 (Becker et al., 2021), para lhe dar um nome menos ofensivo e mais acurado, representando suas dimensões de sintomas cognitivos e motores (eu faço parte desse grupo de trabalho).
- Então, o que é TDAH e CDHS? Uma forma simples de determinar isso é estabelecer que a criança tem 6 ou mais sintomas de desatenção, mas 3 e em geral menos sintomas de hiperatividade/impulsividade (HI). Esse é provavelmente o caso da CDHS, pois a CDHS não envolve problemas com inibição e autorregulação como aqueles inerentes ao TDAH. Portanto, se a criança já foi considerada impulsiva e pouco autorregulada, é TDAH. Se nunca houve um indício de impulsividade durante o desenvolvimento como um problema persistente e a criança é mais frequentemente vista como passiva, hipoativa ou excessivamente inibida, é mais provável que seja CDHS.
- É aqui que o uso de uma escala de avaliação de CDHS ou TCL pode ser útil para mostrar o quanto CDHS está presente, e que este é o problema mais marcante na criança do que a desatenção documentada na revisão dos sintomas do DSM. Agora, se a criança teve 6 ou mais sintomas de desatenção e quatro ou cinco de HI, então, por enquanto, o diagnóstico deve ser TDAH com apresentação desatenta, pois há claras evidências aqui de um transtorno da autorregulação, mesmo que se localize um pouco abaixo do limiar oficial de sintomas para HI. Se a criança tem apresentação desatenta de TDAH, você não precisa explicar aos pais o que é CDHS. A criança apenas tem uma versão mais leve da apresentação combinada. Entretanto, se os problemas da criança foram mais consistentes com CDHS, ela tem pontuações altas na escala de CDHS, e não há história de desinibição e geralmente fraco autocontrole, então é CDHS, e não TDAH, que deve ser diagnosticada não oficialmente e deve ser contado aos pais sobre este novo transtorno de atenção. Sim, para fins de pagamento do seguro e registros clínicos, algum diagnóstico oficial precisa ser dado – ou seja, apresentação desatenta de TDAH – mas deixe claro aos pais que este diagnóstico é puramente para fins administrativos e não o diagnóstico "real" neste caso, isto é, CDHS.

2 Explique as conclusões a que você chegou sobre comorbidades. Veja o Capítulo 4 para informações sobre o diagnóstico de transtornos comórbidos que você pode transmitir aos pais a seu critério.

EXPLICANDO OS RISCOS ATUAIS E FUTUROS DURANTE A REUNIÃO DE *FEEDBACK*

Neste ponto, os pais provavelmente vão querer saber qual é o prognóstico para seu filho e o que eles podem fazer para reduzir os prejuízos do filho e aumentar suas chances de um futuro feliz e saudável. As estatísticas relativas aos resultados durante a vida, a persistência do TDAH na idade adulta e os riscos à saúde que você pode compartilhar são apresentados em outro lugar neste livro (Apêndice A, Folhetos 3-14) e nas páginas seguintes. O que é importante enfatizar para os pais neste momento é que existem tratamentos eficazes que podem reduzir os prejuízos consideravelmente, se não os eliminar inteiramente.

Conforme discutido no Capítulo 2, se não for tratado, o TDAH representa riscos ao surgimento de outros problemas agora e no futuro. É tão importante explicar isto aos pais quanto explicar a base sobre a qual você fez um diagnóstico de TDAH (e algum outro transtorno). Não explicar esses riscos – e o que os pais podem fazer agora para minimizá-los – seria equivalente a diagnosticar uma criança com diabetes sem discutir quais são os riscos futuros se não for tratado (visão e outros problemas oculares, incluindo cegueira eventual; problemas cardíacos e circulatórios; risco de infecção e até gangrena e, caso isso aconteça, risco de amputação de dedos e membros, etc.). A explicação dos riscos associados ao TDAH não tratado não só garante que os pais percebam a gravidade da situação atual mas também pode contrabalançar as percepções errôneas transmitidas pela mídia de que o TDAH é um dom ou "superpoder" ou simplesmente um transtorno de atenção banal (e possivelmente de esquecimento e organização), como se ser "uma criança avoada" fosse sua condição *sine qua non*. Assim sendo, reserve um tempo na reunião de *feedback* para discutir os riscos potenciais se o tratamento não for realizado.

DICAS CLÍNICAS

- Assim como é recomendável tratar uma criança para reduzir as consequências adversas atuais, também precisamos tratar (como no diabetes) para prevenir possíveis danos secundários futuros devido a um transtorno não manejado. O diagrama mostrando os prejuízos e danos potenciais associados ao TDAH apresentado no Capítulo 2 (Fig. 2.1) também é fornecido como Folheto 13 no Apêndice A. Ele pode ser reproduzido e entregue aos pais como parte desta discussão.
- Os pais podem se sentir sobrecarregados pela quantidade de riscos associados ao TDAH, portanto, certifique-se de explicar que nem todas as crianças com TDAH vão experienciar todos esses riscos, ou na mesma medida. De fato, a maioria não vai experienciar a maioria dos riscos, que estão baseados em estudos de grandes amostras de crianças e adolescentes com TDAH que mostram que eles têm uma probabilidade mais alta de experienciá-los do que outras crianças, mesmo que a maioria delas não incorra nesse tipo de dano ou risco. Os riscos representam médias, não garantias de cada resultado. Apresentar esta perspectiva pode mitigar a possibilidade de desânimo e disforia nos pais. Os riscos representam uma probabilidade aumentada desse resultado, não uma garantia.

- O oposto, não discutir esses riscos ou minimizá-los demais, pode ser igualmente problemático. Os pais podem acabar tendo uma visão de Poliana de que o TDAH não é um grande problema e nada que um pouco mais de sono, menos cafeína e tempo de tela, e mais suplementos de óleo de peixe não possam resolver. Obviamente, você precisa caminhar sobre uma linha tênue nesta discussão, não patologizando excessivamente o TDAH e seus riscos nem subestimando esses riscos. O objetivo é de que os pais levem a sério o TDAH e a necessidade de tratá-lo sem que se sintam completamente oprimidos emocionalmente e impotentes em face do tsunâmi de danos potenciais. Pode ser útil dar exemplos dos danos que o TDAH pode causar em vários domínios da vida; veja o quadro "Uma amostra dos riscos mais altos associados ao TDAH" a seguir.
- Talvez a melhor maneira de caminhar sobre essa linha tênue efetivamente seja enfatizar de maneira repetida o que as pesquisas mostraram. *Virtualmente, todos os principais tipos de risco estudados até o momento – desde lesões acidentais até gravidez na adolescência, risco de suicídio, acidentes de carro, crime, uso e abuso de substâncias – demonstraram ser reduzidos até os níveis típicos ou quase típicos pelo tratamento, sobretudo os medicamentos para TDAH.* Portanto, lance mão da Figura 2.1, mencione brevemente cada categoria de risco principal e mostre aos pais os riscos específicos de cada categoria, usando seu julgamento clínico para enfatizar alguns mais do que outros com base no que você identificou na avaliação, ao mesmo tempo não deixando de pelo menos mencionar todos eles. (Veja a Tabela 5.1 para listas comparativas dos riscos associados, respectivamente, com desatenção, HI e déficits na regulação emocional.) Então informe que as evidências até o momento mostram que o tratamento pode reduzir grandemente esses riscos futuros, ao mesmo tempo tratando os sintomas de TDAH atuais e os prejuízos existentes. Para mais detalhes em cada domínio de risco aumentado ao qual você pode se referir ao conversar com os pais, veja os Folhetos 8, 13 e 14, no Apêndice A.
- Conclua esta discussão instilando nos pais a confiança de que, embora o TDAH seja uma condição séria, eles escolheram fazer a coisa certa buscando avaliação e se mostrando abertos aos vários tratamentos que em seguida você discutirá com eles. Também faça a observação de que o TDAH está entre os transtornos mais responsivos aos tratamentos existentes, sobretudo medicamentosos, com mais casos respondendo em maior medida aos tratamentos disponíveis do que em quase qualquer outro transtorno psiquiátrico ou do neurodesenvolvimento grave. Para deixar este ponto mais concreto para os pais, considere apresentar um exemplo: existem metanálises que mostram que antidepressivos e fármacos para tratar ansiedade melhoram os sintomas em cerca de um terço de um desvio-padrão, conhecido como tamanho do efeito. Os medicamentos para TDAH mudam os sintomas de TDAH de 0,68 para 1,4 desvios-padrão e, assim, são duas a três vezes mais eficazes do que outros medicamentos amplamente disponibilizados.

UMA AMOSTRA DOS RISCOS MAIS ALTOS ASSOCIADOS AO TDAH

Uma riqueza de dados está disponível sobre as possíveis consequências negativas durante a vida para aqueles com TDAH que não recebem tratamento. Estas incluem (mesmo com tratamento) um risco mais alto de mortalidade, conforme detalhado a seguir:

- Crianças com TDAH têm probabilidade quase duas vezes maior de morrer na infância.
- Adultos com TDAH têm 3 a quase 5 vezes mais probabilidade de morrer até a meia-idade comparados com pessoas sem TDAH.
- Durante um período de 4 anos, adultos com TDAH nos Estados Unidos têm quase duas vezes mais probabilidade de morrer que adultos sem TDAH.

As consequências negativas também incluem redução na expectativa de vida em até quase 10 anos. Esses riscos são muito difíceis para os pais considerarem, e pode ser recomendável assinalar isto somente para aqueles que estão bloqueados pela negação e resistência ao tratamento, mas os seguintes exemplos de riscos (não completamente abrangentes) podem salientar o argumento de que mitigar os riscos manejando o TDAH por meio de tratamentos efetivos é fundamental.

- O risco de lesão é mais elevado para aqueles com TDAH ao longo do espectro de lesões específicas, desde fraturas e distensões até contusões, queimaduras e muito mais.
- O desenvolvimento motor é atrasado naqueles com TDAH (p. ex., transtorno do desenvolvimento da coordenação [TDC] em 30-50% ou mais, uma defasagem de 5 anos no desenvolvimento de habilidades e agilidade no movimento comparados com seus pares na adolescência e reduzido preparo físico, força e resistência quando medido em testes de aptidão física).
- Aqueles com TDAH têm um risco maior para transtornos da linguagem: déficits na linguagem expressiva de 10-54%, déficits pragmáticos de 60%.
- Os prejuízos acadêmicos são comparativamente mais altos naqueles com TDAH: baixo desempenho escolar em 90% ou mais entre os portadores de TDAH, um déficit de 10 a 15 pontos no desempenho acadêmico, e dificuldades de aprendizagem em 24-70%.
- A adaptação positiva na adolescência é menor para aqueles com TDAH, tanto nas meninas (20-65%) quanto nos meninos (10-86%). A razão é que o manejo do TDAH continua na adolescência somente em 25-30% dos casos, e até menos na idade adulta (5-15%).

DICA CLÍNICA

- Ao discutir os vários riscos com base em domínios de sintomas específicos, certifique-se de considerar o perfil de cada sintoma da criança, de modo a aumentar ou diminuir a importância que você dará a alguns dos riscos na sua discussão, assim adaptando ou individualizando o material para cada caso.

RISCOS AUMENTADOS PARA TDAH EM VÁRIOS DOMÍNIOS DA VIDA

O TDAH está entre os transtornos mais prejudiciais que os clínicos tratam em nível ambulatorial, sendo rivalizado ou superado, de-

TABELA 5.1 RISCOS AUMENTADOS ASSOCIADOS A DIFERENTES LISTAS DE SINTOMAS

DESATENÇÃO	HIPERATIVIDADE/ IMPULSIVIDADE	DÉFICITS NA REGULAÇÃO EMOCIONAL
Pouca atenção à densidade e à velocidade do tráfego ao atravessar ruas quando veículos estão presentes.	Impulsividade emocional e fraca autorregulação emocional.	Rejeição social.
		Hostilidade interpessoal e insatisfação conjugal.
	Desenvolvimento de TOD.	
Maior risco para crianças em acidentes de pedestre-carro e ciclista-carro em ambientes de tráfego.	Problemas nas relações com os pares e rejeição dos pares.	Violência com o parceiro íntimo.
		Maior número de demissões no trabalho.
Maiores riscos de colisão ao dirigir um veículo (piorados com distrações dentro do veículo, como *smartphones*).	Probabilidade de experimentação de drogas ou outras substâncias.	Maior estresse parental e conflito familiar em famílias com crianças com TDAH.
	Excesso de velocidade ao dirigir um veículo.	Maior estresse parental em pais que têm TDAH.
Uso acelerado de produtos com nicotina depois de experimentação (talvez devido à automedicação – a nicotina tem efeitos benéficos na atenção).	Comportamento sexual arriscado e comportamento de risco em geral.	Maior risco de compras impulsivas, dívidas excessivas e escores de crédito mais baixos na idade adulta.
	Tentativas de suicídio.	
	Lesões acidentais.	
Fraco desempenho no cumprimento de tarefas cotidianas e conclusão de outras tarefas em casa e na comunidade.	Agressão reativa quando provocado ou frustrado.	Agressividade ao volante ou o uso agressivo de um veículo motor contra outro motorista.
	Piora nos sintomas de desatenção na adolescência.	Dirigir intoxicado.
Quando adolescentes e adultos, pior desempenho em ambientes profissionais.	Maior risco de resultados de saúde adversos, mortalidade mais precoce e expectativa de vida mais curta.	Risco de colisões com veículos.
Desatenção aos comentários e às necessidades dos outros em interações sociais.		
Automonitoramento reduzido em situações sociais.		

pendendo da gravidade, principalmente por outros transtornos do neurodesenvolvimento: TEA, TB e DI. Isto ficou evidente para mim a partir dos resultados da amostra nacionalmente representativa de crianças nos Estados Unidos que usei para normatizar a Escala de Prejuízos Funcionais de Barkley – Crianças e Adolescentes (Barkley, 2012). Os pais relataram se seu filho havia sido diagnosticado ou não com algum outro transtorno psiquiátrico ou do desenvolvimento. Usamos esses relatos para agrupar as crianças por diagnóstico e compará-las com casos de TDAH que foram definidos como TDAH em dois aspectos: (1)

conforme diagnóstico reportado pelos pais e (2) conforme determinado mais rigorosamente por nossos critérios de pesquisa que requeriam que a criança fosse avaliada pelos pais nos sintomas do DSM como localizada no ou acima do percentil 93 (+1,5 DPs) e estivesse prejudicada em pelo menos uma atividade importante da vida. Como o TDAH se sobrepõe a muitos desses transtornos e frequentemente agrava seu prejuízo, conforme discutido no Capítulo 4, sua influência nas avaliações de 15 diferentes contextos domésticos, escolares e comunitários foi removida estatisticamente nas comparações. *O resultado final foi que o TDAH produziu graus mais elevados de prejuízo (conforme medido pelos tamanhos do efeito), tanto no fator casa-lazer quanto no fator escola-trabalho do que todos os outros 14 transtornos*, embora TEA, TB e TOD fossem apenas um pouco menos do que isso e mais próximos do TDAH neste aspecto. Esse efeito do TDAH no prejuízo era especialmente forte se fosse definido pelos critérios de pesquisa, segundo os quais ele quase dobrava o nível de prejuízo desses outros transtornos (TEA, TB, TOD) nos escores dos fatores.

DICAS CLÍNICAS

- Você pode querer mostrar aos pais a Figura 5.1, que foi retirada de uma amostra aleatória representativa da população americana em 2012. Os dados usados para criar os gráficos provêm de um estudo comparando casos de TDAH com um grande grupo-controle na comunidade (Barkley, 2012).
- Você também pode explicar aos pais que, na idade adulta, o número de domínios previamente ou atualmente influenciados adversamente pelo TDAH cresceu de tal forma que, em média, adultos com TDAH estão acima do percentil 93 (+1,5 DPs) em 5 ou mais dos 15 domínios que pesquisamos em seu funcionamento *atual*. O número de domínios em que eles podem ter sido prejudicados em algum momento durante sua vida é consideravelmente mais alto.
- Para os pais que questionam como "um problema simples como prestar atenção ou ser muito ativo" pode causar tanto dano, você pode dar a eles uma visão geral simples da teoria do fenótipo estendido na minha teoria do FE-AR do TDAH (veja o Capítulo 1).

Conforme observado anteriormente neste capítulo, nada se ganha sobrecarregando os pais com as implicações negativas do fato de seu filho ter TDAH. Entretanto, o conhecimento de quão ampla e profundamente a vida do seu filho pode ser afetada pelo TDAH na idade adulta pode ser um grande incentivo para seguir e apoiar as recomendações do tratamento. Quando parecer recomendável, você pode oferecer os seguintes detalhes:

■ **Relações familiares**. Como interfere na adesão às regras domésticas e às ordens parentais, o TDAH pode aumentar o conflito pai-filho, o que pode se estender para conflitos entre irmãos. Esse conflito é bidirecional e frequentemente pior quando a criança também tem TOD ou um dos pais tem TDAH (como em 25-35% dos casos), e o conflito muitas vezes aumenta durante a adolescência. Este conflito pais-adolescente pode estar relacionado a tópicos específicos, como hora de se deitar, desempenho escolar, escolha de roupas e de música, comportamentos disruptivos dentro da família, conflito com os irmãos, uso do carro da família, dinheiro, afiliação com certos amigos e até mesmo uso de drogas. Obviamente, esses problemas afetam a habilidade dos pais para orientar seus filhos e mantê-los seguros.

■ **Relações com os pares**. Pessoas com TDAH têm muito mais probabilidade de ex-

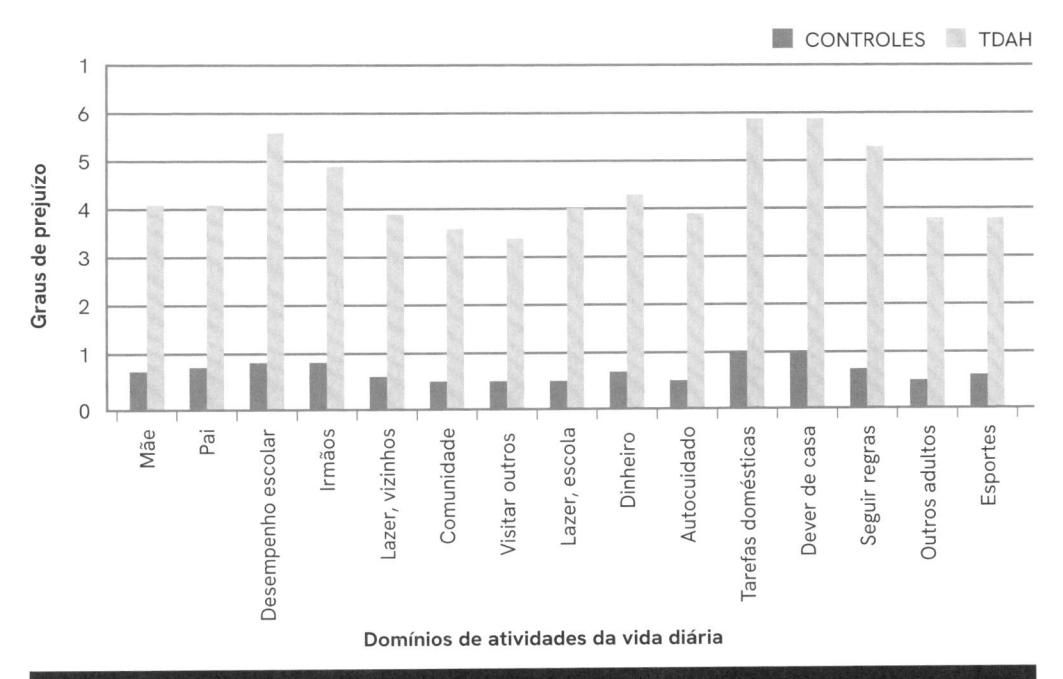

FIGURA 5.1

Comparações de crianças com TDAH e crianças típicas em uma amostra nacional americana referente a avaliações dos pais do prejuízo em 15 diferentes domínios de atividades da vida diária. Os dados usados para construir o gráfico são de Barkley (2012).

perienciar dificuldades nas relações com os pares, com até 50% não tendo amigos íntimos no final do segundo ano do Ensino Fundamental. Esse número aumenta para 70% se elas também tiverem TOD ou TC. Os problemas com os pares persistem em graus variados até a idade adulta. Mais especificamente, aqueles com TDAH têm mais chance de serem rejeitados e menos chance de ser aceitos pelo grupo de pares mais amplo, menos chance de ter amizades mútuas e mais chance de ter amizades de qualidade mais negativa e menos estáveis ao longo do tempo. Eles têm maior probabilidade de intimidar ou ser vitimizados e mais chance de ter problemas de interação nas mídias sociais e também pessoalmente.

■ **Educação**. Os pais provavelmente estão bem cientes dos prejuízos neste domínio da vida do seu filho. Eles foram discutidos no Capítulo 2, e seu tratamento é discutido nos Capítulos 6 e 8.

■ **Namoro e relações sexuais**. Adolescentes e adultos com TDAH relatam relacionamentos amorosos de baixa qualidade 4 a 5 vezes mais frequentemente do que seus pares típicos, e adultos que cresceram com TDAH têm menor probabilidade de se casar e maior probabilidade de se casar em idade mais avançada. Depois de casados ou coabitando, eles relatam níveis mais elevados de insatisfação conjugal, maior probabilidade de ter casos extraconjugais e maior risco de separação conjugal. Durante um *follow-up* de 30 anos, adultos com TDAH têm uma taxa de divórcio 2,5 vezes mais alta na meia-idade do que pessoas sem TDAH (31 vs. 12%). Adultos idosos com TDAH (60-94 anos) também tinham maior probabilidade de serem divorciados ou nunca terem se casado, mas também de terem menos membros da família na sua rede social e de experienciarem solidão emocional. Também preocupantes são os achados de maior agressão verbal e mais violência com o parceiro íntimo em adultos do sexo masculino com TDAH. Conforme observado em outro lugar, aqueles com TDAH têm mais probabilidade de ter relações sexuais em idade mais precoce e de mais gravidez na adolescência – mas vale mencionar que um estudo recente mostrou que medicação reduz o risco de gravidez precoce em 30% ou mais.

■ **Funcionamento ocupacional**. Pelo menos quando adolescentes, aqueles com TDAH parecem não ser diferentes de adolescentes normais em seu funcionamento no emprego. No entanto, considere que a maioria dos empregos assumidos por adolescentes exigem poucas habilidades, ou nenhuma, e em geral são em tempo parcial e comumente de duração limitada (meses do verão). Depois que entram na idade adulta e assumem empregos que requerem trabalho em tempo integral e habilidades do FE-AR, independência de supervisão, aceitação de responsabilidades e treinamento periódico em novos conhecimentos ou novas habilidades, seus déficits no FE-AR são prejudiciais. Seu *status* ocupacional na idade adulta muitas vezes se classifica significativamente abaixo dos grupos-controle, mesmo na faixa dos 40 anos. Eles são vistos pelos empregadores como tendo um desempenho significativamente pior em seus empregos e, por consequência, têm mais chance de ser demitidos do que os adultos típicos.

■ Adultos com TDAH também têm duas vezes mais risco de lesão acidental no local de trabalho, taxas mais altas de absenteísmo devido à doença, uso de mais licenças de saúde e mais ausências do trabalho sem justificativa, e têm mais probabilidade de estar recebendo seguro-desemprego, por incapacidade ou assistência social.

■ Eles também podem apresentar uma redução de até 33% nas remunerações e probabilidade 15% maior de ter seguro-desemprego ou outras formas de assistência social. Mais adultos jovens com TDAH ainda estavam residindo com os pais ou haviam voltado para a casa dos pais depois de fracassar em suas tentativas de independência. Eles também estavam recebendo maior apoio financeiro dos pais no final dos seus 20 ou 30 anos.

■ **Problemas financeiros**. Devido ao fraco controle dos impulsos e aos déficits na autorregulação associados ao transtorno, problemas para lidar com dinheiro seriam previsíveis em adultos com TDAH. Pesquisas mostram que menos adultos jovens com TDAH já tiveram um cartão de crédito ou uma caderneta de poupança, e mais deles relataram ter problemas para economizar dinheiro para pagar suas contas mensais. Suas economias médias eram menores, e deviam significativamente mais dinheiro a outros indivíduos particulares do que os pares típicos. Em nosso *follow-up* aos 27 anos, os mesmos indivíduos relataram mais problemas para gerenciar seu dinheiro, compras por impulso, atraso de pagamentos de aluguel, ter serviços cortados por falta de pagamento, ter um veículo financiado sendo confiscado por falta de pagamento, declarar falência e não economizar para a aposentadoria, comparados com as crianças no grupo-controle ao chegarem à idade adulta.

■ **Riscos na condução de veículos**. Dirigir é um domínio que pode aumentar acentuadamente a morbimortalidade para adolescentes e adultos com TDAH, e também para outros com quem eles se deparam. De maneira específica, adolescentes e adultos com TDAH têm maior probabilidade de ter dirigido um automóvel antes de ter habilitação e têm mais multas por velocidade e acidentes (arranhões e colisões), embora nem todos os estudos mostrem isso. Eles têm mais probabilidade de ser impulsivos, de correr riscos e ser distraídos atrás do volante em observações feitas em ambientes naturais. Eles apresentam maiores níveis de agressividade ao volante, têm mais chance de ter suas licenças suspensas ou revogadas e não veem seu desempenho de condução como sendo assim tão diferente de outros motoristas típicos, muito embora seja significativamente pior.

AJUDANDO O PACIENTE A LIDAR COM O DIAGNÓSTICO DE TDAH

Ter seu filho avaliado é um grande passo para os pais, que investiram muita energia mental, física e emocional para tentar fazer o certo pelo seu filho. Isso define o contexto de como eles podem receber o diagnóstico de que seu filho tem TDAH.

DICAS CLÍNICAS

- Primeiro, espere um momento depois de explicar como você chegou ao diagnóstico, suas causas e seus riscos, e pergunte como eles se sentem ouvindo tudo isso. Assim como muitas pessoas, ao ouvirem pela primeira vez que têm câncer ou algum outro diagnóstico grave, dizem que ficaram entorpecidas e pararam de ouvir para poder processar esta mudança nas suas circunstâncias, muitos pais experienciam um momento de choque e descrença quando é dito que seu filho tem TDAH ou algum outro transtorno do neurodesenvolvimento. Você acabou de dizer a eles que seu filho não é quem eles achavam que fosse, dessa maneira forçando uma considerável reestruturação da sua perspectiva sobre seu filho.
- *Não* minimize este momento. Os pais que já fizeram muitas leituras e pesquisas sobre os prováveis problemas e o tratamento para seu filho podem passar bem por este momento de choque e compreensão e, em vez disso, se sentem com razão porque suas preocupações são apoiadas por um diagnóstico oficial, mas outros podem achar o momento do diagnóstico desolador.
- Com base nos milhares de pais que aconselhei pessoalmente sobre TDAH, além dos milhares de outros de quem tive conhecimento em minhas palestras públicas, pude perceber que as reações emocionais dos pais às informações sobre o TDAH variam muito, mas são parte importante da sua adaptação ao diagnóstico do seu filho. Elas também influenciam a qualidade do investimento que eles são capazes de fazer para ajudar e defender seu filho. Portanto, dê um tempo depois de dar o diagnóstico na reunião de *feedback* para ter uma ideia de onde os pais se encontram emocionalmente e na sua reação a essa declaração antes de encaminhar um plano de tratamento.
- Como clínicos, sabemos que os pais muitas vezes têm uma reação de luto quando lhes é dito que seu filho tem um transtorno médico, do desenvolvimento ou psiquiátrico crônico. Embora os estágios do luto não sejam tão fixos na natureza e na sequência quanto se acreditava, as fases do luto ainda podem ocorrer mesmo que a sua existência e a sua ordem não sejam garantidas.

NEGAÇÃO OU ALÍVIO?

Alguns pais podem inicialmente *negar* o rótulo ou diagnóstico ou a sua base em grande parte neurológica. Eles se apegam desesperadamente à sua visão original de que nada é tão ruim que não possa ser corrigido por alguma dieta, forma de aconselhamento, redução no tempo de tela ou métodos simples de manejo comportamental. Esta reação tem chance de ocorrer quando os pais não suspeitavam inicialmente de que muita coisa estava errada com seu filho. Em geral, é um parente, um funcionário da creche, uma professora da pré-escola, ou mesmo um dos pais de um coleguinha quem aborda a possibilidade de existir um problema. Até então, eles não viram um problema lhe rondando ou ao seu filho. Quando os pais são os últimos a saber que seu filho tem problemas – neste caso, TDAH –, é natural que neguem ou minimizem a extensão do problema até que consigam reavaliar a informação que estão recebendo e passem a ver por si mesmos os problemas do seu filho.

DICA CLÍNICA

● Se você achar os pais resistentes a um diagnóstico, a melhor forma de eliminar suas dúvidas é fazer o que eu recomendo inicialmente na reunião de *feedback* – explicar a base para o seu diagnóstico. Os dados não mentem. Você já abordou todo esse material na esperança de evitar a negação parental que pode resultar de uma explicação superficial do diagnóstico do filho, mas caso a negação persista durante essa reunião de *feedback*, encoraje-os a procurar uma segunda opinião de alguém em quem você confia e que tem conhecimento sobre TDAH.

A maioria dos pais aceita prontamente as informações que recebem sobre TDAH de um profissional, sobretudo depois de uma avaliação minuciosa como esta, e a explicação dos achados. Alguns podem até acolher essa mensagem como a resposta que buscavam desesperadamente há tanto tempo. Por fim, eles têm um nome para suas preocupações com seu filho e podem buscar formas de ajudar. Estas famílias muitas vezes têm um sentimento bem-vindo de *alívio* do fardo da incerteza – e com frequência também alívio da sua culpa baseada na possibilidade de terem causado este problema pela criação inadequada do filho. Ao explicar que o TDAH tem base biológica, você permite que se liberem da percepção de que eles pessoalmente criaram o problema.

DICA CLÍNICA

● Encorajo você a expressar isto de forma objetiva: "Vocês não causaram esta condição no seu filho pela forma como o criaram". Para muitos pais, esta é a chave para "a libertação da prisão [culpa]" que eles estão dispostos a ouvir, com a sensação de alívio que isso pode lhes proporcionar.

RAIVA

Para alguns pais, um diagnóstico de TDAH evoca *raiva* voltada para qualquer pessoa que anteriormente possa ter lhes garantido que não havia nada de errado, como um pediatra bem-intencionado; raiva daqueles que atribuíram o problema como uma responsabilidade dos pais pelos métodos de criação do filho ou a problemas familiares, como seus próprios pais, um familiar ou mesmo um pastor; e raiva por terem perdido oportunidades em que poderiam ter melhorado o bem-estar do seu filho se alguém lhes tivesse dito a verdade mais cedo. Às vezes, outras pessoas desdenharam das preocupações dos pais, assegurando que nada estava errado ou que era apenas uma "fase" que as crianças passam e que os pais devem apenas aguentar firme, dar mais abraços, e que tudo ficaria bem. Com muita frequência, profissionais da área, familiares e a mídia punem, envergonham ou "atacam" os pais na sua busca de atribuir culpas pelo transtorno. Quando os pais finalmente percebem que não é culpa sua e que o transtorno é "real", raiva e ressentimento são reações compreensíveis.

LUTO

É natural e também saudável que os pais manifestem uma reação leve de *luto* diante da informação do TDAH do seu filho. Quase todos os pais, quando confrontados com a notícia de que seu filho tem deficiências de alguma forma, vão sofrer por esta perda da normalidade. Alguns pais lamentam sobre o futuro do seu filho e os riscos decorrentes; outros são reativos às alterações que a família precisa fazer para acomodar o TDAH.

DICAS CLÍNICAS

- Diga aos pais que a maioria dos pais que você aconselhou sobre TDAH têm essa reação em diferentes graus, portanto, se eles tiverem esses sentimentos, isso é completamente normal e esperado. Eles não devem lutar contra ou julgar como patológico. Explique aos pais que, para a maioria das pessoas, este luto passará à medida que reformularem suas visões do filho e dos problemas do filho.
- No entanto, já ouvi de outros pais que eles nunca resolvem plenamente este luto. Você também pode dizer isso aos pais. O luto pode ir e vir, faz parte da resposta humana normal dos pais ao lidarem com uma condição crônica no seu filho. Tranquilize-os de que eles vão se adaptar e então, por algum tempo, vão deixar isso para trás enquanto enfrentam as responsabilidades cotidianas da criação do filho e do trabalho. No entanto, quando o filho estiver se saindo especialmente bem por um longo período e então tiver uma regressão ou uma crise significativa, os sentimentos de um leve pesar podem retornar.
- Se os sentimentos de pesar retornarem, garanta aos pais que eles podem telefonar para você para falar a respeito, ou os encaminhe para um grupo de apoio para pais na sua região onde eles possam se solidarizar com outros pais que têm filhos com TDAH. Deve ser dito a eles que essa solidariedade pode ajudar muito. Portanto, sugira que eles consultem o *site* www.chadd.org para encontrar um grupo local de apoio a pais ou salas de bate-papo ou *blogs* na internet. Se a reação de luto persistir, considere oferecer a eles algum aconselhamento de curta duração com você ou com um profissional mais apropriado que tenha conhecimento sobre TDAH ou terapia com pais de crianças com deficiências.

ACEITAÇÃO

Quase sempre eu explico aos pais como parte do meu comentário sobre o luto que este é um processo natural que muitas vezes leva ao resultado desejado de lidar com a informação sobre o TDAH: a aceitação do seu filho como ele realmente é. *A aceitação leva à adoção do conceito do seu filho como a criança que ele realmente é*, em oposição à expectativa daquilo que seu filho viria a ser quando eles inicialmente souberam que seriam pais.

DICAS CLÍNICAS

- Sua função aqui é encorajar os pais a aceitarem o filho que eles têm e amá-lo, bem como a parar de se apegar ao conceito daquela criança com quem sonharam enquanto esperavam pelo seu nascimento.

- Também digo aos pais que existe tranquilidade no fim desta fase, como se uma nuvem fosse removida, permitindo que os pais vejam mais realisticamente os problemas do filho e suas próprias reações a esses problemas. Por esta nova perspectiva, eles podem ver de maneira mais clara que seu filho tem um problema que ele não pediu para ter, que não pode evitar ter e que precisa da ajuda deles para lidar com o problema, incluindo serem protegidos daqueles que não vão entender. A criança precisa da defesa dos pais para obter seus direitos legais na comunidade e nos serviços escolares. Esta mudança na perspectiva pode ser profunda e tocante, tanto para os pais que a experienciam quanto para qualquer pessoa que tenha o privilégio de testemunhá-la, como eu tenho. Por favor, procure na internet ou faça a busca de um vídeo no Youtube denominado *Welcome to Holland*, marque como favorito e compartilhe com os pais. Certifique-se de encontrar aqueles vídeos que abordam o TDAH, pois há muitas variações para diversos transtornos na infância, como TEA e síndrome de Down. É uma apresentação concebida para ajudar os pais a enfrentarem e resolverem seu luto e sua raiva e chegarem à aceitação de que têm este filho particular e especial em vez daquele que achavam que teriam.

- Assegure, ainda, que, quando os pais tiverem atingido este estágio de aceitação, então poderão buscar conhecimento sobre como melhor ajudar a criança. Talvez eles agora estejam motivados a entrar em um grupo de apoio, aconselhamento ou em um programa de treinamento formal de manejo da criança que lhes proporcione habilidades e técnicas que possam ajudar seu filho a ter êxito. Eles também podem querer se informar sobre formas de modificar o ambiente, não a criança, para reduzir os problemas que o filho pode ter em situações específicas. Diga aos pais que o objetivo é permitir que a criança tenha êxito, considerando os sintomas e as circunstâncias, e não se livrar do TDAH.

- Ajude os pais a aprenderem que aceitação também significa reconhecer que algumas coisas simplesmente não podem ser modificadas para que as crianças com TDAH tenham êxito em um nível ideal ou se adaptem tão bem quanto crianças sem TDAH. Não aceitar algumas limitações do seu filho pode estimular intolerância, raiva e frustração nos pais, além de pressionar a criança indevidamente para se adequar às expectativas exageradas dos pais.

- O resultado é que a aceitação parental do TDAH de um filho e tudo o que isso pode envolver vai liberá-los para que possam cumprir o papel tão crucial para o progresso do filho. Alerte-os que, mais do que outros pais, estes pais precisam apoiar ativamente a autoestima do seu filho, talvez por caminhos menos tradicionais, e trabalhar para melhorar sua competência para atender às demandas diárias da vida, ao passo que as crianças sem TDAH constroem os próprios caminhos por meio do sucesso acadêmico e social.

- Mencione que eles precisarão exercitar a criatividade para encontrar saídas exitosas para seu filho, talvez em esportes organizados, artes plásticas, *hobbies*, ciência, projetos mecânicos ou mesmo em carreiras não tão tradicionais, como música, teatro e atuação, fotografia, eletrônica e computadores, culinária, etc.

- Você pode sugerir que eles procurem no Google histórias de sucesso de TDAH para ver as inúmeras formas pelas quais pessoas com TDAH muito conhecidas tiveram êxito, com frequência de formas surpreendentes.
- Além disso, alerte os pais de que depois que eles tiverem aceitado verdadeiramente o TDAH do seu filho, poderão olhar além das limitações do filho e ver – como ninguém mais – seus pontos fortes e talentos únicos.

ENCERRANDO A REUNIÃO DE *FEEDBACK*

Neste ponto, os pais devem entender que um diagnóstico de TDAH não sentencia seu filho a uma vida inferior, que os sintomas podem ser gerenciados e os prejuízos minimizados com tratamento apropriado, e que os próprios pais têm o poder de ajudar seu filho diagnosticado. Antes de se lançar a um plano de tratamento para esta criança específica, você pode sugerir que os pais revisem meus *12 Principles for Raising a Child with ADHD** (Barkley, 2021).

---

* Em português, publicado como *TDAH: 12 princípios para criar uma criança com transtorno de déficit de atenção e hiperatividade.*

CAPÍTULO 6

PRINCÍPIOS E DIRETRIZES PARA TRATAR TDAH

A história do tratamento para TDAH é, em grande parte, uma das descobertas acidentais inesperadas. Por exemplo, o uso de medicamentos estimulantes para TDAH foi um subproduto acidental do seu uso para tratar dores de cabeça que eram um efeito colateral de pneumoencefalografias que estavam sendo feitas em adolescentes com comportamento disruptivo. A adoção de métodos de manejo de contingências para crianças com TDAH foi simplesmente uma consequência do seu uso exitoso com populações mais prejudicadas em nível de desenvolvimento, como aqueles com TEA ou DI. Sabemos agora que o treinamento parental comportamental (BPT, do inglês *behavioral parenting training*; veja o Capítulo 7) é muito mais eficaz para o manejo do comportamento de oposição desafiante do que para TDAH. Também sabemos que, assim como o TDAH não é causado por uma ausência de Ritalina, por mais útil que o fármaco possa ser para o manejo sintomático, ele seguramente não é causado por contingências ambientais de aprendizagem falha aplicadas pelos pais ou professores – apesar de esta alegação ter sido disseminada várias décadas atrás.

As intervenções que surgiram a partir de descobertas acidentais, mesmo quando se mostravam efetivas, pouco provavelmente levaram a regimes de tratamento abrangentes que oferecessem aos pacientes os melhores resultados possíveis porque não tinham uma teoria razoável do transtorno como um fundamento. Este capítulo explica como a teoria do FE-AR do TDAH preenche esta lacuna, dando origem a tratamentos que abordam a natureza neurodesenvolvimental do TDAH e ajudam as crianças a compensar os sintomas persistentes em casa, na escola, na sua vida social e em outros domínios das suas vidas. A teoria do FE-AR nos fornece princípios de tratamento que podem ser aplicados por clínicos, pais e professores. Os princípios para manejar uma criança com TDAH apresentados a seguir se originam diretamente da minha teoria do TDAH, que sugere que aqueles com TDAH são afetados pela "cegueira temporal", um déficit de longo alcance na habilidade humana de antecipar o futuro e organizar ações e mantê-las voltadas para esse futuro.

TRATANDO A CEGUEIRA TEMPORAL

A simples descrição dos sintomas de um transtorno, como o *Manual diagnóstico e estatístico de transtornos mentais* (DSM) faz, não é uma teoria. Essa descrição não apresenta premissas a partir das quais podemos logicamente derivar os primeiros princípios sobre *o que* está dando errado no transtorno e *como* isso pode ser abordado, se não pela cura, pelo manejo sintomático e pelas acomodações. Uma boa teoria apresenta proposição das relações entre os vários construtos que estão envolvidos no transtorno, como eles interagem, como podem se desenvolver em pessoas típicas e o que pode estar dando errado naqueles com TDAH. Como a teoria articula os processos envolvidos no desenvolvimento normal e como eles podem se perder no transtorno, ela faz previsões testáveis sobre o TDAH e como ele pode ser mais bem manejado.

Em contraste com o DSM, a teoria do FE-AR, discutida no Capítulo 1 e detalhada em meu livro anterior sobre as FEs (Barkley, 2012), apresenta, por extensão, o TDAH. Ela contém inúmeras premissas, construtos explanatórios e processos referentes à FE e à AR. A partir disso, levanta hipóteses de como o FE-AR pode se desenvolver e faz inúmeras previsões testáveis sobre sua natureza e seus efeitos em amostras típicas e de TDAH. Além do mais, a teoria do FE-AR implica uma variedade de princípios que devem se provar benéficos no manejo de sintomas de TDAH, assim reduzindo ou impedindo seus prejuízos associados. Esses princípios fornecem a tão necessária estrutura teoricamente baseada para intervenções psicossociais para TDAH, junto com alguma compreensão de como as medicações para TDAH podem estar alcançando a melhora que elas criam nos níveis cognitivo e comportamental de análise.

PRINCÍPIOS DERIVADOS DA TEORIA DO FE-AR E SUAS IMPLICAÇÕES PARA O MANEJO DO TDAH

A teoria do FE-AR defende que as FEs são, em grande parte, instintos psicológicos neurológica e geneticamente mediados que fazem parte da psicologia humana universal que se originou da evolução humana. Embora possam ser melhoradas na sua eficácia por meio da prática e intensificadas por vários instrumentos culturais ou acomodações situacionais, as FEs não se originam puramente da aprendizagem. Assim como a capacidade para a linguagem nos humanos não é aprendida, embora o sistema específico de símbolos que utilizamos certamente seja o resultado da interação com uma cultura específica, o funcionamento executivo não se origina puramente da aprendizagem social. Somos pré-programados com módulos (redes) mentais para o funcionamento executivo que emergirá com a maturação e que nos proporciona AR.

Princípio do tratamento 1:
Trate os substratos neurológicos subjacentes das funções executivas

A base neurogenética do TDAH resulta em deficiências graves no desenvolvimento das habilidades humanas já mencionadas. Apenas um tratamento que possa resultar em melhora ou normalização dos substratos neurológicos e mesmo genéticos subjacentes da FE terá chances de resultar em melhora ou normalização dos déficits fenotípicos descritos no Capítulo 1.

Essas deficiências não se originam de falha na aprendizagem, na parentalidade ou em algum outro processo puramente social. Assim, as intervenções psicossociais para o TDAH são em grande parte meios para lidar com, compensar e de outras formas acomodar esses déficits para reduzir o dano que eles representam para o indivíduo em situações específicas. Elas não são uma cura, e só têm êxito desde que sejam implementadas, proporcionando pouco benefício duradouro por si só quando retiradas, embora com o tempo seja obtida melhora pela maturação neurológica, enquanto essas intervenções estão em curso e, talvez em muito menor medida, por ações compensatórias que a pessoa pode adquirir à medida que interage com o programa psicossocial. Como mostraram meus primeiros estudos de intervenção, a maior parte das mudanças em crianças durante um ano de tratamento intensivo foi devida à maturação que ocorria subjacente aos efeitos específicos do tratamento.

DICA CLÍNICA

- Até o momento, o único tratamento existente que tem alguma esperança de atingir este fim é a medicação, como estimulantes ou os não estimulantes, como atomoxetina, viloxazina XR ou guanfacina XR. Esses medicamentos melhoram temporariamente ou normalizam os substratos neurais nas regiões pré-frontais e nas redes relacionadas que provavelmente estão subjacentes a déficits na FE, como os associados ao TDAH. As evidências até o momento sugerem que a melhora ou a normalização nos déficits na FE relacionados ao TDAH podem ocorrer como uma consequência de duração limitada do tratamento ativo com medicação estimulante somente durante o curso de tempo em que a medicação permanece no cérebro. Por exemplo, pesquisas mostram que ocorre melhora clínica no comportamento em 75-92% daqueles com TDAH e resulta em normalização do comportamento em aproximadamente 50-60% destes casos, em média. O modelo do funcionamento executivo desenvolvido aqui, então, implica que a medicação é não apenas uma abordagem de tratamento *útil* para o manejo de certos déficits na FE no TDAH, como pode ser uma abordagem de tratamento *predominante* entre os tratamentos atualmente disponíveis.

Princípio do tratamento 2:
Os tratamentos devem abordar o fato de que o TDAH cria uma fragilidade na habilidade de ações privadas autodirigidas e as informações que elas geram de alterar o comportamento, e guiá-lo na direção da realização da tarefa e outros objetivos

Na teoria do FE-AR, a AR é definida como (1) uma ação humana que é dirigida para si mesmo, (2) para alterar a probabilidade da ocorrência de comportamento subsequente que de outra forma teria ocorrido, (3) de modo a alterar a probabilidade de um evento adiado ou consequência para esse indivíduo. Uma FE é uma classe (tipo) específica de ações autodirigidas (item 1 na definição anterior) que visam à automodificação de ações subsequentes.

Três premissas cruciais e testáveis estão contidas nessa teoria do funcionamento executivo e têm implicações para o tratamento do TDAH.

1 As pessoas direcionam as ações voltadas para si mesmas visando a modificar ou guiar comportamento subsequente. Nós nos restringimos, nos observamos, nos vemos, conversamos conosco, nos motivamos e nos emocionamos com frequência durante o dia. Essas ações são evidentes para qualquer ser humano tipicamente desenvolvido. As crianças e os adultos com TDAH fazem isso muito menos do que os pares típicos. Em vez disso, eles direcionam a maior parte das suas ações para o mundo à sua volta. Elas apresentam atraso no autodirecionamento das ações, tão necessárias para a posterior auto-orientação.

2 As ações autodirigidas são sobretudo públicas inicialmente, mas se tornam menos visíveis para os outros durante o desenvolvimento devido à crescente inibição da atividade cerebral saindo dos gânglios basais e entrando na medula espinhal que de outra forma ativaria ações motoras. Esta é a privatização ou, como Vygotsky chamou, *internalização* dessas ações autodirigidas. As crianças com TDAH estão atrasadas nesse processo de privatização. Como resultado, elas exibem comportamento autodirigido e dirigido para outros mais publicamente observável e esforços de autorregulação mais observáveis (porém ineficazes) do que outras da sua idade. Por exemplo, crianças com TDAH se engajam em autodiálogo mais tarde do que outras crianças. E então fazem isso em voz alta por mais tempo durante o desenvolvimento do que os pares típicos que estão avançando para sussurros subvocais, depois, para movimentos faciais e então o autodiálogo não observável que cria a voz da mente. Crianças com TDAH não só falam demais; elas falam demais em voz alta. As outras crianças são capazes de manter para si o que está se passando em suas mentes.

3 Com a crescente privatização, ocorre também uma crescente regulação do comportamento por essas ações internalizadas autodirigidas; aumenta seu poder, como representações mentais, de guiar o comportamento. Crianças e adultos com TDAH exibirão menos governança do seu comportamento pelas representações mentais e pelas ações autodirigidas devido ao mecanismo governante enfraquecido.

DICAS CLÍNICAS

- Faça como Vygotsky nos aconselhou: *externalize* as formas de ação e informação. Isto é, torne-as físicas na forma e as coloque dentro do campo visual ou outros campos sensoriais para possibilitar um controle dos estímulos mais forte sobre as ações desejadas. Por exemplo, enquanto outras crianças estão dirigindo sua atenção para si mesmas para autoconsciência/monitoramento, as crianças com TDAH estão atrasadas nessa questão, são menos eficientes quando fazem isso e não usam esse autoconhecimento para melhoria do seu próprio bem-estar. Você não pode se controlar e se modificar se não está se monitorando. Este também deve ser o caso para as outras FEs. Isso resultará em atrasos no autocontrole, na imaginação visual e na sua orientação do comportamento (memória de trabalho não verbal), na AR emocional usando estas quatro FEs anteriores, na automotivação usando as cinco FEs anteriores e no planejamento/na solução de problemas via jogo mental com os conteúdos mentalmente mantidos na memória de trabalho.
- Dê a crianças com TDAH maior assistência com os estímulos e o uso de autocontrole (inibição) e atenção autodirigida para autoconsciência, por exemplo, por meio de verificações mais frequentes das responsabilidades pelos cuidadores, sinais de parada que explicitamente estimulam a autoavaliação e o autorrelato, automodelagem por meio de vídeos, dispositivos refletores e métodos de autoavaliação (p. ex., cartões de relato do comportamento preenchidos diariamente).

Princípio do tratamento 3:
Aborde o atraso em se afastar da influência de eventos externos, reforçamento imediato, agora temporal e controle de outros

Com a maturação, progressivamente passamos a ser guiados mais por representações encobertas ou mentais contidas na memória de trabalho que permitem autocontrole, gratificação adiada e ações dirigidas para o objetivo voltadas para futuros conjeturados, em grande parte de natureza social e muitas vezes usando meios sociais e culturais (Barkley, 2012). Entretanto, crianças com TDAH estão atrasadas nessas mudanças do que controla seu comportamento durante o desenvolvimento e são governadas mais pelo externo, pelo imediato, pelo agora e pelo controle dos outros do que por representações mentais, pela habilidade de retardar a gratificação, pelo futuro conjeturado e pelo autocontrole.

DICAS CLÍNICAS

- O maior manejo dos sintomas de TDAH e o controle comportamental serão obtidos por meio do uso de informações e eventos extremamente organizados, consequências mais imediatas, um foco maior no que deve ser feito agora do que no futuro, além de dependência de outras pessoas que responsabilizem a criança ou o adolescente com TDAH por suas ações. Os clínicos e os cuidadores precisam parar de se basear tanto em informações mentalmente evocadas (memória de trabalho), em consequências adiadas (promessas de recompensas futuras ou ameaças de punição futura), no foco em objetivos futuros em vez de nos passos na sua direção e na AR geral. De alguma forma, torne *externas* as informações importantes que devem guiar o comportamento naquele local e naquele horário na ecologia natural por meio de estímulos, sinais, cartões, figuras, listas, *posters* e qualquer coisa que possa ser colocada no campo visual ou em outros campos sensoriais para guiar o comportamento. Em suma, descarregue a memória de trabalho para algum dispositivo de armazenamento externo (notas, sinais, etc.).
- O tempo também deve ser externalizado com o uso de equipamentos de temporização que sejam visíveis para o paciente.
- Consequências motivadoras artificiais devem ser injetadas nas demoras usuais entre o momento presente e as consequências típicas para manter o comportamento nessas lacunas no tempo.
- As informações que devem ser mantidas e manipuladas na mente para resolver um problema devem não só ser externamente representadas de alguma maneira mas também devem fornecer manipulação manual dessas informações para jogar com suas combinações e apoio.
- Devem ser fornecidas pistas externas para inibir emoção intensa e promover o uso de imaginação autocalmante, autotranquilizante e imaginário visual e autodiálogo para regulá-la.
- Melhor ainda, pacientes e cuidadores devem ser alertados que evitar situações que evocam emoções intensas, ou modificar essas situações para que sejam menos provocativas é preferível a meramente aprender e usar estratégias de regulação emocional.

Princípio do tratamento 4: Trate o TDAH como um transtorno do desempenho – de fazer o que se sabe, não de saber o que fazer

Todas as sugestões anteriores para externalizar as informações que devem guiar o comportamento serão mais úteis quando auxiliarem no desempenho de um comportamento específico no *ponto de desempenho* nos ambientes naturais onde e quando o comportamento deve ser realizado. É por isso que evitar situações altamente provocadoras é preferível a aprender estratégias de regulação emocional. Conforme observei no Capítulo 1, o ponto de desempenho é aquele lugar no contexto natural e aquele momento em que a informação teria sido mais útil para guiar o comportamento subsequente – estas são as situações problemáticas e as tarefas manifestadas por alguém com TDAH.

ensino de conhecimento, são acomodações ou próteses que temporariamente removem o desempenho problemático. Como consequência, sua remoção geralmente deixa a pessoa com TDAH incapacitada novamente.

DICAS CLÍNICAS

- Não enfatize o treinamento de habilidades e a revisão dos conhecimentos; enfatize a reengenharia do contexto em que o problema ocorre para estimular o desempenho dessas habilidades e reforce a sua ocorrência.
- Quanto mais distante no espaço e no tempo um tratamento estiver deste ponto de desempenho, menos eficiente ele provavelmente será para auxiliar no manejo dos déficits no FE-AR. Não só a assistência no "ponto de desempenho" se provará fundamental para a eficácia do tratamento mas também a assistência com o tempo, *timing* e linhas do tempo do comportamento.
- Quaisquer benefícios do tratamento provavelmente não vão durar se você remover a assistência dentro de um curto período de tempo depois que o indivíduo estiver desempenhando o comportamento desejado. O valor do tratamento reside não só em eliciar um comportamento que provavelmente já está no repertório do indivíduo no ponto de desempenho quando sua expressão é fundamental como também em manter o desempenho desse comportamento ao longo do tempo nesse ambiente natural. Como uma rampa para uma pessoa em uma cadeira de rodas que permite a entrada em um prédio, estes ajustes em pontos-chave do desempenho, mais do que treinamento ou

Princípio do tratamento 5:
Aborde a incapacidade de manter as longas cadeias de ações necessárias para atingir os objetivos ao longo do tempo

Um papel importante das FEs é nos ajudar a construir e guiar sequências comportamentais voltadas para eventos futuros. As pessoas com TDAH não conseguem construir e manter cadeias de ações complexas e longas voltadas para objetivos que irão beneficiá-las. Muitos objetivos humanos, especialmente na idade adulta, requerem longas cadeias de ação envolvendo conjuntos de ações agrupadas que atingem vários subobjetivos necessários para por fim atingir o objetivo maior no futuro. Isso permite cadeias e subcadeias incrivelmente complexas de ações humanas direcionadas para objetivos ainda maiores e mais tardios. Aqueles indivíduos com TDAH também têm cegueira temporal no sentido de não serem capazes de representar mentalmente o tempo para chegar aonde querem ir no futuro, até mesmo para atingir aqueles subobjetivos menores que progridem na direção do objetivo maior e mais amplo.

DICA CLÍNICA

- Represente externamente ou remova as lacunas no tempo. Essas lacunas tornam difícil para crianças e adolescentes com TDAH se manterem atentas ao prêmio que está à frente, em vez disso, focando em maximizar as recompensas imediatas e escapar das dificuldades imediatas ou das circunstâncias aversivas. A cegueira temporal dificulta não só manter ações que conduzirão a um objetivo desejado no futuro distante mas também ver as consequências negativas das ações atuais se essas consequências estiverem muito distantes. A utilização de representações externas do tempo, como relógios, cronômetros e contadores, pode reduzir esta miopia temporal. Também é possível fazer isso com o fechamento das lacunas no tempo entre os componentes de uma contingência comportamental usando cotas de trabalho menores e consequências mais frequentes e imediatas. Em vez de dizer que um projeto deve ser feito ao longo do próximo mês, auxilie a criança ou o adolescente a dar um passo por dia na direção desse objetivo eventual para que, quando esse prazo chegar, o trabalho tenha sido feito, e continue fazendo isso. Esta não é uma habilidade aprendida; é uma acomodação que é como uma prótese ou uma rampa que permite o desempenho adequado da tarefa *apesar* dos déficits neurogenéticos e em grande parte permanentes nas FEs e nas linhas do tempo da ação humana.

Princípio do tratamento 6:
Aborde os déficits na habilidade de se automotivar

As FEs são instrumentais na automotivação, permitindo usar a imaginação visual sobre o passado (retrospectiva) e os objetivos imaginados, além do autodiálogo para se manter avançando na direção dos objetivos imaginados. O TDAH cria um déficit na imaginação visual e no autodiálogo, sobretudo na sua governança das ações motoras, que deve ser preenchido por apoios ambientais.

DICAS CLÍNICAS

- Forneça fontes de motivação artificiais, externas e frequentemente administradas no ponto de desempenho no contexto em que o trabalho ou comportamento é desejado. Por exemplo, uma criança pode precisar receber recompensas artificiais, como fichas, durante o desempenho de uma tarefa ou outro comportamento dirigido para objetivos quando há pouca ou nenhuma consequência imediata associada a esse desempenho. Esses programas de recompensas artificiais devem ser espalhados entre os retardos que existem no tempo até as consequências naturais para fazer uma ponte entre essas lacunas prolongadas e engendrar motivação suficiente, embora externas, para concluir a tarefa.
- Métodos de modificação do comportamento são particularmente adequados para atingir estes fins. Afinal de contas, eles envolvem a organização de consequências artificias que sejam mais evidentes, imediatas e frequentes do que as consequências naturais para a ação dirigida para objetivos. Existem muitas técnicas dentro dessa forma de tratamento que podem ser aplicadas com crianças e adolescentes com déficits no FE-AR.
- Em geral, há duas razões para praticar o manejo do comportamento com alguém: para treinamento *informacional* e para sustentação *motivacional*. O primeiro é feito com indivíduos que ainda não adquiriram uma habilidade, como crianças com DI, TEA ou dificuldades específicas de aprendizagem (DEAs). Depois que a habilidade é ensinada a partir de métodos comportamentais ou outros métodos pedagógicos, esses métodos de treinamento e

incentivos artificialmente organizados podem ser retirados, e o comportamento geralmente é mantido, possivelmente pelo contato com as contingências naturais que mantêm o comportamento dos pares típicos. Contudo, em transtornos do FE-AR, como o TDAH, o problema não é ignorância ou falta de conhecimento de uma habilidade, como repetidamente já mencionei; os problemas são com a sincronização e a execução da habilidade em pontos de desempenho fundamentais e com a automotivação necessária para manter o desempenho. Tratamentos comportamentais podem fornecer a assistência motivacional e a manutenção do comportamento nesses pontos fundamentais.

- Reclamar para estes indivíduos sobre sua falta de motivação (preguiça), energia, força de vontade ou autodisciplina não será suficiente para corrigir o problema. O déficit aqui não é alguma escolha de vida. Recuar e não os auxiliar, a fim de que ocorram as consequências naturais, como se isto lhes ensinasse uma lição que corrigirá seu comportamento, é igualmente uma receita para o desastre.

Princípio do tratamento 7:
Tome medidas para reabastecer a capacidade autorregulatória e a força de vontade.

Existe uma controvérsia em curso sobre se qualquer pessoa – pessoas típicas ou a maioria dos indivíduos com TDAH – tem reservatórios inatos limitados de recursos para AR. Há algumas evidências que apoiam a ideia de que existe uma fonte limitada de recursos para AR, com pesquisas indicando que cada implementação de AR (e, portanto, funcionamento executivo) em todos os tipos de FEs (memória de trabalho, inibição, planejamento, raciocínio, solução de problemas, etc.) empobrece temporariamente este recurso limitado. Isso significaria que a AR prolongada pode empobrecer grandemente a reserva de esforços, tornando cada vez mais difícil exercer autocontrole nos períodos de tempo posteriores. Além disso, esses esgotamentos temporários podem ser exacerbados pelo estresse, pelo álcool ou pelo uso de outra substância, por doença ou mesmo por baixos níveis de glicose no sangue.

DICAS CLÍNICAS

- Pesquisas sobre pessoas típicas indicam que os seguintes fatores podem servir para reabastecer rapidamente o reservatório de recursos:
  - Exercícios físicos de rotina.
  - Fazer pausas de 10 minutos periodicamente durante situações extenuantes de AR.
  - Relaxar ou meditar por pelo menos 3 minutos depois de atividades que exercem AR.
  - Visualizar as recompensas ou os resultados enquanto estiver envolvido em tarefas do FE-AR.
  - Receber pequenas recompensas periódicas durante as tarefas para contextos que exigem AR.
  - Engajar-se em declarações de autoafirmação da autoeficácia antes e durante as tarefas.
  - Gerar emoções positivas.
  - Discutivelmente, consumir pequenas quantidades de bebidas ricas em glicose durante a tarefa.
- Algumas pesquisas ainda sugerem que a real capacidade do reservatório de recursos pode ser reforçada não só por exercício físico rotineiro mas também pela prática rotineira de tarefas envolvendo AR diariamente durante 2 semanas.

Princípio do tratamento 8:
Trate o TDAH, sobretudo seus déficits na função executiva, como uma condição preponderantemente crônica

Como já mencionei diversas vezes neste livro, é importante encarar e tratar o TDAH como uma condição que não é diferente do diabetes. Os déficits neurológicos subjacentes não podem ser "curados" e, portanto, o tratamento precisa ser contínuo. Felizmente, múltiplos meios de tratamento podem oferecer alívio sintomático dos efeitos deletérios da condição, incluindo a ingestão de doses diárias de medicação e a mudança dos contextos, das tarefas e dos estilos de vida. Como discutido no Capítulo 5, imediatamente após o diagnóstico, a sua tarefa é informar o paciente e a família sobre a natureza do transtorno crônico, e então planejar e implementar um pacote de tratamento para a condição cujos objetivos não são apenas a redução sintomática mas também uma redução nos riscos para danos secundários que podem ocorrer agora ou posteriormente caso o transtorno não seja manejado.

DICAS CLÍNICAS

- Os pacotes de tratamento precisam ser mantidos por longos períodos para manter o alívio sintomático que os tratamentos inicialmente alcançam. De modo ideal, o pacote de tratamento, assim mantido, reduzirá ou eliminará as consequências secundárias de deixar a condição não tratada.
- Cada paciente é diferente, e também cada caso de condição crônica que é tratado. Em consequência, o desencadeamento de sintomas e crises provavelmente ocorrerá de maneira periódica durante o curso do tratamento, demandando nova intervenção, ou o planejamento e a implementação de pacotes de tratamento modificados ou inteiramente novos.
- As mudanças no ambiente que podem auxiliar aqueles com o transtorno não são vistas como algo que corrige a aprendizagem falha anterior ou leva a melhoras permanentes que podem permitir que os tratamentos sejam interrompidos. Mais uma vez, a visão mais apropriada do tratamento psicológico é de planejamento de um ambiente social protético que permita que o paciente lide melhor e compense o transtorno para melhorar a eficácia no seu desempenho de atividades importantes da vida. A tecnologia comportamental e outras tecnologias usadas para ajudar pessoas com déficits na FE são semelhantes às próteses que reduzem o impacto prejudicial de uma deficiência, e os medicamentos para TDAH combinados com tratamentos psicossociais podem oferecer controle sintomático temporário para prevenir ou reduzir danos secundários resultantes do transtorno não tratado.

Assim como no diabetes, o tratamento efetivo abrange uma combinação de diferentes intervenções para controlar seus sintomas e prevenir os danos secundários, por isso, o pacote de tratamento para diabetes inclui aconselhamento sobre a doença, para que a pessoa o compreenda melhor e compreenda por que devem ser adotadas várias abordagens de manejo. Isso também vale para muitos casos de TDAH. Em diversos casos, o tratamento do diabetes também inclui medicação ministrada diariamente, a fim de controlar a fisiopatologia subjacente do transtorno, e assim também ocorre para o TDAH. Quem tem diabetes necessita prestar muita atenção a higiene diária, manutenção da saúde, dieta e exercício; isso também vale para o TDAH. O pacote de tratamento para diabetes também envolve modificação do comportamento para monitorar o transtorno com mais eficiência, controlá-lo durante o dia e reduzir ou minimizar os problemas diários que o transtorno causaria se isso não fosse feito. Sim, o TDAH é assim, também. Por fim, o diabetes requer que sejam feitas várias acomodações para auxiliar no seu controle. Aqui, acomodação significa fazer mudanças nos ambientes físico e social que cercam a pessoa afetada, para facilitar o controle dos sintomas, mas também para reduzir a probabilidade de danos começarem a ocorrer. O TDAH requer que mudanças no ambiente adjacente também sejam implementadas, não tanto para eliminar seus sintomas, mas para reduzir os prejuízos que eles podem produzir se o ambiente não for tão alterado.

Descrevi graficamente esta estrutura na Figura 6.1. Também forneci o Folheto 15, no Apêndice A, que você pode reproduzir e compartilhar com os pacientes no final da sua avaliação, quando discutir o pacote de tratamento necessário para controlar o TDAH.

A figura traduz os cinco elementos no pacote de tratamento ideal. Estes são: (1) aconselhar os pacientes e as famílias a criar maior *compreensão* do TDAH, o que esperamos que leve à (2) *aceitação* do transtorno, à compaixão pela pessoa afetada, a uma disposição para ajudar e ao perdão à pessoa, tão afetada pelos problemas que o transtorno pode criar para os outros. Esses dois componentes são então associados aos (3) esforços para *modificar* o comportamento da pessoa afetada e dos cuidadores, a (4) fazer mudanças no ambiente para reduzir os prejuízos (*acomodações*) e, se necessário, a (5) aplicar *medicações*(s) para controle do TDAH e alguma comorbidade, quando apropriado.

TRATAMENTOS PARA REDUZIR RISCOS E PRESERVAR A VIDA

Como discutido nos Capítulos 2 e 5, o TDAH é acompanhado de risco elevado para vários

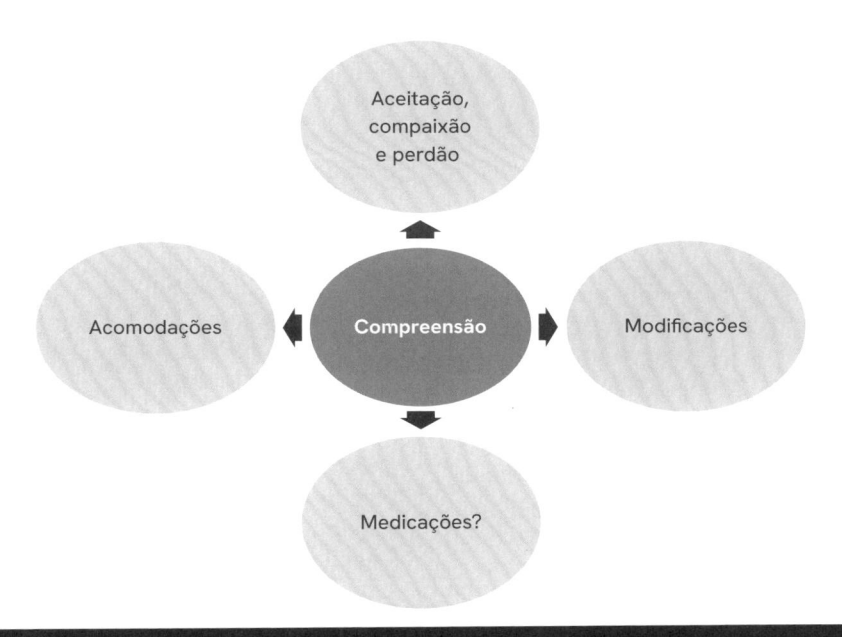

FIGURA 6.1
Os cinco componentes do pacote de tratamento ideal para controlar o TDAH.

problemas de saúde e outros prejuízos que resultam de déficits na FE. Os clínicos deverão incluir nos pacotes de tratamento métodos intervencionistas e preventivos que possam reduzir esses riscos específicos. Aqui estão sugestões breves para alguns desses riscos e prejuízos.

RELAÇÕES COM OS PARES

As pesquisas até o momento não documentaram a eficácia de intervenções de rotina nas habilidades sociais para melhorar a parte social de pessoas com TDAH. Isso ocorre mais provavelmente porque estes programas focam no ensino de conhecimento e habilidades.

DICA CLÍNICA

- Como o TDAH é muito mais um transtorno no desempenho das habilidades e do conhecimento que uma pessoa tem do que saber o que fazer, os programas que colocam mais ênfase no uso de habilidades sociais em contextos importantes no ambiente natural onde existem problemas podem trazer melhores resultados do que a intervenção tradicional baseada no treinamento de habilidades. Por exemplo, o mais recente programa de treinamento, *coaching* de amizade para os pais, concebido por Amori Mikami (2015) e baseado na teoria do FE-AR, revelou-se um sucesso ao ajudar crianças com TDAH em suas relações sociais (veja as Referências).

ENTRADA NA ADOLESCÊNCIA E INDEPENDÊNCIA

Quando crianças com TDAH se aproximam da adolescência, elas se envolvem em situações com novos riscos. É importante encorajar os pais e outros cuidadores a tomarem precauções extras para proteger as crianças do risco aumentado que seu transtorno impõe.

Namoro e sexo

Quatro a cinco vezes mais adolescentes com TDAH do que os adolescentes típicos relatam relacionamentos amorosos razoáveis ou de baixa qualidade. Os problemas de regulação emocional e impulsividade podem explicar algumas questões envolvidas em relacionamentos íntimos, incluindo a taxa aumentada de gravidez na adolescência entre meninas com TDAH.

DICAS CLÍNICAS

- Veja o Folheto 25, no Apêndice A, que apresenta sugestões mais específicas para abordar os problemas com atividades sexuais arriscadas e que pode ser oferecido aos pais.
- Se você trabalha com muitos adolescentes com TDAH, será útil identificar recursos regionais para ajudar seus pacientes a tratarem essas dificuldades sociais. Serão necessárias intervenções para relacionamentos conturbados para muitos adolescentes e adultos com TDAH e seus pais além de apenas o manejo clínico dos sintomas de TDAH por meio de tratamentos tradicionais.
- Veja o Capítulo 5 para orientações sobre conversas com os pais acerca dos riscos neste domínio para seus filhos adolescentes.

Condução de veículos

Conforme enumerado no Capítulo 5, adolescentes com TDAH estão sujeitos a uma longa lista de riscos aumentados associados à condução de veículos. Felizmente, vários fatores parecem melhorar o desempenho de condução de adolescentes (e adultos) com TDAH.

> **DICAS CLÍNICAS**
>
> • As recomendações para atenuar os riscos na condução de veículos em adolescentes são dadas em um folheto reproduzível no Apêndice A (Folheto 26). Dentre elas está o uso de um carro com transmissão-padrão em vez de automática. A razão para isso pode ser que as transmissões manuais requerem mais engajamento mental e motor na tarefa de dirigir, o que pode ajudar os motoristas com TDAH a manterem melhor sua atenção à condução do que seria o caso com transmissões automáticas.
> • Treinamento e educação adicionais para o motorista, até mesmo o uso de simuladores, não demonstraram diminuir os riscos.
> • Seguramente estão sendo acumuladas evidências de que medicamentos para TDAH podem melhorar significativamente o desempenho na condução de veículos por adolescentes e adultos com TDAH, o que se traduz em uma redução nos resultados adversos como colisões, lesões e citações.

ESTILO DE VIDA E LONGEVIDADE

Um dos maiores riscos suscitados pelo TDAH é à própria vida. Pesquisas encontraram que indivíduos com TDAH têm maior probabilidade do que seus pares típicos de morrerem jovens, o que é discutido brevemente na próxima seção, e que sua expectativa de vida estimada é mais baixa (veja o quadro "TDAH e expectativa de vida estimada", a seguir).

Mortalidade precoce

Em 2012, Rachel Klein, Salvatore Mannuzza e colaboradores, que conduziram o mais longo estudo de *follow-up* de crianças com TDAH até a meia-idade, identificaram que duas vezes mais indivíduos haviam morrido até os 41 anos do que em seu grupo-controle (7,2 vs. 2,8%). Entretanto, os tamanhos da amostra nesses estudos de crianças encaminhadas para clínicas são inadequados para detectar essas diferenças como sendo significativas com algum grau de poder estatístico. Mesmo assim, esses achados atualmente foram confirmados em múltiplos estudos epidemiológicos de populações nos Estados Unidos, na Suécia e em Taiwan. Esses estudos mostram o seguinte:

• Crianças com TDAH têm quase duas vezes mais chance de morrer na infância.
• Adultos com TDAH têm três a quase cinco vezes mais chance de morrer na idade adulta até a meia-idade comparados com pessoas sem TDAH.
• De fato, durante um período de quatro anos, adultos com TDAH nos Estados Unidos têm quase duas vezes mais chance de morrer do que adultos típicos.

A maior causa de morte precoce nestes estudos é lesão acidental, mas morte por suicídio também é um fator significativo na adolescência e na idade adulta, embora em uma porcentagem muito mais baixa de casos. O estudo em Taiwan também encontrou que morte por homicídio era duas vezes mais provável do que em pares típicos. Esse risco de morrer mais jovem do que o normal também foi encontrado por Demontis e colaboradores (2019) em um estudo do genoma completo da genética do TDAH, em que observaram uma relação genética compartilhada entre TDAH e mortalidade mais precoce até mesmo em pais de pacientes com TDAH, mais provavelmente refletindo o risco mais alto para TDAH nesses pais.

> **DICAS CLÍNICAS**
>
> • Os clínicos podem considerar o compartilhamento do Folheto 13, no

Apêndice A, para mostrar aos pais como o TDAH que persiste na idade adulta afeta vários domínios de prejuízo, incluindo a expectativa de vida, sobretudo quando os pais parecem resistentes em aceitar o diagnóstico, minimizam sua gravidade ou acham que terapias de menor eficácia ou de benefícios não comprovados, como dieta e suplementos alimentares, são a melhor maneira de abordar os problemas causados pelo TDAH.

- Obviamente, os clínicos devem tentar reduzir aqueles fatores de primeira ordem que estão predispondo a expectativa de vida reduzida, como obesidade, tabagismo, uso excessivo de álcool, dieta deficiente, sono ruim, exercícios limitados, etc., em crianças e adultos com TDAH. Afinal, a expectativa de vida estimada (ELE, do inglês *estimated life expectancy*) é maleável: mude os fatores de saúde adversos e o estilo de vida que o afeta, e podemos melhorar a qualidade de vida, além da expectativa de vida.
- Entretanto, nossos resultados também sugerem que sem esforços para abordar o traço em segundo plano de fraca inibição especificamente e sintomas de TDAH mais em geral, tentar melhorar somente aqueles fatores comportamentais de primeira ordem pode ter, quando muito, sucesso limitado.
- O acréscimo de *medicações* para TDAH provavelmente se revelará útil. Agora sabemos isto em vista dos múltiplos estudos que mostram uma redução em muitos dos domínios de eventos adversos como resultado do tratamento medicamentoso para TDAH, conforme resumido na metanálise de Boland et al. (2020).
- O acréscimo de outros tratamentos psicossociais baseados em evidências para abordar os traços como pano de fundo que predispõem aqueles com TDAH a se engajar nessas atividades adversas de primeira ordem, além de focar de modo direto em eventos de risco de primeira ordem, provavelmente também será útil.

Os médicos de cuidados primários desempenham papel significativo na redução da ameaça do TDAH à expectativa de vida porque eles são aqueles mais prováveis de tentar melhorar as atividades adversas para a saúde e o estilo de vida dos indivíduos. Por isso, é tão importante compreender a ligação entre TDAH, fraca inibição e expectativa de vida reduzida. Quando você estiver ciente desta conexão, terá mais chance de examinar o papel significativo que o TDAH pode estar desempenhando em alguma falha para melhorar as atividades adversas para a saúde e o estilo de vida dos seus pacientes.

Os médicos de cuidados primários e os profissionais de saúde mental também precisam estar mais informados sobre os serviços em suas comunidades que podem auxiliá-los a abordar os riscos de saúde associados ao TDAH para que possam fazer encaminhamentos cada vez mais informados dos seus pacientes para estes programas.

Os clínicos serão apenas tão bons quanto sua lista de contatos, já que a maioria dos clínicos não é bem treinada para lidar com essas áreas especializadas de atividades da vida. Isso torna imperativo que eles mantenham uma lista dos profissionais da área que são qualificados e a quem podem ser feitos encaminhamentos, quando apropriado.

TDAH E EXPECTATIVA DE VIDA ESTIMADA

Quase 30 anos atrás, começaram a surgir evidências muito indiretas que indicavam que o TDAH pode ter impacto negativo na expectativa de vida. Um estudo longitudinal de crianças dotadas iniciado por Terman, na Stanford University (veja Friedman et al., 1995), indicou que, mesmo entre essa amostra dotada, as crianças que estavam abaixo do percentil 25 da população no traço de personalidade conhecido como *conscienciosidade* tinham redução de 7 a 8 anos no seu tempo de vida comparadas com o restante da sua amostra.

A conscienciosidade está seguramente baseada na FE e na AR; de certo modo, ela é o uso efetivo da AR ao fazermos escolhas na vida. Baixa conscienciosidade predispõe as pessoas a se engajarem em todos os tipos de atividades adversas para a saúde e a estilos de vida que reconhecidamente reduzem a expectativa de vida. Se aquelas que estão na base do quartil nesse traço tivessem redução significativa no tempo de vida, mesmo entre crianças dotadas, seria esperado que aquelas com TDAH tivessem redução ainda maior na expectativa de vida, pois as com TDAH estão nos 5-7% inferiores da população na sua fraca inibição (relacionada à conscienciosidade).

Mariellen Fischer e eu decidimos usar nosso estudo longitudinal em Milwaukee (Barkley & Fischer, 2019) para examinar a possibilidade de expectativa de vida reduzida em nossa amostra de crianças com TDAH e controles no seu *follow-up* quando adultos jovens (idade média de 27 anos) e identificamos que aquelas que tinham TDAH quando crianças manifestaram redução de 9,6 anos na expectativa de vida saudável estimada nos anos restantes, um período de 1,2 anos de maior expectativa de vida não saudável nos anos restantes e redução global de 8,4 anos na expectativa de vida total comparadas com as crianças no grupo-controle quando adultos jovens.

Ainda mais impressionante foi que a persistência do TDAH no *follow-up* adulto estava associada a um impacto ainda pior nestas medidas da ELE (veja a Figura 6.2) – redução de 12,7 anos na expectativa de vida saudável e redução de 11,1 anos na ELE total que foi vista nos casos-controle. As pessoas com TDAH persistente tiveram redução de 5,3 anos na expectativa de vida saudável e redução de 4,6 anos na ELE total comparadas com aquelas com apresentação combinada de TDAH não persistente (TDAH-C). Tanto aquelas com TDAH persistente quanto não persistente tiveram ELE significativamente mais baixa na idade adulta do que os controles.

A magnitude dessas reduções na expectativa de vida pode ser reconhecida pelo entendimento de que *estas são muito maiores do que as associadas ao tabagismo, à obesidade, ao uso de álcool, ao colesterol alto e à hipertensão, seja individualmente ou de forma combinada*.[1] Além do mais, nossos resultados provavelmente são subestimativos, pois não consideram outros fatores de risco que não entram aqui nos cálculos, mas podem reduzir a ELE (uso de outra substância, história de lesões acidentais, etc.), sem mencionar a conhecida associação de estresse social e isolamento com ELE,[2]

---

[1] Por exemplo, obesidade está associada a uma redução de 4,2 anos na expectativa de vida, ou -7 meses por unidade de sobrepeso no índice de massa corporal; fumar 20 ou mais cigarros por dia com aproximadamente -6,8 anos; uso excessivo de álcool com -2 anos em homens e -0,4 anos em mulheres; transtorno por uso de substâncias com -10 anos; hipertensão com -5,2 anos. Em contrapartida, cada ano de educação depois do ensino médio foi associado a um aumento de 11 meses.
[2] Snyder-Mackler et al. (2020).

ambos os quais ocorrem mais frequentemente em pessoas com TDAH. Também mostramos que a FE de desinibição comportamental como pano de fundo explicava mais de 30% da variância na expectativa de vida em nossas amostras. Não considerar esse fator substancial de segunda ordem da desinibição como pano de fundo pode facilmente levar não só a (1) negligenciar o seu papel na contribuição para o comportamento relacionado à saúde precária mas também (2) a não entender por que certos indivíduos podem ser limitados em seu sucesso na adesão a recomendações de atividades para melhoria da saúde que visam a reduzir esses fatores de risco de primeira ordem.

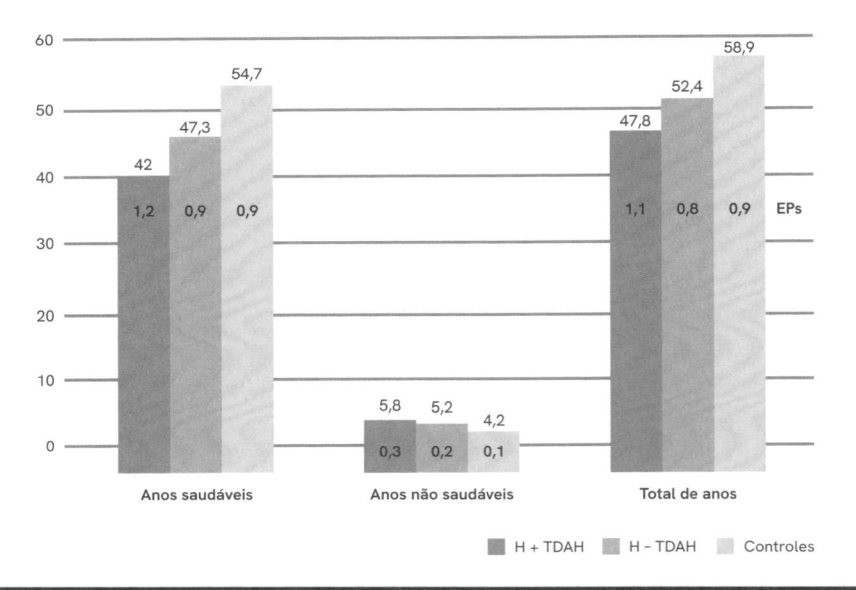

FIGURA 6.2
Expectativa de vida estimada para crianças cujo TDAH persistiu até a idade adulta (H + TDAH: Hiperatividade quando criança, TDAH quando adulto), comparadas com aquelas cujo TDAH não persistiu (H − TDAH) e com as crianças-controle acompanhadas até a idade adulta. EPs = erros-padrão.

IMPACTO DAS COMORBIDADES NO MANEJO DO TDAH

Em alguns casos, o transtorno comórbido com TDAH pode ter impacto adverso no grau de resposta ou na taxa de resposta aos tratamentos tradicionais para TDAH, como medicações, e pode até mesmo indicar maior probabilidade de efeitos adversos ou de descontinuação total do tratamento (p. ex., TEA, DI). Em outros casos, os medicamentos para TDAH podem, na verdade, melhorar alguns aspectos do transtorno comórbido (TOD/TC, transtornos da linguagem e da coordenação [TDC]), e possivelmente tornar casos comórbidos mais disponíveis e responsivos a intervenções que focam no transtorno comórbido. Contudo, em termos gerais, ainda precisam ser acrescentados tratamentos que foquem na condição comórbida além dos tratamentos que estão sendo usados para manejar o TDAH.

TRANSTORNO DE OPOSIÇÃO DESAFIANTE/TRANSTORNO DE CONDUTA

Tanto as formas estimulantes quanto as não estimulantes das medicações para TDAH podem ser tão benéficas quanto nesse transtorno puro (ao passo que essas medicações não são benéficas quando o TOD ocorre isoladamente).

DICAS CLÍNICAS
para auxiliar no tratamento

- Doses mais altas de medicações para TDAH do que para casos puros de TDAH de modo isolado são, com frequência, necessárias, mais provavelmente porque pacientes com transtornos comórbidos têm TDAH mais grave. A resposta clínica a medicações para TDAH frequentemente mostra um declínio quase tão substancial nos sintomas de TOD e mesmo TC quanto em sintomas de TDAH, argumentando a favor de alguns aspectos compartilhados dos fatores neurológicos/genéticos entre eles.
- Seguramente, formas mais extensas de treinamento parental comportamental (BPT) (com crianças) e terapia familiar comportamental (com adolescentes) são adequadas, mas as taxas de sucesso para esse treinamento declinam acentuadamente com a idade.
- Quando traços de psicopatia são evidentes em crianças com TDAH e TC de início precoce, a implementação inicial de medicações para TDAH parece tornar essas crianças mais receptivas à eficácia da BPT.
- Crianças com apresentação insensível não emocional que iniciam BPT sem medicação podem mostrar resposta mais fraca ou nenhuma resposta.

USO DE SUBSTÂNCIAS

Na década de 1980, havia algumas preocupações de que o tratamento de crianças com TDAH com estimulantes poderia predispor (sensibilizar) a maior probabilidade de abuso de outras substâncias no desenvolvimento posterior, sobretudo outros estimulantes, como a cocaína. No entanto, pesquisas posteriores não apoiaram esta hipótese. O tratamento com medicações para TDAH não predispõe as crianças a mais riscos para posterior uso ou abuso de substância além dos riscos apresentados pelo TDAH ou pelo TC comórbido, conforme mostrado em uma metanálise de 15 estudos longitudinais (Wilens, Faraone, Boederman, & Gunawardene, 2003). Algumas pesquisas clínicas sugerem que o tratamento continuado com medicação até a adolescência pode reduzir o risco de uso excessivo de substância ou transtornos por uso de substâncias (TUSs) para algumas delas. Estudos epidemiológicos mais recentes em toda a população apoiaram esta conclusão ao encontrar uma redução em 31% nos TUSs por um período de três anos de manejo medicamentoso de jovens com TDAH. Outra pesquisa sugere que quanto mais tarde o tratamento com estimulantes é iniciado, menos provavelmente ele poderá reduzir o risco para TUSs, dessa forma argumentando a favor do manejo medicamentoso mais precoce e continuado.

DICA CLÍNICA
para auxiliar no tratamento

- A maioria dos especialistas concorda que é prudente manejar os déficits no FE-AR do TDAH com medicações estimulantes, mesmo quando TUSs são comórbidos, desde que um transtorno por abuso de estimulante específico não esteja presente, como abuso de cocaína, *crack* ou metanfetamina. Mesmo nesse caso, o risco não é tanto de as substâncias estimulantes prescritas serem abusadas quanto de o usuário reverter para abuso de estimulante ilegal enquanto toma o prescrito. Isso reforça os efeitos, incluindo os negativos, pela sua dupla combinação. Também há o risco de que o paciente possa tentar vender a medicação prescrita para comprar a substância ilegal preferida. Nesses casos, apresentações de medicamentos estimulantes de ação prolongada ou medicações não estimulantes para TDAH podem ser preferíveis. Entretanto, na ausência de abuso de estimulante pré-encaminhado especificamente, o uso de estimulantes prescritos, sobretudo formulações de liberação prolongada menos abusáveis, para manejar TDAH no contexto de outras formas de uso ou abuso de substâncias não é contraindicado e pode se mostrar útil para o manejo do TDAH. Tratando o TDAH e melhorando a capacidade autorregulatória via medicação para esse transtorno, também é possível que pacientes com condições comórbidas possam responder melhor aos esforços para reabilitação do uso de substâncias do que teriam tido caso seu TDAH não fosse tratado. No entanto, ainda não foi demonstrado definitivamente que isso ocorra nos diversos estudos que examinam a questão durante o tratamento de adultos com transtornos comórbidos com estimulantes para TDAH.

DEPRESSÃO

A coocorrência de depressão não parece afetar de maneira adversa a resposta ao tratamento dos sintomas de TDAH às medicações para tal transtorno. Essas medicações também podem ter alguns efeitos benéficos no componente deficiente da FE de AR emocional. Consequentemente, elas melhoram a impulsividade emocional e mesmo formas leves de desânimo que podem ser evidentes no TDAH. A contribuição dessas medicações para a possibilidade de redução nos prejuízos e, portanto, maior sucesso na vida, também pode ajudar a reduzir o desânimo.

DICAS CLÍNICAS
para auxiliar no tratamento

- As medicações para TDAH não demonstraram serem úteis no manejo de formas mais graves de depressão além da redução do desânimo simples devido ao fracasso repetido quando ela coexiste com TDAH. Nesse caso, provavelmente será mais útil adicionar um antidepressivo.
- Atualmente, é recomendado que os clínicos iniciem o tratamento abordando o transtorno mais grave e prejudicial nesta comorbidade, depois do qual o transtorno menor pode ser o foco do manejo. Quando depressão é o problema presente mais grave, talvez tão evidente em sinais neurovegetativos ou ideação suicida, antidepressivos – talvez associados à terapia cognitivo-comportamental (TCC) – são indicados inicialmente. Medicações para TDAH podem ser acrescentadas depois para tratar essa condição menor. Em contrapartida, quando TDAH é o transtor-

no mais prejudicial, seu manejo tem prioridade, e para a depressão é acrescentado posteriormente.

TRANSTORNO DISRUPTIVO DA DESREGULAÇÃO DO HUMOR

As formas mais típicas de tratamentos psicológicos, como treinamento dos pais, treinamento de habilidades sociais ou intervenções comportamentais na escola, não trazem muito benefício para a irritabilidade evidente no transtorno disruptivo da desregulação do humor (TDDH). Talvez se o tratamento psicológico focar na irritabilidade e nos acessos de raiva especificamente, isto pode ser útil como um adjunto à medicação. Em contrapartida, medicações estimulantes podem reduzir o grau de irritabilidade frequentemente evidente no TDAH, mas esses medicamentos podem ser muito menos efetivos para tratar os humores irritáveis extremos que constituem o TDDH do que os tratamentos psicossociais já mencionados.

DICAS CLÍNICAS
para auxiliar no tratamento

- Quando TDDH ocorre concomitante ao TDAH, os especialistas recomendam o uso de estabilizadores do humor e antipsicóticos de segunda geração para o seu manejo, já que é improvável que estimulantes para TDAH tratem esta condição.
- Entretanto, TDDH é muito difícil de tratar farmacológica e psicossocialmente, algumas vezes necessitando de tratamento psiquiátrico hospitalar, tanto por questões de segurança quanto para o acompanhamento atento do uso de ensaios de estabilizadores do humor e antipsicóticos mais potentes.
- Em algum momento, provavelmente serão necessárias medicações para TDAH para abordar os sintomas clinicamente prejudiciais relacionados a esse transtorno, mas, como com TB, é dada prioridade ao manejo do transtorno do humor, seguido por formas apropriadas de medicações para TDAH.

TRANSTORNO BIPOLAR

DICAS CLÍNICAS
para auxiliar no tratamento

- A presença de TB com TDAH justifica o manejo do transtorno do humor em primeiro lugar, segundo especialistas, antes de implementar tratamentos específicos para TDAH, como medicações para este.
- Quando comórbido com TDAH, o TB é menos responsivo às medicações usuais empregadas para tratá-lo e pode requerer múltiplas medicações.
- Dito isso, medicações para TDAH realmente beneficiam o manejo dos sintomas de TDAH nesta comorbidade.
- Não há evidências de que o uso de medicações estimulantes com crianças com TDAH/TB comórbidos resulte em risco aumentado de sintomas maníacos ou desestabilização do humor.

TRANSTORNOS DE ANSIEDADE

Esta comorbidade pode aumentar a resposta positiva a intervenções psicossociais (assumindo que TOD/TC não estão presentes), pelo menos para ansiedade relatada pelos pais em seus filhos, e pode não estar relacionada a uma resposta reduzida ou mesmo adversa à medicação para TDAH como se acreditava anteriormente, mas observe o seguinte.

DICAS CLÍNICAS
para auxiliar no tratamento

- Aproximadamente metade dos estudos relatam menor grau de resposta a estimulantes em crianças com altos níveis de sintomas internalizantes em geral. Contudo, outros usando critérios diagnósticos específicos para avaliar TAs sugerem que crianças com esta comorbidade respondem igualmente aos estimulantes como as crianças com TDAH sem ansiedade. De fato, é possível ver redução nos sintomas leves de ansiedade em associação com o manejo medicamentoso para TDAH. Portanto, a associação de ansiedade com uma resposta mais fraca à medicação para TDAH permanece discutível.
- Ansiedade comórbida reduz o grau de melhora dos sintomas de TDAH com medicações para este? Talvez, mas nem sempre.
- O uso de medicações para TDAH nesses casos piora a ansiedade? Provavelmente não, mas talvez em alguns casos.
- O uso de medicação para TDAH nesses casos de coocorrência produz outros efeitos indesejados? Talvez, já que algumas pesquisas mostram que estimulantes podem piorar o desempenho da memória de trabalho em pacientes com ansiedade comórbida, o que sugere toxicidade cognitiva.
- Ansiedade deve ser uma contraindicação para o uso de estimulantes para TDAH? Não. Muitas crianças com TDAH ainda podem se beneficiar com essas medicações, mesmo quando ansiedade está presente.
- É improvável que estimulantes tratem ansiedade comórbida de natureza mais grave, ao passo que não estimulantes, como atomoxetina, podem ser benéficos nesses casos.
- A adição de medicações ansiolíticas pode ser indicada em alguns casos de comorbidade, assim como TCC focando nos sintomas de ansiedade, considerando que algumas pesquisas sugerem que isso poderia ser benéfico nesta comorbidade em crianças e jovens.
- Especialistas em TAs na infância sugerem que se TDAH ou TOD estiver presente, a comorbidade deve ser tratada primeiro, para não contribuir para a fraca resposta ao tratamento com intervenções psicossociais.
- O treinamento de habilidades sociais pode ser benéfico para aquelas crianças com ansiedade social e retraimento, mesmo que não seja benéfico para seus déficits sociais decorrentes da coocorrência de TDAH.

TRANSTORNOS DE TIQUE E COMPORTAMENTO OBSESSIVO-COMPULSIVO

Anteriormente, acreditava-se que a presença de transtornos de tique (TTs) ou comportamento obsessivo-compulsivo (COC) descartava o uso de medicações estimulantes para TDAH, pois elas poderiam exacerbar o TT ou o COC. Pesquisas posteriores mostraram que o risco desta ocorrência era acentuadamente mais baixo do que se presumia antes, e os clínicos foram encorajados a considerar o uso dessas medicações no manejo do TDAH. Cerca de 30% dos pacientes com comorbidades podem apresentar exacerbação de TT, mais frequentemente com anfetaminas do que metilfenidato. A interrupção da medicação, em geral, deve levar à remissão do tique se ele foi provocado pela medicação. Em 40% ou mais dos casos, não foi vista nenhuma exacerbação, e em até 30% dos casos, os tiques melhoraram durante o ensaio do medicamento.

DICAS CLÍNICAS
para auxiliar no tratamento

- A orientação atual é considerar o uso de medicações quando o TDAH estiver contribuindo para prejuízo significativo, mas inicie com dose mais baixa do que a dose inicial usual, aumente mais lentamente e monitore mais de perto a frequência do TT/TOD quanto à exacerbação potencial.
- A presença de TT/TOD não altera o manejo psicossocial do TDAH além das abordagens de modificação do comportamento para TT/TOD que provavelmente precisarão ser acrescentadas para focar nesses sintomas de maneira específica.
- Medicações mais específicas para o manejo de TTs ou TOD podem ser necessárias para ser combinadas com o manejo do TDAH quando os primeiros forem moderada a gravemente prejudiciais.
- Esta comorbidade pode ser menos responsiva a tratamentos para TOD do que quando ocorre COC com TDAH.

DEFICIÊNCIA INTELECTUAL

Os tratamentos necessários para cada transtorno são distintos daqueles para o outro, com pouca probabilidade de que tratar um deles beneficie de forma marcante a outra condição.

DICAS CLÍNICAS
para auxiliar no tratamento

- Embora o manejo de casos comórbidos em geral siga o princípio de que o transtorno mais prejudicial deve ser tratado primeiro, há razões para acreditar que a redução dos sintomas de TDAH e a melhora nos déficits da FE podem deixar pessoas com DI mais disponíveis para aprendizagem acadêmica e para treinamento em habilidades de comportamento adaptativo. Isso pode se dar porque os déficits autorregulatórios inerentes ao TDAH deixam todas essas pessoas menos disponíveis para aprendizagem.
- A taxa de resposta desses pacientes com comorbidade a medicações para TDAH é equivalente, ou apenas pouco inferior, à de pacientes com TDAH unicamente (45-66% vs. 75-80%), mas pode haver incidência mais alta de efeitos colaterais. No entanto, se o QI for abaixo de 50, então menos casos parecem responder a esses medicamentos, estando mais próximos a 50% ou abaixo da taxa de resposta positiva usual de 75%.
- Há escassez de pesquisas sobre o valor de tratamentos psicossociais para TDAH no contexto de DI, mas há amplas razões clínicas para que esses tratamentos certamente tenham que ser adaptados para pacientes com DI e suas famílias a partir dos formatos usados para pacientes apenas com TDAH (treinamento mais individualizado da família e a criança, tempo de treinamento mais longo, esforços sistemáticos para programar a generalização do tratamento para outros contextos, etc.). Mesmo esses podem não ter sucesso se o QI for especialmente baixo (<50).
- De fato, programas típicos de BPT para TDAH ou TOD colocam forte ênfase na linguagem e na observância das normas da família e das instruções verbais parentais. Assim sendo, um nível básico adequado de linguagem e QI são requisitos para até mesmo ingressar em programas de BPT como o meu.

TRANSTORNO DO ESPECTRO AUTISTA

Quando TEA coexiste com TDAH, este pode ser tratado de maneira efetiva com as várias medicações para TDAH. No entanto, estes pacientes têm probabilidade um pouco menor de responder positivamente a medicações para TDAH do que aqueles apenas com TDAH (47-49% vs. 75-80%, respectivamente), e podem apresentar mais efeitos colaterais (18% vs. 3-8%) comparados com pacientes apenas com TDAH. No entanto, isso não impede o uso de medicações para TDAH na maioria dos pacientes com transtornos concomitantes, como se acreditava antes.

DICAS CLÍNICAS
para auxiliar no tratamento

- Trate o TDAH como normalmente o faria, mas espere menos respostas positivas. Tenha em mente que as medicações para TDAH não parecem ter efeito tão grande ou confiável na melhora dos sintomas desse transtorno em casos comórbidos e seguramente não melhoram os sintomas do TEA.
- Os principais tratamentos baseados em evidências para TEA ainda precisam ser aplicados, independentemente da presença de comorbidade com TDAH.
- É possível, embora ainda não demonstrado empiricamente, que o manejo com medicação do TDAH e os déficits associados do FE-AR podem tornar esses pacientes mais receptivos ao tratamento comportamental intensivo e outros comportamentos comumente usados com pacientes com TEA.

DIFICULDADES ESPECÍFICAS DE APRENDIZAGEM

É comum encarar a coocorrência destes transtornos como requerendo que cada um seja tratado separadamente, já que as intervenções para um fazem pouco para melhorar os déficits associados ao outro.

DICAS CLÍNICAS
para auxiliar no tratamento

- Algumas pesquisas mostram que medicações para TDAH podem melhorar a velocidade da leitura. O não estimulante atomoxetina também pode melhorar os aspectos fonéticos da leitura além da velocidade em crianças com TDAH e transtorno da leitura comórbidos. A presença de dificuldades de atenção também demonstrou em pesquisas limitadas afetar adversamente o tratamento para transtorno da leitura, mas isso requer mais investigação para que possa ser aceito de maneira definitiva.
- A presença de uma DEA pode reduzir a resposta positiva ao metilfenidato em crianças com TDAH *versus* aquelas sem (55 vs. 75%, respectivamente). Esse é sobretudo um resultado da presença de um transtorno da matemática. Isto pode reduzir a taxa de resposta positiva a medicações estimulantes em até a metade (37 vs. 75%). Crianças com TDAH que tinham apenas um transtorno da leitura não apresentaram essa redução na taxa de resposta (Grizenko, Bhat, Schwartz, Ter-Stepanian, & Joober, 2006). Não está claro por que ocorre essa resposta reduzida na presença de um transtorno da matemática. É possível que transtornos da matemática tenham maior probabilidade de ocorrer com a sín-

drome de hipoatividade do desengajamento cognitivo (CDHS; anteriormente tempo cognitivo lento [TCL]) como uma condição comórbida. Considerando-se que a gravidade da CDHS prediz uma resposta mais baixa ou mais fraca a estimulantes para TDAH, isso pode explicar a redução na taxa de resposta. No entanto, Natalie Grizenko, que conduziu esta pesquisa, garantiu a mim, pessoalmente, que havia descartado essa possibilidade em suas análises. É evidente que este padrão de resposta reduzida é um enigma.

TRANSTORNOS DA COMUNICAÇÃO

DICAS CLÍNICAS
para auxiliar no tratamento

- O tratamento de pacientes com condições comórbidas com o medicamento metilfenidato para TDAH é indicado para o manejo do TDAH. Ele pode ainda produzir benefícios positivos modestos para habilidades de comunicação específicas, sobretudo a organização da fala, a pragmática do discurso e a entonação e a intensidade da fala, reduzindo a natureza alta, rápida, pouco clara e muitas vezes intrusiva da linguagem falada em crianças com TDAH. Menos se sabe sobre o valor de usar medicações como anfetamina para isso, mas, dada sua semelhança dos efeitos em outros domínios de funcionamento no TDAH e a maior potência das anfetaminas, podemos logicamente esperar que as anfetaminas produzam efeitos similares.
- Além dessas melhoras, crianças com TDAH que têm transtornos da comunicação precisarão de intervenções na fala e na linguagem que foquem especificamente em seus déficits na comunicação.

TRANSTORNOS DO DESENVOLVIMENTO DA COORDENAÇÃO

DICAS CLÍNICAS
para auxiliar no tratamento

- Diferentemente das DEAs ou de outros transtornos do neurodesenvolvimento, as medicações para TDAH demonstraram melhorar de modo significativo as dificuldades na coordenação motora de crianças com TDAH. Pode ocorrer melhora em 28-67% desses casos.
- Quando transtornos da coordenação motora persistem depois de manejo do TDAH, eles podem requerer programas de remediação separados, como terapia ocupacional e fisioterapia, e acomodações adicionais em sala de aula. Contudo, a intervenção específica do treinamento de integração sensorial, algumas vezes usado por terapeutas ocupacionais, não demonstrou beneficiar crianças com TDAH.

TEMPO COGNITIVO LENTO

Existem poucas pesquisas sobre o tratamento de CDHS.

DICAS CLÍNICAS
para auxiliar no tratamento

- Um estudo sobre medicamentos constatou que atomoxetina, o não estimulante para TDAH, é especificamente benéfico para sintomas de CDHS, mesmo depois de controlar para efeitos do medicamento nos sintomas de TDAH. Outros identificam que a gravidade da CDHS é preditiva de resposta reduzida ao metilfenidato.

- Um projeto identificou que crianças com CDHS eram tão responsivas quanto, ou mais responsivas do que crianças com TDAH aos métodos de modificação do comportamento usados para manejar os sintomas e os prejuízos em casa e na escola.
- Não há evidências sobre outros tratamentos para CDHS, mas, dadas suas aparentes ligações com transtornos internalizantes em que a TCC se mostrou benéfica, talvez essa terapia possa ser explorada com a CDHS.
- Alguns inibidores da recaptação da norepinefrina ou serotonina se revelaram úteis até certo ponto para depressão ou ansiedade, mas em que medida eles podem ser úteis para CDHS não é conhecido; entretanto, podem ser promissores, considerando-se o achado relacionado à atomoxetina já mencionado.

CAPÍTULO 7

ACONSELHAMENTO PARENTAL E TREINAMENTO NO MANEJO COMPORTAMENTAL

Este capítulo discute brevemente cada um dos principais paradigmas do tratamento psicossocial baseado em evidências implementado com pais e familiares de crianças e adolescentes com TDAH: (1) educação e aconselhamento parental referente ao TDAH, (2) treinamento parental em habilidades de manejo comportamental e (3) treinamento parental em *coaching* de habilidades sociais. Com a minha teoria do FE-AR como base, métodos eficazes em cada categoria podem se tornar ainda mais úteis.

EDUCAÇÃO E ACONSELHAMENTO PARENTAL

Em mais de 40 anos de experiência clínica, identifiquei a educação e o aconselhamento parental como o passo mais importante no trabalho com famílias de crianças e adolescentes com TDAH. Pesquisas feitas por Anastopoulos e colegas (Anastopoulos, Shelton, DuPaul, & Guevremont, 1993) confirmaram isso anos atrás, quando compararam o treinamento parental comportamental (BPT) com um grupo-controle informativo sobre o TDAH: ambos os grupos mudaram quase tanto quanto o outro, embora o grupo unicamente informativo não tenha aprendido as habilidades de manejo que o grupo de BPT recebeu. A lição que aprendemos foi importante: simplesmente fornecer aos pais informações corretas baseadas na ciência sobre a condição do seu filho e os tratamentos apropriados que podem ser empregados para isso foi eficaz para eles. Isso resultou na maior parte da melhora em seus relatos sobre o comportamento dos seus filhos e a sua relação com eles, muito além de qualquer valor que tenham encontrado nas técnicas específicas de manejo comportamental que ensinamos somente ao grupo de BPT, e boa parte dessas informações sobre o TDAH foi proveniente da teoria do FE-AR, além de simplesmente um conhecimento básico sobre a etiologia do TDAH, riscos de prejuízos e tratamentos baseados em evidências para o manejo do TDAH.

A sessão inicial de *feedback* ou a primeira sessão de BPT deve abranger o conhecimento essencial apresentado nos primeiros capítulos deste livro, explicado em termos acessíveis que quase todos os pais possam entender. A conversa com os familiares deve incluir informações importantes que ainda não tenham sido abordadas na sessão de *feedback* pós-avaliação:

- Informações sobre os sintomas de TDAH, como eles derivam da FE e da AR prejudicadas, a natureza da FE e da AR e o conceito do TDAH envolvendo um atraso na idade executiva ou autorreguladora da criança.
- Como esses sintomas foram identificados no paciente durante a avaliação (veja o Capítulo 5 para detalhes).
- Os critérios diagnósticos que você seguiu para chegar a uma decisão de que o TDAH, ou transtorno de déficit da autorregulação (TDAR), estava presente.
- As várias causas de TDAH, que claramente se encaixam no âmbito da biologia, em sua maior parte, da genética e do desenvolvimento cerebral, de maneira específica (veja o Capítulo 3 e o Apêndice C).
- Os riscos que crianças com TDAH têm para vários transtornos comórbidos (veja o Capítulo 4).
- Os riscos a que crianças e adolescentes com TDAH estão expostos caso seu transtorno não seja tratado ou bem tratado. Uma lista de consequências adversas *potenciais* em vários domínios da vida que podem ocorrer a criança ou adolescente na ausência de tratamento é examinada em profundidade no Capítulo 5.
- A permanência relativa do TDAH ou do TDAR durante o desenvolvimento – uma incapacidade crônica para a maioria das crianças, mas não todas, que deve ser tratada diariamente para prevenir que danos secundários ocorram ao paciente enquanto se esforçam para ajudá-lo a funcionar o mais próximo possível do normal.
- A probabilidade de os pais experimentarem uma reação de luto leve pelo diagnóstico de TDAH, sua natureza neurogênica, sua incurabilidade e sua provável persistência durante o desenvolvimento (veja o Capítulo 5 sobre como ajudar os pais a lidar com a notícia do diagnóstico do seu filho).
- Um alerta sobre as várias soluções não comprovadas e desaprovadas que são promovidas para o TDAH, mas têm pouca ou nenhuma base científica que as apoie e, em alguns casos, amplas evidências que refutam sua eficácia para o TDAH (veja o Apêndice D).

DICAS CLÍNICAS

- Considere mostrar aos pais o gráfico que resume as causas do TDAH (Folheto 12) ou o grupo inteiro dos folhetos informativos (Folhetos 3-14, Apêndice A), além do Apêndice C, para detalhes sobre a etiologia com os quais você pode complementar sua explicação quando necessário.
- Você pode dar aos pais o Folheto 14 quando discutir comorbidades (veja o Apêndice A).
- Quando conversar com os pais sobre as consequências adversas potenciais da ausência de tratamento ou tratamento inadequado, certifique-se de dizer que não há garantia de que seu filho vai experienciar esses danos, mas apenas que uma criança ou um adolescente com TDAH tem risco significativamente elevado para isso.
- Você pode usar o Folheto 13 (veja o Apêndice A) para ajudar os pais a reconhecer a diversidade e a gravidade dos riscos.
- Quando discutir a permanência do TDAH durante o desenvolvimento de uma criança, você pode comparar esse transtorno com diabetes – um problema médico crônico sem cura que requer um pacote de intervenções usa-

do quase que diariamente para que a criança tenha a chance de ter uma vida praticamente normal (veja o Capítulo 2, página 105, para mais detalhes).

As informações fornecidas durante essa sessão inicial muitas vezes levam os pais a ficar mais receptivos às várias intervenções que lhes são oferecidas. Concluí que essa mudança importante era a consequência de um reenquadramento da perspectiva dos pais dos problemas do seu filho. Em vez de verem seu filho como "mau" ou "desobediente" e a si mesmos como incompetentes para lidar com isso ou, ainda pior, acreditando que eles eram de alguma forma a causa do TDAH, eles passaram a ter uma visão mais cientificamente baseada e compassiva de que seu filho nasceu com um transtorno do neurodesenvolvimento que não tinha a ver com alguma coisa feita pelo seu filho nem por eles. Os pais com quem conversamos sobre esta transição no seu enquadramento cognitivo para compreender seu filho nos disseram que tiveram uma sensação de alívio ao saber que eles (e seu filho) não eram a causa do TDAH devido à forma como estavam lidando uns com os outros.

DICA CLÍNICA

- O reenquadramento dos pais quanto ao TDAH pode deixá-los mais receptivos às intervenções propostas, mas não espere que isso aconteça sempre, sobretudo quando medicação for uma das opções. Alguns pais ainda querem algum tempo para pensar sobre o uso de medicamento. Eu vejo a relutância em introduzir medicamentos neurotrópicos no corpo e cérebro do seu filho como um instinto protetor natural, e não como algo a ser criticado; ao contrário, os pais precisam ser informados. Para mais informações sobre essa opção, você pode remetê-los ao excelente livro comercial sobre psicofarmacologia infantil do meu amigo e colega Timothy Wilens, MD, intitulado *Straight Talk about Psychiatric Medication for Children* (veja Referências), ou os capítulos sobre medicamento em meu livro, *Taking Charge of ADHD: The Complete Authoritative Guide for Parents* (Barkley, 2020).

Descobri que o reenquadramento do TDAH como um transtorno pernicioso da FE e da AR tende a conduzir a maior compaixão dos pais pela dificuldade do seu filho (e das suas próprias dificuldades). Encarar o TDAH como uma deficiência, e não "apenas" como um problema de desatenção, reduz julgamentos negativos sobre o transtorno e promove o perdão pelos problemas passados da criança. No entanto, também conduz ao luto.

ESTEJA ALERTA A UMA REAÇÃO PARENTAL DE LUTO

Uma reação de luto leve, mas palpável, é normal. Em geral, os pais não querem ouvir que seu filho tem uma condição relativamente permanente. Embora essa condição possa ser manejada de modo que seu filho possa levar uma vida praticamente normal, ela, assim como o diabetes, não pode ser curada pelas intervenções disponíveis. Descobri que os pais ficam surpresos com a sinceridade dos clínicos ao alertar que eles podem experienciar algum tipo de luto, mas também ficam gratos por isso.

Você vai descobrir que alguns pais inicialmente resistem ao diagnóstico como parte da *negação* da sua presença ou gravidade. Outros sentem *raiva* ou pelo menos *frustração* pelos muitos meses ou anos que se passaram até que recebessem as informações corretas a respeito e um diagnóstico dos problemas do seu filho, incluindo os médicos de cuidados primários que lhes haviam dito que não havia nada de errado ou pelo menos nada com o que se preocupar, que seu filho estava apenas sendo uma criança; isto algumas vezes é dito com uma linguagem um tanto condescendente com os pais. Muitos pais passam direto para o estágio de *tristeza* ou *luto*, sentindo um certo pesar por seu filho e por eles mesmos. Discuto como responder a essas reações parentais no Capítulo 5.

> **DICAS CLÍNICAS**
>
> - Alguns pais experienciam luto durante a reunião de *feedback* ou logo após, mas, para outros, isso pode ocorrer durante a sessão inicial de educação parental. Os pais negociam as fases do luto em ordem variada.
> - Sempre que isto ocorre, considero que o luto é altamente terapêutico. De fato, não ter reação emocional ao diagnóstico e às informações dadas nesta sessão pode sinalizar que os pais realmente não "entenderam" e podem estar se apegando a ilusões de que em algum lugar existe uma cura rápida para os problemas do seu filho, talvez por intermédio da medicina alternativa, suplementos alimentares, remédios fitoterápicos, exercícios ou jogos para treinamento cognitivo, *neurofeedback*, massagens de quiropraxia na cabeça ou outras ofertas desse tipo disponíveis na internet e na sua comunidade.
> - Alguns pais podem concluir a sessão inicial de *feedback* ou aconselhamento com você sobre TDAH, mas ainda assim apresentam pouca mudança no seu estado emocional. Este pode ser um exemplo de negação, mas, em outros casos, pode refletir o fato de que estes pais receberam informações acuradas sobre TDAH antes mesmo de consultar com você, e por isso seu luto em grande parte já ocorreu previamente, e o que eles procuram em você é mais uma confirmação e uma reafirmação sobre a conclusão anterior de que seu filho tem TDAH.

INTRODUZA O CONCEITO DE UMA IDADE EXECUTIVA ATRASADA

Décadas atrás, inventei o conceito clínico e desenvolvimental de uma *idade executiva* da criança, introduzido no Capítulo 1 dentro da minha explicação da FE. Tomei emprestado do conceito mais antigo de idade mental, conforme aplicado à inteligência e à DI. Depois de examinar inúmeros estudos de pesquisa, incluindo minha própria pesquisa longitudinal, passei a ver o TDAH como compreendendo um atraso de 25 a 40% ou mais no desenvolvimento de uma criança das FEs típicas e da AR que elas fornecem, em média cerca de 30%. A intenção não é que este seja um número preciso, mas uma estimativa clínica aproximada para ajudar os pais a entender melhor o conceito de atraso no neurodesenvolvimento que caracteriza o TDAH. Estes são os pontos que sugiro abordar com os pais:

1 Primeiramente, reserve algum tempo para revisar minha teoria no Capítulo 1 de que o TDAH é mais do que um transtorno de atenção ou excesso de movimento, mas um transtorno mais abrangente e mais importante da FE atrasada e deficiente e a AR que ela permite. Mencione de modo resumido as sete principais FEs e o fato de que a maioria ou todas as crianças com TDAH estão atrasadas na maioria ou em todas elas. Isto vai se manifestar no seu comportamento diário e no funcionamento por meio dos cinco problemas principais com a FE na vida diária – autocontrole, gerenciamento do tempo, automotivação, autocontrole emocional e planejamento e solução de problemas. Esta explicação ge-

ralmente tem boa ressonância com os pais, pois se encaixa melhor nas suas observações cotidianas do seu filho do que reduzir todas as dificuldades da criança a uma noção simplista de déficits de atenção.

2 Então diga: "Seu filho está atrasado no desenvolvimento nestas FEs importantes. Isso significa que ele difere das crianças típicas de uma forma *quantitativa*, não *qualitativa*". É como se ele não fosse tão alto quanto as crianças típicas ou menos habilidoso em artes; a diferença é uma questão de grau, não alguma patologia ou um tipo de condição manifestamente anormal.

3 Diga aos pais que o atraso do seu filho pode ser em torno de 30% – mais para TDAH grave e menos se for leve. Portanto, se seu filho tiver 10 anos, ele tem autocontrole e FEs de aproximadamente 7 anos.

4 Você pode dizer: "Este é o nível de desenvolvimento aproximado em que você pode esperar que seu filho se autorregule. Você terá que ajustar suas expectativas para baixo em relação à AR do seu filho, seu autocuidado, funcionamento adaptativo e outros domínios da vida que as crianças precisam dominar à medida que desenvolvem o autocontrole". Eu diria aos pais que muitos dos conflitos que eles estão experienciando com seu filho com TDAH acontecem porque eles estão exigindo que ele se comporte como qualquer outra criança da sua idade cronológica, sobretudo em relação ao autocontrole. E seu filho simplesmente *não consegue* fazer isso, o que estabelece um conflito automático entre pais e filho. Este é um conflito que a criança não pode vencer porque não é possível, sem tratamento, que ela se comporte como as outras crianças quando se trata de realizar tarefas, seguir normas, autogovernar, lidar com suas responsabilidades diárias, gerenciar o tempo, concluir o dever de casa, controlar suas emoções, etc. A maioria dos pais acha profundamente útil esta visão da natureza do transtorno e funcionamento diário do seu filho.

5 Diga aos pais que, para ajudar seu filho com TDAH, eles precisam reestruturar suas demandas e outras características de uma situação para torná-las mais adequadas a alguém da sua idade executiva.

DICA CLÍNICA

● A maioria dos pais consegue identificar imediatamente o que precisa ser feito agora para tornar sua vida doméstica melhor para eles e para seu filho com TDAH, mas você pode oferecer alguns exemplos que deixam o ponto ainda mais claro:
– "Se o seu filho tem 10 anos e está recebendo quantidades de trabalho da 3ª ou da 4ª série como dever de casa, isto é uma loucura! Assim sendo, a primeira coisa a ser feita é mudar a extensão desse dever de casa para se adequar a uma criança de 7 anos. Subdivida-o em cotas menores, supervisione mais, ajude e dê *feedback* à criança, ofereça alguns incentivos por ter realizado as tarefas e encontre outras formas de apoiar uma criança de 7 anos que é solicitada a fazer um trabalho e a ter a organização de uma de 10 anos. Isso inclui conversar com o professor sobre fazer os mesmos ajustes para as tarefas em classe e o dever de casa."
– "Caso fosse pedido à sua filha de 14 anos com TDAH que cuidasse do bebê de um vizinho, você teria que lembrar que ela tem o autocontrole de uma criança de 9 anos. Assim, a resposta é não. Em geral não deixamos que crianças de 9 anos cuidem de bebês sem a supervisão de outro adulto. E o mesmo alerta se aplica se uma menina de 14 a 16 anos com TDAH quiser sair sozinha com um namorado. Lembre-se de que se tra-

ta de uma adolescente sexualmente desenvolvida, mas altamente sugestionável e com o autocontrole de uma criança de 9 a 12 anos que está saindo para um encontro sozinha. Você deveria permitir isso? Acho que não. Uma melhor opção para essa adolescente não seria se ela tivesse o encontro acompanhada ou um encontro com um grupo de amigos e um dos pais para supervisioná-los?" Não causa surpresa que meninas e mulheres com TDAH sofram mais vitimização sexual do que seus pares típicos.

- "Pense no seu filho como alguém de 16 anos que agora quer dirigir um carro. Os pais automaticamente permitem isto devido à idade cronológica do adolescente, mas o conceito aqui impõe que eles repensem essa permissão. A maneira de abordar isso é fazer muitas reformulações do processo normal pelo qual adolescentes dirigem de forma independente. A razão é que você simplesmente deu a alguém com a autorregulação de uma criança de 11 anos uma habilitação para dirigir de forma independente. Há muitos ajustes nesse processo que precisam ser feitos, um dos quais é implementar uma abordagem gradual para o processo de habilitação que contenha vários estágios de supervisão decrescente baseada no êxito ao dirigir nos níveis anteriores e mais supervisionados. Outra forma é comprar um aparelho que seja conectado com a porta inteligente do carro e que bloqueie os sinais do telefone celular enquanto o carro está ligado. Ou você pode baixar um aplicativo que torne o telefone indisponível quando o jovem está se movimentando a uma velocidade mais alta do que alguém consegue andar. Outra opção é a checagem mais frequente com o adolescente quando ele está usando o carro, o que pode incluir rastreamento com GPS por meio do aplicativo 'encontre meu telefone' na maioria dos *smartphones*." A questão aqui não é o que fazer especificamente em relação à condução de veículos, mas ilustrar como um atraso na idade executiva do adolescente automaticamente leva a ajustes sensatos das nossas expectativas e a acomodações sensatas para considerar o atraso. Veja o Folheto 26, no Apêndice A, para uso com famílias de adolescentes com TDAH sobre esse tópico.

ENFATIZE QUE TODOS OS TRATAMENTOS EFICAZES DEVEM ESTAR NO PONTO DE DESEMPENHO

Conforme discutido nos Capítulos 1 e 6, a teoria do FE-AR do TDAH postula que, para aqueles com o transtorno, o problema não se origina por eles *não saberem o que fazer* quando ocorrem situações difíceis em suas vidas. Seu principal problema é *não fazer o que sabem*. Os pais de crianças ou jovens com TDAH realmente precisam aprender este conceito, pois todos nós acreditamos muito no poder da pedagogia. Você ensina, e eles vão fazer, mas isso não vale para o caso do TDAH. TDAH, como TDAR, é um transtorno do desempenho, não um transtorno de déficit de informação. Problemas de desempenho só podem ser abordados efetivamente nesses pontos de desempenho no contexto natural onde esse conhecimento ou habilidade deve ser empregado. Os tratamentos psicossociais funcionam alterando aqueles pontos de desempenho problemáticos para tornar mais provável que a pessoa com TDAH mostre o que ela sabe. Esses tratamentos não funcionam quando são instituídos em outro ambiente sem programação intencional de como mudar esse ponto de desempenho, como ocorre na psicoterapia ou na ludoterapia, que fazem pouca ou nenhuma provisão para ajudar as pessoas a mudarem esses pontos de desempenho críticos.

Os pais precisam entender este ponto explicitamente se quiserem evitar perder tempo e dinheiro em terapias que não fazem esses esforços para abordar os pontos de desempenho problemáticos e alterá-los de formas que aumentem a probabilidade de desempenho dos comportamentos certos. O ponto de desempenho para um problema com a realização do trabalho escolar está *naquela* sala de aula e não em uma clínica de orientação infantil que está a quilômetros de distância, depois da aula, em que a criança com TDAH está brincando com bonecas ou em uma mesa de areia e com seu comportamento sendo interpretado para ela com intenção psicoterápica. O ponto de desempenho para dificuldades no dever de casa é o contexto específico em casa e no momento usual em que o dever de casa deve ser feito, não o consultório ou a casa de um tutor uma vez por semana. Não que este último não seja útil com DEAs ou apoiando a aprendizagem de habilidades para o desempenho acadêmico, mas isso não vai consertar o problema com o dever de casa nessa casa, e o ponto de desempenho para comportamentos problemáticos no recreio é *aquele* pátio da escola nos períodos reais de recreio quando essa criança é liberada para brincar livremente com as outras. Seguramente, este não é um grupo de terapia de habilidades sociais de uma manhã de sábado, em uma clínica de saúde mental, de um médico particular, com seis a oito outros garotos que esta criança nunca havia encontrado antes e nunca mais vai encontrar de novo. Terapias como estas, instituídas distantes dos principais pontos de desempenho problemáticos, não se generalizam para os pontos no mundo real na ecologia natural dessa criança e, portanto, são ineficazes. Portanto, utilize o tempo nesta sessão de aconselhamento transmitindo esta ideia essencial aos pais.

INTRODUZA OS 12 MELHORES PRINCÍPIOS PARA OS PAIS

Atualmente, não existem programas de treinamento parental formais ou manuais relacionados para famílias com uma criança ou um adolescente com TDAH que sejam baseados em uma teoria do FE-AR do transtorno. Para começar a preencher essa lacuna, recentemente publiquei um livro para pais sobre os melhores princípios que eles precisam conhecer que estão em grande parte baseados nesta teoria. Em *12 Principles for Raising a Child with ADHD* (Barkley, 2021), apresento uma série do que considero ser as ideias essenciais que os pais devem conhecer sobre manejo do TDAH e seus déficits no FE-AR em sua criança ou seu adolescente. O espaço aqui impede um exame detalhado desses princípios, mas, resumidamente, eles são os seguintes:

■ **Princípio 1 para os pais: use as chaves para o sucesso**. Encoraje os pais a recorrer a ações que contribuem para o sucesso de muitos adultos: (1) identificando aptidões não tradicionais em seu filho; (2) promovendo o desenvolvimento dessas aptidões do seu filho; (3) encontrando recursos na comunidade para promover essas aptidões como talentos reais; e (4) jamais desistindo do seu filho – apoiando-o de formas construtivas em qualquer circunstância com aceitação incondicional e orientação.

■ **Princípio 2 para os pais: lembre-se de que isto é um transtorno**. O TDAH foi chamado de deficiência silenciosa porque não apresenta estigmas físicos ou outros lembretes de que a criança é descoordenada ou tem deficiências no desenvolvimento em algum aspecto. Os sinais do transtorno estão todos no comportamento e na cognição da criança. Isso pode levar os pais a pensar que não há nada de errado com o filho além do mau comportamento, e as pessoas em geral erroneamente acreditam que esse mau comportamento se origina do ambiente social e sobretudo da fraca educação dada pelos pais.

Lembre-os periodicamente de que o TDAH é um transtorno do neurodesenvolvimento tanto quanto o TEA, DIs, paralisia cerebral, síndrome de Down e outras incapacidades amplamente aceitas que têm base cerebral, exceto pelo fato de que se origina do cérebro executivo, autorregulador. Esses lembretes são necessários para manter o enquadramento certo para entender e criar a criança ou o adolescente com TDAH. Esse enquadramento conduz à aceitação, à compaixão e a uma disposição para ajudar, afastando da condenação moral como simplesmente uma "criança má" (com maus pais).

■ **Princípio 3 para os pais: seja um guia, não um engenheiro**. Este conceito enfatiza a base neurobiológica do TDAH e o fato de que a criança com TDAH permanecerá, na maioria dos casos, com TDAH até a idade adulta. Ou então, significa que os pais não podem treinar o TDAH da criança meramente pela forma como escolhem lidar com seu filho e que não há cura para essa condição. Contudo, há muitas maneiras de manejá-lo, fazer acomodações e outras formas de lidar com o transtorno para que seu filho possa levar uma vida relativamente típica e exitosa. Também não há cura para diabetes infantil, no entanto, não desistimos de tratá-lo. Portanto, encoraje os pais a aceitar o filho que têm, a abandonar a ideia do filho que desejavam e a se ocupar com o manejo da condição para melhorar a vida do seu filho (e a deles).

■ **Princípio 4 para os pais: foque diretamente nas suas prioridades**. Aconselhe os pais a reduzir o número de diretivas e tarefas que eles dão ao seu filho com TDAH àquelas que realmente são importantes para o desenvolvimento da criança. Um quarto limpo em um dia de escola não é de relevância comportamental.

■ **Princípio 5 para os pais: parentalidade consciente – esteja presente e consciente**. Diga o seguinte para transmitir esta ideia: "Quando você estiver com seu filho com TDAH, realmente *esteja* com seu filho, completamente atento ao momento, ao que seu filho está fazendo, que é útil ou apenas apropriado, e expresse seu cuidado com seu filho".

■ **Princípio 6 para os pais: promova o autoconhecimento e a responsabilidade do seu filho**. Sugira que os pais deem *feedback*, aprovação, elogio ou outras consequências imediatas, frequentes e relevantes depois do que eles poderão estimular o autorrelato e a responsabilidade.

■ **Princípio 7 para os pais: toque mais, recompense mais e fale menos**. Diga: "Independentemente do que seja o seu *feedback* ou da orientação que esteja dando, torne pessoal, aproxime-se da criança, toque seu braço ou seu ombro como um sinal de atenção e intimidade, faça contato visual e diga o que precisa em uma linguagem breve e genuína".

■ **Princípio 8 para os pais: torne o tempo real**. Destaque a importância de complementar o relógio interno avariado, usando vários meios externos para representar o tempo e a sua passagem durante tarefas urgentes.

■ **Princípio 9 para os pais: a memória de trabalho não está funcionando – descarregue-a e torne-a física!** Recomendo que os pais coloquem informações essenciais em cartões, notas ou outras mídias no campo visual no ponto de desempenho para estimular seu filho a lembrar das regras para a situação.

■ **Princípio 10 para os pais: seja organizado**. Diga aos pais: "Analise todos os espaços de trabalho e lúdicos do seu filho e os organize com ele para fazer com que sejam lugares mais produtivos".

■ **Princípio 11 para os pais: torne a solução de problemas externa e concreta.**

Crianças com TDAH não são capazes de manipular as informações mentais envolvidas na solução de problemas tão bem quanto as outras. Diga aos pais que eles precisam encontrar maneiras de reduzir as peças de um problema a formas físicas que a criança consiga ver, manipular, separar e recombinar para auxiliar na solução de problemas mental.

■ **Princípio 12 para os pais: seja proativo – faça planos para situações difíceis em casa e fora de casa.** Peça aos pais que examinem suas experiências com seu filho relacionadas a situações problemáticas óbvias e recorrentes. Depois, encoraje-os a se esforçar para fazer o seguinte logo antes de iniciar qualquer uma delas: (1) revise verbalmente com a criança várias regras que vão governar esta situação e escreva-as em um cartão para entregar à criança, se necessário; (2) faça a criança repeti-las; (3) explique as recompensas disponíveis por cumprir as regras; (4) explique as consequências disciplinares que vão acontecer imediatamente se não fizer isso; (5) dê à criança coisas ativas para fazer durante esta situação; (6) dê recompensas durante a tarefa ou o evento; (7) aja rapidamente para punir comportamento inapropriado ou violações das regras; e (8) avalie com a criança colaborativamente a situação desempenhada depois de terminada.

FAÇA RECOMENDAÇÕES SOBRE SAÚDE MENTAL E ESTILO DE VIDA

Recomendei no Capítulo 5 que você fale com os pais durante a sessão de *feedback* sobre os riscos à saúde que frequentemente afetam aqueles com TDAH para que possam começar a ajudar seu filho a evitar esses riscos agora. A sessão inicial de aconselhamento ou educação é um bom momento para fazer recomendações sobre problemas relacionados à saúde e ao estilo de vida que foram observados na avaliação. No mínimo, isso inclui a recomendação para a maioria das crianças e adolescentes com TDAH de aumentar seu exercício durante a semana. Acumulam-se evidências de que exercícios aeróbicos de rotina muitas vezes por semana têm efeitos benéficos para ajudar a lidar com, manejar, ou mesmo reduzir, os sintomas de TDAH em certa medida. Além desse macromovimento, encorajamos os pais a incorporar micromovimentos a várias tarefas que a criança precise fazer, incluindo o dever de casa, e que possam ajudar a melhorar a atenção e a produtividade. Permitir ficar em pé e em movimento durante o trabalho parece ajudar as crianças e os adolescentes com TDAH a se manter na tarefa e a concluir mais trabalhos.

Se você compartilhou com os pais o folheto sobre os riscos relacionados à saúde associados ao TDAH (veja o Folheto 13, no Apêndice A), como parte desta sessão de aconselhamento você deve agora acrescentar recomendações que acredita serem importantes para abordar algum risco aumentado para lesões acidentais, questões alimentares, obesidade, distúrbios do sono, questões de higiene mental, condução de veículos, adição à internet e monitoramento mais atento das atividades do adolescente, tanto dentro quanto fora de casa, para reduzir comportamento sexual de risco ou a propensão à experimentação de substâncias e atividades antissociais. O Apêndice A também contém alguns folhetos específicos (Manuais 19-26) que tratam de alguns desses riscos e apresentam algumas recomendações básicas que proponho aos pais para lidar com essas questões específicas se forem pertinentes para um caso em específico.

TREINAMENTO PARENTAL COMPORTAMENTAL

Todos os programas que têm alguma evidência da sua eficácia em grande medida focam no comportamento de oposição da criança e no conflito pai-filho, para os quais esses programas se mostraram úteis. Estudos focados em crianças com TDAH apresentam benefícios apenas modestos e inconsistentes desta terapia para os sintomas clássicos de TDAH ou déficits na função cognitiva:

- Em avaliações parentais não cegas dos efeitos do tratamento, algumas melhoras podem ser observadas nos sintomas de TDAH, embora mudanças ainda maiores sejam evidentes nos problemas de conduta em crianças.
- Em avaliações cegas ou mais distantes do treinamento (observações, avaliações dos professores, etc.), efeitos menores, caso existam, são observados para TDAH, porém efeitos maiores e mais robustos são vistos, novamente, para problemas de conduta e conflito pai-filho.

Todos os programas de BPT são fundamentados em graus variados na teoria da aprendizagem social e em princípios de modificação do comportamento. Seguramente há evidências de que facetas do TOD e mesmo do TC são aprendidas e, assim, podem ser tratados proveitosamente usando aprendizagem social e princípios comportamentais. Entretanto, o TDAH não se origina dessa aprendizagem, o que provavelmente explica o sucesso limitado e discutível desses programas para tratar os sintomas de TDAH e déficits relacionados no funcionamento executivo.

Portanto, ao considerar a inclusão de BPT em um plano de tratamento familiar específico, tenha em mente que a maioria dos programas de BPT são idealmente adaptados para melhorar a adesão da criança às diretivas parentais e às normas familiares. Parentalidade não é a causa do TDAH e, dessa forma, melhorar o manejo parental não vai livrar a criança do transtorno. No entanto, problemas de conduta e comportamentais, como TOD, reconhecidamente têm contribuição substancial para a sua variação dada pelas práticas parentais. Assim, faz sentido que a maioria dos programas de BPT tenha melhor resultado para problemas de conduta do que para sintomas de TDAH.

Os pais também relatam melhora substancial no seu sentimento de competência parental, habilidades parentais e autoestima parental – resultados válidos, mesmo que o impacto nos problemas comportamentais da criança não seja tão grande ou evidente (para TDAH). Em alguns casos, há evidências discutíveis de alguma melhora na satisfação conjugal ou nos problemas psicológicos dos próprios pais. Talvez isso se deva ao fato de os pais se tornarem mais consistentes um com o outro quanto às normas que eles têm para seus filhos e em como lidam com o mau comportamento dos filhos.

DICA CLÍNICA

- Recomendo BPT para a maioria das famílias de crianças com TDAH em que:
  - TOD ou comportamentos relacionados são problemáticos;
  - a parentalidade parece perturbada (inconsistente, relapsa, vacilando de relapsa a rígida, altamente emocional, tímida, etc.), mesmo que ainda não tenha suscitado TOD em níveis diagnosticados;
  - um dos pais tem TDAH (o que pode levar à parentalidade perturbada);
  - a criança está sofrendo de depressão ou parece estar em risco de depressão posterior (a parentalidade perturbada também provou mediar parcialmente a ligação do TDAH com depressão infantil concomitante ou posterior);
  - para crianças sem TOD, selecione certos métodos do programa mais amplo de BPT para instruir os pais sobre certos problemas que eles podem ter com seu filho, como lidar com tarefas (ensine o sistema de pontos para usar em casa) ou mau

comportamento na escola (implemente um cartão de registro diário do comportamento). Os manuais que você pode usar com os pais para implementação destes e de outros métodos para lidar com o manejo do filho podem ser encontrados no Apêndice A (Manuais 17 e 23). Um manual do clínico e um livro comercial do meu programa de BPT também estão disponíveis (*Defiant Children: A Clinician's Manual for Assessment and Parent Training* [Barkley, 2013] e *Your Defiant Child: 8 Steps to Better Behavior* [Barkley & Benton, 2013], respectivamente). Entretanto, em geral não é necessário ensinar o programa inteiro de 8 a 12 semanas.

PROGRAMAS DE BPT SÃO NECESSÁRIOS PARA CRIANÇAS QUE TOMAM MEDICAMENTO PARA TDAH?

Considerando-se que os medicamentos para TDAH são 2-3 vezes mais eficazes para esse transtorno (e possivelmente para TOD quando coexiste com TDAH em crianças menores), por que se preocupar em recomendar programas psicossociais em geral e BPT em particular? Estas são as razões:

■ Já foi demonstrado que 15-25% das crianças com TDAH não respondem a nenhum medicamento para esse transtorno, e 8-10% ou mais podem não responder bem a nenhum deles ou têm reações adversas suficientemente graves para justificar a descontinuação imediata. Para esses grupos, devem ser apresentadas alternativas à medicação.

■ Dentro do primeiro ano ou dois de uso de medicamento, 16-64% das famílias desistiram de usar por várias razões (custo, efeitos colaterais, início da adolescência e não cooperação na adolescência, etc.). Os pais precisam de outras ferramentas para lidar com os problemas comportamentais do seu filho nesses casos.

■ A medicação não é capaz de abranger o dia inteiro enquanto a criança está acordada – haverá períodos em que a criança estará sem o medicamento, portanto os pais precisam de ferramentas alternativas para manejo nesses períodos.

■ Pesquisas mostram que 50-80% das crianças e adolescentes com TDAH têm outro transtorno que provavelmente não será tratado por medicamentos para TDAH. Embora TOD em crianças pequenas com TDAH seja muito responsivo a medicamentos para TDAH, melhorando tanto quanto os sintomas de TDAH, isso se torna menos provável em crianças maiores e adolescentes em que o TOD persistiu. Nesse caso, aprendizagem social pode solidificar os padrões de interação do TOD da criança ou do adolescente com TDAH (conforme discutido no Capítulo 4, sobre o papel da parentalidade perturbada na gênese do TOD), desse modo requerendo que contramedidas sejam usadas pelos pais para ajudar o filho a desaprender essas táticas de conflito.

■ A adição de programas psicossociais, sobretudo BPT aos medicamentos em geral resulta em benefícios adicionais, além de aumentar a porcentagem que provavelmente responderá. Também pode resultar, em alguns casos, em menor necessidade de medicação, via redução das doses necessárias ou o número de doses necessárias durante o dia ou a semana, ao mesmo tampo mantendo o mesmo nível de benefício.

■ Existem subpopulações especiais de crianças com TDAH e mesmo pais em que oportunidades para aprender comportamentos sociais e parentais apropriados não estavam disponíveis (adotados de orfanatos de países subdesenvolvidos, crianças de regiões geográficas desfavorecidas ou dominadas pelo crime), e assim essa falta de conhecimento precisa ser corrigida.

■ Acrescentar BPT a uma recomendação para medicação para TDAH pode melhorar a aceitação da medicação pelos pais, pois isso é visto não como um tratamento excludente, mas como parte de um pacote de tratamento mais abrangente. Os pais gostam de saber que, para que possam ajudar seu filho, está sendo oferecido mais do que simplesmente seguir uma prescrição.

COMO OS PROGRAMAS DE BPT SÃO ESTRUTURADOS

Os programas de BPT são intervenções mais estruturadas do que a educação parental. Em geral, envolvem o treinamento dos pais no manejo de contingências e outros métodos para ajudar a reduzir o comportamento problemático. Há inúmeros programas de BPT bem estudados disponíveis de fontes comerciais, e seus respectivos manuais clínicos, ou livros escritos para um público de pais que são muito adequados para o ensino das técnicas. Os programas mais comumente usados que têm alguma evidência da sua eficácia são os seguintes:

- *Defiant Children* (Barkley, 2013)
- *Community Opportunities for Parent Education* (Cunningham, Bremner, & Secord, 1998)
- *Parent–Child Interaction Therapy* (PCIT; Eyberg & Robinson, 1982)
- *The Incredible Years Program* (Webster-Stratton, 2006)
- *Positive Parenting Practices* (PPP; Sanders, 2012)
- *Parents Are Teachers* (Becker, 1971)
- *The Noncompliant Child* (McMahon & Forehand, 2005)
- *New Forest Parenting Program* (Thompson et al., 2009)
- *Parenting Hyperactive Preschoolers* (Harvey, Herbert, & Stowe, 2015)
- *Treating Explosive Kids* (Greene & Ablon, 2006)

Muitos desses programas estiveram em vigor por décadas. Os programas de Weber-Stratton, Thompson e Harvey são direcionados sobretudo para crianças pré-escolares. Os outros abrangem uma faixa etária mais ampla até a adolescência. Houve pouca inovação nesses métodos ao longo desse tempo, exceto por dois programas. Um foi o desenvolvimento do programa explicitamente voltado para crianças pré-escolares com TDAH denominado Programa de New Forest, desenvolvido por Thompson e colegas, na Europa, e um programa diferente para essa faixa etária, criado por Harvey, nos Estados Unidos. Nenhum deles é baseado na minha teoria do FE-AR. Esses programas focam, em certa medida, em sintomas específicos do TDAH, como a desatenção, e com crianças pré-escolares, mas também apresentam estratégias gerais para manejo do comportamento, assim como os programas tradicionais de BPT. Os outros programas são para crianças com problemas de conduta ou comportamentais e podem ser usados até a adolescência. Eles focam mais no conflito pais-filhos, na obediência e na melhora da consistência parental quanto às consequências (veja a lista a seguir).

Outra inovação ocorreu quando alguns desenvolvedores tentaram ampliar a BPT com as sessões focando no manejo do estresse dos pais, na aplicação de técnicas de *mindfulness* ou na terapia conjugal/de relacionamento. Embora estes sejam acréscimos intuitivos, pesquisas mostraram que houve pouco aumento na eficácia do programa.

Uma terceira inovação em curso atualmente é o desenvolvimento de versões desses programas de autoajuda parental baseados na internet, alguns dos quais são acompanhados da assistência presencial de um clínico. Infelizmente, no momento não existe um registro centralizado desses programas para que os clínicos possam acessar de maneira facilitada.

A maioria desses programas compartilha muitos dos mesmos princípios e métodos, apesar de algumas variações entre eles. Comuns a quase todos eles, exceto pelo último desenvolvido por Greene e Ablon,* os métodos ensinados aos pais são os seguintes:

- Aumentar a atenção, o elogio, o respeito e a aprovação parental para comportamento positivo e pró-social do filho o mais rápido possível após o comportamento.
- Reduzir as expressões parentais de emoções negativas em relação ao filho, em vez disso adotando um tom de voz mais diligente, porém neutro.
- Implementar, de forma planejada, a reação parental de ignorar aquelas estratégias de comportamento disruptivo para "chamar a atenção" que não são em resposta a um comando ou instrução (desobediência).
- Aprender a dar comandos mais efetivos via ajustes do estilo e do conteúdo pelo qual são dados.
- Tornar mais organizadas e claras as responsabilidades diárias (usando listas divulgadas), ao mesmo tempo tornando o acesso do filho aos privilégios diários contingente à obediência imediata aos comandos parentais, ao quadro de tarefas e às normas da família (em geral, por meio de um sistema caseiro de fichas, mas, para adolescentes, também por contratos de comportamento).
- Dar comandos ao filho pessoalmente e perto dele, não a vários quartos ou andares de distância gritando muito alto. Vá até a criança, toque seu ombro ou seu braço com afeição, faça a criança olhar para você, diga brevemente o que você quer que seja feito em um tom de voz diligente e, se necessário, peça que a criança repita.
- Reduzir a repetição das diretivas ou dos comandos que só servem para adiar o confronto inevitável em torno da não adesão – por exemplo, em meu programa, os pais são ensinados a dar um comando, contar até 5, depois dar um alerta, contar até 5, e então aplicar disciplina, como a perda de fichas, privilégios ou colocar de castigo.
- Reforçar esses comandos dentro de 10 a 15 segundos depois de verbalizá-los, com uma consequência disciplinar se não forem obedecidos. Em termos práticos, parar de protelar.
- Evitar que o filho deixe de obedecer ao comando ou à regra enquanto faz outra coisa, como assistir à televisão ou jogar um *videogame* depois que o pai deu a instrução. Os pais são ensinados a eliminar essas fontes de atividades concorrentes ou de distração antes e depois que o comando foi dado.
- Implementar um planejamento de transição um pouco *antes* de entrar em contextos ou iniciar atividades em que frequentemente ocorre conflito para ser mais proativo e desviar de problemas potenciais (como em meu programa *Crianças desafiadoras* [2013]).

Para esses programas, alguns desenvolvedores acrescentam outros exercícios para os pais focados na construção de um melhor relacionamento ou um vínculo mais positivo com o filho. Isso em geral é feito por meio de períodos de lazer não diretivo várias vezes por semana, em que os pais simplesmente comentam de maneira positiva ou de outras formas dão atenção ao comportamento lúdico positivo do filho, como em meu programa. Pesquisas mostraram que essa construção do

---

* O programa de Greene e Ablon não foca tanto no manejo de contingências segundo os princípios do condicionamento operante tradicional. Em vez disso, ele ensina aos pais a solução de problemas colaborativa, em que a criança é ativamente convidada para um *brainstorm* sobre possíveis formas de resolver os conflitos pais-filho, de modo a chegar a um acordo com os pais quanto a uma resolução do problema. Apenas dois estudos do desenvolvedor foram publicados até o momento, ambos de um único projeto. Eles mostraram pouca ou nenhuma vantagem dessa abordagem sobre a BPT tradicional (meu programa, especificamente) para melhorar os problemas de conduta da criança, embora alguns pais tenham relatado maior aceitabilidade dos métodos de solução de problemas que estavam sendo ensinados.

relacionamento não é necessária para famílias que buscam assistência para comportamentos problemáticos em cuidados primários, na escola ou outros contextos de serviço na comunidade que não são especificamente clínicas de saúde mental ou psiquiátricas. A razão para isso é que os problemas da criança em geral não chegaram a um estágio extremo em que a relação pais-filho é predominantemente negativa. No entanto, quando os pais procuram a assistência de contextos de saúde mental em nível secundário ou terciário, que são os ambientes em que pratiquei, é importante e eficaz ensinar estes exercícios focados no relacionamento, pois a relação pais-filho se desenvolveu conflituada e negativa.

DICA CLÍNICA

- O maior obstáculo à recomendação desses programas aos pais (se você mesmo não está fornecendo o tratamento) é localizar profissionais dentro da sua região geográfica que oferecem BPT de algum tipo. O problema da indisponibilidade pode ser parcialmente contornado com o uso de versões de livros comerciais de intervenções que os pais podem tentar implementar sozinhos, como as listadas anteriormente. Contudo, esses livros não serão tão efetivos para pais de crianças seriamente problemáticas ou quando as limitações psicológicas parentais tornam provável o fracasso de um programa estritamente autoimplementado. Portanto, dependerá de você procurar na sua área para identificar possíveis profissionais que ofereçam esse treinamento. Bons locais por onde começar são as clínicas de psicologia de universidades regionais ou departamentos de psiquiatria de centros médicos, que podem focar no treinamento dos seus alunos nesses programas, caso contrário, os *websites* de associações estaduais de psicologia e psiquiatria podem oferecer listas de clínicos registrados, com suas respectivas especialidades, que podem oferecer sugestões de profissionais treinados em BPT.

EFICÁCIA DO PROGRAMA E PREDITORES DE SUCESSO DO BPT

A eficácia do BPT declina com a idade da criança, portanto é mais eficaz no início da infância (65-75% de resposta positiva) e permanece nesse nível durante o ensino fundamental. Entretanto, por volta dos 12-14 anos de idade, declina para uma taxa de resposta de cerca de 25-35%. Isso ainda é melhor do que as abordagens tradicionais de terapia de família, mas é apenas um terço da taxa de resposta para crianças pequenas. Essa redução no benefício não é inesperada quando consideramos que os adolescentes estão se individualizando dos seus pais psicológica e socialmente, que a influência parental sobre eles declina de maneira acentuada, que a influência dos pares e outros efeitos fora de casa se tornam proeminentes e que as diferenças genéticas na personalidade, sobretudo a psicopatologia, se tornam mais proeminentes como influências nas relações familiares e no comportamento disruptivo do adolescente.

Que fatores influenciam o sucesso nesses programas?

- *Motivação parental para participar do BPT.* Pais que não solicitaram BPT (como em rastreios na comunidade identificando crianças de alto risco ou com TDAH/TOD) nem parecem interessados em recebê-lo (quando ofertado pelos clínicos depois de uma avaliação do seu filho) não são bons candidatos, já que a maioria dessas primeiras famílias ou mais de 28% das últimas não comparecerão às sessões, mesmo que sejam livres de custos.

- *Transtorno psicológico parental.* O TDAH parental aumenta significativamente o risco de fracasso no BPT, assim como depressão parental e TUSs. No entanto, as evidências são inconclusivas se o tratamento do TDAH parental com medicação resulta em melhor participação no BPT. Esses transtornos ainda precisam ser tratados antes ou concomitantes ao uso de BPT para oferecer a chance de pelo menos tentar aumentar a probabilidade de uma resposta positiva ao BPT.
- *Problemas de saúde crônicos no genitor,* como síndrome de fadiga crônica e outros. Esses problemas dificultam a aplicação dos métodos de forma consistente, sugerindo que, quando possível, o genitor não afetado assuma mais o papel de cuidador do filho, enquanto o genitor afetado assume outras responsabilidades na família.
- *Educação parental.* Pais com menos instrução e aqueles de níveis socioeconômicos inferiores precisarão de mais treinamento individual em BPT em vez de treinamento em grupo, e podem não responder muito bem mesmo assim.

DICAS CLÍNICAS

- Embora os programas de BPT não abordem diretamente os déficits no FE-AR, alguns dos métodos ensinados aos pais são compatíveis com alguns dos princípios de manejo originários da teria do FE-AR do TDAH.
  - Os déficits na automotivação e cegueira temporal associados ao TDAH respondem ao uso de recompensas artificiais e ao uso de punição leve alternada para infrações às normas. *No entanto, quanto mais próximos os componentes das contingências estiverem do reforço, mais efetivos serão com uma criança com déficit no FE-AR.*
  - Dar instruções breves e claras, além de divulgá-las em quadros de tarefas ou outros métodos de registro usados em sistemas de fichas, pode ajudar a descarregar algumas das demandas da memória de trabalho nas tarefas designadas dentro desses programas e, assim, são de alguma ajuda para crianças e adolescentes com TDAH.
  - Procedimentos de planejamento da transição para se tornar mais proativo na preparação para situações imediatamente posteriores em geral repletas de conflito é outra forma de tornar as expectativas breves, claras e externas para a criança com TDAH, mais uma vez ajudando com os aspectos da memória de trabalho dessas atividades, além de aumentar a motivação para obedecer à sua promessa de consequências imediatas.
- Certifique-se de oferecer aos pais uma compreensão clara da justificativa para recomendar BPT. Depois que você tiver explicado que o TDAH não se origina da parentalidade, os pais questionarão por que então eles precisam desse treinamento. Como Anil Chacko e colaboradores (Chacko et al., 2015) escreveram em outro lugar, abordar esse obstáculo bem conhecido ao BPT, além de assegurar que os pais entendam o que é esperado deles nesse treinamento, pode ajudar a melhorar sua participação e adesão ao programa.
- Se você estiver dando o treinamento, esteja preparado para designar uma tarefa de casa, monitorar o progresso, checar semanalmente a não adesão e abordar obstáculos à implementação das habilidades, quando surgirem. Não é suficiente simplesmente transmitir aos pais as informações e os conjuntos de habilidades durante o treinamento.

EFEITOS COLATERAIS DO BPT

Quando os tratamentos são suficientemente potentes para produzir mudança comportamental, não deve causar surpresa que eles também tenham efeitos colaterais. Porém, mesmo que os alertas sobre a sua ocorrência tenham ecoado por décadas, eles receberam pouca atenção na prática clínica. É importante, no entanto, estar ciente dos seguintes tipos de eventos adversos comuns a muitas intervenções psicossociais, entre outras:

- o estresse do paciente e da família pode aumentar;
- o estigma ou o medo de estigma em crianças e adolescentes pode aumentar;
- sessões familiares ou de casal podem aumentar conflito com outros;
- a ansiedade do paciente, os episódios dissociativos, a revivência de eventos traumáticos, o pensamento distorcido, etc., podem aumentar;
- BPT e terapia familiar comportamental podem aumentar a agressão e o conflito familiar;
- o treinamento em grupo de crianças e adolescentes pode levar a treinamento desviante;
- os sintomas do transtorno ou deterioração nos alvos do tratamento podem ser piorados;
- a obtenção de um tratamento mais eficaz (i.e., medicações) pode ser adiada;
- outras terapias (medicações) podem ser mais baratas;
- os clínicos que estão tratando e não consideram o potencial para produzir danos muitas vezes podem não monitorar ou detectar efeitos colaterais;
- os efeitos têm menos probabilidade de serem relatados aos clínicos pelos pacientes devido à percepção de que a relação pode ser afetada adversamente.

Esses e outros eventos adversos (EAs) podem ocorrer durante o BPT (veja Barkley, 2018b, e Allan & Chacko, 2018, nas Referências). Por quê? Alguns desses EAs surgem devido à variabilidade nas características psicológicas, na comorbidade, etc., das crianças e também na fidelidade parental na implementação dos métodos. Outros EAs podem se originar da falta de treinamento do clínico na implementação dos métodos. Cerca de 10-24% dos pais podem relatar uma deterioração nos alvos do tratamento pretendidos, como a piora dos sintomas de TOD do seu filho ou outros problemas de conduta e de conflito pais-filho como uma função do BPT. Alguns desses pacientes tiveram sintomas de TOD bem severos (ou, possivelmente, TDDH). Assim, a instituição da definição de limites, disciplina ou mesmo o uso contingente de privilégios foi suficiente para provocar maior conflito entre pais e filhos, ou até uma escalada da violência por parte do filho. Outras crianças podem experienciar aumento na tristeza ou depressão, e decréscimo na autoestima, sobretudo durante o uso de métodos disciplinares.

Portanto, deve ser tomado cuidado para que periodicamente haja um questionamento acerca desses EAs durante o treinamento, e não simplesmente assumir ingenuamente que nunca haverá nenhuma piora nas relações pais-filho decorrentes desses programas. Talvez se a criança ou o adolescente já for reconhecido como fisicamente violento, então programas alternativos provavelmente precisarão ser usados, como o de Greene e Ablon (2006) sobre solução de problemas colaborativa. Ou os clínicos podem pelo menos implementar somente os aspectos de reforçamento positivo do programa de BPT.

DICA CLÍNICA

- Para crianças cuja idade da linguagem ou do desenvolvimento intelectual estiver abaixo de 2 ou 3 anos, considere o uso de programas de condicionamento mais intensivos, como os

> usados para crianças com TEA, já que boa parte do foco do programa de BPT é baseado na linguagem, e que essas crianças podem ser opositoras principalmente devido à linguagem ou a habilidades mentais limitadas.

TERAPIAS COGNITIVO-COMPORTAMENTAIS PARA ADOLESCENTES COM TDAH

TREINAMENTO DE SOLUÇÃO DE PROBLEMAS E COMUNICAÇÃO ENTRE PAIS-ADOLESCENTE

Assim como os programas de BPT para TOD, que são extrapolados para o TDAH, conforme já discutido, os programas de treinamento familiar para conflitos entre pais-adolescente (em geral relacionados ao TDAH e ao TOD comórbidos) também foram extrapolados para adolescentes com TDAH. Uma forma de TCC para adolescentes e seus pais é o treinamento em solução de problemas e comunicação (PSCT, do inglês *problem-solving and communication training*). Uma versão desta abordagem foi inicialmente desenvolvida por Gerald Patterson e Maureen Forgatch (Forgatch & Patterson, 1989), nas décadas de 1970 e 1980, para uso com adolescentes com comportamento agressivo ou problemas de conduta. Essa abordagem foi mais refinada por Arthur Robin e Sharon Foster, na década de 1980 (veja Robin & Foster, 1989). O paradigma foca no treinamento dos pais e do adolescente opositor em (1) etapas da solução de problemas e negociação, (2) padrões de comunicação mais positivos durante a solução de problemas e (3) detecção e enfrentamento de crenças irracionais de uns sobre os outros que podem atuar em detrimento da solução do problema (p. ex., "Meu adolescente está intencionalmente sabotando nossa vida familiar e nossas regras"; "Se meus pais me amassem, eles me deixariam fazer o que eu quero"). Como o BPT, o programa foca sobretudo na redução do conflito pais-adolescente e na melhora das habilidades para a solução de problemas, tanto nos pais quanto nos adolescentes, além de promover o maior cumprimento das normas pelos adolescentes. Ele não foca nos sintomas do TDAH nem nos déficits da FE. Há evidências em diversos estudos de que o programa é melhor para tratar esse conflito pais-filho do que um grupo-controle em lista de espera. Sessões de reforço são recomendadas periodicamente, para monitorar problemas de interação na família e ajudar a manter os ganhos iniciais do tratamento.

Arthur Robin e eu combinamos elementos do programa Crianças desafiadoras focado no manejo do comportamento com sua abordagem do PSCT. Testamos esses métodos em vários estudos com adolescentes com TDAH e TOD. Os vários métodos são explicados em nosso manual do clínico, *Adolescentes desafiadores* (Barkley & Robin, 2014). Nossa pesquisa identificou que os dois programas melhoraram o conflito pais-adolescente em nível grupal comparados com um grupo-controle de terapia familiar tradicional, embora nenhum dos nossos dois programas fosse melhor nesse aspecto do que o outro. Entretanto, menos famílias abandonaram o programa de BPT quando comparadas com o programa de PSCT. Posteriormente combinamos estas abordagens e comparamos com PSCT unicamente. A combinação foi em alguns aspectos superior a cada programa usado de maneira isolada, sobretudo na prevenção de abandono da terapia pela família. Tenha em mente que também modificamos os métodos de manejo de contingências que desenvolvi para crianças de modo que fossem mais apropriados à idade para os adolescentes (p. ex., substituir as pausas por castigos, substituir os sistemas de fichas por sistemas de pontos).

Quando examinados no nível individual de análise (em vez das comparações grupais tradicionais), observamos que os dois programas e sua combinação foram úteis para apenas uma minoria das famílias (20-35%).

Entre 18 e 38% das famílias abandonaram esses tratamentos antes da conclusão, e 10-20% ou mais das famílias nos respectivos tratamentos relataram piora dos conflitos familiares com seus adolescentes devido ao tratamento. Assim como o BPT, os efeitos colaterais ou os EAs podem ocorrer com terapias familiares comportamentais para adolescentes com TDAH, incluindo deterioração nos alvos pretendidos da terapia (veja Barkley, 2018b). No entanto, essas taxas de resposta modestas foram superiores às que encontramos com a terapia de família tradicional, que serviu como nosso grupo de comparação com o tratamento tradicional, com o qual apenas 5-10% das famílias melhoraram.

DICAS CLÍNICAS

- Futuras inovações com este programa precisam combiná-lo com medicação para o TDAH do adolescente, colocar mais foco nas afiliações do adolescente com os pares e nas atividades fora de casa, juntamente com habilidades para solução de problemas entre pais-adolescente, usar serviços adicionais para melhorar a competência na escola e procurar mais grupos de pares pró-sociais ou atividades organizadas com os pares (p. ex., esportes ou escotismo) nos quais envolver o adolescente.
- Eu também recomendaria encontrar recursos na comunidade para desenvolver mais alguma aptidão não tradicional que o adolescente possa ter (esportes, artes, música, teatro, interesses empreendedores, tecnologia, etc.) como uma compensação para o sucesso limitado que a maioria dos adolescentes com TDAH tem na escola. Esse sucesso limitado pode levá-los a perder a motivação para participar ou mesmo frequentar as aulas, e se torna um preditor importante para o desvio para atividades antissociais e afiliação com pares antissociais.

PLANEJAMENTO E TREINAMENTO ORGANIZACIONAL DE ADOLESCENTES COM TDAH

Auto-organização é um déficit importante da função cognitiva na vida diária associado ao TDAH. Foram desenvolvidos três programas que trabalham diretamente com adolescentes com TDAH em habilidades organizacionais relacionadas ao trabalho escolar (dever de casa, principalmente).

O programa Sprich-Safren

Um desses programas foi desenvolvido por Sprich e colegas (Sprich & Safren, 2020), e é uma extensão do seu programa de TCC voltado para déficits na FE em adultos com TDAH. O programa de Sprich compreende 12 sessões de 45 ou mais minutos cada, em que os terapeutas trabalham individualmente com os adolescentes. Os pais são incluídos em várias sessões, para que tomem conhecimento dos conjuntos de habilidades que estão sendo ensinados ao seu adolescente e saber como promover seu uso em casa. Essas sessões também trabalham na comunicação pais-adolescente de formas similares ao meu programa com Robin, mencionado anteriormente. Como na TCC tradicional, os adolescentes se submetem a algumas sessões focando em alguns métodos de reestruturação cognitiva (identificada como pensamento adaptativo) para auxiliá-los a pensar mais racionalmente sobre suas emoções, o que pode estar provocando essas emoções e como usar o monitoramento do pensamento e o autodiálogo para tentar corrigir sentimentos e cognições desadaptativos. A maioria das sessões (módulos) trabalha na organização, no gerenciamento do tempo, no planejamento, no manejo da distração e na procrastinação/automotivação. Também são realizadas sessões de reforço após o término do tratamento, como forma de prevenção de recaída.

Pesquisas com esse programa constatam que ele melhora significativamente os sintomas do TDAH em adolescentes e os déficits na FE com base nas avaliações dos pais e dos avaliadores independentes. Todos os adolescentes estavam usando medicamento durante o treinamento, e assim o programa deveria ser visto como complementar ou um suplemento para a medicação, e não como uma alternativa a ela. Não está claro o quanto esses benefícios se mantêm depois do término do tratamento e das sessões para prevenção de recaída. Uma variação nesse programa também foi estudada por outros investigadores e se mostrou efetiva na melhora da autoestima dos adolescentes e nas avaliações da desatenção pelos pais e pelos professores. Para crédito dos autores, um manual foi publicado comercialmente, em conjunto com um livro de exercícios separado para os adolescentes, para que os clínicos possam usá-los para implementar esse programa (Sprich & Safren, 2020).

O programa HOPS

Outro programa semelhante à TCC para adolescentes que foca ainda mais no treinamento de habilidades e estratégias para adolescentes com TDAH e se concentra no dever de casa da escola é o programa Habilidades de Organização e Planejamento do Dever de Casa (HOPS), desenvolvido por Langberg (2011). Na maioria das 16 sessões, o terapeuta treina o adolescente em vários métodos relacionados ao registro e ao agendamento do dever de casa, à organização dos materiais, ao gerenciamento e ao planejamento do tempo e à motivação, entre outros domínios relacionados à FE. Além disso, os pais recebem várias sessões para que tomem conhecimento das mesmas estratégias, para ajudá-los com o monitoramento e o apoio ao seu uso em casa, e também para algumas orientações sobre o uso do manejo de contingências para reforçar a utilização das estratégias pelo adolescente.

Evidências de pesquisas mostram melhora acentuada na execução do dever de casa e menos problemas em torno da sua realização. Também é digno de nota que um manual se encontra disponível comercialmente para clínicos de saúde mental, para que aprendam a implementar esse programa com seus pacientes quando necessário, dessa forma tornando-o mais amplamente disponível (Langberg, 2011).

O programa STAND

Uma terceira intervenção focada no dever de casa e no trabalho escolar direcionada para adolescentes com TDAH é o paradigma Supporting Teens' Autonomy Daily (STAND), desenvolvido por Sibley (2020). Ele também procura abordar déficits relacionados à FE associados ao TDAH em adolescentes, como gerenciamento do tempo, organização, planejamento e automotivação, entre outros. O programa usa 10-12 sessões semanais de 1 hora com os pais-adolescente, para permitir uma melhor colaboração entre eles na abordagem dos problemas relacionados ao funcionamento executivo e ao trabalho escolar, e adequar os métodos às ecologias familiares específicas de cada família. Isso também permite que o terapeuta implemente mais recomendações do PSCT, como o meu programa com Robin (Barkley & Robin, 2014), para ajudar na comunicação pais-adolescente e na solução de problemas. Esta abordagem difere das duas anteriores por incorporar mais sessões, em que os pais estão envolvidos em ajudar os adolescentes a implementar estas habilidades no ambiente doméstico. Ela também foca na autoeficácia, ou nas crenças cognitivas referentes à habilidade do indivíduo para dominar as competências e ter êxito no cumprimento dos desafios encontrados no desenvolvimento do funcionamento adaptativo.

DICAS CLÍNICAS

- Esteja alerta aos efeitos adversos em um subgrupo de adolescentes com TDAH que se originam desses programas de treinamento organizacional. Eles são discutidos em detalhes por Burchtein e Langberg (2018), juntamente com sugestões para abordá-los. Alguns desses EAs incluem aumento na depressão, responsabilizar o adolescente por falhas adicionais em atingir objetivos no programa ou na escola, pensamento desadaptativo ou negativo e desânimo, aumento da apatia em relação aos objetivos do programa, aumento do conflito pais-adolescente, maior estresse familiar e resistência absoluta ao treinamento, conforme descrito anteriormente, nas abordagens de treinamento familiar para adolescentes com TDAH e TOD/TC.

● É importante indagar periodicamente sobre estes e outros EAs durante o tratamento, já que os pais e os adolescentes muitas vezes relutam em expressá-los voluntariamente quando não são estimulados a fazê-lo.

TREINAMENTO EM MEDITAÇÃO *MINDFULNESS* DE ADOLESCENTES COM TDAH

Algumas pesquisas focaram no treinamento de adolescentes com TDAH em métodos baseados em *mindfulness* de melhora do seu TDAH, psicopatologia reportada por outros (depressão, ansiedade) e desempenho no dever de casa e no trabalho escolar. Os estudos são poucos (quatro ou cinco, dependendo se a metodologia é científica ou se são apenas observações clínicas de antes ou depois de serem usadas) e envolvem amostras muito pequenas. Seus resultados são fracos, quando muito, para os sintomas de TDAH, e discutíveis para as outras áreas de ajustamento dos adolescentes que foram avaliadas. Portanto, essa abordagem permanece sendo experimental com alguma promessa, mas não tem evidências suficientes para recomendar a adoção clínica para lidar com adolescentes com TDAH no momento atual. São necessárias pesquisas muito maiores e mais rigorosas (veja Davis & Mitchell, 2020).

COACHING DE AMIZADE: TREINAMENTO DOS PAIS PARA MELHORAR AS HABILIDADES SOCIAIS DO SEU FILHO

O treinamento de habilidades sociais, segundo tradicionalmente ensinado a crianças e adolescentes com TDAH na maioria das clínicas e em escolas, não é eficiente para melhorar as relações das crianças ou adolescentes com TDAH com seus pares. Isso provavelmente se deve ao fato de que esses programas tradicionais não são planejados com base no que é conhecido sobre os problemas inerentes nas relações e interações com os pares de crianças e adolescentes com TDAH. Como Amori Mikami (2015) expressou tão bem, as intervenções nas habilidades sociais para crianças e adolescentes com TDAH precisam estar fundamentadas em evidências empíricas de exatamente quais são os problemas que elas experienciam ao interagir com outras crianças.

O fracasso desses programas para melhorar as relações com os pares para adolescentes com TDAH também é devido aos seguintes fatores:

■ O foco no treinamento de habilidades, ou no compartilhamento de conhecimento, na crença rudimentar de que o problema principal aqui é que crianças e jovens com TDAH não conhecem as habilidades sociais apropriadas.

■ O fato de que o treinamento em geral é feito em grupos de crianças inicialmente não familiarizadas com a criança com TDAH, dessa forma fazendo generalizações baseadas no grupo social típico dos adolescentes e à ecologia altamente duvidosas.

■ O fato de que muitos desses grupos de habilidades sociais se realizam em contextos artificiais ou atípicos, e não no fluxo das interações sociais típicas na ecologia natural como elas ocorrem nas vidas das crianças participantes.

Como deixa claro a teoria do FE-AR do TDAH (veja o Capítulo 1), o maior problema nesse transtorno não é se o indivíduo sabe o que fazer, mas se ele consegue fazer o que sabe. Por isso, compartilhar mais conhecimento sobre habilidades sociais não se traduz automaticamente no uso dessas habilidades pela criança onde e quando seria recomendável que ela o fizesse (o ponto de desempenho). Para que seja efetivo, um programa precisa focar nos problemas de desempenho no fluxo típico das interações da criança com os pares nesses contextos naturais.

Em contrapartida, depois que a natureza precisa dos problemas sociais de uma criança é conhecida, os terapeutas e outros cuidadores podem criar vários estímulos externos e apoio *em pontos-chave de desempenho durante o fluxo natural das interações com os pares na ecologia social típica da criança*. Esse tipo de estrutura ou apoio estimula e reforça a utilização desses comportamentos sociais necessários para melhorar as relações com os pares típicos em contextos naturais.

Baseada em seus estudos de problemas com os pares em crianças com TDAH e na teoria do FE-AR, Mikami criou o programa de *Coaching* Parental de Amizade. Ele pretende abordar os obstáculos mencionados anteriormente e outros. O programa de Mikami faz o seguinte:

■ Aborda os supostos déficits no desempenho em crianças com TDAH. Como os pais estão fortemente envolvidos nas interações sociais dos seus filhos, sobretudo durante encontros para brincadeiras, o *Coaching* Parental de Amizade conta com os pais para dar aos seus filhos lembretes *in vivo* durante as interações com os pares, aumentando a probabilidade de generalização das habilidades e instruindo os pais a reforçar o que seu filho está aprendendo, de tal forma que o pai (não o clínico) instrua seu filho no conhecimento de habilidades sociais.

■ Ele considera os fatores sociais contextuais que influenciam as relações com os pares, enquanto o treinamento tradicional de habilidades sociais em grande parte ignora a influência que as atitudes, as cognições e os comportamentos dos pares também têm nos problemas sociais de crianças com TDAH.

■ Ele não assume que a melhora do comportamento da criança com TDAH resultará diretamente no aumento da sua ligação com seus pares. Em vez disso, o *Coaching* Parental de Amizade treina os pais a proporcionar diversão, oportunidades sociais estruturadas para que os pares vejam a criança com TDAH por uma perspectiva positiva (em alguns casos, isso requer que os pares mudem suas impressões negativas iniciais da criança com TDAH); para isso, também é preciso que os pais ampliem suas próprias redes sociais.

■ Ele treina os pais em como escolher os amigos potenciais "corretos" que ajudarão a despertar o melhor comportamento social na criança com TDAH.

O programa de *Coaching* Parental de Amizade consiste em oito sessões grupais de 90 minutos para os pais. Há também duas sessões individuais de 45 minutos. Nas sessões individuais, o terapeuta enfatiza três tópicos.

1 Os pais aprendem a aumentar o acolhimento e a positividade em suas relações com seus filhos com TDAH, porque pais que têm relações positivas com seus filhos podem ajudá-los a ter boas relações com os pares, já que as crianças usam os comportamentos dos pais como um modelo a ser seguido em suas interações com os pares.

2 Os pais aprendem a treinar seus filhos em habilidades sociais fundamentais. Os pais podem usar discussão e dramatizações para ajudar os filhos a aprender as habilidades. Porém, esse *coaching* em conhecimento e habilidades sociais difere do treinamento de habilidades sociais tradicional em vários aspectos. Primeiramente, os pais focam de maneira mais específica em habilidades importantes para ajudar o filho a desenvolver amizades. Em segundo lugar, os pais aprendem como introduzir contingências para melhorar a generalização dessas habilidades durante as interações com os pares *in vivo*, como monitorar a forma como seu filho aplica essas habilidades durante o encontro lúdico e, se a criança não estiver demonstrando um comportamento socialmente habilidoso, como intervir por meio de lembretes ou redirecionamento. Os pais então conversam com seu filho depois do encontro lúdico sobre o comportamento que a criança apresentou e fornecem reforços, se necessário, para encorajar a criança a exibir as habilidades sociais novamente – aspectos identificados em pesquisas prévias que encorajam o comportamento habilidoso das crianças em situações com os pares.

3 Os pais são treinados para abordar fatores contextuais sociais para facilitar ao máximo as relações do seu filho com os pares. Por exemplo, é sabido que pais que têm boa competência social e suas próprias redes sociais ajudam seus filhos a fazer amizades, pois esses pais organizam encontros lúdicos para seus filhos com os filhos dos seus amigos. O *Coaching* de Amizade treina os pais a escolherem criteriosamente os pares corretos como amigos potenciais para seu filho – como os pares que parecem positivamente receptivos ao seu filho (ou pelo menos não inclinados negativamente), que são relativamente tolerantes e de mente aberta sobre os sintomas do TDAH e que têm interesses como os do seu filho; eles também podem procurar relacionamentos em que o par e seu filho estimule o bom comportamento (ou, pelo menos, não provoque mau comportamento) um no outro.

Os resultados de pesquisas que estudam esse programa mostram que ele produz melhoras confiáveis e significativas nas habilidades sociais de crianças com TDAH. Um programa similar também foi desenvolvido por Mikami para uso por professores em contextos de educação regular para ajudar crianças com TDAH com suas habilidades sociais nesse contexto. Lamentavelmente, o programa para educadores ainda não está disponível comercialmente, mas a versão para pais do programa de Mikami deve estar disponível no começo de 2022. Aguardo com expectativa que esse programa se torne mais amplamente disponível. Até lá, não recomendo programas convencionais de treinamento de habilidades sociais. De fato, 25% das crianças com TDAH expostas a esses grupos de treinamento ficam mais agressivas como uma função do treinamento desviante por pares mais agressivos no mesmo grupo. Como Mikami (2018) discutiu, os programas de treinamento em habilidades sociais podem produzir efeitos colaterais ou EAs em uma minoria substancial das crianças, incluindo o treinamento desviante já citado, sem mencionar as mudanças nas autopercepções e a possível estigmatização pelos outros devido a essa participação no tratamento.

CAPÍTULO 8

MANEJO DO TDAH NA ESCOLA

O ambiente escolar é o domínio das atividades da vida com mais probabilidade de estar sendo prejudicado em crianças e adolescentes com TDAH. Felizmente, existem inúmeros métodos baseados em evidências que podem melhorar o comportamento e o desempenho de muitas crianças e adolescentes com TDAH nesse aspecto crucial da vida. Como este capítulo mostra, a vasta maioria dos métodos é consistente com a teoria do FE-AR do TDAH e o enquadramento do manejo derivado dela, explicado no Capítulo 6.

O objetivo deste capítulo é apresentar uma visão geral dos métodos de manejo. Você poderá encontrar detalhes adicionais em *Managing ADHD in School* (Barkley, 2016) e no capítulo de Pfiffner e DuPaul (Barkley, 2015). Algumas outras fontes de informação estão listadas nas Referências deste capítulo e no final deste livro (veja o Folheto 16, no Apêndice A). Além disso, um folheto reproduzível (Folheto 30, no Apêndice A) contém inúmeras estratégias para usar ao ajudar alguém com TDAH na escola, e que você pode compartilhar com os professores, seja diretamente ou fornecendo-o aos pais. Você também pode se basear nos manuais comercialmente disponíveis para auxiliar adolescentes com TDAH com o trabalho escolar, discutidos no Capítulo 7.

Além dos métodos específicos para fazer acomodações na escola, modificar o comportamento disruptivo e aumentar o desempenho escolar produtivo, as crianças e os adolescentes com TDAH são elegíveis para serviços educacionais especiais pela lei Individuals with Disabilities Education ACT (IDEA; em geral dentro da categoria "Other Health Impaired" se não forem elegíveis devido a uma condição comórbida) e a Seção 504 da lei Americans with Disabilities ACT.*

Parte do material neste capítulo é adaptado, com permissão, de "Treatment of ADHD in School Settings" (Pfiffner & DuPaul, 2015). Copyright © 2015 The Guilford Press.

* N. de R. T. Este capítulo remete a leis e normas adotadas nos Estados Unidos. No Brasil, consultar a Lei nº 14.254, de 30 de novembro de 2021. http://www.planalto.gov.br/ccivil_03/_ato2019-2022/2021/Lei/L14254.htm

Os clínicos devem estar familiarizados com esses direitos federais (e as regulações estaduais para implementação) e os serviços que eles autorizam para pacientes com TDAH.

DICAS CLÍNICAS

- Nos Estados Unidos, cada estado está autorizado a elaborar suas próprias políticas para implementação das regulações federais dentro dos seus distritos escolares, portanto espere variação considerável entre os estados quanto aos serviços que podem ser oferecidos com base nessas leis. DuPaul e Stoner (2014) oferecem um recurso valioso, além de vários materiais fornecidos *on-line* em www.chadd.org e no manual do educador do CHADD (CHADD, 2006).
- Tenha em mente que um dos tratamentos mais efetivos para combinar com tais direitos, acomodações e métodos de manejo é a medicação para TDAH, discutida nos Capítulos 9 e 10. A maioria das pesquisas mostra que esses medicamentos produzem mais resultados positivos com custo muito menor para muitas crianças e muitos adolescentes com TDAH do que métodos e programas de manejo comportamental na escola de maneira isolada. A combinação de medicamentos com programas psicossociais na escola muitas vezes produz os resultados mais próximos do ideal.

A IMPORTÂNCIA DOS PROFESSORES

O fator número um para promover o sucesso escolar para uma criança com TDAH, na minha opinião, não é o tipo de escola, seja pública ou privada, mas a qualidade do professor designado para trabalhar com esta criança durante o ano. Professores que estão abertos a aprender a respeito e a fazer acomodações em suas classes para alunos com deficiências e que entendem ou estão dispostos a aprender sobre TDAH e a sua natureza como um transtorno do FE-AR, para não mencionar suas etiologias e riscos no curso da vida, obtêm os melhores resultados de crianças e adolescentes com TDAH. Eles entendem que o transtorno é uma incapacidade e que eles precisam proporcionar acomodações para os déficits no FE-AR, para que as crianças façam e aprendam melhor enquanto estiverem sob seus cuidados. *Mais importante do que uma criança estar recebendo acomodações educacionais especiais formais ou informais na escola ou ter um plano educacional individualizado (PEI) no arquivo é que os professores estejam dispostos a implementar tais acomodações e planos para a criança ou o adolescente com TDAH.*

DICAS CLÍNICAS

- Encoraje os pais de maneira enfática a serem proativos na seleção dos professores que trabalharão com seu filho com TDAH, reunindo-se com o diretor da escola periodicamente e antes da distribuição dos alunos entre os professores ser feita. Nessa reunião, os pais devem pedir assistência na identificação dos professores mais informados e experientes nesta próxima série para trabalhar com seu filho com TDAH. Deixar isso para o acaso pode ser uma receita para o desastre no ano letivo seguinte e será incrivelmente difícil corrigir depois do fato consumado.
- Pode ser esperado que os professores designados sejam inadequados para a tarefa ou posteriormente demons-

trem isso. Quando não existir nenhuma outra opção dentro desse distrito escolar, os pais devem procurar educadores/tutores experientes para trabalhar com o filho depois da escola para recuperar o que foi perdido durante o dia letivo ou buscar nos arredores uma escola privada que seja reconhecida por ter professores no nível dessa série mais instruídos e compassivos na educação de uma criança ou adolescente com TDAH. É melhor pagar do seu próprio bolso do que perder um ano letivo inteiro para um professor que não é competente em TDAH.

- Se você não conhece escolas como essa, encoraje os pais a verem se existe nas suas proximidades um grupo de apoio a pais para famílias que têm filhos com TDAH, como no *website* www.chadd.org. Nesse caso, pergunte ao seu presidente ou a outros membros quem eles recomendam como professores. Caso contrário, e se houver uma universidade nas proximidades, contate a faculdade de psicologia ou o departamento de educação especial, a fim de buscar indicação de professores e escolas naquela região para uma criança ou adolescente com TDAH.

MANEJO DO COMPORTAMENTO EM ESCOLAS

Todos os princípios do manejo comportamental apresentados no Capítulo 7 são altamente semelhantes aos princípios que precisam ser seguidos na aplicação de métodos de manejo do comportamento no contexto escolar. Dentre eles está a necessidade de consequências frequentes, imediatas e mais evidentes, e mais responsabilidade pelas regras, tarefas e atribuições com mais frequência no ambiente escolar. Esses métodos, combinados com o uso de estratégias de manejo de contingências proativas e reativas para abordar o comportamento disruptivo e o trabalho improdutivo, funcionam bem em contextos escolares.

DICAS CLÍNICAS

- Alguns dos 12 princípios que apresentei no Capítulo 7 do meu livro mais recente (Barkley, 2021) também se mostrarão úteis em contextos escolares, como descarregar as demandas da memória de trabalho, externalizar o tempo, fazer manuais para solução de problemas, usar mais motivadores externos e planejar a transição.
- As lições do Capítulo 6 e o enquadramento do tratamento também se aplicam aqui, como a instituição de métodos em pontos-chave do desempenho problemático na ecologia natural da criança ou do adolescente.
- Também são aplicáveis as sugestões para lidar com a "cegueira temporal" e a "miopia" para o futuro inerentes ao transtorno (temporizadores externos, dividir tarefas mais longas em cotas mais curtas com intervalos frequentes e recompensas imediatas, etc.).
- Também é importante entender que o tratamento é muito mais sobre melhorar a motivação para mostrar o que um aluno sabe do que sobre saber como se comportar (esta é a diferença entre um transtorno do desempenho, como o TDAH, e um transtorno do conhecimento, como o TEA ou DEAs).

O que apresentamos a seguir foi adaptado dos meus livros de orientações a pais e professores (Barkley, 2016, 2020), igualmente aplicáveis aos clínicos.

O QUE PROCURAR EM UMA ESCOLA

O primeiro passo para ajudar uma criança com TDAH a atingir o sucesso educacional é escolher a escola certa. No mundo real, muitos de nós não temos essa opção. Seja porque a situação financeira descarta a escola particular ou porque a comunidade não é suficientemente grande para oferecer uma variedade de opções. Nesses casos, os pais escolhem as opções que estão disponíveis, o que frequentemente pode se limitar a obter o melhor professor possível. Ainda assim, atualmente, cada vez mais, os pais – com filhos com TDAH ou não – estão tomando suas decisões de moradia baseadas no sistema escolar local. Portanto, se uma criança tem TDAH, os pais podem querer a sua orientação sobre o que procurar em uma escola. Isto é o que você deve dizer aos pais:

1 *Falem com os diretores* para saber sobre seu conhecimento do TDAH como uma deficiência educacional, quanto treinamento prático os professores tiveram sobre o transtorno e o quanto a escola é receptiva ao ingresso dessas crianças (assumindo que esta é uma escola particular; as escolas públicas são obrigadas a aceitá-las).

2 Se a escola aceita essas crianças, *indague sobre o tamanho das turmas*. Elas devem ser o menor possível (12-15 por professor é o ideal, e 30-40 é um absurdo). Além disso, que assistência extra está disponível para ajudar um professor? A escola tem psicólogos escolares, psiquiatras, psicólogos clínicos e educadores especiais para os professores consultarem a respeito de crianças que têm problemas? Há professores mestres dentro da escola que têm treinamento extra em TDAH, transtornos de linguagem ou transtornos do comportamento e que podem servir como conselheiros ou mentores para professores mais jovens, menos experientes ou com menos conhecimento sobre métodos de manejo em sala de aula para lidar com TDAH?

3 Pergunte a respeito da *atitude da escola em relação ao uso de medicamentos para modificação do comportamento* por crianças com TDAH. Algumas escolas acham que medicação não é nem necessária nem benéfica. Essas escolas estão claramente afastadas da literatura científica e devem ser evitadas. Mesmo que a criança não esteja tomando nenhum medicamento atualmente, em algum ponto ela poderá precisar, e então os pais vão querer uma escola que seja bem-informada e cooperativa. Que mecanismos a escola tem em funcionamento para a administração e o monitoramento da medicação? A maioria das escolas tem políticas formais sobre esses assuntos. Muitas escolas requerem, por exemplo, uma declaração assinada por um médico sobre o tipo e a dosagem do medicamento e o horário da sua administração. As escolas públicas muitas vezes requerem que o médico submeta um formulário de aprovação separado ao departamento estadual de educação antes que elas permitam que medicamentos sejam dados na escola. Felizmente, com o desenvolvimento de medicamentos de ação prolongada para TDAH, está se tornando menos comum que as crianças precisem tomar medicamento durante o horário escolar. Uma dose de um desses medicamentos mais novos uma vez pela manhã antes da escola ou, com uma nova versão de liberação retardada, ainda na noite anterior (veja o Capítulo 9), geralmente pode ser suficiente para que a criança passe o dia na escola com medicamento suficiente na sua corrente sanguínea.

4 Pergunte se a escola tem *procedimentos formais para ações disciplinares e apelos* dessas decisões. Em caso afirmativo, diga aos pais que obtenham uma cópia escrita das políticas para ver os diretos que seu filho tem caso problemas de comportamento precisem ser disciplinados pela má conduta. Eles então poderão determinar o quanto se sentem confortáveis com essas políticas. Certifique-se de que as políticas não sejam apenas punitivas, mas também enfatizem os esforços que a escola provavelmente fará para ajudar o aluno com TDAH a evitar repetir o comportamento.

5 Pergunte se o diretor encoraja a *comunicação aberta e frequente entre família-escola*. Os pais serão bem-vindos ao visitarem a escola periodicamente para ver como seu filho está se saindo? Eles podem solicitar reuniões entre pais-professor sem muita burocracia? A contribuição dos pais é valorizada pela escola? Algumas escolas terão agendas diárias que as crianças levam consigo entre a escola e sua casa, todos os dias, referentes a questões comportamentais naquele dia. Muitas outras têm portais acessíveis pela internet para pais e professores se comunicarem sobre questões importantes. A agenda ou o *website* também pode indicar o que foi estudado em cada disciplina principal e qual é o dever de casa daquela disciplina a cada dia. Tais agendas ou portais no *website* são ótimos para manter os pais informados sobre o desempenho diário do seu filho. Outras escolas permitem ou mesmo encorajam o contato professor-pais via *e-mail* para os mesmos fins.

6 Pergunte, caso os pais achem necessário, se a equipe da escola está aberta a que um profissional externo, como você ou outro especialista, visite a escola com eles para discutir o TDAH do seu filho e o programa educacional, e talvez fazer mais recomendações para melhorá-lo. Se o diretor da escola ou o professor parecer defensivo sobre essa orientação externa, sugira que os pais encontrem outra escola.

7 Pergunte *quantas outras crianças que estão ingressando na série ou na turma do seu filho também têm problemas comportamentais, de aprendizagem ou emocionais*. A maioria dos professores consegue lidar com apenas algumas dessas crianças em uma sala de aula regular com outras crianças com funcionamento típico. Se houver mais de duas ou três por turma, aconselhe os pais a solicitar uma sala de aula diferente ou encontrar outra escola.

ESCOLHENDO UM PROFESSOR PARA UMA CRIANÇA OU ADOLESCENTE COM TDAH

Ao fazer a melhor escolha possível para seu filho, você precisa avaliar os professores, conforme mencionado anteriormente, com base no *conhecimento* e na *atitude*.

O QUANTO O PROFESSOR É BEM-INFORMADO?

Infelizmente, muitos professores são mal-informados sobre TDAH ou estão desatualizados em seu conhecimento do transtorno e seu manejo. Alguns professores têm pouca compreensão sobre natureza, curso, resultado e causas desse transtorno. Eles também podem ter falsas concepções sobre quais tratamentos são úteis e quais não são. Quando este é o caso, pouca mudança positiva resultará da tentativa de estabelecer ajustes no currículo e programas de manejo do comportamento dentro da sala de aula. Assim como o primeiro passo para ajudar uma criança ou um adolescente com TDAH é que os pais sejam instruídos sobre o TDAH, o passo inicial da intervenção na escola é a educação dos professores sobre o transtorno. Munido das informações deste livro, você pode ajudar os pais a determinar, a partir das entrevistas com o diretor e os professores, se um professor específico está informado sobre TDAH. Se não estiver, os pais ainda podem fazer muito para ajudar.

DICAS CLÍNICAS

● Entendendo os métodos apresentados aqui e no Folheto 30 do Apêndice A, os pais estão equipados para transmitir as recomendações ao professor do filho para possível implementação.

- Você ou os pais também podem propor essas técnicas como sugestões em reuniões na escola sobre o desempenho escolar da criança ou mesmo solicitar, quando apropriado, que algumas delas se tornem parte formal do PEI escrito, se a criança for receber serviços de educação especial formal.
- Como clínico, se tiver tempo para dar consultas a escolas, você também pode ajudar a instruir o professor, fornecendo materiais de leitura breve, como os listados no Folheto 16, no Apêndice A, ou o Folheto 30, para professores, também no Apêndice A, ou mesmo compartilhando com os professores o meu livro *Managing ADHD in School* (Barkley, 2016).

QUAL É A ATITUDE DO PROFESSOR EM RELAÇÃO A TÉCNICAS DE MODIFICAÇÃO DO COMPORTAMENTO E ACOMODAÇÕES?

Se determinado professor pode e vai adotar os programas comportamentais defendidos neste livro, isso em grande parte é influenciado pelo treinamento e pela filosofia educacional do professor, bem como pela sua experiência pessoal e suas crenças sobre o processo educacional. Em alguns casos, pode ser necessário o treinamento intensivo do professor por um psicólogo escolar ou clínico especialista nesses programas comportamentais. Crianças com TDAH que tinham professores que eram mais dominadores nessas consultas e menos abertos às orientações e às informações do consultor tiveram resultados negativos na escola (Erchul & Martens, 2010). Esses professores têm substancialmente menor probabilidade de implementar alguma das recomendações do consultor ou fazer mudanças em suas salas de aula para as crianças com TDAH. Professores que usam uma abordagem educacional permissiva também costumam ter menos probabilidade de usar modificação do comportamento pela preocupação equivocada de que estes métodos sejam muito mecânicos e não estimulem adequadamente o desenvolvimento natural de uma criança e sua motivação para aprender. Isso seguramente não é verdade. Em alguns casos, essas crenças podem ser alteradas pelo sucesso de uma consulta com um profissional treinado em programas comportamentais. Em outros casos, essas crenças não vão mudar e podem interferir enormemente no uso efetivo de programas comportamentais nas salas de aula da criança com TDAH.

DICAS CLÍNICAS

- Mesmo com treinamento, visitas de "reforço" pelo profissional à escola depois do treinamento podem ser necessárias para manter o uso do professor de procedimentos de manejo do comportamento.
- Se um professor não estiver inclinado a seguir os métodos necessários, mesmo depois de treinado para isso, poderá ser benéfica uma transferência para um professor alternativo com filosofia mais compatível com o uso de programas comportamentais.
- Em casos de fraca motivação do professor ou filosofia conflitante, seja assertivo. Pressione os administradores da escola para maior responsabilização do professor, ou uma transferência desta criança para outra sala de aula ou outra escola, em vez de desperdiçar um ano da educação da criança.
- Quando isso não for possível, você pode aconselhar os pais a complementar a educação do filho fora da escola por meio de tutoria adicional, progra-

mas de verão para revisão escolar e possível envolvimento extra dos pais na revisão do dever de casa.
- Tenha em mente que grande parte dos pais não são bons tutores para seus próprios filhos, portanto um tutor profissional externo será melhor, sempre que possível.
- Outra questão importante para os clínicos orientarem os pais a considerar é o quanto o professor do filho está bem ajustado. Outros pais registraram queixas contra esse professor por incompetência, "negligência" ou ensino ineficiente? Os pais certamente não podem exigir que cada um dos professores do seu filho passe por uma avaliação psicológica, mas eles podem procurar informações com o diretor ou outros membros da equipe escolar (ou pais de ex-alunos dessa classe) sobre a reputação desse professor ao lidar com crianças com problemas de comportamento.
- Os pais também podem pedir os nomes dos pais cujos filhos atualmente estão aos cuidados desse professor, para que possam ligar para esses pais para obter uma visão mais clara da competência do professor.

Alguns professores resistem às técnicas comportamentais ou a outras acomodações da FE não por causa de uma filosofia de ensino conflitante, mas porque acham que os problemas de crianças com TDAH têm origem social. Ou seja, esses professores veem os comportamentos problemáticos como provenientes de conflitos ou caos em casa ou "tempo de tela" excessivo. Talvez vejam a medicação como a única solução porque o TDAH tem uma base biológica, e eles não podem ser incomodados ou não veem nenhuma necessidade de fazer alguma acomodação para essa criança. Outros professores podem se ressentir por ter que alterar seu estilo de ensino se acharem que isso sugere que seu próprio comportamento está causando problemas a uma criança.

QUE CONSELHOS VOCÊ PODE DAR AOS PAIS PARA AJUDAR?

De modo geral, nunca é demais enfatizar a importância de uma estreita colaboração entre os pais, os professores do filho e os profissionais especialistas no time de tratamento. No entanto, o êxito da colaboração pode ser facilmente dificultado pela atitude – não só do professor, mas também dos pais. Os esforços parentais estão sendo prejudicados por uma atitude que eles formaram ao longo de uma extensa história de conflitos com o pessoal da escola? Ou suas expectativas são irrealistas? Eles estão esperando que a escola "cure" os problemas do seu filho enquanto eles permanecem passivos ou sem se envolver? Se esta criança está tendo poucas dificuldades em casa, eles se convenceram de que o ensino fraco ou o manejo deficiente na escola está causando as dificuldades do filho na sala de aula?

Além disso, como observado anteriormente, esteja ciente de que em muitos casos os programas comportamentais aqui sugeridos vão precisar ser combinados com medicação para tratar os problemas escolares de uma criança com TDAH. Pesquisas recentes mostram que a combinação de programas comportamentais e medicação produz melhoras que são superiores a cada tratamento quando usados isoladamente.

Por fim, quando os pais encontrarem um ou mais professores bons e sensíveis para seu filho, encoraje-os a ser apoiadores e elogiosos. A atenção positiva dos pais aos professores de um filho constrói uma relação mais forte com eles, assim como ocorre entre os pais e seu filho com TDAH.

DICAS CLÍNICAS

- Certifique-se de examinar as atitudes dos pais periodicamente, ou encoraje-os a fazer isso, para ver se eles não estão dificultando o processo colaborativo.
- Se surgiu antagonismo entre os pais e um professor, os pais podem solicitar que um consultor profissional, como você, venha até a escola para ajudar a mediar as consultas com o professor.
- Se esta criança está tendo problemas sérios com a adaptação na escola, você deve considerar recomendar que os pais administrem medicamento para ela (veja os Capítulos 9 e 10).
- Encoraje os pais a auxiliar os professores do seu filho da forma como puderem.
- Aconselhe-os a estar abertos às sugestões dos professores sobre o que eles podem fazer para ajudar.
- Incentive os pais a expressarem sua aprovação e sua admiração não só para professores, mas também para o diretor da escola. Cartões ocasionais nos feriados e nos aniversários enviados a eles, como cartões virtuais ou mesmo cartões-presente para cafeterias ou restaurantes locais, podem contribuir muito para reforçar uma boa relação entre os pais e os professores do seu filho, além de motivá-los a fazer um esforço adicional para ajudar a educar esta criança. Tudo isto pode fortalecer a relação dos pais com esses professores, aumentar o desejo dos professores de adequar seus programas na sala de aula às necessidades especiais e às habilidades dessa criança, e auxiliar os pais a encontrar futuros professores com pensamento semelhante à medida que essa criança progredir na escola e encorajá-los a vir em defesa da criança quando decisões sobre a programação educacional precisarem ser tomadas pelos administradores da escola.

ALGUMAS RECOMENDAÇÕES SOBRE A SALA DE AULA E O CURRÍCULO

Vários fatores relacionados à estrutura do ambiente da sala de aula, suas normas e a natureza das tarefas são importantes de ser considerados para que os pais possam ajudar seu filho com déficits no FE-AR na escola. No passado, os profissionais diziam aos pais e aos professores para reduzir a quantidade de estímulo na sala de aula porque isso poderia levar à distratibilidade excessiva em crianças com TDAH. Entretanto, pesquisas que avaliam essas medidas identificaram que elas não melhoravam o comportamento na sala de aula nem seu desempenho acadêmico. Igualmente, as sugestões de que as salas de aula tradicionais são muito restritivas e que são melhores aquelas que permitem maior liberdade e flexibilidade, como salas de aula de conceito aberto, não foram apoiadas por pesquisas.

No entanto, há várias características da sala de aula que podem precisar de alguns ajustes quando um professor estiver trabalhando com uma criança ou um adolescente com TDAH.

DICAS CLÍNICAS

- Tenha em mente os ajustes necessários na sala de aula quando aconselhar os pais na busca pela sala de aula e pelo professor desta criança para o próximo ano.
- Lembre-os também quando você ou os pais se encontrarem com esse pro-

fessor para planejar a abordagem para o ano letivo.

DISPOSIÇÃO DAS CARTEIRAS

Acredite ou não, um ponto importante é a disposição das carteiras na sala de aula. Alterar a disposição delas às vezes é tão eficaz quanto um programa de recompensas para incrementar o comportamento apropriado na sala de aula. Pesquisas sugerem o seguinte para a acomodação de uma criança com TDAH:

- *Uma organização tradicional das carteiras em filas, voltadas para a frente da sala de aula, onde o professor geralmente se localiza enquanto dá aula.* Isso é muito melhor para crianças com TDAH do que as disposições modulares, em que várias crianças compartilham uma mesa maior, sobretudo se ficam frente a frente enquanto trabalham. Essas acomodações parecem proporcionar estimulação excessiva e muitas oportunidades para interação social com as outras crianças, o que distrai a criança com TDAH da atenção que deve dar ao professor ou ao trabalho escolar.
- *Aproximar a criança da mesa do professor ou quando o professor passar mais tempo dando instruções para turma.* Isso não só desencoraja os colegas a darem atenção à criança pelo comportamento disruptivo, mas também torna mais fácil para o professor monitorar essa criança e dar recompensas e penalidades rápida e facilmente. *Salas de aula que são fisicamente fechadas (com quatro paredes e uma porta) geralmente são melhores para uma criança com TDAH do que as chamadas salas de aula abertas.* As salas de aula abertas são, em geral, mais barulhentas e contêm mais distrações visuais. Pesquisas mostram que ambientes barulhentos estão associados a menos atenção ao trabalho e a níveis mais elevados de comportamento disruptivo em crianças com TDAH.

ROTINA E ESTRUTURA NA SALA DE AULA

Recomende aos pais que uma rotina bem-organizada e previsível na sala de aula também é útil:

- *A divulgação de uma programação diária e das regras na sala de aula* pode contribuir para este senso de estrutura.
- *O uso de quadros de feedback na frente da classe*, que mostram como as crianças estão se saindo no cumprimento das regras, no comportamento e no trabalho também pode ajudar seu filho com TDAH.
- *Em alguns casos, gravações "que pegam no pé" são especialmente úteis.* Embora não seja realmente um fator na estrutura da sala de aula, este é um exemplo do tipo de medidas que a escola deve estar aberta a usar. Antes de fazer o trabalho na sua carteira, a criança pega um pequeno gravador digital portátil, coloca um fone de ouvido, para que a gravação não distraia os outros alunos, e liga o tocador. A criança então prossegue no seu trabalho enquanto o gravador reproduz lembretes para que ela permaneça na tarefa, não incomode os outros, etc. Uma música suave de fundo também não vai prejudicar. Como já mencionei, um pouco de estímulo em um contexto em que o trabalho precisa ser feito é útil, e não prejudicial, para se concentrar e ser produtivo. A eficácia dessas gravações dependerá consideravelmente de estarem combinadas com métodos consistentes para fazer cumprir as regras, e com o uso de recompensas e punições para o trabalho e a conduta apropriados.

As seguintes mudanças adicionais na estrutura da sala de aula e no currículo provavelmente serão úteis:

1 Assim como para as crianças em geral, as *tarefas acadêmicas devem ser bem adaptadas às habilidades da criança*. Para crianças com TDAH, aumentar a novidade e o nível de in-

teresse das tarefas por meio de maior estimulação (p. ex., cor, forma, textura) parece reduzir o comportamento disruptivo, reforçar a atenção e melhorar o desempenho geral.

2 O professor deve *mudar o estilo de apresentação das lições e os materiais da tarefa* para ajudar a manter o interesse e a motivação da criança com TDAH. Quando são dadas tarefas de baixo interesse ou passivas, elas devem ser intercaladas com tarefas de alto interesse ou ativas, para otimizar a atenção ou concentração. Tarefas que requerem uma resposta ativa em vez de passiva também permitem que as crianças com TDAH canalizem melhor seus comportamentos disruptivos para respostas construtivas. Em outras palavras, dê a uma criança com TDAH alguma coisa para fazer como parte da aula, da tarefa ou da atividade, e o comportamento dela não será mais um problema.

3 *As tarefas acadêmicas devem ser breves para se adequar à capacidade de concentração da criança.* Como mencionei nos Capítulos 1 e 7, ao discutir o conceito importante da idade executiva de uma criança, uma boa regra de ouro é designar a quantidade de trabalho que seria apropriada para uma criança 30% mais jovem. O *feedback* sobre o desempenho nas tarefas deve ser dado imediatamente, e os limites de tempo para terminar o trabalho devem ser curtos. Isso pode ser auxiliado pelo uso de temporizadores, como relógios ou cronômetros de cozinha.

4 *A atenção de uma criança durante as lições em grupo pode ser melhorada com a aula sendo dada em um estilo entusiástico, porém focado na tarefa,* sendo breve e permitindo a participação frequente e ativa da criança. Um professor que representa mais como um ator – que é vibrante, entusiasmado e com grande carga emocional (lembre-se de Robin Williams no filme *Sociedade dos Poetas Mortos*) – obterá muito mais atenção do que aquele que fala de forma monótona sobre algum tema árido.

5 *Dividir as aulas em breves momentos de exercício físico* também pode ser útil. Isso reduz a sensação de fadiga e monotonia que crianças com TDAH podem ter com mais frequência do que crianças típicas durante períodos estendidos de trabalho acadêmico. O professor pode tentar polichinelos ou uma dança rápida junto à carteira (com clipes musicais curtos), uma saída rápida da sala de aula para uma corrida ativa ou uma caminhada de 2 minutos, formando uma fila e andando pela sala de aula como na "linha de conga", ou outras atividades físicas breves como estas. Elas podem restabelecer a concentração não só de uma criança com TDAH como também das outras crianças.

6 O professor deve *programar os assuntos acadêmicos difíceis para a manhã* e deixar os assuntos não acadêmicos mais ativos e o almoço para os períodos da tarde, a menos que a criança esteja usando medicamento para TDAH. É sabido que a habilidade de uma criança com TDAH para se concentrar e inibir o comportamento decresce consideravelmente durante o dia letivo. Ou os professores podem considerar alternar essas lições ou trabalhos de mesa de baixo apelo com atividades de alto apelo para manter o esforço nas tarefas de baixo apelo.

7 Sempre que possível, *as aulas devem ser complementadas com materiais de instrução direta* – exercícios curtos e altamente específicos de habilidades acadêmicas importantes ou, melhor ainda, computadores com *software* que façam a mesma coisa.

QUAL É A MELHOR COLOCAÇÃO PARA UMA CRIANÇA COM TDAH?

Em muitos casos, as medidas descritas até aqui e os programas apresentados no folheto para professores (Folheto 30 no Apêndice A) serão suficientes, sobretudo para crianças com sintomas de TDAH leves a moderados ou para crianças cuja desatenção e problemas comportamentais são controlados com medicação. Entretanto, em outros casos, especialmente em crianças com TDAH grave e problemas associados de oposição, agressão ou dificuldades de aprendizagem, colocações educacionais alternativas – por exemplo, educação especial ou escola particular – podem ser necessárias. Idealmente, estas colocações devem incluir turmas com uma proporção menor entre alunos e professor, e devem ser coordenadas por professores com *expertise* em modificação comportamental.

SERVIÇOS DE EDUCAÇÃO ESPECIAL

A obtenção de serviços educacionais especiais para crianças com TDAH é frequentemente um processo difícil e demorado. Uma criança com TDAH que está apresentando prejuízos pode ser elegível para serviços educacionais especiais segundo as diretrizes especificadas na Lei Pública 94-142, a predecessora da atual IDEA. Aconselhe os pais a pedir que seu distrito escolar explique a IDEA e os direitos do seu filho segundo essa lei.

DICAS CLÍNICAS

- Tenha em mente que um diagnóstico de TDAH não é suficiente para qualificar uma criança para serviços educacionais especiais; a criança também precisa estar apresentando um prejuízo significativo no desempenho escolar devido a isso.
- Também é essencial se familiarizar com as diretrizes dos distritos federais, estaduais e locais. Os pais podem obter todas essas informações com seu distrito escolar local. Você e os pais podem encontrar informações adicionais nos seguintes recursos (veja as Referências para detalhes da publicação):
  - *All About ADHD: The Complete Practical Guide for Classroom Teachers, Second Edition* (Pfiffner, 2011)
  - *How to Reach and Teach Children with ADD/ADHD*, (Rief, 2016). 3ª ed.
  - *CHADD Educators Manual* (CHADD, 2006)
  - *Managing ADHD in School* (Barkley, 2016)
- Você e especialmente os pais devem conhecer o diretor de educação especial dentro desse distrito escolar.
- Você é tão bom quanto sua lista telefônica pessoal ou sua lista de contatos para lidar com os problemas educacionais de seus pacientes com TDAH. Um bom arquivo de números telefônicos pode facilitar muito a localização de recursos dentro do setor privado, como escolas particulares, programas de tutoria formal e informal e acampamentos especiais de verão.
- Entre em contato com sua associação local de apoio a pais (p. ex., seu núcleo local do CHADD ou a Attention Deficit Disorder Association [ADDA] – veja o Folheto 16, Apêndice A) para informações sobre recursos na sua região para problemas escolares e diga aos pais para fazerem o mesmo. Essas organizações ainda podem, às vezes, enviar junto com os pais um defensor profissionalmente treinado para as reuniões na escola. Em alguns casos, os pais podem precisar obter uma segunda opinião sobre os problemas do seu filho porque eles discordam da equipe da escola quanto à natureza e à extensão desses problemas e à elegibilidade da criança para os serviços. Talvez tenha sido por isso que a família procurou sua *expertise* clínica para esta criança ou este adolescente com TDAH.

DESENVOLVENDO PROGRAMAS DE MANEJO EM SALA DE AULA PARA CRIANÇAS COM TDAH

O material a seguir destina-se aos clínicos que dão consultoria em escolas sobre o manejo de crianças com TDAH ou ajudam a desenvolver programas de manejo comportamental para uso na escola.

Sendo ou não usado medicamento, é útil ter em mente inúmeros princípios importantes no desenvolvimento de programas de manejo em sala de aula para crianças com TDAH. Eles se originam da teoria apresentada no Capítulo 1, de que o TDAH envolve uma deficiência no desenvolvimento das FE e da AR de uma criança.

PRINCÍPIOS PARA PROGRAMAS DE MANEJO DO COMPORTAMENTO EM SALAS DE AULA

Uma revisão da pesquisa empírica sobre programas de manejo em sala de aula para crianças e adolescentes com TDAH produz inúmeros princípios que devem ser considerados no planejamento futuro dessas intervenções para uma criança ou um adolescente. Eles são apresentados a seguir.

> **DICA CLÍNICA**
>
> ● Esses princípios também podem ser oferecidos aos professores como orientações básicas para manejo comportamental com os alunos que têm TDAH.

1 *As regras e as instruções precisam ser claras, breves e (sempre que possível) representadas fisicamente* em forma de quadros, listas e outros lembretes visuais. Contar com a memória das crianças e com lembretes verbais geralmente é ineficaz. Encoraje as crianças com TDAH a repetir as instruções em voz alta e até mesmo repetir para si mesmas gentilmente enquanto seguem as instruções.

2 *As recompensas, as punições e o* feedback *usados para manejar o comportamento devem ser fornecidos rápida e imediatamente*, e toda a abordagem para uso das consequências deve ser bem-organizada, sistemática e planejada.

3 Feedback *ou consequências frequentes por seguir as regras são cruciais* para manter a adesão da criança.

4 Crianças com TDAH são menos sensíveis ao elogio social e às reprimendas, portanto *as consequências pelo bom ou pelo mau comportamento precisam ser mais vigorosas* do que as necessárias para manejar o comportamento de crianças sem TDAH.

5 *As recompensas e os incentivos devem ser colocados em prática antes de usar punição*, ou as crianças com TDAH passarão a ver a escola como um lugar onde é mais provável que elas sejam punidas do que recompensadas. Certifique-se de que o professor espere uma semana ou duas depois de estabelecer um programa de recompensas na escola para então começar a usar punição. Depois, certifique-se de que o professor dê duas ou três recompensas para cada punição. Quando a punição falhar, primeiro determine se a disponibilidade das recompensas é insuficiente; quando for, a punição não vai controlar o comportamento de uma criança.

6 *Sistemas de recompensas com fichas podem se manter eficazes durante um ano letivo inteiro com um mínimo de perda de força, contanto que as recompensas sejam mudadas frequentemente.* Crianças que têm TDAH ficam entediadas com determinadas recompensas mais rapidamente que as outras crianças, e os professores que não reconhecem esse fato acabam desistindo de um programa de fichas cedo demais, acreditando que o programa parou de funcionar quando o problema na verdade é apenas a monotonia dos privilégios específicos que a criança pode adquirir com suas fichas.

7 *Antecipação é o segredo com crianças que têm TDAH, sobretudo durante períodos de transição.* Para assegurar que a criança com TDAH está ciente de uma mudança iminente, peça que o professor revise as regras *antes* de entrar em uma nova atividade; peça que a criança repita essas regras, incluindo as recompensas pelo bom comportamento e a punição pelo mau comportamento; e cumpra esse plano depois que a atividade começar. Aqui, *"pense em voz alta, pense adiante"* é a mensagem importante para os educadores.

Você também pode compartilhar alguns ou todos os 12 princípios que apresentei no capítulo anterior, além destes: (1) empenhe-se na consistência, (2) não personalize os problemas da criança, (3) mantenha uma perspectiva da deficiência na criança e (4) pratique o perdão. Com essas regras em mente, um professor criativo pode facilmente formular um programa de manejo efetivo para uma criança com TDAH.

8 Algumas vezes *crianças com TDAH podem precisar de ajuda extra fora da escola para acompanhar o ritmo das crianças típicas* na realização do dever de casa ou para acompanhar suas habilidades e seus conhecimentos acadêmicas. Alguns pais se envolvem e fazem o papel de tutor para o filho, o que, em alguns casos, pode funcionar bem. No entanto, muitos pais são fracos tutores, ou problemas entre o pai e o filho que surgiram em outras situações se transferem e afetam adversamente o tempo reservado para esta tutoria. Por estas razões, e outras mais, faz sentido encorajar os pais a contratar um tutor formal para trabalhar com seu filho várias vezes por semana. Além desse tutor, ou em vez de um tutor, os pais podem verificar os cursos autodidatas na internet, na Khan Academy (*www.khanacademy.org*). Estes são cursos planejados para crianças e adolescentes executarem sozinhos, e abrangem muitos dos temas acadêmicos que elas provavelmente estarão abordando na escola. Eles usam um formato autogerenciado que parece melhor para o ritmo próprio da criança com TDAH do que as aulas dadas pelos professores na escola. Os pais (ou um tutor) também podem inicialmente trabalhar junto com a criança ou o adolescente nesses cursos. Os cursos são gratuitos, mas também há uma variedade de *websites* que oferecem lições escolares para todas as séries para crianças em ensino domiciliar que podem ser tão interessantes e atrativos quanto os da Khan Academy (ou até mais). Embora não sejam gratuitos, esses outros *websites* não são caros e oferecem um bom material suplementar de aprendizagem para crianças com TDAH que precisam dessa ajuda extra.

ESTRUTURA DA SALA DE AULA, DEMANDAS DAS TAREFAS E CURRÍCULOS ACADÊMICOS

Estratégias proativas como a modificação da estrutura do ambiente da sala de aula foram discutidas anteriormente (veja a seguir). Outras estratégias proativas, incluindo expressar claramente as regras da sala de aula e a natureza das atribuições de tarefas, fazer uso benéfico da instrução assistida por computador e da tecnologia assistiva e dar instruções explícitas em habilidades acadêmicas também é importante.

ENSINO ATIVO DE EXPECTATIVAS

DICAS CLÍNICAS

● Os professores devem ser encorajados a ativamente ensinar regras e expectativas a todos os alunos durante o ano letivo. Idealmente, ensinar e demonstrar regras e expectativas ocorreria por toda a escola no ponto de desempenho (i.e., no contexto e no momento em que as expectativas comportamentais são relevantes).

● Conforme mencionado anteriormente, transições de uma área da escola para outra muitas vezes são um gatilho para um comportamento problemático, portanto os professores devem ser encorajados a ensinar, demonstrar e praticar comportamentos de transição eficientes com os alunos, sobretudo em contextos novos ou comumente problemáticos.

● Especificamente, encoraje os professores a:
- ativamente ensinar expectativas quanto ao engajamento dos alunos discutindo, demonstrando e elogiando as crianças por corresponderem a elas (i.e., capte o momento em que os alunos estão seguindo as regras), e assegure que as rotinas acadêmicas e não acadêmicas sejam regularmente ensinadas e praticadas por todos os alunos;
- usar práticas de supervisão ativa, como frequentemente checar e circular pela sala de aula enquanto monitora a atenção e o comportamento dos alunos;
- lembrar os alunos dos comportamentos de engajamento esperados antes de iniciar uma atividade, em vez de esperar que uma regra seja infringida;
- corrigir erros comportamentais (p. ex., falar sem permissão) de maneira breve, clara e consistente, como estratégias instrucionais para corrigir erros acadêmicos;
- manter um ritmo de instrução ativo e usar uma gama de pistas verbais, não verbais e visuais para pré-corrigir e redirecionar comportamentos disruptivos para que a instrução não seja interrompida;
- com frequência, comunicar as expectativas quanto ao uso do tempo em classe e ao engajamento na tarefa de maneira clara, usando rotinas e procedimentos explicitamente ensinados.

MODIFICANDO TAREFAS E EXPECTATIVAS ACADÊMICAS

Alunos com TDAH frequentemente exibem dificuldades para iniciar e concluir de forma independente as tarefas acadêmicas. Estas são as recomendações que você pode fazer aos professores de como alterar as tarefas acadêmicas para melhorar o desempenho:

1 *Atribua um trabalho acadêmico que seja adequado às habilidades do aluno.* Aumentar a novidade e o nível de interesse das tarefas pelo uso de estimulação sensorial (p. ex., cor, forma, textura) parece reduzir o nível de atividade, aumentar a atenção e melhorar o desempenho geral de alunos com TDAH.

2 *Varie o formato de apresentação e os materiais da tarefa (p. ex., com o uso de diferentes modalidades) para ajudar a manter o interesse e a motivação.* Quando tarefas de baixo interesse ou passivas forem designadas, elas devem ser intercaladas com atividades de alto interesse ou ativas para otimizar o desempenho. Tarefas que requerem uma resposta ativa (p. ex., motora) em vez de passiva também permitem que alunos com TDAH canalizem melhor seus comportamentos disruptivos para respostas construtivas.

3 *Planeje tarefas acadêmicas que sejam breves (i.e., acomodadas à capacidade de concentração da criança) e apresentadas uma de cada vez, em vez de tudo de uma vez em um pacote ou grupo.*

Os curtos limites de tempo para realização da tarefa também devem ser especificados e podem ser aplicados com o uso de auxílios externos, como cronômetros. Por exemplo, um cronômetro pode ser programado para vários minutos, durante os quais o aluno deve concluir uma tarefa. O objetivo é que o aluno complete a tarefa antes de o alarme soar. O *feedback* quanto à exatidão das tarefas deve ser imediato (i.e., quando a tarefa for concluída).

4 *Dê as aulas em grupo em um estilo entusiástico, porém focado na tarefa, seja breve e permita a participação frequente e ativa dos alunos para aumentar a sua atenção.*

5 *Intercale a aula expositiva ou os períodos acadêmicos com breves momentos de exercício físico para diminuir a fadiga e a monotonia de períodos extensos de trabalho acadêmico.*

6 *Programe o máximo possível de temas acadêmicos para o horário da manhã, deixando os assuntos mais ativos não acadêmicos e o almoço para o período da tarde.*

7 *Quando necessário e considerado útil, implemente acomodações para o trabalho escrito, como a redução da extensão da tarefa escrita (sobretudo quando for repetitiva, dividindo-a em cotas de trabalho menores com períodos de trabalho mais curtos, com breves intervalos no trabalho e estabelecendo um tempo extra para sua conclusão).*

8 *Ofereça opções relacionadas à tarefa para aumentar o comportamento e o trabalho voltados para a tarefa.* A possibilidade de fazer escolhas comumente é implementada apresentando-se ao aluno um menu de tarefas potenciais em uma disciplina acadêmica específica entre as quais escolher. Por exemplo, um aluno que está tendo dificuldade para concluir tarefas de matemática independentes seria apresentado a várias tarefas possíveis de matemática. O esperado é que o aluno escolha e complete uma das tarefas listadas no menu durante o tempo estabelecido.

DANDO INSTRUÇÃO ASSISTIDA POR COMPUTADOR

Programas de instrução assistida por computador (IAC) parecem muito adequados para engajar alunos com problemas de atenção/distratibilidade e déficits motivacionais, conforme discutido por DuPaul e Stoner (2014). Por exemplo, esses programas geralmente incluem clarear as metas e os objetivos, enfatizar material importante, simplificar tarefas e fornecer a correção imediata dos erros e *feedback* quanto à exatidão, e muitos deles (talvez os mais eficazes) também têm o formato semelhante a um jogo. A expectativa é de que alunos com TDAH fiquem consideravelmente mais atentos a esses tipos de métodos de ensino do que a aulas expositivas ou tarefas individuais por escrito. Diversos estudos de caso controlados sugerem que esses métodos são úteis para pelo menos alguns alunos com TDAH e podem ser considerados um adjuvante para outras intervenções acadêmicas ou comportamentais.

MELHORANDO HABILIDADES ACADÊMICAS

Para alunos com TDAH e déficits nas habilidades acadêmicas ou dificuldades de aprendizagem, são recomendadas aulas de reforço em áreas de habilidade como leitura, escrita, ortografia e matemática. Para uma revisão de estratégias instrucionais para reforço, veja DuPaul e Stoner (2014). Muitos alunos com TDAH também têm dificuldade com habilidades organizacionais e de estudo. É necessária instrução no gerenciamento do tempo e dos materiais. Esse treinamento pode incluir estratégias para tomar notas, checagens da arrumação da escrivaninha e sistemas de arquivamento para organizar o trabalho concluído.

As estratégias para abordar dificuldades no desempenho acadêmico associadas ao TDAH podem incluir instrução explícita, tutoria dos pais e tutoria dos pares. A maneira mais importante pela qual os professores podem abordar dificuldades acadêmicas potenciais é usar princípios de instrução explícita quando trabalharem com alunos com TDAH. Instrução explícita é uma abordagem direta de ensino que envolve (1) dar informações claras aos alunos sobre o que será aprendido; (2) instruir habilidades em pequenos passos usando múltiplos exemplos concretos; (3) avaliar continuamente a compreensão do aluno; e (4) apoiar uma participação ativa dos alunos que assegure o sucesso. Um aspecto fundamental do ensino explícito é o uso da dinâmica instrucional que envolve o ritmo da lição (p. ex., usando um processo previsível que inclua atividades instrucionais variadas) e o gerenciamento das transições instrucionais (p. ex., dando orientações claras para as transições). São cinco os principais elementos da instrução explícita, incluindo revisão diária e verificação de habilidades que são pré-requisitos, ensino de conteúdo novo, prática orientada, prática independente e revisão semanal/mensal da obtenção da habilidade. Embora o impacto da instrução explícita no desempenho acadêmico não tenha sido especificamente estudado em alunos com TDAH, existe uma literatura abundante apoiando essa abordagem de ensino para crianças e adolescentes com transtornos emocionais e comportamentais. Além do mais, os princípios subjacentes à abordagem da instrução explícita têm um longo histórico de apoio na literatura da pesquisa analítica do comportamento.

A tutoria por pares envolve o trabalho dos alunos em pares e ajudando um ao outro a praticar habilidades acadêmicas, como leitura, matemática e ortografia. A tutoria por pares foca especificamente na melhora das habilidades acadêmicas (um alvo que foi relativamente afetado pelos programas tradicionais de manejo de contingências) e proporciona um ambiente de aprendizagem adequado às necessidades dos alunos com TDAH (i.e., envolvendo *feedback* imediato e frequente, e a resposta ativa ao ritmo do aluno; DuPaul & Stoner, 2014). Uma metanálise de 26 estudos com *design* de pesquisa de caso único incluindo mais de 900 estudantes da população escolar em geral (incluindo aqueles com e sem deficiências) encontrou efeitos de moderados a grandes da tutoria por pares no desempenho acadêmico. A tutoria por pares era consistentemente forte quanto à dosagem (i.e., duração, intensidade e número de sessões), ao nível escolar e ao nível de incapacidade. Relevante para o uso dessa estratégia com estudantes com TDAH é o fato de que os efeitos mais fortes foram encontrados em jovens com transtornos emocionais e comportamentais em relação a outros grupos com incapacidades.

O programa de tutoria por pares mais proeminente e amplamente estudado é a *classwide peer tutoring* (CWPT), em que todos os alunos formam pares para tutoria com um colega de classe. Os alunos são primeiramente treinados nas regras e procedimentos para tutoria dos seus pares em uma área acadêmica (p. ex., matemática, ortografia, leitura). Sentado ao lado, em cadeiras separadas, o tutor lê um *script* de problemas para o tutorado e lhe atribui pontos pelas respostas corretas. O tutor corrige as respostas incorretas, e o tutorado pode praticar a resposta correta para receber um ponto adicional. O *script* (lista de problemas) é lido tantas vezes quanto possível por 10 minutos, e então os alunos invertem os papéis, com o tutorado se tornando o tutor, e o tutor se tornando o tutorado. Durante os períodos de tutoria, o professor monitora o processo e dá assistência, se necessário. São concedidos pontos de bônus aos pares que seguirem todas as regras. No final da sessão, os pontos são somados, e aqueles com mais pontos são declarados os "vencedores". Estudos constataram que o CWPT melhora o comportamento focado na tarefa e o desempenho acadêmico de alunos com TDAH não medicados em salas de aula de educação em geral. Além do mais, pesquisas indicaram que estudantes com rendimento típico também apresentaram melhoras na atenção e no desempenho acadêmico ao participar do programa CWPT.

MÉTODOS DE MANEJO DO COMPORTAMENTO PARA A SALA DE AULA

Se você dá consultoria em escolas sobre métodos de manejo do comportamento para crianças e adolescentes com TDAH, poderá achar muito úteis as orientações específicas no Folheto 30, no Apêndice A, sobre acomodações em sala de aula para TDAH. Já que elas são semelhantes aos princípios discutidos para o treinamento parental comportamental no Capítulo 7, não serão revisadas aqui novamente. O maior progresso no comportamento em sala de aula e no desempenho acadêmico provavelmente provém de uma combinação de estratégias e também pode incluir medicação para TDAH.

DICA CLÍNICA

- Esteja ciente de que, como com todos os tratamentos eficazes para TDAH, podem ocorrer alguns efeitos adversos ou efeitos colaterais decorrentes da implementação dessas estratégias de manejo do comportamento, conforme discutido por Pfiffner e DuPaul (2018). Estes podem incluir aumento de frustração, raiva e desafio, ou mesmo violência, quando são definidos limites para o mau comportamento e as estratégias disciplinares são inicialmente implementadas, ou quando as crianças não satisfazem os critérios de desempenho requeridos para obter os reforçadores desejados. Embora isso seja incomum, pode surgir algum estigma se crianças com TDAH forem diferenciadas dos seus colegas para receber esses procedimentos especiais. Tenha consciência destes e de outros efeitos adversos possíveis, e investigue a respeito, monitorando-os periodicamente.

LIMITANDO OS EFEITOS COLATERAIS DA PUNIÇÃO

Apesar da eficácia geral da punição, alguns efeitos colaterais desagradáveis podem ocorrer se ela for usada indevidamente. Esses efeitos indesejados incluem a escalada do comportamento problemático, não gostar do professor ou (em casos raros) evitar completamente a escola. Estas são algumas diretrizes para reduzir os possíveis efeitos adversos:

1 *A punição deve ser usada comedidamente.* Crítica excessiva ou outras formas de punição também podem tornar a sala de aula desagradável ou aversiva. Punição rígida frequente pode até mesmo aumentar o comportamento desafiador da criança. Isso é especialmente provável nos casos em que um professor equivocadamente serve como um modelo agressivo – isto é, o uso de punição pelo professor ensina a criança a ser agressiva como o professor.

2 *Quando são usadas consequências negativas, as crianças devem ser ensinadas e recompensadas por comportamentos alternativos apropriados* que não são compatíveis com os inapropriados. Esta prática ajudará ensinando às crianças habilidades apropriadas, e também reduzindo o potencial para a ocorrência de outros problemas de comportamento.

3 *Punição envolvendo a remoção de uma recompensa ou um privilégio deve ser preferível à punição envolvendo o uso de um evento aversivo*, como o isolamento, mas pode haver situações em que um período de intervalo deve ser invocado com uma criança. Ainda assim, a variante do intervalo, "faça uma tarefa", é preferível ao procedimento padrão, já que envolve uma resposta ativa da criança durante o período de isolamento (preencher folhas de exercí-

cios em uma carteira isolada) e também dá à criança algum controle, podendo terminar mais cedo o período de intervalo ao completar as folhas de exercícios mais rapidamente.

FAZENDO OS RESULTADOS DURAREM E TRANSFERINDO PARA OUTRAS SITUAÇÕES NA ESCOLA

Apesar do sucesso considerável dos métodos comportamentais na escola, há poucas evidências de que os ganhos obtidos pelas crianças com esses programas perdurem depois que o programa é interrompido. Além disso, a melhora que pode ocorrer em um contexto ou na sala de aula em que os programas são usados (digamos, na classe de leitura) frequentemente não se transfere para contextos em que os programas não estão sendo usados (digamos, a classe de matemática ou o recreio). Isso pode ser muito decepcionante não só para os pais mas também para os professores.

DICAS CLÍNICAS

- Embora as pesquisas continuem, há dificuldades para fazer com que os resultados sejam duradouros e generalizá-los para outros contextos que não foram resolvidos. Programas de tratamento sobretudo organizados para crianças com TDAH simplesmente podem ser necessários na maioria dos contextos escolares.
- Por enquanto, esteja preparado para manter os programas de manejo comportamental em funcionamento por longos períodos durante o curso da educação de uma criança.

Estas são algumas estratégias a ser consideradas, embora todas elas tenham inconvenientes:

■ *Use programas de manejo sempre que o comportamento da criança for um problema.* Infelizmente, nem todos podem executar estes programas ou executá-los tão bem quanto outros.

■ *Retire os métodos de manejo gradualmente –* diminuindo a frequência do feedback *(reduzindo gradualmente as recompensas diárias para semanais) e substituindo as recompensas com fichas por recompensas mais naturais, como elogios e atividades regulares.* Isso pode aumentar sua resistência, mas não sua generalização para outros lugares. Um estudo encontrou que a remoção abrupta de punição, mesmo quando um programa vigoroso de fichas estava em uso, levou à deterioração drástica no comportamento em aula, mas, quando a punição foi removida gradualmente, os altos níveis de atenção e o trabalho árduo foram mantidos.

■ *Uma forma particularmente eficaz de reduzir de modo gradual o programa envolve mudar os lugares na escola onde os programas estão vigentes em determinado dia.* A criança nunca tem certeza de quando ou onde os programas serão usados e aprende que a melhor opção nestas circunstâncias é se manter comportada em todos os lugares.

■ *Outra alternativa é implementar um cartão diário de relato do comportamento que envolva a avaliação de cada professor do comportamento da criança naquele dia, com o cartão indo para casa e as avaliações sendo convertidas em um sistema doméstico de pontos com acesso a recompensas em casa.* Este programa é discutido a seguir, e são fornecidas cópias de vários tipos diferentes de cartões de relato no Folheto 29, Apêndice A.

TENDO AJUDA DOS COLEGAS COM O MANEJO DO COMPORTAMENTO

Alguns estudos mostram que os colegas de aula podem intervir diretamente para encorajar o bom comportamento em um colega com TDAH. O uso dos colegas de aula como "xerifes do comportamento" tem vantagens práticas. Proporciona uma alternativa ao imperativo para o professor de ter que observar todos o tempo todo e pode requerer menos tempo do que os programas tradicionais mediados pelo professor. Também pode servir para melhorar o comportamento dos "xerifes" e encorajar a transferência do comportamento melhorado para outras situações em que os mesmos pares estão presentes.

Estas são algumas formas como isso pode ser feito:

- Os professores podem encorajar os colegas a ignorar o comportamento disruptivo e inapropriado da criança com TDAH.
- Os pares também podem aumentar o comportamento apropriado da criança dando elogios e atenção positiva ao comportamento.
- Os programas de fichas, em que os colegas monitoram o comportamento da criança com TDAH e dão ou retiram fichas pelo bom ou mau comportamento, também podem ter êxito contanto que sejam supervisionados por um professor.

DICAS CLÍNICAS

- Os colegas geralmente devem ser recompensados por seus esforços. Caso contrário, o que eles ganham com isso? Em alguns casos, elogio é suficiente, mas o professor também pode usar recompensas tangíveis ou um programa de fichas. Recompensar essas crianças não só reforça seus esforços mas também assegura que o programa seja bem executado.
- O professor deve treinar e supervisionar de perto os colegas xerifes. Os programas executados pelos colegas só terão êxito à medida que esses colegas tiverem a habilidade e o interesse de aprender os métodos e executá-los acuradamente.
- Os colegas não devem se envolver nos aspectos de punição de nenhum programa.

PROGRAMAS DE RECOMPENSAS DOMICILIARES

Em um programa de recompensas domiciliares, o professor manda para casa uma avaliação de como a criança com TDAH se comportou na escola naquele dia, e os pais usam isto para dar ou retirar recompensas disponíveis em casa. Esse método foi estudado por décadas em projetos de pesquisa e é eficaz na modificação de uma grande variedade de problemas que crianças com TDAH têm na escola.

DICAS CLÍNICAS

- Devido à sua facilidade de aplicação e ao fato de que envolve tanto o(s) professor(es) quando o(s) genitor(es), esta geralmente é uma das primeiras intervenções que você deve tentar. É por isso que apresentei amostras dos cartões junto com as instruções de como estabelecer um programa desses no Folheto 28, no Apêndice A.
- De modo geral, os programas de recompensas domiciliares podem ser ainda mais eficazes quando combinados com programas baseados na sala de aula, que dão aos pais *feedback* frequente, lembram quando recompensar o comportamento do filho e previnem os pais quando o comportamento está se tornando um problema na escola. Além disso, o tipo e a qualidade das recompensas disponíveis em casa ge-

ralmente são muito mais variados do que os disponíveis na sala de aula – um fator que pode ser essencial para crianças com TDAH, que precisam de recompensas mais robustas para melhorar o comportamento e manter a melhora.
- Professores que não puderam iniciar um programa de manejo na sala de aula têm muito maior probabilidade de cooperar com um programa de anotações para casa porque isso em geral requer muito menos tempo e esforço do que os programas baseados na sala de aula.
- Apesar do sucesso notável dos programas de anotações para casa, a eficácia de um programa como esse depende da avaliação acurada do comportamento da criança por parte do professor.
- Os professores devem ser orientados a tomar medidas para impedir que as crianças prejudiquem o sistema, ao não levar para casa um relatório ou forjar as avaliações do professor e até mesmo sua rubrica no cartão ou não obtendo a rubrica de certos professores. Os professores devem tratar as anotações ou as rubricas que estão faltando da mesma forma que um relatório "ruim" (p. ex., a criança não ganha pontos ou é multada, perdendo privilégios ou pontos). A criança pode ainda receber um castigo naquele dia (sem privilégios) por não levar as anotações para casa.

MANEJANDO OS PROBLEMAS ACADÊMICOS DE ADOLESCENTES COM TDAH

Todas as recomendações feitas até aqui se aplicam tanto a adolescentes com TDAH quanto a crianças menores. Entretanto, as mudanças que ocorrem no ensino médio – maior número de professores envolvidos com cada aluno, períodos de aula mais curtos, maior ênfase na responsabilidade individual do aluno e mudanças frequentes no horário das aulas de um dia para outro – provavelmente resultarão em uma queda drástica no desempenho educacional das crianças com TDAH que ingressam no ensino médio. Afinal, o gerenciamento do tempo e a auto-organização são FEs e frequentemente deficientes em adolescentes com TDAH. Os problemas são agravados pelo fato de que os professores têm pouca ou nenhuma responsabilidade por alunos específicos neste nível de educação. Somente quando o mau comportamento de um adolescente se torna suficientemente sério para atrair a atenção ou quando as deficiências acadêmicas são grosseiramente aparentes é que alguém vai tomar conhecimento. Em geral, a resposta da escola é mais punitiva do que construtiva.

É muito comum que a média dos adolescentes com TDAH fracasse neste estágio, a menos que tenham estado envolvidos com o sistema de educação especial antes de ingressar no ensino médio. Estes serão "sinalizados" como tendo necessidade de atenção especial continuada, mas os outros provavelmente serão vistos meramente como preguiçosos e irresponsáveis. É nesta faixa etária que o desempenho educacional se torna a razão mais comum para adolescentes com TDAH serem encaminhados para ajuda profissional.

Lidar com escolas grandes nessa faixa etária pode ser frustrante para os pais e também para um adolescente com TDAH. Mesmo o professor mais interessado pode ter dificuldades para reunir motivação suficiente entre os colegas para ajudar e manter os adolescentes longe de problemas na escola. Vários programas para ajudar pais e adolescentes a melhorar seu desempenho no dever de casa (e no trabalho escolar) foram discutidos no capítulo anterior, como o programa Habilidades de Organização e Planejamento do Dever de Casa (HOPS; Langberg, 2011) ou o programa

STAND (Sibley, 2020). Apresentamos aqui algumas ideias adicionais que podem ajudar:

1 Se o adolescente estiver fracassando ou tendo baixo rendimento e nunca teve educação especial, *encoraje os pais a solicitar imediatamente uma avaliação para educação especial* se isto já não foi feito antes ou nos últimos 3 anos. A lei federal (IDEA) requer uma reavaliação a cada 3 anos para que uma criança esteja em educação especial. Os serviços de educação especial não estarão disponíveis até que essa avaliação esteja concluída, e isso pode levar até 90 dias ou mais em alguns distritos. Quanto mais cedo for iniciada, melhor.

2 *Adolescentes com TDAH comumente precisam de aconselhamento quanto à natureza da sua deficiência.* Embora muitos já tenham ouvido que são "hiperativos" ou têm TDAH, muitos deles ainda não aceitaram que têm uma incapacidade. Eles ainda não "assimilaram", como o músico e celebridade da TV Adam Levine, que tem TDAH, discute em seu vídeo no YouTube sobre o assunto. O aconselhamento pode ajudar esses adolescentes a aprenderem a aceitar suas limitações e encontrarem formas de impedir que sua incapacidade crie problemas significativos. Esse aconselhamento é difícil, requerendo sensibilidade ao desejo dos adolescentes de serem independentes e formarem suas próprias opiniões sobre si e sobre o mundo. Em geral, será necessário mais do que uma sessão para ter êxito, mas a paciência e a persistência podem compensar. Talvez você se sinta confortável em fazer esse aconselhamento na sua prática clínica. Caso contrário, encontre um conselheiro ou outro profissional que tenha conhecimento sobre TDAH e encaminhe a família para esse profissional, para realizar algumas sessões aconselhando o adolescente sobre seu transtorno.

3 *Aconselhe o adolescente quanto às vantagens de retomar à medicação,* caso já tenha sido usada com sucesso no passado. A medicação pode melhorar o desempenho escolar e ajudar o adolescente a obter privilégios especiais em casa que podem ser concedidos devido a essa melhora no desempenho (uso do carro, toque de recolher mais tarde, aumento na mesada, etc.). Adam Levine retomou a medicação depois de interromper por algum tempo quando adolescente. Compartilhe isto com o adolescente que você estiver aconselhando ou faça com que ele leia sobre Adam *on-line*, onde ele discute seu TDAH e o uso de medicamento. Os adolescentes que estão preocupados que outros fiquem sabendo que eles estão sendo medicados e devem ser assegurados de que apenas eles, seus pais e o médico terão conhecimento disso.

4 *Instrua os pais a agendar uma reunião com a equipe no início de cada ano letivo,* e mais frequentemente quando necessário, na escola do adolescente. Essa reunião deve ter a participação dos professores, psicólogo escolar, orientador educacional, diretor, pais *e o adolescente com TDAH*. Dê aos pais uma cópia das folhas de fatos sobre TDAH (Folhetos 3-14) e outra sobre Acomodações na sala de aula para crianças e adolescentes com TDAH (Folheto 30), no Apêndice A, para que levem a essa reunião para entregar a cada participante. Se você achar que é importante e seu tipo de prática possibilitar isso, acompanhe os pais para dar orientações. Revise brevemente a natureza do transtorno do adolescente e a necessidade de formar uma equipe de trabalho entre a escola, os pais e o adolescente para que o desempenho acadêmico do paciente possa ser melhorado. Peça que os professores descrevam os pontos fortes atuais e os problemas do adolescente nas suas classes, e dê sugestões de como eles acham que podem ajudar com o problema. Algumas delas podem incluir:

- Esteja disponível depois da escola alguns dias por semana para assistência extra.
- Reduza a extensão das tarefas escritas no dever de casa.
- Permita que o adolescente apresente narrativas orais ou gravadas como um meio de demonstrar que foi adquirido conhe-

cimento, em vez de se basear apenas nas notas dos testes escritos e cronometrados.

- Desenvolva um sistema de lembretes sutis para alertar o adolescente quando ele não estiver prestando atenção em aula sem chamar a atenção de toda a classe para esse fato.

Nessa reunião, o adolescente é encorajado a firmar um compromisso público de fazer coisas específicas para melhorar o desempenho escolar. A equipe, ou um subgrupo, deve combinar de se reunir novamente em um mês para avaliar o sucesso dos planos e resolver alguma área problemática. Reuniões futuras podem precisar ser agendadas, dependendo do sucesso do programa até o momento. As reuniões devem ser marcadas pelo menos duas vezes por ano para monitorar o progresso e manter a escola atenta às necessidades do adolescente. Este sempre deve participar dessas reuniões.

5 *Introduza um cartão de relato diário casa-escola*, conforme descrito anteriormente. Isto é geralmente mais relevante para adolescentes do que para qualquer outra faixa etária para possibilitar um *feedback* diário da maioria ou de todos os períodos de aula. Além disso, deve ser estabelecido um sistema de pontos doméstico que inclua uma variedade de privilégios desejados que o adolescente possa comprar com os pontos ganhos na escola, como tempo para dirigir, mesada extra, privilégios eletrônicos ou mesmo aparelhos ou aplicativos para eles, roupas desejadas, etc. Os pontos também podem ser acumulados em uma caderneta de poupança para a obtenção de recompensas a mais longo prazo. Lembre-se, no entanto, de que são os privilégios diários a curto prazo e não as recompensas a mais longo prazo que emprestam ao programa sua força motivacional. Portanto, certifique-se de que os pais não sobrecarreguem o menu de recompensas a longo prazo. Depois que o adolescente conseguir passas três semanas ou mais sem 4 ou 5 avaliações negativas no cartão, o uso do cartão é reduzido para uma ou duas vezes por semana. Depois de um mês de avaliações satisfatórias, o sistema de cartões pode ser retirado gradualmente ou reduzido a uma avaliação mensal. Então é dito ao adolescente que se houver alguma informação de que suas notas estão decaindo, o sistema de cartões será restabelecido.

6 *Encoraje a escola a fornecer um segundo conjunto de livros aos pais,* mesmo que isto signifique um investimento adicional, para que o dever de casa possa ser feito mesmo que o aluno deixe um livro na escola. Estes livros também podem ser úteis para um tutor que seja contratado pelos pais.

7 *Solicite que um dos professores do adolescente, o orientador da classe, um orientador educacional, ou mesmo um professor para dificuldades de aprendizagem participe como "monitor", "mentor" ou "gerente de caso".* O papel dessa pessoa será se reunir rapidamente com o adolescente três vezes por dia por apenas alguns minutos para mantê-lo organizado. O aluno pode fazer uma parada na sala dessa pessoa no início do dia. Nessa hora, o "monitor" checa para ver se o aluno tem todo o dever de casa e os livros necessários para as aulas da manhã. Se estiver sendo usado um cartão de relato com o aluno, isto pode ser dado a ele nesse momento. Na hora do almoço, o aluno se encontra novamente com o monitor, que verifica se ele copiou todas as tarefas necessárias das aulas da manhã, o ajuda a selecionar os livros necessários para as aulas da tarde e depois vê se o aluno tem consigo as tarefas que devem ser entregues naquele dia nas aulas da tarde. Se o cartão de relato do comportamento estiver sendo usado, ele pode ser revisado pelo monitor nesse momento e discutido com o adolescente. Ao fim do dia letivo, o aluno se encontra novamente com o monitor para ver se ele tem todas as tarefas e os livros necessários para o dever de casa. Mais uma vez, o cartão de relato do comportamento pode ser revisado pelo monitor e discutido com o aluno antes de enviá-lo para casa para ser examinado pelos pais e convertido para o sistema de pontos doméstico. Cada visita leva não mais que 3 a 5 minutos, mas, intercaladas ao longo do dia, essas visitas podem ser de grande ajuda para a organização do trabalho escolar do adolescente.

8 Se você acha que os pais não devem ajudar no dever de casa, então *os aconselhe a considerar um tutor particular*, conforme discutido anteriormente, ou que façam seu filho frequentar os períodos de ajuda extra que a escola requer que os professores reservem no final do dia letivo. O aluno pode utilizar um período extra por semana para cada disciplina. Além disso, oriente os pais sobre os cursos autodidáticos na internet na Khan Academy (*www.khanacademy.org*) e outros locais discutidos anteriormente neste capítulo, que podem ser benéficos tanto para adolescentes quanto para crianças com TDAH.

9 *Aconselhe os pais a definir um horário especial todas as semanas para fazer alguma coisa sozinhos com seu filho que seja mutuamente prazeroso.* Isto proporciona oportunidades de interações pais-adolescente que não estão voltados para o trabalho, para a escola ou carregadas das tensões que as atividades orientadas para o trabalho frequentemente podem envolver para adolescentes com TDAH. Essas saídas podem contribuir para manter seu relacionamento positivo com o adolescente. Também podem contrabalançar os conflitos que as demandas de desempenho escolar frequentemente causam para as famílias.

DICAS CLÍNICAS

Todas essas são sugestões práticas valiosas que se aplicam especificamente para ajudar os adolescentes a ter êxito na escola (e muitas vezes também em outros lugares), mas os seguintes são "riscos" particulares da adolescência que devemos ter em mente:

- Crianças com TDAH podem facilmente fracassar depois que chegam ao ensino médio se ainda não foram envolvidas em educação especial. Recomende enfaticamente que os pais de adolescentes que não receberam esses serviços solicitem agora uma avaliação do seu filho para educação especial.
- Um adolescente que está tendo fraco desempenho na escola pode ainda não ter assimilado a incapacidade que representa ter TDAH. O aconselhamento separado pode ajudar, pois poderão ser necessárias várias sessões, e você pode não ter os recursos para lhes oferecer dentro da sua própria prática.
- Esteja preparado para que o adolescente resista à ideia de medicação e considere estabelecer um contrato de tratamento pelo qual ele receberá certas recompensas (dinheiro, tempo livre extra, etc.) por tomar o medicamento diariamente.

CAPÍTULO 9

MEDICAMENTOS ESTIMULANTES E NÃO ESTIMULANTES PARA TDAH

Sem dúvida, as intervenções mais eficazes e com a maior base de evidências para o manejo do TDAH em crianças e adolescentes são os medicamentos, pelas seguintes razões:

- Têm considerável base de evidências da sua eficácia.
- Oferecem uma janela de segurança incrivelmente bem-estabelecida.
- Melhoram 70-90% dos casos clínicos, normalizando 50-60% desses casos.
- São convenientes para administrar.
- Proporcionam uma alternativa quando tratamentos psicossociais produzem efeitos colaterais, não funcionam ou não funcionam suficientemente bem.
- São menos caros do que métodos de tratamento psicossociais.
- Podem ser usados por anos, mesmo durante a idade adulta.

- São ativos em contextos da comunidade em que os cuidadores podem não estar presentes para oferecer tratamento psicossocial ativo (atividades não supervisionadas, dirigir sozinho ou com amigos, tempo livre na escola, viagens de ônibus, etc.).
- Reduzem a gravidade dos sintomas e os déficits associados no funcionamento executivo-autorregulatórios.
- Podem reduzir o estresse familiar, e os conflitos pais-filho e adulto-parceiro.
- Reduzem riscos de prejuízos nos principais ambientes da vida diária (casa, escola, grupo de pares, comunidade).
- Reduzem os riscos para alguns problemas relacionados à saúde (obesidade, lesões, uso de substâncias, etc.).
- Reduzem os riscos para alguns transtornos comórbidos, tanto externalizantes (de oposição, de conduta) quanto internalizantes (ansiedade, depressão).
- Reduzem a carga econômica para a família e a sociedade.
- Podem oferecer a possibilidade de neuroproteção (tecnicamente, *neuroenhancement*) com o tempo (veja a próxima seção).

As recomendações contidas neste capítulo se aplicam a crianças e adolescentes com TDAH. O uso desses medicamentos em adultos com TDAH pode envolver considerações e recomendações um pouco diferentes.

Examino, neste capítulo, os medicamentos estimulantes e não estimulantes para crianças e adolescentes com TDAH. O Capítulo 10 oferece orientações para a escolha entre estas duas classes de medicamentos e aborda outras questões relacionadas. Para ainda mais detalhes sobre esses medicamentos, consulte as Referências desses dois capítulos, sobretudo a revisão de Connor (2015). Os medicamentos aprovados pela Food and Drug Administration (FDA) nos Estados Unidos estão listados na Tabela 9.1. Veja também o Guia de Medicamentos para TDAH em *http://adhdmedicationguide.com*.

Obviamente, conforme Zuddas, Banaschewski, Coghill e Stein (2018), antes de iniciar o tratamento medicamentoso, os pacientes com TDAH devem consultar seus médicos para as seguintes avaliações:

- Histórico de síncope durante exercício, falta de ar injustificada e outros sinais de problemas cardiovasculares.
- Frequência cardíaca e pressão arterial (representadas na tabela de percentis).
- Altura e peso (representados na tabela de crescimento).
- Histórico familiar de doença cardíaca.
- Exame físico do sistema cardiovascular.
- História pessoal ou familiar passada de doença cardíaca grave, história de morte súbita em membros jovens na família ou achados anormais na história pessoal ou no exame cardíaco, em cujo caso deve ser realizado um eletrocardiograma.
- Avaliação do risco para abuso, mau uso ou desvio de substâncias.

ENTENDENDO PLENAMENTE O VALOR DOS MEDICAMENTOS POR MEIO DA TEORIA DO FE-AR

Apesar das centenas de estudos confiáveis mostrando sua eficácia e sua segurança, você descobrirá que alguns pais (e alguns outros clínicos) resistem em usar medicamentos estimulantes e não estimulantes para TDAH em crianças e adolescentes. Os mitos se espalham a partir de concepções erradas criadas na imprensa popular e em mídias digitais, e eles tendem a ser persistentes.

DICAS CLÍNICAS

- Para fazer face às preocupações sobre medicamentos para TDAH, remeta os pais (ou outros clínicos com quem você estiver trabalhando) aos capítulos sobre esses medicamentos em manuais profissionais ou revisões de pesquisas que os pais possam se mostrar receptivos a conhecer (veja as Referências e o Folheto 16, no Apêndice A).
- Uma excelente fonte que também pode ajudar os pais de crianças com TDAH a aprender o que querem saber sobre medicamentos é *Straight Talk about Psychiatric Medications for Kids* (Wilens & Hammerness, 2016; veja o Folheto 16, Apêndice A). Outra fonte é meu livro para pais, *Taking Charge of TDHD: The Complete Authoritative Guide for Parents* (Barkley, 2020).
- Para responder a sugestões de que tratamentos não comprovados por pesquisas sejam tentados em vez de medicação, remeta os pais (ou outros clínicos) ao Apêndice D.
- O Capítulo 10 aborda alguns mitos específicos que você pode encontrar entre os pais e outras pessoas.
- Se você explicou o TDAH de acordo com a teoria do FE-AR, descobrirá que a explicação nesta seção de como a medicação trata diretamente as origens do TDAH (déficits neurogenéticos na FE e habilidades de AR) faz sentido para muitos pais.

Assim como o TDAH é muito mais do que meramente desatenção, inquietude e impul-

TABELA 9.1 TRATAMENTOS DISPONÍVEIS PARA TDAH APROVADOS PELA FDA

NOME GENÉRICO (NOME COMERCIAL)	FORMULAÇÃO E MECANISMO	DURAÇÃO DA ATIVIDADE	COMO É APRESENTADO	VARIAÇÃO USUAL DA DOSAGEM ABSOLUTA E BASEADA NO PESO	DOSE MÁXIMA PARA TDAH APROVADA PELA FDA
MPH (Ritalina)[a]	Comprimido de 50:50 de mistura racêmica d,1-threo-MPH	3-4 horas	Comprimidos de 5, 10 e 20 mg	0,3-2 mg/kg/dia	60 mg/dia
Dex-MPH (Focalin)[a]*	Comprimido de d,1-threo-MPH	3-5 horas	Comprimidos de 2,5, 5 e 10 mg (2,5 mg Focalin equivalente a 5 mg de Ritalina)	0,15-1 mg/kg/dia	20 mg/dia
MPH (Metilina)[a]*	Comprimido de 50:50 de mistura racêmica d,1-threo-MPH	3-4 horas	Comprimidos de 5, 10 e 20 mg	0,3-2 mg/kg/dia	60 mg/dia
MPH-SR (Ritalina-SR)[a]	Comprimido com matriz à base de gordura com mistura racêmica de 50:50 de d,1-threo-MPH	3-8 horas Variável	Comprimidos de 20 mg (a quantidade absorvida parece variar)	0,3-2 mg/kg/dia	60 mg/dia
MPH (Metadato ER)[a]*	Comprimido com matriz à base de gordura com mistura racêmica de 50:50 de d,1-threo-MPH	3-8 horas Variável	Comprimidos de 10 e 20 mg (a quantidade absorvida parece variar)	0,3-2 mg/kg/dia	60 mg/dia
MPH (Metilina ER)[a]*	Comprimido à base de hidroxipropilmetilcelulose com mistura racêmica de 50:50 de d,1-threo-MPH; sem conservantes	8 horas	Comprimidos de 10 e 20 mg Comprimidos mastigáveis de 5 mg/5 mL e solução oral de 10 mg/5 mL	0,3-2 mg/kg/dia	60 mg/dia

TABELA 9.1 TRATAMENTOS DISPONÍVEIS PARA TDAH APROVADOS PELA FDA

NOME GENÉRICO (NOME COMERCIAL)	FORMULAÇÃO E MECANISMO	DURAÇÃO DA ATIVIDADE	COMO É APRESENTADO	VARIAÇÃO USUAL DA DOSAGEM ABSOLUTA E BASEADA NO PESO	DOSE MÁXIMA PARA TDAH APROVADA PELA FDA
MPH (Ritalina LA)[a]	Dois tipos de esferas fazem a liberação bimodal (50% liberação imediata e 50% liberação retardada) e mistura racêmica de 50:50 de d,l-threo-MPH	8 horas	Cápsulas de 20, 30 e 40 mg; podem ser polvilhadas	0,3-2 mg/kg/dia	60 mg/dia
D-MPH (Focalin XR)[c]	Dois tipos de esferas fazem a liberação bimodal (50% liberação imediata e 50% liberação retardada) e mistura racêmica de 50:50 de d,l-threo-MPH	10-12 horas	Cápsulas de 5, 10, 15, 20, 25, 30, 35 e 40 mg	0,15-1 mg/kg/dia	30 mg/dia em jovens; 40 mg/dia em adultos
MPH (Metadato CD)[a]	Dois tipos de esferas fazem a liberação bimodal (30% liberação imediata e 70% liberação retardada) e mistura racêmica de 50:50 de d,l-threo-MPH	8 horas	Cápsula de 20 mg; pode ser polvilhada	0,3-2 mg/kg/dia	60 mg/dia
MPH (Daytrana)[a]	Sistema transdérmico de MPH	12 horas (adesivo usado por 9 horas)	Adesivos de 10, 15, 20 e 30 mg	0,3-2 mg/kg/dia	30 mg/dia

TABELA 9.1 TRATAMENTOS DISPONÍVEIS PARA TDAH APROVADOS PELA FDA

NOME GENÉRICO (NOME COMERCIAL)	FORMULAÇÃO E MECANISMO	DURAÇÃO DA ATIVIDADE	COMO É APRESENTADO	VARIAÇÃO USUAL DA DOSAGEM ABSOLUTA E BASEADA NO PESO	DOSE MÁXIMA PARA TDAH APROVADA PELA FDA
MPH (Concerta)[a,c]	Sistema de pressão osmótica entrega 50:50 de mistura racêmica d,1-threo-MPH	10-12 horas	Cápsulas de 18, 27, 36 e 54 mg	0,3-2 mg/kg/dia	72 mg/dia
MPH (Quillivant XR)*	Líquido de liberação prolongada	10-12 horas	25 mg/5 mL	0,3-2 mg/kg/dia	60 mg/dia
MPH (Jornay PM)*	Comprimido de 12 horas de liberação retardada (microesferas)	12+ horas	20, 40, 60, 80, 100 mg	60-80 mg	100 mg/dia
AMPH[b] (Dexedrina comprimidos)*	Comprimido de d-AMPH	4-5 horas	Comprimidos de 5 mg	0,15-1 mg/kg/dia	40 mg/dia
AMPH (Destrostat)*	Comprimido de d-AMPH	4-5 horas	Comprimidos de 5 e 10 mg	0,15-1 mg/kg/dia	40 mg/dia
AMPH[b] (Dexedrina Spansules)*	Dois tipos de esferas em uma mistura de 50:50 e absorção retardada de d-AMPH	8 horas	Cápsulas de 5, 10, 15 mg	0,15-1 mg/kg/dia	40 mg/dia
Sais mistos de AMPH[b] (Adderall)*	Comprimido de isômeros de d,1-AMPH (75% d-AMPH e 25% 1-AMPH)	4-6 horas	Comprimidos de 5, 7,5, 10, 12,5, 15, 20 e 30	0,15-1 mg/kg/dia	40 mg/dia

TABELA 9.1 TRATAMENTOS DISPONÍVEIS PARA TDAH APROVADOS PELA FDA

NOME GENÉRICO (NOME COMERCIAL)	FORMULAÇÃO E MECANISMO	DURAÇÃO DA ATIVIDADE	COMO É APRESENTADO	VARIAÇÃO USUAL DA DOSAGEM ABSOLUTA E BASEADA NO PESO	DOSE MÁXIMA PARA TDAH APROVADA PELA FDA
Sais mistos de AMPH[a,c] (Adderall-XR)*	Dois tipos de esferas fazem a liberação bimodal (50% liberação imediata e 50% liberação retardada) de 75:25 de mistura racêmica d,1-AMPH	Pelo menos 8 horas (mas parece durar muito mais em certos pacientes)	Cápsulas de 5, 10, 15, 20, 25 e 30 mg; podem ser polvilhadas	0,15-1 mg/kg/dia	30 mg/dia em crianças Dose recomendada é 20 mg/dia em adultos
Lisdexanfetamina (Venvanse)[a,c]	Comprimidos de dextroanfetamina e L-lisina	12 horas	Comprimidos de 30, 50 e 70 mg		70 mg/dia
Atomoxetina[a,c] (Strattera)*	Cápsula de atomoxetina	Meia-vida de 5 horas no plasma, mas os efeitos no sistema nervoso central (SNC) parecem durar muito mais	Cápsulas de 10, 18, 25, 40, 60 e 80 mg	1,2 mg/kg/dia	1,4 mg/kg/dia ou 100 mg
Guanfacina ER[d] (Intuniv)*	Comprimido de guanfacina de liberação prolongada	Dosagem aprovada para uma vez ao dia	Comprimidos de 1, 2, 3 e 4 mg	Até 4 mg/dia	Até 4 mg/dia

TABELA 9.1 TRATAMENTOS DISPONÍVEIS PARA TDAH APROVADOS PELA FDA

NOME GENÉRICO (NOME COMERCIAL)	FORMULAÇÃO E MECANISMO	DURAÇÃO DA ATIVIDADE	COMO É APRESENTADO	VARIAÇÃO USUAL DA DOSAGEM ABSOLUTA E BASEADA NO PESO	DOSE MÁXIMA PARA TDAH APROVADA PELA FDA
Clonidina ER[d] (Kapvay)*	Comprimido de clonidina de liberação prolongada	Dosagem aprovada para duas vezes ao dia	Comprimido de 0,1 mg	0,1-0,2 mg duas vezes ao dia	Até 0,4 mg diariamente

[a] Aprovado para tratar TDAH a partir de 6 anos.
[b] Aprovado para tratar TDAH a partir de 3 anos.
[c] Especificamente aprovado para tratamento de TDAH em adultos.
[d] Aprovado para tratar TDAH em jovens de 6 a 17 anos como monoterapia ou como tratamento adjuvante com estimulante.
* N. de R. T. Medicamento não disponível comercialmente no Brasil.

De "Pharmacotherapy of ADHD in Adults" (Prince et al., 2015). Copyright © 2015 The Guilford Press. Adaptada com permissão.

sividade verbal, como é classicamente retratado no DSM-5, os efeitos dos medicamentos para TDAH são mais variados do que apenas melhorar esses domínios de sintomas um tanto superficiais. *Sabe-se que os medicamentos para TDAH produzem sua melhora pela regulação ascendente de várias redes da FE no cérebro,* incluindo todas as FEs descritas no Capítulo 1 e suas redes cerebrais subjacentes, mencionadas na discussão das etiologias no Apêndice C. Conforme explicado, grande parte da perturbação no desenvolvimento, da variabilidade funcional e dos problemas com a interconectividade dessas regiões cerebrais e as redes entre elas tem sua origem na genética do transtorno (ou FE e AR) ou em lesões adquiridas nessas redes cerebrais. Se o TDAH é um transtorno do neurodesenvolvimento de origens em grande parte neurogenéticas, e menos de origens adquiridas, não há razão lógica para não ver os medicamentos que o tratam efetivamente como terapias neurodesenvolvimentais, ou *neurogenéticas,* como prefiro denominá-las. Esta é a justificativa:

- Os medicamentos servem para melhorar consideravelmente e até normalizar a atividade funcional dessas redes e seu papel em várias FEs enquanto os medicamentos estão em uso.
- Também há evidências crescentes de que os medicamentos podem promover mais crescimento, desenvolvimento e conectividade entre as regiões cerebrais relacionadas ao TDAH a partir do uso prolongado, pelo menos em uma minoria substancial dos casos.
- Tais regiões e redes estão funcionando defeituosamente em grande parte como uma consequência da variação e da mutação nos genes que as constroem e operam, ou devido a outros fatores que podem ter causado o mau desenvolvimento do cérebro.

Por que é importante encarar a medicação como um tratamento neurogenético para um transtorno neurogenético? É importante porque contesta a alegação falsa e persistente de que medicamentos estimulantes para TDAH estão mascarando ou meramente escondendo as "reais" origens e os problemas do TDAH. Os déficits neurogenéticos na FE e AR *são* as origens reais e os problemas do TDAH. Esses medicamentos estão indo direto à raiz do transtorno, e, em muitos casos, na verdade, estão fazendo desparecer os déficits (contanto que os medicamentos continuem sendo tomados). Assim como a insulina pode temporariamente corrigir as origens anatômicas e fisiológicas subjacentes do diabetes, os medicamentos para TDAH fazem o mesmo para os déficits subjacentes na FE e na AR que definem o TDAH.

Além disso, quando os pais (e os clínicos) veem os medicamentos por esta ótica, eles podem ver quão benéficos os medicamentos realmente são; eles podem avaliar a ampla gama de domínios neuropsicológicos e comportamentos adaptativos diários que esses medicamentos melhoram. Dito de outra forma, com esta visão dos medicamentos para TDAH, os pais conseguem visualizar como seu filho pode se beneficiar em todos os domínios da vida, ao longo da vida, como implicado no fenótipo estendido do TDAH (veja o Capítulo 1).

Considere, sobretudo, que medicamentos para TDAH, como mais bem demonstrado pelos estimulantes, reconhecidamente melhoram não só a inibição (autocontrole) da maioria dos assim tratados, mas também a autoconsciência, a memória de trabalho não verbal e a verbal, a expressão emocional impulsiva e a AR das emoções, a motivação e, ainda, o planejamento e a solução de problemas. Se a teoria do FE-AR estendida para o TDAH for correta, isso significa que os medicamentos para TDAH estão melhorando (1) o autodirecionamento das ações humanas (FEs), (2) sua privatização ou sua internalização e (3) especialmente sua influência governante sobre a orientação comportamental voltada para objetivos e para o futuro. Isso ocorre provavelmente por meio dos seus efeitos nos gânglios basais e no tálamo, que mais provavelmente são a estação de transição para determinação das expressões pública-*versus*-privada dessas ações sendo usadas para AR. Os medicamentos também estão influenciando diretamente regiões corticais e suas redes subcorticais que são mediadoras dos sistemas da memória de trabalho, a regulação descendente das emoções e das motivações para ações dirigidas para objetivos e as regiões corticais cruciais para a manipulação das representações cognitivas para chegar ao planejamento e à solução de problemas.

Por meio desses efeitos benéficos na FE, embora temporários, os medicamentos para TDAH estão melhorando (1) o gerenciamento do tempo, (2) a auto-organização, (3) o autocontrole, (4) a AR da emoção e (5) a automotivação da criança tratada. Além disso, se este for o caso, eles estão promovendo a transição ao longo das dimensões do que está influenciando ou controlando as ações humanas de (1) eventos externos para representações mentais sobre o tempo, os objetivos e o futuro; (2) do agora temporal para o futuro hipotético; (3) das consequências imediatas para as adiadas e, consequentemente, o adiamento da gratificação; e (4) dos outros para si mesmo.

Basta olharmos as centenas de estudos sobre os efeitos neuropsicológicos e adaptativos desses medicamentos para entender que isto se dá assim (mais uma vez, veja as Referências e o Folheto 16, Apêndice A). Isto não significa que elas agem em igual medida em todos aqueles com TDAH e em todas as funções executivas; esta expectativa não respeita a heterogeneidade dos déficits no FE-AR entre os pacientes com TDAH, sem mencionar suas diferenças individuais quanto à comorbidade, à organização cerebral e à funcionalidade genética, mas significa que entre os 50% ou mais, cujo comportamento está sendo normalizado, e os 25-40% ou mais, cujo comportamento está sendo significativamente melhorado, se não normalizado, os medicamentos são o meio de atingir essas melhoras.

É por tudo isso que ousadamente afirmo que os medicamentos para TDAH são formas de terapias neurogenéticas para os déficits no FE-AR inerentes ao TDAH – e que é por isso que são de longe o melhor tratamento para TDAH em crianças e adolescentes.

MEDICAMENTOS ESTIMULANTES APROVADOS PELA FDA

Os estimulantes, medicamentos comumente prescritos para TDAH, são assim nomeados porque ativam determinadas áreas do cérebro, sobretudo aquelas envolvidas nas FEs e, portanto, a AR. É por isso que crianças e adultos com TDAH podem ser mais inibidos e autocontrolados quando estão usando medicamento. Esses medicamentos demonstraram ser efetivos na melhora do comportamento, do trabalho acadêmico e da adaptação social em qualquer ambiente em 50 a 95% das crianças com TDAH. No entanto, em que medida o paciente responde dependerá da presença de outros problemas.

DICAS CLÍNICAS

● A verdade é que a medicação não ajuda a todos. Por essa razão – e como medicação não é exceção à regra de que há muita desinformação sobre o TDAH – pais e pacientes devem receber o máximo de informações que você possa lhes oferecer ao fazer essa recomendação de tratamento. Ajude-os a entender o modo neurogênico pelo qual esses medicamentos atingem seus benefícios, como sugerido anteriormente.
● Então encoraje-os a reunir ainda mais informações antes e depois de concordarem com um ensaio de medicação para sua criança ou seu adolescente com TDAH.

Os estimulantes para TDAH consistem em substâncias químicas denominadas metilfenidato e anfetamina. Dentre alguns dos nomes comerciais mais amplamente reconhecidos do metilfenidato disponíveis nos Estados Unidos estão Ritalina, Concerta, Metadato CD, Focalin e o adesivo cutâneo Daytrana, além da forma mais recente de liberação retardada conhecida como Jornay PM. Também há variações em líquido e em goma de algumas dessas substâncias. Os nomes comerciais mais comuns para medicamentos que usam anfetaminas são Dexedrina, Adderall, Adderall XR (liberação prolongada) e Venvanse. Todos esses medicamentos são ativados dentro de uma hora, aproximadamente, depois de ingeridos, mas o novo Jornay PM é tomado na noite anterior por volta das 21 horas, e só é ativado em torno de 6 horas da manhã seguinte. Ele então dura a maior parte do dia, como as outras versões de liberação estendida ou sustentada desses vários medicamentos. Jornay PM atualmente está aprovado pela FDA somente para uso com crianças.

COMO OS ESTIMULANTES AGEM

Se os estimulantes são assim chamados devido à sua habilidade de aumentar o nível de atividade ou regulação ascendente da funcionalidade de certas regiões do cérebro, por que eles não deixam as pessoas mais hiperativas? Parece que as áreas do cérebro que eles ativam são responsáveis pelas FEs – para inibir o comportamento, manter o esforço ou a atenção a tarefas e objetivos, e, mais em geral, criar AR. Essa parece ser a razão pela qual eles são tão úteis para aqueles com TDAH. Ao aumentar a atividade cerebral nos centros de AR, esses medicamentos permitem que crianças e adolescentes demonstrem mais controle sobre o próprio comportamento, atividade mais focada voltada para o futuro, e menos inquietação aleatória e comportamento distraído da tarefa.

Os dois estimulantes para TDAH são os medicamentos d-anfetamina (AMP, como na Dexedrina) e metilfenidato (MPH, como na Ritalina, Metadato CD, Concerta e Daytrana). Diversas variantes mais recentemente inventadas são o isômero-d do metilfenidato (Focalin) ou simplesmente uma combinação dos isômeros d e l da anfetamina (Adderall, Adderall XR e Venvanse). Como mencionado anteriormente, mais informações sobre esses medicamentos podem ser encontradas na internet em http://adhdmedicationguide.com.

DICA CLÍNICA

- Como a cafeína (encontrada em café, chá, refrigerantes e energéticos e em outros alimentos) é um estimulante, alguns pais perguntam se essa substância ou bebidas contendo a substância ajudarão seus filhos com TDAH. Certamente, adolescentes e adultos com TDAH muitas vezes consomem em excesso esses produtos. Embora na década de 1970 tenha havido alguns relatos iniciais na imprensa popular de que a cafeína poderia ser útil, os estudos científicos feitos sobre este tema não apoiaram a ideia. Isso provavelmente se deve ao fato de que a cafeína atua em neurotransmissores no cérebro muito diferentes daqueles mais provavelmente envolvidos no TDAH. Embora a cafeína possa melhorar o estado de alerta, ela em geral não trata a miríade de déficits executivos associados ao TDAH, e podem até mesmo exacerbar o comportamento agitado ou inquieto. Portanto, é recomendado que você considere apenas os medicamentos estimulantes que acabamos de listar e não recomende cafeína para tratar TDAH.

Por uma década ou mais, desenvolvimentos tecnológicos importantes criaram novos sistemas de liberação que permitem que crianças e adolescentes obtenham alívio mais prolongado dos sintomas do TDAH enquanto tomam medicamentos estimulantes do que estava disponível com as formas regulares de liberação imediata de anfetamina (Dexedrina, Benzedrina) ou metilfenidato (Ritalina). Elas podem ser encontradas em marcas comerciais como Concerta, Metadato CD, Focalin XR, Ritalina LA, Daytrana e Jornay PM, todas as quais contêm versões de metilfenidato, e Dexedrina, Adderall XR e Venvanse, sendo que as duas últimas são formas de liberação estendida de Adderall, uma anfetamina.

Existem até oito métodos diferentes pelos quais essas duas substâncias são liberadas no corpo. Esses métodos estão descritos no quadro "Os oito sistemas de liberação de estimulantes", a seguir. Os métodos também diferem na duração de tempo em que mantêm os níveis sanguíneos da substância no corpo e, portanto, no cérebro. Há centenas de estudos sobre a segurança e a eficácia desses estimulantes e os sistemas de liberação.

Os estimulantes atuam primariamente aumentando a ação de certos neurotransmissores que ocorrem naturalmente no cérebro. A forma como o cérebro lida com a informação está baseada em como essas substâncias químicas que são produzidas nas células cerebrais (neurônios) são liberadas a partir delas para se comunicar com (influenciar) outras células nervosas próximas. Apesar de não termos conhecimento de todos os neurotransmissores que são influenciados pelos estimulantes, sabemos que dois deles são a dopamina e a norepinefrina. Ambas ocorrem por todo o cérebro, mas estão fortemente concentradas nas regiões pré-frontais da FE e em áreas e redes cerebrais relacionadas, as quais acreditamos que sejam um dos locais principais que causam o problema no TDAH. Ao aumentarem as quantidades dessas substâncias químicas que são liberadas das células nervosas no espaço intercelular ou mantendo por mais tempo a substância ali liberada, os estimulantes aumentam a ação dessas células cerebrais, as quais parecem ser as mais responsáveis por inibir nosso comportamento e nos ajudar a usar o autocontrole.

Evidências de neuroimagem cerebral e estudos da conectividade funcional do cérebro sugerem que os estimulantes ativam o fluxo sanguíneo e a atividade elétrica em áreas do cérebro que criam o comportamento dirigido para objetivos e orientado para a tarefa, como as redes da FE, e melhoram o estímulo ou o valor do reforço (interesse) desses objetivos e dessas tarefas, provavelmente por meio da atividade aumentada nos circuitos e nas regiões cerebrais da recompensa (p. ex., núcleo *accumbens* e redes ventrais da atenção/recompensa). Eles também podem atingir alguns dos seus efeitos diminuindo a ativação em áreas do cérebro que estão sujeitas a distrações irrelevantes para a tarefa.

Portanto, não causa surpresa que uma abundância de pesquisas mostre que esses medicamentos são eficazes nas taxas indicadas no começo deste capítulo. Se cada um desses estimulantes for tentado em sucessão, estima-se que até 91% das pessoas com TDAH responderá a pelo menos um deles. Há alguns casos em que medicação isoladamente é suficiente ou é a única forma prática de abordar as preocupações que um pai pode ter com seu filho. Na maioria dos casos, no entanto, o maior benefício da terapia neurogenética estimulante parece derivar de uma combinação desses agentes com outros tratamentos psicológicos e educacionais ou, em casos mais raros, com outros medicamentos.

DICAS CLÍNICAS

Os médicos que desejam prescrever medicamentos estimulantes para TDAH devem considerar os seguintes fatores ao escolher um estimulante ou não estimulante:

● A porcentagem de crianças com a forma primariamente desatenta do TDAH (algumas vezes denominado TDA) ou tempo cognitivo lento (TCL),

OS OITO SISTEMAS DE LIBERAÇÃO DE ESTIMULANTES

Os cinco primeiros sistemas de liberação eu penso como os 5 Ps – comprimidos (*pills*), bombas (*pumps*), grânulos (*pellets*), adesivos (*patches*) e pró-fármaco (*prodrug*). Os vários nomes comerciais de medicamentos para TDAH sobre os quais você ouvirá são uma forma ou outra de MPH ou AMP, e envolvem um dos seguintes sistemas de liberação:

- **Comprimidos:** estas são as versões originais de medicamentos que estão disponíveis há muitas décadas. As primeiras versões das AMP foram descobertas na década de 1930, enquanto a primeira versão do MPH foi descoberta na década de 1950. Na forma de comprimido, os medicamentos são absorvidos rapidamente, em geral dentro de 15-20 minutos, depois de ingeridos por via oral e deglutidos. Eles podem atingir seu nível de pico no sangue (e, portanto, no cérebro) geralmente em 60-90 minutos e podem durar 3-5 horas no controle dos sintomas do TDAH na maioria das pessoas. Este era o seu problema. Se você quisesse controlar os sintomas do TDAH durante o tempo em vigília de, digamos, 14-16 horas para a maioria das crianças e adultos, você tinha que tomar o medicamento duas a quatro vezes por dia ou mais frequentemente. A inconveniência que representava para as pessoas ter que tomar esses medicamentos é óbvia, sem mencionar o fato de que muitas tinham que lembrar de tomá-los com muita frequência e acabavam esquecendo. Estes e outros problemas com os comprimidos de liberação imediata levaram as empresas farmacêuticas a explorar melhores formas de introduzir os medicamentos no corpo e mantê-los ativos por mais tempo. Os nomes comerciais que você provavelmente ouvirá para esses comprimidos são Ritalina (MPH, uma mistura de d-MPH e l-MPH), Focalin (apenas d-MPH), Dexedrina (d-AMP), Benzedrina (l-AMP) e Adderall (uma mistura das formas ou sais d e l-AMP).

- **Bomba:** depois, veio a invenção de um sistema engenhoso de bombeamento para liberar as substâncias no corpo e mantê-las na corrente sanguínea por mais tempo. O nome comercial para esse sistema é Concerta, e contém MPH. É um reservatório com aparência de cápsula com um pequeno orifício perfurado a laser em uma das suas extremidades longas. No seu interior há duas câmaras. Uma contém uma borra de MPH semelhante a uma pasta, e a outra está vazia. MPH pulverizado reveste o lado externo da cápsula. Agora, esta é a melhor parte: quando uma pessoa engole a cápsula, o pó logo entra em ação, como seria na forma de comprimido de MPH descrita anteriormente (i. e., Ritalina). Isso permite tempo suficiente para que a cápsula comece a absorver água do estômago (e posteriormente os intestinos). A água é absorvida por meio da parede da bomba em um fluxo contínuo constante até a câmara vazia. Quando essa câmara está completamente cheia, ela pressiona contra a outra câmara que contém a pasta de MPH. Essa pressão então esprime e empurra a pasta de MPH para fora do orifício da cápsula. Ela é concebida para fazer isso continuamente por 8-12 horas ou mais. O resultado é que muitas pessoas, sobretudo crianças, só precisam tomar uma cápsula por dia, e não as duas a três, ou mais, que em geral teriam que tomar usando os comprimidos regulares.

  As cápsulas são apresentadas em vários tamanhos de doses de curso para que os médicos possam adaptar a dose que mais se adeque às necessidades individuais e às respostas dos seus pacientes com TDAH. Um problema, no entanto, é que algumas crianças maiores e adolescentes, e sobretudo adultos, podem precisar de um curso mais longo de medicação todos os dias do que esse sistema proporciona. Para contornar esse problema, alguns médicos usam os comprimidos de MPH ou AMP no fim do dia. Isso é feito para obter mais 3-5 horas de tratamento com medicamento depois que a Concerta possa estar perdendo seu controle benéfico dos sintomas do TDAH. Mesmo assim, é preciso reverenciar a engenhosidade humana que levou à descoberta desse sistema de liberação.

- **Grânulos:** mais ou menos ao mesmo tempo que o método da bomba d'água estava sendo inventado, engenheiros químicos (farmacológicos) estavam modificando um método que usa grânulos de liberação prolongada para criar uma forma de manter os medicamentos no corpo e na corrente sanguínea por mais tempo que os comprimidos. Esse método foi usado por anos com alguns medicamentos para resfriado, como a antiga marca Contac. Mas o sistema teve que ser modificado de várias maneiras para uso com MPH e AMP. Agora, temos grânulos de liberação prolongada para os dois estimulantes. Pequenas esferas do medicamento são revestidas de forma que algumas se dissolvem imediatamente depois de engolidas, e outras se dissolvem 1, 2, 3 ou mais horas mais tarde. Isso significa que o medicamento pode ser ativado mais gradualmente e absorvido na corrente sanguínea durante 8-12 horas com a maioria das pessoas. Este é outro sistema de liberação engenhoso. Ele tem a vantagem de que alguém que simplesmente não pode ou não quer ingerir a cápsula que contém esses grânulos possa abrir a cápsula (desmembrá-la) e misturá-la em uma colher de chá de purê de maçã, iogurte ou outro alimento e ingerir dessa forma. Isto, em geral, não muda a forma como o medicamento atuará no corpo.

  Você deve ter ouvido falar desses sistemas de liberação pelos nomes comerciais de Ritalina LA (MPH), Focalin XR (d-MPH), Metadato CD (MPH) e Adderall XR (AMP), nos Estados Unidos. Mais uma vez, há diferentes tamanhos (doses) para estas cápsulas, para permitir que o médico ajuste a dose para um indivíduo até seu nível ideal. Assim como o método da bomba d'água, os sistemas com grânulos de liberação prolongada são complementados no fim do dia com uma versão normal do comprimido ou com liberação imediata do mesmo medicamento. Isso permite o controle dos sintomas por ainda mais tempo, se necessário. Existem algumas pesquisas que mostram que esse sistema de grânulos possibilita um melhor controle dos sintomas de TDAH pela manhã do que no período da tarde. Em contrapartida, o sistema de bomba possibilita um controle um pouco melhor pela tarde do que durante a manhã. Os dois sistemas de liberação proporcionam bom controle dos sintomas de TDAH durante o dia, mas não nas mesmas horas do dia. Isso algumas vezes pode ser uma questão a ser considerada na hora de decidir qual sistema de liberação pode ser melhor para alguém, dependendo de quando esse indivíduo mais precisa controlar seus sintomas de TDAH durante o dia.

- **Adesivo:** a invenção seguinte de um sistema de liberação para os estimulantes foi aprovada pela FDA apenas alguns anos depois da bomba e dos grânulos. É um adesivo com um revestimento colante que é aplicado diretamente na pele, por exemplo, na parte posterior do ombro ou nas nádegas. O adesivo contém MPH. Quando aplicado na pele, o MPH é absorvido pela pele e entra na corrente sanguínea por esse meio. Enquanto a pessoa estiver usando o adesivo, o MPH estará sendo liberado no corpo durante o dia. Como os estimulantes podem causar insônia ou dificuldade para conciliar o sono, o adesivo precisa ser removido várias horas antes de dormir para permitir que a substância restante no corpo seja decomposta e removida sem afetar adversamente o início do sono. Outro problema é que 15-20% das pessoas experimentam erupção cutânea no local do adesivo e podem precisar parar de usá-lo por esta razão.

Esse sistema de liberação recebeu o nome comercial de Daytrana (MPH). Da mesma forma que os medicamentos discutidos anteriormente, o adesivo é apresentado em diferentes doses, para melhor ajustar a quantidade de medicamento ao indivíduo.

- **Pró-fármaco:** em 2008, outro sistema de liberação recebeu aprovação da FDA, mas somente para uso em adultos com TDAH, e esse sistema leva o nome comercial de Venvanse (uma forma de AMP). Este é mais um exemplo da inventividade humana. Um dos problemas com os comprimidos de liberação imediata, e também dos sistemas de grânulos, é que eles têm o potencial para ser abusados. Em geral, isto é feito triturando e inalando o pó dos comprimidos ou as esferas trituradas nos sistemas de grânulos. Esse pó também pode ser misturado com água e injetado na veia. Seja aspirando pelo nariz ou injetando na veia, os estimulantes entram na corrente sanguínea muito rapidamente e, portanto, no cérebro com a mesma rapidez. É esta invasão rápida do cérebro pela medicação e o decréscimo quase tão rápido em certas regiões do cérebro que cria a "adrenalina" ou a euforia que as pessoas podem experienciar com estimulantes liberados dessa forma. Isto não ocorre com a ingestão oral do medicamento. Esse pró-fármaco foi concebido para que a substância não possa ser ativada a menos que esteja no estômago ou nos intestinos humanos. A substância é projetada de forma que a d-AMP dura 10-14 horas, em geral – reduzindo consideravelmente qualquer potencial para abuso, ao mesmo tempo proporcionando o curso de ação mais longo desejado a partir de uma dose única.

- **Sistema de início retardado:** em 2019, foi aprovado o mais recente sistema de liberação, denominado Jornay PM, que compreende uma reformulação da substância MPH. Esse medicamento é tomado à noite, em geral entre 18:30 e 21:30, e é ativado confiavelmente 12 horas mais tarde. Ele é aprovado para pessoas a partir de 6 anos, mas é previsto que a empresa provavelmente encontrará uma versão que use o medicamento AMP e busque aprovação da FDA para uso dessa variante em crianças e adultos com TDAH em um futuro próximo. Esse produto foi desenvolvido porque as primeiras horas da manhã podem ser muito difíceis para as famílias de crianças com TDAH, mesmo que essas crianças estejam tomando um dos outros sistemas de liberação de estimulante mencionados anteriormente. A razão é que pode demorar 60-90 minutos para que esses medicamentos atinjam seu nível terapêutico – um período de tempo que se sobrepõe às horas em que pais e filhos estão se arrumando para sair de casa para a escola e o trabalho. Consequentemente, crianças com TDAH que estão usando outros sistemas estão essencialmente não medicadas ou submedicadas neste período de tempo crucial e estressante nas manhãs dos dias úteis. Esse sistema de liberação resolve esse problema.

- **Liberação prolongada em líquido:** atualmente, existem versões em líquido das formas de liberação prolongada (XR) de MPH e AMP que podem ser úteis quando os pacientes confessam dificuldades para deglutir os comprimidos ou as cápsulas que são usados nesses outros sistemas citados anteriormente.

- **Sistemas solúveis em gel "em goma":** outra formulação do MPH usa um produto em gel como o visto em vitaminas e balas de goma. Esse gel se dissolve ao contato com a saliva na boca e não é afetado em suas propriedades farmacológicas se mastigado pela criança.

mais recentemente síndrome de hipoatividade do desengajamento cognitivo (CDHS: veja o Capítulo 4) que respondem bem à medicação com MPH pode ser mais baixa – de 20 a 55% – do que a de crianças com as formas mais típicas do TDAH. A magnitude da resposta que elas têm ao medicamento pode não ser tão expressiva. Pelo lado positivo, a dose necessária quando são encontrados benefícios pode ser inferior à usada com formas mais típicas do TDAH.

- Os estimulantes podem ajudar pessoas com TDAH que também estão com atraso no desenvolvimento (ou têm DI) somente se o retardo geral for muito grave. Em um estudo, crianças com idade mental acima de 4 anos ou QI acima de 45 em geral tiveram respostas positivas, enquanto aqueles com idade mental ou QI mais baixo em geral responderam mal.
- Crianças com TDAH que têm convulsões podem ter mais efeitos colaterais (problemas comportamentais) enquanto usam estimulantes do que são vistos em crianças com TDAH que não têm convulsões. No entanto, em outros aspectos, sua resposta é tão boa quanto a de crianças com TDAH que não têm convulsões. Assim, os médicos devem se sentir confiantes em usá-los nesses casos de coexistência de TDAH e transtornos convulsivos.
- Algumas pessoas com lesões cerebrais por trauma ou ferimentos abertos na cabeça ou aquelas que desenvolvem sintomas de TDAH depois de tratadas com radiação e/ou quimioterapia para cânceres de cabeça e pescoço ou leucemia podem desenvolver sintomas de TDAH a ponto que justifique um possível ensaio com medicamentos estimulantes. Esses pacientes também podem responder bem, mas algumas pesquisas e também minha experiência sugerem que a probabilidade de uma boa resposta é mais baixa nesse grupo com esses tipos de causas "adquiridas" do TDAH, e que a probabilidade de efeitos colaterais é um tanto elevada.

Efeitos no comportamento e nas emoções

Inquestionavelmente, os estimulantes produzem efeitos positivos na atenção sustentada e na persistência do esforço para trabalhar. Os medicamentos também reduzem a inquietação e a atividade motora global. Em muitos casos, a atenção das crianças ao trabalho designado é tão acentuadamente melhorada que seu comportamento parece normal. A maioria das pessoas que toma medicamentos é muito menos impulsiva e tem menos problemas com agressão reativa e emoções impulsivas, barulho, desobediência e comportamento disruptivo. Entretanto, 5-10% dos casos pode experienciar um aumento na labilidade do humor, disforia, ansiedade, hostilidade ou crises explosivas. De modo geral, os medicamentos melhoram os déficits na FE de um indivíduo e a capacidade para AR. Os tamanhos do efeito (grau de melhora medido como uma proporção de um desvio padrão) para os estimulantes variam de 0,57 (MPH) a 1,52 (AMP), o que os coloca entre os maiores tamanhos documentados em pesquisas sobre drogas em medicações psiquiátricas. Por exemplo, os tamanhos do efeito para antidepressivos ou medicações antiansiedade estão tipicamente na faixa de 0,3 a 0,4. Metanálises mostram que formulações estimulantes de mais longa ação produzem maiores tamanhos de efeitos do que as versões de liberação imediata.

Para informações sobre efeitos de medicamentos em crianças e adolescentes com vários transtornos comórbidos, veja o Capítulo 4. Para a maioria das condições comórbidas, no entanto, os estimulantes permanecem úteis para o manejo do TDAH sem tipicamente exacerbar o transtorno comórbido. No entanto, em alguns casos, como indivíduos com TEA, DI, TOC, TT ou transtornos convulsivos, além de em pré-escolares, os efeitos colaterais podem ser um pouco mais comuns, e as taxas de resposta podem ser um pouco mais baixas do que a taxa de resposta típica de 75%. Além disso, o grau de melhora (tamanho do efeito) pode ser menor do que para casos não comórbidos ou casos que têm TOD ou TC. Dito isso, há algumas evidências de que uma pequena minoria de pacientes com TDAH e ansiedade, tiques ou comportamento obsessivo-compulsivo comórbido pode ter esses sintomas exacerbados por estimulantes ou, como no caso de ansiedade, alguma toxicidade cognitiva (na memória de trabalho) pode se tornar evidente. Em outros casos comórbidos, as doses podem precisar ser um pouco mais altas, como em TOD/TC comórbidos. Como mencionado no Capítulo 6, a gravidade dos sintomas de CDHS (ou TCL) parece predizer uma resposta reduzida a estimulantes.

APRENDIZAGEM E DESEMPENHO ACADÊMICO

Foram conduzidos inúmeros estudos sobre os efeitos de estimulantes no intelecto, na memória, na atenção e na aprendizagem, além do comportamento em geral. Os estudos mostram que os medicamentos estimulantes têm muita probabilidade de melhorar atenção, controle dos impulsos, coordenação motora fina, tempo de reação, memória de trabalho, noção de tempo e habilidades de planejamento e solução de problemas em uma variedade de medidas objetivas, e ainda mais em avaliações dos sintomas do TDAH e déficits na FE na vida diária. Quando indivíduos com TDAH precisam executar tarefas de aprendizagem, o medicamento parece ajudá-los a (1) estar disponíveis para essa aprendizagem se estiverem adquirindo novas informações e (2) desempenhar com mais eficiência o que já sabem e de maneira mais organizada, com menos atividade irrelevante para a tarefa. Terapias neurogenéticas especialmente resultam que aqueles com TDAH sejam mais produtivos (realizando mais trabalho dirigido para objetivos). Nenhum medicamento pode realmente melhorar inteligência ou conhecimento, mas os estimulantes aumentam a habilidade de mostrar o que já foi aprendido, e quando usados por vários anos, essa melhora na produtividade e na disponibilidade para aprender material novo se traduz em melhora no conhecimento acadêmico (conquistas) no caso de crianças e adolescentes com TDAH. Em geral, os medicamentos produzem sua maior influência em situações que requerem autocontrole, restrição do comportamento para demandas situacionais e concentração nas tarefas designadas – situações como escola e trabalho.

COMPORTAMENTO SOCIAL

O tratamento com medicamento estimulante provou reduzir a intensidade e melhorar a qualidade das interações sociais entre pessoas com TDAH e outras. Os estimulantes aumentam a habilidade de cumprir instruções ou comandos e manter esse cumprimento ao longo do tempo. Os medicamentos também reduzem o comportamento que compete com a conclusão do trabalho, como desatenção, distração, inquietação, sonhar acordado e esquecimento. Por sua vez, as outras pessoas, como os pais, os professores, os parceiros ou os empregadores, respondem reduzindo seu nível de controle e seu grau de supervisão da pessoa com TDAH. Eles também podem aumentar seus elogios e suas reações positivas às crianças com TDAH. Tem havido alguma preocupação entre alguns profissionais de que esses medicamentos possam reduzir o interesse da criança na socialização com os outros. Estudos recentes não demonstraram que isso seja um problema, mas é possível, em casos raros, se a criança estiver tomando uma dose muito alta.

O grau de melhora difere entre os pacientes, e deve ser esperado que cada um tenha uma resposta única. Todos nós somos indivíduos únicos, incluindo nosso funcionamento cerebral. Os pesquisadores não encontraram diferenças importantes entre homens e mulheres na sua resposta aos medicamentos, embora um estudo tenha sugerido que as meninas podem experienciar uma melhora excelente com a sua dose diária um pouco mais tarde no dia do que os meninos. Os clínicos devem esperar ver maior melhora nos sintomas do TDAH e nos aspectos do FE-AR do comportamento social com doses moderadas ou mais altas, mas terão que fazer ensaios com cada paciente com diversas doses diferentes antes de descobrir qual é a melhor. Além do mais, eles também poderão ter que tentar mais de um medicamento ou sistema de liberação.

Desenvolvimento e funcionamento do cérebro

Durante a última década, mais de 33 estudos foram publicados sobre os efeitos a mais longo prazo do tratamento com estimulantes no desenvolvimento e no funcionamento do cérebro (Frodl & Skokauskas, 2012; Ivanov, Murrough, Bansal, Hao, & Peterson, 2014; Moreno-Alcazer et al., 2016; Schulz et al., 2012; Spencer et al., 2013). Esses estudos documentam um achado bastante surpreendente que não é reportado pela mídia popular: o tratamento com estimulantes a mais longo prazo pode promover crescimento e conectividade no cérebro nas próprias regiões cerebrais de onde se sabe que os sintomas do TDAH se originam – a massa cinzenta cortical, os gânglios basais subcorticais e as regiões cerebelares.

Embora normalmente sejam necessários vários anos de tratamento para que ocorram essas mudanças, elas foram observadas mais frequentemente em estudos de crianças, e um estudo mais recente com adultos encontrou resultados similares. Não está claro por quanto tempo precisamos usar esses medicamentos para ver os efeitos, que doses são ideais para produzi-los, se um estimulante é melhor para isso do que outro, e outros detalhes relevantes clinicamente importantes.

Também não se sabe se os não estimulantes, como atomoxetina, têm efeitos similares no crescimento do cérebro, mas o fato de que as regiões do cérebro afetadas por essa medicação se sobrepõem em 70% ou mais com as regiões em que os estimulantes estão ativos deixa em aberto essa possibilidade (Schulz et al., 2012).

Esses achados são suficientemente robustos para resistir a uma metanálise ou duas. As evidências até o momento sugerem que esses resultados podem ocorrer somente em uma minoria dos casos (cerca de 25-40%), e não está claro por que alguns casos de TDAH, e outros não, apresentam esses resultados. A imparcialidade determina que eu informe que existe algum ceticismo entre alguns especialistas em neuroimagem, como Katya Rubia, que não estão convencidos de que os efeitos são reais e não devidos a alguns fatores metodológicos comuns a esses estudos naturalistas (i. e., os casos não são randomizados para grupos com medicação ativa ou placebo e acompanhados ao longo do tempo). Pesquisas futuras resolverão tudo isso, mas, por enquanto, este permanece sendo um dos achados mais empolgantes na neuroimagem dos efeitos desses medicamentos.

Duração dos efeitos dos medicamentos

A duração dos efeitos dos medicamentos depende do tipo e da preparação ou do sistema de liberação que está sendo usado para fazer a substância entrar no corpo e na corrente sanguínea; detalhes são apresentados na Tabela 9.1. Independentemente de como são liberados no corpo, esses medicamentos são rapidamente absorvidos na corrente sanguínea e seguem até o cérebro de modo fácil e rápido. Eles também são, em grande parte, eliminados do corpo dentro de 24 horas. Isso quer dizer que, se alguém tiver uma reação indesejável, ela geralmente durará apenas algumas horas de um dia. Também significa que crianças e adolescentes devem tomar o medicamento pelo menos uma vez por dia, todos os dias, para obter seus benefícios.

As formas mais antigas de liberação imediata desses medicamentos, como os comprimidos de Ritalina ou Dexedrina, agem rapidamente (em geral, dentro de 30-45 minutos) para entrar na corrente sanguínea e começar a mudar os sintomas. Elas atingem seu pico de melhora do comportamento dentro de 1-3 horas. Elas podem controlar o comportamento por 3-6 horas, mas cada pessoa reage de forma um pouco diferente, e cada estimulante atua diferentemente. Algumas mudanças no comportamento são perceptíveis dentro de 30-60 minutos depois de tomar o medicamento, mais uma vez, dependendo de qual está sendo tomado. O problema com essas versões de liberação imediata era que as pessoas com TDAH tinham que tomá-las várias vezes por dia, incluindo durante a escola ou o trabalho, e isso causava muitos problemas, sobretudo para as escolas.

Além dessas formas em comprimidos de liberação imediata e ação rápida de metilfenidato e anfetamina (Ritalina e Dexedrina), ambos são apresentados em preparações de liberação prolongada. Essas últimas preparações atingem seu pico de influência um pouco mais tarde do que as formas de ação rápida (normalmente em 3-5 horas) e podem produzir efeitos que duram muito mais tempo (em geral, 8-12 ou mais horas). Além disso, tenha em mente que anfetaminas, como Dexedrina e os compostos mais recentes Adderall, Adderall XR e Venvanse, são quase duas vezes mais potentes do que preparados de metilfenidato como Ritalina. Em consequência, eles podem produzir maiores mudanças no comportamento, e seus efeitos podem durar uma ou duas horas mais do que as preparações com metilfenidato provavelmente vão durar. É claro, por serem mais fortes, esses compostos também podem resultar em alguns efeitos colaterais adicionais. Por exemplo, algumas pesquisas sugerem que AMP tem mais chance de exacerbar tiques do que MPH. Como as variantes de AMP são mais fortes ou mais potentes do que MPH, elas são normalmente ministradas em doses um pouco menores (em geral, metade da Ritalina ou metilfenidato genérico) para evitar superdosagem ou efeitos colaterais excessivos.

DICAS CLÍNICAS

- Os pais muitas vezes perguntam se seu filho poderia desenvolver tolerância a estimulantes a ponto de a dose atual se tornar ineficaz com o tempo. Embora alguns médicos tenham relatado que algumas pessoas na sua prática pareçam ter desenvolvido alguma tolerância (perda do efeito) durante um período mais longo de uso (em geral, 3-6 meses), estudos de pesquisa não conseguiram documentar esse efeito.
- Se você observar que a dose de uma criança está perdendo sua eficácia, talvez a criança tenha crescido desde que iniciou a medicação. O aumento da massa corporal exige que você aumente a dose para obter os mesmos efeitos no comportamento.
- Os pais também podem perguntar se seu filho precisará fazer hemogramas regulares para monitorar a quantidade da substância na corrente sanguínea. Esta não é uma exigência para tomar medicamentos estimulantes. A quantidade de substância na corrente sanguínea não parece estar relacionada a quão bem ela funciona para controlar o comportamento, portanto não há necessidade de testes como esse.

EFEITOS COLATERAIS DE ESTIMULANTES

Crianças e adolescentes podem experienciar vários efeitos colaterais quando tomam esses medicamentos. A vasta maioria é pouco significativa, embora alguns possam ser incômodos. Tenha em mente que, se alguns deles forem suficientemente incômodos para justificar a interrupção da medicação, eles provavelmente se dissiparão depois que ela tiver sido "eliminada" do corpo – em geral dentro de 24 horas. A maior parte dos efeitos colaterais está claramente relacionada com a dose do medicamento: doses mais altas produzem mais efeitos colaterais.

DICAS CLÍNICAS

• Note que foi estimado que 1-3% das pessoas com TDAH não consegue tolerar *nenhuma* dose de *nenhum* medicamento estimulante, e esse número sobe para 8% entre crianças pré-escolares com TDAH.
• Pergunte aos pais se algum membro da sua família já teve reação adversa ao medicamento que você vai prescrever para seu filho. É impossível prever se alguém terá algum dos efeitos colaterais aqui discutidos, mas pode haver uma base genética para se esperar que uma criança tenha reação similar à experienciada por um parente biológico próximo.

As páginas a seguir descrevem os efeitos colaterais que seus pacientes podem apresentar com os medicamentos estimulantes. Qual é a probabilidade dos efeitos colaterais específicos?

- Mais da metade das pessoas com TDAH tratadas com esses medicamentos apresentam diminuição do apetite e insônia. Em menor grau, ocorrem dores de estômago ou dores de cabeça leves (cerca de 20-35%).
- Menos pessoas ainda (<10%) podem experienciar aumento na ansiedade, irritabilidade ou tendência a se sentir triste ou chorar. No entanto, muitos desses efeitos colaterais (sobretudo aqueles associados ao humor) também estavam presentes quando as pessoas tomaram um placebo. Isso significa que, em alguns casos, esses efeitos colaterais podem representar problemas que estão associados ao TDAH, e não ao medicamento. Na maioria dos casos, os verdadeiros efeitos colaterais eram menos frequentes do que isto e relativamente leves.

Diminuição do apetite

Todos os estimulantes parecem reduzir o apetite em certa medida – temporariamente e sobretudo no final da manhã e no início da tarde, o que explica por que mais da metade de todas as pessoas que usam esses medicamentos podem comer pouco do seu almoço enquanto estão medicadas. Isso é o que pode evitar que ganhem peso, no caso de crianças ou adolescentes, enquanto usam o medicamento, e possivelmente até perdem algum peso caso a sua ingestão de calorias fique abaixo do normal. Para muitas pessoas, seu apetite retorna (algumas vezes com muita intensidade!) à noite.

DICA CLÍNICA

• Oriente os pais a garantir que seu filho coma os tipos e as quantidades adequados de alimento todos os dias, em qualquer hora do dia, para que possa crescer bem.

Frequência cardíaca e pressão arterial aumentadas

É comum que a frequência cardíaca e a pressão arterial aumentem ligeiramente durante o uso dos medicamentos. Estas alterações são pequenas e semelhantes a subir meio lance de escadas, não representando nenhum risco para a maioria das pessoas com TDAH. No entanto, se seu paciente tiver pressão alta, como algumas crianças e adolescentes afro-americanos podem demonstrar, você não pode deixar de considerar isso antes de decidir prescrever um dos estimulantes.

Insônia

De um terço a quase metade dos pacientes que usam medicamento estimulante podem notar que é mais difícil pegar no sono na hora de dormir (insônia) depois de tomar esse medicamento durante o dia. Os adultos não consideram isto um problema tanto quanto os pais de crianças com TDAH. A maioria das crianças adormece cerca de uma hora depois do horário em que dormia antes de começar a usar medicamento. Algumas pesquisas encontraram que 20-35% das pessoas que tomam estimulantes durante o dia na verdade adormecem melhor do que antes de tomar o medicamento.

> **DICAS CLÍNICAS**
>
> - Se a insônia deixa uma criança acordada por mais de uma hora depois do seu horário típico de dormir ou se os pais estão preocupados com o problema, você (ou quem prescreveu) pode considerar reduzir a dose ou fazer a criança tomar o medicamento mais cedo pela manhã.
> - Outra opção é tentar um medicamento que não cause esse efeito colateral, como os não estimulantes (veja o Capítulo 10).

Tiques nervosos e maneirismos

Um efeito colateral possível sobre o qual você deve ter alguma preocupação são os tiques nervosos – espasmos abruptos de pequenos grupos musculares do rosto ou, menos provavelmente, em outras partes do corpo. Piscar ou apertar os olhos, ou fazer caretas são apenas alguns dos tiques que podem ser vistos. Outros tiques são vocais – ruídos abruptos, como fungar repetidamente, limpar a garganta ou emissão de palavras em voz alta. Nesta forma extrema, a combinação de múltiplos tiques corporais com esses ruídos vocais é denominada *síndrome de Tourette*. Você deve saber que 10-15% das crianças típicas apresentarão algum tipo de tique ou maneirismo nervoso durante a infância, portanto tiques simples ou ocasionais não são motivo de preocupação caso se desenvolvam, e podem não ter nada a ver com o medicamento estimulante que uma criança está tomando. Algumas pesquisas mostraram que esses tiques em crianças com TDAH podem piorar com o medicamento em uma minoria dos casos (cerca de 35% ou menos). Se isso acontecer, com base na minha experiência, os tiques retornam ao seu nível normal aproximadamente uma semana depois que o medicamento é interrompido. Em cerca de 20-25% dos outros casos, no entanto, os tiques que a criança tinha antes de iniciar o medicamento podem, na verdade, melhorar com a medicação. Em aproximadamente metade dos casos, os tiques preexistentes permanecem inalterados em relação ao seu nível pré-medicação. Evidências sugerem que as preparações com anfetamina, como Dexedrina, têm maior probabilidade de resultar em uma piora dos tiques do que aquelas que contêm metilfenidato.

Algumas crianças desenvolveram a síndrome de Tourette completa, embora não esteja claro em estudos de pesquisa se o medicamento causou o transtorno. O medicamento pode ter piorado ou precipitado o aparecimento da síndrome em uma criança que já era propensa a ter o transtorno, mas isso é muito raro. Na maioria dos casos, como discutido anteriormente, crianças com um histórico de tiques ou síndrome de Tourette podem tomar estimulantes com segurança sem piora dos seus tiques.

Observamos que até 15% das crianças que usam estimulantes podem desenvolver outros maneirismos nervosos simples, como roer unhas, beliscar a pele, morder os lábios ou enrolar o cabelo (e raramente tricotilomania), mesmo que não tivessem previamente.

> **DICAS CLÍNICAS**
>
> - O médico que faz a prescrição deve perguntar se a criança ou o adolescente com TDAH tem um histórico pessoal ou familiar de tiques ou síndrome de Tourette antes de tentar um medicamento estimulante. Em caso afirmativo, o paciente deve iniciar com uma dose mais baixa do que o usual para ver como essa criança reage ao medicamento.
> - Quando esses medicamentos são usados e são desenvolvidos tiques (ou outros maneirismos nervosos), o tratamento deve ser interrompido imediatamente. Os tiques ou outro comportamento geralmente desaparecerão dentro de 7-10 dias. O tratamento poderá então ser retomado com uma dose mais baixa caso o ajuste comportamental do paciente tenha deteriorado drasticamente.
> - Se os tiques retornarem mesmo com uma dose mais baixa, tentar uma medicação alternativa (como os não estimulantes, discutidos no Capítulo 10) pode ser exitoso.
> - Se isto falhar, os pais devem ser alertados de que seu filho não deve ser tratado com estimulantes no futuro sem antes alertar o médico assistente para o histórico de reações de tique aos medicamentos estimulantes.
> - Caso os tiques piorem para uma criança que já tinha antes de tomar medicamento estimulante, você pode interromper a medicação e então os tiques geralmente retornarão aos seus níveis prévios. Nesse caso, considere um medicamento não estimulante para manejo do TDAH.

Psicose temporária

Este é um efeito colateral muito raro com as doses comuns usadas para manejo do TDAH. Todos os medicamentos estimulantes têm o potencial de produzir sintomas temporários de psicose (desorganização do pensamento, fala rápida, alucinações cutâneas, ansiedade extrema, hipersensibilidade a ruídos, etc.) em doses muito altas. Essas reações ocorrem em menos de 1% dos casos tratados, sendo um pouco mais comuns em crianças muito pequenas e menos frequentes nas maiores. Se isso ocorrer, o problema geralmente perdura apenas até a dose ser eliminada.

> **DICA CLÍNICA**
>
> - Esta reação pode ser assustadora para alguns pais. Se acontecer, encaminhe o paciente a um serviço de emergência e diga ao médico assistente o que ocorreu. O médico pode, se desejado, administrar outra medicação, como um antagonista da dopamina, que combate o efeito do estimulante e pode fazer a reação diminuir mais rapidamente.

Efeitos a longo prazo

Os críticos do uso de estimulantes para tratar TDAH alegam que os estimulantes representam alto risco porque não temos estudos rigorosamente controlados sobre os efeitos potenciais negativos a longo prazo que podem ser causados pelo uso persistente dos medicamentos. Pais e também colegas frequentemente perguntam sobre o *status* das evidências de segurança e sua eficácia a longo prazo. Os críticos estão corretos, até certo ponto, de que não temos estes estudos, com os ensaios randomizados controlados mais longos durando até 3 anos. No entanto, esta é a razão: os estudos necessários para abordar esta questão são antiéticos e seriam exorbitantemente caros e levariam muito tempo para serem concluídos, já que isso significaria que nenhum medicamento seria aprovado para uso até que pelo menos uma geração de crianças tivesse sido acompanhada durante a vida depois de receber os medicamentos. Portanto, para avaliar a segurança a longo prazo dos estimulantes, precisamos nos voltar para outras fontes de informação um pouco menos diretas. Estes são os aspectos que destacamos:

- Os estimulantes estão no mercado há 70-90 anos, e em nenhum dos milhões de pacientes tratados com esses medicamentos, muitos deles por pelo menos vários anos, foi registrado relato de efeitos colaterais significativos a longo prazo.
- Os resultados de mais de 700 estudos científicos de curto prazo não sugerem que sejam prováveis efeitos colaterais a longo prazo. Como menciono no Mito 3, no Capítulo 10, mesmo os problemas significativos com o crescimento agora provaram ser uma ocorrência relativamente transitória, e a falha em crescer tanto quanto o esperado é relativamente pequena para a maioria das crianças.
- Por fim, até o momento, achados de estudos das ações neuroquímicas desses medicamentos no cérebro de humanos não demonstraram nenhuma indicação clara de que seriam esperados efeitos colaterais a longo prazo ou duradouros com o uso prolongado de medicação oral.

O que importa é que nosso conhecimento dos riscos associados ao uso de medicamentos seja bem-informado e pesado em relação aos riscos a longo prazo do não tratamento, como discutido anteriormente, incluindo mortalidade mais precoce. No momento em que é escrito este livro, os medicamentos estimulantes são mais seguros e mais efetivos do que quase todas as outras classes de medicamentos usados em psiquiatria, e isso é tudo o que pode ser dito atualmente.

MEDICAMENTOS NÃO ESTIMULANTES PARA TDAH

Embora não sejam tão eficazes quanto os estimulantes, vários outros medicamentos podem ter algum benefício para aqueles com TDAH, mas tenha em mente que apenas quatro dos discutidos aqui – atomoxetina (Strattera), viloxazina (Qelbree), guanfacina XR (Intuniv) e clonidina XR (Kapvay) – receberam aprovação da FDA para uso no manejo do TDAH. Com o desenvolvimento e a aprovação desses medicamentos pelo governo, ocorreu um declínio marcante e bem recebido no uso de versões tricíclicas mais antigas dos antidepressivos para manejar o TDAH. A razão é que atomoxetina, viloxazina, guanfacina XR e clonidina XR foram estudadas mais extensamente e demonstraram ser medicamentos muito mais seguros e com menos efeitos colaterais no funcionamento cardíaco do que parece ser o caso para os antidepressivos tricíclicos. Portanto, atomoxetina, viloxazina, guanfacina XR ou clonidina XR devem ser tentadas antes de usar um antidepressivo tricíclico para o manejo dos sintomas do TDAH. Aqui discuto brevemente os quatro não estimulantes para TDAH aprovados pela FDA. Faço uma breve menção a dois outros medicamentos usados sobretudo para manejo de adolescentes mais velhos com TDAH, embora *off-label,* bupropiona e modafinil. O Capítulo 10 também oferece diretrizes para escolher entre medicamentos estimulantes e não estimulantes, e para a abordagem de questões medicamentosas específicas.

Do mesmo modo que os estimulantes, acredito que é benéfico encarar os não estimulantes aprovados pela FDA como formas de terapias neurogenéticas ou medicamentos para o neurodesenvolvimento. Reconhecidos, eles alcançam seus efeitos benéficos por meio de mecanismos fisiológicos e as redes neurais um pouco diferentes, e podem não ser tão eficazes. Entretanto, eles se sobrepõem aproximadamente 70-80% com as regiões e as redes cerebrais que são melhoradas pelos estimulantes. Isso pode explicar por que são benéficos, mas não tanto quanto os estimulantes – eles estão afetando, embora não tanto, os mecanismos cerebrais que apoiam o FE e a AR e, portanto, reduzem os sintomas do TDAH.

Os últimos 20 anos viram o desenvolvimento e a aprovação pela FDA de atomoxetina, viloxazina, guanfacina XR e clonidina XR para o manejo do TDAH em crianças. A disponibilidade desses medicamentos certamente amplia a habilidade dos clínicos de tratar a diversidade de pacientes que têm TDAH (e suas comorbidades) e, portanto, oferecem tratamentos alternativos para aqueles pacientes que podem estar tendo efeitos colaterais significativos pelo uso de estimulantes (p. ex., insônia) ou que podem ter transtornos coexistentes que potencialmente podem ser piorados por estimulantes (possível ansiedade, TTs, insônia e pouco apetite).

ATOMOXETINA (STRATTERA) E VILOXAZINA (QELBREE)

Atomoxetina (Strattera) e viloxazina (Qelbree)* são medicamentos não estimulantes desenvolvidos para o tratamento do TDAH; o primeiro está aprovado pela FDA desde 2003 para crianças e adultos com TDAH, e o último recebeu aprovação da FDA para uso com crianças em abril de 2021. Ambos são inibidores seletivos da recaptação da norepinefrina. Eles retardam a recaptação ou a reabsorção do neurotransmissor norepinefrina de volta às células nervosas no cérebro depois que a substância química foi liberada durante a ativação dessa célula nervosa. Atomoxetina e viloxazina afetam principalmente a recaptação da norepinefrina, mas também podem ter alguns efeitos na dopamina (um pouco como os estimulantes discutidos anteriormente). No entanto, a viloxazina também pode ter efeitos na neuroquímica da serotonina. Até o momento foram publicados inúmeros estudos que demonstram a eficácia da atomoxetina no tratamento do TDAH. Muito menos estudos foram publicados até o momento sobre viloxazina. Também há extensas pesquisas disponíveis sobre a segurança desses medicamentos quando usados com crianças, adolescentes e, no caso da atomoxetina, com adultos que têm TDAH.

Desde que foi aprovada pela FDA, em 2003, mais de 5 milhões de pacientes já tomaram atomoxetina, fornecendo amplas evidências para a sua eficácia e segurança. Considerando sua forte semelhança com a atomoxetina, a viloxazina provavelmente apresentará um perfil similar de benefícios e efeitos colaterais. Contudo, existem apenas alguns estudos sobre seus benefícios e efeitos colaterais. Assim, a atomoxetina deve ser preferida no momento devido à sua maior base de evidências. Evidências indicam que esses medicamentos não estimulantes não só melhoram os sintomas do TDAH, mas também reduzem TOD e ansiedade. Pais de crianças que usam atomoxetina relataram em seus filhos menos dificuldades emocionais e problemas comportamentais, além de maior autoestima, e menos preocupação emocional para eles mesmos e menos limitações no seu tempo pessoal. Entretanto, pesquisas comparando esse medicamento com os estimulantes, em geral, encontraram que o grau de melhora nos sintomas do TDAH é um pouco menor do que o do estimulante MPH, embora a porcentagem de crianças que respondem de maneira positiva à atomoxetina seja praticamente a mesma que para os estimulantes, em torno de 75%. Uma vantagem desse medicamento, no entanto, é que alguém que não responde ao metilfenidato ainda tem 55-60% de chance de responder bem a esse medicamento. Atomoxetina provou melhorar a enurese noturna em crianças, mais uma vez devido ao efeito principal da norepinefrina no cérebro.

Considerando os efeitos colaterais, diferentemente dos estimulantes, os não esti-

---

* N. de R. T. Medicamentos não disponíveis comercialmente no Brasil.

mulantes, em geral, não resultam em insônia ou dificuldades para adormecer à noite. Eles também não parecem exacerbar tiques motores ou vocais em crianças que têm TTs. Os efeitos colaterais incluem leve perda do apetite, náusea e sonolência ou sedação, sobretudo durante as primeiras semanas de uso do medicamento. Menos comuns são insônia, irritabilidade e alterações do humor. Pode haver leves reduções no crescimento esperado na altura e no peso, mas provavelmente menos do que ocorre com estimulantes. Atomoxetina também resulta em aumentos leves na pressão arterial diastólica e na frequência cardíaca, mas sem alterações significativas nos padrões do eletrocardiograma (intervalos no ECG). Menos de 10% dos pacientes tratados com esse medicamento precisaram ter a medicação interrompida devido a efeitos colaterais significativos. Pesquisas atuais acompanharam casos tratados por mais de 3 anos e apoiam a eficácia, a segurança e a tolerabilidade da atomoxetina a longo prazo para o tratamento do TDAH na infância e na idade adulta. Mais uma vez, esses resultados muito provavelmente também serão encontrados para viloxazina, mas os efeitos simplesmente ainda não foram estudados de maneira minuciosa.

De 2003 a 2010, apenas dois casos de lesão hepática severa foram reportados ao fabricante de atomoxetina e à FDA, entre mais de 5 milhões de pacientes que já tomaram o medicamento desde a sua aprovação pela FDA. Esses pacientes recuperaram a função hepática normal depois da descontinuação da medicação. Não está claro em um desses casos se o problema hepático estava relacionado à medicação, enquanto o segundo caso pode ter sido.

DICAS CLÍNICAS

- Por enquanto, atomoxetina é o medicamento preferido comparado com outros não estimulantes, já que foi aprovado e é usado há mais tempo para TDAH, devido ao número muito maior de estudos controlados que a investigam e ao número imensamente maior de pacientes tratados com ele até o momento.
- Evidências iniciais sugerem que, embora esses medicamentos possam precisar de várias semanas para titular até uma dose terapêutica, o tempo de titulação para viloxazina pode ser um pouco menor.
- Esses medicamentos devem ser descontinuados em qualquer paciente com icterícia (amarelamento na pele ou no branco dos olhos) ou com evidências laboratoriais de lesão hepática.
- Especialistas e o fabricante recomendam que pacientes que usam atomoxetina sejam alertados para entrar em contato com seus médicos imediatamente caso desenvolvam prurido, icterícia, urina escura, sensibilidade abdominal no lado direito superior ou sintomas inexplicados "semelhantes a gripe". No entanto, o risco de problemas hepáticos parece ser excepcionalmente raro.

GUANFACINA XR

Guanfacina XR (Intuniv) é aprovada para o manejo do TDAH em crianças e adolescentes (6-17 anos). Guanfacina e clonidina (veja a seguir) eram originalmente usadas para tratar hipertensão, reduzindo a frequência cardíaca e relaxando as paredes dos vasos sanguíneos, permitindo que o sangue circule mais facilmente. Portanto, são classificadas como medicamentos anti-hipertensivos. Elas foram reformuladas para versões de liberação prolongada para uso no manejo do TDAH e são comercializadas com os nomes comerciais de Intuniv e Kapvay, respectivamente (veja a seguir).

Intuniv foi reformulado para ter uma liberação sustentada durante o horário de vigília.

Isso é feito produzindo o medicamento em grânulos revestidos que se dissolvem a intervalos diferentes.

DICAS CLÍNICAS

- Diferentemente de outros medicamentos anti-hipertensivos (veja clonidina, discutida na próxima seção), a guanfacina tem efeitos mais fracos na redução da pressão arterial e outros efeitos no funcionamento cardíaco e, portanto, em geral é considerada mais segura para uso em crianças do que a alternativa mais potente, a clonidina.
- Para evitar a destruição dos revestimentos na forma de liberação retardada da guanfacina, os pais devem se certificar de que seu filho não triture ou mastigue o comprimido, mas o engula inteiro.

Essa medicação de ação prolongada produz seus efeitos no cérebro influenciando pequenos mecanismos nas células nervosas denominados receptores alfa-2. Esses receptores são como portais ou esfíncteres que parecem ajustar a força ou a pureza de um sinal elétrico que percorre a fibra nervosa quando ela é ativada. Eles fazem isso abrindo ou fechando as pequenas portas no nervo, que são semelhantes a válvulas. Intuniv parece atuar no TDAH fechando essas portas e, assim, reduzindo o grau de "ruído" (abertura dos receptores semelhantes a válvulas) que entra na célula nervosa. Isso melhora o sinal elétrico nas células nervosas, sobretudo aquelas nos lobos pré-frontais (executivos) do cérebro, em que esses receptores ocorrem mais do que em qualquer outro lugar. Como discutido em capítulos anteriores, essas partes do cérebro estão envolvidas na atenção sustentada, no controle de impulsos e em outras FEs que nos fornecem AR. Estudos mostram claramente que essa medicação é eficaz na redução dos sintomas do TDAH em crianças, embora não no mesmo grau que os estimulantes. Também há boas evidências para a segurança da medicação quando feita em crianças que têm TDAH. Para mais informações sobre Intuniv, visite w*ww.webmd.com/drugs/2/drug-152956/intuniv-er-oral/details*

De modo semelhante à atomoxetina, evidências indicam que a medicação não só melhora os sintomas do TDAH, como também reduz comportamentos de oposição, desafiante e agressivo, ansiedade e até mesmo tiques nervosos e os outros sintomas da síndrome de Tourette.

Quanto aos efeitos colaterais, guanfacina XR é muito diferente dos estimulantes. Por exemplo, é improvável que resulte em insônia ou dificuldades para adormecer à noite e pode até mesmo promover sono mais cedo devido à sua associação com maior letargia ou sonolência, se tomada na hora de dormir. Também não parece exacerbar tiques motores ou vocais em crianças que têm TTs e podem até reduzi-los, sendo por isso que guanfacina (Tenex) tem sido usada para tratar TTs ou síndrome de Tourette.

Os efeitos colaterais mais comuns desse medicamento são sensações de atordoamento ou vertigem devido às reduções leves que podem ocorrer na frequência cardíaca e na pressão arterial. Em geral, esse medicamento também está associado a aumento na sonolência ou sedação, em especial durante as primeiras semanas de uso do medicamento.

Efeitos colaterais mais graves são raros, mas incluem desmaio, visão turva, erupção cutânea e reduções significativas na frequência cardíaca e na pressão arterial. Outros efeitos colaterais incluem boca seca, fadiga, fraqueza, dor de cabeça, irritabilidade, dor de estômago, perda de apetite, queixas relacionadas a gases, náusea, vômitos, constipação ou diarreia e congestão nasal. Menos de 10% dos pacientes tratados com esse medicamento precisam que a medicação seja interrompida por vários anos devido aos efeitos colaterais significativos. Pesquisas atuais acompanharam casos tratados por vários anos e apoiam a eficácia, a segurança e a tolerabilidade a mais longo prazo desse medicamento para o tratamento do TDAH na infância.

DICAS CLÍNICAS

- Esse medicamento não deve ser usado em crianças que já podem ter dificuldades com pressão arterial baixa ou com o funcionamento cardíaco.
- Crianças que tomam guanfacina XR devem ser encorajadas a beber muita água, pois esses sintomas podem ser exacerbados por desidratação ou exposição a alimentos e a bebidas que têm algum efeito diurético, como cafeína e álcool.
- Os pais devem ser alertados para ligar imediatamente para o médico que fez a prescrição se ocorrer algum dos efeitos graves listados anteriormente.
- Os pais também devem ser alertados para não cessar abruptamente o uso do medicamento com seu filho, pois há o raro potencial para isso causar problemas sérios com a pressão arterial da criança e com o funcionamento cardíaco.

CLONIDINA XR

Outro tipo de medicamento que mostrou ter algum benefício para crianças com TDAH é a clonidina, que também é frequentemente usada para tratar hipertensão em adultos. (Clonidina é comercializada com o nome de Catapres, mas, em geral, é vendida e referida pelo seu nome genérico.) A clonidina agora está aprovada para uso no TDAH em uma nova preparação XR (Kapvay), como guanfacina XR (Intuniv). O fato de que os dois medicamentos podem produzir mudanças no comportamento e no humor faz com que sejam benéficos para crianças com TDAH que têm problemas ou não obtêm benefícios com outros estimulantes, ou com atomoxetina ou viloxazina. Esses dois medicamentos anti-hipertensivos diferem no sentido de que a guanfacina produz efeitos muito menos adversos no funcionamento do coração e da pressão arterial do que a clonidina e, portanto, gera menos riscos para efeitos colaterais (desmaio, tontura, náusea) que podem estar relacionados a elas. Guanfacina XR e clonidina XR também são mantidas por mais tempo na corrente sanguínea e, portanto, requerem menos doses durante o dia, como XR (liberação prolongada) implica. Por estas razões, para que um medicamento anti-hipertensivo seja considerado para uso em uma criança com TDAH, guanfacina XR ou clonidina XR seria a escolha preferida a um antidepressivo tricíclico mais antigo, conforme mencionado anteriormente.

Quando usada em crianças com TDAH, clonidina XR pode reduzir a hiperatividade motora e a impulsividade vistas com o transtorno. Ela também pode aumentar a cooperação da criança com tarefas e orientações, e aumentar sua tolerância à frustração. Pesquisas sugerem que clonidina pode não ser tão eficaz quanto os estimulantes para melhorar a atenção sustentada ou reduzir a distratibilidade de uma criança. No entanto, pode ser tão eficaz quanto os estimulantes na redução de comportamento agressivo e impulsivo ou a tendência a ficar hiperexcitada muito rapidamente. Esse medicamento pode ser mais adequado para aquelas crianças com TDAH que são altamente opositoras ou desafiantes, ou que têm TC.

CAPÍTULO 10

TOMANDO DECISÕES E ABORDANDO QUESTÕES ESPECIAIS SOBRE MEDICAMENTOS

Decisões sobre prescrever ou não medicamentos para uma criança ou um adolescente com TDAH e, em caso afirmativo, quais medicamentos usar são obviamente complexas. O Capítulo 9 fornece detalhes sobre os mecanismos pelos quais os estimulantes e os não estimulantes operam no TDAH e os benefícios e os efeitos colaterais que eles podem ter. Essas informações podem ajudar você com o planejamento do tratamento para pacientes individuais. Neste capítulo, ofereço diretrizes para abordar questões especiais e escolher entre estimulantes e não estimulantes.

CONSIDERAÇÕES AO ESCOLHER ESTIMULANTES

Os clínicos terão que levar muitos fatores em consideração ao tomar esta decisão. Os medicamentos estimulantes são os medicamentos psiquiátricos mais frequentemente empregados com crianças e adolescentes com TDAH, sobretudo nos casos em que comportamento desatento, hiperativo ou impulsivo e o funcionamento executivo são suficientemente graves para criar problemas com a adaptação na escola ou na vida social. Cerca de 2-4% da população em idade escolar pode estar usando estimulantes para manejo do comportamento. Muito se sabe sobre esses medicamentos, portanto você pode entrar no processo de tomada de decisão confiante de que se sabe mais sobre essas formas de tratamento para o TDAH do que para qualquer outro transtorno.

No entanto, os pais ainda cultivarão mitos e concepções erradas devido à desinformação de mensagens incompletas ou não científicas perpetuadas na mídia ou transmitidas boca a boca. Descartaremos os mitos para que você, seus pacientes e os pais deles possam tomar decisões informadas e colaborativas sobre o medicamento.

ABORDANDO AS CONCEPÇÕES ERRADAS SOBRE ESTIMULANTES

Os clínicos podem esperar que os pacientes tenham concepções erradas sobre esses medicamentos, e isso precisa ser abordado antes que esta modalidade de tratamento seja empregada.

Mito 1: estimulantes são perigosos e não devem ser tomados por ninguém, sobretudo por crianças

Durante a década de 1980, e novamente da metade até o fim da década de 1990, uma campanha de propaganda incorreta na mídia e lamentavelmente exitosa contra o uso de estimulantes com crianças, em especial Ritalina (metilfenidato), foi travada por um grupo religioso marginal, causando um aumento drástico na cobertura da mídia sobre esse medicamento. A campanha no final da década de 1990 foi alimentada pela divulgação pela Drug Enforcement Administration (DEA) de informações enganadoras, alarmistas e tendenciosas sobre abuso de medicamento estimulante nos Estados Unidos como parte de um esforço pelo grupo marginal de impedir que a Ritalina fosse reclassificada como uma substância não aditiva – uma mudança que teria tornado a prescrição desse medicamento mais conveniente para os médicos. Em consequência, o uso desses medicamentos para crianças com TDAH continua a ser controverso na mente do público, embora não haja absolutamente nenhuma controvérsia na comunidade científica quanto à segurança e à eficácia desses medicamentos.

O medo infundado desses medicamentos infelizmente é perpetuado por alguns médicos que solicitam que os pais assinem um formulário de consentimento indicando que foram informados sobre os medicamentos e seus efeitos colaterais e concordaram que seu filho receba um deles para tratamento do TDAH do filho. Alguns médicos sentem a necessidade de se proteger da responsabilidade fazendo com que os pais assinem formulários de consentimento para fazer um ensaio de um estimulante. Felizmente, essa prática declinou substancialmente nas últimas décadas, e por isso os pacientes podem nunca ser solicitados a assinar um formulário desses nos dias de hoje.

Mito 2: estimulantes deixam as pessoas "altas", assim como as drogas ilícitas, e são aditivos

Alguns acreditam que as pessoas que tomam estimulantes muitas vezes têm uma sensação de humor elevado, euforia ou bem-estar excessivo. Isto é verdadeiro somente se a pessoa triturar o medicamento e inalá-lo por via nasal, injetá-lo em um vaso sanguíneo ou tomar doses excepcionalmente altas. Euforia em pessoas que tomam as formas prescritas desses medicamentos por via oral é extremamente rara. Algumas pessoas realmente descrevem que se sentem "engraçadas", "diferentes", tensas, irritáveis ou, em raras ocasiões, tontas. Outras ficam um pouco brandas em seu humor, e algumas até relatam sentimentos de tristeza ou apenas ficam emocionalmente sensíveis. Essas alterações no humor se dão poucas horas depois que o medicamento é tomado e ocorrem mais frequentemente entre pessoas tratadas com doses mais altas. Na maioria dos casos, essas mudanças são muito sutis, caso ocorram.

Pais ou adultos com TDAH frequentemente também se preocupam muito com o risco de adição a estimulantes e com um risco aumentado para abuso de outras substâncias quando as crianças se tornam adolescentes ou, posteriormente, quando chegarem à vida adulta. Até o momento, não há relatos de achados em pesquisas de adição ou dependência grave de substâncias com esses medicamentos quando tomados por via oral conforme prescritos. Além disso, muitos estudos que examinaram se crianças que fazem uso desses medicamentos têm mais probabilidade do que aquelas que não tomam de abuso de outras substâncias quando adolescentes mostram que não. Na verdade, muitos estudos indicam que tomar estimulantes durante a infância não predispunha crianças com TDAH a um risco aumentado de uso ou abuso de substância quando adolescentes. Aliás, algumas pesquisas identificaram que adolescentes com TDAH que permaneceram usando seu medicamento durante a adolescência tiveram probabilidade significativamente mais baixa de uso ou abuso de substâncias do que crianças com TDAH que não estavam tomando medicamentos durante a adolescência. Outros estudos desde que esses foram realizados continuaram a apoiar os resultados. Assim sendo, a literatura científica até o momento deve tranquilizar os pais de que eles não estão predispondo seus filhos ao potencial para posterior uso ou abuso de substância ao tomarem estimulantes para manejo do TDAH. Os pais devem saber que os fatores mais importantes na determinação do risco de uma criança para uso ou abuso de substância na adolescência são (1) início precoce de TC ou comportamento antissocial na criança, (2) fraco monitoramento da criança ou do adolescente na comunidade, (3) a afiliação da criança ou do adolescente com outros adolescentes que estão usando ou abusando de substâncias ilícitas e (4) o grau em que os pais também podem estar usando álcool, produtos derivados do tabaco ou substâncias ilegais.

Mito 3: estimulantes prejudicam o crescimento das crianças

Alguns estudos no começo da década de 1970 pareciam sugerir que crianças que tomam esses medicamentos podem ser prejudicadas nos seus ganhos de altura e peso. Estudos mais recentes e melhores mostraram que este não é um problema tão significativo quanto se pensava. A eventual altura ou o tamanho esquelético de uma criança quando adulta provavelmente não será afetado pelo uso do medicamento, embora estudos recentes sugiram que no primeiro ano ou dois de uso do medicamento a criança pode não crescer 1 centímetro em média. Os efeitos no peso de uma criança provavelmente também serão mínimos, resultando em uma falha em ganhar de ½ a 1 kg durante o ano inicial de tratamento. Uma criança não terá um tamanho menor, mas pode não crescer tanto quanto teria crescido se não estivesse tomando o medicamento. Mesmo assim, nenhum efeito na altura ou peso é, em geral, evidente a partir do terceiro ano de tratamento. Mesmo crianças que tiveram atraso no crescimento recuperam a altura e o peso previstos até a adolescência e certamente no início da idade adulta. Assim sendo, não há evidências de um efeito duradouro desses medicamentos no crescimento da criança até a idade adulta. Tenha em mente que as crianças respondem de formas muito diferentes a esses medicamentos, algumas não tendo alteração no peso ou não ganhando altura e outras não ganham mais do que alguns quilos. O crescimento de uma criança deve ser acompanhado pelo pediatra para garantir que a perda de peso ou a falha em ganhar altura não seja séria.

A crença inicial na década de 1970 de que estimulantes podem prejudicar substancialmente o crescimento de crianças com TDAH levou à prática comum pelos médicos de recomendar que as crianças tomassem esses medicamentos somente nos dias letivos e interrompessem nos finais de semana, nos feriados escolares e durante as férias de verão (conhecidas como "férias da medicação"). Como sabemos que o risco de problemas no crescimento provenientes desses medicamentos é muito menor do que originalmente se acreditava, não é necessário que todas as crianças que tomam estimulantes tenham férias da medicação. Muitas podem continuar a tomar o medicamento durante os finais de semana e no verão. Elas terão benefícios com isso em suas relações com os pares; na sua participação em clubes organizados, esportes e programas de verão; e no seu comportamento em geral em casa. Elas também terão uma chance reduzida de ter lesões acidentais, e os adolescentes que dirigem terão redução no risco de acidentes se estiverem fazendo uso dos medicamentos. Portanto, elas têm probabilidade reduzida de morte acidental. Os pais cujos filhos apresentam problemas comportamentais significativos durante essas e outras atividades nos finais de semana e no verão e que não estão tendo problemas de crescimento devido à medicação devem discutir com os médicos dos filhos o possível benefício de continuar a medicação estimulante durante esses períodos.

Mito 4: estimulantes não resultam em benefícios duradouros para o desempenho acadêmico de uma criança

O argumento de que os estimulantes não têm efeitos positivos duradouros no desempenho acadêmico é enganoso, criado como parte de esforços mais amplos para dissuadir os pais de considerar o uso de estimulantes para seus filhos com TDAH. Se examinarmos de forma simplista o termo *desempenho acadêmico* e esperarmos que os estimulantes aumentem direta e imediatamente a quantidade de conhecimento e habilidade acadêmicos em uma disciplina escolar que uma criança adquirir, então é claro que os estimulantes desapontarão a curto prazo. Os comprimidos não contêm um conhecimento que é automaticamente colocado dentro do cérebro de uma criança quando consumidos. Uma criança com TDAH que não sabe a tabuada de multiplicação hoje, enquanto não está tomando qualquer medicamento, não saberá automaticamente amanhã, depois de tomar uma dose de medicamento estimulante. Esperar esse tipo de mudança seria tolo e demonstra as falhas nesta crítica aos estimulantes.

O que os estimulantes fazem é ajudar a criança com TDAH a mostrar o que ela sabe durante o desempenho nas tarefas escolares, melhorando sua capacidade de atenção, concentração, resistência à distração, e comportamento ponderado e reflexivo. Eles também tornam a criança mais disponível para aprender o que está sendo ensinado na escola, reduzindo seu comportamento não focado, disruptivo e de outras formas desatento e melhorando sua autorregulação. Considerando esses ganhos, vários anos tomando medicamento resultam em maior conhecimento acadêmico do que ela teria tido sem medicação.

Se olharmos o termo *desempenho acadêmico* de maneira mais ampla – quão bem a criança está se comportando na escola, relacionando-se com os pares, seguindo as regras na sala de aula e as orientações dos professores, fazendo as tarefas e completando-as acuradamente e, portanto, obtendo notas melhores – as evidências são contundentes de que os medicamentos estimulantes produzem melhora significativa nessas áreas do funcionamento escolar. Mesmo que os estimulantes não aumentem o conhecimento acadêmico de uma criança, o fato de resultarem em melhora em muitas áreas do funcionamento escolar é justificativa suficiente para os pais considerarem o possível uso dos medicamentos com seus filhos. Essas mudanças podem não só fortalecer a autoconfiança e a autoestima no contexto da sala de aula como também podem tornar a criança mais querida pelo grupo de pares e, assim, possibilitar a ela mais oportunidades de fazer amizades ou manter os colegas como amigos. Os estimulantes também podem reduzir a quantidade de censura, punição e rejeição que a criança recebe na escola, tanto dos pares quanto dos professores, e pode prevenir que ela repita de ano ou seja colocada em classes de educação especial formal devido ao desempenho acadêmico abaixo do padrão. Por todas essas razões, a melhora na adaptação escolar e no sucesso que resulta dos estimulantes frequentemente é a razão mais comum para prescrever esses medicamentos para crianças com TDAH.

Mito 5: uma criança que toma estimulantes jamais será capaz de prestar serviço militar

Meu colega Dr. William Hathaway, agora na Regents University of Virginia, entrevistou o comandante médico de cada braço das forças armadas e constatou que um histórico de uso de estimulante na infância, isoladamente, não impede que um jovem, homem ou mulher, aliste-se no serviço militar. Em geral, é permitido que aqueles com TDAH se alistem caso satisfaçam todos os outros critérios de elegibilidade. O que poderia levar à desqualificação para o serviço militar é o uso de medicamento para algum transtorno psiquiátrico durante os últimos anos antes do alistamento, pois isso indicaria um transtorno mental em curso suficientemente grave para requerer tratamento médico. Se alguém que toma um medicamento para TDAH parar de tomá-

-lo pelo período requerido de 1 a 3 anos (dependendo do braço das forças armadas), esse indivíduo pode se alistar.

Mito 6: estimulantes causam morte súbita em crianças e adultos

De tempos em tempos, você ouvirá relatos na mídia popular de que uma criança ou um adulto pode ter morrido subitamente enquanto estava utilizando estimulantes para tratar TDAH. No entanto, cada vez que essas mortes são mais bem investigadas por especialistas no assunto, e também pela FDA, nenhuma associação pode ser feita entre a morte súbita e a medicação. As pessoas precisam ter em mente, ao tentar entender esses tipos de relatos de notícias, que até 7 pessoas em cada 100 mil morrerão subitamente a cada ano, frequentemente relacionado a problemas cardíacos. Assim, se 500 mil pessoas estiverem tomando um medicamento estimulante em específico, como Adderall XR, até 35 delas podem morrer a cada ano por morte súbita – mas essas mortes não têm nada a ver com a medicação.

No final de 2011, os dois maiores estudos desta questão já conduzidos foram publicados em revistas científicas e incluíram centenas de milhares de pacientes tratados com estimulantes por longos períodos. O que envolvia crianças, publicado no *New England Journal of Medicine*, pelo Dr. William Cooper e colaboradores (Cooper et al., 2011), usou mais de 1,2 milhão de crianças e adultos jovens com TDAH que tomavam estimulantes. Ambos os estudos concluíram que não havia evidências de associação significativa entre tomar medicamentos estimulantes e qualquer evento cardiovascular, como morte súbita, ataque cardíaco ou acidente vascular cerebral (AVC). Embora seja importante identificar um risco de morte súbita (ou outros efeitos colaterais graves) que um medicamento pode causar, é igualmente importante não tirar conclusões apressadas de que um medicamento está causando esses eventos quando eles ocorrem na mesma taxa na população geral sem uso do medicamento. Responsabilizar falsamente os medicamentos por eventos adversos que eles na verdade não causam pode levar à proibição de medicamentos que comprovadamente são úteis no tratamento de milhares de casos de TDAH, dessa forma desnecessariamente privando as pessoas de um tratamento útil.

DIRETRIZES PARA TOMAR DECISÕES SOBRE MEDICAÇÃO

Infelizmente, não há uma forma infalível de predizer quem se dará bem com medicamento estimulante. Até o momento, o critério mais útil que temos é o grau de desatenção e impulsividade. Quanto mais graves são estes sintomas, melhor o paciente provavelmente responderá ao medicamento. Também aprendemos que quanto mais ansioso é o paciente, menos provavelmente ele terá uma reação positiva ao medicamento. Porém, mesmo esse preditor é controverso, já que alguns estudos atuais mostraram que pessoas com TDAH e transtornos de ansiedade se dão tão bem com medicamento estimulante quanto aquelas que não têm um transtorno de ansiedade.

As evidências atualmente são variadas, e, embora com base em apenas um estudo (Froehlich et al., 2018), parece que quanto maiores os sintomas da síndrome de hipoatividade do desengajamento cognitivo (CDHS; anteriormente tempo cognitivo lento [TCL]) manifestados em uma criança ou um adolescente com TDAH, menos positiva será a resposta ao estimulante metilfenidato. Pesquisas similares ainda não foram feitas com os estimulantes com anfetamina. Por essa razão, recomendo que os médicos que tratam pacientes que têm TDAH e ansiedade ou CDHS iniciem com doses mais baixas e ajustem essas doses aumentando-as mais gradualmente do que o usual enquanto os pais ou os pacientes monitoram mais de perto os sintomas do TDAH e a ansiedade, talvez com uma escala de avaliação desses sintomas completada periodicamente. Alguns estudos encontraram que a qualidade da relação pai-

-filho pode predizer a resposta da criança à medicação: quanto melhor a relação pai-filho, maior a resposta à medicação. É possível que os pais que apreciam mais e recompensam as mudanças no comportamento promovidas pelos estimulantes produzem mais ganhos em seus filhos com o medicamento. É claro, também é possível que as melhores relações pai-filho sejam apenas um marcador para a criança que tem TDAH mais leve, ou ausência de comorbidade, como TOD, o que pode explicar por que essas crianças se saíram melhor com a medicação.

DICAS CLÍNICAS

Estas são algumas questões a considerar ao tomar uma decisão sobre o tipo de medicamento a ser usado com alguém com TDAH. Você também vai encontrá-las apresentadas no Formulário 10, no Apêndice A, o qual você poderá reproduzir e preencher para cada paciente com TDAH para quem você pode estar considerando recomendar medicação.

- *O paciente já fez avaliações físicas e psicológicas adequadas?* Nunca devem ser prescritos medicamentos se o paciente não foi examinado diretamente de forma minuciosa.
- *Que idade tem a criança?* O tratamento medicamentoso é um pouco menos eficaz ou produz efeitos colaterais um pouco mais frequentes entre crianças de 2-4 anos de idade do que naquelas a partir de 5 anos. Isso não significa que esses medicamentos não possam ser tentados nessa faixa etária pré-escolar; apenas deve ser feito de forma mais conservadora, prestando atenção a esses problemas potencialmente maiores.
- *Já foram usadas outras terapias?* Se este é o contato inicial de uma criança com um profissional, e o TDAH da criança é leve e não complicado por outro transtorno, a prescrição de medicação pode ser adiada até que outras intervenções (p. ex., treinamento dos pais em habilidades de manejo do filho) tenham sido tentadas. Ou então, quando o comportamento da criança apresenta um problema moderado a grave ou a família não pode participar no treinamento do manejo da criança, a medicação pode ser o tratamento inicial mais viável.
- *Quão grave é o mau comportamento atual da criança?* Em alguns casos, o comportamento da criança é tão incontrolável ou estressante que a medicação pode ser a maneira mais rápida e efetiva de lidar com a crise até que outras formas de tratamento possam ser iniciadas. Depois do progresso com outras terapias, pode ser feito um esforço para reduzir ou cessar a medicação, mas isso nem sempre é possível.
- *O paciente ou a família pode pagar pelo medicamento e arcar com os custos associados* (p. ex., consultas de acompanhamento)?
- *Os pais podem supervisionar adequadamente o uso do medicamento e proteger contra seu abuso?*
- *Qual é a atitude dos pais em relação à medicação?* Se eles forem simplesmente "antidrogas", não tente pressioná-los para concordar com esse tratamento, pois eles provavelmente não vão aderir incondicionalmente ao regime. Encoraje-os a examinar seriamente suas opiniões para assegurar que estejam baseados em fontes de informação ponderadas e não enviesadas sobre os prós e os contras de tomar medicamentos estimulantes, e não apenas em informações da mídia popular, que frequentemente faz sensacionalismo com histórias sobre esses medicamentos.

Encoraje-os a ler mais sobre os medicamentos em *websites* confiáveis, como www.help4adhd.org, www.nlm.nih.gov, www.aap.org, www.aacap.org, e a examinar outros recursos e vídeos listados no final deste livro (veja o Folheto 16, Apêndice A) para garantir que suas opiniões sejam bem-informadas antes que tomem decisões gerais.
• *Na família há algum membro delinquente ou abusador de drogas?* Nesse caso, não deve ser prescrito medicamento estimulante, já que existe um risco para seu uso ilícito ou sua venda.
• *O paciente tem algum histórico de psicose ou transtorno do pensamento?* Se sim, os estimulantes não são indicados, pois podem piorar essas dificuldades.
• *O paciente é altamente ansioso, receoso ou tem mais probabilidade de se queixar de sintomas corporais?* Essas pessoas têm menos probabilidade de responder positivamente a medicamentos estimulantes, embora isso seja discutível atualmente. Como já recomendei, nesses casos, se forem usados medicamentos estimulantes, os médicos devem simplesmente iniciar com doses mais baixas, aumentá-las de modo lento (titulação) e monitorar o paciente de perto quanto aos efeitos colaterais potenciais. Ou então considere o uso de um dos não estimulantes discutidos que não têm este potencial para piorar a ansiedade ou apresentar outros efeitos colaterais e podem ainda tratar os sintomas de ansiedade.
• *O médico tem tempo para monitorar a medicação apropriadamente?* Além de uma avaliação inicial da eficácia da medicação com um paciente para o estabelecimento da dosagem ideal, o médico precisa ver o paciente periodicamente para monitorar sua resposta e os efeitos colaterais. Os especialistas recomendam que uma pessoa que toma estimulantes seja vista pelo médico a cada 3-6 meses para esse monitoramento.
• *Como o paciente se sente sobre a medicação e suas alternativas?* Com crianças mais velhas e adolescentes, é importante que a medicação seja discutida, e as razões para seu uso sejam explicadas detalhadamente. Nos casos em que as crianças são "antidrogas" ou opositoras, elas podem resistir aos esforços de usar medicamento, por exemplo, recusando-se a engolir o comprimido. Se esse for o caso, faça com que a criança ou o adolescente discuta suas preocupações com o médico para que ela possa ser tranquilizada de que muitas das suas preocupações são infundadas ou possivelmente exageradas.

Como você sem dúvida já percebeu até agora, *um diagnóstico de TDAH não deve constituir uma recomendação precipitada automática de tratamento com medicamento estimulante.* Às vezes, não estimulantes são a melhor escolha para uma medicação inicial.

QUESTÕES ADICIONAIS A SEREM CONSIDERADAS SOBRE MEDICAÇÃO

QUESTÕES NA TRANSIÇÃO DA INFÂNCIA PARA A ADOLESCÊNCIA OU COMEÇO DA IDADE ADULTA

As questões a seguir podem requerer que os clínicos revisitem o tipo de medicamento ou outras terapias em uso com uma criança ou um adolescente jovem com TDAH que mereça reconsideração e ajustes à medida que essa criança se desenvolve até a adolescência ou chega à idade adulta.

- O aumento no tamanho da criança significa que poderá ser preciso ajustar as doses do medicamento para manter a resposta terapêutica.
- Mais tempo longe de casa, períodos mais longos na escola e no trabalho e mais atividades à noite requerem medicamentos de liberação prolongada ou 24/7 para ser obtida boa cobertura clínica do transtorno e dos seus riscos.
- Ocorre mais oportunidade de prejuízo e em mais atividades importantes da vida (p. ex., condução de veículos). Isso aumenta os riscos e a gravidade das consequências em cada domínio, todos os quais justificam cobertura medicamentosa de 24/7 e a adição de outras acomodações, e terapias psicossociais e educacionais.
- O maior risco de gravidez na adolescência requer monitoramento clínico atento e a necessidade de discutir contracepção (com a permissão dos pais); pode haver a necessidade de interromper a medicação se isso ocorrer.
- A oportunidade de dirigir um automóvel cria riscos acentuadamente aumentados de acidentes e lesões/mortes, necessitando de manejo do medicamento e de outras acomodações referentes à condução de veículos.
- A aceitação limitada ou a negação de um transtorno pode levar à menor adesão e mesmo à resistência aos tratamentos. Você poderá precisar mudar para a solução de problemas colaborativa envolvendo ambos os pais *e* o adolescente, em vez de uma abordagem autoritária do tipo "façam como eu digo".
- Maiores responsabilidades com a auto-organização e o gerenciamento do tempo podem resultar em necessidade de aumento nas doses do medicamento ou de iniciar medicação caso não tenha sido feita previamente.
- Maior risco de experimentação de substância, maior exposição a pares desviantes ou que usam substâncias e maior risco para atividades antissociais representam mais riscos de abuso e desvio de medicamentos para TDAH abusáveis. Isso requer aumento no monitoramento das medicações ou a troca para formas menos abusáveis dos sistemas de liberação do estimulante ou para um não estimulante.

USO DE MEDICAMENTOS PARA TDAH DURANTE A GRAVIDEZ

Embora esta questão surja mais frequentemente com adultos, o fato de o TDAH vir acompanhado de risco aumentado de gravidez precoce significa que os clínicos precisam se preparar para gravidez em adolescentes. Há poucas evidências relativas aos efeitos de medicamentos para o TDAH em mulheres grávidas ou em seus bebês. Uma metanálise recente sobre a questão não encontrou evidências de efeitos teratogênicos, mas também alertou que a literatura era muito limitada para oferecer conclusões definitivas (veja Li et al., 2020). Dito isso, pode ser preciso tomar esses medicamentos durante a gravidez porque os riscos para a mãe de ficar sem medicação tendo TDAH podem ser maiores do que os riscos identificados até o momento para ela ou para o feto por tomar a medicação. Por exemplo, mulheres não medicadas que têm TDAH estão em maior risco de infrações de trânsito e acidentes de carro, comportamento sexual de risco e concomitante infecção sexualmente transmissível, suicídio, parentalidade perturbada, estresse conjugal ou em coabitação, vitimização sexual ou violência do parceiro íntimo, lesões acidentais, entre outros riscos à saúde discutidos nos Capítulos 2 e 5. Atualmente, todas as empresas farmacêuticas recomendam que as mulheres descontinuem suas medicações para TDAH caso fiquem grávidas, mas isso tem mais a ver com a proteção da empresa pela responsabilidade do que com o cálculo do risco-benefício que deve ser feito por um clínico. Portanto, a mulher e seu médico devem avaliar as desvantagens de interromper a medicação porque isso resultará em aumento nos seus sintomas do TDAH e todos os riscos concomitantes resultantes do TDAH não tratado.

TOLERÂNCIA À MEDICAÇÃO

Uma tolerância física real parece improvável com as medicações atuais para TDAH, mas alguns indivíduos relatam que a sua medicação parece menos eficaz cerca de 3-6 meses depois de iniciarem seu tratamento. Isto geralmente requer o ajuste da dose ou, algumas vezes, a mudança para um sistema de liberação diferente ou mesmo uma medicação diferente. Clinicamente, às vezes, vemos pessoas se queixando de que seu medicamento não está funcionando tão bem; entretanto, informações adicionais nesses casos mostram que essas pessoas estão passando por períodos excepcionalmente estressantes ou exigentes em suas vidas que podem exacerbar seus sintomas de TDAH e tornar mais difícil que sua dose usual forneça tratamento adequado. Mudanças temporárias na dose ou tratar a fonte do estresse pode ser necessário nesses momentos.

MEDICAMENTOS GENÉRICOS *VERSUS* MARCAS COMERCIAIS

Os medicamentos genéricos parecem não ser produzidos com o mesmo grau de rigor que os medicamentos de marcas comerciais. Os genéricos foram associados a inúmeros relatos de clínicos e pacientes de maior variabilidade no controle dos sintomas do TDAH diariamente ou foi reportado que produzem menos sucesso em geral no manejo desses sintomas. Se isso ocorrer em um caso em que o plano de seguro de um paciente exija primeiro o uso da versão genérica, os médicos podem solicitar transferência para o medicamento de marca comercial.

ABORDANDO A NÃO ADERÊNCIA À MEDICAÇÃO

Uma das maiores dificuldades com medicações para o TDAH não é que elas não funcionem; obviamente funcionam. Ocorre que as pessoas com TDAH vão tendo cada vez menos probabilidade de permanecer usando nos primeiros 6 meses ou nos anos seguintes do tratamento. Para alguns clínicos, pode ser difícil entender isso. Afinal, se as medicações *são* eficazes, então por que alguém não quereria permanecer usando para obter os benefícios máximos do plano de tratamento? Há outras questões que causam a não aderência ao medicamento mesmo que ele seja eficaz no manejo de um transtorno. Além disso, essa não aderência à orientação médica não é apenas um problema no campo do TDAH. Isso pode ser visto nas várias áreas da medicina ao lidar com condições crônicas, incluindo hipertensão, colesterol alto, diabetes, epilepsia e outras. As pessoas simplesmente nem sempre fazem o que é melhor para elas por várias razões, sobretudo tomar medicamentos para condições crônicas.

A primeira coisa que você pode fazer para facilitar a aderência (assumindo que a medicação está ajudando a tratar os sintomas do TDAH) é dizer com frequência aos pais (ou ao adolescente, quando apropriado) o quanto de melhora você notou nos sintomas e no funcionamento do paciente desde que ele começou a tomar o medicamento. Às vezes, os pais de crianças com TDAH têm menos consciência do quanto a medicação está funcionando do que aqueles à sua volta que os veem com frequência, como os professores. Portanto, certifique-se de que eles tomem conhecimento de qualquer sinal positivo que você identifica de que a medicação pode estar ajudando a lidar com o TDAH e os prejuízos nas atividades da vida que eles podem estar causando. Se um pai ainda parece em dúvida sobre fazer seu filho usar o medicamento, considere algumas das razões a seguir pelas quais aqueles com TDAH podem interromper sua medicação mesmo que ela seja eficaz. Também sugiro algumas coisas que você pode fazer no intuito de abordar essas questões.

A não aderência pode ser devido ao TDAH

Ter TDAH pode contribuir para os problemas mais típicos com a aderência às orientações médicas. A razão é que o TDAH cria problemas com a autorregulação, que são justamente as habilidades mentais (as funções executivas) que usamos para fazer o que é melhor para nós a longo prazo. Faz muito sentido que pessoas que têm transtorno do autocontrole tenham dificuldade para controlar apropriadamente o manejo do seu medicamento. O TDAH envolve os seguintes déficits:

1 Fraco gerenciamento do tempo. Um indivíduo com TDAH pode não tomar os medicamentos no tempo oportuno e de maneira consistente, pode faltar às consultas com os médicos para a reposição dos medicamentos, pode não ir à farmácia em tempo para obter a reposição antes que ela feche, pode perder o prazo para solicitar uma renovação caso use um serviço de prescrição pelo correio, etc.

2 Memória de trabalho, auto-organização e solução de problemas deficientes. Isto pode levar um adolescente com TDAH a algumas vezes se esquecer de tomar os medicamentos. Um pai com TDAH pode não conseguir fazer com que seu filho com TDAH tome o medicamento conforme prescrito, repor quando necessário ou lidar com os problemas que podem ser criados pelas companhias de seguro ou outros que estão cobrindo parte ou todos os custos da medicação, muito menos ainda conseguir ir à consulta com o médico para obter uma nova prescrição ou ir à farmácia para retirá-la.

3 Autocontrole deficiente. Este déficit frequentemente leva os adolescentes com TDAH (ou os pais com TDAH) a impulsivamente parar de usar o medicamento (ou parar com a medicação do seu filho) se houver efeitos colaterais incômodos ou desagradáveis, se o custo não parece valer pelos benefícios obtidos, se temem que eles ou seus filhos sejam estigmatizados se for revelado aos outros que eles tomam medicação, ou se alguém lhes disser que os medicamentos são perigosos e eles podem viver bem com remédios naturais ou comida mais saudável, por exemplo.

4 Baixa automotivação. Isto pode levar o adolescente ou o adulto com TDAH, ou o pai de uma criança com TDAH, a cometer todos os erros anteriores. Eles também podem nem mesmo se preocupar em tentar ter consultas regulares com o médico, tomar o medicamento regularmente, repor as prescrições, etc. – tudo o que demanda não só tempo mas também esforço extra.

5 Fraca regulação emocional. Muitos adultos com TDAH têm este problema. Se assim for, isso pode levá-los a ficar com raiva e abandonar o sistema médico, envolver-se em discussões com os familiares que insistem demais para que eles tomem o medicamento, para que façam ajustes apropriados das doses e para que tenham paciência quando começam a tomar os medicamentos, etc.

6 Autoconsciência diminuída. Muitos adultos ou adolescentes com TDAH não têm tanta consciência das reduções positivas em seus sintomas e do seu melhor funcionamento quanto têm aqueles que estão à sua volta.

7 Viés positivo ilusório. Isto se refere à tendência a ver os problemas e os déficits como não sendo tão ruins quanto os outros veem ou como as evidências mostram que são, ou como não existentes. Isto pode fazer com que o adolescente ou o adulto com TDAH simplesmente não veja a área problemática ou subvalorize a sua gravidade e, assim, se recuse a usar ou descontinue a medicação.

Outro problema é que muitos dos medicamentos, sobretudo os estimulantes, permanecem eficazes por somente 3-12 horas, dependendo do tipo de medicamento e do sistema de liberação usado (comprimidos, grânulos, bomba, etc.; veja o Capítulo 9). Isto significa que haverá vezes, em especial no começo das manhãs, antes que o medicamento seja tomado, ou à noite, quando já tiver sido eliminado, em que o medicamento não estará agindo porque ele estará em grande parte fora da corrente sanguínea. Aqui, novamente, os problemas com os sintomas do TDAH e os déficits executivos podem interferir na aderência às orientações médicas por parte do adolescente com TDAH ou um dos pais com o mesmo transtorno.

DICAS CLÍNICAS

- Volte e revise algumas das recomendações que fiz sobre o enquadramento do tratamento no Capítulo 6. Você pode usar essas ideias para ajudar seu paciente a lidar com alguns dos déficits executivos relacionados à memória de trabalho, gerenciamento do tempo, organização, etc. Essas sugestões podem ser úteis quando aplicadas para ajudar a criança ou o adolescente a se lembrar de tomar o medicamento, comparecer às consultas com o médico, lidar com a farmácia, etc.
- Pode ser útil colocar os comprimidos em um organizador que mostre os dias da semana (disponível em qualquer farmácia). Então tente sugerir que a criança, o adolescente ou seu pai coloque este frasco junto à pia do banheiro, por onde ele passa todas as manhãs. Colocar bem na frente do adolescente enquanto ele está usando a pia pode ajudá-lo a lembrar de tomar os comprimidos. No entanto, ainda assim ele poderá precisar de um lembrete todas as semanas para reabastecer o organizador.
- Se um dos pais do paciente tiver TDAH, pedir que ele anote as consultas no calendário ou na agenda do seu *smartphone* (até mesmo durante sua consulta com você) pode ajudá-lo a comparecer às consultas.
- Para auxiliar com a autoconsciência e o viés positivo ilusório, fale com o paciente periodicamente sobre os benefícios da medicação que você está identificando no seu comportamento e nos resultados (melhor desempenho na escola, melhor participação no trabalho, mais responsabilidade em casa, melhor gerenciamento do dinheiro, etc.). Encoraje outras pessoas que se preocupam com ele a fazer o mesmo. Isto serve para que o paciente obtenha a perspectiva de outra pessoa e não se baseie em sua própria visão subjetiva a decisão de manter ou abandonar a medicação. Como também ocorre com a perda de peso em uma dieta, não há nada como ouvir das outras pessoas o quanto você melhorou para se manter motivado a permanecer em tratamento. Tudo isso depende apenas de quais sintomas de TDAH/executivos estão contribuindo mais para o problema da aderência à medicação para determinar o que podemos fazer para acomodá-los.

Pode haver outras razões além do TDAH para uma criança ou um adolescente não aderir aos medicamentos recomendados. Essas razões, mostradas a seguir, podem dar a você uma ideia de como poderá ajudar seu paciente a se manter firme ao plano de tratamento com medicação. (As objeções são formuladas como se estivessem vindo diretamente da criança ou adolescente, mas tenha em mente que poderia ser o pai falando pela criança ou pelo adolescente que está sendo tratado.)

"Eu na verdade não tenho TDAH, então por que estou tomando estes medicamentos?"

Este problema remete ao da não aceitação do diagnóstico, que discuti em capítulos anteriores, e que surge com frequência com adolescentes. Portanto, você poderá precisar voltar e reler minhas sugestões de como ajudar a lidar com a negação.

"Eu não gosto da ideia de usar 'drogas'."
Infelizmente, a mídia popular contribuiu para esta percepção de que medicações para o TDAH são o mesmo que usar "drogas" abusáveis, como um viciado. Consequentemente, existe um estigma desnecessário e uma percepção equivocada associada a esses medicamentos que pode não ocorrer com medicamentos usados para outras condições médicas, como colesterol alto. Sim, como eu disse no Capítulo 9, os estimulantes realmente têm um pequeno potencial para abuso, mas eles não estão sendo prescritos para tornar alguém dependente, e não são aditivos quando tomados conforme a prescrição. Eles também não estão aumentando nenhum risco futuro de ficar dependente ou de abusar destas ou de qualquer outra substância.

Também precisamos reconhecer que um grande segmento da nossa sociedade deseja estar em dietas presumivelmente mais saudáveis e mais naturais ou "orgânicas", ou adotam abordagens vegetarianas ou veganas de nutrição. Tomar medicamento frequentemente é visto como contraditório para estas e outras abordagens de nutrição "saudável" especificamente e para o estilo de vida mais em geral. Como contraponto a esta visão do seu paciente, você pode falar sobre o fato de que todo alimento envolve alguma química que afeta o corpo. Alguns produtos químicos são fatais, sobretudo se ingeridos em grandes quantidades. Assim, a distinção entre substâncias naturais como mais saudáveis do que as artificiais na verdade não se sustenta com um exame mais detalhado. Se o seu paciente toma café ou usa álcool, estes contêm substâncias químicas que são naturais, mas que podem ser prejudiciais quando usadas em excesso. Geralmente, elas são usadas pelas mudanças que provocam no nosso funcionamento mental e não só no nosso funcionamento químico. Você também pode discutir o fato de que, se o seu paciente tem diabetes ou epilepsia, provavelmente ele não seria contrário ao uso de medicamentos para tratar essas condições debilitantes que ameaçam a vida. O TDAH não é diferente. Ele é debilitante e também potencialmente ameaçador à vida (acidentes, lesões, saúde debilitada, doença cardiovascular, etc.) se não tratado consistente e persistentemente.

Além disso, procure demonstrar alguma compreensão e empatia com seu paciente quanto ao uso de medicamentos. Diga que você entende que na verdade ninguém gosta de tomar medicamentos para um problema crônico, em especial para manejo do comportamento, e não do funcionamento físico. Assim como eu não gosto de tomar medicamento rotineiramente para reduzir meu colesterol alto e outros não gostam de tomar medicamentos para hipertensão, seu paciente pode não gostar da ideia de usar medicamentos cronicamente. Além disso, este exemplo pode ser usado para informar seu paciente de que muitas pessoas estão tomando várias medicações a longo prazo para problemas médicos e também psiquiátricos crônicos (pense em artrite, dores, cefaleia, além de vitaminas e suplementos nutricionais como óleo de peixe, ginkgo biloba, alho, etc.). Portanto, seu paciente não está sozinho ao precisar disso.

Se a resistência do seu paciente para tomar o medicamento se origina de outras preocupações, como adesão aos mitos discutidos anteriormente neste capítulo e no Capítulo 2, ou mesmo por resistir ao diagnóstico, como discutido no Capítulo 2, você pode aplacar esses medos com o seu conhecimento. Você também pode apoiar suas opiniões direcionando os pacientes ou os pais para livros sobre TDAH que tenham capítulos sobre esses medicamentos, como meu livro *Taking Charge of ADHD* (Barkley, 2020) e aqueles citados nas Referências ou no Folheto 16, no Apêndice A. Você também pode remeter seu paciente aos *websites* conceituados sobre TDAH que estão listados no Folheto 16, no Apêndice A, e assim refutar essas concepções erradas.

"Estou muito bem agora, então não preciso mais do medicamento."

Este é um problema paradoxal que ocorre com medicamentos psiquiátricos, incluindo aqueles usados para outros transtornos, como o bipolar (TB). Quando os medicamentos são eficazes, eles podem realmente reduzir os sintomas do paciente e, portanto, melhorar o funcionamento diário ao ponto de a pessoa passar a se ver como relativamente normal. Quando este efeito se prolonga por algum tempo, a pessoa pode até achar que boa parte da melhora é resultado de outros esforços para manejar a condição ou de simplesmente se esforçar mais, em vez dos benefícios da medicação. Ou um adolescente começa a achar que só porque ele está melhor, nunca teve um caso grave de TDAH. Como o medicamento reduziu a própria necessidade de tomá-lo (os sintomas graves), esses sintomas não existem mais para dar ao paciente a motivação para tratá-los. Esse pensamento circular pode levar a pessoa a acreditar que ela não precisa mais da medicação para funcionar bem, e então a interrompe. Isto é claramente um equívoco.

Felizmente, no caso dos medicamentos para o TDAH, como os estimulantes em especial, os medicamentos não precisam ser tomados por longos períodos antes que um efeito inicial seja evidente (em minutos) ou antes que apareça um efeito derivado no funcionamento diário (em dias) com o uso dos medicamentos. A maioria dos medicamentos para TDAH também pode ser interrompida abruptamente sem causar danos, à exceção dos agentes anti-hipertensivos. Isto se dá porque a maioria, como os estimulantes, de qualquer forma é eliminada do corpo em 24 horas, portanto o paciente está tendo um período de eliminação da substância quase que diariamente.

Tudo isso significa que, se o seu paciente duvida dos benefícios do estimulante ou da sua necessidade continuada, não fará mal que ele interrompa a medicação por um dia ou por um fim de semana para que ele e você possam ver o que acontece. Entretanto, este não é o caso para alguns dos não estimulantes, que precisam ser descontinuados gradualmente por questões de segurança. Certifique-se de que seu paciente discuta isso com o médico que fez a prescrição antes de interromper para ter certeza de que isso é seguro. Em geral, dentro de 1-3 dias depois de interromper o medicamento estimulante, a diferença se torna evidente e convence o paciente a voltar a tomar o medicamento. Se isso não acontecer, então peça que o paciente converse com o médico que fez a prescrição sobre os resultados deste breve ensaio. Uma mudança na dose pode ser necessária. Apenas se certifique de que a interrupção do medicamento ocorra em um momento que não represente riscos indevidos ao paciente. Lembre-se de que ficar sem medicação para o TDAH resulta em retorno dos riscos que o TDAH pode representar, como lesão acidental, problemas com a condução de veículos, vitimização (ser intimidado ou abusado), redução nas relações sociais e fraco desempenho no trabalho, entre outros.

"Acho que o medicamento não está fazendo nenhuma diferença."

Esta queixa pode ser um pouco diferente da anterior porque, quando a criança ou o adolescente continua a ter sintomas problemáticos de TDAH, o paciente ou seu pai tem a impressão de que a medicação não está ajudando muito, se é que está. Isso certamente pode acontecer quando o medicamento não está melhorando os sintomas, pelo menos não completamente. Se você concorda que não há melhora evidente, então a coisa a se fazer é considerar uma mudança na dose ou no tipo de medicamento, ou pedir que seu paciente fale com o médico que prescreve. Seu paciente ou o pai dele pode estar certo, e essa dose não está funcionando. No entanto, isso não quer dizer que nenhuma dose vai funcionar ou que nenhum medicamento para TDAH possa ajudar. Para decidir isso, é preciso tentar diferentes medicamentos e doses mais altas.

Às vezes, a melhora que seu paciente está obtendo com o medicamento é quase tão boa quanto as que ele obterá com algum outro tipo de medicamento. Se a criança ou o adolescente já tentou outros e ainda assim ache que este seja o caso, então tentar os tratamentos psicossociais discutidos no Capítulo 7 pode ser útil quando adicionados ao medicamento. Em uma minoria dos casos, combinar diferentes medicamentos pode ser a solução. Cada um desses medicamentos atua de forma diferente no cérebro, portanto combiná-los pode proporcionar melhora mais abrangente no controle dos sintomas do que apenas um.

Como eu disse anteriormente, crianças e adolescentes com TDAH muitas vezes têm menos autoconsciência. Isso significa que você, os familiares e outros podem perceber benefícios positivos da medicação que passam despercebidos pelo seu paciente. Para abordar isso, diga ao seu paciente o que você vê melhorando e o que os outros também viram. Algumas vezes os problemas que ainda são evidentes para seu paciente podem ser aqueles que os medicamentos para TDAH não conseguem tratar. Sintomas de depressão ou outros transtornos do humor tipicamente não são ajudados por medicamentos para o TDAH. Eles podem requerer tratamentos separados, a ser discutidos com o médico que faz a prescrição. Os problemas no funcionamento em alguns domínios também podem não ter muito a ver com o TDAH, como dificuldades no trabalho ou em relações com outras pessoas ou na escola. O fato de esses sintomas não terem melhorado com a medicação pode sugerir que eles têm alguma outra origem, como um supervisor difícil no trabalho, ciúmes em um relacionamento íntimo, dificuldade de aprendizagem ou um tema difícil que afeta seu desempenho escolar. Estes e outros problemas no funcionamento podem se originar de muitas outras fontes além do TDAH. Discuta esta possibilidade com seu paciente e os pais.

"Não sou tão [criativo, divertido, espontâneo, vibrante, etc.] quanto costumava ser sem o medicamento."
Isto seguramente pode ser verdadeiro, sobretudo para alguns adolescentes. Níveis mais baixos de inibição estão relacionados a níveis mais altos de criatividade; ser menos inibido contribui para pensarmos em maneiras mais incomuns de fazer as coisas ou fazermos conexões incomuns entre nossas ideias. A inibição nos permite suprimir o pensamento dessas ideias mais incomuns, em grande parte porque elas podem causar distração no trabalho que precisamos fazer e porque não são relevantes, mas às vezes o que pode parecer uma ideia irrelevante pode ser uma forma muito útil ou brilhante de ver alguma coisa. Como os medicamentos para TDAH aumentam a inibição, o que é em grande parte uma mudança para melhor, eles podem estar reduzindo essa capacidade de fazer ligações criativas entre ideias aparentemente irrelevantes. Teoricamente, isso pode reduzir a criatividade de alguém, embora isso ainda não tenha sido estudado em pesquisas.

Quando essa criatividade reduzida for o caso, é possível que o adolescente não tome o medicamento naqueles dias ou nas horas do dia em que se concentra no trabalho criativo. Felizmente, os estimulantes se dissipam no corpo dentro de 24 horas, portanto, podem ser interrompidos e iniciados tipicamente sem que ocorra nenhum dano significativo a essa pessoa. Os pais, é claro, podem ficar apreensivos com a ideia de seu filho ficar sem medicamento em algum momento caso achem que seu filho está funcionando muito melhor com os benefícios da medicação. Além disso, o mesmo não vale para os não estimulantes.

Quanto a ser menos divertidos e vibrantes, isso também pode ser verdadeiro. Adolescentes com TDAH que não estão usando medicamento certamente são mais falantes, emocionais (incluindo ser bem-humorados), expressivos e ativos. Tudo isso pode ser visto, pelo menos a curto prazo, como tornando o adolescente mais divertido, interessante ou aventureiro. Você pode reconhecer isso e ao mesmo tempo assinalar que essas características da personalidade do adolescente têm um preço. Esses traços podem ter um custo para emprego, amigos, encontros amorosos ou outras oportunidades sociais do adolescente, pois o "senso gregário" de uma pessoa pode ser desagradável para outra quando persiste por muito tempo. Além do mais, a busca de sensações e o espírito aventureiro também podem resultar em múltiplos acidentes, dano à propriedade, lesões ou valores mais altos nos prêmios do seguro. Você não pode se manter em uma viagem de aventura eletrizante por mais de alguns dias se espera que os outros estejam nela com você. Isso pode esgotar a paciência das pessoas, deixá-las em estresse crônico indevido e também lhes custar muito financeiramente. Estas podem ser preocupações específicas para os pais de um adolescente. Certifique-se de que seu paciente está podendo contemplar o panorama completo dos "custos" e dos benefícios da medicação caso deseje interrompê-la por essas razões.

"Não gosto dos efeitos colaterais deste medicamento; eles são incômodos."

Isto certamente pode ser verdadeiro. Como você leu anteriormente, os efeitos colaterais dos vários medicamentos, embora não sejam potencialmente fatais, podem ser incômodos. Às vezes, esses efeitos colaterais podem fazer parecer que o grau dos benefícios que esses medicamentos atingem não compensam os custos. Por exemplo, medicamentos estimulantes podem provocar insônia, perda do apetite, cefaleias e dores de estômago em algumas pessoas. Em casos raros, irritabilidade, tristeza, maneirismos nervosos ou mesmo tiques, olhar fixo ou brandura emocional podem surgir em resposta ao medicamento. Se estes ou outros efeitos colaterais forem tão proeminentes a ponto de fazer com que uma criança ou um adolescente ou seu pai questione o uso do medicamento, o médico que prescreve deve ser consultado imediatamente; uma mudança na dose (em geral redução), o tipo de sistema de liberação (os de ação prolongada podem ser melhores para algumas pessoas do que os de liberação imediata), ou o tipo de medicamento para o TDAH (um não estimulante como atomoxetina) pode ser colocado em questão.

"Este medicamento é muito caro."

Este também pode ser o caso quando o pai de uma criança ou de um adolescente paga a maior parte ou todos os custos da prescrição, quando o paciente está tomando um dos sistemas de liberação mais recentemente patenteados em vez de uma forma genérica, ou quando os recursos financeiros são tão limitados que mesmo um custo pequeno, como uma coparticipação, pode representar uma carga financeira. Isso também pode ocorrer quando o medicamento é apenas parcialmente efetivo, e os benefícios são percebidos como não compensando o custo. Nesses casos, considere as versões genéricas do medicamento (lembrando que eles podem ser mais baratos, mas também menos eficientes), programas que a empresa farmacêutica possa ter para fornecer o medicamento a preços reduzidos ou gratuitamente para pessoas com necessidades financeiras, ou programas custeados pelo poder público que podem fornecer o medicamento àqueles que se enquadram na categoria de baixa renda. Talvez um ente querido possa conseguir ajudar a cobrir financeiramente alguns desses custos ou conheça outras pessoas dispostas a ajudar.

APÊNDICE A

FORMULÁRIOS E FOLHETOS

Todos os formulários, escalas e folhetos neste apêndice são para seu uso pessoal na sua prática clínica para avaliação e manejo do TDAH em crianças e adolescentes. Como proprietário deste manual, você tem certos direitos para reproduzir os formulários contidos neste apêndice e os encontrados no *website* que acompanha o livro (veja a página do livro em www.loja.grupoa.com.br).

FORMULÁRIOS PARA A AVALIAÇÃO DE CRIANÇAS E ADOLESCENTES COM TDAH 214

Folheto 1	Instruções gerais para preenchimento dos questionários	216
Formulário 1	Informações sobre a criança e a família	217
Formulário 2	Histórico médico e do desenvolvimento	218
Folheto 2	Como se preparar para a avaliação do seu filho	221
Formulário 3	Entrevista clínica para crianças – Relato dos Pais	229
Formulário 4	Questionário de Situações Domésticas	242
Formulário 5	Questionário de Situações Escolares	243
Formulário 6	Questionário do Histórico de Condução de Veículos pelo Adolescente	244
Formulário 7	Escala de Avaliação do Comportamento Adolescente na Condução de Veículos – Autorrelato	245

APÊNDICE A

FORMULÁRIOS PARA ACONSELHAMENTO DE PAIS DE CRIANÇAS E ADOLESCENTES COM TDAH … 248

Folhetos informativos sobre o TDAH em crianças e adolescentes … 249

Folheto 3	O que é o TDAH?	250
Folheto 4	Os sintomas do TDAH	251
Folheto 5	Quem tem TDAH?	252
Folheto 6	TDAH é um transtorno da função executiva e da autorregulação	253
Folheto 7	O que piora os sintomas do seu filho?	255
Folheto 8	Problemas na escola associados ao TDAH	256
Folheto 9	O que causa o TDAH?	257
Folheto 10	Tratamentos para TDAH	259
Folheto 11	TDAH não é um dom	261
Folheto 12	Resumo das prováveis causas do TDAH	262
Folheto 13	Prejuízos associados ao TDAH	263
Folheto 14	Transtornos comórbidos no TDAH	264
Folheto 15	O pacote de tratamento ideal para TDAH	265
Folheto 16	Recursos e serviços de apoio para pais de crianças e adolescentes com TDAH	266
Folheto 17	Dezoito ótimas ideias para manejar crianças e adolescentes com TDAH	271

Recomendações sobre saúde e estilo de vida para crianças e adolescentes com TDAH … 273

Folheto 18	Recomendações sobre nutrição para crianças e adolescentes com TDAH	274
Folheto 19	Recomendações sobre exercícios para crianças e adolescentes com TDAH	275
Folheto 20	Recomendações sobre tempo de tela e jogos na internet para crianças e adolescentes com TDAH	276
Folheto 21	Recomendações sobre a hora de dormir e rotinas de sono para crianças e adolescentes com TDAH	277
Folheto 22	Recomendações sobre higiene dentária para crianças e adolescentes com TDAH	279
Folheto 23	Recomendações sobre como tornar as rotinas diárias previsíveis para crianças e adolescentes com TDAH	280
Folheto 24	Recomendações sobre monitoramento do seu filho com TDAH	281
Folheto 25	Recomendações sobre vida sexual e adolescentes com TDAH	282
Folheto 26	Recomendações sobre condução de veículos por adolescentes com TDAH	284

APÊNDICE A

Formulário 8	Escala de Avaliação do Comportamento Adolescente na Condução de Veículos – Relato dos Pais	286
Folheto 27	Contrato para condução de veículo pelo adolescente	289
Formulário 9	Registro de condução do adolescente	290

Recomendações sobre manejo do filho e orientação parental — 291

Folheto 28	Sistema doméstico de fichas/pontos	292
Folheto 29	Usando um cartão para relatório diário do comportamento na escola	295
Folheto 30	Acomodações na sala de aula para crianças e adolescentes com TDAH	301
Folheto 31	Recomendações práticas para lidar com o TDAH na idade adulta	305
Folheto 32	Parentalidade com TDAH	307

Formulários para usar durante tratamento medicamentoso — 309

Formulário 10	Refletindo sobre medicações para o TDAH	310
Formulário 11	*Checklist* do médico para pais	312
Formulário 12	Informações de *follow-up* para pais	314
Formulário 13	Escala de Avaliação dos Efeitos Colaterais para Pais	316

FORMULÁRIOS PARA A AVALIAÇÃO DE CRIANÇAS E ADOLESCENTES COM TDAH

INSTRUÇÕES PARA OS FORMULÁRIOS PARA CRIANÇAS E ADOLESCENTES

Os seguintes formulários de admissão clínica, as escalas de avaliação e os formulários de entrevista são destinados ao uso em conjunto com o Capítulo 3 deste livro. Por favor, note que também o remeto (aqui e no Capítulo 3) às escalas de avaliação disponíveis em outras publicações que podem ser complementos úteis nas avaliações de crianças e de adolescentes.

FORMULÁRIOS DE ADMISSÃO CLÍNICA

Os três formulários de admissão (Instruções gerais para preenchimento dos questionários, Informações sobre a criança e a família, e Histórico médico e do desenvolvimento) podem ser enviados aos pais para que preencham e devolvam antes da consulta do seu filho para sua avaliação. Você também poderá incluir o seguinte:

- *Inventário de Comportamento para Crianças – Relato dos Pais* (Achenbach, 2015), uma escala de avaliação abrangente que pode obter avaliação rápida das principais dimensões da psicopatologia da criança.
- *Escala de Avaliação Comportamental para Crianças – 3* (Reynolds & Kampphaus, 2015) para o mesmo propósito.
- *Escala de Avaliação de TDAH – 5* (DuPaul, Power, Anastopoulos, & Reid, 2016) para obter rastreio rápido para a possível existência de TDAH, especificamente.
- *Escala de Avaliação do Tempo Cognitivo Lento de Barkley – Crianças e Adolescentes* (Barkley, 2018). Até metade das crianças consideradas como tendo TDAH podem, na verdade, ter um transtorno de atenção separadamente, o que antes era conhecido como *tempo cognitivo lento* (TCL), e agora rebatizado como *síndrome de hipoatividade do desengajamento cognitivo* (CDHS). Ela pode se sobrepor com casos de TDAH em até 50% de todas as crianças. No entanto, a CDHS é uma síndrome distinta do TDAH, que muitas vezes é diagnosticada erroneamente como TDAH de apresentação desatenta. Considerando-se que os riscos, o padrão dos transtornos comórbidos e a resposta ao tratamento dessa síndrome não são os mesmos que para o TDAH, é fortemente recomendável que você use esta escala de rastreio para detectar sua possível presença.
- *Escala de Prejuízos Funcionais de Barkley – Crianças e Adolescentes* (Barkley, 2012a) para obter informações sobre em que medida a criança está experienciando prejuízos (funcionamento ineficiente) nos 15 principais domínios de atividade da vida avaliados neste formulário.
- *Questionário de Situações Domésticas* (HSQ; Formulário 4 neste apêndice) para avaliar a generalização dos problemas comportamentais da criança em 16 diferentes situações domésticas e públicas. Esta escala ajuda a identificar as situações que são mais problemáticas para a criança, o que pode ajudar você a planejar o tratamento – por exemplo, treinamento parental comportamental.

Você também pode incluir neste pacote o Folheto 2, "Como se preparar para a avaliação do seu filho", assumindo que as informações correspondem à maneira pela qual você provavelmente conduzirá suas avaliações de crianças e adolescentes.

Também recomendo que você envie as versões do professor das escalas de avaliação já mencionadas (Inventário de Comportamento da Infância e da Adolescência - Ficha de Relato dos Professores), juntamente com a versão do professor da Escala de Avaliação de TDAH – 5 e o Questionário de Situações Escolares (SSQ; Formulário 5) para o(s) professor(es). Este último, como o HSQ, fornece informações sobre os vários locais na escola onde a criança provavelmente está tendo problemas e o quanto eles podem ser severos. Contudo, ambos podem ser informativos para o planejamento de intervenções na escola.

No dia da avaliação, você pode pedir que os pais preencham a Escala de Avaliação de Disfunções Executivas – Crianças e Adolescentes (Barkley, 2012b) para obter uma avaliação mais abrangente deste domínio de atividade na vida diária. Como esse manual explica, crianças e adolescentes com TDAH frequentemente têm problemas sérios e generalizados com o funcionamento executivo e a autorregulação que requerem tratamento. A escala fornece informações sobre gerenciamento do tempo, auto-organização, autocontrole, automotivação e a autorregulação da emoção. No manual, são fornecidas normas e informações sobre a confiabilidade e a validade da escala.

ENTREVISTA CLÍNICA – FORMULÁRIO DE RELATO DOS PAIS

O formulário de entrevista parental contém perguntas relativas à razão para o encaminhamento do filho, seu histórico desenvolvimental, médico, social e educacional, e os sintomas nucleares essenciais da maioria dos principais transtornos mentais da infância geralmente encontrados na avaliação de crianças e adolescentes para TDAH. Os critérios diagnósticos precisos do DSM-5 para cada transtorno não são fornecidos aqui (veja American Psychiatric Association, 2013). Em vez disso, eu apresentei perguntas relativas à natureza básica de cada transtorno. Se um dos pais endossa a presença desses itens, então você deve abrir sua cópia do DSM-5 e examinar os critérios precisos para esse transtorno específico (os números das páginas dos critérios para cada transtorno no DSM-5 são fornecidos aqui para referência rápida). Se o pai não endossar os sintomas essenciais para um transtorno, não há necessidade de examinar com ele o conjunto completo de critérios para esse transtorno.

PREENCHENDO OS QUESTIONÁRIOS DE SITUAÇÕES DOMÉSTICAS E ESCOLARES

O HSQ e o SSQ avaliam o quanto os problemas comportamentais da criança são generalizados em múltiplas situações domésticas e escolares. No SSQ, os pais avaliam os problemas de comportamento do seu filho em 16 diferentes situações domésticas e públicas. Ainda, no SSQ, os professores avaliam os problemas comportamentais que as crianças podem estar tendo em 12 diferentes situações escolares. As duas escalas são pontuadas da mesma forma, para resultar em dois escores separados. O primeiro é o número de contextos problemáticos, calculado simplesmente contando-se o número de itens respondidos com "sim". O segundo é a pontuação média de gravidade, calculada pela soma dos números circulados ao lado dos itens e então dividindo pelo número de respostas com "sim".

APÊNDICE A

FOLHETO 1 — INSTRUÇÕES GERAIS PARA PREENCHIMENTO DOS QUESTIONÁRIOS

Como parte do processamento da sua solicitação para uma avaliação do seu filho em nossa clínica, precisamos lhe pedir que preencha os formulários em anexo sobre seu filho e sua família. Ficamos gratos pela sua disposição para preencher esses formulários. Suas respostas nos darão melhor compreensão do comportamento do seu filho em casa e suas circunstâncias familiares. Ao preencher esses formulários, siga estas instruções o mais fielmente possível:

1. *Todos* os formulários neste pacote devem ser preenchidos pelo genitor que tem a responsabilidade principal pelos cuidados da criança. Quando ambos os pais residem com a criança, deve ser aquele que passa mais tempo com ela.
2. Se o outro genitor desejar preencher um segundo pacote de informações sobre a criança, ele pode fazer isso independentemente, solicitando um segundo conjunto de formulários. Ele(a) poderá ligar para nosso assistente administrativo, _____, no número (telefone) _____, e o pacote será enviado prontamente.
3. Se o seu filho já estiver tomando medicamento para assistência no manejo do seu comportamento (p. ex., Concerta) ou para alguma dificuldade emocional (como um antidepressivo), pedimos que você complete os questionários sobre seu comportamento baseado em *como seu filho se comporta quando está SEM a medicação*. É muito provável que você ocasionalmente observe o comportamento do seu filho em períodos em que ele está sem medicação, e queremos que você use esses períodos de tempo como base para responder a essas perguntas sobre o comportamento. Dessa forma, poderemos obter uma ideia mais clara da verdadeira natureza das dificuldades do seu filho sem as alterações produzidas por algum tratamento medicamentoso. Entretanto, alguns pais cujos filhos estão usando medicamento há um longo tempo podem não ser capazes de nos dar essas informações. Nesse caso, apenas preencha os questionários baseado no comportamento do seu filho, porém marque a terceira opção, a seguir, para que saibamos que você baseou seu julgamento no comportamento do seu filho enquanto ele estava usando um medicamento. Marque um dos espaços em branco a seguir para sabermos com certeza em que bases você julgou o comportamento do seu filho ao responder aos questionários sobre o comportamento:

   ____ Meu filho atualmente *não* toma nenhum medicamento para problemas de comportamento. Minhas respostas estão baseadas no comportamento do meu filho quando ele está sem medicação.

   ____ Meu filho *atualmente está tomando medicamento* para problemas de comportamento. Entretanto, minhas respostas estão baseadas no comportamento do meu filho enquanto ele está *SEM* medicação.

   ____ Meu filho *atualmente está tomando medicamento* para problemas de comportamento. Minhas respostas estão baseadas no comportamento do meu filho enquanto ele *ESTÁ* usando o medicamento.

Se o seu filho atualmente está tomando medicamento para dificuldades comportamentais ou emocionais, por favor liste os medicamentos a seguir: _____

_____

Obrigado por preencher estes formulários e devolvê-los prontamente no envelope incluído.

POR FAVOR, DEVOLVA ESTE FORMULÁRIO JUNTO COM OS QUESTIONÁRIOS PREENCHIDOS.

De *Defiant Children, Third Edition*, Russell A. Barkley. Copyright © 2013 The Guilford Press. Reproduzido em *Treating ADHD in Children and Adolescents* (The Guilford Press, 2022). Os consumidores deste livro podem copiar e/ou fazer *download* de cópias adicionais deste material (veja o quadro no final do sumário).

APÊNDICE A

FORMULÁRIO 1 — INFORMAÇÕES SOBRE A CRIANÇA E A FAMÍLIA

Nome da criança _____ **Data de nascimento** _____ **Idade** _____

Endereço _____
(Rua) (Cidade) (Estado) (CEP)

Telefone residencial ( ) _____ **Telefone comercial/celular** ( ) _____ **Pai/Mãe** _____
(Circule um)

Escola da criança _____ **Nome do professor** _____

Endereço da escola _____
(Rua) (Cidade) (Estado) (CEP)

Telefone da escola ( ) _____ **Série da criança** _____

A criança está em educação especial? Sim Não   **Se sim, de que tipo?** _____

Nome do pai _____ **Idade** _____ **Instrução** _____
(Anos)

Local de trabalho do pai _____

Tipo de trabalho _____ **Salário anual** _____

Nome da mãe _____ **Idade** _____ **Instrução** _____
(Anos)

Local de trabalho da mãe _____

Tipo de trabalho _____ **Salário anual** _____

A criança é adotada? Sim Não   **Se sim, idade quando adotada** _____

Os pais são casados? Sim Não   **Separados?** Sim Não   **Divorciados?** Sim Não

Médico da criança _____

Endereço do médico _____
(Rua) (Cidade) (Estado) (CEP)

Número do telefone do médico ( ) _____

Por favor, liste todas as outras crianças na família:

Nome	Idade	Série escolar

De *Defiant Children, Third Edition*, Russell A. Barkley. Copyright © 2013 The Guilford Press. Reproduzido em *Treating ADHD in Children and Adolescents* (The Guilford Press, 2022). Os consumidores deste livro podem copiar e/ou fazer *download* de cópias adicionais deste material (veja o quadro no final do sumário).

FORMULÁRIO 2 — HISTÓRICO MÉDICO E DO DESENVOLVIMENTO

GRAVIDEZ E PARTO

A Duração da gravidez (p. ex., a termo, 40 semanas, 32 semanas) _____
B Duração do parto (número de horas desde as dores iniciais do parto até o nascimento) _____
C Idade da mãe quando a criança nasceu _____
D Peso da criança no nascimento _____
E Alguma das seguintes condições ocorreu durante a gravidez ou o parto?

1 Sangramento	Não	Sim
2 Ganho de peso excessivo (mais de 15 kg)	Não	Sim
3 Toxemia/pré-eclâmpsia	Não	Sim
4 Incompatibilidade do fator Rh	Não	Sim
5 Náusea ou vômito frequente	Não	Sim
6 Doença ou lesão grave	Não	Sim
7 Tomou medicações de prescrição	Não	Sim
a Se sim, nome do medicamento _____		
8 Usou substâncias ilegais	Não	Sim
9 Usou bebida alcoólica	Não	Sim
a Se sim, número aproximado de drinques por semana _____		
10 Fumou cigarros	Não	Sim
a Se sim, número aproximado de cigarros por dia (p. ex., ½ maço) _____		
11 Medicação dada para aliviar as dores do parto	Não	Sim
a Se sim, nomeie o medicamento _____		
12 O parto foi induzido	Não	Sim
13 Fórceps foram usados durante o parto	Não	Sim
14 Apresentação pélvica	Não	Sim
15 Parto cesáreo	Não	Sim
16 Outros problemas – descreva	Não	Sim

F Alguma das seguintes condições afetou seu filho durante o parto ou nos primeiros dias após o nascimento?

1 Ferido durante o parto	Não	Sim
2 Dificuldades cardiopulmonares	Não	Sim

De *Defiant Children, Third Edition*, Russell A. Barkley. Copyright © 2013 The Guilford Press. Reproduzido em *Treating ADHD in Children and Adolescents* (The Guilford Press, 2022). Os consumidores deste livro podem copiar e/ou fazer *download* de cópias adicionais deste material (veja o quadro no final do sumário).

APÊNDICE A

3	Parto com cordão enrolado no pescoço	Não	Sim
4	Teve problemas respiratórios durante o parto	Não	Sim
5	Precisou de oxigênio	Não	Sim
6	Ficou cianótico, ficou azulado	Não	Sim
7	Teve icterícia, ficou amarelado	Não	Sim
8	Teve uma infecção	Não	Sim
9	Teve convulsões	Não	Sim
10	Recebeu medicações	Não	Sim
11	Nasceu com defeito congênito	Não	Sim
12	Ficou no hospital por mais de 7 dias	Não	Sim

SAÚDE E TEMPERAMENTO DO BEBÊ

A Durante os 12 primeiros meses, seu filho teve (estava):

1	Dificuldade para se alimentar	Não	Sim
2	Dificuldade para adormecer	Não	Sim
3	Cólicas	Não	Sim
4	Dificuldade para se adaptar a horários	Não	Sim
5	Alerta	Não	Sim
6	Alegre	Não	Sim
7	Afetivo	Não	Sim
8	Sociável	Não	Sim
9	Fácil de acalmar	Não	Sim
10	Dificuldade para se manter ocupado	Não	Sim
11	Hiperativo, em constante movimento	Não	Sim
12	Muito teimoso, desafiador	Não	Sim

PRIMEIROS MARCOS DO DESENVOLVIMENTO

A Com que idade seu filho atingiu pela primeira vez o seguinte:

1. Sentar-se sem ajuda
2. Engatinhar
3. Andar sozinho, sem assistência
4. Usar palavras isoladas (p. ex., "mamá", "papá", "bola")
5. Juntar duas ou mais palavras (p. ex., "mamá levanta")
6. Treinamento intestinal, dia e noite
7. Treinamento da bexiga, dia e noite

HISTÓRICO DE SAÚDE

A Data do último exame físico da criança _____
B Em algum momento seu filho teve o seguinte:

1 Asma	Nunca	Passado	Presente
2 Alergias	Nunca	Passado	Presente
3 Diabetes, artrite ou outras doenças crônicas	Nunca	Passado	Presente
4 Epilepsia ou transtorno convulsivo	Nunca	Passado	Presente
5 Convulsões febris	Nunca	Passado	Presente
6 Catapora ou outras doenças comuns da infância	Nunca	Passado	Presente
7 Problemas cardíacos ou de pressão arterial	Nunca	Passado	Presente
8 Febre alta (> 39°)	Nunca	Passado	Presente
9 Fraturas ósseas	Nunca	Passado	Presente
10 Cortes graves requerendo pontos	Nunca	Passado	Presente
11 Lesão na cabeça com perda da consciência	Nunca	Passado	Presente
12 Envenenamento por chumbo	Nunca	Passado	Presente
13 Cirurgia	Nunca	Passado	Presente
14 Hospitalização prolongada	Nunca	Passado	Presente
15 Problemas da fala ou da linguagem	Nunca	Passado	Presente
16 Infecções de ouvido crônicas	Nunca	Passado	Presente
17 Dificuldades de audição	Nunca	Passado	Presente
18 Problemas oculares ou de visão	Nunca	Passado	Presente
19 Problemas na motricidade fina/escrita à mão	Nunca	Passado	Presente
20 Dificuldades na motricidade ampla, desajeitado	Nunca	Passado	Presente
21 Problemas de apetite (comer em excesso ou de menos)	Nunca	Passado	Presente
22 Problemas do sono (adormecer ou permanecer adormecido)	Nunca	Passado	Presente
23 Incontinência fecal	Nunca	Passado	Presente
24 Incontinência urinária	Nunca	Passado	Presente

25 Outras dificuldades de saúde – descreva

_____
_____
_____
_____
_____
_____
_____

FOLHETO 2 — COMO SE PREPARAR PARA A AVALIAÇÃO DO SEU FILHO

Levar seu filho até um profissional de saúde mental para uma avaliação é uma decisão importante para um pai. Muitos pais não sabem o que esperar de uma avaliação como essa e o que eles podem fazer para estar bem-preparados para isso. É por isso que estamos lhe enviando este folheto. Ele lhe dará uma ideia de como se preparar para a avaliação do seu filho, para que o tempo que você passar com o profissional possa ser usado com o máximo proveito.

PREPARANDO-SE

Ao decidir buscar ajuda profissional, considere quais são suas preocupações no momento. Em geral, essas preocupações refletem problemas com a adaptação comportamental, emocional, familiar, escolar ou social do seu filho. Enquanto espera a data da consulta, reserve um tempo para se sentar com uma folha de papel e faça uma lista com as respostas das seguintes perguntas em áreas que podem ser motivo de preocupação para você. Isso pode ajudar a clarear seus pensamentos sobre as dificuldades do seu filho. Também pode fazer a avaliação prosseguir mais fácil e rapidamente, talvez até mesmo poupando tempo (e dinheiro) no processo (os profissionais normalmente cobram pelo quarto de hora do seu tempo). Estas são as áreas a se considerar:

1 O que mais o preocupa atualmente em relação ao seu filho? Não entre em uma longa explicação, apenas liste as principais áreas problemáticas. Isso ajuda a identificar primeiro se são preponderantemente problemas em casa, na escola, na vizinhança ou comunidade, ou com outras crianças, ou em todas essas áreas. Use essas áreas como títulos na sua lista. Para auxiliar um profissional a ajudar você, é importante que você comece pelas especificidades. Com o que precisamente você está preocupado com seu filho nessas áreas? Abaixo do título "Problemas em casa", anote aqueles comportamentos problemáticos que acha inapropriados para a idade do seu filho. Isto é, esses problemas parecem ocorrer mais frequentemente ou em um grau que está além do que você acha ser típico de crianças nesta idade. Mesmo que você não ache que eles sejam desviantes para a idade do seu filho, se estiver preocupado de qualquer forma, anote-os, mas indique este fato ao lado desse item. Agora faça o mesmo para "Problemas na escola" e os outros títulos de problemas ("Vizinhança", "Pares" e outras áreas problemáticas). Guarde esta lista para levá-la à consulta com o profissional.

2 No verso dessa folha de papel, ou em uma folha nova se esta estiver cheia, anote os seguintes títulos importantes e liste tudo o que vier à mente com o que seu filho tem dificuldades e que pode indicar um problema: "Saúde" (problemas médicos crônicos ou recorrentes), "Inteligência ou Desenvolvimento mental", "Desenvolvimento motor e coordenação", "Problemas com os sentidos" (como visão, audição), "Habilidades de aprendizagem acadêmica" (como leitura, matemática), "Ansiedade ou medos", "Depressão", "Agressão a outros", "Hiperatividade", "Falta de atenção" e "Comportamento antissocial" (como mentir, roubar, provocar incêndio, fugir de casa). Pode ser que você já tenha listado alguns no item 1, mas isso pode ajudar a reorganizá-los nestas novas categorias para a avaliação profissional do seu filho.

3 Alguns pais podem ter preocupações que os deixam embaraçados em abordar com profissionais. Elas frequentemente envolvem problemas familiares que os pais acham que podem estar contribuindo para os problemas comportamentais ou emocionais do seu filho, mas que relutam em divulgar para outras pessoas. Proble-

mas como alcoolismo ou abuso de substância em um dos pais, problemas conjugais que criam conflitos frequentes entre os pais e podem respingar em maus-tratos ao filho, episódios de disciplina ou punição física excessiva que podem indicar abuso e suspeita de abuso sexual da criança são apenas algumas das muitas áreas em que os pais podem ficar hesitantes em divulgar para um profissional que é um estranho para eles, mas os pais devem estar cientes de que essas são questões extremamente importantes para que o profissional de saúde mental possa entender e considerar ao tentar diagnosticar e tratar a criança. Se essas informações forem omitidas, haverá maior possibilidade de erros no diagnóstico, na formulação das questões importantes no caso e no planejamento do tratamento, pois o profissional intencionalmente será deixado no escuro sobre assuntos que têm uma influência direta na compreensão integral do caso.

4 Se possível, fale com o(s) professor(es) e anote sobre o que eles estão mais preocupados com a adaptação escolar do seu filho. Mais uma vez, guarde essa lista para levar na consulta com o terapeuta do seu filho.
5 Agora, pegue mais uma folha de papel e faça uma lista dos problemas que você acha que estão ocorrendo na sua família além daqueles do seu filho. Use os seguintes títulos, caso ajude: "Pessoais" (coisas que você acha que o preocupam sobre você mesmo), "Conjugais", "Financeiros", "Parentes", "Seu trabalho/Trabalho do seu cônjuge", "Irmãos" e "Saúde". Leve essa lista com você na sua consulta.

Essas listas são semelhantes às áreas mais prováveis de serem abrangidas na sua entrevista com o profissional. Tenha essas listas à mão e faça acréscimos à medida que pensar em outros itens antes da data da sua consulta com o profissional. As listas devem ajudar a focar a avaliação rapidamente nas áreas mais importantes de preocupação que você tem com seu filho e sua família. Elas provavelmente também ajudarão a acelerar a avaliação e a manter as coisas no caminho.

Fazer essas listas provavelmente também o ajudará a clarear seu pensamento sobre sua situação atual e os problemas do seu filho. Por fim, elas ajudarão a maximizar a utilidade da avaliação para você e seu filho. Também ajudarão o profissional a ter maior respeito e apreciação por você, um paciente que veio bem-preparado para a avaliação.

A AVALIAÇÃO

A entrevista clínica com vocês, os pais (e em menor medida com seu filho), é provavelmente o componente mais importante de uma avaliação profissional abrangente do seu filho. Outros elementos importantes são os questionários preenchidos sobre o comportamento do seu filho, uma entrevista com o(s) professor(es) do seu filho e os questionários similares sobre o comportamento da criança preenchidos pelo(s) professor(es).

QUE INFORMAÇÕES VAMOS PRECISAR DE VOCÊ PARA FAZER A AVALIAÇÃO?

Muitas! Antes que os profissionais possam identificar ou diagnosticar uma criança com problemas comportamentais, emocionais ou de aprendizagem, eles precisam coletar uma grande quantidade de informações sobre a criança e a família, peneirar essas informações na busca da presença de algum transtorno psicológico, determinar a provável gravidade dos problemas, descartar ou incluir outros transtornos ou problemas que a criança possa ter e considerar os recursos que estão disponíveis na sua área para lidar com esses problemas. Se seu filho também precisar de testes educacionais ou psicológicos para algum problema de aprendizagem ou do desenvolvimento que ele possa ter além dos problemas comportamentais, esta questão será discutida com você no dia da sua consulta, e você será encaminhado para outro psicólogo ou especialista em educação para essa avaliação adicional. A expectativa é de que nossa avaliação dure em média de 2,5 a 4 horas.

O QUE MAIS É NECESSÁRIO PARA COMPLETAR A AVALIAÇÃO?

Muitas vezes, nossos profissionais precisam de informações de outras pessoas que conhecem seu filho além das informações que você vai nos dar. Você será solicitado a (1) dar permissão para o profissional obter os relatos de avaliações anteriores a que seu filho pode ter se submetido; (2) permitir que o profissional entre em contato com o médico que trata seu filho para mais informações sobre sua condição de saúde e o tratamento medicamentoso, se houver; (3) fornecer os resultados da avaliação educacional mais recente da escola do seu filho; (4) dar início a uma dessas avaliações escolares, se ainda não foi feita e se uma das suas preocupações é a adaptação escolar do seu filho; (5) completar o pacote de questionários do comportamento sobre seu filho que já deve ter sido enviado a você pelo correio; (6) devolver esses formulários antes da data da consulta; (7) dar sua permissão para que o(s) professor(es) do seu filho preencha(m) questionários similares sobre o comportamento, os quais lhes serão enviados pelo correio; e (8) dar permissão para o profissional obter informações de agências de serviço social que já possam estar envolvidas no provimento de serviços ao seu filho.

Raramente haverá alguma razão para você negar sua permissão para que nossos profissionais obtenham essas informações de outras pessoas ou para se recusar a instituir os procedimentos que lhe foram solicitados. Entretanto, em raras ocasiões, você pode querer uma segunda opinião isenta sobre os problemas do seu filho. Isso pode acontecer se você já tiver uma avaliação feita pela escola ou outro profissional da qual discorda totalmente. Nesses casos, você pode nos dizer para não obtermos os registros do outro profissional ou de alguma avaliação da escola. Se este for o caso, por favor, explique por que você está recusando a autorização para a liberação dessas fontes particulares de informação para que possamos entender melhor as questões envolvidas na sua solicitação para esta nova avaliação. No entanto, na maioria dos casos, você não deve negar que nossos profissionais tenham acesso às informações que podem ser dadas pelos professores do seu filho, mesmo que discorde desses professores. Impedir que os profissionais falem com os professores do seu filho diminui grandemente a possibilidade de esses profissionais entenderem seu filho. Isso impede que eles obtenham informações do segundo cuidador mais importante na situação atual do seu filho. Se você discorda do que um professor pode dizer, explique isso ao profissional antes que ele faça contato com a escola para que possa ter em mente esta discordância quando conversar com o professor.

O QUE ACONTECE NO DIA DA CONSULTA?

Várias coisas. Você será entrevistado por cerca de 1 a 2 duas horas sobre seu filho, e seu filho muito provavelmente também será entrevistado. É a entrevista com você que é a mais importante. Você provavelmente também será solicitado a preencher alguns questionários de comportamento, caso não tenha sido enviado nenhum para ser preenchido antes da consulta. Seu filho também poderá ser testado se houver questões a serem respondidas acerca de sua inteligência, sua linguagem e suas habilidades acadêmicas ou outras habilidades mentais (p. ex., memória, habilidades motoras).

Entrevista com os pais

A entrevista com você, o genitor, é uma parte indispensável da avaliação do seu filho. Provavelmente nenhum outro adulto terá tanta riqueza de conhecimento sobre seu filho, a história das interações com ele ou simplesmente o tempo passado com seu filho quanto você. Sempre que possível, ambos os pais devem comparecer à entrevista, pois cada um tem uma perspectiva única sobre os problemas do filho. Se o trabalho ou outras razões impedirem que um dos pais compareça, o outro deve conversar com o parceiro no dia anterior à avaliação e anotar suas preocupações e opiniões sobre o filho para trazer para a avaliação no dia seguinte. Em geral, não é necessário que irmãos e irmãs compareçam a essa primeira avaliação. Em alguns casos, o profissional pode solicitar que os irmãos venham a uma segunda reunião se ele achar necessário obter a visão que eles têm dos conflitos familiares ou os problemas que eles estão tendo com a criança que está sendo avaliada.

A entrevista com você serve a vários propósitos. Primeiro, ela estabelece uma importante relação entre você e o profissional, e até mesmo entre a criança e o profissional, o que será útil e deixará vocês à vontade durante o resto da avaliação. Em segundo lugar, a entrevista proporciona uma importante fonte de informações valiosas sobre seu filho e a família. Em especial, fornece ao profissional a visão que você tem dos problemas aparentes do seu filho e estreita o foco de etapas posteriores da avaliação. Esta é a sua chance de expor abertamente suas preocupações sobre seu filho com um profissional especializado. Não seja tímido, reservado ou indisponível. Quanto mais informações você der, melhor apreciação o profissional terá dos problemas do seu filho e mais acurado será o diagnóstico. Use as listas que você construiu enquanto esperava pela data da consulta para não esquecer de nada que desejava discutir. Terceiro, com frequência, a entrevista pode revelar o quanto de estresse os problemas da criança estão causando a você e à sua família. Também dá ao profissional uma noção do seu próprio bem-estar como pai ou mãe. Quarto, a entrevista pode começar a revelar informações significativas sobre sua relação com seu filho que podem ser importantes para identificar alguns contribuintes potenciais para o problema do seu filho, mas dois dos propósitos mais importantes dessa avaliação são determinar um diagnóstico do(s) problema(s) do seu filho e lhe fornecer recomendações de tratamento plausíveis.

O profissional provavelmente fará anotações durante a conversa com você. Ele também anotará observações sobre você e como seu filho está se comportando enquanto vocês dois estão na clínica. Embora essas anotações da observação de você e seu filho possam ser úteis para levantar certas ideias sobre os problemas do seu filho que podem ser discutidas com você posteriormente, elas não serão muito enfatizadas por nossos profissionais. O comportamento no consultório, sobretudo o do seu filho, geralmente não é muto útil para nos dizer como ele provavelmente se comporta em casa ou na escola. Em geral, as pesquisas com crianças que têm problemas comportamentais demonstraram que muitas delas provavelmente vão se comportar de maneira normal durante essa avaliação. Esse comportamento típico não será interpretado por nossos profissionais como indicador de que seu filho não tem problemas. No entanto, se o seu filho exibir muitos comportamentos desatentos, hiperativos ou desafiadores durante a avaliação, isto pode ser mais informativo, pois esse comportamento é incomum para crianças típicas e pode indicar que seu filho tem problemas semelhantes na escola.

Alguns dos nossos profissionais gostam de ter seu filho presente durante a entrevista com você. Em parte, isto serve para lhes dar alguma ideia de como você e seu filho interagem. Isto é ótimo, contanto que seu filho não vá ficar perturbado pela natureza das perguntas sobre ele e as suas respostas. Alguns pais não se sentem confortáveis com esta situação porque não querem falar sobre os problemas do filho na frente dele, pelo menos por enquanto. Se você acha que ter seu filho presente durante a entrevista o deixaria inibido e menos sincero em suas opiniões e preocupações, então simplesmente alerte o profissional quanto aos seus sentimentos sobre o assunto quando se encontrar inicialmente com ele no dia da avaliação. Não deve ser um problema para nós ter que lidar com as coisas do seu jeito.

INFORMAÇÕES SOBRE SEU FILHO. A entrevista provavelmente começará com uma explicação dos procedimentos a serem realizados como parte da avaliação e a duração de tempo esperada. Se isto ainda não foi discutido, o custo estimado da avaliação e a maneira pela qual os honorários serão tratados (p. ex., seguro, pagamento direto) devem ser discutidos com você. Nossos profissionais podem salientar neste momento que embora a maior parte do que você diz seja confidencial (eles não podem contar a mais ninguém sobre o que você disse sem a sua permissão), as leis impõem limites a este privilégio. Esses limites dizem respeito a relatos de negligência ou abuso infantil. Se você mencionar este tipo informação, o profissional poderá ser obrigado por lei a relatar ao estado, comumente o Departamento de Serviço Social. O clínico vai informá-lo sobre esses limites no dia da sua avaliação.

A entrevista provavelmente prosseguirá com uma discussão das suas preocupações sobre seu filho. Você pode consultar as anotações que fez antes da consulta. Provavelmente serão solicitados alguns exemplos específicos do comportamento da criança que ilustrem por que você está preocupado com isso. Por exemplo, se você diz que está preocupado que seu filho seja muito impulsivo, poderá ser pedido que dê alguns exemplos desse comportamento impulsivo. Isto é feito não para questionar a sua opinião, mas para ajudar o entrevistador a ver como você chegou a essa opinião. Dê o máximo de informações que puder quando solicitado. Também pode ser perguntado como você está tentando manejar atualmente os problemas de comportamento do seu filho e se o seu cônjuge está usando uma abordagem diferente. É comum que crianças com problema de comportamento sejam um pouco mais comportadas com seus pais do que com suas mães. Tudo bem descrever essas diferenças, pois elas não significam que você ou seu cônjuge estão fazendo alguma coisa de errado ou que estão causando os problemas do seu filho.

Você será questionado sobre quando notou pela primeira vez os problemas do seu filho e há quanto tempo cada uma das principais áreas problemáticas vem ocorrendo. Tente ser o mais específico que a sua memória permitir. Mais uma vez, tomar notas antes da consulta pode ajudá-lo a lembrar melhor da informação quando for solicitada. Isto naturalmente leva a perguntas sobre os tipos de assistência profissional prévia que você pode ter obtido e se é possível que o entrevistador entre em contato com estes profissionais para mais detalhes sobre seu filho e sua família. Nossos profissionais gostam de perguntar aos pais o que eles acham que levou seu filho a desenvolver os problemas. Se você tiver uma opinião sobre o que causou os problemas do seu filho, por favor, apresente-a, mas não tenha medo de simplesmente dizer que não sabe. O profissional só está procurando ver se você pode fornecer algum *insight* adicional sobre a causa das dificuldades do seu filho. Lembre-se, nós como profissionais não sabemos as causas exatas de todos os problemas comportamentais das crianças, embora tenhamos muitas informações que podem nos ajudar a reduzir estas possibilidades. Às vezes, simplesmente não é possível dizer com certeza por que certas crianças se comportam de determinada forma. Não se sinta pressionado a ter que elaborar uma explicação melhor sobre os comportamentos do seu filho.

Se você preencheu os formulários de avaliação do comportamento antes da consulta e os devolveu, agora o profissional pode querer examinar com você algumas das suas respostas, especialmente aquelas que ele achou pouco claras. Se o profissional não examinar suas respostas com você, você pode perguntar se ele tem alguma pergunta sobre as suas respostas nesses formulários. Também pode lhe ser perguntado sobre algumas respostas nos formulários que foram enviados ao(s) professor(es) do seu filho. Se estiver curioso, você pode pedir para ver as respostas do professor nesses formulários. É seu direito ver o que o professor disse. Peça que o profissional explique alguma coisa sobre os formulários e suas respostas que possam lhe parecer confusas.

O profissional também conversará com você sobre problemas que seu filho tem dentro de diferentes domínios desenvolvimentais. Em geral, perguntamos aos pais sobre o desenvolvimento dos seus filhos até agora em sua saúde física, suas habilidades sensoriais e motoras, sua linguagem, seu pensamento, seu intelecto, suas conquistas acadêmicas, suas habilidades de cuidado pessoal, como vestir-se e banhar-se, seu comportamento social, seus problemas emocionais e suas relações familiares. Provavelmente lhe serão feitas perguntas similares. Muitos profissionais também examinarão com você uma variedade de problemas comportamentais ou sintomas de outros problemas psiquiátricos para ver se seu filho pode estar tendo estas dificuldades. Simplesmente seja sincero e indique se estes outros sintomas estão presentes e em que grau.

Como nossos profissionais estão tentando avaliar os problemas do seu filho, eles provavelmente passarão a maior parte do tempo ou o tempo todo tentando identificar as áreas de preocupação que você tem sobre ele. Isso é bom, mas nossos profissionais também querem perguntar sobre os pontos fortes do seu filho em algumas das áreas discutidas anteriormente ou em determinados passatempos, esportes ou matérias escolares. Se o profissional não lhe perguntar, você mesmo pode mencionar para oferecer um quadro mais completo e equilibrado do seu filho; também gostamos de aproveitar a oportunidade para perguntar aos pais sobre possíveis interesses, privilégios e recompensas de que seu filho gosta. Podemos usar essas informações posteriormente se tivermos que estabelecer um programa de recompensas para seu filho como parte do nosso treinamento de manejo comportamental com os pais.

No mesmo ponto na entrevista, o profissional pode examinar o histórico médico e do desenvolvimento do seu filho. Você terá preenchido um formulário sobre isso antes da consulta, mas podemos querer examinar as respostas com você como parte da entrevista.

É essencial que o profissional discuta com você a história escolar do seu filho. Muitas crianças que nos são encaminhadas têm dificuldades de se ajustar às demandas da escola. Você provavelmente será questionado sobre a idade em que seu filho entrou no jardim de infância, que escola ele frequentou e como progrediu desde as primeiras séries e escolas. Provavelmente também será questionado sobre os tipos de avaliações educacionais especiais e colocações que seu filho recebeu, se é que houve alguma, e se ele filho passou por uma avaliação da equipe conduzida pela escola. Caso não tenha sido realizada uma avaliação, pode ser pedido que você providencie uma, caso seu filho tenha problemas escolares que o tornem elegível para algum serviço de educação especial formal. Você também será questionado sobre preocupações específicas que o(s) professor(es) do seu filho tenha(m) levantado quanto ao desempenho escolar, tanto agora quanto no passado. Não deixe de informar se seu filho repetiu de ano, ou foi suspenso ou expulso. Também gostamos de questionar os pais sobre a natureza da relação que eles atualmente têm com a equipe escolar que trabalha com seu filho. A relação é amistosa e apoiadora ou repleta de conflito? A comunicação tem sido aberta e razoavelmente clara ou limitada e hostil? As respostas a estas perguntas nos ajudam muito na preparação para contatos posteriores com a equipe escolar, caso sejam necessários. Se o profissional se esquecer de perguntar sobre estas questões, você mesmo poderá levantar o assunto para fornecer um quadro mais claro das suas relações passadas com a equipe da escola.

Você pode ser solicitado a dar autorização por escrito para que o profissional contate a escola do seu filho, caso sua permissão não tenha sido dada previamente. Você deve consentir com a maioria das circunstâncias, pois é muito difícil para um profissional avaliar plenamente os problemas do seu filho sem ter acesso a informações da escola. Caso não queira dar seu consentimento, certifique-se de dar aos profissionais uma explicação clara de por que não quer isso, para que eles não o julguem de maneira equivocada como exageradamente hostil a eles ou à escola.

INFORMAÇÕES SOBRE VOCÊ E SUA FAMÍLIA. Os profissionais sabem que muitas famílias de crianças com problemas de comportamento estão sob mais estresse do que outras famílias, e que os pais podem estar tendo mais problemas pessoais do que a maioria dos pais cujos filhos não têm comportamentos problemáticos. Não se sinta ofendido se forem feitas perguntas pessoais.

Informações sobre você e sua família podem ser de grande ajuda para que o profissional entenda melhor os problemas do seu filho e desenvolva recomendações de tratamento mais úteis para você. Também podem indicar ao entrevistador que você precisa de alguma ajuda adicional para si mesmo ou para outros problemas da sua família. Provavelmente você será questionado sobre suas origens, sua instrução e sua ocupação, e também as mesmas informações sobre seu cônjuge. O profissional pode perguntar se você ou seu cônjuge já tiveram algum problema psiquiátrico, de aprendizagem, desenvolvimental ou médico crônico. Durante essas avaliações, em geral, os pais são questionados se estão tendo problemas conjugais e sobre a sua natureza. Todas essas perguntas pessoais são rotineiras e importantes, portanto, responda da forma mais honesta possível. Também podemos lhe perguntar acerca de outras crianças na família imediata e sobre problemas psicológicos, educacionais, desenvolvimentais ou algum outro problema que estes irmãos podem estar tendo.

Antes de encerrar sua entrevista, reserve um momento para revisar as anotações que você trouxe para ver se todas as suas preocupações foram abordadas. Compartilhe com o profissional alguma informação adicional contida nessas notas ou alguma outra coisa que você ache que seria útil para uma melhor compreensão do seu filho e da sua família. Sua sinceridade e sua abertura serão respeitadas e valorizadas pela equipe de profissionais.

ENTREVISTA COM A CRIANÇA

Dependendo da idade e da inteligência do seu filho, algum tempo durante a avaliação será empregado pelo profissional para entrevistá-lo e fazer observações informais sobre sua apresentação, seu comportamento e suas habilidades desenvolvimentais. Esta entrevista serve aos mesmos propósitos que a sua entrevista. No entanto, você não deve colocar muita ênfase nas informações que obtemos nesta entrevista. Essas observações informais da conduta do seu filho durante a entrevista podem não ser típicas do comportamento dele em casa ou na escola, como já mencionado anteriormente. Nossos profissionais não cometerão o erro de atribuir muito peso às observações do seu filho em nossa clínica. Não fique surpreso ao descobrir que ele é bem-comportado durante a avaliação, e não se preocupe com isso.

Provavelmente serão feitas ao seu filho muitas perguntas gerais abordando o seguinte:

1 Qual é a consciência que a criança tem de por que ela está visitando o entrevistador hoje, e o que os pais disseram ao filho sobre a razão para a visita?
2 Quais são os passatempos, os programas de televisão, os esportes ou os animais preferidos da criança?
3 Que escola a criança frequenta, quem são seus professores, que tipos de matérias ela cursa na escola e de que disciplinas mais gosta? Se a criança está se saindo mal em uma disciplina, que razões ela dá para explicar essas dificuldades?
4 A criança se vê como tendo algum problema de comportamento na sala de aula? Que tipos de disciplina a criança recebe do(s) professor(es) pela má conduta?
5 Como a criança acha que é percebida pelas outras crianças na escola?
6 Quais são as percepções da criança dos problemas que você relatou para o profissional?
7 O que seu filho gostaria de mudar ou melhorar em casa ou na escola?
8 Seu filho se vê como tendo algum problema comportamental? Se sim, o que ele acha que causa este padrão de comportamento e por quê?

Nossos profissionais estão cientes de que as crianças são notórias por sub-reportar suas dificuldades e provavelmente farão isso nesta parte da entrevista. Por isso, o profissional não usará as respostas do seu filho para determinar se ele realmente tem um transtorno comportamental, de aprendizagem ou emocional.

Alguns dos nossos profissionais acham útil durante esta entrevista, sobretudo com crianças pequenas, deixar que elas brinquem, desenhem ou simplesmente andem pelo consultório. Outros podem lhes fazer perguntas com uma série de sentenças incompletas, deixando que as crianças preencham as lacunas com suas próprias respostas. Esta abordagem pode ser uma forma menos direta de descobrir os sentimentos da criança sobre si mesma e outras características da sua vida.

ENTREVISTA COM O PROFESSOR

Embora não seja necessariamente conduzida no mesmo dia, a entrevista com o professor é parte essencial da avaliação do seu filho. Depois dos pais, poucos outros adultos terão passado mais tempo com seu filho do que seus professores, sobretudo se a criança estiver em idade de escola elementar. As opiniões que os professores têm sobre as crianças são parte essencial da avaliação de uma criança e serão obtidas por nossos profissionais na maioria dos casos. Com exceção das circunstâncias mais incomuns, você deve consentir com esta troca de informações, pois é pelo melhor interesse da avaliação do seu filho. Esta entrevista provavelmente será feita por telefone.

Os professores mais provavelmente serão questionados sobre os problemas acadêmicos e comportamentais atuais do seu filho. As relações com os colegas também podem ser abordadas durante essa discussão. Como seu filho age em várias situações na escola, especialmente quando precisa ser feito o trabalho acadêmico, provavelmente também será abordado. Também gostamos de perguntar aos professores sobre situações que envolvem supervisão limitada ou nenhuma supervisão, como durante o recreio, almoço ou reuniões especiais; nos corredores ou nos banheiros; ou no ônibus escolar. O profissional também deve descobrir o que os professores estão fazendo atualmente para manejar os problemas da criança. O desempenho do seu filho em cada disciplina acadêmica deve ser discutido brevemente. O profissional pode perguntar se seu filho já se submeteu a alguma avaliação multidisciplinar pela equipe como parte dos direitos da criança segundo as leis estaduais. Em caso negativo, ele pode questionar o professor se deveria ser dado início a uma avaliação no caso de serem necessários recursos educacionais especiais para ajudar seu filho.

RESUMO

As entrevistas com você e seu filho, e o contato com seus professores formam uma parte indispensável da nossa avaliação da criança. Estas entrevistas fornecem uma riqueza de informações que são úteis para fazer um diagnóstico e planejar os tratamentos para seu filho, o que simplesmente não pode ser obtido por nenhum outro meio. Durante as entrevistas, o profissional deve reservar tempo suficiente para explorar os tópicos necessários com cada pessoa para obter o quadro mais detalhado possível do seu filho quanto seja necessário. Uma entrevista inicial de 20 minutos simplesmente não será suficiente. A duração média de tempo dedicado à entrevista é geralmente de 1 a 2 horas, sem incluir algum teste psicológico com a criança. Também será importante que o profissional obtenha escalas de avaliação do comportamento do seu filho preenchidas pelo pai e pelo professor. Algumas crianças também precisarão de testes acadêmicos ou psicológicos para descartar outras dificuldades do desenvolvimento ou de aprendizagem, mas estes não serão feitos no dia da sua avaliação. Caso sejam necessários, você será informado pelo seu profissional de por que a testagem é necessária e onde poderá ser realizada.

Esperamos que você tenha achado este panfleto útil na preparação para a avaliação do seu filho com nossa esquipe de profissionais.

APÊNDICE A

| FORMULÁRIO 3 | ENTREVISTA CLÍNICA PARA CRIANÇAS – RELATO DOS PAIS |

Nome da criança _____ **Informante** _____

| Relação do informante com a criança: [*Circule um*]   Mãe   Pai   Outro |
| Ficha/prontuário nº _____ Examinador _____ Data _____ |
| Data de nascimento da criança _____ Idade: Anos _____ Meses _____ |
| Fonte de encaminhamento _____ (p. ex., médico, escola, etc.) |
| A pessoa que encaminhou deseja uma cópia do relatório desta avaliação?   Sim   Não |

Diagnósticos clínicos: [*A ser preenchido depois que a avaliação estiver concluída*]

1.   2.   3.

Recomendações clínicas: [*A ser brevemente listadas depois que a avaliação estiver concluída*]

1 _____
2 _____
3 _____
4 _____
5 _____
6 _____
7 _____
8 _____
9 _____
10 _____

COMUNICADOS LEGAIS

[Examinador: No começo da entrevista, não deixe de examinar os comunicados legais para seu país, o seu estado ou outra região geográfica. Por exemplo, na Virgínia, alertamos os pais sobre as quatro questões a seguir:

1 Qualquer revelação de informação que indique uma suspeita de abuso infantil deve ser reportada às autoridades estaduais (Departamento de Serviço Social).
2 Qualquer revelação de ameaça de dano a si mesmo, como em uma ameaça específica de suicídio, resultará no encaminhamento imediato a uma unidade de emergência em saúde mental.
3 Qualquer revelação de ameaças específicas a indivíduos específicos resultará em notificação aos indivíduos relacionados à ameaça.
4 Embora os prontuários de saúde mental sejam confidenciais, eles podem ser intimados por ordem de um juiz e devem ser fornecidos à Corte se assim for determinado.

Agora reserve um tempo para discutir algumas dessas questões com a família antes de prosseguir com o restante da entrevista.]

De *Defiant Children, Third Edition*, Russell A. Barkley. Copyright © 2013 The Guilford Press. Reproduzido em *Treating ADHD in Children and Adolescents* (The Guilford Press, 2022). Os consumidores deste livro podem copiar e/ou fazer *download* de cópias adicionais deste material (veja o quadro no final do sumário).

COMPOSIÇÃO FAMILIAR

Esta criança é: ☐ Seu filho biológico   ☐ Adotivo   ☐ Acolhido

Com qual dos pais a criança vive?   ☐ Ambos   ☐ Só com a mãe   ☐ Só com o pai

Nenhum dos pais; a criança vive com   ☐ Avô/avó   ☐ Em casa de acolhimento

Você tem a guarda legal desta criança?   ☐ Sim   ☐ Não [*Examinador: Se não, determine se é legalmente recomendável ou admissível prosseguir com esta avaliação.*]

Algum outro adulto vive na casa?   ☐ Sim   ☐ Não   Se sim, quem é?

Quantas crianças há na família?   Quantas ainda estão em casa?

PREOCUPAÇÕES PARENTAIS SOBRE A CRIANÇA – RAZÕES PARA AVALIAÇÃO

Com o que você está mais preocupado em relação ao seu filho que o levou a solicitar esta avaliação? [*Organize as respostas dos pais entre os principais cabeçalhos a seguir. Questione os pais sobre (1) os detalhes específicos de cada preocupação, (2) quando começou, (3) com que frequência corre ou quão grave é, e (4) o que eles tentaram fazer até agora para lidar com isto.*]

Problemas de manejo do comportamento em casa:

Problemas com reação emocional em casa:

Atrasos no desenvolvimento: [*Se presentes, considere examinar com os pais os critérios diagnósticos para deficiência intelectual ou outros transtornos do desenvolvimento específicos, como dificuldades de aprendizagem.*]

Problemas de manejo do comportamento na escola:

Problemas de desempenho no trabalho escolar ou de aprendizagem:

Problemas com reação emocional na escola:

APÊNDICE A

Problemas de interação social com os pares:

Comportamento na comunidade (fora de casa e da escola):

Outras preocupações:

Por que você decidiu procurar esta avaliação para seu filho neste momento?

Que tipo de assistência ou recomendações de tratamento você espera receber com esta avaliação?

Agora que você já me contou quais são suas principais preocupações sobre seu filho que o trazem aqui hoje e o que você espera obter com a avaliação, preciso examinar com você inúmeros tópicos diferentes sobre seu filho. Isto precisa ser feito para garantir que eu tenha o quadro mais abrangente possível da adaptação psicológica do seu filho. Vou lhe perguntar a respeito de inúmeras áreas desenvolvimentais importantes para qualquer criança. Você deve me dizer se notou algo incomum, anormal, atípico ou mesmo bizarro quanto ao funcionamento do seu filho em alguma destas áreas. Vamos começar com o desenvolvimento do seu filho:

Desenvolvimento sensorial (prejuízos na visão, audição, sentido do tato ou olfato; reações anormais à estimulação sensorial; alucinações, etc.):

Desenvolvimento motor (coordenação, deambulação, equilíbrio, postura, movimentos, gestos, tiques, hábitos nervosos ou maneirismos, etc.):

Desenvolvimento da linguagem (atrasos, problemas de compreensão, dificuldades da fala):

Desenvolvimento emocional (reações exageradas, alterações no humor, humor extremo ou imprevisível, emoções peculiares ou estranhas, medos ou ansiedades incomuns, etc.):

Pensamento (ideias estranhas, preocupações ou fixações bizarras, fantasias incomuns, fala incompleta ou pensamentos incoerentes, delírios):

Comportamento social (agressivo, rejeitado, intimida os outros, retraído, tímido, ansioso sobre os outros, mudo quando com outras pessoas, indiferente aos outros ou não mostra desejo de ter amigos/parceiros de jogo, etc.):

Inteligência/habilidades acadêmicas (atrasos no desenvolvimento intelectual em geral; problemas de memória; ou atrasos específicos na leitura, matemática, ortografia, escrita ou outras áreas de habilidade acadêmica):

REVISÃO DOS TRANSTORNOS DA INFÂNCIA NO DSM-5

Agora, preciso lhe fazer algumas perguntas específicas sobre uma variedade de problemas comportamentais, sociais e emocionais com os quais as crianças às vezes têm dificuldades. Quando eu lhe perguntar sobre estas coisas, tenha em mente que algumas delas não são ruins ou anormais, e algumas vezes podem ser encontradas em crianças saudáveis típicas. Quero que você me diga se seu filho faz algumas dessas coisas a tal ponto que você consideraria inapropriado para alguém da sua idade, gênero e origem étnica.

[*Examinador: Marque com um X ou escreva "Sim" na linha da direita ao lado de cada item que o parente endossar como ocorrendo com frequência na criança.*]

PROBLEMAS DE DESATENÇÃO, IMPULSIVIDADE E HIPERATIVIDADE

Agora, farei algumas perguntas específicas sobre a habilidade do seu filho de prestar atenção a tarefas, resistir a ser distraído, controlar os impulsos e controlar o nível de atividade para que seja apropriada à situação. Quero que você considere se algumas destas coisas ocorreram durante os últimos 6 meses. Para cada uma delas, diga se seu filho apresentou este comportamento com frequência ou, como eu disse, a tal ponto de se tornar inapropriado.

1. Distrai-se facilmente com frequência; não consegue se concentrar ou persistir nas coisas ___
2. Com frequência, é esquecido ou pouco organizado ___
3. Com frequência, é impulsivo nas coisas que diz ou faz; parece impaciente ___
4. Com frequência, fala demais; corre por todo lado ou não consegue parar quieto ___

[Examinador: Se o pai endossar vários destes sintomas, por favor, revise com ele os critérios diagnósticos explícitos para transtorno de déficit de atenção/hiperatividade (TDAH) nas páginas 59-60 da quinta edição do Manual diagnóstico e estatístico de transtornos mentais (*DSM-5;* American Psychiatric Association, 2013). Se não, prossiga para o próximo transtorno.]

APÊNDICE A

COMPORTAMENTO DESAFIANTE E DESOBEDIENTE

Agora, quero fazer algumas perguntas específicas sobre o comportamento do seu filho e se ele é difícil de manejar, e não o escuta e faz o que você pede. Mais uma vez, quero que considere se alguma destas coisas ocorreu durante os últimos 6 meses. Ainda, conte-me se seu filho apresentou este comportamento com frequência ou mais frequentemente do que seria apropriado.

1   Com frequência, não obedece aos seus comandos ____
2   Com frequência, discute com você ou o desafia quando o manda fazer alguma coisa ____
3   Com frequência, perde a paciência, fica com raiva ou ressentido ____

[Examinador: Se o pai endossou vários desses sintomas, examine com ele os critérios diagnósticos explícitos para transtorno de oposição desafiante (TOD) na página 462 da quinta edição do Manual diagnóstico e estatístico de transtornos mentais (DSM-5; American Psychiatric Association, 2013). Se não, prossiga para o próximo transtorno.]

PROBLEMAS DE CONDUTA E COMPORTAMENTO ANTISSOCIAL

Agora, deixe-me perguntar sobre problemas que seu filho pode ter em respeitar regras importantes. Mais uma vez, pense nos últimos 6 meses e se você viu alguns destes acontecendo com frequência ou mais frequentemente do que seria apropriado.

1   Intimidou outras pessoas, começou brigas físicas ou usou uma arma ____
2   Foi cruel com animais, com outras pessoas ou roubou alguém ____
3   Intencionalmente provocou incêndios ou destruiu uma propriedade ____
4   Mentiu com frequência para obter coisas que geralmente uma criança quer ou para evitar problemas ____
5   Ficou fora de casa durante a noite sem permissão, fugiu de casa ou faltou à aula sem permissão ____

[Examinador: Se o pai endossou um ou mais destes sintomas, examine com ele os critérios diagnósticos explícitos para transtorno da conduta (TC) nas páginas 269-471 da quinta edição do Manual diagnóstico e estatístico de transtornos mentais (DSM-5; American Psychiatric Association, 2013). Se não, prossiga para o próximo transtorno.]

TRANSTORNOS ESPECÍFICOS DA APRENDIZAGEM, COMUNICAÇÃO E COORDENAÇÃO

Falaremos agora sobre o quanto seu filho é capaz de aprender na escola, de usar a linguagem ou coordenar ações motoras. Durante os últimos 6 meses, seu filho experienciou algum problema significativo com:

1   Leitura no nível da sua série ou apropriada para a idade ____
2   Ortografia no nível da sua série ou apropriada para a idade ____
3   Matemática ou aritmética no nível da sua série ou apropriada para a idade ____
4   Digitação, escrita à mão ou expressão escrita ____
5   Habilidade na fala ou na linguagem expressiva ____
6   Entender o que os outros dizem ou sua linguagem receptiva ____
7   Coordenação motora, equilíbrio, caminhar, ficar em pé ou em movimento ____

[*Examinador: Se o pai endossou algum destes problemas, examine com ele os critérios diagnósticos explícitos para o tipo de transtorno que endossou entre os específicos da aprendizagem (p. 66-67), linguagem (p. 42-48) e transtornos da coordenação (p. 74-75), na quinta edição do Manual diagnóstico e estatístico de transtornos mentais (DSM-5; American Psychiatric Association, 2013). Se não, prossiga para o próximo transtorno.*]

TRANSTORNO DO ESPECTRO AUTISTA

Agora, quero que você pense no desenvolvimento do seu filho voltando à época em que ele tinha pelo menos 2 anos de idade e em qualquer momento desde então. Você notou algum problema persistente com as seguintes áreas do desenvolvimento do seu filho?

1. Apresentou uma ausência persistente de fala ou comunicação não verbal ___
2. Demonstrou pouco ou nenhum interesse em interagir com outras pessoas ___
3. Parecia não entender como desenvolver ou manter relacionamentos ___
4. Apresentava movimentos motores repetitivos que pareciam sem propósito, como rodar, girar, agitar as mãos, andar na ponta dos pés ou ficar em posturas estranhas ___
5. Demonstrou uma fixação anormal ou interesse em certos objetivos ou interesses, como ventiladores, rodas, carrosséis, etc., ou aparelhos eletrônicos como detectores de fumaça, campainhas de portas ou dispositivos mecânicos ___
6. Parecia incomumente sensível a ruídos altos, texturas, luzes ou toque ___

[*Examinador: Se o pai endossou algum destes problemas, examine com ele os critérios diagnósticos explícitos para transtornos do espectro autista (TEA) (p. 50-51), na quinta edição do Manual diagnóstico e estatístico de transtornos mentais (DSM-5; American Psychiatric Association, 2013). Se não, prossiga para o próximo transtorno.*]

TRANSTORNOS DE ANSIEDADE

Certo, vamos passar para alguns outros problemas que as crianças podem ter com suas emoções. Mais uma vez, pense nos últimos 6 meses e se viu alguns destes acontecendo com frequência ou mais frequentemente ou a um ponto que não seria apropriado.

1. Seu filho tem medo marcante de algum objeto ou situação específica? ___
   a. Se sim, o que seria? ___
2. Seu filho constantemente não consegue falar perto de outras pessoas ou em certas situações sociais, mesmo que seja capaz de falar e faça isso em casa? ___
3. Seu filho normalmente tem medo de se separar de você ou de alguém que é próximo a ele, tem medo de sair de casa ou medo quando você ou alguém de quem ele é próximo tem que sair de perto dele? ___
   a. Se sim, por favor, explique o que esse medo envolve: ___
4. Seu filho tem um medo anormal de participar de situações sociais por temor que os outros o estejam observando ou julgando? ___
5. Seu filho parece se preocupar com muitas coisas em geral, parece apreensivo ou ansioso na maior parte do tempo de que as coisas possam dar errado? ___
   a. Se sim, essa preocupação ou medo está associado a ficar facilmente cansado, incomumente inquieto, incapaz de se concentrar, ser irritável, ser incomumente tenso ou não conseguir dormir? ___

APÊNDICE A

[*Examinador: Se o pai endossou algum destes problemas, examine com ele os critérios diagnósticos explícitos para o tipo de transtorno que ele endossou entre as fobias simples (p. 197-198), mutismo seletivo (p. 195), transtorno de ansiedade de separação (p. 190-191), transtorno de ansiedade social (p. 202-203) e transtornos de ansiedade generalizada (p. 222), dependendo dos itens anteriores que foram endossados, que aparecem na quinta edição do* Manual diagnóstico e estatístico de transtornos mentais *(DSM-5; American Psychiatric Association, 2013). Se não, prossiga para o próximo transtorno.*]

TRANSTORNOS DO HUMOR

Agora, quero lhe perguntar sobre outra área de problemas emocionais além do medo e da ansiedade que as crianças podem ter. Referimo-nos a isto como seu estado de humor ou seu estado emocional na maior parte do tempo. Mais uma vez, pense se seu filho apresenta ou não estes estados de humor e comportamentos mais frequentemente ou mais do que é apropriado para a idade dele. Durante o ano passado, seu filho:

1 Apresentou explosões de raiva graves, física ou verbalmente, que estão muito além do que é apropriado para a situação? Isto pode incluir agressão física ou destruição de objetos ou propriedade.

2 Quando não está apresentando explosões, seu filho normalmente é irritável ou raivoso?

[*Examinador: Se o pai endossou algum destes problemas, examine com ele os critérios diagnósticos explícitos para transtorno disruptivo de desregulação do humor (p. 156), na quinta edição do* Manual diagnóstico e estatístico de transtornos mentais *(DSM-5; American Psychiatric Association, 2013). Se não, prossiga para o próximo conjunto de perguntas.*]

OK, agora quero saber se o seu filho apresentou algum destes problemas por um período de pelo menos 2 semanas e ocorrendo boa parte do tempo durante esse período. Seu filho:

1 Esteve deprimido, sentiu-se triste ou sem esperança ou mesmo choroso por 2 semanas ou mais?

2 Apresentou declínio significativo no interesse ou no prazer em atividades ou coisas que costumava gostar de fazer?

3 Seu filho também apresentou perda significativa de peso; teve problemas para dormir, fadiga incomum ou sentimentos de desvalia; não conseguia se concentrar; ou teve pensamentos de suicídio?

[*Examinador: Se o pai endossou algum destes problemas, examine com ele os critérios diagnósticos explícitos para transtorno depressivo maior (p. 160-161) ou transtorno depressivo persistente (p 168-169), na quinta edição do* Manual diagnóstico e estatístico de transtornos mentais *(DSM-5; American Psychiatric Association, 2013). Se não, prossiga para o próximo conjunto de perguntas.*]

Agora, quero explorar outro tipo de problema do humor que crianças ou adolescentes podem ter. Neste caso, quero saber se a criança apresentou algum destes comportamentos por pelo menos 4 dias e quase todos os dias durante esse período. Seu filho já apresentou por 4 dias ou mais:

1 Humor persistente, expansivo, incomumente elevado ou irritável?

    a Se sim, a criança fez declarações que pareçam muito grandiosas ou em que alegava ter habilidades que estavam muito além do que esta ou a maioria das outras crianças tem?

b   A criança pareceu ter um senso de autoestima excessivamente inflado?
   c   A criança estava incrivelmente falante ou tinha pensamentos mais acelerados do que o usual?
   d   A criança parecia não precisar de muito sono, mas ainda parecia descansada?

[*Examinador: Se o pai endossou algum destes problemas, examine com ele os critérios diagnósticos explícitos para transtorno bipolar (TB) tipo I (p. 132-125) ou TB tipo II, na quinta edição do* Manual diagnóstico e estatístico de transtornos mentais *(DSM-5; American Psychiatric Association, 2013). Se não, prossiga para o próximo conjunto de perguntas.*]

Agora, eu gostaria de lhe perguntar sobre movimentos incomuns, ruídos ou gestos estranhos que seu filho pode fazer:

1   Seu filho apresentou movimentos musculares abruptos ou repetitivos?
   a   Por exemplo, piscando, apertando os olhos, enrugando a face, girando a cabeça ou movimentos forçados dos braços ou das pernas?
2   A criança já fez ruídos estranhos repetitivos, como fungar sem precisar, bufar, fazer grunhidos, suspirar alto, guinchar ou fazer sons de latido?

[*Examinador: Se o pai endossou algum destes problemas, examine com ele os critérios diagnósticos explícitos para transtornos de tique ou síndrome de Tourette (p. 81), na quinta edição do* Manual diagnóstico e estatístico de transtornos mentais *(DSM-5; American Psychiatric Association, 2013).*]

Por fim, eu gostaria de perguntar se seu filho:

1   Experienciou eventos traumáticos, como testemunhar uma morte, ver ou experienciar uma lesão grave ou violência sexual?
2   Se não, ele testemunhou esses eventos acontecendo com outras pessoas, ou ficou sabendo que um familiar ou amigo próximo experienciou um evento traumático como esses?

[*Examinador: Se o pai endossou algum destes problemas, examine com ele os critérios diagnósticos explícitos para transtorno de estresse pós-traumático (TEPT; p. 271-272), na quinta edição do* Manual diagnóstico e estatístico de transtornos mentais *(DSM-5; American Psychiatric Association, 2013). Se não, avance para o próximo conjunto de perguntas.*]

EXAME DO FUNCIONAMENTO EXECUTIVO

[*Examinador: Se você não obteve uma escala de avaliação dos déficits na função executiva referentes a esta criança, eu o encorajo enfaticamente a obter pelo menos algumas informações referentes aos cinco principais domínios do funcionamento executivo na vida diária. Você pode fazer isso usando as perguntas da entrevista da Escala de Avaliação de Déficits no Funcionamento Executivo de Barkley – Crianças e Adolescentes (BDEFS-CA), escala e manual (Barkley, 2012). Esta entrevista breve contém as quatro perguntas principais para cada domínio da função executiva na vida diária: gerenciamento do tempo, auto-organização e solução de problemas, autocontrole, automotivação e autorregulação da emoção.*]

APÊNDICE A

Eu gostaria de lhe fazer perguntas sobre o comportamento do seu filho durante os últimos 6 meses. Para cada comportamento que eu lhe perguntar, quero saber se ele ocorre com frequência ou muito frequentemente.

[Examinador: Faça uma marcação no quadro depois de cada item indicando a resposta da pessoa que está sendo entrevistada. Cada item é respondido simplesmente com Sim ou Não.]

Perguntas da entrevista:	Não, isto não ocorre frequentemente	Sim, isto ocorre frequentemente ou muito frequentemente
FE1. Procrastina ou adia fazer as coisas até o último minuto	_____	_____
FE2. Tem fraca noção de tempo	_____	_____
FE3. Desperdiça ou não gerencia bem o tempo	_____	_____
FE4. Tem problemas para planejar com antecedência ou para se preparar para os próximos eventos	_____	_____
FE5. Tem dificuldade para explicar ideias tão bem ou tão rapidamente quanto os outros	_____	_____
FE6. Tem dificuldade para explicar as coisas na sua ordem ou na sequência apropriada	_____	_____
FE7. Parece não conseguir ir ao ponto nas explicações	_____	_____
FE8. Parece não processar a informação rapidamente ou acuradamente	_____	_____
FE9. Faz comentários impulsivos	_____	_____
FE10. Propenso a fazer as coisas sem considerar as consequências de fazê-las	_____	_____
FE11. Age sem refletir	_____	_____
FE12. Não para e reflete sobre as coisas antes de decidir fazer alguma coisa	_____	_____
FE13. Pega atalhos nas tarefas domésticas, no trabalho escolar ou em outras tarefas e não faz tudo o que deveria fazer	_____	_____
FE14. Não se esforça muito nas tarefas domésticas, no trabalho escolar ou em outras tarefas	_____	_____
FE15. Parece preguiçoso ou desmotivado	_____	_____
FE16. É inconsistente na qualidade ou na quantidade do desempenho no trabalho	_____	_____
FE17. Tem dificuldades para se autoacalmar depois de emocionalmente perturbado	_____	_____
FE18. Não é capaz de ser razoável depois de emocional	_____	_____
FE19. Não consegue se distrair do que o está perturbando emocionalmente para ajudar a se acalmar; não consegue redirecionar o foco da sua mente para um enquadramento mais positivo	_____	_____
FE20. Não é capaz de recanalizar ou redirecionar as emoções para formas ou saídas mais positivas quando perturbado	_____	_____

Apenas para uso no consultório: **Escore na entrevista**

Contagem de sintomas na FE _____ _____

De *Barkley Deficits in Executive Functioning Scale – Children and Adolescents* (Barkley, 2012, pp. 40-42). Copyright © 2012 The Guilford Press. Reproduzido com permissão.

[*Examinador: O número de sintomas nesta entrevista que colocariam uma criança acima do corte do DP +1,5 (percentil 93) e assim ser clinicamente significativo (ou desviante) conforme derivado do manual da escala são: masculino de 6-11 anos = 12; masculino de 12-17 anos = 14; feminino 6-11 anos = 9; feminino 12-17 anos = 10.*]

MÉTODOS DE MANEJO DOS PAIS

Agora, vamos prosseguir e falar sobre como você tentou manejar o comportamento do seu filho, sobretudo quando isto foi um problema para você. Quando seu filho é disruptivo ou se comporta mal, que passos você provavelmente dará para lidar com o problema?

Se estes métodos não funcionarem e o comportamento problemático continuar, o que você provavelmente fará para lidar com o mau comportamento do seu filho?

AVALIAÇÃO DA CRIANÇA E HISTÓRIA DO TRATAMENTO

Seu filho já foi avaliado previamente para problemas desenvolvimentais, comportamentais ou de aprendizagem? [*Circule um*]   Sim   Não

Se sim, quem realizou a avaliação, que tipo de avaliação a criança teve e o que lhe foi dito sobre seu filho referente aos resultados dessas avaliações?

Seu filho já fez algum tratamento psiquiátrico ou psicológico? [*Circule um*]   Sim   Não

Se sim, que tipo de tratamento ele recebeu a quanto tempo o tratamento durou?

Quem forneceu este tratamento ao seu filho?

Seu filho já recebeu algum medicamento por seus problemas comportamentais ou emocionais? [*Circule um*]   Sim   Não

Se sim, que tipo de medicamento ele tomou, em que dose e por quanto tempo?

HISTÓRICO ESCOLAR

[*Examinador: Para cada série em que a criança esteve, iniciando pela pré-escola, pergunte aos pais que escola o filho frequentou e se ele teve algum problema comportamental ou de aprendizagem nesse ano, e se sim, registre sua natureza resumidamente a seguir.*]

APÊNDICE A

A criança já recebeu algum serviço de educação especial? [*Circule um*]   Sim   Não

Se sim, que tipos de serviços ela recebeu e em que séries?

PONTOS FORTES PSICOLÓGICOS E SOCIAIS DA CRIANÇA

Percebo que lhe perguntei muito sobre algum problema que seu filho pode estar tendo, mas também é importante que eu saiba acerca dos pontos fortes psicológicos e sociais do seu filho. Por favor, conte-me sobre as habilidades que seu filho parece ter ou alguma atividade em que ele é especialmente bom. Por exemplo, que passatempos e esportes seu filho gosta e nos quais se sai bem, quais são suas melhores disciplinas na escola, em que tipos de jogos ou atividades sociais ele se sai bem? Em outras palavras, conte-me o que você considera como os pontos mais fortes ou melhores do seu filho.

HISTÓRICO FAMILIAR

[*Examinador: Depois de revisar os pontos fortes psicológicos e sociais da criança, examine com o pai a história familiar de problemas psiquiátricos e de aprendizagem usando os três formulários a seguir. Um dos formulários é para o lado materno da família, o segundo para o lado paterno e o terceiro para os irmãos da criança que está sendo avaliada. Informe o(s) pai(s) que você está entrevistando que é importante para a compreensão dos problemas comportamentais de uma criança saber se outros parentes biológicos tiveram problemas psicológicos, emocionais ou desenvolvimentais. Muitos desses transtornos ocorrem nas famílias e podem contribuir geneticamente para os problemas da criança. Comece pelo lado materno da família e examine cada um dos parentes da mãe, observando se eles têm algum dos transtornos listados no lado esquerdo do formulário. Se sim, coloque um X abaixo da coluna que representa esse parente. Depois, faça o mesmo para os parentes paternos e os irmãos da criança.*]

PARENTES MATERNOS

				Irmãos				
	Eu	Mãe	Pai	Irmão	Irmão	Irmã	Irmã	Total
Problemas com agressividade, desafio e comportamento de oposição quando criança								
Problemas com atenção, atividade e controle dos impulsos quando criança								
Dificuldades de aprendizagem								
Não concluiu o Ensino Médio								
Deficiência intelectual								
Psicose ou esquizofrenia								
Depressão por mais de 2 semanas								
Transtorno de ansiedade que prejudicou a adaptação								
Tourette ou outros tiques								

	Eu	Mãe	Pai	Irmãos				Total
				Irmão	Irmão	Irmã	Irmã	
Abuso de álcool								
Abuso de substância								
Comportamento antissocial (agressões, roubos, etc.)								
Prisões								
Abuso físico								
Abuso sexual								

PARENTES PATERNOS

	Eu	Mãe	Pai	Irmãos				Total
				Irmão	Irmão	Irmã	Irmã	
Problemas com agressividade, desafio e comportamento de oposição quando criança								
Problemas com atenção, atividade e controle dos impulsos quando criança								
Dificuldades de aprendizagem								
Não concluiu o Ensino Médio								
Deficiência intelectual								
Psicose ou esquizofrenia								
Depressão por mais de 2 semanas								
Transtorno de ansiedade que prejudicou a adaptação								
Tourette ou outros tiques								
Abuso de álcool								
Abuso de substância								
Comportamento antissocial (agressões, roubos, etc.)								
Prisões								
Abuso físico								
Abuso sexual								

IRMÃOS

	Eu	Mãe	Pai	Irmãos				Total
				Irmão	Irmão	Irmã	Irmã	
Problemas com agressividade, desafio e comportamento de oposição quando criança								
Problemas com atenção, atividade e controle dos impulsos quando criança								
Dificuldades de aprendizagem								
Não concluiu o Ensino Médio								

APÊNDICE A

	Eu	Mãe	Pai	Irmãos				Total
				Irmão	Irmão	Irmã	Irmã	
Deficiência intelectual								
Psicose ou esquizofrenia								
Depressão por mais de 2 semanas								
Transtorno de ansiedade que prejudicou a adaptação								
Tourette ou outros tiques								
Abuso de álcool								
Abuso de substância								
Comportamento antissocial (agressões, roubos, etc.)								
Prisões								
Abuso físico								
Abuso sexual								

De *Defiant Children, Third Edition*, Russell A. Barkley. Copyright © 2013 The Guilford Press. Reproduzido em *Treating ADHD in Children and Adolescents* (The Guilford Press, 2022). Os consumidores deste livro podem copiar e/ou fazer *download* de cópias adicionais deste material (veja o quadro no final do sumário).

FORMULÁRIO 4 — QUESTIONÁRIO DE SITUAÇÕES DOMÉSTICAS

Nome da criança _____ Data _____

Nome da pessoa que preencheu este formulário _____

Instruções: Seu filho apresenta algum problema com obediência às suas instruções, aos seus comandos ou às suas regras em algumas das situações a seguir? Se sim, por favor, circule "Sim" ao lado da situação e então avalie a gravidade do problema para você usando a escala de 1 a 9 ao lado, que varia de leve a grave. Se seu filho não apresenta um problema em determinada situação, circule "Não" e passe para o item seguinte no formulário.

Situações	Sim/Não		Se sim, quão grave? Leve								Grave
			1	2	3	4	5	6	7	8	9
Quando brinca sozinho	Sim	Não									
Quando brinca com outras crianças	Sim	Não									
Na hora das refeições	Sim	Não									
Ao se vestir	Sim	Não									
Na higiene ou no banho	Sim	Não									
Quando você está ao telefone	Sim	Não									
Quando assiste à televisão	Sim	Não									
Quando há visitas em casa	Sim	Não									
Quando vocês estão visitando alguém	Sim	Não									
Em lugares públicos (p. ex., restaurantes, lojas, igreja)	Sim	Não									
Quando o pai está em casa	Sim	Não									
Quando mandado realizar tarefas em casa	Sim	Não									
Quando mandado fazer o dever de casa	Sim	Não									
Na hora de dormir	Sim	Não									
Quando no carro	Sim	Não									
Quando com uma babá	Sim	Não									

APENAS PARA USO NO CONSULTÓRIO

Número total de contextos problemáticos _____   Escore médio de gravidade _____

De *Defiant Children, Third Edition*, Russel A. Barkley. Copyright © 2013 The Guilford Press. Reproduzido em *Treating ADHD in Children and Adolescents* (The Guilford Press, 2022). Os consumidores deste livro podem copiar e/ou fazer *download* de cópias adicionais deste material (veja o quadro no final do sumário).

FORMULÁRIO 5 — QUESTIONÁRIO DE SITUAÇÕES ESCOLARES

Nome da criança _____   Data _____
Nome da pessoa que preencheu este formulário _____

Instruções: A criança apresenta algum problema com obediência às suas instruções, aos seus comandos ou às suas regras em algumas das situações a seguir? Se sim, por favor, circule "Sim" ao lado da situação e então avalie a gravidade do problema para você usando a escala de 1 a 9 ao lado, que varia de leve a severo. Se esta criança não apresenta um problema em uma determinada situação, circule "Não" e passe para o item seguinte no formulário.

Situações	Sim/Não		Se sim, quão grave? Leve ———————————— Grave								
Quando chega na escola	Sim	Não	1	2	3	4	5	6	7	8	9
Durante o trabalho individual	Sim	Não									
Durante atividades em pequeno grupo	Sim	Não									
Durante recreação livre em classe	Sim	Não									
Na higiene ou no banho	Sim	Não									
Durante as aulas em classe	Sim	Não									
No recreio	Sim	Não									
No almoço	Sim	Não									
Nos corredores	Sim	Não									
No banheiro	Sim	Não									
Em passeios de estudo	Sim	Não									
Durante reuniões especiais	Sim	Não									
No ônibus	Sim	Não									

APENAS PARA USO NO CONSULTÓRIO

Número total de contextos problemáticos _____   Escore médio de gravidade _____

De *Defiant Children, Third Edition*, Russel A. Barkley. Copyright © 2013 The Guilford Press. Reproduzido em *Treating ADHD in Children and Adolescents* (The Guilford Press, 2022). Os consumidores deste livro podem copiar e/ou fazer *download* de cópias adicionais deste material (veja o quadro no final do sumário).

FORMULÁRIO 6	QUESTIONÁRIO DO HISTÓRICO DE CONDUÇÃO DE VEÍCULOS PELO ADOLESCENTE

Nome _____ Data _____

Instruções: Por favor, responda às perguntas a seguir tanto quanto se recordar.

Atualmente você tem licença para dirigir? (*Circule um*)	Sim	Não
Há quanto tempo você dirige? (em anos)	_____	
Quantos quilômetros você dirige em média por semana? (aproximadamente)	_____	

Quantas vezes você:

Teve sua licença revogada ou suspensa?	_____
Dirigiu sem uma licença válida?	_____
Esteve envolvido em um acidente ou colisão enquanto dirigia? (inclui pequenos "arranhões")	_____
Foi considerado culpado em um acidente?	_____
Atropelou um pedestre ou ciclista enquanto dirigia?	_____
Recebeu uma multa por excesso de velocidade?	_____
Foi citado por não parar em um semáforo ou sinal?	_____
Foi citado por direção perigosa?	_____
Foi citado por dirigir intoxicado?	_____
Recebeu uma multa de estacionamento?	_____
No total, quantas notificações de trânsito você recebeu até agora?	_____

De *Attention-Deficit Hyperactivity Disorder: A Clinical Workbook*, Third Edition, Russel A. Barkley e Kevin R. Murphy. Copyright © 2006 The Guilford Press. Reproduzido em *Treating ADHD in Children and Adolescents* (The Guilford Press, 2022). Os consumidores deste livro podem fazer cópias e/ou *download* de cópias adicionais deste material (veja o quadro no final do sumário).

APÊNDICE A

FORMULÁRIO 7 — ESCALA DE AVALIAÇÃO DO COMPORTAMENTO ADOLESCENTE NA CONDUÇÃO DE VEÍCULOS – AUTORRELATO

Nome   **Data**

Instruções: Para cada item a seguir, circule o número ao lado de cada item que representa com que frequência você acha que usa cada habilidade de direção durante seu desempenho típico ao dirigir.

Itens:	Nunca ou raramente	Às vezes	Frequentemente	Muito frequentemente
1. Antes de ligar o carro, verifico todos os espelhos, ajusto o assento (quando necessário) e coloco o cinto de segurança.	1	2	3	4
2. No trânsito, verifico o tráfego no sentido contrário, espero a minha vez e acelero apropriadamente.	1	2	3	4
3. Dou o sinal de luz antes de fazer uma curva ou mudar de faixa.	1	2	3	4
4. Eu me viro e verifico diretamente pelo vidro traseiro se há algum obstáculo ou pessoas no meu caminho antes de dar a ré.	1	2	3	4
5. Olho diretamente pela janela da esquerda ou o lado do passageiro para verificar meus pontos "cegos" antes de mudar de faixa.	1	2	3	4
6. Dirijo a uma velocidade que está dentro dos limites de velocidade permitidos.	1	2	3	4
7. Dirijo dentro da faixa marcada em uma rodovia e permaneço no meu lado da estrada em estradas de duas faixas.	1	2	3	4

De *Attention-Deficit Hyperactivity Disorder: A Clinical Workbook,* Third Edition, Russel A. Barkley e Kevin R. Murphy. Copyright © 2006 The Guilford Press. Reproduzido em *Treating ADHD in Children and Adolescents* (The Guilford Press, 2022). Os consumidores deste livro podem fazer cópias e/ou *download* de cópias adicionais deste material (veja o quadro no final do sumário).

Itens:	Nunca ou raramente	Às vezes	Frequentemente	Muito frequentemente
8 Evito dirigir em pistas de emergência ou pelo acostamento desnecessariamente.	1	2	3	4
9 Cedo a direita da via a outros motoristas em interseções e rotatórias.	1	2	3	4
10 Reajo rápida e apropriadamente a luzes de freio quando ativadas em veículos à minha frente.	1	2	3	4
11 Observo além dos carros à minha frente para identificar obstáculos que podem estar na estrada.	1	2	3	4
12 Observo e respondo apropriadamente ao semáforo (p. ex., parar se possível no amarelo, parar no vermelho).	1	2	3	4
13 Ajusto a velocidade às más condições de tempo que afetam o tráfego e a estrada.	1	2	3	4
14 Dirijo a uma distância apropriada dos veículos à minha frente (pelo menos um carro de distância para cada 1,5 quilômetro por hora de velocidade).	1	2	3	4
15 Eu freio suavemente até parar em interseções marcadas, quando necessário.	1	2	3	4
16 Mantenho as duas mãos no volante enquanto dirijo.	1	2	3	4
17 Dirijo lentamente a uma velocidade apropriada quando ando para trás (marcha à ré).	1	2	3	4
18 Observo e obedeço aos sinais de trânsito (pare, ceda a vez, área escolar, mesclagem, etc.)	1	2	3	4

APÊNDICE A

Itens:	Nunca ou raramente	Às vezes	Frequentemente	Muito frequentemente
19 Sigo os sinalizadores do caminho (não me perco enquanto dirijo).	1	2	3	4
20 Quando vou estacionar, reduzo até uma velocidade segura e estaciono dentro do espaço designado.	1	2	3	4
21 Mantenho a atenção (contato visual) no tráfego e na estrada à minha frente enquanto dirijo.	1	2	3	4
22 Mantenho o volume da música ou outro áudio suficientemente baixo para ouvir sirenes ou buzinas dos outros carros.	1	2	3	4
23 Procuro me certificar de que os passageiros que viajam comigo usem seus cintos de segurança.	1	2	3	4
24 Consulto o GPS antes de dirigir por uma área nova da cidade.	1	2	3	4
25 Reduzo a velocidade e me afasto de equipes de manutenção ou construção que trabalham na rodovia ou próximos a ela.	1	2	3	4
26 Antes de entrar em uma interseção, verifico os carros que se aproximam para entrar com segurança.	1	2	3	4

Por favor, circule o número a seguir que melhor descreva seu desempenho na condução de um veículo de modo geral:

1	2	3	4	5	6	7	8	9	10
Fraco	Abaixo da média			Na média/satisfatório			Acima da média		Excelente

FORMULÁRIOS PARA ACONSELHAMENTO DE PAIS DE CRIANÇAS E ADOLESCENTES COM TDAH

INSTRUÇÕES PARA FORMULÁRIOS ÚTEIS PARA ACONSELHAMENTO DE PAIS DE CRIANÇAS E ADOLESCENTES COM TDAH

Há muitos folhetos nesta seção que podem ser úteis para você usar enquanto aconselha pais de crianças e adolescentes com TDAH. Achamos melhor ter uma matriz de pequenos escaninhos como uma caixa de correio (cubículos), como pode ser encontrado em um posto de correio ou um móvel vertical para pastas de arquivo como muitas aberturas. Ou você pode simplesmente destinar uma gaveta de um fichário para as pastas rotuladas com cada folheto. Então faça muitas cópias proporcionais ao número de pacientes que você pode ver em 1-2 meses e coloque-as em cada pasta. Desse modo, você as terá imediatamente disponíveis para entregar aos pacientes quando lhes der aconselhamento sobre TDAH e vários aspectos de manejo dos seus prejuízos durante sua sessão de *feedback* depois da sua avaliação ou durante seu aconselhamento.

A maioria dos folhetos é autoexplicativa, como o grupo de Folhetos informativos sobre o TDAH (Folhetos 3-14) ou os Recursos e serviços de apoio para pais (Folheto 16), que contém listas de vários livros comerciais e até mesmo alguns livros profissionais, *websites*, associações para TDAH, e assim por diante, que seus pacientes podem achar informativo.

Se você preferir uma revisão mais detalhada do TDAH para si mesmo como profissional clínico, o *Guia da Federação Mundial de TDAH* (Rohde, Buitelaar, Gerlach, & Faraone, 2016) pode ser encontrado no meu *website*, www.russellbarkley.org (ver também Folhetos 3-14) ou no *site* da federação (*www.adhd-federation.org*; ver Folheto 16). Também há um resumo de artigos técnicos de especialistas sobre o TDAH e implicações da sua política escrito por Young, Fitzgerald e Postma (2013) no meu *website* que ainda é muito atual em suas conclusões e suas recomendações.

A seguir, estão os folhetos que os pais podem achar úteis no aconselhamento sobre princípios gerais de manejo doméstico, e orientações sobre saúde e estilos de vida das crianças, juntamente com recursos úteis relacionados a cada tópico, como estabelecer um sistema doméstico de recompensas (fichas ou pontos), como usar um cartão com relatório diário do comportamento na escola, uma lista de acomodações na sala de aula e métodos de manejo para os pais compartilharem com os professores, e orientações sobre o manejo dos irmãos de crianças com TDAH. Estes podem ser encontrados com explicações mais detalhadas para os pais em meu livro *Taking Charge of HDAD: The Complete and Authoritative Guide for Parents* (Barkley, 2020). Mais recomendações sobre os melhores princípios para manejar o TDAH de crianças e adolescentes podem ser encontradas em meu livro mais recente, *12 Principles for Raising a Child with ADHD* (2021).

Depois desses folhetos, você encontrará outros mais específicos para aconselhamento de adultos com TDAH. Nem todos os pais de crianças e adolescentes que você estiver avaliando terão TDAH, mas aqueles que tiverem serão receptivos a estratégias de senso comum muito básicas para lidar com e compensar a miríade de dificuldades que um adulto com TDAH apresenta na vida em casa, na escola e no trabalho (Folheto 31). O Folheto 32 oferece algumas sugestões específicas para parentalidade quando o pai tem TDAH.

FOLHETOS INFORMATIVOS SOBRE O TDAH EM CRIANÇAS E ADOLESCENTES

Os folhetos informativos a seguir podem ser oferecidos como relevantes para fornecer aos pais sínteses concisas dos sintomas, déficits cognitivos associados, demografia, causas do TDAH, e mais, extraídas dos meus outros livros e de inúmeros estudos de pesquisa. Organizei os folhetos informativos na ordem em que eles podem ser mais úteis durante o diagnóstico e o tratamento. Por exemplo, muitos pais acham que entendem muito mais claramente por que seu filho tem problemas com sintomas de TDAH durante situações específicas e em ambientes específicos depois que compreendem a base do TDAH da função executiva e da autorregulação, portanto, a explicação da teoria do FE-AR é apresentada imediatamente antes da lista de situações/ambientes problemáticos.

FOLHETO 3   **O QUE É O TDAH?**

- TDAH é uma condição neurodesenvolvimental: ocorre em grande parte por causas neurológicas e genéticas que resultam em um atraso no desenvolvimento de habilidades mentais específicas.
- Os problemas com essas habilidades mentais se situam em duas dimensões:
    - Desatenção
    - Sintomas hiperativos-impulsivos
- O seguinte se aplica ao TDAH:
    - Não é uma escolha do seu filho ou uma criação dele.
    - Faz parte da natureza psicológica e física da criança.
    - Torna-se evidente durante a infância (antes dos 16 anos, em 98% dos casos).
    - É provável que afete seu filho em muitas situações e ambientes diferentes, mas não em todos.
    - É provável que persista durante a infância e a adolescência e frequentemente na idade adulta.
- Os sintomas do TDAH representam o ponto extremo de um *continuum* da habilidade humana normal ou típica nas dimensões da desatenção e da hiperatividade-impulsividade. Para ser diagnosticados com TDAH, crianças e adolescentes precisam experienciar sintomas como a seguir:
    - mais frequentemente e mais gravemente do que é típico para outros da sua idade;
    - por pelo menos 6 meses;
    - em dois ou mais contextos (casa, escola, trabalho, comunidade);
    - que levem a funcionamento prejudicado em atividades importantes na vida, como atividades sociais (família, pares, comunidade), acadêmicas ou ocupacionais.
- O TDAH é considerado um transtorno porque prejudica habilidades universais aos seres humanos e causa prejuízos, afetando negativamente a saúde, o ciclo de vida e o funcionamento diário em muitos domínios da vida.

De *Treating ADHD in Children and Adolescents,* Russell A. Barkley. Copyright © 2022 The Guilford Press. É permitida a cópia deste material aos consumidores deste livro unicamente para uso pessoal (veja a página sobre direitos autorais para mais detalhes). Estes também podem fazer *download* de cópias adicionais deste material (veja o quadro no final do sumário).

APÊNDICE A

FOLHETO 4 — OS SINTOMAS DO TDAH

Estes são os sintomas que você mais provavelmente verá no seu filho com TDAH:

DESATENÇÃO

- Não presta atenção especial aos detalhes
- Comete erros descuidados
- Não consegue sustentar a atenção a tarefas ou atividades
- Parece não ouvir bem
- Não segue instruções
- Não termina o trabalho
- Não consegue organizar bem as atividades
- Evita ou parece relutante em fazer coisas que requerem esforço sustentado
- Perde coisas necessárias para concluir tarefas ou atividades
- É facilmente distraído
- Esquece as coisas

HIPERATIVIDADE-IMPULSIVIDADE

- Agita as mãos ou os pés ou se contorce na cadeira
- Sai do seu lugar quando é esperado que permaneça sentado
- Corre ou sobe nas coisas em momentos inapropriados
- Não consegue brincar calmamente
- Com frequência parece estar "a mil por hora" ou "movido a motor"
- Fala demais
- Deixa escapar as respostas prematuramente
- Não consegue esperar
- Interrompe ou se intromete em atividades de outras pessoas

De *Treating ADHD in Children and Adolescents,* Russell A. Barkley. Copyright © 2022 The Guilford Press. É permitida a cópia deste material aos consumidores deste livro unicamente para uso pessoal (veja a página sobre direitos autorais para mais detalhes). Estes também podem fazer *download* de cópias adicionais deste material (veja o quadro no final do sumário).

FOLHETO 5 — QUEM TEM TDAH?

- 3-8% das crianças (média 5,3% no mundo todo) e 4-7% dos adolescentes têm TDAH. Isto significa que 3,7-5,9 milhões de crianças em idade escolar apenas nos Estados Unidos têm TDAH. Facilmente pode haver uma ou duas crianças na sala de aula do seu filho nos Estados Unidos que têm TDAH.
- A proporção de homens e mulheres com TDAH é de 3-4 para 1 em crianças em 2-2,5 para 1 em adolescentes (e aproximadamente 1,5 para 1 em adultos).
- O transtorno foi identificado em todos os países, grupos étnicos e culturas em que foi estudado.
- Não há evidências de diferenças significativas ou relevantes na prevalência ou na natureza do transtorno entre os grupos étnicos.
- 10-34% daqueles diagnosticados quando crianças ou adolescentes não satisfazem mais os critérios (sobretudo na dimensão da hiperatividade) para o diagnóstico quando adultos.

De *Treating ADHD in Children and Adolescents,* Russell A. Barkley. Copyright © 2022 The Guilford Press. É permitida a cópia deste material aos consumidores deste livro unicamente para uso pessoal (veja a página sobre direitos autorais para mais detalhes). Estes também podem fazer *download* de cópias adicionais deste material (veja o quadro no final do sumário).

FOLHETO 6	O TDAH É UM TRANSTORNO DA FUNÇÃO EXECUTIVA E DA AUTORREGULAÇÃO

Para fins de diagnóstico, o TDAH é considerado um transtorno que envolve desatenção e hiperatividade-impulsividade. Estes dois problemas descrevem o que você pode ver em seu filho – incapacidade de se concentrar e se manter nas tarefas, dificuldade de se sentar quieto na sala de aula e muita ação sem refletir, mas essas duas dimensões não capturam o que está na raiz do TDAH. Este é mais precisamente definido como problemas com a autorregulação (o que você pode pensar como autocontrole) por meio do uso das funções executivas do cérebro. Quando você entende que o desenvolvimento de certas habilidades mentais que nos permitem funcionar com êxito em casa, na escola, com amigos e no trabalho – frequentemente chamadas de funções executivas – foi retardado na sua infância, fica muito mais fácil entender por que os comportamentos do seu filho podem levá-lo a perguntar: "No que você estava pensando?" ou "Por que você simplesmente não consegue se ater à tarefa e terminar seu dever de casa?". Saber que seu filho tem dificuldade para planejar e executar para atingir objetivos que os outros esperam que ele alcance, além daqueles que ele mesmo estabeleceu, pode ajudá-lo a predizer onde surgirão problemas que requerem seu apoio e sua compaixão para um transtorno que o seu filho não pediu para ter. E pode ajudá-lo a auxiliar seu filho a ultrapassar os déficits nestas funções executivas.

■ *Persistência voltada para os objetivos (desatenção) e resistência à distração:* crianças e adolescentes com TDAH têm dificuldade para fazer as coisas ao longo do tempo e em tempo que envolve eventos tardios ou futuros. Eles prestam atenção ao que está acontecendo neste momento, mas não ao que precisam fazer para estarem prontos para o que está vindo a seguir ou que lhes foi designado para fazer. Mesmo que tentem persistir na direção das tarefas e objetivos, eles têm mais probabilidade que outros de reagir a distrações – não apenas a coisas irrelevantes que ocorrem à sua volta mas também a ideias irrelevantes em suas mentes.

■ *Memória de trabalho:* uma grande parte da desatenção que você pode ver em seu filho provém da incapacidade de ter em mente o objetivo que a criança escolheu ou lhe foi designado, o que isso envolve e monitorar quando foi atingido. Isto reflete uma deficiência na memória de trabalho, que é lembrar-se do que fazer. A memória para fatos, conhecimento ou informação não é um problema tanto quanto lembrar o que deve ser feito e persistir nisto até que esteja feito. Mesmo que aqueles com TDAH tentem manter essas informações na mente para guiar seu comportamento na direção de um objetivo ou tarefa, como instruções ou tarefas, qualquer distração vai perturbar e degradar este tipo especial de memória. O quadro negro mental da memória de trabalho é apagado pela distração, e então a criança agora vai fazer outra coisa que não era o que deveria fazer. Depois de reagir a uma distração, a criança agora tem menos probabilidade de retornar à tarefa original e concluí-la. Lembre-se, crianças ou adolescentes com TDAH têm menos probabilidade do que as outras de lembrar o que deveriam estar fazendo.

■ *Inibição:* ser capaz de inibir ações que são inapropriadas para um certo tempo ou lugar é parte importante da autorregulação. Crianças e adolescentes com TDAH parecem fazer ou dizer impulsivamente o que vem à sua cabeça sem primeiro pensar "Esta é uma boa ideia?" e não agir segundo o pensamento se a resposta for não. Eles também vão optar por recompen-

---

De *Treating ADHD in Children and Adolescents*, Russell A. Barkley. Copyright © 2022 The Guilford Press. É permitida a cópia deste material aos consumidores deste livro unicamente para uso pessoal (veja a página sobre direitos autorais para mais detalhes). Estes também podem fazer *download* de cópias adicionais deste material (veja o quadro no final do sumário).

sas imediatas quando estas estiverem disponíveis, ignorando o maior valor de recompensas maiores que poderiam ser recebidas mais tarde. Além da sua tomada de decisão impulsiva, eles tendem a se agitar, tocar nas coisas e apresentar de outras formas uma atividade motora excessiva (a hiperatividade). Eles também tendem a falar demais. Por fim, eles têm muito mais chance de exibir suas reações emocionais e muito mais rapidamente do que outros da sua idade. Depois que a emoção é desencadeada, têm muita dificuldade com a tarefa de autorregulação para moderá-la.

■ *Planejamento e solução de problemas:* todos os dias, enfrentamos obstáculos e precisamos encontrar opções para superá-los; então temos que criar um plano para chegar lá. Planejamento e solução de problemas estão entre as funções executivas que se desenvolvem mais lentamente naqueles com TDAH. Seu filho pode ter dificuldades com aritmética mental e relatos orais e escritos na escola, além da resolução de conflitos com amigos e de se adequar a tarefas domésticas, dever de casa e diversão quando o tempo é curto. Consciência e gerenciamento do tempo é, na verdade, um problema importante para crianças e adolescentes com TDAH.

Os déficits cognitivos mencionados vão, então, perturbar o funcionamento executivo em atividades escolares diárias. Assim sendo, o funcionamento executivo deficiente na vida diária será evidente em problemas com:

- *Autocontrole* – inibição comportamental deficiente, autocontrole limitado, pouco adiamento da gratificação e dificuldades para subordinar seus interesses e desejos imediatos aos dos outros.
- *Autogerenciamento do tempo* – fraco gerenciamento do tempo e organização ao longo do tempo para atingir seus objetivos e realizar as tarefas designadas.
- *Automotivação* – uma incapacidade de ativar e manter a motivação para tarefas relativamente enfadonhas, tediosas, que requerem esforço ou demoradas em que não há interesse intrínseco ou recompensa imediata.
- *Auto-organização e solução de problemas* – dificuldade com a organização do espaço pessoal, escrivaninha, armário, materiais acadêmicos, etc., de modo a realizar o trabalho mais eficiente e efetivamente. O esquecimento do que deve ser feito ou do que foi designado será algo rotineiro. Conforme observado anteriormente, também haverá déficits evidentes nas tarefas que requerem memória de trabalho e solução de problemas ponderada.
- *Autorregulação das emoções* – dificuldade com a inibição da expressão de emoções impulsivas em reação a eventos emocionalmente provocativos. Isto fica evidente no aluno que é facilmente excitável, propenso a explosões emocionas positivas e negativas, e na maior impaciência que tipicamente, frustração, raiva, hostilidade e agressão reativa.

A vasta maioria das crianças e adolescentes com TDAH se enquadra nos 7% da população com os resultados mais baixos em cada área importante do funcionamento executivo na vida diária. Isto se deve em parte ao fato de que pesquisas mostraram que sua *idade executiva* está 20-45% abaixo da sua *idade cronológica*. Em média, você deve presumir que seu filho é, em termos de funções executivas, 30% mais novo do que a sua idade cronológica. Isso significa, por exemplo, que se pode esperar que uma criança de 10 anos com TDAH tenha as habilidades mentais descritas aqui para uma criança típica de 7 anos. Se o mundo à volta destas crianças e adolescentes espera que eles tenham desempenho semelhante a outros da sua idade cronológica, é claro que elas vão decepcionar – e acabar desmoralizadas. Embora os sintomas (sobretudo hiperatividade) possam diminuir com a aproximação da idade adulta, o prejuízo causado pelo TDAH na vida diária pode até mesmo aumentar com a idade. Isso porque adolescentes e adultos jovens estão gradualmente participando de mais domínios do que participavam durante a infância (sexo, condução de veículos, gerenciamento do dinheiro, coabitação com um parceiro, criar filhos, etc.), todos os quais requerem um funcionamento executivo forte.

APÊNDICE A

FOLHETO 7 — O QUE PIORA OS SINTOMAS DO SEU FILHO?

Em geral, os sintomas do TDAH podem frequentemente ser piores em contextos ou tarefas que demandam funcionamento executivo e autorregulação, incluindo aqueles com as seguintes características:

- São tediosos e desinteressantes
- Envolvem consequências significativamente adiadas ou *feedback* infrequente
- Requerem trabalhar independentemente dos outros
- Não têm supervisão
- Envolvem grupos de crianças
- São altamente familiares (e por isso em geral menos interessantes)
- Envolvem os pais em vez de estranhos ou adultos menos familiares
- Incluem os pais ou os supervisores que falam e argumentam demais, mas raramente agem para controlar o mau comportamento
- Requerem espera
- Ocorrem no fim da tarde ou à noite (devido à fadiga no autocontrole)
- Impõem restrições substanciais ao movimento (como a mesa de trabalho na sala de aula)

O inverso também é verdadeiro: seu filho pode funcionar melhor em situações que envolvem atividades divertidas, tarefas altamente estimulantes ou interessantes (como videogames), muito movimento, ginástica, recreio, esportes, etc.), recompensas ou *feedback* frequente, supervisão atenta, trabalho em pequenos grupos com os pares em vez de independentemente, trabalho individual com um adulto, ambientes praticamente inéditos e situações em que os supervisores falam brevemente, mas apoiam suas regras em consequências e nas quais há pouca ou nenhuma pressão para esperar pelas coisas.

De *Treating ADHD in Children and Adolescents,* Russell A. Barkley. Copyright © 2022 The Guilford Press. É permitida a cópia deste material aos consumidores deste livro unicamente para uso pessoal (veja a página sobre direitos autorais para mais detalhes). Estes também podem fazer *download* de cópias adicionais deste material (veja o quadro no final do sumário).

| FOLHETO 8 | PROBLEMAS NA ESCOLA ASSOCIADOS AO TDAH |

Os sintomas do TDAH, juntamente com seus inúmeros déficits associados à fraca autorregulação e ao fraco funcionamento executivo, praticamente garantem que uma criança ou um adolescente com TDAH terá problemas na escola. Esses problemas podem parecer tão diversificados que é difícil imaginar que todos eles possam ser resultantes do fato de seu filho ter TDAH. Mas a maioria deles é. Alguns problemas escolares também são resultado de uma dificuldade específica da aprendizagem, mas boa parte do tempo, os problemas dos quais os professores do seu filho podem estar se queixando são resultado do TDAH:

- Devaneios excessivos durante o trabalho na sala de aula ou no dever de casa
- Distrair-se repetidamente com o que os colegas estão fazendo
- Ter dificuldade para fazer o trabalho em uma mesa
- Problemas com projetos em grupo
- Problemas de comportamento durante reuniões e saídas de campo
- Esquecer as normas da escola e da sala de aula
- Interferir no desempenho escolar dos colegas
- Procrastinar nos projetos em aula e nas tarefas do dever de casa
- Entregar as tarefas com atraso
- Fraco desempenho nas provas
- Deixar até o último minuto para realizar as tarefas, quando então são feitas de maneira apressada e normalmente malfeitas
- Perder o dever de casa ou esquecer de trazer para a escola as tarefas concluídas no dia seguinte
- Perturbar a aula com hiperatividade ou impulsividade
- Andar excessivamente ou correr pela sala de aula
- Maneirismos e outros movimentos inquietos quando sentado
- Tocar ou interagir inapropriadamente com os materiais da sala de aula
- Falar excessivamente ou interromper os outros e falar alto demais
- Provocar ou mesmo praticar *bullying* com os colegas
- Ser intimidado (sobretudo crianças que são menores do que o normal para sua idade ou mais ansiosas e retraídas que a maioria dos alunos)
- Impaciência para esperar por eventos programados
- Problemas para compartilhar brinquedos e materiais
- Baixa tolerância à frustração
- Reações de raiva e possivelmente agressivas à provocação dos colegas
- Caligrafia ruim e trabalho escrito descuidado
- Falta de coordenação que pode resultar em destruição de propriedade ou lesões acidentais, além de dificuldades na educação física
- Mesas, armários, materiais e mochilas altamente desorganizados
- Pouca compreensão da leitura
- Pouca lembrança das aulas do professor ou dos vídeos
- Pouca consciência dos seus problemas com assuntos acadêmicos, comportamento na sala de aula e relações com os outros alunos

De *Treating ADHD in Children and Adolescents*, Russell A. Barkley. Copyright © 2022 The Guilford Press. É permitida a cópia deste material aos consumidores deste livro unicamente para uso pessoal (veja a página sobre direitos autorais para mais detalhes). Estes também podem fazer *download* de cópias adicionais deste material (veja o quadro no final do sumário).

APÊNDICE A

FOLHETO 9 — O QUE CAUSA O TDAH?

O TDAH não é causado por fatores sociais como parentalidade. Ele é conhecido como um transtorno do neurodesenvolvimento porque suas causas principais se encontram na genética e na neurologia. Estes são fatos rápidos sobre as causas do TDAH.

GENÉTICA

O TDAH é um transtorno altamente herdado:

- Ter um dos pais com TDAH aumenta em 6 a 8 vezes a chance de uma criança ter o transtorno (35-54%) quando comparada com outras crianças.
- Os irmãos biológicos de uma criança com TDAH têm 3 a 5 vezes mais chance de ter a condição (25-35%).
- A mãe biológica de uma criança com TDAH tem 3 a 4 vezes mais chance de ter TDAH. O pai biológico tem 5 a 6 vezes mais chance de ter o transtorno.
- O gêmeo idêntico de uma criança com TDAH tem 75 a 90% mais chance de ter também. Estas estatísticas mostram claramente a natureza genética (hereditária) do TDAH.
- Cerca de 80% das diferenças entre as pessoas em seu grau de sintomas de TDAH se deve a diferenças na sua constituição genética.
- Entre 25 e 44 genes podem estar envolvidos na causa do TDAH. Mas quantos e quais desses genes de risco estão envolvidos na causa de um caso individual de TDAH varia.
- A genética também pode explicar por que algumas crianças e adolescentes têm TDAH associado a outro transtorno psiquiátrico: alguns dos genes de risco para TDAH foram encontrados em crianças com transtornos da leitura, TEA e TB, ao passo que outros genes são evidentes naqueles com TOD, TC e mesmo dependência de nicotina e alcoolismo.
- Pais e irmãos de uma criança com TDAH podem ter mais chance de ter formas mais leves dos sintomas ou traços do transtorno, mesmo que não atendam a todos os requisitos para receber um diagnóstico de TDAH.

NEUROLOGIA

Centenas de estudos de pesquisa mostram que o TDAH é, em grande parte, um transtorno neurologicamente causado:

- Pelo menos cinco ou seis regiões cerebrais seguramente estão associadas ao transtorno, incluindo as regiões em que as funções executivas se desenvolvem e residem.
- Em geral, o cérebro de crianças e adolescentes com TDAH é aproximadamente 3-10% menor globalmente na substância cinza da superfície (o material na camada externa do cére-

De *Treating ADHD in Children and Adolescents*, Russell A. Barkley. Copyright © 2022 The Guilford Press. É permitida a cópia deste material aos consumidores deste livro unicamente para uso pessoal (veja a página sobre direitos autorais para mais detalhes). Estes também podem fazer *download* de cópias adicionais deste material (veja o quadro no final do sumário).

bro), mas as cinco regiões cerebrais específicas envolvidas no TDAH parecem ser ainda menores – cerca de 15-30% menores do que o normal para a idade.
- Pesquisas desenvolvimentais identificam que o cérebro tem 2 a 3 anos de atraso em seu desenvolvimento nestas regiões, sobretudo os lobos frontais, e é 10-30% menos ativo do que em casos de comparação típicos.
- Outros fatores, como tabagismo e consumo de álcool pela mãe durante a gravidez, exposição a chumbo e outras toxinas, bem como prematuridade/baixo peso ao nascer, também podem estar envolvidos na causa do TDAH, interferindo no crescimento e no funcionamento do cérebro, especialmente nas regiões cerebrais relacionadas ao TDAH.

O QUE NÃO CAUSA TDAH

Apesar das inúmeras alegações opostas, nenhuma pesquisa científica encontrou que algum dos seguintes fatores cause TDAH:

- Fatores sociais, como parentalidade ou ambiente educacional
- Substâncias na dieta, como açúcar ou conservantes e aditivos alimentares
- Assistir à TV em excesso, uso do computador ou jogar videogame

APÊNDICE A

FOLHETO 10 — TRATAMENTOS PARA TDAH

O TDAH é semelhante ao diabetes: requer uma combinação de tratamentos usados cotidianamente para manejar os sintomas. Como o diabetes, o TDAH não pode ser curado, mas tratamentos efetivos podem conter os sintomas, o que pode reduzir os riscos para seu filho com TDAH e aumentar a habilidade da criança de funcionar de maneira efetiva e viver uma vida praticamente normal.

Estes são os cinco componentes do pacote de tratamento ideal para manejar o TDAH:

1. Aconselhamento dos pacientes e de suas famílias para criar melhor compreensão do TDAH.
2. Aceitação do transtorno, compaixão pela pessoa afetada, disposição para ajudar e o perdão da pessoa afetada pelos problemas que o transtorno pode criar para os outros.
3. Esforços para modificar o comportamento, tanto da pessoa afetada quanto dos cuidadores.
4. Fazer mudanças no ambiente para reduzir os prejuízos (acomodações).
5. Uso de medicamento(s) para manejo do TDAH e algum transtorno comórbido, quando necessário.

Os seguintes tratamentos têm evidências substanciais de que são eficazes no manejo do TDAH e/ou seus problemas associados:

- Aconselhamento dos pais sobre a natureza do transtorno do seu filho e a gama de tratamentos para isto.
- Treinamento dos pais em métodos de manejo do comportamento do filho.
- Ajuda aos pais e adolescentes com a organização e a execução do dever de casa.
- Medicações para TDAH aprovadas pela FDA: estimulantes, não estimulantes e medicamentos anti-hipertensivos reformulados para uso com TDAH. Estes são apresentados em versões de curta duração (3-5 horas) e ação prolongada (8-12 ou mais horas).
- Métodos de manejo do comportamento para uso na escola pelos professores.
- Serviços de educação especial, quando necessário.
- Exercícios físicos de rotina e frequentes para ajudar as crianças a lidar com o estresse e a reduzir temporariamente os sintomas do TDAH.
- Possivelmente, estratégias baseadas em meditação *mindfulness* para redução do estresse e melhora no funcionamento diário.

Faltam evidências de pesquisas ou não são apoiados por pesquisas os seguintes tratamentos:

- Suplementos alimentares.
- Dietas de eliminação restritivas.
- Medicamentos alternativos ou soluções de alimentação saudável.
- Psicoterapia de longa duração ou psicanálise.
- Ludoterapia, treinamento de habilidades sociais para crianças.

De *Treating ADHD in Children and Adolescents,* Russell A. Barkley. Copyright © 2022 The Guilford Press. É permitida a cópia deste material aos consumidores deste livro unicamente para uso pessoal (veja a página sobre direitos autorais para mais detalhes). Estes também podem fazer *download* de cópias adicionais deste material (veja o quadro no final do sumário).

- Neurofeedback com EEG.
- Jogos para treinamento cognitivo.
- Treinamento de integração sensorial.
- Tratamentos de quiropraxia, como massagem no couro cabeludo.
- Acupuntura.
- Ioga.
- Estimulação magnética transcraniana.

APÊNDICE A

FOLHETO 11 — O TDAH NÃO É UM DOM

Apesar do fato de que nenhum dos milhares de artigos publicados sobre o TDAH identificou que o transtorno confira alguma vantagem especial, talento, habilidade ou outro traço em comparação com pessoas típicas, essas alegações continuam a ser feitas. De qualquer forma, celebre o sucesso do seu filho no enfrentamento do TDAH e na superação de alguns dos obstáculos que ele apresenta. Entretanto, esteja plenamente consciente dos riscos aumentados que seu filho pode enfrentar na maioria dos domínios da vida. O TDAH pode causar sérios problemas para as pessoas quando não tratado. Eles incluem os seguintes:

- Desenvolvimento de um ou dois outros transtornos mentais ou do neurodesenvolvimento. Mais de 80% das crianças e dos adultos que são vistos em clínicas de saúde mental terão um segundo transtorno, e mais de 50% terão dois outros transtornos além do seu TDAH. Isto pode ocasionar saúde geral mais frágil, mais lesões, menor expectativa de vida e risco mais elevado de mortalidade precoce.
- Condução de veículos mais arriscada, mais colisões, mais multas.
- Renda, economias e avaliações de crédito mais baixas; endividamento mais alto.
- Relações insatisfatórias e parentalidade e funcionamento familiar perturbado.
- Rendimento educacional mais baixo.
- Mais desemprego, rendimentos mais baixos, nível de trabalho menos qualificado.

De *Treating ADHD in Children and Adolescents*, Russell A. Barkley. Copyright © 2022 The Guilford Press. É permitida a cópia deste material aos consumidores deste livro unicamente para uso pessoal (veja a página sobre direitos autorais para mais detalhes). Estes também podem fazer *download* de cópias adicionais deste material (veja o quadro no final do sumário).

| FOLHETO 12 | RESUMO DAS PROVÁVEIS CAUSAS DO TDAH |

Os genes de risco para TDAH interagem com estas outras causas para aumentar ainda mais o risco para o transtorno.

Parte do TDAH é devida a novas mutações genéticas que ocorrem na criança, mas não nos pais.

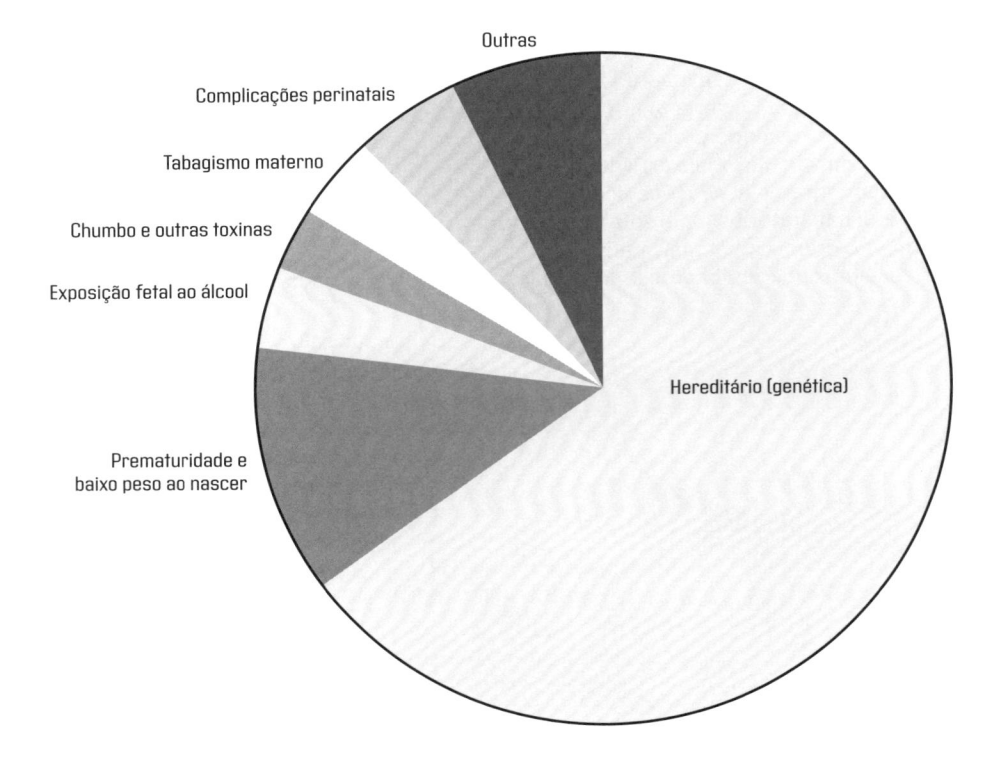

Fatias do gráfico (do maior para o menor):
- Hereditário (genética)
- Prematuridade e baixo peso ao nascer
- Outras
- Complicações perinatais
- Tabagismo materno
- Chumbo e outras toxinas
- Exposição fetal ao álcool

De *What Causes ADHD?*, Joel T. Nigg. Copyright © 2006 The Guilford Press. Adaptado em *Treating ADHD in Children and Adolescents* (The Guilford Press, 2020). Os consumidores deste livro podem fazer cópia e/ou *download* de cópias adicionais deste material (veja o quadro no final do sumário).

FOLHETO 13 — PREJUÍZOS ASSOCIADOS AO TDAH

Saúde
- Mais enurese/encoprese quando criança
- Pior saúde geral
- Pior nutrição e mais obesidade
- Mais patologia alimentar e compulsão
- Maior risco para diabetes tipo 2
- Menos exercício para manutenção da saúde
- Higiene e saúde dentária deficientes
- Mais alergias
- Maior uso/abuso de substâncias
- Maior risco para transtornos convulsivos
- Mais problemas do sono
- Maior risco de adição à internet
- Mais lesões acidentais
- Comportamento sexual de risco, mais ISTs
- Maior probabilidade de gravidez na adolescência
- Maior risco para doença cardíaca coronária
- Maior risco de mortalidade precoce
- Expectativa de vida mais curta
- Maior encargo econômico

Social
- Funcionamento familiar perturbado
- Relações mais pobres com os pares
- Amizades prejudicadas
- Relações íntimas/de coabitação mais frágeis
- Parentalidade perturbada
- Reciprocidade e cooperação deficientes
- Mais risco de vitimização
- Mais atividades antissociais
- Mais prisões/probabilidade de ser detido

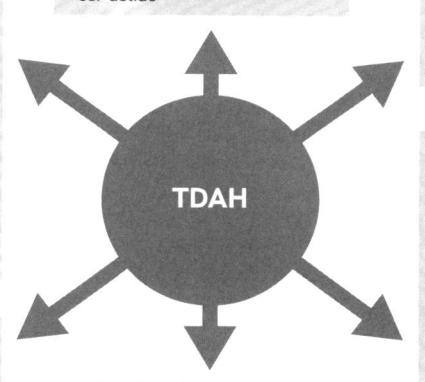

Educação
- Desempenho escolar deficiente
- Pouca produtividade no trabalho
- Baixo rendimento para a inteligência
- Risco de dificuldades de aprendizagem específica
- Comportamento mais disruptivo em aula
- Risco mais alto de repetência
- Mais suspensões/expulsões
- Mais serviços de educação especial
- Menos sucesso escolar
- Média mais baixa de conclusão do Ensino Médio?
- Menos frequência na faculdade
- Menor probabilidade de concluir a universidade
- Menos uso de educação adulta

Condução de veículo
- Dirige mais antes da habilitação
- Pior coordenação da direção/veículo
- Condução mais distraída
- Tempos de reação mais variáveis
- Excesso de velocidade e assunção de riscos
- Mais episódios de raiva nas ruas
- Mais multas de trânsito
- Mais colisões e por negligência
- Colisões mais graves
- Mais suspensões da habilitação

Financeiro
- Pior gerenciamento do dinheiro
- Menor renda anual e economias
- Maior endividamento total
- Compras impulsivas excessivas
- Avaliações de crédito mais baixas
- Falta de pagamento de dívidas
- Mais chance de morar com os pais
- Recebe mais apoio de outros

Emprego
- Ingresso mais precoce na força de trabalho
- Mais emprego em tempo parcial
- Nível de trabalho menos qualificado
- Menos progresso na carreira
- Mais mudanças de emprego
- Mais frequentemente demitido/dispensado
- Salário anual mais baixo
- Rendimentos mais baixos ao longo da vida
- Desempenho prejudicado no trabalho
- Relações mais pobres com colegas de trabalho
- Mais ausências não justificadas
- Maior uso de licenças de saúde
- Mais episódios de desemprego
- Mais acidentes no trabalho
- Maior probabilidade de licença por incapacidade

De *Treating ADHD in Children and Adolescents,* Russell A. Barkley. Copyright © 2022 The Guilford Press. É permitida a cópia deste material aos consumidores deste livro unicamente para uso pessoal (veja a página sobre direitos autorais para mais detalhes). Estes também podem fazer *download* de cópias adicionais deste material (veja o quadro no final do sumário).

FOLHETO 14 TRANSTORNOS COMÓRBIDOS NO TDAH

- Transtorno de oposição desafiante 45-84%
- Transtorno da conduta 5-56%
- Transtornos por uso de substância 15-25%

- Transtorno depressivo maior 0-30%
- Distimia 15-25%
- Transtorno disruptivo da desregulação do humor 20-25%
- Transtorno bipolar 0-10%

- Personalidade antissocial 20-25%
- Personalidade *borderline* 13-34%
- Personalidade passivo-agressiva 19-33%

TDAH

- Transtorno de ansiedade 25-50%
- Transtorno de tique 10-20%
- Comportamento obsessivo-compulsivo 2-5%

- Dificuldades de aprendizagem 35-50%
- Transtorno do desenvolvimento da coordenação 40-50%
- Transtornos da comunicação 20-30%

- Transtorno do espectro autista 20-50%
- Deficiência intelectual I 5-10%
- Tempo cognitivo lento 40-58%

De *Treating ADHD in Children and Adolescents,* Russell A. Barkley. Copyright © 2022 The Guilford Press. É permitida a cópia deste material aos consumidores deste livro unicamente para uso pessoal (veja a página sobre direitos autorais para mais detalhes). Estes também podem fazer *download* de cópias adicionais deste material (veja o quadro no final do sumário).

APÊNDICE A

FOLHETO 15 PACOTE DE TRATAMENTO IDEAL PARA TDAH

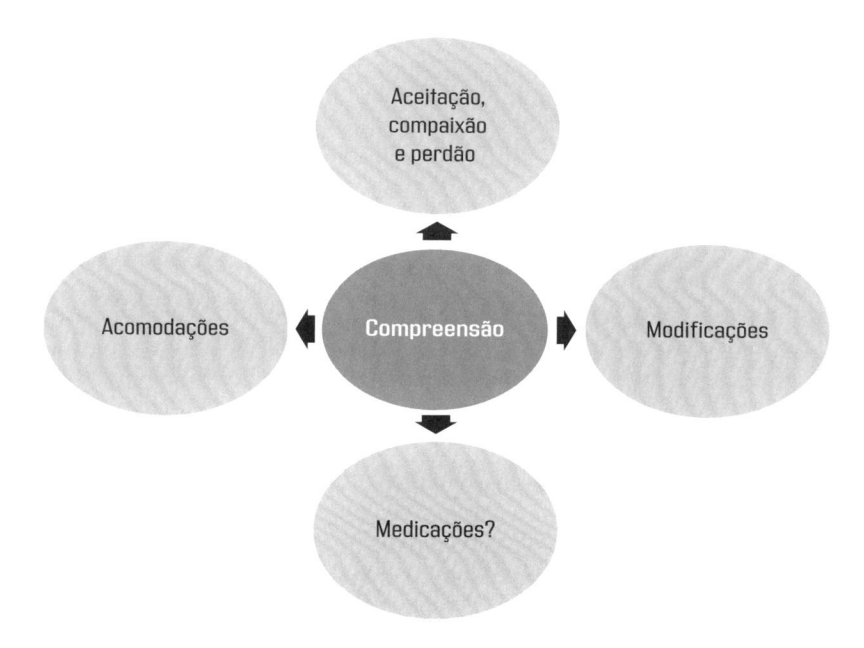

```
              Aceitação,
              compaixão
              e perdão
                 ↑
Acomodações ← Compreensão → Modificações
                 ↓
              Medicações?
```

De *Treating ADHD in Children and Adolescents,* Russell A. Barkley. Copyright © 2022 The Guilford Press. É permitida a cópia deste material aos consumidores deste livro unicamente para uso pessoal (veja a página sobre direitos autorais para mais detalhes). Estes também podem fazer *download* de cópias adicionais deste material (veja o quadro no final do sumário).

FOLHETO 16 — RECURSOS E SERVIÇOS DE APOIO PARA PAIS DE CRIANÇAS E ADOLESCENTES COM TDAH

LIVROS PARA PAIS (E PROFESSORES)

American Academy of Pediatrics. (2011). *ADHD: What every parent needs to know.* Elk Grove, IL: Author.

Ashley, S. (2005). *The ADD and ADHD answer book: Professional answers to 275 of the top questions parents ask.* Naperville, IL: Sourcebooks.

Barkley, R. A. (2016). *Managing ADHD in school.* Eau Claire, WI: Premier Educational Seminars.

Barkley, R. A. (2020). *Taking charge of ADHD: The complete authoritative guide for parents* (5th ed.). New York: Guilford Press.

Barkley, R. A. (2020). *The 12 principles for raising a child or teen with ADHD.* New York: Guilford Press.

Barkley, R. A., & Benton, C. M. (2013). *Your defiant child: Eight steps to better behavior* (2nd ed.). New York: Guilford Press.

Barkley, R. A., Robin, A. R., & Benton, C. (2013). *Your defiant teen: 10 steps to resolve conflict and rebuild your relationship* (2nd ed.). New York: Guilford Press.

Brown, T. E. (2013). *A new understanding of ADHD in children and adults: Executive function impairments.* New York: Routledge.

Brown, T. E. (2014). *Smart but stuck: Emotions in teens and adults with ADHD.* San Francisco: Jossey-Bass.

Brown, T. E. (2017). *Outside the box: Rethinking ADD/ADHD in children and adults: A practical guide.* Washington, DC: American Psychiatric Association.

Children and Adults with Attention-Deficit/Hyperactivity Disorder. (2006). *The new CHADD information and resource guide to AD/HD.* Landover, MD: Author.

Cooper-Kahn, J., & Dietzel, L. (2008). *Late, lost, and unprepared: A parents' guide to helping children with executive functioning.* Bethesda, MD: Woodbine House.

Dawson, P., & Guare, R. (2008). *Smart but scattered: The revolutionary executive skills approach to helping kids reach their potential.* New York: Guilford Press.

Dendy, C. A. Z. (2017). *Teenagers with ADD and ADHD and executive function deficits: A guide for parents and professionals.* Bethesda, MD: Woodbine House.

Forgatch, M., & Patterson, G. R. (2005). *Parents and adolescents living together: Part I. The basics* (2nd ed.). Champaign, IL: Research Press.

Forgatch, M., & Patterson, G. R. (2005). *Parents and adolescents living together: Part II. Family problem solving* (2nd ed.). Champaign, IL: Research Press.

Fowler, M. C. (2000). *Maybe you know my kid: A parent's guide to identifying, understanding, and helping your child with attention-deficit hyperactivity disorder* (3rd ed.). New York: Broadway Books.

Fowler, M. C. (2001). *Maybe you know my teen: A parent's guide to adolescents with attention-deficit hyperactivity disorder.* New York: Broadway Books.

De *Treating ADHD in Children and Adolescents*, Russell A. Barkley. Copyright © 2022 The Guilford Press. É permitida a cópia deste material aos consumidores deste livro unicamente para uso pessoal (veja a página sobre direitos autorais para mais detalhes). Estes também podem fazer *download* de cópias adicionais deste material (veja o quadro no final do sumário).

Fowler, M. C. (2006). *CHADD educator's manual* (2nd ed.). Landover, MD: CHADD. Fowler, M. C. (2007). *20 questions to ask if your child has ADHD.* Franklin Lakes, NJ: Career Books.

Gallagher, R., Abikoff, H. B., & Spira, E. G. (2014). *Organizational skills training for children with ADHD: An empirically supported treatment.* New York: Guilford Press.

Gallagher, R., Spira, E. G., & Rosenblatt, J. L. (2018). *The organized child: An effective program to maximize your kid's potential–in school and in life.* New York: Guilford Press.

Goldrich, C., & Rothschild, B. (2015). *Eight keys to parenting children with ADHD.* New York: Norton.

Grossberg, B. N. (2015). *Focused: ADHD and ADD parenting strategies for children with attention deficit disorder.* San Antonio, TX: Althea.

Guare, R., Dawson, P., & Guare, C. (2013). *Smart but scattered teens: The "executive skills" program for helping teens reach their potential.* New York: Guilford Press.

Guyer, B. P. (2000). *ADHD: Achieving success in school and in life.* Boston: Allyn & Bacon.

Hallowell, E. M., & Jensen, P. S. (2010). *Superparenting for ADD: An innovative approach to raising your distracted child.* New York: Ballantine Books.

Hanna, M. (2006). *Making the connection: A parent's guide to medication in AD/HD.* Washington, DC: Ladner-Drysdale.

Hinshaw, S. P., & Scheffler, R. M. (2014). *The ADHD explosion: Myths, medication, money, and today's push for performance.* New York: Oxford University Press.

Iseman, J. S., Silverman, S. M., & Jeweler, S. (2010). *101 school success tools for students with ADHD.* Waco, TX: Prufrock Press.

Kutscher, M. (2002). *ADHD Book: Living right now!* White Plains, NY: Neurology Press.

Kutscher, M. (2009). *ADHD: Living without brakes.* Philadelphia: Jessica Kingsley.

Langberg, J. M. (2011). *Homework, organization, and planning skills (HOPS) interventions.* Bethesda, MD: National Association of School Psychologists.

Meltzer, L. (2010). *Promoting executive function in the classroom.* New York: Guilford Press.

Miller, J. G., & Miller, K. G. (2016). *Raising accountable kids: How to be an outstanding parent using the power of personal accountability.* New York: TarcherParigee.

Monastra, V. J. (2014). *Parenting children with ADHD: 10 lessons that medicine cannot teach.* Washington, DC: American Psychological Association.

Nadeau, K. G., Littman, E. B., & Quinn, P. O. (2015). *Understanding girls with AD/HD.* Silver Spring, MD: Advantage Books.

Nigg, J. T. (2017). *Getting ahead of ADHD: What next-generation science says about treatments that work–and how you can make them work for your child.* New York: Guilford Press.

Pfiffner, L. (2011) *All about ADHD: The complete practical guide for classroom teachers.* New York: Teaching Resources.

Richey, M. A., & Forgan, J. W. (2012). *Raising boys with ADHD: Secrets for parenting healthy, happy sons.* New York: Prufrock.

Richfield, S. (2008). *Parent coaching cards: Social and emotional tools for children.* Available from Parent Coaching Cards, Inc., P. O. Box 573, Plymouth Meeting, PA 19462; www.parentcoachcards.com.

Rief, S. (2015). *The ADHD book of lists: A practical guide for helping children and teens with attention deficit disorders.* New York: Wiley.

Rief, S. F. (2016). *How to reach and teach children with ADD/ADHD: Practice techniques, strategies, and interventions* (3rd ed.). San Francisco: Jossey-Bass.

Rohde, L. A., Buitelaar, J. K., Gerlach, M., & Faraone, S. V. (Eds.). (2019). *The World Federation of ADHD guide.* Sao Paulo, Brazil: World Federation of ADHD.

Saline, S., & Markham, L. (2018). *What your ADHD child wishes you knew: Working together to empower kids for success in school and life.* New York: TarcherParigee.

Sarkis, S. M. (2008). *Making the grade with ADD: A student's guide to succeeding in college with attention deficit disorder.* Oakland, CA: New Harbinger.

Sarkis, S. M., & Klein, K. (2009). *ADD and your money.* Oakland, CA: New Harbinger.

Silverman, S. M., Iseman, J. S., & Jeweler, S. (2009). *School success for kids with ADHD*. Waco, TX: Prufrock Press.
Taylor, T. (2019). *Parenting ADHD with wisdom and grace*. Overland Park, KS: Forward Press.
Taylor-Klaus, E., & Dempster, D. (2016). *Parenting ADHD now!: Easy intervention strategies to empower kids with ADHD*. San Antonio, TX: Althea.
Tuckman, A. (2009). *More attention, less deficit: Success strategies for adults with ADHD*. Plantation, FL: Specialty Press.
Wilens, T. E., & Hammerness, P. G. (2016). *Straight talk about psychiatric medications for kids* (4th ed.). New York: Guilford Press.
Young, S., Fitzgerald, M., & Postma, M. J. (2013). *ADHD: Making the invisible visible* [Artigo]. Brussels, Belgium.

LIVROS PARA CRIANÇAS SOBRE TDAH

Corman, C., & Trevino, E. (1995). *Eukee the jumpy jumpy elephant*. Plantation, FL: Specialty Press.
Dendy, C. A. Z., & Zeigler, A. (2003). *A bird's-eye view of life with ADD and ADHD: Advice from young survivors* (2nd ed.). Disponível em Chris A. Zeigler Dendy Consulting LLC, P. O. Box 189, Cedar Bluff, AL 35959; www.chrisdendy.com.
Galvin, M. (1995). *Otto learns about his medicine: A story about medication for children* (Rev. ed.). Washington, DC: American Psychological Association.
Gordon, M. (1992). *I would if I could*. DeWitt, NY: Gordon Systems.
Gordon, M. (1992). *My brother's a world class pain*. DeWitt, NY: Gordon Systems.
Krauss, J. (2005). *Cory stories: A kid's book about living with ADHD*. Washington, DC: Magination Press.
Moss, D. (1989). *Shelly the hyperactive turtle*. Rockville, MD: Woodbine House.
Nadeau, K. G. (2006). *Survival guide for college students with ADD or LD*. Washington, DC: American Psychological Association.
Nadeau, K. G. (2006). *Help4ADD@HighSchool*. Bethesda, MD: Advantage Books.
Nadeau, K. G., & Dixon, E. B. (2004). *Learning to slow down and pay attention: A book for kids about ADHD*. Washington, DC: Magination Press.
Parker, R. (1992). *Making the grade*. Plantation, FL: Specialty Press.
Quinn, P. (1994). *ADD and the college student*. Washington, DC: American Psychological Association.
Quinn, P., & Stern, J. (1991). *Putting on the brakes: Young people's guide to understanding attention deficit hyperactivity disorder*. Washington, DC: American Psychological Association.
Shapiro, L. E. (2010). *The ADHD workbook for kids*. Oakland, CA: Instant Help Books. Taylor, J. T. (2006). *Survival guide for kids with ADD or ADHD*. Minneapolis, MN: Free Spirit.

PERIÓDICOS

ADDA E-News, ADDA, P. O. Box 7557, Wilmington, DE 19083-9997; (800) 939-1019; www.add.org – A *newsletter* para membros do ADDA.
ADDitude: The Happy Healthy Lifestyle Magazine for People with ADD (periódico *on-line* e impresso), 39 West 37th Street, 15th floor, New York, NY 10018; (888) 762-8475; www.additudemag.com. – Revista e *website* altamente informativos e consideravelmente acurados para obtenção de informações sobre o TDAH. Os gráficos no *website* são excelentes e fáceis de explorar. As informações que cada edição fornece são muito atuais e muitos tópicos diferentes são abordados. É necessária uma assinatura (*on-line* ou impressa) para

obter o conteúdo integral de cada edição. Embora o conteúdo da revista pareça ser cientificamente baseado em muitos aspectos, isto não deve ser considerado como um endosso dos anunciantes, seja nas versões *on-line* ou impressas deste periódico.

ADDvice for ADD-Friendly Living, The National Center for Girls and Women with ADHD, 3268 Arcadia Place NW, Washington, DC 20015; *http://ncgiadd.org*. – Uma nova e inovadora *e-newsletter* mensal focada em mulheres e meninas com TDAH.

The ADHD Report, editado por R. A. Barkley, The Guilford Press, 370 7th Avenue, New York, NY 10001; (800) 365-7006; *www.guilford.com*. – A única *newsletter* especificamente dedicada a clínicos praticantes que querem se manter atualizados com a literatura científica e clínica, extensa e em rápida mudança, sobre o TDAH. Pais de crianças com TDAH, além de adultos com TDAH, também podem achar os conteúdos úteis para se manterem atualizados quanto a questões controversas e também sobre relatos de pesquisa.

Attention! Magazine, CHADD National Headquarters, 8181 Professional Place, Suite 150, Landover, MD 20785; (800) 233-4050; *www.chadd.org*. – Uma revista vistosa, interessante e informativa sobre TDAH criada pela maior organização de apoio para TDAH (CHADD) e dedicada a manter os pais (e também adultos com TDAH) informados sobre as inúmeras publicações relacionadas ao TDAH.

CHADD Newsletter, CHADD National Headquarters, 8181 Professional Place, Suite 150, Landover, MD 20785; (800) 233-4050; *www.chadd.org*. – Uma *newsletter* para pais de crianças com TDAH e adultos com TDAH que são membros do CHADD.

FORNECEDORES

ADD Warehouse
300 Northwest 70th Avenue, Suite 102
Plantation, FL 33317
(800) 233-9273
www.addwarehouse.com

Childswork Childsplay
P. O. Box 1246
Wilkes-Barres, PA 18703-1246
(800) 962-1141
https://childswork.com

SERVIÇOS DE APOIO

Existe um grande número de associações de apoio para pais e adultos com TDAH nos Estados Unidos e no mundo. Além disso, existem inúmeros grupos locais ou regionais menores. Como os contatos para esses grupos mudam muito frequentemente, é melhor começar contatando uma das organizações nacionais, que mantêm registros atualizados de todos os vários grupos de apoio. Elas terão prazer em encaminhá-lo ao grupo mais próximo do seu domicílio. Apesar dos esforços para manter essa lista atualizada, tenha em mente que alguns locais podem ter sido descontinuados ou endereços podem ter sido mudados.

PRINCIPAIS ASSOCIAÇÕES

A maior associação nacional é a **Children and Adults with Attention-Deficit/Hyperactivity Disorder (CHADD)**, que tem mais de 500 associações de apoio afiliadas de quase todos os estados e províncias. Para encontrar o grupo de apoio mais próximo de você, visite o *website* da CHADD:

- *www.chadd.org* ou *www.help4adhd.org*

Outra associação nacional de apoio aos pais é a **Attention Deficit Disorder Association (ADDA)**. Visite o seu *website:*

- www.add.org

ADHD-Europe é um esforço conjunto entre organizações nacionais e regionais para o TDAH na Europa para promover a disseminação de informações e apoio àqueles que vivem ou estão em contato com pessoas que têm TDAH. A organização advoga junto às instituições e à comunidade europeia para seus membros em relação ao tópico do TDAH, com uma visão que afete as políticas e melhore a legislação existente sobre questões associadas ao TDAH. Mais informações podem ser encontradas no seu *website:*

- www.adhdeurope.eu

O grupo de apoio nacional para o TDAH no Canadá é o **Centre for ADHD Awareness, Canada (CADDAC):**

- www.caddac.ca

Alguns grupos de apoio atuantes no Reino Unido e na Europa também devem ser mencionados aqui. **ADDers** é um grupo que promove a consciência do TDAH tanto em crianças quanto em adultos com sugestões práticas para as famílias no Reino Unido e em outros lugares:

- www.adders.org

Newsletters sobre TDAH podem ser obtidas do CHADD e da ADDA, bem como de vários outros recursos. Veja a seção "Periódicos" deste folheto para uma lista de *newsletters.*

OUTRAS ORGANIZAÇÕES ÚTEIS

Como observado anteriormente neste livro, é importante ter cautela quando buscar informações e orientações sobre TDAH *on-line.* A qualidade das ofertas em painéis informativos, salas de bate-papo e mesmo alguns *websites* (sobretudo os comerciais) varia consideravelmente. Considero os seguintes *sites* confiáveis e baseados na ciência.

ADHD Information Services (ADDISS) fornece informações, apoio e serviços de treinamento sobre TDAH no Reino Unido:

- www.addiss.co.uk

A **World Federation of ADHD** reuniu algumas das organizações citadas anteriormente para trabalharem na promoção da consciência sobre o TDAH no mundo todo. Seu *website* é:

- www.adhd-federation.org

APÊNDICE A

FOLHETO 17 — DEZOITO ÓTIMAS IDEIAS PARA MANEJAR CRIANÇAS E ADOLESCENTES COM TDAH

1. Reduza os tempos de espera e externalize o tempo.
   - Reduza a um mínimo os tempos de espera, se possível.
   - Use cronômetros, relógios, contadores ou outros dispositivos que mostrem o tempo como algo físico sempre que houver limites de tempo para concluir tarefas.
2. Externalize informações importantes.
   - Afixe lembretes, sinais, estímulos e outras informações em pontos críticos no ambiente para lembrar a criança ou o adolescente do que deve ser feito.
3. Externalize a motivação (pense em uma situação "ganha-ganha").
   - Use sistemas de fichas, programas de recompensas, privilégios ou outros reforçadores para ajudar a motivar a criança ou o adolescente com TDAH.
4. Externalize a solução de problemas.
   - Procure reduzir os problemas mentais a problemas físicos ou tarefas manuais, em que as peças do problema possam ser manipuladas manualmente para encontrar soluções ou inventar novas ideias.
5. Use *feedback* imediato.
   - Aja rapidamente depois de um comportamento para dar *feedback* positivo ou negativo de forma imediata.
6. Aumente a frequência das consequências.
   - Dê mais *feedback* e consequências para o comportamento com mais frequência do que é necessário para uma criança ou um adolescente que não tem TDAH.
7. Aumente a responsabilidade com outros.
   - Torne a criança ou o adolescente publicamente responsável por alguém várias vezes ao longo do dia (ou por uma tarefa ou contexto) quando coisas precisam ser feitas.
8. Use recompensas mais evidentes e artificiais.
   - Crianças e adolescentes com TDAH precisam de incentivos mais potentes para motivá-los a fazer o que outros fazem com pouca motivação externa.
   - Você pode usar comida, brinquedos, privilégios, fichas, dinheiro ou outras recompensas materiais (artificiais) para ajudar a motivá-los a trabalhar.
9. Mude as recompensas periodicamente.
   - Pessoas com TDAH parecem ficar entediadas mais facilmente com certas recompensas, por isso você precisa encontrar outras novas periodicamente para manter o programa interessante.
10. Toque mais, fale menos.
    - Quando precisar dar uma instrução, aprovação ou reprimenda:
      - Aproxime-se da criança ou do adolescente.
      - Toque-a na mão, no braço ou no ombro.
      - Olhe em seus olhos.
      - Dê o seu recado brevemente(!).
      - Então, encoraje a criança ou o adolescente a repetir o que você acabou de dizer.

De *Attention-Deficit Hyperactivity Disorder: A Clinical Workbook,* Third Edition, Russel A. Barkley e Kevin R. Murphy. Copyright © 2006 The Guilford Press. Reproduzido em *Treating ADHD in Children and Adolescents* (The Guilford Press, 2022). Os consumidores deste livro podem fazer cópias e/ou *download* de cópias adicionais deste material (veja o quadro no final do sumário).

11 Aja, não fale.
- Ofereça consequências mais imediatas para lidar com o bom e o mau comportamento, em vez de "ficar martelando", insistindo, "pegando no pé" ou "dando lição de moral" sobre o problema.

12 Negocie em vez de ordenar.
- Siga estes seis passos para a negociação efetiva de um problema:
  - Defina o problema: tome nota e mantenha os membros da família concentrados na tarefa.
  - Gere uma lista de todas as soluções possíveis. Não são permitidas críticas neste estágio.
  - Depois que todas as soluções são listadas, permita que cada pessoa critique brevemente cada possiblidade.
  - Escolha a opção com maior concordância.
  - Faça disto um contrato de comportamento (todos os membros da família o assinam).
  - Estabeleça penalidades pela quebra do contrato.

13 Mantenha seu senso de humor.
- Encontre humor, ironia, leveza ou coisas cômicas que acontecem na vida diária com as crianças ou os adolescentes e ria dessas coisas com seu filho.

14 Use recompensas antes da punição.
- Quer mudar um problema de comportamento?
  - Identifique o comportamento positivo ou pró-social pelo qual você quer substituir o comportamento problemático.
  - Recompense com ênfase (elogie, aprove) o novo comportamento cada vez que ele ocorrer.
  - Depois de uma semana fazendo isso, use uma punição leve (um intervalo ou a perda de uma ficha ou privilégio) quando ocorrer o comportamento problemático alternativo.

15 Antecipe contextos problemáticos (especialmente para crianças pequenas) e faça um plano de transição:
- Antes de iniciar uma nova atividade ou tarefa ou de entrar em um lugar novo, pare!
- Revise duas ou três regras que a criança precisa obedecer.
- Faça a criança repetir estas regras.
- Estabeleça um incentivo ou uma recompensa.
- Estabeleça a punição a ser usada.
- Dê à criança alguma coisa ativa para fazer na tarefa ou no lugar novo.
- Inicie a tarefa (ou entre no lugar novo) e então siga seu plano.
- Recompense durante a tarefa ou a atividade.

16 Mantenha uma noção de prioridades.
- Como diz um livro popular: "Não faça tempestade em copo d'água". Muito do que pedimos que crianças ou adolescentes façam é muito banal, chato, coisa sem importância no esquema mais amplo do seu desenvolvimento.
- Concentre seus esforços nas atividades importantes ou em tarefas que mais importam a longo prazo (escola, relações com os pares, etc.) e não tanto em tarefas menores, menos significativas (limpar, juntar coisas, etc.) que pouco contribuem para o desenvolvimento a longo prazo.

17 Mantenha uma perspectiva da incapacidade.
- O TDAH é um transtorno neurogenético; a criança ou o adolescente não escolheu ser assim.

18 Pratique o perdão (ao seu filho, a si mesmo e a outras pessoas que possam entender mal o comportamento da sua criança/seu adolescente).

RECOMENDAÇÕES SOBRE SAÚDE E ESTILO DE VIDA PARA CRIANÇAS E ADOLESCENTES COM TDAH

Nestes folhetos para os pais, listo uma variedade de tópicos relacionados aos riscos de saúde que podem ocorrer concomitantemente ao TDAH em crianças e adolescentes, e dou alguns conselhos de como um pai pode tentar abordá-los. Também listo alguns recursos que você pode achar úteis, como livros ou *websites* que abordam estas questões. A maioria destas questões e minhas recomendações são discutidas em mais detalhes em meu livro *Taking Charge of ADHD: The Complete Authoritative Guide for Parents* (Barkley, 2020).

FOLHETO 18 — RECOMENDAÇÕES SOBRE NUTRIÇÃO PARA CRIANÇAS E ADOLESCENTES COM TDAH

Uma das coisas mais óbvias e mais fáceis de prestar atenção é à comida que você traz para dentro de casa e disponibiliza para seus filhos. É claro, fazer uma criança com TDAH comer apenas comida saudável pode ser outra questão, mas você ainda pode realisticamente fazer uma diferença positiva. Estas são algumas ideias:

- Substitua alimentos ricos em carboidratos e outras *junk food* por alternativas mais saudáveis: carne, ovos, laticínios, frutas vermelhas ou outras frutas, nozes, manteiga de amendoim, vegetais verdes e substitua por grãos integrais os pães brancos, os pastéis e as rosquinhas, vegetais brancos ou de cor clara (ricos em amido), batatas fritas, massas, pizza, salgadinhos, cereais (especialmente os açucarados), bolos, tortas e alimentos e bebidas contendo açúcar (refrigerantes, sucos de frutas como laranja e maçã, sucos de caixa com alto teor de açúcar, etc.).
- Faça das comidas "divertidas", reconfortantes e substanciais uma pequena parte da dieta do seu filho.
- Pergunte ao médico do seu filho se ele acha importante testá-lo para verificar deficiências de ferro, vitamina D e ômega-3, o que crianças com TDAH podem ter, e suplementar quando necessário.
- Mantenha comidas não saudáveis longe de casa até que seu novo plano alimentar esteja implantado, e então periodicamente forneça alguns desses alimentos como recompensa ou agrados especiais. Ou coloque na porta na geladeira uma regra da família de que ninguém deve pegar comida entre as refeições sem a permissão dos pais.
- Estabeleça horários regulares de refeição e mantenha-se firme a eles.

Para mais ótimas ideias de como melhorar a nutrição do seu filho, consulte:

- Mayo Clinic – Healthy Lifestyle – Children's Health:
  - www.mayoclinic.org/healthy-lifestyle/childrens-health/in-deoth/nutrition-for-kids/art-20049335
- HealthyChildren.org:
  - www.healthychildren.org/English/healthy-living/nutrition/Pages/Childhood-Nutrition.aspx
- FamilyDoctor.org:
  - https://familydoctor.org/nutrition-tips-for-kids
- MedlinePlus–U.S. National Library of Medicine:
  - https://medlineplus.gov/childnutrition.html
- Stanford Children's Health:
  - www.stanfordchildrens.org/en/topic/default?id=school-aged-child-nutrition--90-P02280
- Precision Nutrition:
  - www.precisionnutrition.com/all-about-nutrition-for-kids
- HelpGuide:
  - www.helpguide.org/articles/healthy-eating/healthy-food-for-kids.htm

---

De *Treating ADHD in Children and Adolescents*, Russell A. Barkley. Copyright © 2022 The Guilford Press. É permitida a cópia deste material aos consumidores deste livro unicamente para uso pessoal (veja a página sobre direitos autorais para mais detalhes). Estes também podem fazer *download* de cópias adicionais deste material (veja o quadro no final do sumário).

APÊNDICE A

FOLHETO 19 — **RECOMENDAÇÕES SOBRE EXERCÍCIOS PARA CRIANÇAS E ADOLESCENTES COM TDAH**

Crianças com TDAH se beneficiam de exercícios prolongados frequentes em mais aspectos do que outros grupos de crianças. Experimente estas ideias:

- Envolva seu filho em atividades físicas de que ele goste. Crianças com TDAH ficam entediadas com facilidade, por isso, certifique-se de saber se seu filho prefere a boa e velha brincadeira física livre fora de casa, esportes em equipe organizados, esportes e atividades mais individualizados ou exercícios informais em casa.
- Tenha como objetivo pelo menos 30 minutos de exercício três a cinco vezes por semana.
- Em ambientes mais estruturados, como salas de aula ou atividades em um clube, veja se seu filho tem permissão para se movimentar um pouco, como apertar uma bola de tênis ou de borracha.
- Promova brincadeiras físicas ao ar livre com outras crianças durante o tempo livre em casa.

Alguns bons *websites* para obter mais informações são listados a seguir:

- KidsHealth:
    - *https://kidshealth.org/en/parents/exercise.html*
- Medline Plus–U.S. Library of Medicine:
    - *https://medlineplus.gov/exerciseforchildren.html*
- American Council for Exercise:
    - *www.acefitness.org/education-and-resources/lifestyle/blog/6441/top-10-reasons-children-should-exercise*
- WebMD:
    - *www.webmd.com/parenting/raising-fit-kids/move/features/how-much-exercise#1*
- Parents:
    - *www.parents.com/fun/sports/exercise/10-benefits-of-physical-activity*

De *Treating ADHD in Children and Adolescents,* Russell A. Barkley. Copyright © 2022 The Guilford Press. É permitida a cópia deste material aos consumidores deste livro unicamente para uso pessoal (veja a página sobre direitos autorais para mais detalhes). Estes também podem fazer *download* de cópias adicionais deste material (veja o quadro no final do sumário).

FOLHETO 20 — RECOMENDAÇÕES SOBRE TEMPO DE TELA E JOGOS NA INTERNET PARA CRIANÇAS E ADOLESCENTES COM TDAH

Há uma boa justificativa para monitorar mais de perto o tempo de tela do seu filho e impor limites ao seu acesso diário. Estas são algumas sugestões:

- Use o tempo de tela em um programa de modificação do comportamento concebido para aumentar o bom comportamento, a obediência, o desempenho nas tarefas de casa e na execução do dever de casa.
- Monitore e limite o acesso e o tempo passado diante de telas.
- Considere fazer *download* de aplicativos que possibilitam o controle parental do tempo de tela e mantenha as senhas em privacidade.
- Monitore o que seu filho está fazendo durante o tempo de tela usando aplicativos que rastreiam suas atividades *on-line* e verificam periodicamente seu histórico de navegação.
- Limite o acesso a *games* ou a outros aplicativos que envolvam violência ou agressão. Considerando que crianças e adolescentes com TDAH têm muito maior probabilidade de agir agressivamente na vida real, sobretudo quando emocionalmente provocados e frustrados, você, mais do que outros pais, realmente precisa restringir o acesso do seu filho com TDAH a esses *games*.
- Dê um bom exemplo limitando seu próprio tempo de tela e jogando *games* ou usando tecnologia digital com seu filho para que possa discutir o que está sendo visto e explicar algum evento ou conteúdo incomum potencialmente assustador.
- Limite o acesso criando um cesto, uma prateleira ou um caixote que seja o "estacionamento" para jogos eletrônicos, *tablets* ou outros aparelhos quando eles não estão em uso.

Para mais informações sobre tempo de tela e seus limites para crianças, veja os *websites* listados a seguir:

- Mayo Clinic:
  - *www.mayoclinic.org/healthy-lifestyle/childrens-health/in-depth/screen-time/art-20047952*
- Very Well Family:
  - *www.verywellfamily.com/tips-for-limiting-electronics-and-screen-time-for-kids-1094870*
- Positive Discipline:
  - *www.positivediscipline.com/articles/limit-screen-time*
- Today's Parent:
  - *www.todaysparent.com/family/parenting/parent-tested-systems-you-can-use-to-limit-screen-time*
- Priceless Parenting:
  - *www.pricelessparenting.com/documents/limitingscreentime*
- RaisingChildren.net.au:
  - *https://raisingchildren.net.au/toddlers/play-learning/screen-time-media/screen-time*
- Active for Life:
  - *https://activeforlife.com/tips-for-managing-kids-screen-time*

De *Treating ADHD in Children and Adolescents,* Russell A. Barkley. Copyright © 2022 The Guilford Press. É permitida a cópia deste material aos consumidores deste livro unicamente para uso pessoal (veja a página sobre direitos autorais para mais detalhes). Estes também podem fazer *download* de cópias adicionais deste material (veja o quadro no final do sumário).

APÊNDICE A

| FOLHETO 21 | RECOMENDAÇÕES SOBRE A HORA DE DORMIR E ROTINAS DE SONO PARA CRIANÇAS E ADOLESCENTES COM TDAH |

Se o seu filho estiver tomando medicamento estimulante e sofrendo de insônia, discuta com o médico do seu filho se a medicação pode ser a causa. Até 50% das crianças que estão tomando estimulantes têm este efeito colateral. Se o seu filho está entre elas, seu médico e você podem tentar o seguinte:

- Dê o medicamento mais cedo ao seu filho, no início da manhã.
- Reduza a dose (sabendo que há um risco de que o medicamento* também não vá controlar os sintomas do TDAH do seu filho).
- Troque para o novo sistema de liberação estimulante Jornay PM**, que é tomado às 9h da noite anterior, mas só é ativado por volta das 6h da manhã seguinte. Esteja ciente, no entanto, de que esta não é uma solução infalível, pois, nesta versão de estimulante, mais crianças tiveram insônia como efeito colateral do que crianças em um estudo que estavam tomando um placebo.
- Troque para um medicamento não estimulante, como atomoxetina (Strattera**) ou guanfacina de liberação prolongada (Intuniv XR**). De fato, se você der estes medicamentos em uma dose dividida, com metade pela manhã e a outra metade na hora de dormir, seu filho poderá adormecer mais rapidamente do que o usual.
- Se a insônia for consideravelmente séria, os médicos podem às vezes recomendar um medicamento indutor do sono na hora de dormir.

Se seu filho estiver entre os 40% ou mais das crianças e jovens com TDAH cujos problemas do sono não estão relacionados a um medicamento estimulante para o TDAH, estas são algumas coisas que podem ser tentadas:

- Comece sabendo que a Academia Americana de Pediatria recomenda a seguinte quantidade de sono para várias faixas etárias: bebês de 1-2 anos, 11 a 14 horas; pré-escolares 3-5 anos, 11 a 13 horas; ensino fundamental, 6-12 anos, 9 a 12 horas; e adolescentes, 13-18 anos, 8 a 10 horas.
- Elimine o acesso a telas ou a dispositivos inteligentes ou *games* 1 hora antes da hora de dormir.
- Remova toda a tecnologia de tela, computadores e *videogames* do quarto do seu filho.
- Certifique-se de ter estabelecido e seguir consistentemente uma rotina na hora de dormir (uma para as noites de escola, uma um pouco mais tarde para as noites de fim de semana).
- Certifique-se de que seu filho não tome substâncias contendo cafeína perto da hora de dormir.
- Crianças com TDAH têm muita dificuldade para fazer a transição de atividades de alta estimulação (como *games*) para baixa ou nenhuma estimulação, portanto comece seu ritual de preparação para a hora de dormir 60 a 90 minutos antes do horário real de seu filho ir pa-

---

* N. de R. T. O autor refere-se a uma marca específica de medicamento cujo perfil de liberação é diferenciado. Contudo, tal medicamento não está disponível comercialmente no Brasil.

** N. de R. T. Medicamentos não disponíveis comercialmente no Brasil.

De *Treating ADHD in Children and Adolescents*, Russell A. Barkley. Copyright © 2022 The Guilford Press. É permitida a cópia deste material aos consumidores deste livro unicamente para uso pessoal (veja a página sobre direitos autorais para mais detalhes). Estes também podem fazer *download* de cópias adicionais deste material (veja o quadro no final do sumário).

ra a cama, não permita acesso a tecnologias de tela ou *videogames* nesse período, e passe cerca de 20 minutos em uma atividade mais tranquila, como jogar cartas ou brincar com brinquedos ou um jogo de tabuleiro ao estilo antigo que não seja tão estimulante ou excitante quanto um *videogame*. Então desenvolva a rotina para se aprontar para a cama.

Pesquisas mostram que o emprego de passos mesmo simples para criar uma rotina em torno da hora de dormir que seja consistentemente implementada na mesma hora todas as noites pode fazer muita diferença na melhoria do sono de crianças e adolescentes com TDAH. Para mais informações, visite os *websites* listados a seguir.

- Psychology Today:
  - *www.psychologytoday.com/us/blog/dont-worry-mom/201310/8-tips-improve-your--childs-sleep*
- RaisingChildren.net.au:
  - *https://raisingchildren.net.au/toddlers/sleep/better-sleep-settling/sleep-better-tips*
- WebMD:
  - *www.webmd.com/parenting/raising-fit-kids/recharge/features/kids-sleep-tips#1*
- Today's Parent:
  - *www.todaysparent.com/kids/kids-sleep*

APÊNDICE A

FOLHETO 22 — **RECOMENDAÇÕES SOBRE HIGIENE DENTÁRIA PARA CRIANÇAS E ADOLESCENTES COM TDAH**

Estas são algumas ideias para prevenir problemas dentários:

- Reduza o consumo do seu filho de comidas e bebidas adoçadas.
- Faça da escovação dos dentes uma rotina matinal e noturna consistente.
- Ensine seu filho a "escovar com um plano", desde o lado esquerdo superior até o direito inferior, tanto na frente quanto atrás dos dentes, e considere uma escova de dentes elétrica.
- Agende rigorosamente *check-ups* e limpezas dentárias para seu filho.

Para mais informações sobre a manutenção da higiene dentária apropriada para crianças, visite os *websites* a seguir:

- FamilyDoctor.org:
  - *https://familydoctor.org/dental-hygiene-how-to-care-for-your-childs-teeth*
- HealthyChildren.org:
  - *https://www.healthychildren.org/English/healthy-living/oral-health/Pages/Teething-and-Dental-Hygiene.aspx*
- Centers for Disease Control and Prevention:
  - *www.cdc.gov/oralhealth/basics/childrens-oral-health/index.html*
- WebMD:
  - *www.webmd.com/oral-health/dental-health-for-kids#1*
- KidsHealth:
  - *https://kidshealth.org/en/parents/healthy.html*

De *Treating ADHD in Children and Adolescents,* Russell A. Barkley. Copyright © 2022 The Guilford Press. É permitida a cópia deste material aos consumidores deste livro unicamente para uso pessoal (veja a página sobre direitos autorais para mais detalhes). Estes também podem fazer *download* de cópias adicionais deste material (veja o quadro no final do sumário).

FOLHETO 23 — RECOMENDAÇÕES SOBRE COMO TORNAR AS ROTINAS DIÁRIAS PREVISÍVEIS PARA CRIANÇAS E ADOLESCENTES

Crianças e adolescentes com TDAH se beneficiam ainda mais do que as crianças típicas com rotinas diárias consistentes e previsíveis – hora das refeições, hora do banho, hora de dormir, hora do dever de casa, hora das tarefas domésticas e hora de lazer. É muito fácil que as famílias de crianças ou adolescentes com TDAH se tornem desorganizadas, caóticas, estressantes, enredadas devido à criança mal regulada com o transtorno, sobretudo se um dos pais também tiver TDAH.

Uma forma de controlar o transtorno e manter as rotinas em vigor é criar um quadro que mostre a lista dessas rotinas diárias comuns e os horários, a cada dia, em que você pretende implementar e executá-las com sua família. Cole a lista na sua geladeira ou em algum outro espaço bem visível, onde todos os membros da família possam vê-la com frequência. Anote não só quando isto vai ocorrer, mas quanto tempo cada atividade vai durar e alguns passos rotineiros recorrentes ou as regras que se aplicam.

Para mais informações sobre o desenvolvimento de rotinas, veja os *websites* a seguir:

- RaisingChildren.net.au:
  - *https://raisingchildren.net.au/grown-ups/family-life/routines-rituals-relationships/family-routines*
- HealthyChildren.org:
  - *https://www.healthychildren.org/English/family-life/family-dynamics/Pages/The-Importance-of-Family-Routines.aspx*
- Huffington Post:
  - *www.huffpost.com/entry/why-family-routines-matter-and-how-to-improve-them_b_58e3aa62e4b02ef7e0e6e0bd*
- Healthy Families BC:
  - *www.healthyfamiliesbc.ca/home/articles/family-routines-children*

De *Treating ADHD in Children and Adolescents,* Russell A. Barkley. Copyright © 2022 The Guilford Press. É permitida a cópia deste material aos consumidores deste livro unicamente para uso pessoal (veja a página sobre direitos autorais para mais detalhes). Estes também podem fazer *download* de cópias adicionais deste material (veja o quadro no final do sumário).

APÊNDICE A

FOLHETO 24 — RECOMENDAÇÕES SOBRE MONITORAMENTO DO SEU FILHO COM TDAH

Seu filho tem muito mais chances do que as crianças típicas de ter lesões acidentais e, em consequência, acabar no serviço de emergência ou no hospital. Muitas pesquisas mostraram que a medicação para TDAH ajuda, mas também o monitoramento diligente do seu filho dentro e fora de casa. Seguir estes passos é importante para a segurança do seu filho.

- Sempre que seu filho estiver brincando ou trabalhando fora da sua visão imediata no mesmo ambiente, ajuste um cronômetro com intervalos de 10 a 15 minutos – ou melhor, com intervalos diferentes aleatórios (mas ainda curtos) para manter seu filho na expectativa de que você vai aparecer – e checar.
- Obtenha ajuda com a supervisão dos avós, de outros parentes ou cuidadores pagos quando tiver que manter sua atenção em outra coisa.
- Quando seu filho estiver visitando outra criança para brincar, peça que os outros pais deem uma olhada nas crianças com mais frequência do que seu próprio filho precisaria.

Para mais informações sobre o monitoramento das atividades dos seus filhos, veja os *websites* listados a seguir:

- Psych Central:
  - *https://psychcentral.com/lib/controlling-screen-time-for-children-with-adhd*
- SCAN of Northern Virginia:
  - *www.scanva.org/parent-resource-post/monitoring-your-child*

De *Treating ADHD in Children and Adolescents,* Russell A. Barkley. Copyright © 2022 The Guilford Press. É permitida a cópia deste material aos consumidores deste livro unicamente para uso pessoal (veja a página sobre direitos autorais para mais detalhes). Estes também podem fazer *download* de cópias adicionais deste material (veja o quadro no final do sumário).

FOLHETO 25	RECOMENDAÇÕES SOBRE VIDA SEXUAL E ADOLESCENTES COM TDAH

Estudos mostram que adolescentes com TDAH se envolvem em um padrão mais arriscado de comportamento e atividade sexual que os adolescentes típicos. Meninas adolescentes com TDAH têm uma chance 10 vezes maior de ficar grávidas ou, se meninos, de engravidar suas namoradas (38 vs. 4%). Ambos têm uma taxa 4 vezes maior de infecções sexualmente transmissíveis (17 vs. 4%) e são mais propensos a terem seus filhos colocados para adoção ou sendo dados para os avós criarem. Estudos recentes de meninas com TDAH acompanhadas até a idade adulta mostraram que elas tinham muito mais probabilidade de se envolver em situações sexualmente comprometedoras e ser vitimizadas ou agredidas sexualmente em comparação com meninas típicas da mesma idade. Isso porque elas têm mais de 30% de defasagem em relação à sua idade cronológica na sua autorregulação. Estas são algumas sugestões para lidar com o tema sensível do sexo:

- Certifique-se de falar sobre "aquele assunto" com seus filhos assim que notar que estão amadurecendo sexualmente e provavelmente se voltando para atividades sexuais.
- Discuta os métodos contraceptivos com seu filho e ainda envolva seu pediatra nessa discussão.
- O uso de medicamento ou assegurar que o adolescente continue usando medicamento durante esta fase da vida é outra medida que você pode tomar para tentar reduzir a impulsividade e melhorar a autorregulação que seu filho com TDAH precisará quando se defrontar com situações sexualmente tentadoras.
- Considere proibir o namoro até que o adolescente tenha 18 anos e encoraje "encontros" em grupo, até mesmo envolvendo um dos pais como acompanhante nestas saídas em grupo.
- Monitore muito de perto quem são os amigos do seu filho e como eles se comportam quando estão juntos, mesmo nas mídias sociais. Se existe uma razão para o pai de um adolescente com TDAH monitorar mais de perto o uso das mídias digitais por um adolescente, o tema do sexo e da exploração ou vitimização sexual é a razão número um.
- Encoraje os pais dos adolescentes com quem seu filho está convivendo a fazerem o mesmo tipo de monitoramento atento quando os adolescentes estiverem na casa deles.
- Considerando que adolescentes com TDAH têm probabilidade de ter mais parceiros sexuais durante a adolescência e o início da idade adulta, você precisa saber que este é o melhor preditor para contrair infecções sexualmente transmissíveis, sobretudo o papilomavírus humano (HPV), e que infecção pelo HPV é a causa principal de câncer do colo do útero em mulheres (e, de forma progressiva, câncer de garganta em ambos os sexos). Portanto, uma opção a se considerar é vacinar seu filho contra o HPV.

Para mais informações sobre adolescentes com TDAH e sexo, viste estes *websites*:

- Additude magazine:
  - *www.additudemag.com/talking-about-sex-with-your-teen-with-adhd*
- Great Schools:
  - *www.greatschools.org/gk/articles/sexual-relationships-teens-with-ld-or-ad-hd*

De *Treating ADHD in Children and Adolescents,* Russell A. Barkley. Copyright © 2022 The Guilford Press. É permitida a cópia deste material aos consumidores deste livro unicamente para uso pessoal (veja a página sobre direitos autorais para mais detalhes). Estes também podem fazer *download* de cópias adicionais deste material (veja o quadro no final do sumário).

- Healthline:
  - *www.healthline.com/health/adhd/adult-adhd-sex-life*
- Child Mind Institute:
  - *https://childmind.org/article/adhd-in-teenagers*
- Parenting ADHD and Autism:
  - *https://parentingadhdandautism.com/2019/12/pap-076-adhd-teens-sex-relationships-air-tuckman*

FOLHETO 26	RECOMENDAÇÕES SOBRE CONDUÇÃO DE VEÍCULO POR ADOLESCENTES COM TDAH

Os anos da adolescência típica são a idade de pico de risco para qualquer um que dirige um veículo. A causa típica da maioria das colisões é a desatenção do motorista, sobretudo a velocidades mais altas, seguida por serem altamente impulsivos (determinados a correr riscos que outros não correriam). Se o seu filho tem TDAH, aumente esses riscos em 2 a 5 vezes. Então, o que você pode fazer quando a lei permite que adolescentes aprendam a dirigir aos 16 anos (ou mesmo 15)*, e seu filho com TDAH quer fazer isso?

- Esconda as chaves. Mesmo antes de serem elegíveis para dirigir, os adolescentes com TDAH têm muito mais chances do que os adolescentes típicos de pegar o carro dos seus pais para dar uma volta sem permissão e quando não supervisionados.
- Se ele ainda não estiver inclinado a dirigir mesmo depois de ter completado 16 anos, não insista, mesmo que o fato de ele dirigir possa poupar a você o tempo de levá-lo a todos os lugares.
- Quando o adolescente estiver pronto para se candidatar a uma permissão para dirigir, estabeleça com ele um contrato de comportamento que inclua as suas regras que devem ser obedecidas para que o adolescente aprenda a dirigir e use seu(s) carro(s). Diga ao seu filho que você não vai concordar em assinar o pedido de licença provisória se ele não concordar em assinar seu contrato. Este contrato tem claramente especificadas não só as suas regras, mas também as consequências que você vai impor se certas regras forem infringidas. Você pode encontrar um modelo de contrato no final deste folheto.
- Mantenha o adolescente com a licença de aprendiz por um período mais longo. Mesmo que a legislação local diga que um adolescente precisa ter a licença de aprendiz por apenas 3 a 6 meses, duplique-a.
- Um ótimo recurso para ensinar um adolescente com TDAH (ou qualquer adolescente) a dirigir está no *website* do Children's Hospital of Philadelphia. Ele está repleto de recomendações, guias práticos e outros recursos: https://www.teendriversource.org.
- Avalie periodicamente as habilidades do seu filho como motorista usando o formulário contido neste folheto. Faça cópias deste formulário em branco antes de preenchê-lo para que possa avaliar seu adolescente em várias ocasiões enquanto ele está aprendendo a dirigir. Você também pode dar a ele uma cópia do formulário para lhe mostrar as "regras da estrada" e os segredos para habilidades seguras na condução de veículos.
- Caso seu filho tome medicamento para TDAH, certifique-se de que ele esteja medicado quando dirigir. Se o adolescente estiver dirigindo à noite, quando a medicação diária está diminuindo sua ação, peça ao médico para prescrever uma apresentação do medicamento na forma de comprimidos de curta duração para que ele possa tomar quando for dirigir.
- Proíba terminantemente o uso do celular enquanto dirige, nem mesmo o uso no viva-voz que alguns carros podem proporcionar com uma conexão por *Bluetooth*. Atualmente, existem várias tecnologias baratas que podem ser colocadas no carro ou no telefone do seu filho que impedem que o telefone seja usado enquanto o carro está em movimento.

---

* N. de T. O texto refere-se aos Estados Unidos.

De *Treating ADHD in Children and Adolescents,* Russell A. Barkley. Copyright © 2022 The Guilford Press. É permitida a cópia deste material aos consumidores deste livro unicamente para uso pessoal (veja a página sobre direitos autorais para mais detalhes). Estes também podem fazer *download* de cópias adicionais deste material (veja o quadro no final do sumário).

- O maior monitoramento recomendado anteriormente se aplica ao seu filho com TDAH quando ele usa um carro. Tenha na sua cozinha um registro de entrada e saída. Ou faça uma cópia do registro no Formulário 9 neste apêndice.
- Alguns estudos mostram que pessoas com TDAH dirigem melhor e são mais atentas se o carro que estiverem operando tiver transmissão manual, provavelmente porque dirigir um carro com transmissão padrão requer participação mais ativa e mais movimento do que uma transmissão automática.
- Diga ao seu filho para nunca usar o piloto automático, que reduz a participação no ato de dirigir e reduz ainda mais a necessidade de movimento. Infelizmente, até o momento não há tecnologia para desativar o recurso do piloto automático.
- Seu filho adolescente ou adulto jovem com TDAH nunca deve usar álcool ou drogas quando dirigir. (Sim, o uso de bebida alcoólica é ilegal para menores de idade, mas isso não impede que muitos adolescentes usem.)
- Se o filho infringir alguma das suas regras de condução, deve ficar de castigo por uma semana ou duas (dependendo da gravidade da infração) e não ter permissão de usar o carro durante esse período.
- Quando seu filho tiver permissão para ter outros adolescentes no carro, limite o número a apenas um ou dois, e certifique-se de que eles são jovens bons, confiáveis e maduros. Muitos carros atualmente saem de fábrica com tecnologias de direção assistida que incluem direção hidráulica e piloto automático com ajuste de distância, alertas para mudança de pista e alertas para pontos cegos, entre outras. Ainda não existem pesquisas que digam se essas tecnologias ajudam motoristas com TDAH pelo maior *feedback* ou se prejudicam seu desempenho ao reduzir sua participação ativa enquanto dirigem. Portanto, observe seu filho dirigir para avaliar se elas são úteis ou prejudiciais.
- Atualmente, é possível e não muito caro ter dispositivos de bordo para rastreio, como câmeras com SSD no espelho retrovisor, que gravam em vídeo o comportamento do motorista durante significativos aumentos repentinos na velocidade ou frenagem brusca do veículo. Essas informações em vídeo são armazenadas em um *chip* de computador que você pode remover e colocar em um computador para verificar se seu o filho dirigiu bem.

Alguns *websites* com boas informações sobre condução de veículos para adolescentes com TDAH estão listados a seguir:

- WebMD:
  - *www.webmd.com/add-adhd/childhood-adhd/features/teens-driving-adhd#1*
- Additude Magazine:
  - *www.additudemag.com/adhd-driving-tips*

FORMULÁRIO 8 — ESCALA DE AVALIAÇÃO DO COMPORTAMENTO ADOLESCENTE NA CONDUÇÃO DE VEÍCULOS – RELATO DOS PAIS

Pessoa que você está avaliando _____ **Parentesco** _____

Instruções: Para responder à pesquisa, por favor, registre a data e circule o número ao lado de cada item que representa com que frequência você acha que as habilidades listadas a seguir são usadas no desempenho típico do seu filho ao dirigir. Faça cópias deste formulário, que permitirão que você responda à pesquisa várias vezes para que possa ver o progresso que seu filho está fazendo durante seu treinamento como motorista.

	Nunca ou raramente	Às vezes	Frequentemente	Muito frequentemente
1. Antes de ligar o carro, meu filho verifica todos os espelhos, ajusta o assento (quando necessário) e coloca o cinto de segurança.	0	1	2	3
2. No trânsito, meu filho verifica o tráfego no sentido contrário, espera a sua vez e acelera apropriadamente.	0	1	2	3
3. Meu filho dá o sinal de luz antes de fazer uma curva ou mudar de faixa.	0	1	2	3
4. Meu filho se vira e verifica diretamente pelo vidro traseiro se há algum obstáculo ou pessoas no seu caminho antes de dar a ré.	0	1	2	3
5. Meu filho olha diretamente pela janela da esquerda ou o lado do passageiro para verificar seus pontos "cegos" antes de mudar de faixa.	0	1	2	3
6. Meu filho dirige a uma velocidade que está dentro dos limites de velocidade permitidos.	0	1	2	3
7. Meu filho dirige dentro da faixa marcada em uma rodovia, e permanece no seu lado da estrada naquelas de duas faixas.	0	1	2	3
8. Meu filho evita dirigir em pistas de emergência ou pelo acostamento desnecessariamente.	0	1	2	3

Copyright © Russell A. Barkley. Reproduzido com permissão em Treating ADHD in Children and Adolescents. Copyright © 2022 The Guilford Press. Os consumidores deste livro podem fazer cópias e/ou download das versões ampliadas deste material (veja o quadro no final do sumário).

APÊNDICE A

	Nunca ou raramente	Às vezes	Frequentemente	Muito frequentemente
9 Meu filho cede a direita da via a outros motoristas em interseções e rotatórias.	0	1	2	3
10 Meu filho reage rápida e apropriadamente a luzes de freio quando ativadas em veículos à frente.	0	1	2	3
11 Meu filho observa além dos carros à sua frente para identificar obstáculos que podem estar na estrada.	0	1	2	3
12 Meu filho observa e responde apropriadamente ao semáforo (p. ex., parar, se possível, no amarelo, parar no vermelho).	0	1	2	3
13 Meu filho ajusta a velocidade às más condições de tempo que afetam o tráfego e a estrada.	0	1	2	3
14 Meu filho dirige a uma distância apropriada dos veículos à sua frente (pelo menos um carro de distância para cada 16 quilômetros por hora de velocidade).	0	1	2	3
15 Meu filho freia suavemente até parar em interseções marcadas, quando necessário.	0	1	2	3
16 Meu filho mantém as duas mãos no volante enquanto dirige.	0	1	2	3
17 Meu filho dirige lentamente a uma velocidade apropriada quando anda para trás (marcha à ré).	0	1	2	3
18 Meu filho observa e obedece aos sinais de trânsito (pare, ceda a vez, área escolar, junção, etc.).	0	1	2	3
19 Meu filho segue os sinalizadores do caminho (não se perde enquanto dirige).	0	1	2	3
20 Quando vai estacionar, meu filho reduz até uma velocidade segura e estaciona dentro do espaço designado.	0	1	2	3
21 Meu filho mantém a atenção (contato visual) no tráfego e na estrada à sua frequente enquanto dirige.	0	1	2	3
22 Meu filho mantém o volume da música ou outro áudio suficientemente baixo para ouvir sirenes ou buzinas dos outros carros.	0	1	2	3

	Nunca ou raramente	Às vezes	Frequen-temente	Muito frequen-temente
23 Meu filho procura se certificar de que os passageiros que viajam com ele usem seus cintos de segurança.	0	1	2	3
24 Meu filho consulta o GPS antes de dirigir por uma nova área ou nova cidade.	0	1	2	3
25 Meu filho reduz a velocidade e se afasta de equipes de manutenção ou construção que trabalham na rodovia ou próximos a ela.	0	1	2	3
26 Antes de entrar em uma interseção, meu filho verifica os carros que se aproximam para entrar com segurança.	0	1	2	3

APÊNDICE A

FOLHETO 27 — **CONTRATO PARA CONDUÇÃO DE VEÍCULO PELO ADOLESCENTE**

Este contrato é firmado no dia de hoje _____ entre _____ , doravante designado como o Novo Motorista, e seu(s) pai(s) _____ , que terá pleno controle sobre a concessão dos privilégios de dirigir obtidos por meio deste contrato. Ambas as partes entendem e concordam com as seguintes condições:

- Eu, o Novo Motorista, entendo que tenho TDAH, que este é um transtorno biológico, e que ele afeta a minha capacidade de condução de veículos. Meu(s) pai(s) e eu conversamos sobre o TDAH e aceitamos o meu diagnóstico.
- Eu, o Novo Motorista, concordo com todas as regras e diretrizes do programa gradativo de condução de veículo e entendo que cada nível tem uma duração de 6 meses, a menos que estendido por meus pais devido ao não cumprimento das regras.

REGRAS PARA OS NÍVEIS GRADATIVOS DE CONDUÇÃO DE VEÍCULO

Regras diárias

- Medicamento prescrito tomado no horário
- Música mantida em volume baixo
- Predefinir estações de rádio
- Não comer enquanto dirige
- Não falar ao telefone enquanto dirige
- Nenhum outro adolescente no carro
- Absolutamente NADA de álcool
- Dirigir no limite de velocidade exibido

Nível 1: 0-6 meses: Regras diárias, mais dirigir somente durante o dia

Nível 2: 6-12 meses: Regras diárias, mais tempo estendido de direção a critério dos pais

Nível 3: 12-18 meses: Licença integral – direção segura com as regras diárias, mais alguma outra regra combinada com os pais

- Eu, o Novo Motorista, concordo em cumprir todas as normas de segurança postadas no Programa de Condução de Veículo.
- Eu, o Novo Motorista, concordo em fornecer TODAS as informações solicitadas no Registro de Viagens do Programa cada vez que dirigir o carro.
- Eu, o Pai, concordo em conceder os privilégios de dirigir se as normas forem cumpridas, mas tenho o direito e a responsabilidade de verificar as informações fornecidas no Registro de Viagens pelo Novo Motorista.
- Além disso, eu, o Pai, tenho o direito de determinar o não cumprimento das normas e instituir consequências apropriadas, as quais incluem a perda dos privilégios de dirigir.

_____   _____
Assinatura do Novo Motorista   Data

_____   _____
Assinatura do Pai   Data

Copyright © Russell A. Barkley. Reproduzido com permissão em *Treating ADHD in Children and Adolescents*. Copyright © 2022 The Guilford Press. Os consumidores deste livro podem fazer cópias e/ou *download* das versões ampliadas deste material (veja o quadro no final do sumário).

FORMULÁRIO 9 — REGISTRO DE CONDUÇÃO DO ADOLESCENTE

Data: /   /
Medicamentos: (se tomados)   manhã   noite
Hora de saída   :   Leitura do odômetro:
Hora de chegada   :   Leitura do odômetro:
Destino e contato (fornecer localização, nome do contato, endereço e telefone)
Localização e endereço
Nome do contato   Telefone
Rota/quilômetros

Data: /   /
Medicamentos: (se tomados)   manhã   noite
Hora de saída   :   Leitura do odômetro:
Hora de chegada   :   Leitura do odômetro:
Destino e contato (fornecer localização, nome do contato, endereço e telefone)
Localização e endereço
Nome do contato   Telefone
Rota/quilômetros

Data: /   /
Medicamentos: (se tomados)   manhã   noite
Hora de saída   :   Leitura do odômetro:
Hora de chegada   :   Leitura do odômetro:
Destino e contato (fornecer localização, nome do contato, endereço e telefone)
Localização e endereço
Nome do contato   Telefone
Rota/quilômetros

Copyright © Russell A. Barkley. Reproduzido com permissão em *Treating ADHD in Children and Adolescents*. Copyright © 2022 The Guilford Press. Os consumidores deste livro podem fazer cópias e/ou *download* das versões ampliadas deste material (veja o quadro no final do sumário).

RECOMENDAÇÕES SOBRE MANEJO DO FILHO E ORIENTAÇÃO PARENTAL

A seguir, apresento alguns dos métodos mais comumente usados e eficazes para manejar crianças e adolescentes com TDAH – e para orientação aos pais quanto ao manejo do seu próprio TDAH, caso eles tenham o diagnóstico. Do mesmo modo que os outros folhetos e formulários, você pode fazer cópias destes e fornecê-las aos pais dos seus pacientes para que eles os tenham à disposição para usar no manejo de seu filho com TDAH (ou consigo mesmos, caso tenham o transtorno).

FOLHETO 28 — SISTEMA DOMÉSTICO DE FICHAS/PONTOS

Ao tentar manejar uma criança com problemas comportamentais, é comum descobrir que o elogio não é suficiente para motivá-la a realizar as tarefas domésticas, seguir as regras ou obedecer aos comandos. Consequentemente, é necessário montar um programa mais poderoso para motivar a criança. Um desses programas que foi muito exitoso com crianças é o Programa doméstico de fichas (para crianças de 4-7 anos) ou o Sistema doméstico de pontos (para crianças a partir de 8 anos). Seu terapeuta vai lhe explicar em detalhes como montar esse programa, mas há alguns passos a serem seguidos.

PROGRAMA DOMÉSTICO DE FICHAS

1. Encontre ou compre um conjunto de fichas plásticas de pôquer. Se a criança tiver 4 ou 5 anos, cada ficha, independentemente da sua cor, representa 1 ficha. Para crianças de 6 a 8 anos, as cores podem representar diferentes quantidades: branca = 1 ficha, azul = 5 fichas, e vermelha = 10 fichas. Se você usar as cores desta maneira, pegue uma de cada cor, cole em uma pequena folha de cartolina e escreva em cada ficha quantas fichas ela vale. Fixe este cartaz em algum local onde seu filho possa consultar com facilidade.

2. Sentem-se e explique ao seu filho que você acha que ele não tem sido suficientemente recompensado por fazer coisas boas em casa, e você quer mudar tudo isso. Você quer criar um novo programa de recompensas para que seu filho possa receber privilégios e itens especiais por se comportar apropriadamente. Isto confere um tom muito positivo ao programa.

3. Você e seu filho devem criar um banco em que ele vai guardar as fichas recebidas. Os bancos podem ser representados por uma caixa de sapatos, uma lata de café (com uma borda resistente) ou um pote plástico ou outro recipiente durável. Divirtam-se um pouco decorando-o com seu filho.

4. Agora, você e seu filho devem elaborar uma lista dos privilégios que você quer que seu filho ganhe com as fichas de pôquer. Eles devem incluir não apenas privilégios especiais ocasionais (p. ex., ir ao cinema, andar de *roller*, comprar um brinquedo), mas também os privilégios cotidianos que seu filho toma como certos (p. ex., televisão, *videogames*, brinquedos especiais que já estão em casa, andar de bicicleta, ir até a casa de um amigo). Seu terapeuta explicará que tipos de privilégios você pode incluir nesta lista. Procure ter pelo menos 10, e, preferivelmente, 15 recompensas nesta lista.

5. Agora, elabore uma segunda lista que contenha as funções e as tarefas que você frequentemente pede que esta criança realize. Podem ser tarefas típicas em casa, como arrumar a mesa para uma refeição, tirar a mesa depois de uma refeição, limpar o quarto, fazer a cama, esvaziar as latas de lixo, etc. Também inclua na lista coisas como se vestir para a escola, arrumar-se para ir para a cama, fazer a higiene e tomar banho, escovar os dentes ou alguma outra tarefa de autoajuda que você dá a uma criança e que normalmente representa um problema para você. Seu terapeuta poderá ajudá-lo a decidir que tipos de tarefas colocar nesta lista de acordo com a faixa etária de problemas especiais do seu filho.

De *Defiant Children,* Third Edition, Russell A. Barkley Copyright © 2013 The Guilford Press. Reproduzido em *Treating ADHD in Children and Adolescents* (The Guilford Press, 2022). Os consumidores deste livro podem fazer cópias e/ou *download* de cópias adicionais deste material (veja o quadro no final do sumário).

APÊNDICE A

6 A seguir, para cada trabalho ou tarefa na lista, decida quanto você acha que ele vale em fichas. Para 4 e 5 anos de idade, use de 1 a 3 fichas para a maioria das tarefas, e talvez 5 fichas para tarefas realmente importantes. Para 6 a 8 anos, use uma variação de 1 a 10 fichas, e talvez uma quantidade maior para os trabalhos realmente mais importantes. Lembre-se, quanto mais árduo o trabalho, mais fichas você vai pagar.
7 Reserve um momento e some aproximadamente quantas fichas você acha que seu filho vai ganhar em um dia típico se ele fizer a maioria destas tarefas. Então, com este número em mente, decida quantas fichas seu filho deveria ter que pagar para cada uma das recompensas listadas. Em geral, sugerimos que dois terços das fichas diárias de uma criança devem ser gastos em seus privilégios diários típicos. Isto permite que a criança economize cerca de um terço das fichas todos os dias para a compra de alguma das recompensas muito especiais na lista. Não se preocupe com os números exatos a serem usados aqui. Apenas use seu julgamento de quanto cada recompensa deveria custar, seja justo e inclua mais fichas para as recompensas especiais e menos para as diárias.
8 Certifique-se de dizer ao seu filho que ele terá a chance de ganhar fichas "bônus" quando realizar uma tarefa de maneira boa, imediata e aprazível. Você não vai dar essas fichas bônus o tempo todo, mas deve dá-las quando seu filho tiver feito um trabalho de maneira especialmente aprazível e imediata.
9 Certifique-se de dizer à criança que as fichas só serão dadas para trabalhos que são feitos em resposta à sua primeira solicitação. Se você tiver que repetir um comando, ela não receberá nenhuma ficha por realizar a tarefa.
10 Por fim, esta semana saia do roteiro e dê fichas por algum pequeno comportamento apropriado. Lembre-se, você pode recompensar a criança mesmo por bons comportamentos que não estão na lista de tarefas. Esteja alerta a oportunidades de recompensar seu filho.

Nota: Esta semana não tire fichas por mau comportamento! Você pode fazer isso quando seu terapeuta lhe disser para fazer, mas as fichas devem ser usadas APENAS como recompensas esta semana, e não retiradas como punição.

SISTEMA DOMÉSTICO DE PONTOS

1 Pegue um caderno e o organize como um extrato bancário com cinco colunas, cada uma para data, item, depósitos, retiradas e saldo final. Quando seu filho for recompensado com pontos, registre a tarefa na coluna "item" e insira a quantidade como um "depósito". Acrescente isto ao saldo da criança. Quando seu filho comprar um privilégio com seus pontos, anote o privilégio na coluna "item", coloque esta quantidade na coluna "retirada" e deduza esta quantidade do "saldo". O programa funciona de forma semelhante ao sistema de fichas, exceto que os pontos são registrados no livro em vez de usar fichas de pôquer.
2 Crie listas de recompensas/privilégios e tarefas como no programa de fichas recém descrito. Certifique-se de dar a mesma explicação à criança de por que o sistema de pontos está sendo implantado. Mais uma vez, seu terapeuta pode ajudá-lo com essas listas.
3 Quando estiver pronto para determinar o quanto cada tarefa deve ser paga em pontos, use números maiores do que no programa de fichas. Em geral, usamos uma faixa de 5 a 25 pontos para a maioria das tarefas típicas do dia a dia, e até 200 pontos para as tarefas grandes e mais importantes. Tipicamente, você pode considerar pagar 15 pontos para cada 15 minutos de trabalho extra que a criança tenha realizado.
4 Então some quantos pontos você acha que seu filho vai ganhar em um dia médio por realizar tarefas de rotina. Use este número para decidir o quanto cobrar por cada privilégio. Certifique-se de que a criança tenha cerca de um terço dos seus pontos diários para eco-

nomizar para privilégios especiais. Seu terapeuta pode ajudá-lo a decidir o quanto cobrar por cada recompensa.

5 Esta semana, siga as mesmas diretrizes ao usar o sistema de pontos como foram atribuídos para o programa de fichas. Não multe a criança por mau comportamento, e pague pontos à criança somente se ela atender ao primeiro comando ou solicitação. Apenas os pais devem anotar os pontos no caderno.

LEMBRETES

- Revise a lista de recompensas e tarefas a cada mês e acrescente novas a cada lista quando julgar necessário. Verifique com seu filho sobre novas recompensas que ele pode querer colocar na lista.
- Você pode recompensar seu filho com fichas ou pontos para quase todas as formas de bom comportamento. Eles podem até mesmo ser usados para recompensá-lo por não o incomodar ou interromper o seu trabalho.
- Não dê as fichas ou os pontos antes que a criança tenha feito o que lhe foi mandado fazer, somente depois. Mas seja o mais rápido possível ao recompensar a criança pela obediência. Não espere para recompensar!
- Ambos os pais devem usar o sistema de fichas ou pontos para torná-lo o mais efetivo possível.
- Quando você der pontos ou fichas por bom comportamento, sorria e diga à criança o que você gostou que ela tenha feito.

FOLHETO 29 — USANDO UM CARTÃO PARA RELATÓRIO DIÁRIO DO COMPORTAMENTO NA ESCOLA

Um relatório diário do comportamento envolve solicitar que o professor mande para casa uma avaliação do comportamento do seu filho na escola naquele dia, e isso pode ser usado para dar ou retirar as recompensas disponíveis em casa. Estes cartões se revelaram efetivos na modificação de uma gama de problemas com as crianças na escola. Como são convenientes e econômicos, e envolvem tanto o(s) professor(es) quanto os pais, frequentemente são uma das primeiras intervenções que você deve tentar se seu filho estiver exibindo problemas comportamentais na escola. Os relatos do professor podem consistir em uma anotação ou um cartão de relato mais formal. Recomendamos o uso de um cartão formal de relatório do comportamento como aqueles apresentados no final deste folheto. O cartão deve listar os comportamentos-alvo que devem ser o foco do programa no lado esquerdo do cartão. No alto, estão as colunas que correspondem a cada período de aula na escola. O professor atribui um número como avaliação refletindo como a criança se saiu em cada um desses comportamentos em cada período de aula. Alguns exemplos são fornecidos no final deste folheto.

COMO FUNCIONA O CARTÃO DE RELATÓRIO DIÁRIO

Com este sistema, os relatos dos professores são tipicamente mandados para casa todos os dias. À medida que o comportamento da criança melhora, os relatórios diários podem ser reduzidos a duas vezes por semana (p. ex., quartas e sextas), uma vez por semana, ou mesmo mensalmente, e, por fim, retirados completamente. Uma variedade de cartões de relatório diário pode ser desenvolvida e adequada ao seu filho. Alguns dos comportamentos-alvo do programa podem incluir a conduta social (compartilha, brinca bem com os pares, segue as regras) e desempenho acadêmico (realiza as tarefas de matemática ou leitura). O foco no baixo desempenho acadêmico (fraca produção do trabalho) pode ser especialmente eficaz. Exemplos de comportamentos a serem visados incluem concluir todo o trabalho (ou uma parte especificada), permanecer no assento designado, seguir as orientações do professor e brincar cooperativamente com os outros. Comportamentos negativos (p. ex., agressão, destruição, gritos) também podem ser incluídos como comportamentos-alvo a serem reduzidos pelo programa. Além do foco no desempenho em classe, o dever de casa pode ser incluído. As crianças às vezes têm dificuldade de se lembrar de levar para casa as tarefas do dever de casa. Elas também podem fazer seu dever de casa, mas esquecer de trazê-lo de volta para a escola no dia seguinte. Cada uma dessas áreas pode ser um alvo em um programa de cartões de relatório diário na escola.

É recomendável que o número de comportamentos-alvo em que você trabalhar se mantenha em torno de quatro ou cinco. Inicie focando em apenas alguns comportamentos que deseja mudar para ajudar a maximizar o sucesso do seu filho no programa. Quando esses comportamentos estiverem correndo bem, você pode acrescentar mais alguns comportamentos problemáticos como alvos para mudança. Recomendamos incluir pelo menos um ou dois comportamentos positivos em que a criança atualmente esteja se saindo bem para que ela consiga ganhar alguns pontos durante o começo do programa.

Em geral, as crianças são monitoradas durante o dia letivo. No entanto, para ter êxito com problemas de comportamento que ocorrem muita frequência, você pode inicialmente fazer avaliações da criança em uma parte do dia, por exemplo, em uma ou duas disciplinas ou aulas. À medida que o comportamento da criança melhorar, o cartão pode ser ampliado gradualmente para incluir mais períodos e disciplinas até que a criança esteja sendo monitorada durante o dia todo. Nos casos em que a criança frequenta várias classes diferentes ensinadas por professores diferentes, o programa pode envolver alguns ou todos os professores, dependendo da

---

De *Defiant Children,* Third Edition, Russell A. Barkley Copyright © 2013 The Guilford Press. Reproduzido em *Treating ADHD in Children and Adolescents* (The Guilford Press, 2022). Os consumidores deste livro podem fazer cópias e/ou *download* de cópias adicionais deste material (veja o quadro no final do sumário).

necessidade de ajuda em cada uma dessas classes. Quando mais de um professor for incluído no programa, um único cartão de relatório pode incluir espaço para todos os professores avaliarem a criança. Ou então, podem ser usados diferentes cartões para cada classe e organizados em um caderno para a criança transportar entre as classes. Novamente, os cartões apresentados no final deste folheto podem ser úteis, pois têm colunas que podem ser usadas para avaliar a criança pelo mesmo professor no fim de cada aula ou por diferentes professores.

O sucesso do programa depende de um método claro e consistente para traduzir os relatos do professor em consequências em casa. Uma vantagem dos cartões de relatório do comportamento na escola é que pode ser usada uma ampla variedade de consequências. No mínimo, um elogio e atenção positiva devem ser dados em casa sempre que uma criança se sair bem naquele dia na escola, conforme apresentado no cartão. Com muitas crianças, no entanto, geralmente são necessários programas de recompensas ou fichas tangíveis. Por exemplo, uma anotação positiva pode se traduzir em tempo de televisão, um lanche especial ou poder dormir mais tarde. Também pode ser incluído um sistema de fichas em que a criança ganhe pontos por avaliações positivas no comportamento e perca pontos por avaliações negativas. Recompensas diárias (p. ex., um tempo com o pai, sobremesa especial, tempo de televisão) e também recompensas semanais (p. ex., cinema, jantar em um restaurante, saída especial) podem ser incluídas no programa.

VANTAGENS DO RELATÓRIO DIÁRIO

De modo geral, o relatório do comportamento na escola pode ser tão ou mais eficaz do que programas de manejo do comportamento baseados na sala de aula, com eficácia aumentada quando combinado com programas baseados na sala de aula. Os relatórios diários parecem particularmente adequados para crianças porque elas em geral se beneficiam com o *feedback*. Esses programas também oferecem aos pais um *feedback* mais frequente do que o que normalmente seria fornecido pela criança. Como você sabe, a maioria das crianças, quando questionadas de como foi seu dia na escola, dão uma resposta com uma palavra, "Bom",

que pode não ser precisa. Estes programas de relatório diário também podem lembrar os pais de quando recompensar o comportamento de um filho e alertá-lo quando o comportamento estiver se tornando um problema na escola, requerendo um trabalho mais intensivo. Além disso, o tipo e a qualidade das recompensas disponíveis em casa geralmente são muito mais extensos do que os disponíveis na sala de aula, um fator que pode ser fundamental com crianças que precisam de recompensas mais robustas.

Além destes benefícios, os relatórios diários da escola geralmente requerem muito menos tempo e esforço do professor do seu filho do que os programas baseados na sala de aula. Consequentemente, os professores que não conseguiram iniciar um programa de manejo em sala de aula têm muito mais chance de cooperar com um relatório diário que venha de casa.

Apesar do sucesso expressivo dos programas de relatório diário, a eficácia do programa depende que o professor avalie acuradamente o comportamento da criança. Ele também está articulado com o uso justo e consistente das consequências em casa. Em alguns casos, as crianças podem tentar boicotar o sistema, não levando um relatório para casa. Elas podem forjar a assinatura de um professor ou não obter a assinatura de um determinado professor. Para desencorajar estas práticas, as anotações ou assinaturas que faltam devem ser tratadas de alguma forma como um "mau" relatório (i. e., a criança não ganha pontos ou é multada, perdendo privilégios ou pontos). A criança pode, ainda, receber castigo naquele dia (sem privilégios) por não trazer o relatório para casa.

ALGUNS EXEMPLOS DE RELATÓRIOS DIÁRIOS DA ESCOLA

Vários tipos de cartões com relatórios do comportamento na escola que se baseiam em avaliações diárias do comportamento na escola são discutidos aqui. São fornecidos dois exemplos no final deste folheto. Estes são os cartões que recomendamos que a maioria dos pais use se quiser iniciar rapidamente um relatório do comportamento na escola. Um cartão é para o comportamento na sala de aula, o outro é para o comportamento no recreio. Use o cartão que for mais apropriado para o problema que seu filho está tendo na escola. São fornecidos dois conjuntos de cada cartão para que você possa fazer cópias dessa página e então corte a página pela metade para duplicar o número de cartões.

Observe que cada cartão contém cinco áreas de problemas de comportamento potenciais que as crianças podem apresentar. Para o cartão com o relatório do comportamento em aula, são fornecidas colunas para até sete professores diferentes avaliarem a criança nestas áreas do comportamento ou para que um professor avalie muitas vezes ao longo do dia letivo. Constatamos que quanto mais frequentes as avaliações, mais efetivo é o *feedback* para a criança, e mais informativo é o programa para você. O professor coloca sua rubrica na parte inferior da coluna depois de avaliar o desempenho da criança durante aquele período de aula para evitar falsificação. Se levar para casa o dever de casa correto for um problema para algumas crianças, o professor pode solicitar que a criança copie o dever de casa para aquele período de aula nas costas do cartão antes de concluir as avaliações para aquele período. Depois disso, o professor meramente examina o verso do cartão para verificar a precisão com que a criança copiou a tarefa e então completa as avaliações na frente do cartão. Para avaliações especificamente negativas, também encorajamos os professores a lhe fornecer uma breve explicação sobre o que resultou naquela pontuação negativa. Os professores avaliam as crianças usando um sistema de 5 pontos (1 = excelente; 2 = bom, 3 = razoável, 4 = ruim e 5 = péssimo).

A criança leva um novo cartão para a escola a cada dia. Estes cartões podem ser guardados na escola, e um novo cartão é emitido a cada manhã, ou você pode fornecer o cartão quando seu filho sair para a escola, o que tiver mais chance de ser feito de forma consistente. Assim que a criança voltar para casa, você deve imediatamente inspecionar o cartão, primeiro discutindo com seu filho as avaliações positivas, e então prossiga para uma discussão mais séria (não raivosa!) sobre os pontos negativos e a razão para eles. Seu filho deve ser solicitado a formular um plano de como evitar obter uma pontuação negativa no dia seguinte. Você deve lembrá-lo deste plano na manhã seguinte antes que ele saia para a escola. Depois que a criança formular o plano, você deve atribuir pontos ao seu filho para cada avaliação positiva no cartão e deduzir os pontos para cada negativa. Por exemplo, uma criança pequena no ensino fundamental pode receber cinco fichas para um 1, três fichas para um 2 e uma ficha para um 3, sendo multada com três fichas por um 4 e cinco fichas por um 5 no cartão. Para crianças maiores, os pontos podem ser 25, 15, 5, -15 e -25, respectivamente, para avaliações de 1 a 5 no cartão. As fichas ou os pontos são somados e as multas subtraídas, e a criança pode então gastar o que restou dessas fichas nos privilégios que constam no cardápio doméstico de recompensas.

Outro programa com cartão de relatório diário é fornecido para lidar com problemas de comportamento e relacionamento com os outros durante períodos de recreio na escola ou períodos de tempo livre a cada dia. Mais uma vez, são fornecidos dois cartões na página, para que você possa fazer cópias da página e cortá-las ao meio para duplicar o número de cartões. O cartão deve ser preenchido pelo professor encarregado da supervisão durante cada intervalo ou período de tempo livre. O cartão é inspecionado pelo professor da classe quando a criança retorna para a sala de aula, e depois deve ser mandado para casa para, conforme acabamos de discutir, ser usado em um sistema doméstico de fichas/pontos. O professor na sala de aula também deve ser instruído a usar com a criança um procedimento do tipo "pense em voz alta-pense antecipadamente" um pouco antes de a criança sair para o intervalo ou tempo livre. Neste procedimento, o professor (1) revisa com a criança as regras para o comportamento apropriado no intervalo e observa que elas estão escritas no cartão, (2) lembra a criança de que ela está sendo observada pelo professor responsável no intervalo e (3) direciona a criança para dar o cartão imediatamente para o monitor do intervalo para que ele avalie seu comportamento durante o intervalo ou tempo livre.

Como estes cartões ilustram, praticamente qualquer comportamento da criança pode ser o alvo do tratamento usando os cartões com relatório do comportamento. Se os cartões aqui apresentados não forem adequados para os problemas de comportamento do seu filho na escola, então elabore um novo cartão com a assistência do seu terapeuta, usando os cartões em branco fornecidos no final deste folheto. Eles não demandam muito tempo para ser elaborados e podem ser muito úteis para melhorar o comportamento e o desempenho escolar de uma criança.

RELATÓRIO DIÁRIO DO COMPORTAMENTO NA ESCOLA

Nome da criança _____ **Data** _____
Professores: _____

Por favor, avaliem o comportamento da criança hoje nas áreas listadas a seguir. Usem uma coluna separada para cada disciplina ou período de aula. Usem as seguintes avaliações: 1 = excelente, 2 = bom, 3 = razoável, 4 = ruim e 5 = péssimo. Depois, rubriquem o quadro na parte inferior da sua coluna. Acrescente algum comentário sobre o comportamento da criança hoje no verso do cartão.

Comportamentos a serem avaliados	Períodos de aula/disciplinas						
	1	2	3	4	5	6	7
Participação em aula							
Desempenho no trabalho escolar							
Segue as regras da sala de aula							
Bom relacionamento com as outras crianças							
Qualidade do dever de casa, se dado							
Rubrica do professor							

Escreva os comentários no verso do cartão.

-------------------------------- Recorte aqui depois de fazer cópia --------------------------------

RELATÓRIO DIÁRIO DO COMPORTAMENTO NA ESCOLA

Nome da criança _____ **Data** _____
Professores: _____

Por favor, avaliem o comportamento da criança hoje nas áreas listadas a seguir. Usem uma coluna separada para cada disciplina ou período de aula. Usem as seguintes avaliações: 1 = excelente, 2 = bom, 3 = razoável, 4 = ruim e 5 = péssimo. Depois, rubriquem o quadro na parte inferior da sua coluna. Acrescente algum comentário sobre o comportamento da criança hoje no verso do cartão.

Comportamentos a serem avaliados	Períodos de aula/disciplinas						
	1	2	3	4	5	6	7
Participação em aula							
Desempenho no trabalho escolar							
Segue as regras da sala de aula							
Bom relacionamento com as outras crianças							
Qualidade do dever de casa, se dado							
Rubrica do professor							

Escreva os comentários no verso do cartão.

De *Defiant Children,* Third Edition, Russell A. Barkley Copyright © 2013 The Guilford Press. Reproduzido em *Treating ADHD in Children and Adolescents* (The Guilford Press, 2022). Os consumidores deste livro podem fazer cópias e/ou *download* de cópias adicionais deste material (veja o quadro no final do sumário).

APÊNDICE A

RELATÓRIO DIÁRIO DO COMPORTAMENTO NA ESCOLA

Nome da criança _____ Data _____

Professores: _____

Por favor, avaliem o comportamento da criança hoje nas áreas listadas a seguir. Usem uma coluna separada para cada disciplina ou período de aula. Usem as seguintes avaliações: 1 = excelente, 2 = bom, 3 = razoável, 4 = ruim e 5 = péssimo. Depois, rubriquem o quadro na parte inferior da sua coluna. Acrescente algum comentário sobre o comportamento da criança hoje no verso do cartão.

Comportamentos a serem avaliados	Períodos de aula/disciplinas							
	1	2	3	4	5	6	7
Rubrica do professor							

Escreva os comentários no verso do cartão.

-------------------- Recorte aqui depois de fazer cópia --------------------

RELATÓRIO DIÁRIO DO COMPORTAMENTO NA ESCOLA

Nome da criança _____ Data _____

Professores: _____

Por favor, avaliem o comportamento da criança hoje nas áreas listadas a seguir. Usem uma coluna separada para cada disciplina ou período de aula. Usem as seguintes avaliações: 1 = excelente, 2 = bom, 3 = razoável, 4 = ruim e 5 = péssimo. Depois, rubriquem o quadro na parte inferior da sua coluna. Acrescente algum comentário sobre o comportamento da criança hoje no verso do cartão.

Comportamentos a serem avaliados	Períodos de aula/disciplinas							
	1	2	3	4	5	6	7
Rubrica do professor							

Escreva os comentários no verso do cartão.

De *Defiant Children,* Third Edition, Russell A. Barkley Copyright © 2013 The Guilford Press. Reproduzido em *Treating ADHD in Children and Adolescents* (The Guilford Press, 2022). Os consumidores deste livro podem fazer cópias e/ou *download* de cópias adicionais deste material (veja o quadro no final do sumário).

RELATÓRIO DIÁRIO DO COMPORTAMENTO DURANTE O RECREIO E PERÍODOS LIVRES

Nome da criança _____ **Data** _____
Professores: _____

Por favor, avaliem o comportamento da criança hoje durante o recreio ou em outros períodos livres nas áreas listadas a seguir. Use uma coluna separada para cada recreio/período livre. Usem as seguintes avaliações: 1 = excelente, 2 = bom, 3 = razoável, 4 = ruim e 5 = péssimo. Depois, rubriquem o quadro na parte inferior da sua coluna. Adicione qualquer comentário no verso do cartão.

Comportamentos a serem avaliados	Recreio e períodos livres						
	1	2	3	4	5	6	7
Não toca nos outros; não empurra ou esbarra nos outros							
Não provoca, nem insulta ou rebaixa os outros							
Segue as regras de recreio e tempo livre							
Se dá bem com outras crianças							
Não briga nem bate; não dá chutes nem socos							
Rubrica do professor							

Escreva os comentários no verso do cartão.

-------------------------------------- Recorte aqui depois de fazer cópia --------------------------------------

RELATÓRIO DIÁRIO DO COMPORTAMENTO DURANTE O RECREIO E PERÍODOS LIVRES

Nome da criança _____ **Data** _____
Professores: _____

Por favor, avaliem o comportamento da criança hoje durante o recreio ou em outros períodos livres nas áreas listadas a seguir. Use uma coluna separada para cada recreio/período livre. Usem as seguintes avaliações: 1 = excelente, 2 = bom, 3 = razoável, 4 = ruim e 5 = péssimo. Depois, rubriquem o quadro na parte inferior da sua coluna. Adicione qualquer comentário no verso do cartão.

Comportamentos a serem avaliados	Recreio e períodos livres						
	1	2	3	4	5	6	7
Não toca nos outros; não empurra ou esbarra nos outros							
Não provoca, nem insulta ou rebaixa os outros							
Segue as regras de recreio e tempo livre							
Se dá bem com outras crianças							
Não briga nem bate; não dá chutes nem socos							
Rubrica do professor							

Escreva os comentários no verso do cartão.

De *Defiant Children,* Third Edition, Russell A. Barkley Copyright © 2013 The Guilford Press. Reproduzido em *Treating ADHD in Children and Adolescents* (The Guilford Press, 2022). Os consumidores deste livro podem fazer cópias e/ou *download* de cópias adicionais deste material (veja o quadro no final do sumário).

APÊNDICE A

FOLHETO 30 — ACOMODAÇÕES NA SALA DE AULA PARA CRIANÇAS E ADOLESCENTES COM TDAH

MANEJO NA SALA DE AULA: CONSIDERAÇÕES BÁSICAS

- Não deixe que a criança repita de ano! Pesquisas mostram que isto prejudica, não ajuda. Em vez disso, tenha um plano de tratamento.
- Use as primeiras semanas do ano letivo para estabelecer o controle comportamental.
- Reduza a carga de trabalho total.
- Dê cotas de trabalho menores a cada vez, com intervalos frequentes (p. ex., 5 problemas de cada vez, não 30).
- Use a organização tradicional das carteiras (i. e., organize as cadeiras voltadas para a área de ensino).
- Sente uma criança com TDAH perto da área de ensino para possibilitar maior supervisão e responsabilidade.
- Foque primeiro na produtividade (número de problemas tentados); foque na precisão depois.
- Não mande para casa trabalho de aula não concluído.
- Dê tarefas semanais como dever de casa, assim os pais podem planejar sua semana de acordo.
- Reduza/elimine o dever de casa para crianças em séries do Ensino Fundamental (as pesquisas não demonstram com clareza que o dever de casa beneficie as crianças antes do Ensino Médio).
- Se for dado dever de casa, limite a um total de 10 minutos x a série na escola.
- Permita alguma movimentação na área de trabalho.
- Faça intervalos frequentes com exercícios físicos.
- Obtenha fichas codificadas por cores e outros sistemas comerciais de organização.
- Experimente textos com codificação por cores, usando marcadores de texto para destacar pontos importantes.
- Use ensino participativo: dê alguma coisa para os alunos fazerem para ajudá-lo enquanto ensina.
- Faça os alunos praticarem habilidades em computadores – use *software* com programas para ensaiar habilidades.
- Experimente lousas de trabalho, não respostas impulsivas. Cada criança recebe um quadro branco e um marcador, e, quando são feitas perguntas, todos escrevem a resposta no seu quadro e o erguem no ar. Só chame alguém depois que todos os quadros estiverem erguidos.
- Designe um "parceiro de estudos" para o dever de casa.
  - Faça uso da tutoria de pares fora da escola (veja a seguir).
- Intercale atividades pouco atrativas com atividades muito atrativas para manter o nível de interesse.
- Seja mais animado, teatral e dramático quando ensinar (torne interessante!).
- Toque quando falar com uma criança com TDAH (coloque a mão sobre a mão, braço ou ombro da criança).
- Programe os assuntos mais difíceis para os primeiros períodos do dia escolar.

De *Attention-Deficit Hyperactivity Disorder: A Clinical Workbook,* Third Edition, Russell A. Barkley e Kevin R. Murphy. Copyright © 2006 The Guilford Press. Reproduzido em *Treating ADHD in Children and Adolescents* (The Guilford Press, 2022). Os consumidores deste livro podem fazer cópias e/ou *download* de cópias adicionais deste material (veja o quadro no final do sumário).

- Use instrução direta, aprendizagem programada ou materiais de ensino altamente estruturados.
- Peça que a criança antecipe os objetivos do trabalho ("Quantos problemas você pode fazer para mim?").
- Treine digitação e o uso do processador de texto assim que possível.
- Use sessões de ajuda depois da escola, tutoria, livros gravados e vídeos para reforçar o trabalho em aula.
- Solicite que sejam tomadas notas continuamente durante as aulas expositivas e durante a leitura.

TUTORIA DE PARES

- Crie e distribua *scripts* (folhas de exercícios).
- Ensine conceitos e habilidades novos para a classe.
- Forneça instruções iniciais para o trabalho que deve ser feito.
- Divida a classe em díades (pares).
- Proponha que um aluno seja o tutor e questione o outro.
- Circule, supervisione e treine as duplas.
- Alterne quem desempenha qual papel (tutor vs. aluno) na díade.
- Agrupe os alunos em novas duplas semanalmente.
- Faça um gráfico e poste os resultados do *quiz*.

MANEJO NA SALA DE AULA: AUMENTANDO OS INCENTIVOS

- Aumente elogios, aprovação, apreciação.
  - Seja um gerente-minuto (muitos elogios curtos durante o dia).
- Use um sistema de fichas ou pontos para organizar as consequências.
- Peça que os pais mandem jogos/brinquedos antigos para incrementar o estoque da classe.
- Consiga um *videogame* doado para a classe.
- Experimente recompensas baseadas em times (grupo) (quatro ou cinco alunos por time; os times competem).
- Experimente uma fita gravada com tons como autorrecompensas.
  - Crie uma fita em áudio com uma programação de tons frequentes, com intervalos variáveis.
  - Diga aos alunos que, quando o tom soar enquanto eles estão fazendo o trabalho de mesa, eles devem se autoavaliar e se autorrecompensar com um ponto caso estivessem trabalhando quando o tom soou.
- Permita o acesso a recompensas com frequência (todos os dias ou mais frequentemente).
- Mantenha entre recompensa e punição uma proporção de 2:1 ou mais, assim a aula permanece recompensadora, não punitiva.
- Considere o uso de um cartão como o relatório diário do comportamento.

COLOCANDO AS REGRAS E O TEMPO EM FORMAS FÍSICAS

- Divulgue as regras em cartazes para cada período de trabalho.
- Crie um sinal de "pare" de três lados com as regras da classe para crianças pequenas:
  - Vermelho = aula expositiva, amarelo = trabalho de mesa, verde = recreação livre.

- Coloque sobre as carteiras conjuntos de cartões codificados por cores, com um grupo de regras para cada disciplina ou atividade de classe.
- Faça a criança repetir as regras no começo de cada atividade.
- Faça a criança usar autoinstrução vocal suave durante o trabalho.
- Crie "gravações insistentes" (encorajamento gravado pelo pai e pela mãe com lembretes das regras para o comportamento durante as tarefas); a criança pode ouvi-las durante o trabalho de mesa.
- Use cronômetros, relógios, alertas temporais gravados ou outros dispositivos para mostrar quanto tempo restante as crianças têm para uma atividade.

TREINANDO AUTOCONSCIÊNCIA

- Faça a criança registrar sua produtividade no trabalho em um quadro ou gráfico diário em exposição pública.
- Faça a criança se autoavaliar em um cartão diário da conduta.
- Dê a dica para a criança se automonitorar dizendo "Tartaruga", quando então:
  - A criança interrompe o que está fazendo, colocando as mãos e as pernas muito próximas.
  - A criança lentamente olha em volta na sala de aula.
  - A criança se pergunta "O que foi pedido que eu faça?"
- A criança retorna à tarefa designada.
- Faça a criança usar um dispositivo tátil de alerta, o MotivAider (uma pequena caixa vibratória com um temporizador digital; disponível em *www.amazon.com*). Programe o temporizador para periodicamente alertar a criança a prestar atenção a você.
- Use dicas não verbais confidenciais para adolescentes (p. ex., diga a eles que, se você deixar cair um clipe de papel perto da mesa deles, não foi acidentalmente). Para o adolescente, será uma dica para ele prestar atenção em você.
- Em casos graves, considere gravar a criança em vídeo na classe para a sessão de *feedback* semanal com o psicólogo da escola.

POSSÍVEIS MÉTODOS DE PUNIÇÃO

- Consulte o diretor da escola sobre as políticas do distrito sobre punição!
- Personalize repreensões leves, privadas e diretas (vá até a criança, toque a criança no braço ou no ombro, faça uma breve declaração corretiva).
- Imediatez é a chave para disciplina: justiça rápida! O que faz a punição funcionar é a velocidade com a qual é implementada após o mau comportamento.
- Tente o procedimento "Faça uma tarefa":
  - Coloque uma mesa no fundo da classe com folhas de exercícios empilhadas sobre ela.
  - Quando uma criança se comportar mal, diga o que ela fez de errado e lhe dê um número.
  - A criança vai até a mesa e faz esse número de folhas de exercícios durante uma pausa.
  - Quando o trabalho estiver pronto, a criança o coloca sobre a mesa do professor e retorna ao seu lugar normal.
- Use o custo da resposta (perda de fichas ou um privilégio contingente ao mau comportamento).
- Solicite redações com cunho moral: peça que a criança escreva: "Por que eu não devo ... [p. ex., bater em outra criança]".
- Estabeleça um local para "esfriar a cabeça" para recuperar o controle emocional.
- Use pausas formais em classe ou em uma sala privada (pausas no corredor não funcionam).

- Use suspensões na escola para alunos com transtornos comportamentais/emocionais somente em casos graves.

MANEJO NA SALA DE AULA: DICAS PARA ADOLESCENTES

- Considere o uso de medicamento nos dias letivos (faça os pais pagarem o adolescente por dia, se necessário).
- Encontre um "técnico" ou "mentor" na escola a quem dará apenas 15 minutos para ajudar um adolescente.
  - A sala do técnico é o "armário" do aluno.
  - Agende três verificações de 5 minutos ao longo do dia letivo: o adolescente vai até o técnico nesse momento para revisar o dia, a folha de tarefas e o cartão com relatório diário do comportamento, e tem uma conversa motivacional para o adolescente prosseguir até o próximo encontro de acompanhamento.
- Combine com um dos membros da equipe da escola para que ele seja um tipo de "Assistente-TDAH", que servirá como um intermediário para resolver questões do manejo dos sintomas entre os pais e a escola.
- Use folhas de tarefas diárias para registrar o dever de casa.
- Use um cartão diário ou semanal para o comportamento na escola (com possível passagem para autoavaliação depois de 2 ou mais boas semanas).
- Providencie para que o adolescente tenha um conjunto extra de livros em casa.
- Encoraje o adolescente a aprender habilidades de digitação.
- Grave aulas importantes para os adolescentes ouvirem posteriormente quando estudarem.
- Sugira o sistema "grana por As" (notas boas = R$ dos pais).
- Programe as aulas mais difíceis para as manhãs.
- Alterne as aulas obrigatórias com eletivas.
- Não há evidências de que permitir um tempo extra nas provas cronometradas ajude; é melhor ter um ambiente de prova livre de distrações.
- Permita música durante o dever de casa.
- Coloque resumos escritos em folhetos para revisão e estudo.
- Solicite que sejam tomadas notas em classe e durante a leitura para ajudar o adolescente a prestar atenção.
- Faça o adolescente aprender o sistema "Pesquise Questões para Leitura" (SQ4R, do inglês *survey questions 4 read*) para reforçar a compreensão da leitura:
  - Primeiro, pesquise o material e elabore perguntas.
  - Então leia, recite, escreva e revise depois de cada parágrafo.
- Experimente tutoria de pares em classe (veja acima).
- Encoraje o adolescente a "estudar com um colega" depois da escola.
- Encontre colegas a quem recorrer (com quem troque números de telefone, *e-mail* e *fax*) no caso de folhas de tarefas perdidas ou esquecidas.
- Providencie para que o adolescente participe de sessões de ajuda depois da escola sempre que oferecidas.
- Agende reuniões de revisão do pai-professor com o adolescente a cada 6 semanas (não no período de provas).

APÊNDICE A

| FOLHETO 31 | RECOMENDAÇÕES PRÁTICAS PARA LIDAR COM O TDAH NA IDADE ADULTA |

- Tome medicamento para TDAH para os dias de escola/trabalho (ou mais frequentemente).
- Encontre um "técnico" ou "mentor" (por apenas 15 minutos por dia).
- Reúna-se com esta pessoa duas ou três vezes por dia, por 5 minutos, para revisar seu progresso na direção dos seus objetivos nesse dia.
- Reponsabilidade ao longo do tempo é a chave para o sucesso.
- Identifique um "Assistente-TDAH" nos serviços de apoio para pessoas com deficiências no trabalho ou na faculdade, e use os serviços desta pessoa frequentemente.
- Use um calendário ou uma agenda para as tarefas diárias – escreva aqui tudo (!) o que você precisa fazer, em um único lugar, e carregue sempre com você.
- Use cartões diários ou semanais de relatório do comportamento para que os supervisores possam avaliá-lo na revisão frequente do seu trabalho.
- Use processador de texto em vez de manuscrito para relatórios extensos.
- Grave aulas ou reuniões importantes.
- Obtenha anotações extra, materiais do currículo ou outros documentos para ajudá-lo a lembrar dos conteúdos das reuniões e das aulas.
- Obtenha sistemas organizadores do material escolar, planejadores diários e/ou assistentes de dados pessoais (verifique na loja de aplicativos dos seu *smartphone* ou *tablet*).
- Programe as aulas/reuniões/o trabalho mais difíceis para o horário da manhã, quando você está mais descansado e mais atento.
- Alterne o trabalho ou os cursos necessários, mas entediantes, com trabalho ou aulas eletivas prazerosos.
- Tempo extra nas provas cronometradas pode não funcionar ou pode não ser suficiente; não há evidências até o momento que mostrem que isto ajuda aqueles com TDAH. É melhor ter ambientes de provas livres de distração.
- Faça exercícios físicos antes de provas, aulas ou reuniões entediantes.
- Tome notas constantemente para reforçar a concentração em aulas ou reuniões enfadonhas.
- Use um dispositivo tátil de alerta, o MotivAider (disponível em www.amazon.com, para frequentemente reestimular seu estado de alerta ou autoconsciência e seu foco em seu objetivo.
- Aprenda o sistema "Pesquise Questões para Leitura" (SQ4R, do inglês *survey questions 4 read*) para compreensão de alguma leitura mais extensa que deve ser feita:
  - Primeiro examine o material e elabore perguntas.
  - Então leia, recite, escreva e revise depois de cada parágrafo.
- Encontre um par, colega de aula ou colega de trabalho que possa ser seu tutor em assuntos difíceis.
- Trabalhe como parte de uma equipe com pessoas mais organizadas.
- Encontre colegas de trabalho ou de faculdade a quem recorrer (com quem troque números de telefone, *e-mail, fax*) para quando você tiver perdido ou deixado passar alguma tarefa, para que possa obtê-la quando estiver fora do trabalho ou da classe.

De *Attention-Deficit Hyperactivity Disorder: A Clinical Workbook*, Third Edition, Russell A. Barkley e Kevin R. Murphy. Copyright © 2006 The Guilford Press. Reproduzido em *Treating ADHD in Children and Adolescents* (The Guilford Press, 2022). Os consumidores deste livro podem fazer cópias e/ou *download* de cópias adicionais deste material (veja o quadro no final do sumário).

- Frequente as sessões de ajuda depois da aula (ou depois do trabalho) sempre que oferecidas.
- Agende com frequência reuniões de revisão com alguém do corpo docente ou supervisor – a cada 3-6 semanas (não no final do período de avaliação).
- Fique atento ao uso de cafeína e nicotina – elas podem inicialmente ajudar na sua atenção, mas adultos com TDAH são mais propensos a usar em excesso e se tornar dependentes dessas substâncias.
- Procure manejar melhor seu uso de outras substâncias legais como álcool e evite completamente substâncias ilegais.
- Desenvolva padrões de exercícios regulares (três ou mais vezes por semana) para maior atenção, melhor saúde, melhor manejo do estresse, etc.
- Obtenha aconselhamento e informações sobre o TDAH.
- Considere terapia cognitivo-comportamental (TCC) para ajudá-lo a desenvolver autodeclarações mais construtivas.
- Obtenha orientação, assistência e livros sobre gerenciamento e organização do tempo (consulte especialistas nesta área, se disponíveis).
- Responsabilize-se publicamente perante os outros mais frequentemente pela definição de objetivos pessoais e programas de automudança (dieta, perda de peso, economizar dinheiro, gerenciar as finanças, conduta social, etc.).
- Faça uma avaliação vocacional e/ou um aconselhamento de carreira para obter uma melhor adequação entre você e seu ambiente de trabalho.
- Faça uma consulta com um profissional sobre seu empregador, quando necessário (para proteções e acomodações segundo a legislação).
- Obtenha aconselhamento conjugal ou familiar, se necessário.
- Obtenha tratamento para outros transtornos, se necessário (depressão, ansiedade, etc.)
- Obtenha tratamento para abuso de substância, se necessário.
- Tem um problema para resolver? Tente o seguinte com uma folha de papel e um lápis:
  - Seis passos para a solução efetiva de problemas:
    1. Defina o problema: anote-o e mantenha-se focado na tarefa.
    2. Gere uma lista de todas as soluções possíveis. Não são permitidas críticas nesta etapa.
    3. Depois de listadas todas as soluções, critique brevemente cada possibilidade.
    4. Escolha a opção mais aceitável.
    5. Faça um contrato para este comportamento (assine-o).
    6. Estabeleça penalidades por quebrar o contrato.

APÊNDICE A

FOLHETO 32 — PARENTALIDADE COM TDAH

Os pais de crianças com TDAH têm 5 a 7 vezes mais probabilidade de terem esse transtorno do que os pais de crianças típicas. Pesquisas mostram consistentemente que ter TDAH adulto pode ter alguns efeitos adversos mesmo na parentalidade de crianças típicas, mas sobretudo de uma criança que também tem TDAH. O que você pode fazer para ajudar se você também tiver TDAH?

- Tenha seu TDAH avaliado e tratado. Se ele for moderado a grave, use medicamento para TDAH. Você não poderá criar seus filhos tão bem quanto gostaria se o seu próprio TDAH estiver fora de controle.
- Tenha seus filhos avaliados para possível TDAH e transtornos relacionados, e trate-os se ainda não fez isso profissionalmente.
- Faça um curso de treinamento parental comportamental em uma clínica de saúde mental próxima, escola de medicina, universidade, hospital ou centro de saúde mental da sua região. Pais com TDAH não se saem bem nestas classes se o seu próprio TDAH não estiver sendo tratado, portanto trate seu TDAH antes de iniciar uma destas classes.
- Peça que o genitor que não tem TDAH gerencie o dever de casa, especialmente se o seu TDAH não estiver sendo tratado. A maioria dos pais não são bons tutores para seus filhos, portanto você pode apostar que um com TDAH também não será tão bom nisso.
- Alternem os cuidados noturnos com a criança – os pais se revezam no manejo dos filhos em noites alternadas, sobretudo se um dos filhos tiver TDAH – para que nenhum dos dois carregue toda ou a maior parte da carga de supervisionar e cuidar dos filhos durante todo o dia ou depois da escola.
- Deixe que o genitor sem TDAH lide com eventos com hora marcada relacionados aos filhos, como consultas médicas e na escola ou prazos para projetos escolares. O genitor com TDAH pode compensar isto assumindo tarefas que não dependem de horários ou prazos (lavagem das roupas, limpeza da casa, manutenção da casa e do carro, cuidar do jardim, banho das crianças, leitura de histórias na hora de dormir, etc.).
- Dê a si mesmo uma pausa (em um cômodo tranquilo) se estiver se sentindo sobrecarregado ou estressado pelo seu filho.
- Discuta com seu parceiro ações disciplinares importantes com a criança antes (!) de implementá-las para evitar disciplinar seu filho de maneira impulsiva e talvez excessivamente devido aos seus próprios sintomas relacionados ao TDAH.
- Providencie para que o adulto sem TDAH leve as crianças de carro até suas atividades, sempre que possível (a não ser que o genitor com TDAH esteja usando medicamento).
- Se você for responsável pela supervisão dos seus filhos depois da escola, em um fim de semana, nas férias de verão ou em algum outro horário em que eles estão em casa ou no pátio, programe um cronômetro a intervalos frequentes, por exemplo, a cada 15-30 minutos, para lembrá-lo de interromper o que você está fazendo e monitorar as atividades ou o paradeiro dos seus filhos, sobretudo seu filho com TDAH.
- Programe folgas semanais dos seus filhos. Encontre um passatempo, atividade, clube, organização, projeto ou simplesmente uma atividade recreativa que você goste e que o renove

---

De *Treating ADHD in Children and Adolescents*, Russel A. Barkley. Copyright © 2022 The Guilford Press. Os consumidores deste livro têm permissão para fazer cópias do material para uso pessoal (veja o quadro no final do sumário).

emocionalmente, que o desestresse ou de outras maneiras lhe dê um tempo para recarregar suas baterias parentais.

Para mais informações sobre a parentalidade de crianças quando você tem TDAH adulto, veja os recursos a seguir:

- Additude Magazine:
  - *www.additudemag.com/parenting-moms-with-adhd-advice-help*
- ADHD Roller Coaster (da minha amiga e colega Gina Pera):
  - *https://adhdrollercoaster.org/adhd-and-relationships/how-does-adult-adhd-affect--parenting*
- Very Well Mind:
  - *www.verywellmind.com/tips-for-parents-with-adult-add-20519*
- WebMD:
  - *www.webmd.com/add-adhd/parenting-when-you-have-adhd#1*
- Hartgrove Behavioral Health System:
  - *www.hartgrovehospital.com/im-parent-im-one-adhd-cope*
- Child Mind Institute:
  - *https://childmind.org/article/help-for-parents-with-adhd*

FORMULÁRIOS PARA USO DURANTE TRATAMENTO MEDICAMENTOSO

FORMULÁRIO 10	REFLETINDO SOBRE MEDICAÇÕES PARA O TDAH

Nome do paciente _____ **Data** _____

Instruções: A disponibilidade de um medicamento não estimulante efetivo aprovado pela FDA americana para o manejo clínico do TDAH apresenta um dilema na tomada de decisão para os clínicos. A *checklist* a seguir fornece um guia prático para auxiliar o clínico a examinar estas 17 questões que podem influenciar a decisão de administrar um estimulante (p. ex., metilfenidato, anfetamina) ou medicamento não estimulante (p. ex., atomoxetina). Como regra geral, a medicação deve ser adaptada aos aspectos únicos de cada caso clínico e não descartar a possibilidade de que um benefício clínico máximo possa ser derivado de uma combinação desses medicamentos. Depois de considerar cada questão, coloque um marcador na caixa na coluna "Sim" ou "Não" para essa questão. Quanto mais caixas com "Sim" você checar, mais poderá considerar o uso de um não estimulante. Quanto menos caixas com "Sim" você checar, mais indicado será um estimulante. Depois arquive este formulário no prontuário do paciente para documentar que você refletiu acerca dessas questões sobre seu paciente.

Sim	Não	Questão a considerar
☐	☐	1 O paciente já teve resposta adversa ou fraca a estimulantes?
☐	☐	2 O paciente nunca teve anteriormente resposta adversa ou fraca a um agente noradrenérgico?
☐	☐	3 *Não* é necessária resposta imediata à medicação para manejo urgente do TDAH do paciente?
☐	☐	4 O paciente tem problemas com ansiedade ou depressão além do seu TDAH?
☐	☐	5 O paciente tem síndrome de Tourette ou outro transtorno de tique?
☐	☐	6 O paciente tem enurese noturna?
☐	☐	7 O paciente tem insônia significativa ou problemas para adormecer?
☐	☐	8 O paciente tem problemas significativos com mau comportamento no começo da manhã?
☐	☐	9 O paciente ou o genitor expressa preocupação com o uso de um estimulante Classe II (possivelmente devido à publicidade adversa ou ao abuso potencial dos estimulantes)?
☐	☐	10 O paciente se defrontará com conflito ou hostilidade por parte dos familiares se for prescrito um estimulante?

De *Attention-Deficit Hyperactivity Disorder: A Clinical Workbook,* Third Edition, Russell A. Barkley e Kevin R. Murphy. Copyright © 2006 The Guilford Press. Reproduzido em *Treating ADHD in Children and Adolescents* (The Guilford Press, 2022). Os consumidores deste livro podem fazer cópias e/ou *download* de cópias adicionais deste material (veja o quadro no final do sumário).

APÊNDICE A

Sim	Não	Questão a considerar
☐	☐	11 Há alguma preocupação por parte do clínico, do paciente ou do genitor relacionada à logística mais complexa do uso de um estimulante (visitas mais frequentes ao consultório, monitoramento mais atento e maiores custos médicos associados)?
☐	☐	12 O paciente é estudante do Ensino Médio ou da graduação para quem mau uso recreativo, roubo ou desvio pode ser um problema potencial?
☐	☐	13 O paciente tem histórico prévio de abuso de substâncias?
☐	☐	14 Alguém que mora com o paciente, como um membro da família, tem esse histórico?
☐	☐	15 O paciente já sofreu de insônia significativa devido ao uso de um estimulante?
☐	☐	16 O paciente já apresentou problemas comportamentais significativos pela manhã enquanto fazia uso de um estimulante?
☐	☐	17 O paciente já apresentou afeto embotado ou restrição anormal da expressão emocional (enfraquecimento das emoções) enquanto fazia uso de um estimulante?
___	___	**Totais**: Contagem total das caixas marcadas com "Sim" e "Não".

| FORMULÁRIO 11 | CHECKLIST DO MÉDICO PARA PAIS |

Nome _____ Data de nascimento _____ Idade _____ Sexo: M F

Data da avaliação _____ Parentesco _____

Instruções: Esta *checklist* de perguntas deve ser revisada mensalmente com os pais de crianças que tomam medicamentos estimulantes.

1. Que dosagem você tem dado regularmente a esta criança durante o último mês?
   Medicamento _____ Dose _____

2. Você notou alguns dos seguintes efeitos colaterais este mês?
   ☐ Perda do apetite/peso
   ☐ Insônia
   ☐ Irritabilidade no fim da manhã ou no fim da tarde
   ☐ Choro incomum
   ☐ Tiques ou hábitos nervosos
   ☐ Dor de cabeça/estômago
   ☐ Tristeza
   ☐ Erupções cutâneas
   ☐ Tonturas
   ☐ Olheiras
   ☐ Medo
   ☐ Retraimento social
   ☐ Sonolência
   ☐ Ansiedade

3. Se sim, descreva com que frequência e quando os efeitos colaterais ocorreram.

4. Você tem falado com o professor da criança ultimamente? Como tem sido o desempenho dela em aula?

5. Seu filho se queixou de tomar o medicamento ou evitou seu uso?

De *Attention-Deficit Hyperactivity Disorder: A Clinical Workbook*, Third Edtion, Russell A. Barkley e Kevin R. Murphy. Copyright © 2006 The Guilford Press. Reproduzido em *Treating ADHD in Children and Adolescents* (The Guilford Press, 2022). Os consumidores deste livro podem fazer cópias e/ou *download* de cópias adicionais deste material (veja o quadro no final do sumário).

6 A substância parece estar ajudando a criança neste mês tanto quanto no anterior? Se não, o que parece ter mudado?

7 Quando seu filho foi examinado pela última vez pelo médico? (Se há mais de 1 ano, marque para a criança uma consulta clínica e exames.)

8 Já houve problemas para dar o medicamento à criança na escola?

FORMULÁRIO 12 — INFORMAÇÕES DE *FOLLOW-UP* PARA PAIS

Nome _____ **Data de nascimento** _____ **Idade** _____ **Sexo:** ☐ M ☐ F

Medicamento _____
Atitudes dos pais em relação à medicação _____
Atitude do professor em relação à medicação _____
Atitude da criança em relação à medicação _____
Problemas _____
_____

HISTÓRICO

Sintomas-alvo	Melhorou	Sem mudança	Piorou
Hiperatividade/inquietação motora	☐	☐	☐
Capacidade de concentração	☐	☐	☐
Distratibilidade	☐	☐	☐
Conclusão das tarefas	☐	☐	☐
Controle dos impulsos	☐	☐	☐
Tolerância à frustração	☐	☐	☐
Aceitação de limites	☐	☐	☐
Relações com os pares	☐	☐	☐

Efeitos colaterais	Melhorou	Sem mudança	Piorou
Apetite	☐	☐	☐
Sono	☐	☐	☐
Eliminação	☐	☐	☐
Choro	☐	☐	☐
Sonolência	☐	☐	☐
Boca seca	☐	☐	☐
Queixas abdominais	☐	☐	☐
Outros:	☐	☐	☐

De *Treating ADHD in Children and Adolescents*, Russel A. Barkley. Copyright © 2022 The Guilford Press. Os consumidores deste livro têm permissão para fazer cópias do material para uso pessoal (veja o quadro no final do sumário).

EXAME FÍSICO

Altura
Peso
P. A.
P.
Achados positivos

Contagem de leucócitos | Outros testes laboratoriais | Data

IMPRESSÃO

Rx

FORMULÁRIO 13	ESCALA DE AVALIAÇÃO DOS EFEITOS COLATERAIS PARA PAIS

Nome da criança _____ **Data** _____

Pessoa que está preenchendo este formulário _____

Instruções: Avalie cada comportamento em uma escala de 0 (ausente) a 9 (grave). Circule um número ao lado de cada item. Um 0 significa que você não viu o comportamento nesta criança durante a semana passada, e um 9 significa que você notou o comportamento e acha que ele é muito grave ou ocorre muito frequentemente.

Comportamento	Ausente									Grave
Insônia ou dificuldade para dormir	0	1	2	3	4	5	6	7	8	9
Pesadelos	0	1	2	3	4	5	6	7	8	9
Olhar perdido ou sonha acordado	0	1	2	3	4	5	6	7	8	9
Fala menos com os outros	0	1	2	3	4	5	6	7	8	9
Desinteressado pelos outros	0	1	2	3	4	5	6	7	8	9
Diminuição do apetite	0	1	2	3	4	5	6	7	8	9
Irritável	0	1	2	3	4	5	6	7	8	9
Dores de estômago	0	1	2	3	4	5	6	7	8	9
Dores de cabeça	0	1	2	3	4	5	6	7	8	9
Sonolência	0	1	2	3	4	5	6	7	8	9
Triste/infeliz	0	1	2	3	4	5	6	7	8	9
Propenso a chorar	0	1	2	3	4	5	6	7	8	9
Ansioso	0	1	2	3	4	5	6	7	8	9
Rói as unhas	0	1	2	3	4	5	6	7	8	9
Eufórico/incomumente feliz	0	1	2	3	4	5	6	7	8	9
Tontura	0	1	2	3	4	5	6	7	8	9
Tiques ou movimentos nervosos	0	1	2	3	4	5	6	7	8	9

De *Attention-Deficit Hyperactivity Disorder: A Clinical Workbook,* Third Edition, Russell A. Barkley e Kevin R. Murphy. Copyright © 2006 The Guilford Press. Reproduzido em *Treating ADHD in Children and Adolescents* (The Guilford Press, 2022). Os consumidores deste livro podem fazer cópias e/ou *download* de cópias adicionais deste material (veja o quadro no final do sumário).

APÊNDICE B

IMPACTO DO TDAH NA SAÚDE

O TDAH está associado a aumentos nos seguintes problemas de saúde:

- *Infecções respiratórias das vias aéreas superiores* (39-44%), *asma* (22% ou risco duas vezes maior), *otite média, alergias*, como rinite, e *distúrbios da pele* relacionados a alergia, como eczema ou acne (risco 2,5 vezes maior), em crianças com TDAH.

- *Doenças pulmonares inespecíficas, cardiovasculares ou outras doenças crônicas* em adultos com TDAH.

- *Pior higiene dental e maior risco para dentes doentes, faltando, obturados ou traumaticamente lesionados, doença das gengivas e bruxismo* em crianças com TDAH.

- *Maior uso, mau uso, dependência e abuso de substâncias*, tal que 20-30% dos adolescentes e adultos com TDAH podem se enquadrar no diagnóstico de transtorno por uso de substâncias (veja o Capítulo 4).

- *Obesidade*. Embora não evidente em estudos feitos 20 e 50 anos atrás, nos últimos 10 anos, inúmeros estudos encontraram que adolescentes e adultos com TDAH têm maior probabilidade de ter sobrepeso (pelo índice de massa corporal [IMC]). Na infância, o risco é menor (10 vs. 7%), mas aumenta com a idade, para tornar a obesidade 1,5 a 3 vezes mais provável na idade adulta. Uma metanálise de Cortese e colaboradores (2016) de estudos sobre esse tópico encontrou que até 28% dos adultos eram obesos (vs. 16% para adultos típicos). Isso foi replicado em uma metanálise posterior feita por Nigg, Lewis, Edgner e Falk (2012) usando ainda mais estudos. Estudos longitudinais identificam que esse risco, embora pequeno na infância, aumenta com o desenvolvimento, tal que, da metade até o fim da adolescência, diferenças no IMC são critérios emergentes, se não completos, para obesidade. Na idade adulta, a diferença dos adultos típicos quanto ao risco é muito mais clara. Essa crescente evidência de obesidade em gerações mais recentes pode estar associada à maior disponibilidade de *junk food* do que ocorria em décadas anteriores. É principalmente a FE da desinibição ou o fraco autocontrole no TDAH que aumenta esses riscos, possivelmente refletindo uma interação do traço pela disponibilidade de *junk food* subjacente ao risco crescente para obesidade com a idade. Ou seja, indivíduos mais impulsivos, quando se deparam com *junk food* disponível, têm maior probabilidade de consumi-la do que indivíduos menos impulsivos que se deparam com as mesmas opções. Também existe um risco genético compartilhado entre TDAH e IMC aumentado e obesidade, como Demontis e colaboradores (2018) descobriram. Pessoas que são suficientemente obesas para procurar tratamento para isso, além daquelas refratárias ao tratamento inicial, também têm probabilidade significativamente maior de ter TDAH (taxa básica de 30-40% vs. 5% de TDAH em adultos).

■ *Patologia alimentar.* Mulheres com TDAH, sobretudo no final da adolescência, têm 3,6 vezes mais probabilidade do que mulheres sem TDAH de sofrer de patologia alimentar, especificamente comer impulsivo e comer compulsivo, e 5,6 vezes mais probabilidade de ter bulimia, tal que 15-20% se enquadram em um diagnóstico de transtorno alimentar. Mais uma vez, é principalmente a dimensão dos sintomas hiperativos-impulsivos do TDAH e o maior domínio da fraca inibição comportamental e da AR que aumentam estes riscos. Em contrapartida, mulheres em tratamento para transtorno de compulsão alimentar ou bulimia têm probabilidade quatro vezes maior de ter TDAH adulto. Pacientes com patologia alimentar e TDAH têm probabilidade de ter problemas alimentares mais severos e a ser menos responsivos aos esforços de automudança ou a intervenções para controle do peso do que pacientes que não têm TDAH.

■ *Enurese e encoprese,* que são mais comuns em crianças com TDAH do que em crianças com desenvolvimento típico (2,5 vezes e 5 vezes mais, respectivamente). Esse risco parece ser maior em crianças que também têm TOD comórbido. Porém, essas dificuldades afetam apenas uma minoria das crianças com TDAH.

■ *Transtornos convulsivos* (2,5-4 vezes), que também são mais prováveis em crianças com TDAH. Há uma relação de duas vias entre TDAH e transtornos convulsivos ou epilepsia, em que a presença de uma condição aumenta o risco para a outra em 2,5 vezes acima do risco na população para cada condição. Mais crianças com TDAH manifestam atividade aumentada na faixa frontotemporal de ondas teta no eletroencefalograma (EEG), considerado como indicação de reduzida excitação cerebral ou responsividade à estimulação.

■ *Problemas do sono.* Estes são duas vezes mais comuns em pessoas com TDAH (52-70%) quando comparadas com pares típicos (21-27%). Os problemas do sono são variados, incluindo resistência às rotinas da hora de dormir, insônia ou problemas para pegar no sono, despertar noturno frequente, sono ruidoso e dificuldades respiratórias durante o sono (como ronco, apneia do sono ou obstrução do fluxo aéreo), sono agitado e até mesmo síndrome das pernas inquietas, sono ineficiente, duração mais curta do tempo de sono, despertar antes do horário desejado e dificuldades com o despertar e, consequentemente, maior sonolência diurna e desatenção. A presença de ansiedade ou depressão, ou TEA com TDAH pode aumentar ainda mais o risco para essas dificuldades do sono. Tais podem estar mais associados à severidade da FE da dimensão da inibição fraca do que a outras FEs, mas sono reduzido e cansaço durante o dia podem contribuir para exacerbar a desatenção durante o dia e, por conseguinte, o desempenho na escola ou no trabalho. Essa maior propensão a várias formas de problemas do sono associadas ao TDAH parece ser mediada em parte por fatores biológicos como risco genético compartilhado, especialmente uma associação com o gene *CLOCK* (regulador circadiano), higiene do sono deficiente (rotinas) conforme estabelecido pelos pais (talvez devido ao TDAH parental e a transtornos relacionados), comorbidade (TEA e ansiedade, especificamente, e sintomas internalizantes, mas em geral, aumentam os riscos ainda mais; TOD pode estar associado à resistência na hora de dormir), além do uso de estimulantes para o TDAH (que sabidamente aumentam a insônia).

■ *Uso excessivo e adição à internet e adição a gaming.* Crianças, adolescentes e adultos jovens com TDAH manifestam um risco significativamente aumentado (34%) para uso problemático da internet (UPI) ou uso de jogos de computador ou franca adição à internet/*gaming*. Além do mais, indivíduos com UPI ou adição à internet/*gaming* têm maior probabilidade de ter sintomas elevados de TDAH. O risco para UPI/adição está associado não só à severidade dos sintomas do TDAH, especialmente impulsividade, mas também à depressão, à ansiedade e à hostilidade/agressão. Entretanto, é possível que a associação com depressão (e possivelmente risco de suicídio) e ansiedade represente as consequências em vez de predisposições a UP/adição.

■ *Exposição a eventos traumáticos e vitimização.* Até 62% das crianças com TDAH e 91% daquelas com TOD comórbido experienciam trauma físico ou emocional, com as taxas de abuso físico estimadas em três vezes maiores (14,3 vs. 4,5%) do que em crianças típicas.

■ *Comportamento sexual de risco.* Adolescentes e adultos com TDAH relatam idade mais precoce da primeira relação sexual, probabilidade mais baixa de emprego de contracepção, maior número de parceiros sexuais, quatro vezes mais risco para infecção sexualmente transmissível e oito a 10 vezes mais risco para gravidez na adolescência. O comportamento sexual de risco também estava relacionado ao TOD e ao transtorno de conduta (TC), com a combinação dos dois transtornos estando associada aos riscos mais altos para atividade sexual precoce e envolvimento de gravidez. Uma razão para o uso reduzido de contraceptivo (preservativo) em homens parece ser sua maior tendência a não levar em consideração as consequências futuras na tomada de decisão relacionada ao uso de preservativo. Em adultos, o TDAH em homens pode estar associado a um risco aumentado para ejaculação precoce.

■ *Nutrição deficiente,* maior consumo de *junk food* com alto teor de açúcar e carboidrato.

■ *Estilo de vida mais sedentário, menos exercício físico.*

■ *Diabetes melito tipo 2.* Como um correlato das suas maiores taxas de obesidade, dietas mais deficientes e exercícios limitados, adolescentes e adultos com TDAH têm probabilidade 2,8 a 3,3 vezes maior de desenvolver diabetes melito tipo 2.

■ *Doença cardíaca coronária (DCC).* Como resultado dos fatores citados anteriormente, junto com a sua propensão a uso e abuso de substâncias, algumas evidências agora sugerem que aqueles com TDAH também podem manifestar risco significativamente maior para DCC próximo aos 27 anos. Isto é provavelmente resultado da existência de alguma responsabilidade genética compartilhada entre TDAH e DCC.

■ *Demência.* Foi constatado que adultos com TDAH têm risco duplicado para demência em idade mais avançada, além de vários transtornos dos gânglios basais e do cerebelo, como doença de Parkinson.

Demontis e colaboradores (2018) relataram os resultados de uma metanálise do DNA de 35.191 casos-controle e 20.183 casos de TDAH. Eles notaram relações genéticas significativas compartilhadas entre TDAH e muitos dos riscos de saúde citados anteriormente, como obesidade, diabetes, tabagismo, sono, nível do colesterol da lipoproteína de alta densidade, idade mais precoce de paternidade/maternidade, risco para artrite reumatoide, menopausa mais precoce e outros.

APÊNDICE C

NEUROGENÉTICA E TDAH

O TDAH está entre os mais influenciados geneticamente de todos os transtornos psiquiátricos, rivalizado talvez pelo TB e o TEA. Essa contribuição excede as encontradas em outros transtornos mentais, como ansiedade e depressão, bem como as contribuições de outros traços psicológicos, como inteligência e traços de personalidade. O que está sendo estudado aqui, todavia, não é tanto a genética do TDAH, mas a genética do *continuum* da FE-AR na população, em que o TDAH representa um dos extremos desse *continuum* ou a distribuição nos humanos.

FATORES GENÉTICOS

AGREGAÇÃO FAMILIAR DO TRANSTORNO

O TDAH ocorre muito mais frequentemente entre os parentes biológicos daqueles com o transtorno do que sua prevalência esperada na taxa básica; o achado é universal entre os países. Entre 10 e 35% dos parentes biológicos de crianças com TDAH se qualificam para o transtorno, com o risco de irmãos por parte de mãe e pai sendo cerca de 32%. Os pais de crianças com TDAH têm duas a oito vezes mais probabilidade de ter o transtorno do que os pais das crianças nos grupos-controle. O risco para os pais que têm dois filhos com TDAH é de até 55%. Em contrapartida, o TDAH parental transmite para os descendentes um risco de TDAH de até 57%. As meninas que manifestam esse transtorno provavelmente têm maior carga genética (prevalência maior em membros da família) do que homens com TDAH para expressar o transtorno. Claramente, o grau de (in)competência no FE-AR é geneticamente transmissível.

ESTUDOS DE ADOÇÃO

Não há risco aumentado de TDAH entre os pais adotivos de crianças adotadas com TDAH; todo o risco elevado para o transtorno está entre os parentes biológicos. Por exemplo, em um estudo (Sprich, Bederman, Crawford, Mundy, & Faraone, 2000), apenas

6% dos parentes de crianças adotadas com TDAH também tinham TDAH – um número muito próximo da prevalência na população. Por sua vez, o mesmo estudo identificou que as famílias de crianças não adotadas com TDAH tinham 18% dos seus parentes diagnosticados com TDAH comparados com 3% para o grupo-controle.

PESQUISAS COM GÊMEOS

Na comparação de gêmeos monozigóticos com dizigóticos, podem ser feitos cálculos do grau em que certos traços são determinados pela variação genética (hereditariedade) ou pela variação ambiental (compartilhada e não compartilhada). Efeitos ambientais não compartilhados se referem a experiências que são únicas para determinada criança (não compartilhados pelos irmãos), ao passo que os efeitos ambientais compartilhados existem também para os irmãos. Existem inúmeros estudos de gêmeos sobre TDAH envolvendo milhares de pares. A contribuição genética para as diferenças individuais (variação humana) nos sintomas do TDAH explica 65-95% da variação nos sintomas que compreendem o TDAH, com média de 74% (variação de 70-84% na maioria dos estudos). Alguns efeitos genéticos são responsáveis pela expressão inicial do transtorno e sua idade de início, ao passo que outros explicam seu curso desenvolvimental persistente e variável e talvez até mesmo sua remissão em uma minoria dos casos. Mais uma vez, o que isso reflete é a marcante hereditariedade para competência no(s) traço(s) dimensional(is) do FE-AR. Pesquisas recentes comparando o DNA humano ao longo do período evolucionário sugere fortes pressões da seleção operando nos genes relacionados ao TDAH (e FE-AR típico) por muitos milhares de anos.

Estudos de gêmeos também não mostram contribuição significativa de fatores ambientais compartilhados ou comuns (ambiente da criação) para os sintomas do TDAH. Os estudos rotineiramente encontram que o ambiente não compartilhado ou único (como complicações na gravidez, riscos biológicos, riscos desenvolvimentais e efeitos sociais possivelmente únicos e extremos) têm contribuição pequena, mas significativa para a variação nestes traços (15-25% da variância). Mas essa variação é provavelmente muito menor, e também reflete erro nas medidas. Isso significa que nem todo TDAH se origina da genética – pode se originar de várias lesões pré, peri ou pós-natais que afetam adversamente o cérebro em desenvolvimento.

GENÉTICA MOLECULAR

Um único gene não explica o transtorno. Assim, o TDAH (e o FE-AR) é poligênico, assim como são muitos traços humanos complexos. A natureza das variantes genéticas estudadas até agora inclui polimorfismos de microssatélites (MSP, do inglês *microsatellite polymorphisms*), polimorfismos de repetição em tandem de número variável (VNTR, do inglês *variable number tandem repeat*), polimorfismos de nucleotídeo único (SNPs, do inglês *single nucleotide polymorphisms*) e variantes no número de cópias (CNVs, do inglês *copy number variants*). Os SNPs são alterações de um único par de base nos aminoácidos que formam a sequência do DNA. Os CNVs são deleções e duplicações muito maiores que removem ou adicionam segmentos de genes inteiros. Eles são tipicamente raros, ocorrendo em menos de 5% da população (e frequentemente muito mais raros); em geral alteram a função de um gene, e assim têm alguma importância etiológica no que diz respeito à expressão do gene. Embora os SNPs normalmente não tenham significância funcional, estudos que os encontram podem sugerir que a real variante genética funcional que contribui para o TDAH pode estar próxima nesse cromossomo.

Múltiplas variantes genéticas contribuem para o risco de TDAH, com até 26 genes candidatos estando implicados nos estudos e 40 ou mais locais no genoma contribuindo para o transtorno. Pelo menos oito genes conhecidos estão seguramente associados ao TDAH (*5HTT*, *DAT1*, *DRD4*, *DRD5*, *HTR1B* e *SNAP25*, entre outros). Cada gene tem pequena contribuição para o risco. Assim, o TDAH deve se originar de uma combinação de muitos genes de risco, conhecido como um escore de risco poligênico (ERP). Uma varredura recente do genoma completo (Demontis et al., 2019) usou milhares de casos com TDAH (20.183) e casos-controle (35.191). Foram descobertos pelo menos 12 sítios genéticos confiavelmente associados com o TDAH. Este estudo identificou que a variação no ERP para TDAH está associada a um risco maior para depressão, TC, comportamento antissocial e transtorno da personalidade *borderline* (TPB), bem como um nível mais baixo de inteligência, menos sucesso escolar, obesidade e risco mais elevado para câncer de pulmão, doença arterial coronariana e até mesmo morte mais precoce de um dos pais. Consequentemente, múltiplos genes e suas variantes contribuem para o traço complexo do FE-AR e a variação em seu fenótipo, assim como contribuem para a inteligência.

Outra causa genética do TDAH é o acúmulo de deleções raras, grandes e deletérias, e duplicações de genes ao longo do genoma, conhecidas como CNVs raras.

O estudo dos efeitos funcionais dessas variantes genéticas nos ajudam a entender melhor os problemas celulares no cérebro subjacentes ao TDAH, dado que conjuntos de genes contribuem com os neurotransmissores, ou outros caminhos ou redes neurológicas. Esses achados provocam novas ideias sobre a fisiopatologia do TDAH e sua apresentação clínica variável, seu curso e sua resposta aos tratamentos. Em casos raros, grandes anormalidades genéticas aumentam o risco para TDAH, como aquelas encontradas na síndrome velocardiofacial. Crianças com síndrome do X frágil também podem ter taxas ainda mais altas de sintomas de desatenção do TDAH do que as crianças nos grupos-controle (93 vs. 38%). Igualmente, 24% das crianças com síndrome de Turner têm TDAH em comparação com 1,3% das crianças no grupo-controle. Crianças com anormalidades cromossômicas tão grandes que podem apresentar problemas maiores com a atenção e taxas ainda mais altas do que as típicas no TDAH, mas essas anormalidades genéticas felizmente são muito raras em crianças com TDAH.

INTERAÇÕES GENE-AMBIENTE

Determinadas variantes genéticas podem interagir com certos fatores ambientais para criar ou aumentar o risco para o transtorno. As pesquisas aqui examinam um ou dois marcadores genéticos (candidatos) em relação às medidas selecionadas do ambiente. Os problemas com esses estudos são muitos. Em especial, (1) a medida ambiental pode ser influenciada pela variação nos genes não medidos e (2) se as variáveis não forem apropriadamente dimensionadas, facilmente serão encontrados efeitos de artefatos ou "falso positivo". Parece haver interações confiáveis e consistentes do estresse psicossocial e medidas de adversidade com o genótipo, sobretudo para os genes do transportador de dopamina (*DAT1*) e do transportador de serotonina, na predição do TDAH. Outros estudos mostraram interação de diversas variantes de genes candidatos com risco para baixo peso no nascimento e subsequente risco para TDAH. Além disso, os resultados dos 61 estudos feitos até o momento são complexos e frequentemente decepcionantes; a maioria encontra poucos sinais, ou nenhum, de interações gene-ambiente (G x A), e as encontradas são de pequena magnitude.

EPIGENÉTICA

Um meio pelo qual uma suposta variável ambiental pode interagir com uma variante de gene candidato para aumentar o risco para TDAH pode ser por meio de efeito epigenético. Isso ocorre quando eventos ambientais, como exposição a riscos, podem alterar a expressão do genoma, algumas vezes de modo drástico. Esse efeito frequentemente ocorre por meio da metilação (modificação da cromatina, o material em que o DNA está "alojado"). Essa metilação é como a inserção de uma sinalização em um gene, e essa sinalização potencialmente pode alterar a expressão genética.

MUTAÇÕES DE NOVO

Estas mutações podem ser encontradas nos genes do filho que não estão presentes no genoma completo dos pais (fora dos seus gametas ou de células reprodutivas). Isso pode explicar pelo menos 10% dos casos de TDAH. Novas mutações podem se originar nos gametas simplesmente em todo o período em que uma pessoa está viva, pois estamos continuamente expostos a agentes causadores de mutações, como os raios solares, as máquinas de raios X, os traumas, as toxinas ambientais, como pesticidas, e muitos mais. Quanto mais tempo vivemos, a mais agentes causadores de mutações estamos expostos e, portanto, mais mutações podemos acumular nesses gametas, que são transmitidas para essa criança específica. Essas mutações *de novo* aumentam com a idade dos genitores, sobretudo em pais com mais de 30 anos, mas também nas mães. Algumas evidências sugerem que os genes mais vulneráveis a mutações são aqueles relacionados a inteligência, AR e interação social, dessa forma dando origem ao TDAH e ao TEA, entre outros.

INTERAÇÃO GENE-GENE

Embora ainda não bem estudado no TDAH, é muito possível que genes de risco para TDAH possam não só ser aditivos na transmissão do risco para o transtorno, mas também podem ser interativos ao fazerem isso. Na presença de um segundo ou um terceiro gene de risco para TDAH, os efeitos de cada gene são potencialmente ampliados de tal forma que o risco é muito mais alto do que a mera aditividade pode explicar.

FATORES NEUROLÓGICOS

Pesquisas neuropsicológicas encontram evidências substanciais de déficits em inibição comportamental, atenção sustentada (persistência na tarefa), resistência a distração e funcionamento executivo ligados ao TDAH. As FEs são primariamente, embora não em sua totalidade, mediadas pelo córtex pré-frontal e suas redes com os gânglios basais, pelo córtex cingulado anterior e pelo cerebelo, entre outras estruturas. Essas regiões também desempenham papel importante em déficits no fenótipo do FE-AR conforme representado pelo TDAH. Como isso acontece?

Por um lado, a genética do TDAH anteriormente mencionada é a genética do cérebro, sobretudo as redes do FE-AR. Variantes genéticas aberrantes e possivelmente influências epigenéticas podem resultar em crescimento aberrante, conectividade e variabilidade funcional nessas regiões e suas redes. No entanto, algumas vezes essas aberrações ou mau desenvolvimento podem se originar de um dano completo nessas regiões e redes cerebrais relacionadas. Crianças que sofrem de várias infecções cerebrais, hipoxia, AVCs, tumores ou traumatismo craniencefálico são mais propensas a manifestar síndrome semelhante ao TDAH como consequência. E o TDAH tem 2,5 vezes mais probabilidade de ocorrer em crianças com transtornos convulsivos (refletindo funcionamento cerebral aberrante), assim como crianças com TDAH têm 2,5 vezes mais probabilidade de ter um transtorno convulsivo. No entanto, a maioria das crianças com TDAH não tem história de lesões cerebrais graves significativas, e é improvável que essas lesões justifiquem a maioria com essa condição.

Se não é lesão cerebral grave, e quanto às disfunções cerebrais mínimas como contribuintes para o TDAH? Sim, elas contribuem. Pesquisas psicofisiológicas demonstram excitação reduzida à estimulação (especialmente a média das respostas evocadas), sensibilidade diminuída ao reforço e atividade elétrica aumentada de ondas teta ou lentas (associadas à sonolência e a pouco foco de atenção) e frequentemente ondas beta ou rápidas (associadas à concentração e à persistência diminuídas) nos eletroencefalogramas (EEG). Outros estudos encontram fluxo sanguíneo reduzido nos lobos frontais, no estriado e no cerebelo consistentes com subatividade nessas regiões. Exames com tomografia por emissão de pósitrons (PET) são inconsistentes, mas sugerem alguma ativação reduzida nas regiões insular e do hipocampo, e maior ativação no cingulado anterior direito durante tarefas com tomada de decisão. Resultados de imagem por ressonância magnética revelaram menor tamanho total do cérebro (3-5%), com maiores reduções nos volumes do cérebro do núcleo *accumbens*, amígdala, caudado, putâmen e hipocampo. Regiões menores nos lobos frontais anteriores, córtex cingulado anterior, verme cerebelar (principalmente à direita) e corpo caloso (principalmente o esplênio ou a seção mais frontal) também estão implicados no transtorno. Além disso, pesquisas com imagem por ressonância magnética funcional encontram atividade anormal na região frontal, nos gânglios basais, no córtex cingulado anterior e no cerebelo, entre outras regiões.

Análises dos tratos da substância branca e da integridade microestrutural, conhecidas como imagem de tensor de difusão (DTI), revelaram que a integridade da substância branca estava significativamente diminuída no TDAH, seja usando crianças, adolescentes ou adultos com o transtorno. Esses achados foram replicados muitas vezes desde aquela metanálise em 2014. Em sua totalidade, as pesquisas neurológicas mostram claramente evidências de mau desenvolvimento e mau funcionamento de regiões cerebrais e suas redes no TDAH, mesmo que esse transtorno não se origine principalmente de dano cerebral grave. Dito isso, as diferenças entre os grupos de pacientes com TDAH e os controles são pequenas, ainda que significativas, argumentando contra a utilidade dessas várias medidas neurológicas para o diagnóstico clínico do TDAH, muito menos na determinação da resposta ao tratamento.

Déficits em neurotransmissores específicos relacionados ao TDAH não foram definitivamente estabelecidos. Contudo, um claro papel da dopamina e da norepinefrina é sugerido pela resposta positiva de portadores de TDAH a estimulantes (inibidores e agonistas de recaptação da dopamina) e atomoxetina (inibidores de recaptação noradrenérgica). Isso também é sugerido pela distribuição dessas duas redes de transmissores dentro das regiões cerebrais implicadas no TDAH. Também há algumas evidências de que esses neurotransmissores estejam envolvidos no TDAH a partir de estudos dos índices dos metabólitos periféricos desses neurotransmissores, como no sangue ou no fluido cérebro-espinhal. Uma revisão de 71 estudos feita por Scassellati, Bonvicini, Faraone e Gennarelli (2012) concluiu que quatro desses neurotransmissores estavam seguramente implicados no TDAH, sendo eles norepinefrina aumentada, MPGH (3-metoxi-4-hidroxifeniletileno glicol) reduzido, feniletilamina reduzida e MAO (monoaminoxidase) reduzida. Esta última foi interpretada nessa revisão como possivelmente prejudicando a degradação da norepinefrina, e assim serviu para reduzir os níveis de MHPG naqueles com TDAH, e esse pode ser um mecanismo compensatório para a atividade noradrenérgica reduzida nas sinapses de pacientes com o transtorno.

Alguns problemas com o desenvolvimento e a organização do cérebro podem ser adquiridos de vários eventos ou experiências na vida que afetam adversamente o desenvolvimento e o funcionamento cerebral. Entre eles, parecem estar os seguintes:

- peso especialmente baixo no nascimento e hemorragia cerebral menor associada;

- níveis maternos de fenilalanina (possível);
- papel para o estresse/ansiedade durante a gravidez (discutível);
- obesidade materna na época da concepção (embora a obesidade da mãe possa apenas ser um marcador de que ela mesma tem TDAH, e que isso é o que cria o risco para TDAH nos descendentes, não a obesidade em si);
- parto com apresentação pélvica;
- extensão das anormalidades na substância branca devido a lesões no nascimento, como lesões parenquimais, sangramento intracerebral e/ou aumento ventricular;
- tamanho placentário aumentado que pode sinalizar a ocorrência de distúrbios que tenham ocorrido no ambiente materno durante a gravidez, talvez limitado aos meninos, não às meninas;
- toxinas pré-natais, como consumo de álcool;
- exposição pré-natal a cocaína;
- carga elevada de chumbo no corpo pós--natal durante os 2-3 primeiros anos;
- deficiência de vitamina D;
- exposição a pesticidas em casa e fora dela durante períodos críticos na gravidez ou no desenvolvimento inicial da criança;
- infecção por *Streptococcus* (desencadeia uma resposta imune de anticorpos que destroem células dos gânglios basais);
- lesão cerebral traumática (LCT; pessoas com TDAH também têm mais probabilidade de experenciar LCTs, e essas podem exacerbar os sintomas de TDAH preexistentes e déficits na FE);
- estresse ou ansiedade persistente durante a gravidez (discutível; provavelmente, apenas um marcador para o TDAH materno);
- estação do ano do nascimento da criança – setembro (discutível; um indicador da época de infecções virais sazonalmente mediadas);
- provação e desnutrição grave precoce (pode constituir um tipo separado de TDAH devido à sua gravidade e a comorbidades incomuns);
- consumo materno pré-natal de acetaminofeno (discutível; possivelmente, um marcador para o TDAH materno, dada sua associação com saúde geral mais deficiente e mais queixas de dores articulares e lombares, dores de cabeça, enxaquecas, etc.).

Um desafio crucial em todas essas pesquisas é determinar se esses correlatos de risco para TDAH são causais. Embora as interações G x A, assim como a correlação gene-ambiente, possam mascarar efeitos ambientais, elas também podem mascarar efeitos genéticos. Os teratógenos e as toxinas mencionados nesses estudos podem ser apenas indicadores do risco genético (TDAH parental) devido à correlação gene-ambiente. Esta nota de alerta se aplica às evidências referentes a tabagismo materno durante a gravidez, tabagismo passivo depois do nascimento e até mesmo tabagismo paterno. Esses fatores demonstraram posteriormente ser indicadores de TDAH elevado nos pais, e o TDAH parental está transmitindo risco genético para o transtorno aos descendentes, não o tabagismo propriamente. Além do mais, alguns pesquisadores sugerem que mesmo que esses insultos ambientais precoces (como complicações na gravidez) e toxinas possam não operar diretamente no desenvolvimento do cérebro, eles ainda podem produzir alguns efeitos no risco para TDAH por meio de mecanismos epigenéticos que se tornam desregulados, e assim resultam em expressão genética alterada e anormal.

APÊNDICE D

ALERTA AO CLÍNICO

TRATAMENTOS NÃO COMPROVADOS E REFUTADOS PARA O TDAH

Estão disponíveis vários tratamentos para TDAH que têm pouca ou nenhuma evidência convincente até o momento quanto à sua eficácia. Acredito que a razão para que esses tratamentos não tenham se mostrado efetivos é que eles não abordam os déficits no FE-AR inerentes ao TDAH, ou, se tentam fazer isso, como em aplicativos para reabilitação cognitiva, focam mais no treinamento de habilidades ou no conhecimento do que na aplicação desse conhecimento. Além do mais, nenhum deles é utilizado no ponto de desempenho na ecologia natural, em que esse conhecimento deve ser empregado para um desempenho mais efetivo. Portanto, você não deve encorajar os pacientes a se engajarem nesses tratamentos, a menos ou até que eles tenham usado os tratamentos discutidos na segunda metade deste livro, que realmente têm boas evidências da sua eficácia. Os pais podem se deparar com esses tratamentos na internet, ou ouvir a respeito por meio dos amigos ou da mídia, e você pode alertá-los de que os *websites* de agências governamentais de saúde mental, como o National Institute of Mental Health; associações profissionais como as Associações Americanas de Psiquiatria e de Psicologia; e instituições beneficentes especializadas na defesa do transtorno, como Children and Adults with ADHD (CHADD), geralmente estão mais bem-informadas e contêm informações mais confiáveis baseadas na ciência do que os *websites* comerciais ou dos grupos de gestão política. Para ler sobre pesquisas científicas acerca de um tratamento, eles podem usar o Google Scholar como seu navegador para busca de revistas científicas e literatura médica.

ESTIMULAÇÃO DO NERVO TRIGÊMEO DURANTE O SONO

Em 2019, foi conduzido um pequeno estudo-piloto na Universidade da Califórnia, Los Angeles, por McGough e colaboradores sobre o uso de estimulação do nervo trigêmeo (TNS, do inglês *trigeminal nerve stimulation*), um método não invasivo e com risco mínimo para realizar neuromodulação, com 62 crianças com TDAH que foram randomizadas para receber TNS ou um tratamento placebo que se parecia com TNS. O nervo trigêmeo supostamente transmite informações sensoriais desde regiões corporais periféricas até o sistema de ativação reticular do cérebro, cerúleo e outros centros que desempenham algum papel na atenção e no estado de alerta. A TNS tenta influenciar o nervo trigêmeo via ativação das suas projeções centrais de estruturas corticais. A terapia tem sido usada para o tratamento de depressão e também de epilepsia. Envolve usar um pequeno estimulador durante o sono que emite corrente elétrica de baixo nível por meio de um eletrodo usado na testa sobre o ramo V1 do nervo trigêmeo por um período de oito horas, todas as noites, por quatro semanas. Os resultados do estudo mostraram que os sintomas do TDAH foram significativamente reduzidos pela TNS ativa em comparação com a condição placebo e que as avaliações clínicas globais do prejuízo também foram melhoradas. O grau de mudança, ou tamanho do efeito, foi de um grau moderado (0,50), comparável a alguns medicamentos não estimulantes e até mesmo alguns tratamentos psicossociais. Medidas encefalográficas (EEG) revelaram aumento na potência espectral nas bandas de frequência nas regiões frontal direita e linha média frontal a partir do tratamento ativo com TNS. Algumas crianças relataram dores de cabeça e sensação de fadiga, mas nenhuma delas descontinuou a participação, ao passo que outras relataram aumento do apetite e ganho de peso. Também foi mencionado aumento na frequência cardíaca com o tratamento ativo com TNS. Este é o único estudo sobre essa nova forma de tratamento e deve ser considerado piloto ou teste do estudo conceitual. Assim, é imperativo que o tratamento seja estudado por outros cientistas clínicos para ver se esses resultados inicialmente positivos podem ser replicados. Apesar dessa necessidade de replicação, o fabricante procurou e recebeu aprovação da Food and Drug Administration (FDA) para esse dispositivo médico, e hoje está clinicamente disponível para uso sob a supervisão de um médico treinado.

Considero o tratamento interessante, embora **não comprovado** neste momento, dada a ausência de estudos confirmatórios adicionais.

NEUROFEEDBACK

Outra abordagem de tratamento do TDAH é o *neurofeedback*, ou *biofeedback* com EEG. Há mais de 40 anos, os cientistas começaram a testar o *biofeedback* com EEG. Desde então, foram feitas algumas reivindicações enfáticas para esse tipo de tratamento para uma variedade de transtornos, incluindo o TDAH. Eram anúncios dizendo que o *biofeedback* com EEG é uma alternativa eficaz às medicações para TDAH; que ele melhora o QI, as habilidades sociais e até mesmo dificuldades de aprendizagem; e que essas melhoras podem durar até a idade adulta em até 80% de todos os casos de crianças tratadas. Estas são alegações fantásticas para qualquer tratamento, mas posteriormente não foram mantidas.

O termo *"biofeedback"* significa que um paciente recebeu informações em alguma forma (normalmente visual) sobre seu funcionamento biológico – nesse caso, sua atividade cerebral conforme medida por eletrodos situados perto ou no couro cabeludo. Esses sensores detectam as ondas elétricas cerebrais e as enviam para um computador para cálculo da média e exibição. O computador pode então ser usado para mostrar à pessoa em que grau a atividade cerebral está acontecendo. Nesse tratamento, o computador também pode recompensar o paciente por praticar formas de aumentar essa atividade se ela for incomumente baixa. Por um grande número de sessões, tipicamente 40-80 sessões durante 3-10 meses ou mais – a um custo de vários milhares de dólares ($100 ou mais por sessão) – o paciente pretensamente aprende a melhorar sua atividade cerebral. Os participantes atingem essa mudança na potência do EEG por meio de exercícios mentais e alguma forma de sinal dado pelo equipamento de *biofeedback*. Esse sinal lhes diz se eles foram exitosos ao aumentar a atividade cerebral desejada relacionada à atenção sustentada e o decréscimo da atividade indesejada associado a devaneio ou distração. Os participantes são então recompensados por fazer isso. Nesse sentido, esse tratamento é um tipo de método de condicionamento comportamental que tenta aumentar certos comportamentos e atividades mentais voluntárias recompensando-os. O resultado, presumivelmente, é que a atenção, a hiperatividade e a impulsividade do paciente vão então melhorar.

Pesquisas mostram que níveis mais baixos de atividade cerebral estão frequentemente associados ao TDAH. Há excessiva atividade teta, sugerindo subativação ou sub-reatividade cerebral para tarefas ou eventos, e atividade de beta insuficiente, o que está frequentemente associado a aumento no estado de alerta e na atenção sustentada. Portanto, faz algum sentido a noção de que tentar ensinar pessoas com TDAH a aumentar a atividade elétrica cerebral associada à atenção pode ser benéfico para o controle desses déficits de atenção.

As pessoas podem prontamente aprender a mudar sua atividade cerebral, portanto, isso não está em discussão aqui. O que está em questão é se esse treinamento produz resultados que se generalizam para os sintomas relacionados ao TDAH em contextos naturais e domínios de atividades importantes na vida. Também precisa ser demonstrado se esses efeitos perduram depois que a sessão de tratamento terminou. Foi publicado um grande número de estudos sobre esse tratamento, porém muitos carecem de controle científico rigoroso, logo, seus resultados estão abertos a dúvida se eles são específicos para essa forma de terapia e não apenas efeitos placebo na atenção. Um problema importante para a maioria desses estudos foi a falta de uma condição placebo apropriada e avaliações cegas dos sintomas do TDAH. Mais recentemente, houve vários estudos bem-controlados, principalmente com crianças, que usaram uma forma placebo de *biofeedback* com avaliações cegas, e consistentemente não apresentaram nenhum efeito benéfico sobre o TDAH ou medidas de resultados relacionados para o treinamento ativo *versus* a condição de *feedback* placebo. De fato, quanto melhor e mais rigoroso o estudo, menos provável será que seja encontrado algum benefício. Uma metanálise de 13 ensaios controlados randomizados feita por Cortese e colaboradores (2016) concluiu que as evidências disponíveis não apoiavam a eficácia dessa terapia para o TDAH. Portanto, considero o tratamento como **não comprovado** neste momento.

Além do mais, acredito que há desvantagens nessa terapia neste momento para pessoas com TDAH. Por um lado, pouca ou nenhuma pesquisa foi feita com esse tratamento usando adultos com TDAH. Logo, não está claro se o tratamento age sobre a atividade cerebral do adulto maduro, em vez do funcionamento cerebral da criança em maturação ou desenvolvimento. Por outro lado, os proponentes desse tratamento alegam que ele não tem efeitos colaterais ou consequências adversas. Mas qualquer tratamento que pretende ser assim tão efetivo deve produzir alguns efeitos colaterais em uma pequena porcentagem de pessoas. Isso ocorre porque as pessoas podem diferir na sua organização cerebral e também porque os clínicos podem nem sempre aplicar o tratamento confiável ou acuradamente. Todos os tratamentos efetivos, incluindo os psicológicos, podem produzir efeitos colaterais em algumas pessoas. Portanto, é bastante surpreendente e motivo para ceticismo que os proponentes aleguem que este não produz. Ademais, o tratamento é caro, em geral custando $100 por hora, hipoteticamente requerendo 30 a 60 sessões, e com cobertura rara pelo seguro – ou seja, $3.000 a $6.000, normalmente pagos do próprio bolso. Uma pessoa com TDAH pode receber 12 anos de medicação para TDAH, três anos de terapia semanal em grupo, aproximadamente três anos de terapia individual duas vezes por mês por um psicólogo clínico, ou quase dois anos de *coaching* para TDAH duas vezes por semana pelo custo de seis meses deste tratamento, com base nos custos médios atuais.

Meu conselho, portanto, é tentar primeiro os tratamentos mais eficazes e cientificamente baseados (medicação, terapia cognitivo-comportamental [TCC], aconselhamento, etc.). Só então, se os pacientes não estiverem satisfeitos com suas melhoras, devem tentar *neurofeedback*. Desse modo, esse tratamento só deverá ser seguido se eles tiverem renda suficiente para cobrir o custo do tratamento do próprio bolso. *Não* os encoraje a assumir nenhuma dívida para custear esse tratamento ou qualquer outro enquanto a sua eficácia permanecer indefinida ou não comprovada na literatura de pesquisa.

TREINAMENTO DA FUNÇÃO EXECUTIVA (NEUROCOGNITIVO)

Outra forma de treinamento psicológico usa jogos de computador como exercícios mentais como modo de treinamento neurocognitivo. Em geral, isso envolve que as pessoas pratiquem exercícios mentais usando os *games* disponíveis em vários programas de computador (p. ex., BrainAge para Nintendo DS), *websites* (como *www.lumosity.com*) ou dispositivos portáteis separados (como em CogMed, que também envolve consulta com um profissional semanalmente). Esses *games* focam funções mentais como inibição, resistência a distrações, memória de trabalho, planejamento ou antecipação, solução de problemas e flexibilidade mental, e outras FEs ou habilidades cognitivas gerais. Comumente, uma pessoa tem que praticar todos os dias por 30-45 minutos ou mais na maioria dos dias da semana para acumular benefícios. Os custos podem variar de menos de $10 por mês para uma assinatura em *websites* na internet que têm esses *games* disponíveis até $295 por um dispositivo de jogos portátil da Nintendo (o *software* BrainAge geralmente é gratuito e acompanha o dispositivo), e até $1.200 a 1.500 por um dispositivo portátil e consulta profissional associada (CogMed). Alguns dos *games* podem ser divertidos, enquanto outros inicialmente são divertidos, mas podem se tornar entediantes depois de algum tempo. Essa é a razão por que alguns desenvolvedores atualmente recomendam que os pais instituam um programa de fichas para recompensar as crianças por fazerem esses exercícios baseados no jogo.

Os desenvolvedores frequentemente alegam que o engajamento nesses exercícios mentais é como um exercício físico, já que ele pode aumentar suas capacidades nos domínios cognitivos que estão sendo praticados (atenção, controle de impulsos, memória, etc.). Foram feitos estudos iniciais por alguns dos desenvolvedores de *games*, os quais apresentaram melhoras nos sintomas do TDAH, incluindo as avaliações dos pais e dos professores. No entanto, estudos posteriores feitos por outros pesquisadores essencialmente não apresentaram benefícios na escola ou mesmo em casa se os pais que relatavam estavam cegos (não informados) para o tratamento e o tratamento alternativo ou se condições simuladas com placebo eram usadas como controle. Isso contradiz muitas das alegações feitas pelos desenvolvedores desses programas. Revisões recentes dessa forma de tratamento feitas por Rapport, Orban, Kofler, Friedman e Bolden (2015) e, posteriormente, por Sonuga-Barke e Cortese (2018) descobriram que, embora uma pessoa claramente melhore ao jogar esses *games* e, algumas vezes, em tarefas muito semelhantes aos *games*, os resultados não se generalizam para atividades cotidianas ou domínios em que essas habilidades mentais estão envolvidas. Portanto, é possível que as pessoas melhorem em um jogo que envolve recordar longas séries de dígitos, mas isso geralmente não significa que elas têm melhoras na sua memória durante rotinas cotidianas que requerem boa memória. Assim sendo, considero que essas formas de tratamento **não são comprovadas**. Mais uma vez, não recomendo esses tratamentos no momento atual, a não ser que outros tratamentos mais efetivos tenham sido usados primeiro. Os resultados até o momento não são suficientemente convincentes para recomendar essa abordagem de treinamento como um tratamento para o TDAH.

DIETA

ÓLEO DE PEIXE E OUTROS SUPLEMENTOS

Muitos suplementos alimentares, como óleo de peixe ômega 3/6, outros antioxidantes, como picnogenol, ou vitaminas ou suplementos nutrientes (zinco, ferro, magnésio), foram propostos como benéficos para o tratamento de crianças com TDAH. As pesquisas até o momento não apresentaram muitos (ou algum) benefícios, com efeitos negligenciáveis ou nenhum efeito quando testado com crianças com TDAH usando métodos científicos rigorosos (veja as revisões feitas por Buitelaar, Rommelse, Ly, & Ruckldge, 2018, e Hurt & Arnold, 2015, em Referências). Crianças com deficiências vitamínicas na linha básica que têm TDAH devem sem dúvida receber alguns suplementos nutricionais para tentar retificar essas deficiências, como Nigg (2017) recomenda. Mas como um tratamento para todos os casos de TDAH em que deficiências não são evidentes, as pesquisas simplesmente não reforçam que isso seja feito neste momento.

Algumas evidências clínicas iniciais (em depoimentos) foram inicialmente positivas para os suplementos de ômega 3/6. Até recentemente, o tratamento não foi estudado muito cientificamente, usando tarefas randomizadas para os grupos de tratamento e controle. Os ensaios randomizados mais recentes usaram amostras maiores, grupos-controle, placebos e avaliações cegas da melhora. Foram encontradas melhoras muito pequenas com o uso destes óleos principalmente, e evidências mistas ou variáveis entre os estudos (veja as revisões de Nigg, Lewis, Edinger, & Falk, 2012, e Sonuga-Barke et al., 2013). Um pequeno grau de efeito pode ter sido encontrado para a melhora da regulação emocional, mas isso ainda deve ser replicado. A pequena melhora nos sintomas do TDAH que foi encontrada em alguns estudos ocorreu na desatenção, mas foi em pequeno grau e limitada a cerca de 25% da amostra, sobretudo aqueles que eram apenas desatentos e não impulsivos ou hiperativos. Além disso, o grau de mudança nos sintomas foi bastante modesto e não aumentou até um nível suficiente para que seja considerado como um tratamento clínico para o transtorno. Minha opinião é que houve pouco benefício com este suplemento para aqueles que tinham TDAH. É por isso que, por enquanto, considero esta abordagem de tratamento como **não comprovada**, mesmo que tenham resultado alguns pequenos efeitos na desatenção. Esses efeitos dificilmente são uma base sobre a qual se pode classificar a abordagem como um tratamento clínico.

DIETAS DE ELIMINAÇÃO

Outra abordagem para o manejo do TDAH, comumente em crianças, que tem sido popular é a remoção de certas substâncias da rotina alimentar. Isto pode envolver a eliminação ou a redução do açúcar, aditivos ou conservantes alimentares, aromatizantes artificiais e corantes artificiais. Uma das primeiras dessas abordagens, iniciada 40 anos atrás, foi a dieta Feingold, que defendia a eliminação da maioria ou de todos os corantes, aromatizantes e conservantes da dieta diária das crianças. A hipótese era de que esses tratamentos deveriam curar 60-80% de todo TDAH. Quando foram realizados estudos científicos bem-conduzidos, os resultados não corroboraram estas alegações. A metanálise mais recente de pesquisas sobre a remoção dessas substâncias não encontrou efeitos depois que crianças que também estavam tomando medicamentos para o TDAH foram removidas das análises (Buitelaar et al., 2018). Há um pequeno efeito evidente em alguns estudos, em que a remoção de corantes alimentares beneficia os sintomas do TDAH, mas o efeito não é clinicamente importante, mesmo que estatisticamente significativo. Outro programa mais recente na Holanda foi denominado dieta de eliminação restritiva, ou RED. Ela recomenda a remoção de laticínios, glúten, frutas cítricas, milho e produtos contendo milho, e todos os alimentos processados das dietas das crianças, e defende efeitos quase que milagrosos quando isso é feito. Alguns dos resultados mais extremos na pesquisa feita pelo desenvolvedor dessa dieta parecem altamente questionáveis, uma vez que eles alegam ser três a cinco vezes mais efetivos do que os medicamentos estimulantes – praticamente uma impossibilidade.

Atualmente, não há evidências de que o açúcar cause TDAH ou que a sua remoção beneficie pessoas com TDAH. O mesmo vale até o momento para aditivos, conservantes e aromatizantes. Além do mais, quanto mais rigorosos eram os estudos (usando grupos randomizados, controles com placebo, condições cegas, etc.), mais fracos foram os resultados. As dietas de eliminação também carecem de apoio convincente, com os resultados parecendo ter mais a ver com se as pessoas que avaliaram os resultados das dietas estavam ou não cegas para a natureza da dieta que as crianças estavam recebendo do que relacionados a um verdadeiro efeito demonstrável da dieta propriamente. Essas REDs podem ser muito difíceis de implantar e, se focadas sobretudo em alimentos "orgânicos", podem ser relativamente caras se comparadas com os preços dos alimentos típicos. As pesquisas sobre as várias abordagens dietéticas do TDAH foram muito bem-revisadas por Hurt e Arnold (2015), Nigg e colaboradores (2012), e Sonuga-Barke e colaboradores (2013). Todas estas revisões e uma mais recente de todas as pesquisas disponíveis até 2018 (Buitelaar et al., 2018) concluíram que não havia evidências convincentes para essas abordagens restritivas ou outras abordagens dietéticas no manejo do TDAH. Embora relativamente inofensivas, exceto pela perda de tempo e os custos, não recomendo essas dietas de eliminação para crianças ou adultos com TDAH – até o momento, elas **estão refutadas**.

MASSAGEM DE QUIROPRAXIA NA CABEÇA

Alguns quiropráticos usam um tratamento para TDAH e transtornos de aprendizagem que envolve fazer pressão significativa em vários pontos em torno do crânio e mesmo no céu da boca ou palato. Conhecida como massagem no couro cabeludo, crânio ou treinamento de organização neurológica, a terapia está baseada em uma ideia bastante absurda – de que as células nervosas de alguma forma ficaram presas nos lugares errados durante o desenvolvimento cerebral inicial. A pressão no crânio sobre esses pontos de aprisionamento supostamente faz com que as células nervosas presas logo abaixo sejam liberadas. Isso supostamente possibilita que os nervos migrem para seus destinos apropriados no cérebro e na medula espinal e, assim, funcionem melhor, por conseguinte, curem o problema. Não há absolutamente nenhuma pesquisa controlada sobre esse tratamento e, portanto, não há evidências de que essa manipulação ou essa massagem resulte em alguma melhora nos sintomas do TDAH ou de transtornos de aprendizagem. A justificativa para esse método é tão absurda que a considero **não comprovada** e improvável de receber um estudo científico sério.

TRATAMENTOS COMPLEMENTARES E ALTERNATIVOS

Bader e Adesman (2015) revisaram as evidências disponíveis para os seguintes tratamentos complementares e alternativos que são oferecidos ao público para manejo do TDAH: ioga, massagem, homeopatia, ajustes quiropráxicos, exercícios e espaço verde, acupuntura, terapias ocupacionais, cafeína, estimulação magnética transcraniana do cérebro e terapia antroposófica (destinada a melhorar o ritmo, o movimento e a sincronização do corpo como um meio de melhorar o equilíbrio entre os sistemas "neurosensorial" e "metabólico motor"). Eles concluíram que havia evidências promissoras apenas para os exercícios aeróbicos, embora os estudos fossem de baixa qualidade naquela época. Não houve evidências convincentes que apoiassem o uso dessas outras terapias, e algumas delas não tinham nenhuma pesquisa quanto à sua aplicação ao TDAH. Portanto, exceto para o exercício físico, eu consideraria essas outras terapias como **não comprovadas** ou **refutadas**.

REFERÊNCIAS

CAPÍTULO 1 O TDAH É UM TRANSTORNO DE DÉFICIT DA AUTORREGULAÇÃO

American Psychiatric Association. (1968). *The diagnostic and statistical manual for mental disorders* (2nd ed.). Washington, DC: Author.

Barkley, R. A. (2005). *ADHD and the nature of self-control*. New York: Guilford Press.

Barkley, R. A. (2011). *Barkley Deficits in Executive Functioning Scale (BDEFS)*. New York: Guilford Press.

Barkley, R. A. (2012a). *Barkley Deficits in Executive Functioning Scale-Children and Adolescents (BDEFS-CA)*. New York: Guilford Press.

Barkley, R. A. (2012b). *Executive functions: What they are, how they work, and why they evolved*. New York: Guilford Press.

Barkley, R. A. (2015). Emotional dysregulation is a core component of ADHD. In R. A. Barkley (Ed.), *Attention-deficit hyperactivity disorder: A handbook for diagnosis and treatment* (4th ed., pp. 81-115). New York: Guilford Press.

Barkley, R. A. (2019). Neuropsychological testing is not useful for the diagnosis of ADHD: Stop it (or prove it)! *ADHD Report, 27,* 1-8.

Barkley, R. A., & Fischer, M. (2010). The unique contribution of emotional impulsiveness to impairment in major life activities in hyperactive children as adults. *Journal of the American Academy of Child and Adolescent Psychiatry, 49,* 503-513.

Barkley, R. A., & Murphy, K. R. (2011). Deficient emotional self-regulation in adults with ADHD: The relative contributions of emotional impulsiveness and ADHD symptoms to adaptive impairments in major life activities. *Journal of ADHD and Related Disorders, 1*(4), 5-28.

Brown, T. E. (2013). *A new understanding of ADHD in children and adults: Executive function impairments.* New York: Routledge.

Brown, T. E. (2017). *Outside the box: Rethinking ADD/ADHD in children and adults: A practical guide.* Washington, DC: American Psychiatric Association.

Castellanos, X., Sonuga-Barke, E., Milham, M., & Tannock, R. (2006). Characterizing cognition in ADHD: Beyond executive dysfunction. *Trends in Cognitive Science, 10,* 117-123.

Dawkins, R. (1982). *The extended phenotype: The long reach of the gene*. New York: Oxford University Press.

Douglas, V. I. (1980). Higher mental processes in hyperactive children: Implications for training. In R. Knights & D. Bakker (Eds.), *Treatment of hyperactive and learning disordered children* (pp. 65-92). Baltimore: University Park Press.

Douglas, V. I. (1988). Cognitive deficits in children with attention-deficit disorder with hyperactivity. In L. Bloomingdale & J. Sergeant (Eds.), *Attention deficit disorder: Criteria, cognition, intervention* (pp. 65-82). New York: Pergamon Press.

Frazier, T. W., Demareem, H. A., & Youngstrom, E. A. (2004). Meta-analysis of intellectual and neuropsychological test performance in attention-deficit/hyperactivity disorder. *Neuropsychology, 18*, 543-555.

Fuster, J. M. (1997). *The prefrontal cortex: Anatomy, physiology, and neuropsychology of the frontal lobe* (3rd ed.). Philadelphia: Lippincott-Raven.

Gross, J. J. (2014). *Handbook of emotion regulation* (2nd ed.). New York: Guilford Press.

Harlow, J. M. (1848). Passage of an iron rod through the head. *Boston Medical and Surgical Journal, 39*, 389-393.

Harlow, J. M. (1868). Recovery from the passage of an iron rod through the head. *Publications of the Massachusetts Medical Society, 2*, 237-346.

Hervey, A. S., Epstein, J. N., & Curry, J. F. (2004). Neuropsychology of adults with attention-deficit/ hyperactivity disorder: A meta-analytic review. *Neuropsychology, 18*, 495-503.

Koziol, L. F. (2014). *The myth of executive functioning: Missing elements in conceptualization, evaluation, and assessment*. New York: Springer.

Makris, N., Biederman, J., Monuteaux, M. C., & Seidman, L. J. (2009). Towards conceptualizing a neural systems-based anatomy of attention-deficit/hyperactivity disorder. *Developmental Neuroscience, 31*, 36-49.

McCrae, K., Ochsner, K. N., & Gross, J. J. (2011). The reason in passion: A social cognitive neuroscience approach to emotion regulation. In K. Vohs & R. Baumeister (Eds.), *Handbook of self-regulation: Research, theory, and applications* (2nd ed., pp. 186-203). New York: Guilford Press.

Nigg, J. T., & Casey, B. (2005). An integrative theory of attention-deficit/hyperactivity disorder based on the cognitive and affective neurosciences. *Development and Psychology, 17*, 785-806.

Pievsky, M. A., & McGrath, R. E. (2017). The neurocognitive profile of attention-deficit/hyperactivity disorder: A review of meta-analyses. *Archives of Clinical Neuropsychology, 33*, 143-157.

Popper, K., & Eccles, J. (1977). *The self and its brain*. London: Springer-Verlag.

Ramsay, J. R., & Rostain, A. L. (2014). *Cognitive behavioral therapy for adult ADHD: An integrative psychosocial and medical approach*. New York: Routledge.

Ryckaert, C., Kuntsi, J., & Asherson, P. (2018). Emotional dysregulation and ADHD. In T. Banaschewski, D. Coghill, & A. Zuddas (Eds.), *Oxford textbook of attention deficit hyperactivity disorder* (pp. 103-117). London: Oxford University Press.

Sagvolden, T., Johansen, E. B., Aase, H., & Russell, V. A. (2005). A dynamic developmental theory of attention-deficit/hyperactivity disorder (ADHD) predominantly hyperactive-impulsive and combined subtypes. *Behavioral and Brain Sciences, 28*, 397-419.

Shaw, P., Stringaris, A., Nigg, J., & Leibenluft, E. (2014). Emotion dysregulation in attention deficit hyperactivity disorder. *American Journal of Psychiatry, 171*(3), 276-293.

Solanto, M. (2013). *Cognitive-behavioral therapy for adult ADHD: Targeting executive dysfunction*. New York: Guilford Press.

Solanto, M. V. (2015). Executive function deficits in adults with ADHD. In R. A. Barkley (Ed.), *Attention-deficit hyperactivity disorder: A handbook for diagnosis and treatment* (4th ed., pp. 256-266). New York: Guilford Press.

Stuss, D. T., & Alexander, M. (2000). Executive functions and the frontal lobes: A conceptual view. *Psychological Research, 63*, 289-298.

Stuss, D. T., & Benson, D. F. (1986). *The frontal lobes*. New York: Raven Press.

Toplak, M. E., West, R. F., & Stanovich, K. E. (2013). Practitioner review: Do performance-based measures and ratings of executive function assess the same construct? *Journal of Child Psychology and Psychiatry, 54*, 131-143.

Weyandt, L. L., & Gudmundsdottir, B. G. (2015). Developmental and neuropsychological deficits in children with ADHD. In R. A. Barkley (Ed.), *Attention-deficit hyperactivity disorder: A handbook for diagnosis and treatment* (4th ed., pp. 116-139). New York: Guilford Press.

Willcutt, E. G. (2015). Theories of ADHD. In R. A. Barkley (Ed.), *Attention-deficit hyperactivity disorder: A handbook for diagnosis and treatment* (4th ed., pp. 391-404). New York: Guilford Press.

Zylowska, L., & Mitchell, J. (2020). *Mindfulness for adult ADHD: A clinician's guide*. New York: Guilford Press.

CAPÍTULO 2 PRINCÍPIOS PARA DIAGNOSTICAR O TDAH

Adamou, M. (2018). Adult ADHD and employment. In T. Banaschewski, D. Coghill, & A. Zuddas (Eds.), *Oxford textbook of attention deficit hyperactivity disorder* (pp. 170-177). London: Oxford University Press.

American Psychiatric Association. (2013). *Diagnostic and statistical manual of mental disorders* (5th ed.). Arlington, VA: Author.

Barkley, R. A. (2011). *Barkley Functional Impairment Scale (BFIS)*. New York: Guilford Press. Barkley, R. A. (2012a). *Barkley Functional Impairment Scale-Children and Adolescents (BFIS-CA)*. New York: Guilford Press.

Barkley, R. A. (2012b). Distinguishing sluggish cognitive tempo from attention-deficit/hyperactivity disorder in adults. *Journal of Abnormal Psychology, 121*(4), 978-990.

Barkley, R. A. (2013). Distinguishing sluggish cognitive tempo from ADHD in children and adolescents: Executive functioning, impairment, and comorbidity. *Journal of Clinical Child and Adolescent Psychology, 42*, 161-173.

Barkley, R. A. (Ed.). (2015a). *Attention-deficit hyperactivity disorder: A handbook for diagnosis and treatment* (4th ed.). New York: Guilford Press.

Barkley, R. A. (2015b). History of ADHD. In R. A. Barkley (Ed.), *Attention-deficit hyperactivity disorder: A handbook for diagnosis and treatment* (4th ed., pp. 3-50). New York: Guilford Press. Barkley, R. A. (2015c). Emotional dysregulation is a core component of ADHD. In R. A. Barkley (Ed.), *Attention-deficit hyperactivity disorder: A handbook for diagnosis and treatment* (4th ed., pp. 81-115). New York: Guilford Press.

Barkley, R. A. (2015d). Executive functioning and self-regulation viewed as an extended phenotype: Implications of the theory for ADHD and its treatment. In R. A. Barkley (Ed.), *Attention-deficit hyperactivity disorder: A handbook for diagnosis and treatment* (4th ed., pp. 405-434). New York: Guilford Press.

Barkley, R. A. (2015e). Concentration deficit disorder (sluggish cognitive tempo). In R. A. Barkley (Ed.), *Attention-deficit hyperactivity disorder: A handbook for diagnosis and treatment* (4th ed., pp. 435-454). New York: Guilford Press.

Barkley, R. A. (2015f). Health problems and related impairments in children and adults with ADHD. In R. A. Barkley (Ed.), *Attention-deficit hyperactivity disorder: A handbook for diagnosis and treatment* (4th ed., pp. 267-313). New York: Guilford Press.

Barkley, R. A. (2015g). Educational, occupational, dating and marital, and financial impairments in adults with ADHD. In R. A. Barkley (Ed.), *Attention-deficit hyperactivity disorder: A handbook for diagnosis and treatment* (4th ed., pp. 314-342). New York: Guilford Press.

Barkley, R. A. (2016). *Managing ADHD in school*. Eau Claire, WI: Premier Educational Seminars. Barkley, R. A. (2021). *Taking charge of adult ADHD* (2nd ed.). New York: Guilford Press.

Barkley, R. A., & Fischer, M. (2017). The Milwaukee longitudinal study of hyperactive ADHA children. In L. Hechtman (Ed.), *Attention deficit hyperactivity disorder: Adult outcome and its predictors* (pp. 63-104). New York: Oxford University Press.

Barkley, R. A., Murphy, K. R., & Fischer, M. (2008). *ADHD in adults: What the science says*. New York: Guilford Press.

Barkley, R. A., & Peters, H. (2012). The earliest reference to ADHD in the medical literature?: Melchior Adam Weikard's description in 1775 of "Attention Deficit" [*Mangel der Aufmerksamkeit, attentio volubilis*]. *Journal of Attention Disorders, 16*, 623-630.

Becker, S. P., & Barkley, R. A. (2018). Sluggish cognitive tempo. In T. Banaschewski, D. Coghill, & A. Zuddas (Eds.), *Oxford textbook of attention deficit hyperactivity disorder* (pp. 147-153). London: Oxford University Press.

Becker, S. P., Willcutt, E. G., Leopold, D. R., Fredrick, J. W., Smith, Z. R., Jacobson, L. A., et al. (2021). Report of a work group on sluggish cognitive tempo: Key research directions and a consensus change in terminology to cognitive disengagement hypoactivity syndrome (CDHS). *Journal of Clinical Child and Adolescent Psychology.* Manuscript submitted for publication.

Berry, M. S., Sweeney, M. M., Dolan, S. B., Johnson, P. S., Pennybaker, S. J., Rosch, K. S., & Johnson, M. W. (2021). Attention-deficit/hyperactivity disorder symptoms are associated with greater delay discounting of condom-protected sex and money. *Archives of Sexual Behavior, 50,* 191-204.

DuPaul, G. J., & Langberg, J. M. (2015). Educational impairments in children with ADHD. In R. A. Barkley (Ed.), *Attention deficit hyperactivity disorder: A handbook for diagnosis and treatment* (4th ed., pp. 169-190). New York: Guilford Press.

DuPaul, G. J., & Stoner, G. (2014). *ADHD in the schools: Assessment and intervention strategies* (3rd ed.). New York: Guilford Press.

Evans, S. W., Van der Oord, S., & Rogers, E. E. (2020). Academic functioning and interventions for adolescents with ADHD. In S. P. Becker (Ed.), *ADHD in adolescents: Development, assessment, and treatment* (pp. 148-169). New York: Guilford Press.

Faraone, S. C., Asherson, P., Banaschewski, T., Biederman, J., Buitelaar, J. K., Ramos-Quiroga, J. A., et al. (2015). Attention-deficit/hyperactivity disorder. *Nature Reviews (Disease Primers), 1,* 1-23.

Garner, A. A. (2020). Driving in adolescents with ADHD and the road to intervention. In S. P. Becker (Ed.), *ADHD in adolescents: Development, assessment, and treatment* (pp. 255-277). New York: Guilford Press.

Gordon, C. T., Fabiano, G. A., Hulme, K. F., Sodano, S. M., Adragna, M., Lim, R., et al. (2021). Efficacy of lisdexamfetamine for promoting occupational success in adolescents and young adults with attention-deficit/hyperactivity disorder. *Experimental and Clinical Psychopharmacology, 29,* 308-318.

Gordon, M., & Keiser, S. (Eds.). (2000). *Accommodations in higher education under the Americans with Disabilities Act (ADA): A no-nonsense guide for clinicians, educators, administrators, and lawyers.* New York: Guilford Press.

Hechtman, L. (Ed.). (2017). *Attention deficit hyperactivity disorder: Adult outcome and its predictors.* New York: Oxford University Press.

Johnston, C., & Chronis-Tuscano, A. (2015). Families and ADHD. In R. A. Barkley (Ed.), *Attention deficit hyperactivity disorder: A handbook for diagnosis and treatment* (4th ed., pp. 191-209). New York: Guilford Press.

Klein, K. R., & Sarkis, S. M. (2009). *ADD and your money: A guide to personal finance for adults with attention-deficit disorder.* Oakland, CA: New Harbinger.

Knouse, L. E., & Barkley, R. A. (2020, January). *What's in a (symptom example)?: Exploring the impact of DSM-5's parenthetical additions on self-reporting of adult ADHD symptoms.* Poster presentation at the annual meeting of the American Professional Society for ADHD and Related Disorders, Washington, DC.

Kopf, A. (2019, March 29). A new report shows that diagnosis rates for ADHD have risen 30% in 8 years. *USA Today.*

Langberg, J. M. (2011). *Homework, organization, and planning skills (HOPS) interventions: A treatment manual.* Bethesda, MD: National Association of School Psychologists.

Lewandowski, L. J., & Lovett, B. (2015). *Testing accommodations for students with disabilities: Research-based practice.* Washington, DC: American Psychological Association.

McQuade, J. D. (2020). Peer functioning in adolescents with ADHD. In S. P. Becker (Ed.), *ADHD in adolescents: Development, assessment, and treatment* (pp. 128-147). New York: Guilford Press. McQuade, J. D., & Hoza, B. (2015). Peer relationships of children with ADHD. In R. A. Barkley (Ed.), *Attention deficit hyperactivity disorder: A handbook for diagnosis and treatment* (4th ed., pp. 210-222). New York: Guilford Press.

Mikami, A. Y. (2015). Social skills training for youth with ADHD. In R. A. Barkley (Ed.), *Attention deficit hyperactivity disorder: A handbook for diagnosis and treatment* (4th ed., pp. 569-595). New York: Guilford Press.

Nadeau, K. G. (2007). *Survival guide for college students with ADD or LD* (2nd ed.). Washington, DC: Magination Press.

Nadeau, K. G. (2015). *The ADHD guide to career success* (2nd ed.). New York: Routledge.

Orlov, M. (2010). *The ADHD effect on marriage: Understand and rebuild your relationship in six steps*. Plantation, FL: Specialty Press.

Orlov, M., & Kohlenberg, N. (2014). *The couples guide to thriving with ADHD*. Plantation, FL: Specialty Press.

Pera, G. (2008). *Is it you, me, or adult ADHD?* San Francisco: 1201 Alarm Press.

Pera, G. (2015). Counseling couples affected by adult ADHD. In R. A. Barkley (Ed.), *Attention deficit hyperactivity disorder: A handbook for diagnosis and treatment* (4th ed., pp. 795-825). New York: Guilford Press.

Pera, G. (2016). *Adult ADHD-focused couple therapy*. New York: Routledge.

Polanczyk, G. V. (2018). Epidemiology. In T. Banaschewski, D. Coghill, & A. Zuddas (Eds.). *Oxford textbook of attention deficit hyperactivity disorder* (pp. 131-135). London: Oxford University Press.

Roberts, W., Milich, R., & Barkley, R. A. (2015). Primary symptoms, diagnostic criteria, subtyping, and prevalence of ADHD. In R. A. Barkley (Ed.), *Attention deficit hyperactivity disorder: A handbook for diagnosis and treatment* (4th ed., pp. 51-80). New York: Guilford Press.

Robin, A. R., & Payson, E. (2002). The impact of ADHD on marriage. *ADHD Report, 10*(3), 9-11, 14. Rohde, A., Kieling, C., & Salum, G. A. (2018). Current diagnostic criteria: DSM, ICD, and future perspectives. In T. Banaschewski, D. Coghill, & A. Zuddas (Eds.), *Oxford textbook of attention deficit hyperactivity disorder* (pp. 139-146). London: Oxford University Press.

Sibley, M. H. (2016). *Parent-teen therapy for executive function deficits and ADHD: Building skills and motivation*. New York: Guilford Press.

Tuckman, A. (2020). *ADHD after dark: Better sex life, and better relationships*. New York: Routledge.

Wakefield, J. C. (1999). Evolutionary versus prototype analyses of the concept of disorder. *Journal of Abnormal Psychology, 108*, 374-399.

Weikard, M. A. (1775). *Drittes Hauptstück Mangel der Aufmerksamkeit Attentio volubilis in Der Philosophische Artzt* (pp. 114-119). Frankfurt, Germany: Zmenter Band.

Weiner, J. (2020). The ripple effect of adolescent ADHD: Family relationships. In S. P. Becker (Ed.), *ADHD in adolescents: Development, assessment, and treatment* (pp. 101-127). New York: Guilford Press.

Willcutt, E. G. (2012). The prevalence of DSM-IV attention-deficit/hyperactivity disorder: A meta-analysis review. *Neurotherapeutics, 9*, 490-499.

CAPÍTULO 3 AVALIAÇÃO

Achenbach, T. M. (2014). *The Achenbach System of Empirically Based Assessment* (ASEBA). Burlington, VT: Author.

American Psychiatric Association. (2013). *Diagnostic and statistical manual of mental disorders* (5th ed.). Arlington, VA: Author.

Banaschewski, T., Coghill, D., & Zuddas, A. (Eds.). (2018). *Oxford textbook of attention deficit hyperactivity disorder*. London: Oxford University Press.

Barkley, R. A. (1981). *Hyperactive children: A handbook for diagnosis and treatment*. New York: Guilford Press.

Barkley, R. A. (2011). *Barkley Adult ADHD Rating Scale-IV (BAARS-IV)*. New York: Guilford Press.

Barkley, R. A. (2012a). *Barkley Functional Impairment Scale-Children and Adolescents (BFIS-CA)*. New York: Guilford Press.

Barkley, R. A. (2012b). *Barkley Deficits in Executive Functioning Scale-Children and Adolescents (BDEFS-CA)*. New York: Guilford Press.

Barkley, R. A. (2013). *Defiant children: A clinician's manual for assessment and parent training* (3rd ed.). New York: Guilford Press.

Barkley, R. A. (Ed.) (2015). *Attention-deficit hyperactivity disorder: A handbook for diagnosis and treatment* (4th ed.). New York: Guilford Press.

Barkley, R. A. (2018). *Barkley Sluggish Cognitive Tempo Scale-Children and Adolescents (BSCTS-CA)*. New York: Guilford Press.

Barkley, R. A. (2019). Neuropsychological testing is not useful for the diagnosis of ADHD: Stop it (or prove it)! *ADHD Report, 27*, 1-8.

Barkley, R. A. (2020). *Taking charge of ADHD: The complete, authoritative guide for parents* (4th ed.). New York: Guilford Press.

Becker, S. P. (Ed.). (2020). *ADHD in adolescents: Development, assessment, and treatment*. New York: Guilford Press.

Chronis-Tuscano, A., O'Brien, K. A., Johnston, C., Jones, H. A., Clarke, T. L., Raggi, V. L., et al. (2011). The relation between maternal ADHD symptoms and improvement in child behavior following brief behavioral parent training is mediated by change in negative parenting. *Journal of Abnormal Child Psychology, 39,* 1047-1057.

Chronis-Tuscano, A., Raggi, V. L., Clarke, T. L., Rooney, M. E., Diaz, Y., & Pian, J. (2008). Associations between maternal attention-deficit/hyperactivity disorder symptoms and parenting. *Journal of Abnormal Child Psychology, 36,* 1237-1250.

Chronis-Tuscano, A., Seymour, K. E., Stein, M. A., Jones, H. A., Jiles, C. D., Rooney, M. E., et al. (2008). Efficacy of osmotic-release oral system (OROS) methylphenidate for mothers with attention-deficit/hyperactivity disorder (ADHD): Preliminary report of effects on ADHD symptoms and parenting. *Journal of Clinical Psychiatry, 69,* 1-10.

Danckaerts, M., & Coghill, D. (2018). Children and adolescents: Assessment in everyday clinical practice. In T. Banaschewski, D. Coghill, & A. Zuddas (Eds.), *Oxford textbook of attention deficit hyperactivity disorder* (pp. 297-306). London: Oxford University Press.

Derogatis, L. R. (1994). *Manual for the Symptom Checklist 90-Revised (SCL-90-R).* Indianapolis, IN: Pearson Assessments.

DuPaul, G. J., Anastopoulos, A. D., & Kipperman, K. (2020). Assessing and diagnosing ADHD in adolescence. In S. P. Becker (Ed.), *ADHD in adolescence: Development, assessment, and treatment* (pp. 281-305). New York: Guilford Press.

DuPaul, G. J., Power, T. J., Anastopoulos, A. D., & Reid, R. (2016). *The ADHD Rating Scale-5 for Children and Adolescents: Checklists, norms, and clinical interpretation.* New York: Guilford Press.

DuPaul, G. J., & Stoner, G. (2014). *ADHD in the schools: Assessment and intervention strategies* (3rd ed.). New York: Guilford Press.

Gioia, G. A., Isquith, P. K., Guy, S. C., & Kenworthy, L. (2015). *BRIEF-2: Behavior Rating Inventory of Executive Function-Professional manual* (2nd ed.). Odessa, FL: Psychological Assessment Resources.

Goldstein, S., & Naglieri, J. (2016). *The Comprehensive Executive Functioning Rating Scale.* North Tonawanda, NY: Multi-Health Systems.

Knouse, L. E. & Barkley, R. A. (2020, January). What's in a (symptom example)? Exploring the impact of DSM-5's parenthetical additions on self-reporting of adult ADHD symptoms. Poster presentation at the annual meeting of the American Professional Society for ADHD and Related Disorders, Washington, DC.

Mash, E. J., & Barkley, R. A. (Eds.). (2014). *Child psychopathology* (3rd ed.). New York: Guilford Press.

Pliszka, S. (2011). *Treating ADHD and comorbid disorders: Psychosocial and psychopharmacological interventions.* New York: Guilford Press.

Chung, T., & Bachrach, R. L. (2019). Substance use problems. In M. J. Prinstein, E. A. Youngstrom, E. J. Mash, & R. A. Barkley (Eds.), *Treatment of disorders in childhood and adolescence* (4th ed., pp. 661-703). New York: Guilford Press.

Reynolds, C., & Kamphaus, R. (2015). *Behavioral Assessment System for Children-3.* Indianapolis, IN: Pearson Assessments.

Shelton, T. L., Barkley, R. A., Crosswait, C., Moorehouse, M., Fletcher, K., Barrett S., et al. (1998). Psychiatric and psychological morbidity as a function of adaptive disability in preschool children with aggressive and hyperactive-impulsive-inattentive behavior. *Journal of Abnormal Child Psychology, 26,* 475-494.

Sleator, E. K., & Ullmann, R. K. (1981). Can the physician diagnose hyperactivity in the office? *Pediatrics, 67,* 13-17.

Wahler, R. G. (1980). The insular mother: Her problems in parent-child treatment. *Journal of Applied Behavior Analysis, 13,* 207-219.

Wilens, T. E., & Hammerness, P. G. (2016). *Straight talk about psychiatric medications for kids* (4th ed.). New York: Guilford Press.

Youngstrom, E., Prinstein, M., Mash, E. J., & Barkley, R. A. (Eds.). (2020). *Assessment of childhood disorders* (5th ed.). New York: Guilford Press.

CAPÍTULO 4 **DIAGNOSTICANDO COMORBIDADES**

Achenbach, T. M. (2014). *The Achenbach System of Empirically Based Assessment* (ASEBA). Burlington, VT: Author.

Banaschewski, T., Coghill, D., & Zuddas, A. (Eds.) (2018). *Oxford textbook of attention deficit hyperactivity disorder.* London: Oxford University Press.

REFERÊNCIAS

Barkley, R. A. (1997). *ADHD and the nature of self-control*. New York: Guilford Press.

Barkley, R. A. (2011). *Barkley Deficits in Executive Functioning Scale (BDEFS)*. New York: Guilford Press.

Barkley, R. A. (2012a). *Barkley Adult ADHD Rating Scale (BAARS)*. New York: Guilford Press.

Barkley, R. A. (2012b). *Barkley Deficits in Executive Functioning Scale-Children and Adolescents (BDEFS-CA)*. New York: Guilford Press.

Barkley, R. A. (2013a). *Defiant children: A clinician's manual for assessment and parent training* (3rd ed.). New York: Guilford Press.

Barkley, R. A. (2013b). Distinguishing sluggish cognitive tempo from ADHD in children and adolescents: Executive functioning, impairment, and comorbidity. *Journal of Clinical Child and Adolescent Psychology, 42*, 161-173.

Barkley, R. A. (2014). Sluggish cognitive tempo (concentration deficit disorder?): Current status, future directions, and a plea to change the name. *Journal of Abnormal Child Psychology, 42*, 117-125.

Barkley, R. A. (2015a). Emotional dysregulation is a core feature of ADHD. In R. A. Barkley (Ed.), *Attention-deficit hyperactivity disorder: A handbook for diagnosis and treatment* (4th ed., pp. 81-115). New York: Guilford Press.

Barkley, R. A. (2015b). Comorbid psychiatric disorders and psychological maladjustment in adults with ADHD. In R. A. Barkley (Ed.), *Attention-deficit hyperactivity disorder: A handbook for diagnosis and treatment* (4th ed., pp. 343-355). New York: Guilford Press.

Barkley, R. A. (2015c). Concentration deficit disorder (sluggish cognitive tempo). In R. A. Barkley (Eds.) *Attention-deficit hyperactivity disorder: A handbook for diagnosis and treatment* (4th ed., pp. 435-454). New York: Guilford Press.

Barkley, R. A. (2018). *Barkley Sluggish Cognitive Tempo Scale: Children and adolescents*. New York: Guilford Press.

Barkley, R. A., Murphy, K. R., & Fischer, M. (2008). *ADHD in adults: What the science says*. New York: Guilford Press.

Barkley, R. A., & Robin, A. R. (2014). *Defiant teens: A clinician's manual for assessment and family intervention* (2nd ed.). New York: Guilford Press.

Becker, S. P., & Barkley, R. A. (2018). Sluggish cognitive tempo. In T. Banaschewski, D. Coghill, & A. Zuddas (Eds.), *Oxford textbook of attention deficit hyperactivity disorder* (pp. 147-153). London: Oxford University Press.

Becker, S. P., & Fogleman, N. D. (2020). Psychiatric co-occurrence (comorbidity) in adolescents with ADHD. In S. P. Becker (Ed.), *ADHD in adolescents: Development, assessment, and treatment* (pp. 170-203). New York: Guilford Press.

Becker, S. P., Leopold, D. R., Burns, G. L., Jarrett, M. A., Langberg, J. M., Marshall, S. A., et al. (2016). Internal, external, and diagnostic validity of sluggish cognitive tempo: A meta-analysis and critical review. *Journal of the American Academy of Child and Adolescent Psychiatry, 55*, 163-178.

Becker, S. P., Willcutt, E. G., Leopold, D. R., Fredrick, J. W., Smith, Z. R., Jacobson, L. A., et al. (2021). Report of a work group on sluggish cognitive tempo: Key research directions and a consensus change in terminology to cognitive disengagement hypoactivity syndrome (CDHS). *Journal of Clinical Child and Adolescent Psychology*. Manuscript submitted for publication.

Bolte, S., Poustka, L., & Geurts, H. M. (2018). Autism spectrum disorder. In T. Banaschewski, D. Coghill, & A. Zuddas (Eds.), *Oxford textbook of attention deficit hyperactivity disorder* (pp. 235-246). London: Oxford University Press.

Brainstorm Consortium. (2018, June 22). Analysis of shared heritability in common disorders of the brain. *Science, 360*(6395).

Brewe, A. M., Simmons, G. L., Capriola-Hall, N. N., & White, S. W. (2020). Sluggish cognitive tempo: An examination of clinical correlates for adults with autism. *Autism, 24*, 1373-1383.

Brown, T. E. (Ed.). (2009). *ADHD comorbidities: Handbook for ADHD complications in children and adults*. Arlington, VA: American Psychiatric Association.

Chacko, A., Allen, C. C., Uderman, J., Cornwell, M., Anderson, L., & Chimiklis, A. (2015). Training parents of youth with ADHD. In R. A. Barkley (Ed.), *Attention-deficit hyperactivity disorder: A handbook for diagnosis and treatment* (4th ed., pp. 513-536). New York: Guilford Press.

Chassin, L., Bountress, K., Haller, M., & Wang, F. (2014). Adolescent substance use disorders. In E. J. Mash & R. A. Barkley (Eds.), *Child psychopathology* (3rd ed., pp. 180-221). New York: Guilford Press.

Chung, T., & Bachrach, R. L. (2019). Substance use problems. In M. J. Prinstein, E. A. Youngstrom, E. J. Mash, & R. A. Barkley (Eds.), *Treatment of disorders in childhood and adolescence* (4th ed., pp. 661-703). New York: Guilford Press.

Curry, J. F., & Meyer, A. E. (2019). Depressive disorders. In M. J. Prinstein, E. A. Youngstrom, E. J. Mash, & R. A. Barkley (Eds.). *Treatment of disorders in childhood and adolescence* (4th ed., pp.175-211). New York: Guilford Press.

DuPaul, G. J., & Langberg, J. M. (2015). Educational impairments in children with ADHD. In R. A. Barkley, (Ed.), *Attention-deficit hyperactivity disorder: A handbook for diagnosis and treatment* (4th ed., pp. 169-190). New York: Guilford Press.

Faraone, S. C., Asherson, P., Banaschewski, T., Biederman, J., Buitelaar, J. K., Ramos-Quiroga, J. A., et al. (2015). Attention-deficit/hyperactivity disorder. *Nature Reviews (Disease Primers), 1*, 1-23.

Fristad, M. A., & Roley-Roberts, M. E. (2019). Bipolar disorder. In M. J. Prinstein, E. A. Youngstrom, E. J. Mash, & R. A. Barkley (Eds.), *Treatment of disorders in childhood and adolescence* (4th ed., pp. 212-257). New York: Guilford Press.

Gillberg, C., Fernell, E., Gillberg, I. C., & Kadesjpo, B. (2018). Developmental coordination disorder. In T. Banaschewski, D. Coghill, & A. Zuddas (Eds.), *Oxford textbook of attention deficit hyperactivity disorder* (pp. 254-260). London: Oxford University Press.

Grizenko, N., Bhat, S., Schwartz, G., Ter-Stephanian, M., & Joober, R. (2006). Efficacy of methylphenidate in children with attention-deficit/hyperactivity disorder and learning disabilities: A randomized crossover study. *Journal of Psychiatry and Neurology, 31*(1), 46-51.

Hurtig, T., Ebeling, H., Taanila, A., Miettunen, J., Smalley, S., McGough, J., et al. (2007). ADHD and comorbid disorders in relation to family environment and symptom severity. *European Journal of Child and Adolescent Psychiatry, 16*, 362-369.

Kemp, J., & Freeman, J. B. (2019). Obsessive-compulsive disorder. In M. Prinstein, E. A. Youngstrom, E. J. Mash, & R. A. Barkley (Eds.), *Treatment of disorders in childhood and adolescence* (4th ed., pp. 311-335). New York: Guilford Press.

Kennedy, T. M., McKone, K. M. P., & Molina, B. S. G. (2020). Substance use in adolescents with ADHD. In S. P. Becker (Ed.), *ADHD in adolescents: Development, assessment, and treatment* (pp. 228-254). New York: Guilford Press.

Klein, R. G., Mannuzza, S., Olazagasti, M. A. R., Roizen, E., Hutchison, J. A., Lashua, E. C., et al. (2012). Clinical and functional outcome of childhood attention-deficit hyperactivity disorder 33 years later. *Archives of General Psychiatry, 69*, 1295-1303.

Klinger, L. G., & Dudley, K. M. (2019). Autism spectrum disorder. In M. Prinstein, E. A. Youngstrom, E. J. Mash, & R. A. Barkley (Eds.), *Treatment of disorders in childhood and adolescence* (4th ed., pp. 376-415). New York: Guilford Press.

Kooij, J. S., Huss, M., Asherson, P., Akehurst, R., Beusterien, K., French, A., et al. (2012). Distinguishing comorbidity and successful management of adult ADHD. *Journal of Attention Disorders, 16*, 3-19.

Lewandowski, L. J., & Lovett, B. J. (2014). Learning disabilities. In E. J. Mash & R. A. Barkley (Eds.), *Child psychopathology* (3rd ed., pp. 625-669). New York: Guilford Press.

Matson, J. L., Matheis, M., Estabillo, J. A., Burns, C. O., Issarras, A., Peters, W. J., et al. (2019). Intellectual disability. In M. Prinstein, E. A. Youngstrom, E. J. Mash, & R. A. Barkley (Eds.), *Treatment of disorders in childhood and adolescence* (4th ed., pp. 416-447). New York: Guilford Press.

Matthies, S. D., & Philipsen, A. (2014). Common ground in attention deficit hyperactivity disorder (ADHD) and borderline personality disorder (BPD): Review of recent findings. *Borderline Personality Disorder and Emotion Regulation, 1*, 1-13.

McBurnett, K., Clemow, D., Williams, D., Villodas, M., Wietecha, L., & Barkley, R. (2017). Atomoxetine-related change in sluggish cognitive tempo is partially independent of change in attention-deficit/hyperactivity disorder inattentive symptoms. *Journal of Child and Adolescent Psychopharmacology, 27*, 38-42.

McFayden, T., Jarrett, M. A., White, S. W., Scarpa, A., Dahiya, A., & Ollendick, T. H. (2020). Sluggish cognitive tempo in autism spectrum disorder, ADHD, and their comorbidity: Implications for impairment. *Journal of Clinical Child and Adolescent Psychology*. Epub ahead of print. McGill, R. J., & Ndip, N. (2019). Learning disabilities. In M. Prinstein, E. A. Youngstrom, E. J. Mash, & R. A. Barkley (Eds.), *Treatment of disorders in childhood* and adolescence (4th ed., pp. 448-492). New York: Guilford Press.

McMahon, R. J., & Frick, P. J. (2019). Conduct and oppositional disorders. In M. Prinstein, E. A. Youngstrom, E. J. Mash, & R. A. Barkley (Eds.), *Treatment of disorders in childhood and adolescence* (4th ed., pp. 102-172). New York: Guilford Press.

Mikami, A. Y. (2015). Social skills training for youth with ADHD. In R. A. Barkley (Ed.), *Attention-deficit hyperactivity disorder: A handbook for diagnosis and treatment* (4th ed., pp. 569-595). New York: Guilford Press.

Moruzzi, S., Rijsdijk, F., & Battaglia, M. (2014). A twin study of the relationships among inattention, hyperactivity-impulsivity, and sluggish cognitive tempo problems. *Journal of Abnormal Child Psychology, 42,* 63-75.

Mueller, A. K., Tucha, L., Koerts, J., Groen, Y., Lange, K. W., & Tucha, O. (2014). Sluggish cognitive tempo and its neurocognitive, social, and emotional correlates: A systematic review of the current literature. *Journal of Molecular Psychiatry, 2,* 5.

Mulraney, M., Stringaris, A., & Taylor, E. (2018). Iritability, disruptive mood, and ADHD. In T. Banaschewski, D. Coghill, & A. Zuddas (Eds.), *Oxford textbook of attention deficit hyperactivity disorder* (pp. 200-205). London: Oxford University Press.

Owens, E. B., Cardoos, S. L., & Hinshaw, S. P. (2015). Developmental progression and gender differences among individuals with ADHD. In R. A. Barkley (Ed.), *Attention-deficit hyperactivity disorder: A handbook for diagnosis and treatment* (4th ed., pp. 223-255). New York: Guilford Press. Oxley, C., & Stringaris, A. (2018). Comorbidity: Depression and anxiety. In T. Banaschewski, D. Coghill, & A. Zuddas (Eds.), *Oxford textbook of attention deficit hyperactivity disorder* (pp. 206-214). London: Oxford University Press.

Palitz, S. A., Davis, J. P., & Kendall, P. C. (2019). Anxiety disorders. In M. Prinstein, E. A. Youngstrom, E. J. Mash, & R. A. Barkley (Eds.), *Treatment of disorders in childhood and adolescence* (4th ed., pp. 281-310). New York: Guilford Press.

Pliszka, S. R. (2015). Comorbid psychiatric disorders in children with ADHD. In R. A. Barkley (Ed.), *Attention-deficit hyperactivity disorder: A handbook for diagnosis and treatment* (4th ed., pp. 140-168). New York: Guilford Press.

Reinvall, O., Kujala, T., Voutilainen, A., Moisio, A. L., Lahti-Nuuttila, P., & Laasonen, M. (2017). Sluggish cognitive tempo in children and adolescents with higher functioning autism spectrum disorders: Social impairments and internalizing symptoms. *Scandinavian Journal of Psychology, 58,* 389-399.

Riglin, L., Leppert, B., Dardani,C., Thapar, A. K., Rice, F., O'Donovan, M. C., et al. (2020). ADHD and depression: Investigating a causal explanation. *Psychological Medicine, 51,* 1890-1897.

Rothenberger, A., Becker, A., Bruni, L. G., & Roessner, V. (2018). Influence of tics and/or obsessive-compulsive behavior on the phenomenology of coexisting ADHD. In T. Banaschewski, D. Coghill, & A. Zuddas (Eds.), *Oxford textbook of attention deficit hyperactivity disorder* (pp. 247-253). London: Oxford University Press.

Saxbe, C., & Barkley, R. A. (2014). The other attention disorder?: Sluggish cognitive tempo vs. ADHD: Update for clinicians. *Journal of Clinical Psychiatry, 20,* 38-49.

Septier, M., Stordeur, C., Zhang, J., Delorme, R., & Cortese, S. (2019). Association between suicidal spectrum behaviors and attention-deficit/hyperactivity disorder: A systematic review and meta-analysis. *Neuroscience and Biobehavioral Reviews, 103,* 109-118.

Simonoff, E. (2018). Intellectual impairment and neurogenetic disorders. In T. Banaschewski, D. Coghill, & A. Zuddas (Eds.), *Oxford textbook of attention deficit hyperactivity disorder* (pp. 235-246). London: Oxford University Press.

Smallwood, J., Fishman, D., & Schooler, J. (2007). Counting the cost of an absent mind: Mind wandering as an under recognized influence on educational performance. *Psychonomic Bulletin and Review, 14,* 230-236.

Tannock, R. (2018). ADHD and communication disorders. In T. Banaschewski, D. Coghill, & A. Zuddas (Eds.), *Oxford textbook of attention deficit hyperactivity disorder* (pp. 273-279). London: Oxford University Press.

Thapar, A., & van Goozen, S. (2018). Conduct disorder in ADHD. In T. Banaschewski, D. Coghill, & A. Zuddas (Eds.), *Oxford textbook of attention deficit hyperactivity disorder* (pp. 193-199). London: Oxford University Press.

Wietecha, L., Williams, D., Shaywitz, S., Shaywitz, B., Hooper, S. R., Wigal, S. B., et al. (2013). Atomoxetine improved attention in children and adolescents with attention-deficit/hyperactivity disorder and dyslexia in a 16-week, acute, randomized, double-blind trial. *Journal of Child and Adolescent Psychopharmacology, 23,* 605-609.

Wilens, T., Carrellas, N., & Biederman, J. (2018). ADHD and substance misuse. In T. Banaschewski, D. Coghill, & A. Zuddas (Eds.), *Oxford textbook of attention deficit hyperactivity disorder* (pp. 215-226). London: Oxford University Press.

Willcutt, E. G. (2018). ADHD and reading disorder. In T. Banaschewski, D. Coghill, & A. Zuddas (Eds.), *Oxford textbook of attention deficit hyperactivity disorder* (pp. 273-279). London: Oxford University Press.

Witwer, A. N., Lawton, K., & Aman, M. G. (2014). Intellectual disability. In E. J. Mash & R. A. Barkley (Eds.), *Child psychopathology* (3rd ed., pp. 593-624). New York: Guilford Press.

Youngstrom, E. A., & Algorta, G. P. (2014). Pediatric bipolar disorder. In E. J. Mash & R. A. Barkley (Eds.), *Child psychopathology* (3rd ed., pp. 264-316). New York: Guilford Press.

Zhou, H., Sealock, J. M., & Gelernter, J. (2020). Genome-wide meta-analysis of problematic alcohol use in 435,563 individuals yields insights into biology and relationships with other traits. *Nature Neuroscience, 23,* 809-818.

CAPÍTULO 5 CONVERSANDO COM OS PAIS SOBRE O QUE ESPERAR

Arnold, E. A., Herbert, S. D., & Stowe, R. M. (2015). *Parenting hyperactive preschoolers: Clinician guide.* New York: Oxford University Press.

Barkley, R. A. (2012). *Barkley Functional Impairment Scale-Children and Adolescents (BFIS-CA).* New York: Guilford Press.

Barkley, R. A. (2020). *Taking charge of ADHD: The complete, authoritative guide for parents* (4th ed.). New York: Guilford Press.

Barkley, R. A. (2021). *12 principles for raising a child with ADHD.* New York: Guilford Press. Becker, S. P., Willcutt, E. G., Leopold, D. R., Fredrick, J. W., Smith, Z. R., Jacobson, L. A., et al. (2021). Report of a work group on sluggish cognitive tempo: Key research directions and a consensus change in terminology to cognitive disengagement hypoactivity syndrome (CDHS). *Journal of Clinical Child and Adolescent Psychology.* Manuscript submitted for publication.

Chronis-Tuscano, A. M., & Stein, M. (2012). Pharmacotherapy for parents with attention-deficit hyperactivity disorder (ADHD): Impact on maternal ADHD and parenting. *CNS Drugs, 26,* 725-732.

Ingoldsby, E. (2010). Review of interventions to improve family engagement and retention in parent and child mental health programs. *Journal of Child and Family Studies, 19,* 629-645.

Sibley, M. H. (2020). Motivational and executive functioning considerations when treating adolescents with ADHD. In S. P. Becker (Ed.), *ADHD in adolescents: Development, assessment, and treatment* (pp. 306-329). New York: Guilford Press.

Soechtig, S. (Director). (2021). *The disruptors* [Film]. Happy Warrior Media; Atlas Films.

CAPÍTULO 6 PRINCÍPIOS E DIRETRIZES PARA TRATAR TDAH

Barkley, R. A. (1997a). Behavioral inhibition, sustained attention, and executive functions: Constructing a unifying theory of ADHD. *Psychological Bulletin, 121,* 65-94.

Barkley, R. A. (1997b). *ADHD and the nature of self-control.* New York: Guilford Press.

Barkley, R. A. (2001). The executive functions and self-regulation: An evolutionary neuropsychological perspective. *Neuropsychology Review, 11,* 1-29.

Barkley, R. A. (2011). Attention-deficit/hyperactivity disorder, executive functioning, and self-regulation. In R. F. Baumeister & K. D. Vohs (Eds.), *Handbook of self-regulation: Research, theory, and applications* (2nd ed., pp. 551-564). New York: Guilford Press.

Barkley, R. A. (2012). *Executive functions: What they are, how they work, and why they evolved.* New York: Guilford Press.

REFERÊNCIAS

Barkley, R. A. (Ed.). (2015). *Attention-deficit hyperactivity disorder: A handbook for diagnosis and treatment* (4th ed.). New York: Guilford Press.

Barkley, R. A., & Fischer, M. (2019). Hyperactive child syndrome and estimated life expectancy at young adult follow-up: The role of ADHD persistence and other potential predictors. *Journal of Attention Disorders, 23*, 907-923.

Bauer, I. M., & Baumeister, R. F. (2011). Self-regulatory strength. In K. D. Vohs & R. F. Baumeister (Eds.), *Handbook of self-regulation: Research, theory, and applications* (2nd ed.). New York: Guilford Press.

Berk, L. E., & Potts, M. K. (1991). Development and functional significance of private speech among attention-deficit hyperactivity disordered and normal boys. *Journal of Abnormal Child Psychology, 19*, 357-377.

Boland, H., DiSalvo, M., Fried, R., Woodworth, K. Y., Wilens, T., Faraone, S. V., et al. (2020). A literature review and meta-analysis on the effects of ADHD medications on functional outcomes. *Journal of Psychiatric Research, 123*, 21-30.

Coghill, D., Nigg, J., Rothenberger, A., Sonuga-Barke, E. J. S., & Tannock, R. (2005). Whither causal models in the neuroscience of ADHD? *Developmental Science, 8*, 105-114.

Dawkins, R. (1982). *The extended phenotype: The long reach of the gene.* New York: Oxford University Press.

Demontis, D., Walters, R. K., Martin, J., Mattheisen, M., Als, T. D., Agerbo, E., et al. (2019). Discovery of the first genome-wide significant risk loci for attention-deficit/hyperactivity disorder. *Nature Genetics, 51*(1), 63-75.

Denckla, M. B. (1996). A theory and model of executive function: A neuropsychological perspective. In G. R. Lyon & N. A. Krasnegor (Eds.), *Attention, memory, and executive function* (pp. 263-277). Baltimore: Brookes.

Diaz, R. M., & Berk, L. E. (1992). *Private speech: From social interaction to self-regulation.* Mahwah, NJ: Erlbaum.

Friedman, H. S., Tucker, J. S., Schwartz, J. E., Tomlinson-Keasey, C., Martin, L. R., Wingard, D. L., et al. (1995). Psychosocial and behavioral predictors of longevity: The aging and death of the "Termites." *American Psychologist, 50*, 69-78.

Fuster, J. M. (1997). *The prefrontal cortex: Anatomy, physiology, and neuropsychology of the frontal lobe* (3rd ed.). Philadelphia: Lippincott-Raven.

Grizenko, N., Bhat, M., Schwartz, G., Ter-Stepanian, & Joober, R. (2006). Efficacy of methylphenidate in children with attention-deficit hyperactivity disorder and learning disabilities: a randomized crossover trial. *Journal of Psychiatry and Neuroscience, 31*(1), 46-51.

Houghton, S., Durkin, K., Ang, R. P., Taylor, M. F., & Brandtman, M. (2011). Measuring temporal self-regulation in children with and without attention deficit hyperactivity disorder: Sense of time in everyday contexts. *European Journal of Psychological Assessment, 27*, 88-94.

Kanfer, F. H., & Karoly, P. (1972). Self-control: A behavioristic excursion into the lion's den. *Behavior Therapy, 3*, 398-416.

Klein, R. G., Mannuzza, S., Olazagasti, M. A. R., Roizen, E., Hutchison, J. A., Lashua, E. C., et al. (2012). Clinical and functional outcome of childhood attention-deficit/hyperactivity disorder 33 years later. *Archives of General Psychiatry, 69*, 1295-1303.

Kopp, C. B. (1982). Antecedents of self-regulation: A developmental perspective. *Developmental Psychology, 18*, 199-214.

Mikami, A. (2015). Social skills training for youth with ADHD. In R. A. Barkley (Ed.), *Attention-deficit hyperactivity disorder: A handbook for diagnosis and treatment* (4th ed., pp. 569-595). New York: Guilford Press.

Saint-Cyr, J. A. (2003). Frontal-striatal circuit functions: Context, sequence, and consequence. *Journal of the International Neuropsychological Society, 9*, 103-127.

Snyder-Mackler, N., Burger, J. R., Gaydosh, L., Belsky, D. W., Noppert, G. A., Campos, F. A., et al. (2020). Social determinants of health and survival in humans and other animals. *Science, 368*(6493), eaax9553. Available at *https://science.sciencemag.org/content/368/6493/ eaax9553.*

Vygotsky, L. S. (1978). *Mind in society.* Cambridge, MA: Harvard University Press.

Vygotsky, L. S. (1987). Thinking and speech (N. Minick, Trans.). In R. W. Rieber & A. S. Carton (Eds.), *The collected works of L. S. Vygotsky: Vol. 1. Problems in general psychology.* New York: Plenum Press.

Vygotsky, L. S., & Luria, A. (1994). Tool and symbol in child development. In R. van der Veer & J. Valsiner (Eds.), *The Vygotsky reader* (pp. 99-174). Cambridge, MA: Blackwell Science.

Wilens, T. E., Faraone, S. V., Biederman, J., & Gunawardene, S. (2003). Does stimulant therapy of Attention Deficit/Hyperactivity Disorder beget later substance abuse?: A meta-analytic review of the literature. *Pediatrics, 11*(1), 179-185.

Winsler, A. (1998). Parent-child interaction and private speech in boys with ADHD. *Applied Developmental Science, 2*, 17-39.

Winsler, A., Diaz, R. M., Atencio, D. J., McCarthy, E. M., & Chabay, L. A. (2000). Verbal self-regulation over time in preschool children at risk for attention and behavior problems. *Journal of Child Psychology and Psychiatry, 41*, 875-886.

CAPÍTULO 7 ACONSELHAMENTO PARENTAL E TREINAMENTO NO MANEJO COMPORTAMENTAL

Allan, C., & Chacko, A. (2018). Adverse events in behavioral parent training for children with ADHD: An under-appreciated phenomenon. *ADHD Report, 28*(1), 4-8.

Anastopoulos, A. D., Shelton, T. L., DuPaul, G. J., & Guevremont, D. C. (1993). Parent training for attention-deficit hyperactivity disorder: Its impact on parent functioning. *Journal of Abnormal Child Psychology, 21*, 581-596.

Antshel, K. M., & Olszewski, A. K. (2014). Cognitive-behavioral therapy for adolescents with ADHD. *Child and Adolescent Psychiatric Clinics of North America, 23*, 825-842.

Arnold, E. A., Herbert, S. D., & Stowe, R. M. (2015). *Parenting hyperactive preschoolers: Clinician guide*. New York: Oxford University Press.

Barkley, R.A. (2013). *Defiant children: A clinician's manual for assessment and parent training* (3rd ed.). New York: Guilford Press.

Barkley, R. A. (2018a). Focus on the side effects of psychosocial treatments for children and teens with ADHD: A special issue. *ADHD Report, 26*(1), 1-4.

Barkley, R. A. (2018b). Adverse events associated with behavior management training for families experiencing parent-ADHD teen conflict. *ADHD Report, 26*(2), 1-6.

Barkley, R. A. (2020). *Taking charge of ADHD: The complete, authoritative guide for parents* (4th ed.). New York: Guilford Press.

Barkley, R. A. (2021). *12 principles for raising a child with ADHD*. New York: Guilford Press. Barkley, R. A., & Benton, C. M. (2013). *Your defiant child: Eight steps to better behavior* (2nd ed.). New York: Guilford Press.

Barkley, R. A., Guevremont, D. C., Anastopoulos, A. D., & Fletcher, K. E. (1992). A comparison of three family therapy programs for treating family conflicts in adolescents with attention-deficit hyperactivity disorder. *Journal of Consulting and Clinical Psychology, 60*, 450-462.

Barkley, R. A., & Robin, A. R. (2014). *Defiant teens: A clinician's manual for assessment and family intervention* (2nd ed.). New York: Guilford Press.

Becker, W. (1971). *Parents are teachers*. Champaign-Urbana, IL: Research Press.

Bourchtein, E., & Langberg, J. M. (2018). Adverse events associated with implementing behavioral treatment with adolescents with ADHD. *ADHD Report, 28*(2), 19-22.

Chacko, A., Allan, C. C., Uderman, J., Cornwell, M., Anderson, L., & Chimiklis, A. (2015). Training parents of youth with ADHD. In R. A. Barkley (Ed.), *Attention-deficit hyperactivity disorder: A handbook for diagnosis and treatment* (4th ed., pp. 513-536). New York: Guilford Press.

Chacko, A., Wymbs, B. T., Arnold, F. W., Pelham, W. E., Swanger-Gagne, M., Girio, E. L., et al. (2009). Enhancing traditional behavioral parent training for single mothers of children with ADHD. *Journal of Clinical Child and Adolescent Psychology, 38*, 206-218.

Chacko, A., Wymbs, B. T., Chimiklis, A., Wymbs, F. A., & Pelham, W. E. (2012). Evaluating a comprehensive strategy to improve engagement to group-based behavioral parent training for high-risk families of children with ADHD. *Journal of Abnormal Child Psychology, 40*, 1351- 1362.

Chronis, A. M., Chacko, A., Fabiano, G. A., Wymbs, B. T., & Pelham, W. E. (2004). Enhancements to the behavioral parent training paradigm for families of children with ADHD: Review and future directions. *Clinical Child and Family Psychology Review, 7*, 1-27.

REFERÊNCIAS

Chronis, A. M., Lahey, B. B., Pelham, W. E., Williams, S. H., Baumann, B. L., Kipp, H., et al. (2007). Maternal depression and early positive parenting predict future conduct problems in young children with attention-deficit/hyperactivity disorder. *Developmental Psychology, 43*, 70-82.

Chronis-Tuscano, A., Clarke, T., O'Brien, K., Raggi, V., Diaz, Y., Mintz, A., et al. (2013). Development and preliminary evaluation of an integrated treatment targeting parenting and depressive symptoms in mothers of children with attention-deficit/hyperactivity disorder. *Journal of Consulting Clinical Psychology, 81*(5), 918-925.

Chronis-Tuscano, A.M., & Stein, M. (2012). Pharmacotherapy for parents with attention-deficit hyperactivity disorder (ADHD): Impact on maternal ADHD and parenting. *CNS Drugs, 26*, 725-732.

Cunningham, C. E., Bremner, R., & Secord-Gilbert, M. (1998). *COPE: The Community Parent Education Program: A school-based family systems oriented workshop for parents of children with disruptive behavior disorders-Leaders manual).* Hamilton, Ontario, Canada: COPE Works.

Daley, D., & Van der Oord, S. (2018). Behavioural interventions for preschool ADHD. In T. Banaschewski, D. Coghill, & A. Zuddas (Eds.), *Oxford textbook of attention deficit hyperactivity disorder* (pp. 333-339). London: Oxford University Press.

Davis, N. O., & Mitchell, J. T. (2020). Mindfulness meditation training for adolescents with ADHD. In S. P. Becker (Ed.), *ADHD in adolescents: Development, assessment, and treatment* (pp. 369-390). New York: Guilford Press.

Dopfner, M., & Van der Oord, S. (2018). Cognitive-behavioural treatment in childhood and adolescence. In T. Banaschewski, D. Coghill, & A. Zuddas (Eds.), *Oxford textbook of attention deficit hyperactivity disorder* (pp. 340-347). London: Oxford University Press.

Eisenstadt, T. H., Eyberg, S., McNeil, C. B., Newcomb, K., & Funderburk, B. (1993). Parent-child interaction therapy with behavior problem children: Relative effectiveness of two stages and overall treatment outcome. *Journal of Clinical Child Psychology, 22*, 42-51.

Eyberg, S. M., & Robinson, E. A. (1982). Parent-child interaction training: Effects on family functioning. *Journal of Clinical Child Psychology, 11*, 130-137.

Forgatch, M., & Patterson, G. (1989). *Parents and adolescents living together: Part II. Family problem solving.* Eugene, OR: Castalia.

Garland, A. F., Hawley, K. M., Brookman-Frazee, L. I., & Hurlburt, M. (2008). Identifying common elements of evidence-based psychosocial treatments for children's disruptive behavior problems. *Journal of the American Academy of Child and Adolescent Psychiatry, 47*, 505-514.

Greene, R. W., & Ablon, J. S. (2006). *Treating explosive kids: The collaborative problem-solving approach.* New York: Guilford Press.

Guyer, B. P. (2000). *ADHD: Achieving success in school and in life.* Boston: Allyn & Bacon.

Harvey, E., Herbert, S. D., & Stowe, R. M. (2015). *Parenting hyperactive preschoolers: Clinician guide.* New York: Oxford University Press.

Ingoldsby, E. (2010). Review of interventions to improve family engagement and retention in parent and child mental health programs. *Journal of Child and Family Studies, 19*, 629-645.

Iseman, J. S., Silverman, S. M., & Jeweler, S. (2010). *101 school success tools for students with ADHD.* Waco, TX: Prufrock Press.

Kazdin, A. (2005). *Parent management training: Treatment for oppositional, aggressive, and antisocial behavior in children and adolescents.* New York: Oxford University Press.

Langberg, J. M. (2011). *Homework, organization and planning skills (HOPS) interventions: A treatment manual.* Bethesda, MD: National Association of School Psychologists.

Langberg, J. M., Smith, Z. R., & Green, C. D. (2020). Addressing homework problems in adolescents with ADHD. In S. P. Becker (Ed.), *ADHD in adolescents: Development, assessment, and treatment* (pp. 330-349). New York: Guilford Press.

Lee, P., Niew, W., Yang, H., Chen, V., & Lin, K. (2012). A meta-analysis of behavioral parent training for children with attention deficit hyperactivity disorder. *Research in Developmental Disabilities, 33*, 2040-2049.

Lundahl, B., Risser, H. J., & Lovejoy, C. (2006). A meta-analysis of parent training: Moderators and follow-up effects. *Clinical Psychology Review, 26*, 86-104.

McMahon, R. J. & Forehand, R. L. (2005). *Helping the noncompliant child: A clinician's guide to parent training* (2nd ed.). New York: Guilford Press.

McNeil, C. B., & Hembree-Kigin, T. L. (2010). *Parent-child interaction therapy* (2nd ed.). New York: Springer.

Mikami, A. (2015). Social skills training for youth with ADHD. In R. A. Barkley (Ed.), *Attention-deficit hyperactivity disorder: A handbook for diagnosis and treatment* (4th ed., pp. 569-595). New York: Guilford Press.

Mikami, A. (2018). Side effects of social skills training. *ADHD Report, 28*(1), 13-18.

Robin, A. R. (2015). Training families of adolescents with ADHD. In R. A. Barkley (Ed.), *Attention-deficit hyperactivity disorder: A handbook for diagnosis and treatment* (4th ed., pp. 537-568). New York: Guilford Press.

Robin, A. R., & Foster, S. L. (1989). *Negotiating parent-adolescent conflict: A behavioral-family systems approach*. New York: Guilford Press.

Sanders, M. (2012). Development, evaluation and multinational dissemination of the Triple P-Positive Parenting Program. *Annual Review of Clinical Psychology, 8*, 345-379.

Sibley, M. H. (2020). Motivational and executive functioning considerations when treating adolescents with ADHD. In S. P. Becker (Ed.), *ADHD in adolescents: Development, assessment, and treatment* (pp. 306-329). New York: Guilford Press.

Sprich, S. E., & Burbridge, J. A. (2020). Cognitive-behavioral therapy for adolescents with ADHD. In S. P. Becker (Ed.), *ADHD in adolescents: Development, assessment, and treatment* (pp. 350-368). New York: Guilford Press.

Sprich, S. E., & Safren, S. (2020). *Overcoming ADHD in adolescence: A cognitive behavioral approach: Therapist guide*. New York: Oxford University Press.

Sprich, S. E., Safren, S. A., Finkelstein, D., Remmert, J. E., & Hammerness, P. (2016). A randomized controlled trial of cognitive behavioral therapy for ADHD in medication-treated adolescents. *Journal of Child Psychology and Psychiatry, 57*(11), 1218-1226.

Thompson, M. J., Laver-Bradbury, C., Ayers, M., Le Poidevin, E., Mead, S., Dodds, C., et al. (2009). A small-scale randomized controlled trial of the revised New Forest parenting programme for preschoolers with attention-deficit hyperactivity disorder. *European Child and Adolescent Psychiatry, 18*(10), 605-616.

Webster-Stratton, C. (2006). *Incredible Years parenting program*. Seattle, WA: Incredible Years.

Wilens, T. E., & Hammerness, P. G. (2016). *Straight talk about psychiatric medications for kids* (4th ed.). New York: Guilford Press.

CAPÍTULO 8 MANEJO DO TDAH NA ESCOLA

Barkley, R. A. (Ed.). (2015). *Attention-deficit hyperactivity disorder: A handbook for diagnosis and treatment* (4th ed.). New York: Guilford Press.

Barkley, R. A. (2016). *Managing ADHD in school*. Eau Claire, WI: Premier Educational Seminars.

Barkley, R. A. (2020). *Taking charge of ADHD: The complete, authoritative guide for parents* (4th ed.). New York: Guilford Press.

Barkley, R. A. (2021). *12 principles for raising a child with ADHD*. New York: Guilford Press. Bowman-Perrott, L., Davis, H., Vannest, K., Williams, L., Greenwood, C., & Parker, R. (2013). Academic benefits of peer tutoring: A meta-analytic review of single-case research. *School Psychology Review, 42*, 39-55.

CHADD. (2006). *CHADD educator's manual*. Landover, MD: Children and Adults with Attention-Deficit/Hyperactivity Disorder.

Charach, A., Carson, P., Fox, S., Usman Ali, M., Beckett, J., & Guan Lim, C. (2013). Preschool children at high risk for ADHD: A comparative effectiveness review. *Pediatrics, 131*, e1584- e1604.

Cooper, H., Robinson, J. C., & Patall, E. A. (2006). Does homework improve academic achievement?: A synthesis of research 1987-2003. *Review of Educational Research, 76*, 1-62.

DuPaul, G.J., Eckert, T.L., & Vilardo, B. (2012). The effects of school-based interventions for attention-deficit hyperactivity disorder: A meta-analysis 1996-2010. *School Psychology Review, 41*, 387-412.

DuPaul, G. J., & Langberg, J. M. (2015). Educational impairments in children with ADHD. In R. A. Barkley (Ed.), *Attention-deficit hyperactivity disor-*

der: A handbook for diagnosis and treatment (4th ed., pp. 169-190.). New York: Guilford Press.

DuPaul, G. J., & Stoner, G. (2014). *ADHD in the schools: Assessment and intervention strategies* (3rd ed.). New York: Guilford Press.

Dush, D. M., Hirt, M. L., & Schroeder, H. E. (1989). Self-statement modification in the treatment of child behavior disorders: A meta-analysis. *Psychological Bulletin, 106*, 97-106.

Erchul, W. P., & Martens, B. K. (2010). *School consultation: Conceptual and empirical bases of practice* (3rd ed.). New York: Springer.

Evans, S. W., Van der Oord, S., & Rogers, E. E. (2020). Academic functioning and interventions for adolescents with ADHD. In S. P. Becker (Ed.), *ADHD in adolescents: Development, assessment, and treatment* (pp. 148-169). New York: Guilford Press.

Fabiano, G. A., Vujnovic, R. K., Pelham, W. E., Waschbusch, D. A., Massetti, G. M., Pariseau, M. E., et al. (2010). Enhancing the effectiveness of special education programming for children with attention deficit hyperactivity disorder using a daily report card. *School Psychology Review, 39*, 219-239.

Gallagher, R., Abikoff, H. B., & Spira, E. G. (2014). *Organizational skills training for children with ADHD: An empirically supported treatment.* New York: Guilford Press.

Gallagher, R., Spira, E. G., & Rosenblatt, J. L. (2018). *The organized child: An effective program to maximize your kid's potential-in school and in life.* New York: Guilford Press.

Greenwood, C. R., Maheady, L., & Delquadri, J. (2002). Classwide peer tutoring programs. In M. R. Shinn, H. M. Walker, & G. Stoner (Eds.), *Interventions for academic and behavior problems: II. Preventive and remedial approaches* (pp. 611-650). Bethesda, MD: National Association of School Psychologists.

Langberg, J. M. (2011). *Homework, organization and planning skills (HOPS) interventions: A treatment manual.* Bethesda, MD: National Association of School Psychologists.

McGoey, K. E., & DuPaul, G. J. (2000). Token reinforcement and response cost procedures: Reducing the disruptive behavior of preschool children with ADHD. *School Psychology Quarterly, 15*, 330-343.

McGoey, K. E., Eckert, T. L., & DuPaul, G. J. (2002). Early intervention for preschool-age children with ADHD: A literature review. *Journal of Emotional and Behavioral Disorders, 10*, 14-28.

Meltzer, L. (2010). *Promoting executive function in the classroom.* New York: Guilford Press.

Merrell, C., & Sayal, K. (2018). ADHD and school. In T. Banaschewski, D. Coghill, & A. Zuddas (Eds.), *Oxford textbook of attention deficit hyperactivity disorder* (pp. 408-413). London: Oxford University Press.

Miller, F. G., & Lee, D.L. (2013). Do functional behavioral assessments improve intervention effectiveness for students diagnosed with ADHD? A single-subject meta-analysis. *Journal of Behavioral Education 22*, 253-282.

Nelson, J.R., Benner, G.J., & Mooney, P. (2008). *Instructional practices for students with behavioral disorders: Strategies for reading, writing, and math.* New York: Guilford Press.

Pfiffner, L. (2011). *All about ADHD: The complete practical guide for classroom teachers.* New York: Teaching Resources.

Pfiffner, L. J., & DuPaul, G. J. (2015). Treatment of ADHD in school settings. In R. A. Barkley (Ed.). *Attention-deficit hyperactivity disorder: A handbook for diagnosis and treatment* (4th ed., pp. 596-640). New York: Guilford Press.

Pfiffner, L. J., & DuPaul, G. J. (2018). Possible adverse side effects of school behavioral interventions. *ADHD Report, 28*(1), 10-13.

Pfiffner, L. J., Villodas, M., Kaiser, N., Rooney, M., & McBurnett, K. (2013). Educational outcomes of a collaborative school-home behavioral intervention for ADHD. *School Psychology Quarterly, 28*, 25-36.

Power, T. J., Karustis, J. L., & Habboushe, D. F. (2001). *Homework success for children with ADHD: A family-school intervention program.* New York: Guilford Press.

Rief, S. F. (2016). *How to reach and teach children with ADD/ADHD: Practice techniques, strategies, and interventions* (3rd ed.). San Francisco: Jossey-Bass.

Saline, S., & Markham, L. (2018). *What your ADHD child wishes you knew: Working together to empower kids for success in school and life.* New York: Tarcher-Perigee (Penguin Books).

Sibley, M. H. (2020). Motivational and executive functioning considerations when treating adolescents with ADHD. In S. P. Becker (Ed.), *ADHD in* adolescents: Development, assessment, and treatment (pp. 306-329). New York: Guilford Press.

Silverman, S. M., Iseman, J. S., & Jeweler, S. (2009). *School success for kids with ADHD*. Waco, TX: Prufrock Press.

Zirkel, P.A. (2013). ADHD checklist for identification under the IDEA and Section 504/ADA. *Education Law Reporter, 293*(1), 13-27.

CAPÍTULO 9 E 10 MEDICAMENTOS ESTIMULANTES E NÃO ESTIMULANTES PARA TDAH; TOMANDO DECISÕES E ABORDANDO QUESTÕES ESPECIAIS SOBRE MEDICAMENTOS

Asherson, P., & Ramos-Quiroga, J. A. (2018). Treatment in adult ADHD In T. Banaschewski, D. Coghill, & A. Zuddas, A. (Eds.), *Oxford textbook of attention deficit hyperactivity disorder* (pp. 426-436). London: Oxford University Press.

Barkley, R. A. (2020). *Taking charge of ADHD: The complete, authoritative guide for parents* (4th ed.). New York: Guilford Press.

Brown, T. E., Chen, J., & Robertson, B. (2020). Relationships between executive function improvement and ADHD symptom improvement with lisdexamfetamine dimesylate in adults with ADHD and executive function deficits: A post hoc analysis. *Primary Care Companion for CNS Disorders, 22*(2), 19m02559.

Coghill, D., & Danckaerts, M. (2018). Organizing and delivering treatment for ADHD. In T. Banaschewski, D. Coghill, & A. Zuddas (Eds.), *Oxford textbook of attention deficit hyperactivity disorder* (pp. 417-425). London: Oxford University Press.

Connor, D. F. (2015). Stimulant and nonstimulant medications for childhood ADHD. In R. A. Barkley (Ed.), *Attention-deficit hyperactivity disorder: A handbook for diagnosis and treatment* (4th ed., pp. 666-685). New York: Guilford Press.

Cooper, W. O., Habel, L. A., Sox, C. M., Chan, A., Arbogast, P. G., Cheetham, T. C., et al. (2011). ADHD drugs and serious cardiovascular events in children and young adults. *New England Journal of Medicine, 365*, 1896-1904.

Dittman, R. W., Hage, A., Pedraza, J. D., & Newcorn, J. H. (2018). Non-stimulants in the treatment of ADHD. In T. Banaschewski, D. Coghill, & A. Zuddas (Eds.), *Oxford textbook of attention deficit hyperactivity disorder* (pp. 393-401). London: Oxford University Press.

Froehlich, T. E., Becker, S. P., Nick, T. G., Brinkman, W. B., Stein, M. A., Peugh, J., et al. (2018). *Journal of Clinical Psychiatry, 79*(2), 17m1553.

Frodl, F. T., & Skokauskas, N. (2012). Meta-analysis of structural MRI studies in children and adults with attention deficit hyperactivity disorder indicates treatment effects. *Acta Psychiatrica Scandinavica, 125*, 114-126.

Ivanov, I., Murrough, J. W., Bansal, R., Hao, X., & Peterson, B. S. (2014). Cerebellar morphology and the effects of stimulant medications in youths with attention deficit hyperactivity disorder. *Neuropsychopharmcology, 39*(3), 718-726.

Li, L., Sujan, A. C., Butwicka, A., Chang, Z., Cortese, S., Quinn, P., et al. (2020). Associations of prescribed ADHD medication in pregnancy with pregnancy-related and offspring outcomes: A systematic review. *CNS Drugs, 34*(7), 731-747.

Moreno-Alcazar, A., Ramos-Quiroga, J. A., Radua, J., Salavert, J., Bosch, P. G., Salvador, R., et al. (2016). Brain abnormalities in adults with attention deficit hyperactivity disorder revealed by voxel-based morphometry. *Psychiatry Research: Neuroimaging, 254*, 41-47.

Prince, J. B., Wilens, T. E., Spencer, T. J., & Biederman, J. (2015). Pharmacotherapy for ADHD in adults. In R. A. Barkley (Ed.), *Attention-deficit hyperactivity disorder: A handbook for diagnosis and treatment* (4th ed., pp. 826-865). New York: Guilford Press.

Schulz, K. P., Fan, J., Bédard, A. C., Clerkin, S. M., Ivanov, I., Tang, C. Y., et al. (2012). Common and unique therapeutic mechanisms of stimulant and nonstimulant treatments for attention deficit hyperactivity disorder. *Archives of Psychiatry, 69*(9), 952-961.

Spencer, T. J., Brown, A., Seidman, L. J., Valera, E. M., Makris, N., Lomedico, A., et al. (2013). Effect of psychostimulants on brain structure and function in ADHD: A qualitative review of magnetic resonance imaging-based neuroimaging studies. *Journal of Clinical Psychiatry, 74*, 902-917.

Weyandt, L. L., Sweeney, C., & Thompson, L. (2020). The effectiveness of stimulant medication at improving executive functioning in adults with ADHD. *ADHD Report, 28*(7), 1-6.

Wilens, T. E., & Hammerness, P. G. (2016). *Straight talk about psychiatric medications for kids* (4th ed.). New York: Guilford Press.

Zuddas, A., Banaschewski, T., Coghill, D., & Stein, M. A. (2018). ADHD treatment: Psychostimulants. In T. Banaschewski, D. Coghill, & A. Zuddas (Eds.), *Oxford textbook of attention deficit hyperactivity disorder* (pp. 379-392). London: Oxford University Press.

APÊNDICE A FORMULÁRIOS E FOLHETOS

Achenbach, T. M. (2014). *The Achenbach System of Empirically Based Assessment (ASEBA)* [includes the Child Behavior Checklist]. Burlington, VT: Author.

American Psychiatric Association. (2013). *Diagnostic and statistical manual of mental disorders* (5th ed.). Arlington, VA: Author.

Barbaresi, W. J., Colligan, R. C., Weaver, A. L., Voigt, R. G., Killian, J. M., & Katusic, S. K. (2013). Mortality, ADHD, and psychosocial adversity in adults with childhood ADHD: A prospective study. *Pediatrics, 131,* 637-644.

Barkley, R. A. (2012a). *Barkley Functional Impairment Scale-Children and Adolescents.* New York: Guilford Press.

Barkley, R. A. (2012b). *Barkley Deficits in Executive Functioning Scale-Children and Adolescents.* New York: Guilford Press.

Barkley, R. A. (2015). Health problems and related impairments in children and adults with ADHD. In R. A. Barkley (Ed.), *Attention-deficit hyperactivity disorder: A handbook for diagnosis and treatment* (4th ed., pp. 267-313). New York: Guilford Press.

Barkley, R. A. (2018). *Barkley Sluggish Cognitive Tempo Scale-Children and Adolescents.* New York: Guilford Press.

Barkley, R. A. (2020). *Taking charge of ADHD: The complete authoritative guide for parents* (4th ed.). New York: Guilford Press.

Barkley, R. A. (2021). *12 principles for raising a child with ADHD.* New York: Guilford Press. Barkley, R. A. (2021). *Taking charge of adult ADHD* (3rd ed.). New York: Guilford Press.

Barkley, R. A. (2021). *The ADHD clinical guide: What every clinician needs to know to manage ADHD.* New York: Guilford Press.

Barkley, R. A., & Cox, D. J. (2007). A review of driving risks and impairments associated with attention-deficit/hyperactivity disorder and the effects of stimulant medication on driving performance. *Journal of Safety Research, 38,* 113-128.

Barkley, R. A., & Fischer, M. (2019). Hyperactive child syndrome and estimated life expectancy at young adult follow-up: The role of ADHD persistence and other potential predictors. *Journal of Attention Disorders, 23,* 907-923.

Barkley, R. A., Murphy, K. R., & Fischer, M. (2008). *ADHD in adults: What the science says.* New York: Guilford Press.

Barkley, R. A., Robin, A. R., & Edwards, G. (2013). *Defiant teens: A clinician's manual for family training* (2nd ed.). New York: Guilford Press.

Bogg, T., & Roberts, B. W. (2004). Conscientiousness and health-related behavior: A meta-analysis of the leading behavioral contributors to mortality. *Psychological Bulletin, 130,* 887-919.

Boland, H., DiSalvo, M., Fried, R., Woodworth, K. Y., Wilens, T., Faraone, S. V., et al. (2020). A literature review and meta-analysis on the effects of ADHD medications on functional outcomes. *Journal of Psychiatric Research, 123,* 21-30.

Breen, M., & Altepeter, T. S. (1991). Factor structure of the Home Situations Questionnaire and School Situations Questionnaire. *Journal of Pediatric Psychology, 16,* 50-67.

Buitelaar, J. N. J., Posthumus, J. A., & Buitelaar, J. K. (2015). ADHD in childhood and/or adulthood as a risk factor for domestic violence or intimate partner violence: A systematic review. *Journal of Attention Disorders, 24*(9), 1203-1214.

Chau, Y. C. Y., Peng, S. M., McGrath, C. O. J., & Yiu, C. K. Y. (2020). Oral health of children with attention deficit hyperactivity disorder: Systematic review and meta-analysis. *Journal of Attention Disorders, 24*(7), 947-962.

Chen, H.-J., Lee, Y.-J., Yeh, G. C., & Lin, H.-C. (2013). Association of attention-deficit/hyperactivity disorder with diabetes: A population-based study. *Pediatric Research, 73,* 492-496.

Chen, M.-H., Pan, T.-L., Hsu, J.-W., Huang, K.-L., Su, T.-P., Li, C.-T., et al. (2018). Risk of Type 2 diabetes in adolescents and young adults with attention-deficit/hyperactivity disorder: A nationwide longitudinal study. *Journal of Clinical Psychiatry, 79*(3), 17m11607.

Chen, V. C.-H., Chan, H.-L., Wu, S.-I, Lee, M., Lu, M.-L., Liang, H.-Y., et al. (2019). Attention-deficit/hyperactivity disorder and mortality risk in Taiwan. *JAMA Network Open, 2*(8), e198714.

Chesney, E., Goodwin, G. M., & Fazel, S. (2014). Risks for all-cause and suicide mortality in mental disorders: A meta-review. *World Psychiatry, 13,* 153-160.

Cortese, S., & Romanos, M. (2018). The relationship of ADHD to obesity and allergy. In T. Banaschewski, D. Coghill, & A. Zuddas (Eds.), *Oxford textbook of attention deficit hyperactivity disorder* (pp. 25-34). London: Oxford University Press.

Dalsgaard, S., Ostergaard, S. D., Leckman, J. F., Mortensen, P. B., & Pedersen, M. G. (2015). Mortality in children, adolescents and adults with attention deficit hyperactivity disorder: A nationwide cohort study. *Lancet, 385,* 2190-2196.

Demontis, D., Walters, R. K., Martin, J., Mattheisen, M., Als, T. D., Agerbo, E., et al. (2019). Discovery of the first genome-wide significant risk loci for attention-deficit/hyperactivity disorder. *Nature Genetics, 51*(1), 63-75.

DuPaul, G. J., Power, T. J., Anastopoulos, A. D., & Reid, R. (2016). *The ADHD Rating Scale-5: Checklists, norms, and clinical interpretation.* New York: Guilford Press.

Fekri, N., Khaloo, P., Ramezankhani, A., Mansournia, M. A., Azizi, F., & Hadaegh, F. (2020). Association of body mass index with life expectancy with and without cardiovascular disease. *International Journal of Obesity, 44*(1), 195-203.

Friedman, H. S., Tucker, J. S., Schwartz, J. E., Tomlinson-Keasey, C., Martin, L. R., Wingard, D. L., et al. (1995). Psychosocial and behavioral predictors of longevity: The aging and death of the "Termites." *American Psychologist, 50,* 69-78.

Goodwin, R. D., Sourander, A., Duarte, C. S., Niemelä, S., Multimäki, P., Nikolakaros, G., et al. (2009). Do mental health problems in childhood predict chronic physical conditions among males in early adulthood? Evidence from a community based prospective study. *Psychological Medicine, 39*(2), 301-311.

Hampson, S. E. (2008). Mechanisms by which childhood personality traits influence adult wellbeing. *Current Directions in Psychological Science, 17,* 264-268.

Jokela, M., Ferrie, J. E., & Kivimaki, M. (2008). Childhood problem behaviors and death by midlife: The British National Child Development Study. *Journal of the American Academy of Child and Adolescent Psychiatry, 48,* 19-24.

Joshi, P. K., Pirastu, N., Kentistou, K. A., Fischer, K., Hofer, E., Schraut, K. E., et al. (2017). Genome-wide meta-analysis associates HLA-DQA1/DRB1 and LPA and lifestyle factors with human longevity. *Nature Communications, 8*(1), 910.

Klein, R. G., Mannuzza, S., Olazagasti, M. A. R., Roizen, E., Hutchison, J. A., Lashua, E. C., et al. (2012). Clinical and functional outcome of childhood attention-deficit/hyperactivity disorder 33 years later. *Archives of General Psychiatry, 69,* 1295-1303.

Li, Y., Pan, A., Wang, D. D., Liu, X., Dhana, K., Franco, O. H., et al. (2018). Impact of health lifestyle factors on life expectancies in the U.S. population. *Circulation, 138*(4), 345-355.

London, A. S., & Landes, S. D. (2016). Attention deficit hyperactivity disorder and adult mortality. *Preventive Medicine, 90,* 8-10.

Makela, P. (1998). Alcohol-related mortality by age and sex and its impact on life expectancy: Estimates based on the Finnish death register. *European Journal of Public health, 8*(1), 43-51.

Mohr-Jensen, C., & Steinhausen, H. C. (2016). A meta-analysis and systematic review of the risks associated with childhood attention-deficit hyperactivity disorder on long-term outcome of arrests, convictions, and incarcerations. *Clinical Psychology Review, 48,* 32-42.

Mulraney, M., Sciberras, E., & Becker, S. P. (2020). Sleep functioning in adolescents with ADHD. In S. P. Becker (Ed.), *ADHD in adolescents: Development, assessment, and treatment* (pp. 204- 227). New York: Guilford Press.

Mulraney, M., Sciberras, E., & Lecendreaux, M. (2018). ADHD and sleep. In T. Banaschewski, D.

Coghill, & A. Zuddas (Eds.), *Oxford textbook of attention deficit hyperactivity disorder* (pp. 280-288). London: Oxford University Press.

Nigg, J. T. (2013). Attention-deficit/hyperactivity disorder and adverse health outcomes. *Clinical Psychology Review, 33,* 215-228.

Reynolds, C., & Kamphaus, R. (2015). *Behavioral Assessment System for Children-3.* Indianapolis, IN: Pearson Assessments.

Rohde, L. A., Buitelaar, J. K., Gerlach, M., & Faraone, S. V. (Eds.). (2019). *The World Federation of ADHD guide.* Sao Paulo: World Federation of ADHD.

Saylor, K. E., & Amann, B. H. (2016). Impulsive aggression as a comorbidity of attention-deficit/hyperactivity disorder in children and adolescents. *Journal of Child and Adolescent Psychopharmacology, 26,* 19-25.

Sun, S., Kuja-Halkola, R., Faraone, S. V., D'Onofrio, B. M., Dalsgaard, S., Chang, Z., et al. (2019). Association of psychiatric comorbidity with the risk of premature death among children and adults with attention-deficit hyperactivity disorder. *JAMA Psychiatry, 76*(11), 1141-1149.

Tzeng, N. S. , Chung, C. H., Lin, F. H., Yeh, C. B., Huang, S. Y., Lu, R. B., et al. (2017). Risk of dementia in adults with ADHD. *Journal of Attention Disorders, 23*(9), 995-1006.

Virtanen, M., Lallukka, T., Alexanderson, K., Ervasti, J., Josefsson, P., Kivimaki, M., et al. (2018). Work disability and mortality in early onset neuropsychiatric and behavioral disorders in Sweden. *European Journal of Public Health, 28* (Suppl. 4), 32.

Young, S., Fitzgerald, M., & Postma, M. J. (2013). *ADHD: Making the invisible visible* [White paper]. Brussels, Belgium.

APÊNDICE B IMPACTO DO TDAH NA SAÚDE

Cortese, S., Ferrin, M., Brandeis, D., Holtmann, M., Aggensteiner, P., Daley, D., et al. (2016). Neurofeedback for attention-deficit/hyperactivity disorder: Meta-analysis of clinical and neuropsychological outcomes from randomized controlled trials. *Journal of the American Academy of Child and Adolescent Psychiatry, 55,* 444-455.

Demontis, D., Walters, R. K., Martin, J., Mattheisen, M., Als, T. D., Agerbo, E., et al. (2018). Discovery of the first genome-wide significant risk loci for attention deficit/hyperactivity disorder. *Nature Genetics, 51*(1), 63-75.

Nigg, J. T., Lewis, K., Edinger, T., & Falk, M. (2012). Meta-analysis of attention-deficit/hyperactivity disorder or attention-deficit disorder symptoms, restriction diet, and synthetic food color analysis. *Journal of the American Academy of Child and Adolescent Psychiatry, 51,* 86-97.

APÊNDICE C NEUROGENÉTICA E TDAH

Banaschewski, T., Coghill, D., & Zuddas, A. (Eds.). (2018). *Oxford textbook of attention deficit hyperactivity disorder.* London: Oxford University Press.

Barkley, R. A. (2015). Etiologies of ADHD. In R. A. Barkley (Ed.), *Attention-deficit hyperactivity disorder: A handbook for diagnosis and treatment* (4th ed., pp. 356-390). New York: Guilford Press.

Demontis, D., Walters, R. K., Martin, J., Mattheisen, M., Als, T. D., Agerbo, E., et al. (2019). Discovery of the first genome-wide significant risk loci for attention deficit/hyperactivity disorder. *Nature Genetics, 51*(1), 63-75.

Faraone, S. C., Asherson, P., Banaschewski, T., Biederman, J., Buitelaar, J. K., Ramos-Quiroga, J. A., et al. (2015). Attention-deficit/hyperactivity disorder. *Nature Reviews (Disease Primers), 1,* 1-23.

Franke, B., & Buitelaar, J. K. (2018). Gene-environment interactions. In T. Banaschewski, D. Coghill, & A. Zuddas (Eds.), *Oxford textbook of attention deficit hyperactivity disorder* (pp. 35-56). London: Oxford University Press.

Rohde, L. A., Buitelaar, J. K., Gerlach, M., & Faraone, S. V. (Eds.). (2019). *The World Federation of ADHD guide.* Porto Alegre, Brazil: ArtMed.

Scassellati, C., Bonvicini, C., Faraone, S. V., & Gennarelli, M. (2012). Biomarkers and attention-deficit/hyperactivity disorder: A systematic review and meta-analyses. *Journal of the American Academy of Child and Adolescent Psychiatry, 51,* 1003-1019.

Shaw, P., Eckstrand, K., Sharp, W., Blumenthal, J., Lerch, J. P., Greenstein, D., et al. (2007). Attention-deficit/hyperactivity disorder is characterized by a delay in cortical maturation. *Proceedings of the National Academy of Sciences of the USA*, 104, 19649-19654.

Shaw, P., Gilliam, M., Liverpool, M., Weddle, C., Malek, M., Sharp, W., et al. (2011). Cortical development in typically developing children with symptoms of hyperactivity and impulsivity: Support for a dimensional view of attention deficit hyperactivity disorder. *American Journal of Psychiatry, 168,* 143-151.

Shaw, P., Lerch, J., Greenstein, D., Sharp, W., Clasen, L., Evans, A., et al. (2006). Longitudinal mapping of cortical thickness and clinical outcome in children and adolescents with attention-deficit/ hyperactivity disorder. *Archives of General Psychiatry, 63*(5), 540-549.

Sonuga-Barke, E. J. S., & Harold, G. (2018). Conceptualizing and investigating the role of the environment in ADHD: Correlate, cause, consequence, context, and treatment. In T. Banaschewski, D. Coghill, & A. Zuddas (Eds.), *Oxford textbook of attention deficit hyperactivity disorder* (pp. 25-34). London: Oxford University Press.

Sprich, S., Biederman, J., Crawford, M. H., Mundy, E., & Faraone, S. V. (2000). Adoptive and biological families of children and adolescents with ADHD. *Journal of the American Acdemy of Child and Adolescent Psychiatry, 39,* 1432-1437.

APÊNDICE D ALERTA AO CLÍNICO

Bader, A., & Adesman, A. (2015). Complementary and alternative medicine for ADHD. In R. A. Barkley (Ed.), *Attention-deficit hyperactivity disorder: A handbook for diagnosis and treatment* (4th ed., pp. 728-738). New York: Guilford Press.

Buitelaar, J., Rommelse, N., Ly, V., & Rucklidge, J. (2018). Nutritional intervention for ADHD. In T. Banaschewski, D. Coghill, & A. Zuddas (Eds.), *Oxford textbook of attention deficit hyperactivity disorder* (pp. 373-378). London: Oxford University Press.

Cortese, S., Ferrin, M., Brandeis, D., Holtmann, M., Aggensteiner, P., Daley, D., et al. (2016). Neurofeedback for attention-deficit/hyperactivity disorder: Meta-analysis of clinical and neuropsychological outcomes from randomized controlled trials. *Journal of the American Academy of Child and Adolescent Psychiatry, 55,* 444-455.

Holtmann, M., Albrecht, B., & Brandeis, D. (2018). Neurofeedback. In T. Banaschewski, D. Coghill, & A. Zuddas (Eds.), *Oxford textbook of attention deficit hyperactivity disorder* (pp. 366-372). London: Oxford University Press.

Hurt, E., & Arnold, L. E. (2015). Dietary management of ADHD. In R. A. Barkley (Ed.), *Attention-deficit hyperactivity disorder: A handbook for diagnosis and treatment* (4th ed., pp. 631-640). New York: Guilford Press.

McGough, J. J., Sturm, A., Cowen, J., Tung, K., Salgari, G. C., Leuchter, A. F., et al. (2019). Double-blind, sham-controlled, pilot study of trigeminal nerve stimulant for attention-deficit/hyperactivity disorder. *Journal of the American Academy of Child and Adolescent Psychiatry, 58*(4), 403-411.

Nigg, J. T. (2017). *Getting ahead of ADHD: What next-generation science says about treatments that work-and how you can make them work for your child.* New York: Guilford Press.

Nigg, J.T., Lewis, K., Edinger, T., & Falk, M. (2012). Meta-analysis of attention-deficit/hyperactivity disorder or attention-deficit disorder symptoms, restriction diet, and synthetic food color analysis. *Journal of the American Academy of Child and Adolescent Psychiatry, 51,* 86-97.

Rapport, M. D., Orban, S. A., Kofler, M. J., Friedman, L. M., & Bolden, J. (2015). Executive function training for children with ADHD. In R. A. Barkley (Ed.), *Attention-deficit hyperactivity disorder: A handbook for diagnosis and treatment* (4th ed., pp. 641-665). New York: Guilford Press.

Sonuga-Barke, E. J. S., Brandeis, D., Cortese, S., Daley, D., Ferrin, M., et al. (2013). Nonpharmacological intervention for ADHD: Systematic review and meta-analyses of randomized controlled trials of dietary and psychological treatments. *American Journal of Psychiatry, 170,* 275-289.

Sonuga-Barke, E. J. S. & Cortese, S. (2018). Cognitive training approaches for ADHD: Can they be made more effective? In T. Banaschewski, D. Coghill, & A. Zuddas (Eds.), *Oxford textbook of attention deficit hyperactivity disorder* (pp. 358-365). London: Oxford University Press.

ÍNDICE

Nota. *f* ou *t* após um número de página indica uma figura ou uma tabela.

A

Abordagens instrucionais, 155-157, 159-163
Aceitação, 98-101, 111*f*, 131-132, 203-204
Acidentes, 29-31, 113-116. *Ver também* Condução de veículos; Funcionamento da saúde; Risco de lesão
Ações autodirigidas. *Ver também* Funções executivas
  impacto do TDAH no funcionamento e realizações e, 10-12
  teoria do FE-AR e, 104-106
  visão geral, 3-4, 4*f*, 5-7, 7*f*
Ações dirigidas para objetivos
  Fichas técnicas sobre o TDAH, 253
  funções executivas e autorregulação e, 2-3
  princípios de tratamento derivados da teoria do FE-AR e, 104-109
  transtorno do espectro autista (TEA) e, 76-77
Ações para o *self. Ver* Ações autodirigidas; Funções executivas
Acomodações. *Ver também* Manejo do TDAH na escola; Tratamento
  formulários e folhetos referentes a, 301-304
  idade executiva (IE) e, 7-8
  princípios de tratamento derivados da teoria do FE-AR e, 111*f*
  professores e, 148-149, 151-153
  teste neuropsicológico e, 40-41
Aconselhamento familiar, 48-50

Aconselhamento para os pais. *Ver* Treinamento, educação e aconselhamento parental
Adderall. *Ver* Medicamentos; Medicamentos estimulantes
Adição, 197-198. *Ver também* Uso de substâncias e transtornos por uso de substâncias (TUSs)
Adolescência. *Ver também* Namoro e relações sexuais
  adaptando os critérios do DSM-5 para melhorar o diagnóstico e, 38-41
  decisões referentes a medicações e, 202-203
  deficiência intelectual (DI) e, 75-76
  deficiências dos critérios do DSM e, 25-27
  depressão e, 66-67
  diagnosticando comorbidades e, 70-71
  entrevistas em avaliações e, 50-51
  explicando o diagnóstico e, 83-85
  formulários e folhetos referentes, 304
  manejo do TDAH na escola e, 166-169, 304
  medicação e, 202-204
  mitos e resistência da, 31-36
  terapias cognitivo-comportamentais (TCCs) para adolescentes com TDAH, 140-144
  tratamento e, 112-113
  treinamento parental comportamental (BPT) e, 138-139
Adultos com TDAH
  diagnosticando comorbidades e, 70-71
  explicando os riscos atuais e os futuros durante a reunião de *feedback* e, 89-96, 93*t*, 95*f*
  formulários e folhetos referentes, 305-308
  transtornos devido a uso, dependência e abuso de substâncias e, 63-64
Agressão
  avaliação e, 41-43

comorbidade e, 59-60
explicando os riscos atuais e os futuros
   durante a reunião de *feedback* e, 94-95
funcionamento da saúde e, 30-31
medicação e, 184-185
transtorno disruptivo da desregulação
   do humor (TDDH) a, 68-70
transtornos de ansiedade (TAs) e, 72-73
treinamento parental comportamental
   (BPT) e, 139-140
Agressão reativa, 59-60, 72-73, 184-185. *Ver também* Agressão
Ambiente doméstico, 66-68. *Ver também* Fatores familiares
Ambiente e manejo da sala de aula, 154-160, 162-166, 301-304. *Ver também* Manejo do TDAH na escola
Anatomia e funcionamento do cérebro.
   Ver também Fatores neurológicos
   lesão cerebral e, 184
   medicação e, 178-180, 186-187
   transtorno bipolar (TB) e, 70-72
   visão geral, 324-326
Anfetamina. *Ver* Medicamentos; Medicamentos estimulantes
Anotações, 4-5, 17-18
Ansiedade
   avaliação e, 41-42
   clarificações dos itens entre parênteses no DSM-5, 39-40
   comorbidade e, 59-60, 68-69, 201-203
   desatenção e, 13-14
   desregulação emocional e, 14-15
   prevalência de, com TDAH, 44-45
   sessão de *feedback* depois de uma avaliação e, 56
   transtorno de oposição desafiante (TOD)/ transtorno da conduta (TC), 60-61
Antidepressivos. *Ver* Medicamentos; Medicamentos não estimulantes
Antidepressivos tricíclicos. *Ver* Medicamentos; Medicamentos não estimulantes
Aprendizagem, 28-30, 185. *Ver também* Funcionamento educacional; Prontidão e desempenho acadêmico
Aspecto categórico do TDAH, 38-40. *Ver também* Critérios diagnósticos; *Manual diagnóstico e estatístico de transtornos mentais* (DSM-5)
Aspecto dimensional do TDAH, 38-40
Atenção dirigida para objetivos, 7-8
Atividade física, 275, 319
Atomoxetina. *Ver* Medicamentos; Medicamentos não estimulantes
Autoavaliação e autorrelato, 105-106
Autoconsciência. *Ver também* Funções executivas
   deficiências dos critérios do DSM e, 24-25
   formulários e folhetos referentes a, 303
   medicação e, 178, 208-209
   não aderência à medicação e, 205-207
   os 12 melhores princípios para os pais e, 132-133
   papel da, 7-8
   princípios de tratamento derivados da teoria do FE-AR e, 105-106
   visão geral, 4-8, 5*f*, 7*f*
Autocontrole, 178, 205-206, 254. *Ver também* Inibição

Autodiálogo, 3-5, 17-18, 104-106
Automedicação, 65-66. *Ver também* Uso de substâncias e transtornos por uso de substâncias (TUSs)
Automotivação. *Ver também* Funções executivas; Motivação
   entrevista com os pais e, 48*t*
   Fichas técnicas sobre o TDAH, 254
   medicação e, 178
   não aderência à medicação e, 205-206
   papel da, 7-8
   princípios de tratamento derivados da teoria do FE-AR e, 108-109
   treinamento e planejamento organizacional de adolescentes com TDAH, 141-144
   treinamento parental comportamental (BPT) e, 138-140
   visão geral, 4-8, 5*f*, 7*f*
Auto-organização. *Ver também* Organização
   deficiências dos critérios do DSM e, 24-25
   entrevista com os pais e, 48*t*
   Fichas técnicas sobre o TDAH, 254
   funcionamento educacional e, 28-29
   medicação e, 178
   não aderência à medicação e, 204-207
   papel da, 7-8
Autorregulação, 2-3. *Ver também* Autorregulação emocional
   avaliação e, 45-46
   comorbidade e, 58-60
   deficiências dos critérios do DSM e, 23-25
   depressão e, 68-69
   desenvolvimento das funções executivas e, 3-8, 4*f*, 5*f*, 7*f*
   idade executiva atrasada e, 128-131
   medicação e, 177
   papel da, 1-3, 7-10
   processo diagnóstico e, 22-23, 26-27
   teoria do FE-AR e, 104-106, 108-110
   transtorno de oposição desafiante (TOD)/ transtorno da conduta (TC), 62-64
   transtorno do espectro autista (TEA) e, 76-77
   transtornos devido a uso, dependência e abuso de sustância e, 65-66
   visão geral, 3-8, 7*f*
Autorregulação emocional. *Ver também* Autorregulação; Funções executivas
   entrevista com os pais e, 48*t*
   explicando os riscos atuais e futuros durante a reunião de *feedback* e, 93*t*
   Fichas técnicas sobre o TDAH, 254
   medicação e, 178, 184-185, 205-206
   papel da, 7-8
   princípios de tratamento derivados da teoria do FE-AR e, 106-107
   teoria do FE-AR e, 13*f*, 13-16
   transtorno do espectro autista (TEA) e, 76-77
   visão geral, 4-8, 5*f*, 7*f*
Autorrelatos, 25-26, 52-54
Avaliação. *Ver também* Avaliação; Diagnóstico; Escalas de avaliação; Reuniões de *feedback* depois de avaliações; Testes psicológicos
   antes da, 45-47

ÍNDICE

checkup da saúde física como parte da, 29-30
contato ou entrevista com o professor, 51-53
critérios diagnósticos do DSM-5 e, 37-41
dando seguimento com tratamento, 35-36
decisões referentes a medicações e, 201-202
deficiências dos critérios do DSM e, 23-27
dicas clínicas referentes a, 45-47, 47-48, 50-56
em um contexto de saúde mental *versus*
   contexto de atenção primária, 40-45
entrevista com a criança, 50-52
entrevista com os pais e medidas de
   autorrelato, 47-50, 48t, 49t, 52-54
extensão dos déficits executivos e, 40-41
fontes de informação para, 25-26
formulários para, 214-247
funcionamento educacional e, 29-30
manejo do TDAH na escola e, 150-152
métodos, 44-47
preparando para, 221-228
sessão de *feedback* com os pais e, 53-56
teoria do FE-AR e, 15-17
teste neuropsicológico, 40-41, 44-45
visão geral, 37-38, 44-56, 48t, 49t, 82-83
Avaliações médicas, 171, 201-202. *Ver também*
Avaliação; Funcionamento da saúde

B

Benefícios do TDAH, 34-36, 261

C

Cadeias de ações, 107-108. *Ver também*
Ações dirigidas para objetivos
Cafeína, 64-65, 178-180. *Ver também* Uso de substância
e transtornos por uso de substâncias (TUSs)
Cannabis, 64-66. *Ver também* Uso de substância e
transtornos por uso de substâncias (TUSs)
Cartão de relato diário do comportamento
   adolescentes com TDAH e, 167-169
   formulários e folhetos referentes ao, 295-300
   manejo do TDAH na escola e, 164-165
   programas de recompensas domésticas e, 165-167
Cartão de relato do comportamento. *Ver* Cartão
de relato diário do comportamento
Cegueira temporal. *Ver também* Gerenciamento do tempo
   modificação ambiental e, 17-18
   os 12 melhores princípios para os pais e, 132-133
   papel da, 7-8
   tratamento e, 102-111, 111f
   treinamento parental comportamental
     (BPT) e, 138-140
Checklist de Sintomas 90-Revisada (SCL-90-R), 52-53
Classwide peer tutoring (CWPT), 162-163. *Ver também*
Tutoria
Clonidina XR. *Ver* Medicamentos;
Medicamentos não estimulantes
Coaching de amizade, 144-145-145-146. *Ver também*
Treinamento de habilidades sociais

Comportamento de oposição desafiante, 102-103.
Ver também Problemas comportamentais
Comportamento de risco. *Ver também*
Funcionamento da saúde; Risco de lesão
   Explicando os riscos atuais e futuros durante
     a reunião de *feedback* e, 89-96, 93t, 95f
   importância do prejuízo *versus* sintomas
     no processo diagnóstico e, 29-31
   tratamento e, 112-116, 116f
Comportamento dirigido para outros, 104-106
Comportamento e relações sexuais. *Ver também*
Funcionamento da saúde; Namoro e relações
sexuais; Prejuízos nos relacionamentos
   explicando os riscos atuais e futuros durante
     a reunião de *feedback* e, 94-95
   formulários e folhetos referentes a, 282-283
   impacto do TDAH na saúde e, 318-320
   importância do prejuízo *versus* sintomas
     no processo diagnóstico e, 29-31
   tratamento e, 112-113
Comportamento hostil, 41-43
Comportamento obsessivo-compulsivo
   (COC), 73-74, 119-121, 184-185
   desatenção e, 13-14
   diagnosticando comorbidades e, 73-75
   medicação e, 185
   prevalência do, com TDAH, 44-45
   tratamento e manejo do TDAH e, 119-121
   visão geral, 73-74
Comunicação casa-escola, 150-151, 153-155, 165-169. *Ver
também* Manejo do TDAH na escola; Pais; Professores
Concepções erradas referentes ao TDAH, 31-36
Concerta. *Ver* Medicamentos; Medicamentos estimulantes
Condições econômicas, 58-59, 80-81, 170, 210
Condução de veículos. *Ver também* Acidentes;
Funcionamento da saúde
   explicando os riscos atuais e futuros durante
     a reunião de *feedback* e, 95-96
   Fichas técnicas sobre o TDAH, 263
   formulários e folhetos referentes a, 244-247, 284-290
   importância do prejuízo *versus* sintomas no
     processo diagnóstico e, 28f, 29-31
   medicação e, 202-204
   tratamento e, 112-113
Conscienciosidade, 115-116
Consequências associadas ao TDAH. *Ver também*
Funcionamento da saúde; Risco de lesão
   Fichas técnicas sobre o TDAH, 261
   impacto do TDAH na saúde e, 317-320
   introduzindo o conceito de idade executiva
     atrasada para os pais, 128-131
   medicação e, 170
   sessão de *feedback* depois de uma avaliação
     e, 55-56, 89-96, 93t, 95f
   tratamentos para reduzir, 111-116, 116f
Consequências no manejo dos sintomas
   de TDAH, 105-107, 158-159
Consistência, 159-160
Contexto de cuidados primários, 40-45, 115-116
Contexto de saúde mental, 40-45
Controle interno. *Ver* Autorregulação

Convulsões e transtornos convulsivos, 184, 318-319
Crianças, 50-54, 62f, 83-85
Criatividade, 209-210
Critérios diagnósticos. *Ver também* Diagnóstico; *Manual diagnóstico e estatístico de transtornos mentais* (DSM-5); Sintomas
    avaliação e, 37-41
    iniciando o processo diagnóstico com, 19, 22-27, 20t-21t
    visão geral, 2-3, 8-9
    teoria do FE-AR e, 11-17, 13f
Currículo, 154-158

D

Daytrana. *Ver* Medicamentos; Medicamentos estimulantes
Deficiência intelectual (DI). *Ver também* Dificuldades de aprendizagem
    avaliação em um contexto de cuidados primários e, 43-44
    diagnosticando comorbidades e, 74-76
    explicando os riscos atuais e futuros durante a reunião de *feedback* e, 92-94
    medicação e, 184
    prevalência de, com TDAH, 44-45
    testes psicológicos e, 53-54
    tratamento e manejo do TDAH e, 120-122
Déficits no desempenho, 28-29, 106-108, 130-134, 161-163, 185
Demandas e realização da tarefa, 104-106, 159-163
Demência, 319
Depressão
    comorbidade e, 59-60, 66-69
    desatenção e, 13-14
    desregulação emocional e, 14-15
    episódios depressivos, 70-72
    importância dos prejuízos *versus* sintomas no processo diagnóstico e, 30-31
    medicação e, 208-209
    prevalência de, com TDAH, 44-45
    transtorno de oposição desafiante (TOD)/transtorno da conduta (TC), 60-61
    transtornos de ansiedade (TAs) e, 72-73
    tratamento e manejo do TDAH e, 117-119
Desatenção. *Ver também* Funcionamento atencional; Síndrome de hipoatividade do desengajamento cognitivo (CDHS); Sintomas; Tempo cognitivo lento (TCL)
    critérios diagnósticos do DSM e, 20-21t, 22-25, 39-40
    depressão e, 67-68
    fatores neurológicos e, 324
    Fichas técnicas sobre o TDAH, 251
    importância do prejuízo *versus* sintomas no processo diagnóstico e, 26-27
    reunião de *feedback* depois de uma avaliação e, 84-86, 88-90, 93t
    teoria do FE-AR e, 12-14, 13f
    transtorno do espectro autista (TEA) e, 75-77
    transtornos de ansiedade (TAs) e, 72-73
Descarregando as informações, 17-18, 132-133, 149-150
Desenvolvimento da linguagem, 76-77, 91-92

Desinibição, 23-27, 76-77. *Ver também* Inibição
Dexedrina. *Ver* Medicamentos; Medicamentos estimulantes
Diabetes, Tipo II, 319
Diagnosticando comorbidades. *Ver também* Diagnóstico; Transtornos comórbidos
    deficiência intelectual (DI), 74-76
    deficiências específicas de aprendizagem (DEAs), 76-78
    depressão, 66-69
    síndrome de hipoatividade do desengajamento cognitivo (CDHS), 78-81
    transtorno bipolar (TB), 70-72
    transtorno de oposição desafiante (TOD)/transtorno da conduta (TC), 59-64, 62f
    transtorno disruptivo da desregulação do humor (TDDH) a, 68-70
    transtorno do desenvolvimento da coordenação (TDC), 78-79
    transtornos da comunicação, 77-78
    transtornos de ansiedade (TAs), 71-73
    transtornos de tique (TTs) e comportamento obsessivo-compulsivo (COC), 73-75
    transtornos devido a uso, dependência e abuso de substância, 63-66
    transtornos do espectro autista (TEA), 75-77
    visão geral, 59-60, 60f
Diagnóstico. *Ver também* Avaliação; Critérios diagnósticos; Diagnosticando comorbidades; Diagnóstico diferencial
    adaptando os critérios do DSM-5 para melhorar, 38-41
    ajudando os pais a lidar com, 95-101
    clarificação dos itens entre parênteses no DSM-5, 38-41
    considerando os fatores neurogenéticos e, 30-33
    contextos de avaliação e, 40-45
    dando seguimento ao tratamento, 35-36
    decisões referentes a medicações e, 202-203
    educação especial e, 157-158
    entrevista com a criança e, 50-51
    explicando os riscos atuais e futuros durante a reunião de *feedback* e, 89-96, 93t, 95f
    explicando para pais e filhos, 82-90
    formulários e folhetos explicando, 249-272
    funções executivas e autorregulação e, 2-3, 40-41
    importância do, 11-12
    importância do prejuízo *versus* sintomas no processo diagnóstico, 26-31, 28f
    iniciando pelos critérios do DSM-5, 19, 22-27, 20t-21t
    mitos e resistência dos pais e clientes referentes a, 31-36
    rastreio dos pais e, 52-54
    sessão de *feedback* depois de uma avaliação, 53-56, 125-129
    teoria do FE-AR e, 11-17, 13f
    visão geral, 19, 22
Diagnóstico diferencial. *Ver também* Diagnóstico; Transtornos comórbidos
    avaliação em um contexto de saúde mental *versus* um contexto de cuidados primários, 40-43
    desregulação emocional e, 14-15

explicando aos pais, 88-90
reuniões de *feedback* depois de avaliações e, 88-90
teoria do FE-AR e, 12-14
visão geral, 31-33
Dieta, 30-31, 331. *Ver também* Funcionamento da saúde
Dietas de eliminação, 331
Dificuldades da comunicação, 43-44
Dificuldades de aprendizagem, 53-54, 161-163. *Ver também* Deficiência intelectual (DI); Dificuldades específicas de aprendizagem (DEAs)
Dificuldades específicas de aprendizagem (DEAs).
   Ver também Dificuldades de aprendizagem
   diagnosticando comorbidades e, 76-78
   prevalência de, com TDAH, 43-44
   síndrome de hipoatividade do desengajamento cognitivo (CDHS) e, 80-81
   transtorno de oposição desafiante (TOD)/ transtorno da conduta (TC), 61-62
   tratamento e manejo do TDAH e, 121-123
   visão geral, 76-78
Diretores, 149-151, 153-155
Disfunções, 26-31, 28*f*. *Ver também* Funcionamento, diário; Prejuízo
Dispersão patológica (PMW), 80-81
Distimia. *Ver* Depressão; Transtorno depressivo persistente (TDP)
Distratibilidade, 67-68, 76-77, 324
Doença cardíaca coronária (DCC), 319
Duração dos sintomas, 85-87. *Ver também* Sintomas

E

Educação especial, 40-41, 147-148, 156-158, 166-167, 169.
   Ver também Acomodações; Manejo do TDAH na escola
Educação parental. *Veja* Treinamento, educação e aconselhamento parental
Efeitos colaterais do medicamento.
   Ver também Medicamentos
      decisões referentes a medicações e, 201-203
      formulários e folhetos referentes a, 310-316
      medicamentos estimulantes e, 187-192
      medicamentos não estimulantes e, 192-195
      preocupações referentes a, 209-210
Encoprese e enurese, 318-319
Entrevista clínica para crianças – Relato dos Pais, 47-49, 215, 229-241
Epigenética, 323-324. *Ver também* Fatores genéticos
Episódios hipomaníacos, 70-72
Escala de Avaliação de Déficits no Funcionamento Executivo de Barkley – Crianças e Adolescentes (BDEFS-CA), 40-41, 45-46, 215
Escala de Avaliação de TDAH em Adultos-IV de Barkley, 53-54
Escala de Avaliação do Funcionamento Executivo Abrangente, 45-46
Escala de Avaliação do Tempo Cognitivo Lento de Barkley – Crianças e Adolescente, 45-46, 214
Escala de Avaliação para TDAH, 5-6, 37-38, 45-47, 214
Escala de Déficits Funcionas de Barkley – Crianças e Adolescentes, 38-39, 45-46, 92-94, 214

Escalas de avaliação. *Ver também* Avaliação; Folhetos, formulários e questionários
   comorbidade e, 38-39
   critérios diagnósticos em 24-25, 37-39
   enviando antes da avaliação, 45-47
   prejuízo e, 38-39
   sessão de *feedback* depois de uma avaliação e, 54-55
Estigma, 139-140, 162-163
Estimulação do nervo trigêmeo (ENT), 327-328
Estímulos, 105-106
Estresse, 56, 136-137
Estrutura, 155-157, 159-163
Exercício, 275, 319
Expectativa de vida, 111-116, 116*f*
Expectativa de vida estimada (ELE), 115-116, 116*f*.
   Ver também Expectativa de vida
Explicação de "diabetes da saúde mental", 25-26
Exposição a trauma, 66-68, 184, 318-319

F

Fatores ambientais, 30-33, 57-58, 323-324
Fatores culturais, 41-42
Fatores de risco
   comorbidade e, 57-59
   deficiência intelectual (DI) e, 75-76
   explicando durante a reunião de *feedback*, 89-96, 93*t*, 95*f*
   transtorno bipolar (TB) e, 70-71
   transtornos de ansiedade (TAs) e, 72-73
   transtornos devido a uso, dependência e abuso de substância e, 65-66
Fatores desenvolvimentais. *Ver também* Fatores etários
   deficiência intelectual (DI) e, 75-76
   entrevista com os pais e, 47-48
   explicando o diagnóstico e, 84-86
   Fichas técnicas sobre o TDAH, 262
   formulários para obtenção de um histórico referente a, 217-220, 229-241
   introduzindo o conceito de idade executiva atrasada para os pais, 128-131
   medicação e, 184, 198-199, 201-204
   sessão de *feedback* depois de uma avaliação e, 54-55
   síndrome de hipoatividade do desengajamento cognitivo (CDHS) e, 79-80
   transtorno bipolar (TB) e, 71-72
   transtorno de oposição desafiante (TOD)/ transtorno da conduta (TC), 61-62
   treinamento parental comportamental (BPT) e, 138-139
Fatores do estilo de vida. *Ver também* Funcionamento da saúde
   educando os pais sobre, 133-134
   formulários e folhetos explicando, 273-290
   impacto do TDAH na saúde e, 317-320
   importância do prejuízo *versus* sintomas no processo diagnóstico e, 30-31
   medicação e, 171, 206-208
   tratamento e, 113-114

Fatores etários. *Ver também* Fatores desenvolvimentais
  avaliação e, 38-39
  critérios diagnósticos do DSM e, 25-27, 38-39
  decisões referentes à medicação e, 201-202
  depressão e, 66-67
  explicando o diagnóstico e, 86-87
  síndrome de hipoatividade do desengajamento cognitivo (CDHS) e, 80-81
  transtorno bipolar (TB) e, 71-72
  transtornos de ansiedade (TAs) e, 72-73
  treinamento parental comportamental (BPT) e, 138-139
Fatores externos, 4-8, 7f, 17-18, 106-109
Fatores familiares. *Ver também* Fatores genéticos
  comorbidade e, 57-59
  depressão e, 66-68
  formulários para obtenção de uma história referente a, 217-220, 229-241
  obtenção de uma história familiar, 47-48, 52-54
  prejuízos no relacionamento e, 27-28, 93-94, 95f
  rastreio dos pais e, 52-54
  sessão de *feedback* depois de uma avaliação e, 56
  transtorno de oposição desafiante (TOD)/transtorno da conduta (TC), 61-62, 62f
  transtornos de ansiedade (TAs) e, 72-73
  transtornos de tique (TTs) e comportamento obsessivo-compulsivo (COC) e, 73-75
  transtornos devido a uso, dependência e abuso de substância e, 64-65
  treinamento parental comportamental (BPT) e, 139-140
  visão geral, 321
Fatores genéticos. *Ver também* Fatores neurogenéticos
  comorbidade e, 57-58
  conceito de "dom do TDAH", 34-36, 261
  deficiência intelectual (DI) e, 75-76
  depressão e, 66-67
  dificuldades específicas de aprendizagem (DEAs) e, 77-78
  Fichas técnicas sobre o TDAH, 257, 262
  princípios de tratamento derivados da teria do FE-AR e, 103-105
  rastreio dos pais e, 52-54
  sessão de *feedback* depois de uma avaliação e, 56
  transtorno do espectro autista (TEA) e, 75-76
  transtornos de ansiedade (TAs) e, 72-73
  transtornos de tique (TTs) e comportamento obsessivo-compulsivo (COC) e, 73-75
  transtornos devido a uso, dependência e abuso de substância e, 65-66
  visão geral, 321-324
Fatores neurogenéticos. *Ver também* Fatores genéticos; Fatores neurológicos
  Fichas técnicas sobre o TDAH, 257-258, 262
  medicação e, 177-178
  princípios de tratamento derivados da teoria do FE-AR e, 103-105
  Processo diagnóstico e, 30-33
  visão geral, 321-326
Fatores neurológicos. *Ver também* Fatores neurogenéticos
  desregulação emocional e, 14-15

  fatores do neurodesenvolvimento, 22-23, 30-33, 56, 257-258
  funcionamento executivo e, 7-9
  princípios de tratamento derivados da teoria do FE-AR e, 103-105
  processo diagnóstico e, 30-33
  visão geral, 324-326
Fatores sociais, 57-58, 62f, 185-188
Feedback, 158-159
Fenótipo estendido, 9-12, 93-94
Focalin. *Ver* Medicamentos; Medicamentos estimulantes
Fichas técnicas sobre o TDAH, 250-307
Folhetos, formulários e questionários. *Ver também* Escalas de avaliação
  adolescentes com TDAH e, 167-168
  condução de veículos e, 112-113
  enviando antes da avaliação, 45-47
  Fichas técnicas sobre o TDAH, 250-307
  formulários para a avaliação de crianças e adolescentes, 214-247
  funcionamento da saúde e, 133-134
  manejo do TDAH na escola e, 147-148, 151-152, 162-163, 167-168
  medicação e, 171, 200-202, 207-208
  namoro e relações sexuais e, 112-113
  para aconselhamento dos pais, 248-307
  para uso durante o tratamento medicamentoso, 309-319
  princípios de tratamento derivados da teoria do FE-AR e, 110-111
  sessão de *feedback* depois de uma avaliação e, 55-56, 90-91, 126-127
Fontes de informação, 25-26, 84-86. *Ver também* Avaliação; Crianças; Pais; Professores
Força de vontade, 108-110
Forma desatenta do TDAH. *Ver* Síndrome de hipoatividade do desengajamento cognitivo (CDHS); Tempo cognitivo lento (TCL)
Formulário curto para entrevista de avaliação do FE, 40-41, 42-43
Formulário para Entrevista Clínica – Relato dos Pais, 215
Formulários. *Ver* Folhetos, formulários e questionários
Frequência cardíaca, 188-189, 194-195
Funcionamento atencional, 76-77, 121-123, 155-156, 324. *Ver também* Desatenção
Funcionamento da saúde
  avaliação em um contexto de cuidados primários e, 43-44
  educando os pais sobre, 133-134
  explicando os riscos atuais e futuros durante a reunião de *feedback* e, 89-96, 93t, 95f
  Fichas técnicas sobre o TDAH, 263
  formulários e folhetos referentes a, 217-220, 273-290
  impacto do TDAH na saúde e, 317-320
  importância do prejuízo *versus* sintomas no processo diagnóstico e, 28f, 29-31
  medicação e, 171, 198-201
  sessão de *feedback* depois de uma avaliação e, 55-56
  tratamento e, 111-116, 116f
  treinamento parental comportamental (BPT) e, 138-139

Funcionamento diário, 9-12. *Ver também* Prejuízo
Funcionamento educacional. *Ver também* Manejo do
 TDAH na escola; Prontidão e desempenho acadêmico
    avaliação e, 52-53
    explicando os riscos atuais e futuros durante
       a reunião de *feedback* e, 89-96, 93*t*, 95*f*
    Fichas técnicas sobre o TDAH, 256, 263
    importância do prejuízo *versus* sintomas no
       processo diagnóstico e, 28*f*, 28-30
    manejo do TDAH na escola e, 159-163
    mitos referentes a medicamento
       estimulante e, 198-200
    problemas no ponto de desempenho e, 130-132
    testes psicológicos e, 53-54
    treinamento parental comportamental
       (BPT) e, 138-139
Funcionamento financeiro, 28*f*, 95-96, 263
Funcionamento no emprego, 28*f*, 263
Funcionamento social, 14-15, 28*f*, 31-33, 72-73, 263
Funcionamento, diário. *Ver também* Funcionamento diário
    avaliação e, 38-39
    comorbidade e, 59-60
    explicação do "diabetes da saúde mental" e, 25-26
    importância do prejuízo *versus* sintomas no
       processo diagnóstico, 26-31, 28*f*
    mitos e resistência referente ao
       diagnóstico do TDAH e, 34-36
Funções executivas. *Ver também* Autoconsciência;
 Automotivação; Autorregulação emocional; Inibição;
 Memória de trabalho não verbal; Memória de trabalho
 verbal; Planejamento/solução de problemas
    autorregulação e o desenvolvimento das, 3-8, 4*f*, 5*f*, 7*f*
    avaliação e, 40-41, 45-46
    entrevista com os pais e, 47-49
    fatores neurológicos e, 324
    Fichas técnicas sobre o TDAH, 250-307
    impacto do TDAH no funcionamento
       e desempenho e, 9-12
    iniciando o processo diagnóstico com
       os critérios do DSM-5 e, 22-23
    não aderência à medicação e, 204-207
    papel das, 1-3, 7-10
    teoria do FE-AR e, 11-17, 13*f*
    tratamento e, 102-111, 111*f*
    tratamentos e, 16-18

G

Gênero
    critérios diagnósticos do DSM e, 24-25, 38-39
    depressão e, 67-68
    diagnóstico e, 33-35, 85-86
Gerenciamento do tempo. *Ver também* Cegueira temporal
    deficiências dos critérios do DSM e, 24-25
    entrevista com os pais e, 48*t*
    Fichas técnicas sobre o TDAH, 254
    funcionamento educacional e, 28-29
    manejo do TDAH na escola e, 149-150
    medicação e, 178, 204-205
    papel do, 7-8

questões do ponto de desempenho e, 130-132
treinamento de planejamento e organizacional
    de adolescentes com TDAH, 141-144
Gratificação adiada, 105-107
Gravidade dos sintomas, 45-47, 58-59, 61-
 62, 76-77. *Ver também* Sintomas
Gravidez e fatores do nascimento
    fatores neurológicos e, 325-326
    Fichas técnicas sobre o TDAH, 262
    formulários para a obtenção de uma
       história referente a, 218-219
    medicação e, 202-204
    sessão de *feedback* depois de uma avaliação e, 56
Guanfacina XR. *Ver* Medicamentos;
 Medicamentos não estimulantes

H

Habilidades acadêmicas. *Ver também*
 Funcionamento educacional
    avaliação e, 52-53
    Fichas técnicas sobre o TDAH, 256
    importância do prejuízo *versus* sintomas
       no processo diagnóstico e, 28-29
    manejo do TDAH na escola e, 159-163
    medicação e, 185
    mitos referentes a medicamento
       estimulante e, 198-200
    questões sobre o ponto de desempenho e, 130-132
Habilidades de Organização e Planejamento
 do Dever de Casa (HOPS)
    programa, 142-143, 166-167
Hiperatividade-impulsividade. *Ver também* Sintomas
    critério diagnósticos do DSM-5 e, 20*t*-21*t*
    critérios diagnósticos do DSM e, 23-27, 39-41
    explicando o diagnóstico e, 85-86
    explicando riscos atuais e futuros durante
       a reunião de *feedback* e, 93*t*
    Fichas técnicas sobre o TDAH, 251
    importância do prejuízo *versus* sintomas
       no processo diagnóstico e, 26-27
    teoria do FE-AR e, 13*f*
    transtornos de ansiedade (TAs) e, 72-73
História, obtenção na avaliação, 47-48, 54-55,
 217-220, 229-241. *Ver também* Avaliação;
 Folhetos, formulários e questionários
Homens. *Ver* Gênero
Hora de dormir, 277-278. *Ver também* Perturbações do sono
Humor irritável, 41-43, 59-60, 68-70

I

Idade cronológica (IC), 7-8
Idade executiva (IE), 7-8, 128-131, 254
Ideação e comportamento suicida, 30-31, 61-62, 67-69
Impulsividade. *Ver também* Hiperatividade-impulsividade
    comorbidade e, 59-60
    deficiências dos critérios do DSM e, 23-27
    medicação e, 178, 184-185

transtorno de oposição desafiante (TOD)/
  transtorno da conduta (TC), 62-63
transtorno do espectro autista (TEA) e, 76-77
transtornos de ansiedade (TAs) e, 72-73
transtornos devido a uso, dependência
  e abuso de substância e, 65-66
Incentivos, 158-159, 302. *Ver também* Recompensas
Individuals with Disabilities Education Act (IDEA), 147-148
Informação externalizante, 17-18, 149-150
Informação observacional, 25-26, 50-51, 150-152
Inibição. *Ver também* Desinibição; Funções executivas
  ações autodirigidas e, 3-4
  entrevista com os pais e, 48f
  fatores neurológicos e, 324
  Fichas técnicas sobre o TDAH, 253-254
  medicação e, 178, 209-210
  mitos e resistência referentes ao
    diagnóstico de TDAH e, 34-36
  papel da, 7-8
  princípios de tratamento derivados da
    teoria do FE-AR e, 105-106
  rede executiva inibitória, 8-9
  teoria do FE-AR e, 13f
  transtornos devido a uso, dependência
    e abuso de substância e, 65-66
  visão geral, 4-8, 5f, 7f
Insônia, 188-190. *Ver também* Distúrbios do sono
Instruções, 139-140, 158-159
Intervenções, 41-45. *Ver também* Tratamento
Intervenções na linguagem, 43-44, 122-123
Intervenções psicossociais, 15-17,
  170. *Ver também* Tratamento
Inventário de Avaliação do Comportamento do
  Funcionamento Executivo (BRIEF-2), 45-46
Inventários de Comportamentos da Infância
  (CBCL), 38-39, 45-47, 61-62, 214

J

Jogos, 276, 318-319
Jornay PM. *Ver* Medicamentos; Medicamentos estimulantes

L

Lesão cerebral traumática (LCT), 56
Longas cadeias de ações, 107-108. *Ver também*
  Ações dirigidas para objetivos
Luto, 97-99, 127-129

M

Manejando o TDAH em escolas. *Ver*
  Manejo do TDAH na escola
Manejo do comportamento. *Ver também* Manejo
  do TDAH na escola; Programa de treinamento
  parental comportamental (BPT); Tratamento
  desenvolvendo programas de manejo
    na sala de aula, 157-160
  em escolas, 149-153
  formulários e folhetos referentes a, 271-272, 291-307
  métodos de, para a sala de aula, 162-166
  princípios de tratamento derivados da
    teoria do FE-AR e, 108-109
  visão geral, 16-17, 125-126
Manejo do TDAH na escola. *Ver também*
  Acomodações; Comunicação casa-escola;
  Funcionamento educacional; Professores
  adolescentes com TDAH e, 166-169
  ambiente da sala de aula, regras e currículo e, 154-163
  contextos de avalição e, 43-44
  demandas da tarefa e, 159-163
  desenvolvendo programas de manejo
    na sala de aula, 157-160
  escolhendo a escola certa e, 149-152
  fatores do professor no, 148-149, 151-155
  formulários e folhetos referentes a, 295-304
  manejo do comportamento e, 149-150
  métodos de manejo do comportamento e, 162-166
  mitos referentes a medicamento
    estimulante e, 198-200
  programas de recompensas domiciliares e, 165-167
  visão geral, 147-149
Mania, 59-60, 69-72. *Ver também* Transtorno bipolar (TB)
Manipulação das representações mentais.
  Ver Planejamento/solução de problemas;
  Representações mentais
Manual diagnóstico e estatístico de transtornos mentais (DSM-5)
  adaptando os critérios do DSM-5 para
    melhorar o diagnóstico e, 38-41
  avaliação e, 37-41
  clarificação dos itens entre parênteses no, 38-41
  comorbidade e, 57-58
  deficiências dos critérios do DSM e, 23-27
  entrevista com os pais e, 47-48
  importância do prejuízo *versus* sintomas
    no processo diagnóstico e, 26-27
  iniciando o processo diagnóstico
    com, 19, 22-27, 20t-21t
  sessão de *feedback* depois de uma avaliação e, 54-55
  teoria do FE-AR e, 11-14, 13f
  transtorno disruptivo da desregulação
    do humor (TDDH) a, 69-70
  transtorno do espectro autista (TEA) e, 75-76
  visão geral, 8-9
Massagem quiroprática da cabeça, 331
Medicamentos. *Ver também* Medicamentos
  estimulantes; Medicamentos não
  estimulantes; Tratamento
  adolescentes com TDAH e, 167-169
  avaliação e, 41-42
  avaliação em um contexto de cuidados
    primários e, 43-44
  comorbidades e, 116-124
  decisões referentes a, 196-197, 200-203
  deficiência intelectual (DI) e, 75-76
  desregulação emocional e, 14-16
  educando os pais sobre, 127-128, 196-201
  efeitos colaterais associados a, 187-195
  formulários referentes a, 309-319

ÍNDICE

manejo do TDAH na escola e, 147-154, 156-157, 162-163
mitos referentes a, 196-201
para reduzir o risco e preservar a vida, 112-113, 115-116
princípios do tratamento derivados da teoria do FE-AR e, 111*f*
problemas na hora de dormir e do sono e, 188-190, 277
questões a considerar referentes a, 202-210
sessão de *feedback* depois de uma avaliação e, 55-56
teoria do FE-AR e, 17-18, 171, 177-178
treinamento parental comportamental (BPT) em 134-136
visão geral, 102-103, 170-171, 172-176*t*
Medicamentos estimulantes. *Ver também* Medicamentos
aprendizagem e desempenho acadêmico e, 185
como os estimulantes atuam, 178-185
comorbidades e, 116-124
comportamento social e, 185-188
decisões referentes a, 196-203
efeitos colaterais associados a, 187-192
informando os pais sobre, 196-201
mitos referentes a, 196-201
questões a considerar referentes a, 202-210
sistemas de liberação para, 180-183
visão geral, 171, 172-176*t*, 178-192
Medicamentos não estimulantes. *Ver também* Medicamentos
atomoxetina e viloxazina, 192-194
clonidina XR, 195
efeitos colaterais associados a, 192-195
guanfacina XR, 193-195
questões a serem consideradas referentes a, 202-210
visão geral, 171, 172-176*t*, 191-195
Meditação *mindfulness*, 136-137, 143-144
Memória. *Ver* Memória de trabalho
Memória de trabalho
deficiência intelectual (DI) e, 75-76
deficiências dos critérios do DSM e, 24-25
Fichas técnicas, 253-254
manejo do TDAH na escola e, 149-150
medicação e, 178, 185, 204-206
modificação ambiental e, 17-18
os 12 melhores princípios para os pais e, 132-133
papel da, 7-8
sintomas e, 2-3
teoria do FE-AR e, 12-14, 105-107
transtorno do espectro autista (TEA) e, 76-77
Memória de trabalho não verbal. *Ver também* Funções executivas; Memória de trabalho; Memória de trabalho visual
medicação e, 178
sintomas e, 2-3
teoria do FE-AR e, 13*f*
visão geral, 4-8, 5*f*, 7*f*
Memória de trabalho verbal. *Ver também* Funções executivas; Memória de trabalho
medicação e, 178
sintomas e, 2-3
teoria do FE-AR e, 12-14, 13*f*
transtorno do espectro autista (TEA) e, 76-77
visão geral, 4-8, 5*f*, 7*f*

Memória de trabalho visual, 12-14. *Ver também* Memória de trabalho; Memória de trabalho não verbal
Metacognição, 7*f*, 13*f*, 24-25. *Ver também* Desatenção
Metadato CD. *Ver* Medicamentos; Medicamentos estimulantes
Metilfenidato. *Ver* Medicamentos; Medicamentos estimulantes
Métodos de manejo de contingências, 102-103. *Ver também* Tratamento
Mitos referentes ao TDAH, 31-36
Modelo de duplo fator, 66-67
Modificação ambiental. *Ver também* Tratamento
os 12 melhores princípios para os pais e, 132-133
princípios de tratamento derivados da teoria do FE-AR e, 110-111, 111*f*
problemas no ponto de desempenho e, 130-132
teoria do FE-AR e, 16-18
Motivação. *Ver também* Automotivação
manejo do TDAH na escola e, 149-156
medicação e, 178
modificação ambiental e, 17-18
papel da, 7-8
princípios de tratamento derivados da teoria do FE-AR e, 106-109
transtorno do déficit da motivação, 17-18
Mulheres. *Veja* Gênero
Mutações *de novo*, 323-324

N

Namoro e relações sexuais, 94-95, 112-113. *Ver também* Prejuízos no relacionamento
Não aderência à medicação, 204-209. *Ver também* Medicamentos
Natureza crônica do TDAH, 109-111
Negação do transtorno pelos pais. *Ver* Pais
Neurofeedback, 328-330
Neuroproteção, 170, 177-178
Nutrição, 56, 274, 319, 331. *Ver também* Fatores do estilo de vida

O

Objetivos, 17-18, 107-109
Organização. *Ver também* Auto-organização
adolescentes com TDAH e, 168-169
medicação e, 178, 206-207
os 12 melhores princípios para pais e, 132-133
planejamento e treinamento organizacional de adolescentes com TDAH, 141-144
Organização dos lugares nas salas de aula, 154-156. *Ver também* Manejo do TDAH na escola

P

Pais. *Ver também* Reuniões de *feedback* depois das avaliações; Treinamento, aconselhamento e educação parental

adolescentes com TDAH e, 166-169
avaliações e, 45-50, 48t, 49t, 52-54
comorbidade e, 58-59
comunicação casa-escola e, 150-155
formulários para aconselhamento, 248-272
manejo do TDAH na escola e, 148-149, 152-155, 166-169
medicação e, 171, 177-178, 196-201
melhorando as habilidades acadêmicas e, 161-163
mitos e resistência dos, referente ao diagnóstico de TDAH, 31-36
negação do diagnóstico de TDAH pelos, 87-88, 96-98, 126-129
princípios para, 131-133
saúde mental parental, 58-59, 61-62, 72-73, 138-139
terapias cognitivo-comportamentais (TCC) para adolescentes com TDAH e, 140-144
trabalhando com, depois da avaliação, 53-56, 82-90, 95-101, 196-201
transtorno de oposição desafiante (TOD)/transtorno da conduta (TC), 62f
tratamentos não comprovados e refutados e, 327-333
Paradigma Supporting Teens' Autonomy Daily (STAND), 142-144
Parentalidade
comorbidade e, 57-58
formulários e folhetos referentes a, 307-308
mitos e resistência referentes ao diagnóstico de TDAH e, 33-34
monitoramento dos filhos e, 281
princípios para, 131-133
transtorno de oposição desafiante (TOD)/transtorno da conduta (TC), 61-62, 62f
treinamento parental comportamental (BPT) e, 134-135
Patologia alimentar, 29-30, 30-31, 317-319.
Ver também Funcionamento da saúde
Perdão, 111f, 159-160
Perturbações do sono, 72-73, 188-190, 277-278, 318-319
Planejamento/solução de problemas. *Ver também*
Funções executivas; Solução de problemas
Fichas técnicas sobre o TDAH, 254
medicação e, 178
não aderência à medicação e, 204-206
os 12 melhores princípios para os pais em, 132-133
planejamento e treinamento organizacional de adolescentes com TDAH, 141-144
teoria do FE-AR e, 13f
terapias cognitivo-comportamentais (TCC) para adolescentes com TDAH e, 140-142
transtorno do espectro autista (TEA) e, 76-77
treinamento parental comportamental (BPT) e, 139-140
visão geral, 4-8, 5f, 7f
Ponto de desempenho, 16-17, 106-108, 130-134
Prejuízo. *Ver também* Prejuízos no relacionamento
avaliação e, 38-39, 45-46
deficiências dos critérios do DSM e, 24-27
depressão e, 66-68
educação especial e, 157-158
Fichas técnicas sobre o TDAH, 250-307

medicação e, 202-203
processo diagnóstico e, 26-31, 28f
sessão de *feedback* depois de uma avaliação e, 54-55, 86-96, 93t, 95f
síndrome de hipoatividade do desengajamento cognitivo (CDHS) e, 79-80
transtornos de tique (TTs) e comportamento obsessivo-compulsivo (COC) e, 73-75
tratamentos para reduzir, 111-116, 116f
Prejuízos no relacionamento. *Ver também* Prejuízo
explicando os riscos atuais e futuros durante a reunião de *feedback* e, 93-95, 95f
importância do prejuízo *versus* sintomas no processo diagnóstico em, 27-28
tratamentos para reduzir, 111-113
treinamento de habilidades sociais e, 143-146
Presença dos sintomas, 38-39, 45-47, 86-87. *Ver também* Sintomas
Pressão arterial, 188-189, 194-195
Problemas comportamentais
mediação e, 184-185, 201-202
transtorno de oposição desafiante (TOD)/transtorno da conduta (TC), 62f
transtorno disruptivo da desregulação do humor (TDDH) a, 68-70
tratamento e, 102-103
Professores. *Ver também* Manejo do TDAH na escola
adolescentes com TDAH e, 166-169
avaliação e, 46-47, 51-53
comunicação casa-escola e, 150-151, 153-155
importância dos, 148-149
manejo do TDAH na escola e, 148-149, 151-155
pais e, 153-154-155
programas de recompensas domésticos e, 165-167
Prognóstico, 89-96, 93t, 95f
Programa de Sprich-Safren, 142-143
Programa de treinamento parental comportamental (BPT).
Ver também Manejo do comportamento; Tratamento; Treinamento, educação e aconselhamento parental
comorbidades e, 116-117
efeitos colaterais do, 139-141
eficácia do, 138-140
estrutura do, 135-136, 138-139
medicação e, 134-136
visão geral, 102-103, 120-121, 125-128, 133-141
Programas baseados na internet, 136-137
Programas de instrução assistida por computador (IAC), 161-162
Prontidão e desempenho acadêmico, 28-30, 87-88.
Ver também Funcionamento educacional
Psicoeducação, 31-36, 53-56, 250-307
Psicose, 190-191, 201-202
Punição, 138-140, 158-159, 162-163, 303

Q

Questionário de Situações Domésticas (QSD)
entrevista com os pais e, 49-50
escore, 215
formulário para, 242

ÍNDICE

visão geral, 45-47, 214-215
Questionário de Situações Escolares (SSQ), 46-47, 215, 243
Questionários. *Ver* Folhetos, formulários e questionários

R

Raiva
    ajudando os pais a lidar com o diagnóstico e, 97-98, 127-129
    comorbidade e, 59-60
    manejo do TDAH na escola e, 162-163
    transtorno disruptivo da desregulação do humor (TDDH) a, 68-70
Rastreios, 42-43, 52-54. *Ver também* Avaliação
Recompensas
    adolescentes com TDAH e, 167-169
    desenvolvendo programas de manejo na sala de aula, 158-159
    entrevista com os pais e, 49-50
    formulários e folhetos referentes a, 292-294, 302
    manejo do TDAH na escola e, 162-166
    modificação ambiental e, 17-18
    os 12 melhores princípios para os pais e, 132-133
    programas de recompensas domiciliares, 165-167
    treinamento parental comportamental (BPT) e, 138-140
Reforço, 76-77, 105-107, 138-140
Relação pai-criança/adolescente, 93-94, 95f, 168-169, 200-201. *Ver também* Fatores familiares
Relacionamentos românticos. *Ver* Namoro e relações sexuais; Prejuízos nos relacionamentos
Relações com os pares, 94-95, 111-112, 143-146, 164-166. *Ver também* Prejuízos nos relacionamentos
Relações conjugais, 94-95, 136-137. *Ver também* Namoro e relações sexuais; Prejuízos no relacionamento
Representações mentais, 4f, 12-14, 76-77, 79-80. *Ver também* Planejamento/solução de problemas
Responsabilidade, 17-18, 105-106, 132-133
Resultados associados ao TDAH. *Ver* Consequências associadas ao TDAH; Funcionamento da saúde; Risco de lesão
Reuniões de *feedback* depois de avaliações. *Ver também* Avaliação; Pais
    ajudando os pais a lidar com o diagnóstico e, 95-101
    dicas clínicas referentes a, 83-94, 96-101
    encerrando, 99-101
    explicando o diagnóstico, 82-90
    explicando os riscos atuais e futuros durante, 89-96, 93t, 95t
    visão geral, 125-129
Reuniões, *feedback*. *Ver* Reuniões de *feedback* depois de avaliações
Risco de lesão. *Ver também* Acidentes; Comportamento de risco; Funcionamento da saúde
    importância do prejuízo *versus* sintomas no processo diagnóstico e, 29-31
    mitos referentes a medicamento estimulante e, 198-199
    sessão de *feedback* depois de uma avaliação e, 55-56, 89-96, 93t, 95f

tratamento e, 113-116
Ritalina. *Ver* Medicamentos; Medicamentos estimulantes
Rotinas, 155-157, 277-280

S

Saúde dental, 30-31, 317, 317. *Ver também* Funcionamento da saúde
Saúde física. *Ver* Funcionamento físico
Saúde mental, parental. *Ver* Pais
Seção 504 da lei Americans with Disabilities ACT, 147-148
Síndrome de hipoatividade do desengajamento cognitivo (CDHS). *Ver também* Tempo cognitivo lento (TCL)
    avaliação e, 41-42
    decisões referentes a medicações e, 200-201
    depressão e, 67-68
    medicação e, 180, 183-184
    prevalência da, com TDAH, 44-45
    processo diagnóstico e, 22-23, 66-67, 78-81
    reunião de *feedback* depois de uma avaliação e, 88-90
    transtorno do espectro autista (TEA) e, 75-77
    transtornos de tique (TTs) e comportamento obsessivo-compulsivo (COC) e, 74-75
    tratamento e manejo do TDAH e, 122-124
    visão geral, 78-81
Síndrome de Tourette. *Ver* Tiques e transtornos de tique (TTs)
Sintomas. *Ver também* Critérios diagnósticos; Desatenção; Hiperatividade-impulsividade
    avaliação e, 37-41
    comorbidade e, 57-58
    entrevista com a criança e, 50-52
    entrevista com os pais e, 47-48
    Fichas técnicas sobre o TDAH, 250-307
    impacto do TDAH no funcionamento e realizações e, 10-12, 89-96, 93t, 95f
    medicamento e, 170, 208-209
    processo diagnóstico e, 19, 22-31, 20t-21t, 28f
    sessão de *feedback* depois de uma avaliação, 53-56, 84-96, 93t, 95f
    síndrome de hipoatividade do desengajamento cognitivo (CDHS) e, 78-80
    teoria do FE-AR e, 11-17, 13f
    visão geral, 2-3, 7-10
Sintomas internalizantes, 41-42, 104-106
Sistema de Avaliação Comportamental para Crianças-3 (BASC-3), 38-39, 45-47
Sistema de Avaliação do Comportamento para Crianças – 3-4, 214
Sistema de Avaliação Empiricamente Validado de Achembach, 45-46
Sistemas de recompensas com fichas, 158-159, 164-166, 292-294. *Ver também* Recompensas
Solução de problemas. *Ver também* Planejamento/solução de problemas
    Fichas técnicas sobre o TDAH, 254
    funcionamento educacional e, 28-29
    manejo do TDAH na escola e, 149-150
    medicação e, 178
    modificação ambiental e, 17-18

não aderência à medicação e, 204-206
princípios de tratamento derivados da
  teoria do FE-AR e, 106-107
terapias cognitivo-comportamentais (TCC)
  para adolescentes com TDAH e, 140-142
Subtipos de TDAH, 22-23
Suplementos, 331

T

Tabagismo, 63-66. *Ver também* Uso de substâncias
  e transtornos por uso de substância (TUSs)
Tempo cognitivo lento (TCL). *Ver também* Síndrome de
  hipoatividade do desengajamento cognitivo (CDHS)
    avaliação e, 41-42
    comorbidade e, 66-67
    desatenção e, 13-14
    medicação e, 180, 183-184, 200-201
    processo diagnóstico e, 22-23
    reunião de *feedback* depois de uma avaliação e, 88-90
    tratamento e manejo do TDAH e, 122-124
    visão geral, 78-79
Tempo de tela, 276, 318-319
Teoria da aprendizagem social, 133-136
Teoria do funcionamento executivo-autorregulação
  (FE-AR)
    avaliação e, 40-41
    comorbidade e, 58-60, 60f
    critérios diagnósticos do DSM-5 e, 22-23, 38-41
    depressão e, 68-69
    explicando riscos atuais e futuros durante
      a reunião de *feedback* e, 93-94
    Fichas técnicas sobre o TDAH, 253-254
    implicações clínicas da, 11-17, 13f
    medicação e, 171, 177-178
    mitos e resistência referentes ao diagnóstico e, 31-36
    transtorno bipolar (TB) e, 71-72
    transtorno de oposição desafiante (TOD),
      transtorno da conduta (TC), 61-64, 62f
    transtorno disruptivo da desregulação
      do humor (TDDH) a, 69-70
    transtorno do espectro autista (TEA) e, 76-77
    transtornos de ansiedade (TAs) e, 72-73
    transtornos de tique (TTs) e comportamento
      obsessivo-compulsivo (COC) e, 74-75
    transtornos devido a uso, dependência
      e abuso de substância e, 65-66
    tratamento e, 16-18, 102-111, 111f, 327
    tratando cegueira temporal e, 102-111, 111f
    treinamento de habilidades sociais e, 144-145
    treinamento parental comportamental
      (BPT) e, 125-126, 136-137
    visão geral, 1-3, 7-8
Terapia da fala, 43-44, 122-123
Terapias cognitivo-comportamentais
  (TCC) para adolescentes com TDAH,
    140-144. *Ver também* Tratamento
Teste neuropsicológico, 40-41, 44-45. *Ver também* Avaliação
Testes psicológicos, 43-44, 53-54. *Ver também* Avaliação
Tiques e transtornos de tique (TTs)

diagnosticando comorbidades e, 73-75
medicação e, 184-185, 189-191
prevalência de, com TDAH, 44-45
tratamento e manejo do TDAH e, 119-121
visão geral, 73-74
Transições, 105-107, 139-140, 149-150, 202-204
Transtorno bipolar (TB)
  avaliação e, 41-43
  comorbidade e, 57-60, 70-72
  explicando os riscos atuais e futuros durante
    a reunião de *feedback* e, 92-94
  prevalência de, com TDAH, 44-45
  síndrome de hipoatividade do desengajamento
    cognitivo (CDHS) e, 80-81
  transtorno de oposição desafiante (TOD)/
    transtorno da conduta (TC), 61-62
  transtorno disruptivo da desregulação
    do humor (TDDH) a, 69-70
  transtornos devido a uso, dependência
    e abuso de substância e, 64-65
  tratamento e manejo do TDAH e, 118-119
  visão geral, 70-71
Transtorno da conduta (TC)
  comorbidade e, 57-64, 62f, 66-67
  desregulação emocional e, 14-15
  medicação e, 184-185
  prevalência de, com TDAH, 44-45
  síndrome de hipoatividade do desengajamento
    cognitivo (CDHS) e, 80-81
  transtornos devido a uso, dependência
    e abuso de substância e, 65-66
  tratamento e manejo do TDAH e, 116-117
  treinamento parental comportamental
    (BPT) e, 133-135
  visão geral, 60-61
Transtorno da personalidade *borderline* (TPB), 57-58
Transtorno de déficit da autorregulação (TDA),
  1-3. *Ver também* Teoria do funcionamento
  executivo-autorregulação (FE-AR)
Transtorno de déficit na função executiva (TDFE), 2-3, 7-8
Transtorno de estresse pós-traumático
  (TEPT), 13-14, 44-45, 59-60, 72-73
Transtorno de oposição desafiante (TOD)
  avaliação e, 41-42
  comorbidade e, 57-64, 62f
  desregulação emocional e, 14-15
  explicando os riscos atuais e futuros durante
    a reunião de *feedback* e, 93-94
  funcionamento da saúde e, 30-31
  medicação e, 134-136, 184-185
  síndrome de hipoatividade do desengajamento
    cognitivo (CDHS) e, 80-81
  transtorno disruptivo da desregulação
    do humor (TDDH) a, 69-70
  transtornos devido a uso, dependência
    e abuso de substância e, 65-66
  tratamento e manejo do TDAH e, 116-117
  treinamento de solução de problemas e
    comunicação (PSCT) e, 143-144
  treinamento parental comportamental
    (BPT) e, 133-136

visão geral, 43-44, 60-61
Transtorno depressivo maior (TDM), 66-67.
  Ver também Depressão
Transtorno depressivo persistente (TDP),
  66-67. *Ver também* Depressão
Transtorno disruptivo de desregulação do humor (TDDH)
  avaliação e, 41-43
  comorbidade e, 59-60, 68-70
  prevalência de, com TDAH, 44-45
  transtorno de oposição desafiante (TOD)/
    transtorno da conduta (TC), 61-62
  tratamento e manejo do TDAH e, 118-119
  visão geral, 68-70
Transtorno do desenvolvimento da coordenação
  (TDC), 43-44, 78-79, 122-123
Transtorno do espectro autista (TEA)
  desatenção e, 13-14
  explicando os riscos presentes e futuros
    durante a reunião de *feedback* e, 92-94
  prevalência do, com TDAH, 44-45
  processo diagnóstico e, 22-23, 75-77
  tratamento e manejo do TDAH e, 121-122
  visão geral, 75-76
Transtornos comórbidos. *Ver também* Diagnosticando
  comorbidades; Diagnóstico diferencial
  avaliação e, 38-39
  caminhos para, 57-59
  contextos de avaliação e, 40-45
  desatenção e, 13-14
  desregulação emocional e, 14-15
  Fichas técnicas sobre o TDAH, 264
  funcionamento da saúde e, 30-31
  impacto dos, no tratamento e manejo
    do TDAH, 116-117-123-124
  medicação e, 170, 184-185
  sessão de *feedback* depois de uma
    avaliação e, 88-90, 92-94
  teoria do FE-AR e, 13-14
  visão geral, 14-15, 57-60
Transtornos da comunicação, 44-45, 77-78, 122-123
Transtornos de ansiedade (TAs), 71-
  73, 119-120, 184-185, 208-209
Transtornos do humor e sintomas, 14-15, 41-43, 117-119,
  208-209. *Ver também* Sintomas; Transtornos comórbidos
Transtornos mentais diferentes do TDAH, 40-43, 47-48.
  Ver também Diagnóstico diferencial;
  Transtornos comórbidos
Transtornos psiquiátricos além do TDAH, 40-43, 47-48. *Ver
  também* Diagnóstico diferencial; Transtornos comórbidos
Tratamento, *Ver também* Medicamentos; Treinamento,
  educação e aconselhamento parental
  aderência às recomendações de
    tratamento, 58-59, 204-207
  adolescentes com TDAH e, 166-168
  avaliação e, 41-42
  avaliação em um contexto de cuidados
    primários e, 43-45
  comorbidades e, 116-124
  dando seguimento ao diagnóstico com, 35-36
  desregulação emocional e, 14-16
  discutindo com os pais, 130-134

explicando os riscos atuais e futuros durante
  a reunião de *feedback* e, 89-96, 93t, 95f
Fichas técnicas sobre o TDAH, 259-260, 265
funções executivas e autorregulação e, 2-3
histórico de tratamento para TDAH, 102-103
importância do, 11-12
manejo do TDAH na escola e, 147-149
mitos e resistência referente ao
  diagnóstico de TDAH e, 31-36
obtendo uma história do, 47-48
para reduzir o risco e preservar a vida, 111-116, 116f
planejamento do tratamento, 59-60
princípios de tratamento derivados da
  teoria do FE-AR, 103-111, 111f
teoria do FE-AR e, 16-18
terapias cognitivo-comportamentais (TCC)
  para adolescentes com TDAH e, 140-144
tratamentos não comprovados e refutados, 327-333
tratando a cegueira temporal 3-4, 102-103-111, 111f
treinamento de habilidades sociais, 143-146
visão geral, 102-103
Tratamento contínuo, 109-111, 162-
  164. *Ver também* Tratamento
Tratamentos complementares e alternativos, 323-333
Tratamentos não comprovados, 327-333
Tratamentos refutados, 327-333
Treinamento da comunicação, 140-146
Treinamento da função executiva, 16-17,
  329-331. *Ver também* Tratamento
Treinamento de habilidades, 16-17, 106-
  108, 141-144. *Ver também* Tratamento
Treinamento de habilidades sociais, 16-17, 111-112,
  119-120, 143-146. *Ver também* Tratamento
Treinamento de solução de problemas e
  comunicação (PSCT), 140-142
Treinamento neurocognitivo, 329-331
Treinamento, educação e aconselhamento parental.
  Ver também Pais; Programa de treinamento
  parental comportamental (BPT); Reuniões de
  feedback depois das avaliações; Tratamento
  ajudando os pais a lidar com o diagnóstico e, 125-129
  avaliação e, 41-42, 48-50
  avaliação em um contexto de cuidados
    primários e, 43-44
  Fichas técnicas sobre o TDAH, 250-307
  introduzindo o conceito de idade executiva
    atrasada para os pais, 128-131
  princípios para, 131-133
  treinamento de habilidades sociais e, 144-146
  visão geral. 125-134, 136-137
Treinamento, parental. *Ver* Treinamento,
  educação e aconselhamento parental
Tutoria
  adolescentes com TDAH e, 168-169
  formulários e folhetos referentes a, 302
  habilidades acadêmicas e, 161-163
  manejo do TDAH na escola e, 152-153
  os 12 melhores princípios para os pais,
    131-133. *Ver também* Pais
  visão geral, 159-160
Tutoria por pares, 161-163, 302. *Ver também* Tutoria

U

Uso da internet, 276, 318-319
Uso de álcool, 64-66. *Ver também* Uso de substâncias e transtornos por uso de substâncias (TUSs)
Uso de nicotina, 63-66. *Ver também* Uso de substâncias e transtornos por uso de substâncias (TUSs)
Uso de substâncias e transtornos por uso de substância (TUSs). *Ver também* Funcionamento da saúde
   comorbidade e, 57-58, 63-66
   impacto do TDAH na saúde e, 317-320
   medicamento e, 171, 197-198, 203-204
   processo diagnóstico e, 29-31, 63-66
   tratamento e manejo do TDAH e, 116-118
   visão geral, 44-45, 63-64

V

Venvanse. *Ver* Medicamentos; Medicamentos estimulantes
Viés, 51-53, 205-207
Viés positivo ilusório, 205-207
Viloxazina. *Ver* Medicamentos; Medicamentos não estimulantes
Violência do parceiro íntimo, 94-95

Z

Zona de influência instrumental-autodirigida, 7f
Zonas de influência, 5-7, 7f, 10-12